证据法学

Evidence Law

第七版

何家弘 刘品新 著

法律出版社
LAW PRESS · CHINA
北京

图书在版编目(CIP)数据

证据法学 / 何家弘, 刘品新著. -- 7 版. -- 北京 :
法律出版社, 2022(2024.7 重印)
ISBN 978-7-5197-6421-0

Ⅰ. ①证… Ⅱ. ①何… ②刘… Ⅲ. ①证据-法学-
中国 Ⅳ. ①D925.013

中国版本图书馆 CIP 数据核字(2022)第 016240 号

证据法学(第七版)
ZHENGJU FAXUE(DI-QI BAN)

何家弘 刘品新 著

责任编辑 陈 慧
装帧设计 凌点工作室

出版发行 法律出版社
编辑统筹 法律教育出版分社
责任校对 王 丰 郭艳萍
责任印制 刘晓伟
经　　销 新华书店

开本 710 毫米×1000 毫米 1/16
印张 33.25 **字数** 500 千
版本 2022 年 3 月第 7 版
印次 2024 年 7 月第 6 次印刷
印刷 天津嘉恒印务有限公司

地址:北京市丰台区莲花池西里 7 号(100073)
网址:www.lawpress.com.cn
投稿邮箱:info@lawpress.com.cn
举报盗版邮箱:jbwq@lawpress.com.cn

销售电话:010-83938349
客服电话:010-83938350
咨询电话:010-63939796

书号:ISBN 978-7-5197-6421-0
定价:68.00 元

作者简介

AUTHORS

何家弘

法学博士(美国西北大学,1993 年),现任中国人民大学大华讲席教授、法学院证据学研究所所长、反腐败与法治研究中心主任;兼任最高人民检察院专家咨询委员、国际足联道德委员会委员;曾在最高人民检察院挂职担任渎职侵权检察厅副厅长(2006 ~2008 年),在中央电视台"社会与法"频道担任嘉宾主持人(2005 ~2006 年);曾在英国苏塞克斯大学、日本名古屋大学、中国香港城市大学任客座教授,并应邀到美国、英国、法国、德国、澳大利亚、荷兰、比利时、挪威、丹麦、墨西哥、哥伦比亚、巴西、古巴等国的三十余所高校或研究机构发表演讲。其法学专著《亡者归来——刑事司法十大误区》已出版英文、法文、德文、西班牙文、葡萄牙文、日文、希伯来文版;其"洪律师推理小说"(《血之罪》《性之罪》《龙眼石之谜》《古画之谜》《黑蝙蝠之谜》)已出版法文、意大利文、西班牙文、英文译本。

刘品新

法学博士(中国人民大学,2003 年),现任中国人民大学法学教授、刑事法律科学研究中心副主任、证据学研究所副所长、刑事错案研究中心副主任、反腐败与法治研究中心副主任、网络犯罪与安全研究中心执行主任、智慧检务创新研究院副院长、国家检察官学院兼职教授,并常以执业律师、司法鉴定人或专家辅助人等身份走进办案一线;曾在最高人民检察院挂职担任检察技术信息研究中心副主任(2016 ~2018 年);曾赴荷兰、瑞典、美国、澳大利亚和德国进行学术访问,探索设立"电子证据法""大数据智能司法""网络犯罪治理"等未来法治新课。代表性著作有:《电子证据法》《网络法:原理、案例与规则》《刑事证据疑难问题探索》《反侦查行为——犯罪侦查的新视角》《经由法律的正义》等。

第七版前言

PREFACE

"各有关方面要科学有序开展事故调查,组织各方面专家综合分析飞机数据和各类物料证据,尽快查明事故原因和性质。要平稳有序做好后续信息发布工作,按照及时、准确、公开、透明原则,持续发布信息,积极回应社会关切。"[1]这是2022年3月31日习近平总书记主持中共中央政治局常务委员会时,听取"3·21"东航MU5735航空器飞行事故应急处置情况的汇报时所作的重要指示。其中蕴含着证据法学要明确事实认定和法律适用相互关系的重要哲理。

事实问题和法律问题是诉讼中的两个基本问题。认定事实和适用法律是司法裁判的两项基本任务。准确地认定案件事实或争议事实是正确适用法律规则的前提和基础。因此,司法人员审理案件的工作应该是先认定事实再适用法律。然而,二者的关系并非总是这样前后有序且简单明了。中国著名游泳运动员孙杨药检仲裁案是分析这个问题的很好案例。

2018年9月4日晚上,国际游泳联合会(以下简称国际泳联)委托的药检人员按照约定到孙杨住所提取血、尿样本。但是在取样过程中出现了一些争议,主要是因为取样药检人员的资质有一些疑点,最后药检人员没有能够完成取样。事件发生后,国际泳联的反兴奋剂部门首先进行了

[1] 《听取"3·21"东航MU5735航空器飞行事故应急处置情况汇报 就做好下一步工作作出部署》,载《人民日报》2022年4月1日,第1版。

调查,并于2019年1月3日公布了调查报告。该报告称,由于药检人员的资质有一些疑问,双方发生了争执,最终由于孙杨的不配合而没有能够完成这次取样。但是,国际泳联认为孙杨的行为不构成抗检,因此没有对孙杨做出任何处罚。

世界反兴奋剂机构(WADA)对国际泳联的事实认定没有异议,但是对国际泳联的不处罚决定有异议,所以提请国际体育仲裁院(CAS)进行仲裁。2020年2月28日,国际体育仲裁院做出对孙杨禁赛8年的裁定。这一裁定在中国产生了很大反响,笔者也写了一篇题为《无视规则就要承担相应的后果》的文章,发表在2020年3月4日的《检察日报》上。

2020年4月27日,孙杨针对该裁定向瑞士联邦最高法院提出上诉。12月24日,瑞士联邦最高法院撤销了国际体育仲裁院的"8年禁赛"裁定,理由是该案仲裁庭的首席仲裁员曾在社交媒体上发表过涉嫌"辱华"的种族主义言论。2021年6月22日,国际体育仲裁院再次就孙杨药检案做出裁定,把孙杨的禁赛期缩减至4年零3个月,而孙杨就此丧失了参加东京奥运会的机会。

在本案的仲裁过程中,事实认定不是主要问题,因为仲裁双方都没有提出事实争议。作为原告方的世界反兴奋剂机构认可了国际泳联在调查报告中对事实的认定,作为共同被告方的国际泳联和孙杨也没有对这个调查报告提出异议。国际泳联的做法顺理成章,而孙杨的做法则有失策之嫌。虽然国际泳联与孙杨站在同一个"战壕"里,但二者并非真正的战友,因为仲裁结果最终影响的只是孙杨。既然双方都没有提出事实争议,那么仲裁庭的任务就是适用法律规则。

《世界反兴奋剂条例》第2条第3款规定,逃避样本采集或者接到依照反兴奋剂规则授权的检查通知后拒绝样本采集,无正当理由而未能完成样本采集或其他逃避样本采集的行为,均属于兴奋剂违规。在适用这个规则时,对孙杨来讲最重要的一点就是在本案中有无"正当理由"。具体来说,就是药检取样人员的资质问题能否构成其不配合样本采集的正当理由。对于这个问题,国际体育仲裁院的判例中已有非常明确的解释。在2005年巴西游泳运动员阿泽维多案例中,国际体育仲裁庭的裁定明确表达了药检人员的资质问题不能构成当事人拒绝采样的正当理由。按照这个规则解释,孙杨案的仲裁结果也就无可厚非了。

孙杨药检案的仲裁过程可能存在国际政治因素的影响,但是孙杨律师团队的仲裁策略确有失当之处。在仲裁庭上,虽然孙杨一方也讲述了具体的事实经过,谈到药检人员的资质问题、取样人员不合理要求的问题,以及后来发生争执的情况,但是,由于孙杨一方并没有提出不同于国际泳联的事实主张,所以仲裁庭并不关注事实认定问题。实际上,原告方在仲裁庭上并没有就事实问题提出证据,取样的药检官也没有出庭作证。

简言之,国际泳联认定的事实就是因为孙杨不配合而没有完成取样;虽然国际泳联的不处罚决定对孙杨有利,但是这一事实认定对孙杨不利。孙杨作为独立的仲裁当事人可以提出不同于国际泳联的事实主张。假如孙杨一方当时提出因为取样人员的资质有问题,双方发生争执,最后是药检官主动终止了取样,那么在这个案件中就有了事实争议:是因为孙杨不配合而没有完成取样,还是药检官主动终止了取样?这样一来,仲裁庭就要首先对事实进行认定,世界反兴奋剂机构就要举证,那个药检官就要出庭作证。如果对方的证据不充分,仲裁庭就应该做出对孙杨有利的事实认定,而这也就会影响仲裁的结果。由此可见,区分事实问题和法律问题是至关重要的。

所谓事实认定,就是司法人员根据证据对案件事实或争议事实所做的判定。案件事实或争议事实都是发生在过去的,而且诉讼双方往往持有不同的事实主张,因此司法人员在做出裁判之前必须对这些事实有一个明确的认识。从这个意义上讲,事实认定是一种查明事实真相的认识活动。司法人员无法穿越时空,无法直接感知这些发生在过去的事实,只能通过各种证据去认识这些事实。因此,证据是事实认定的基础,证据规则是服务于事实认定的。

所谓法律适用,就是司法者把有关的法律规则运用到已经认定的案件事实或争议事实并做出相应的判决。法律规则应该具有明确性、可操作性和可预测性等基本特征,但是受到概念的模糊性和语词的多义性以及社会语言的发展变化等因素的影响,法律规则往往具有一定的开放性,即主要含义的相对明晰与边缘含义的相对模糊,或者说,在抽象的层面上相对明晰而在具体的层面上相对模糊。因此,法律适用不是简单机械的归类性认识活动；司法人员必须对法律规则进行适当的解释，才能就认定的事实做出法律的裁判。

在大多数诉讼中，事实问题都是争议的焦点，因此事实认定也就成为司法裁判的主要任务。20 世纪 90 年代初，笔者在美国西北大学法学院留学时曾听人说，英语中“诉讼”（lawsuit，字面含义是“法律争讼”）一词容易产生误导，让人以为诉讼的争议都是法律问题。其实，绝大多数诉讼的主要争议都不是法律问题，而是事实问题。例如，被告人有没有杀人？被告人有没有盗窃？被告人有没有违约？被告人有没有侵权？因此，英语中的“诉讼”应改成 factsuit，即“事实争讼”。诚然，英语中并没有这个语词，但是这种说法反映了事实认定在司法裁判中的重要地位。

在某些诉讼中，双方对案件事实没有争议，但是对法律规定的理解有差异，因此法律适用就成为司法裁判的主要问题。例如，在近年来引起社会广泛关注的“聊城于欢案”“昆山龙哥案”“涞源反杀案”等涉及正当防卫问题的诉讼中，双方对被告人受到不法侵害的事实和造成侵害人伤亡的事实都没有争议，但是对于被告人的行为能否构成正当防卫则意见不一，因此司法裁判的主要任务就是要判断被告人的行为是否符合我国刑法中关于正当防卫的规定。换言之，这些案件的主要争点就是法律适用问题。

在抽象的概念层面，事实认定和法律适用之间的界限是明晰的，但是在具体的实务层面，二者之间的界限又变得模糊了。犹如海岸线，当我们从高空向下眺望时，海岸线十分清晰，但是当我们站在海边时，海岸线就变得模糊了。抽象而言，于欢致人伤亡的行为是否为正当防卫属于法律适用的问题，但是司法人员在做出具体裁判时还要考虑事实问题，譬如被害人在于欢抓起水果刀之前的具体行为以及于欢与被害人的位置关系等。于是，事实认定又渗透到法律适用之中。

司法人员在认定案件事实或争议事实时需要适用法律中规定的证据规则，于是，事实认定活动就包含了法律适用的内容。例如，被告人的供述能否作为认定案件事实的根据？这就要适用非法证据排除规则，而这个法律适用的结果就会影响到案件事实的认定。另外，法律中推定规则的适用可以直接作为事实认定的结论，例如，根据死亡推定规则，在失踪人已经4年或7年下落不明且音讯杳然的情况下,法官就可以推定该失踪人已经死亡。于是,法律适用也就渗透到事实认定之中。

基于上述实务经验,一些司法人员认为事实认定和法律适用是无法区分的,或者是很难区分的。他们的理由主要包括以下几点:第一,事实认定属于事实判断,法律适用属于价值判断,但事实判断和价值判断并非分属于两个截然不同的领域。第二,在诉讼中,认定事实必须遵循程序和实体的法律规范,因此二者不能截然分开。第三,审判要综合考虑事实问题和法律问题,不能分为事实审和法律审,即使在英美法系国家的陪审团审判中,事实认定与法律适用也不是截然分开的。这些观点不无道理,但是值得商榷。

在法官独审制和传统参审制审判中,区分事实认定和法律适用确实没有太大的实用价值,因为这些认识活动都要由相同的人员完成。在英美法系国家的陪审团审判中,人们习惯把司法裁判工作分为事实认定和法律适用。陪审团负责认定事实,法官负责适用法律,因此陪审员也被称为“事实认定者”(fact – finder)。在这种诉讼模式下,区分事实认定与法律适用就具有现实意义。事实上,英美法系国家的许多程序规则和证据规则就是基于这种诉讼模式设计的。在此需要说明,虽然美国的陪审制度源于英国,但是美国的陪审团在事实认定方面的职权大于英国的陪审团。在英国,陪审团负责认定纯粹的事实,如被告人是否杀死了被害人;但是美国的陪审团要认定法律事实,如被告人是犯了一级恶意杀人罪还是二级非恶意杀人罪。后者实际上包含了一定的法律适用。

在中国,无论人们是否在理论上同意事实认定与法律适用的划分,法律规定实际上体现了这种划分,刑事诉讼法明确规定的“以事实为根据,以法律为准绳”的原则就是一个佐证。2018年4月,全国人大常委会审议通过了《中华人民共和国人民陪审员法》。该法把陪审员参加审判的合议庭分为三人合议庭与七人合议庭。该法第22条规定:“人民陪审员参加七人合议庭审判案件,对事实认定,独立发表意见,并与法官共同表决;对法律适用,可以发表意见,但不参加表决。”这一规定就明确了事实认定与法律适用的区别。

综上所述,司法裁判中的事实认定与法律适用之间存在辩证关系。

一方面,二者是有区别的。一般来说,司法裁判首先要认定案件事实或者争议事实,然后再适用法律。另一方面,二者又是可以互相转化和包容的。认定事实可能包含法律适用的内容,适用法律也可能包含事实认定的内容。明确二者的辩证关系,对于证据法学来说,具有理论价值;对于司法裁判来说,具有现实意义。

《证据法学》是专著性质的法学教材,初版于2004年,先后获得司法部第二届全国法学教材与科研成果一等奖、北京市高等教育精品教材等多项奖励,并曾经入选法律出版社“最受欢迎的法律好书”。过去17年,我们跟随国家法律和司法实践的发展变化,对本书进行了六次修订。这次第七版属于“大修”,删除文字约8万,修改文字约15万,而且对法条、案例和注释进行了全面更新。总之,这应该算得上一部与时俱进的教材。

何家弘

2021年中秋节写于北京世纪城痴醒斋

目录 CONTENTS

第一章 CHAPTER ONE

证据制度的历史沿革

就司法证明的方法而言，人类社会曾经历过两次重大的转变：第一次是从以“神证”为主的证明方法向以“人证”为主的证明方法转变；第二次是从以“人证”为主的证明方法向以“物证”为主的证明方法转变。而就司法证明的制度或证据制度而言，人类社会的发展则在一定程度上体现了“否定之否定”的规律，即从自由证明到不自由证明，再到相对自由的证明。诚然，英美法系和大陆法系的证据制度有着并不完全相同的发展轨迹，而中国的证据制度也有自己独特的历史进程。

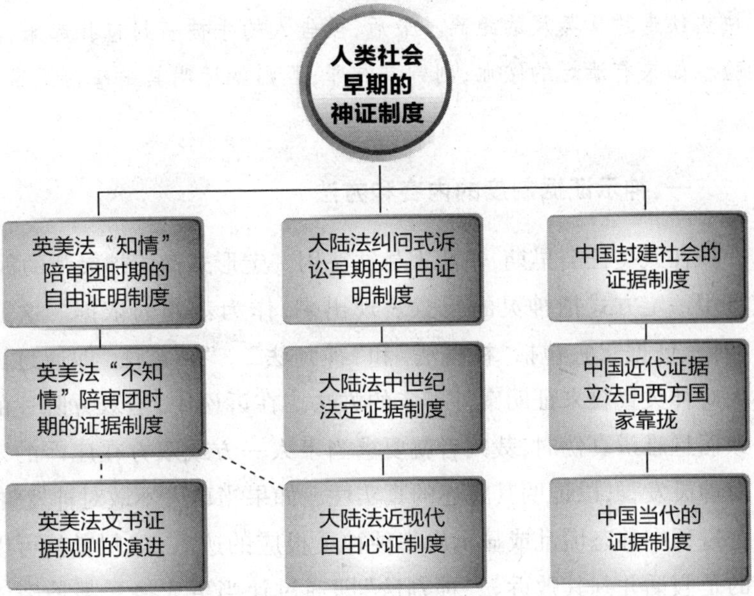

第一节 人类社会早期的神示证据制度

其实,法官之所以能够就案件做出裁决,并不是因为他们自己的智慧,而是因为有神的帮助。而且,判决的权威性是最为重要的,人们对合理和正义的理解都会因此而屈从于对神的信仰和崇拜。

——古希腊人

中世纪欧洲国家盛行"热铁审"。在一起刑事案件的审判中,担任法官的牧师给烧红的铁块洒上一些"圣水",大声说道:"上帝保佑,圣父、圣子和圣灵,请降临这块铁上,显示上帝的正确裁判吧。"然后,他让被告人手持那块热铁走过9英尺的距离。最后,被告人的手被密封包扎起来,三天之后查验。如果有溃烂的脓血,则判其有罪;否则就证明其是清白无辜的。

一、神示证据制度的内容和方法

在人类社会早期,司法人员往往用一定形式邀请神灵帮助裁断案情,并且用一定方式把神灵的旨意表现出来,作为裁判的依据。这就是所谓的"神示证据",它包括"神誓法"和"神判法"。"神誓法"即通过诉讼当事人面对神灵宣誓来证明案件事实的方法。在诉讼中,当双方陈述的事实不一致而且难辨真伪时,裁判者就要求当事人一方或双方在庄严的宗教仪式下对神灵发誓,以证明其陈述的真实性。如果当事人不敢对神发誓,或者在发誓过程中神态慌乱或显示出某种神灵报应的迹象,裁判者就可以认定其说的是假话并判其败诉。"神判法"即通过让当事人接受某种肉体折磨或考验来证明案件事实的方法,又称为"神明裁判法"或"折磨考验法"(Trial by

Ordeal)。这种折磨或考验通常都在由神职人员主持的宗教仪式下进行。

在“神誓法”和“神判法”中,司法天平的倾斜略有不同。前者往往有利于接受审查的人;后者则明显不利于接受审查的人。按照“神誓法”的规则,接受审查者在面对神灵发誓之后,只要没有“特殊反应”出现,就可以顺利通过审查甚至胜诉。由于“特殊反应”的出现概率较低,所以接受审查者比较容易过关。有时,争讼双方都面对神灵信誓旦旦,而且都没有“特殊反应”,裁判者只好寻求其他证明方法。然而,使用“热铁审”等神明裁判方法,结果显然不利于接受考验的一方,因为一般情况下人的手都会受到热铁的灼伤,只有特殊情况下才能幸免。由此可见,裁判者决定让某人接受神灵的考验,往往就可以在很大程度上决定审判的结果。于是当裁判者怀疑某人说谎时,就会要求他接受神灵的考验,而不是简单地让他对神宣誓,因为宣誓的结果概率对他有利,而考验的结果概率对他不利。在许多国家的实践中,这种考验往往用于那些名声不好的被告人,那些被指控犯有投毒、杀人等恶劣罪行的被告人,以及那些难以让人信赖的当事人。神明裁判是神示证据制度的主要内容和代表形式。

在世界各国的历史上,神明裁判的方法五花八门。古代巴比伦人在审理案件的时候经常采用“水审法”。按照《汉谟拉比法典》中的有关规定,如果某自由民的妻子被人告发有通奸行为,但是她自己不承认,那么法官就会命令把该女子扔到河里去。如果那个女子沉到水里去,就证明她有罪;如果她没有沉下去,而是浮在水面上,就证明她无罪。不过,古代日耳曼人采用的“水审法”检验标准恰恰相反。诉讼当事人在膝盖处被绑起来,然后用一根绳子系在腰部,慢慢地放入水中。根据他的头发长度在绳子上打一个结,如果他的身体沉入水中的深度足以使那个绳结没入水中,就证明他是清白的;否则就证明他是有罪的。其理由是洗礼教派的“圣洁之水”不能容纳提供虚假证言的恶人。

古印度的《摩奴法典》中规定,如果法官依证言和物证不能确认案件事实,则可以用“神明裁判”来审查证据和证明案件事实。作为《摩奴法典》之补充的《那罗陀法典》第102条明文规定了八种“神明裁判”的方法,包括火审法、水审法、秤审法、毒审法、圣水审、圣谷审、热油审和抽签审。

在有些国家或地区还曾经流行过把被告人扔进鳄鱼池等场所接受凶猛

动物考验的方法和让被告人在一定时间内吃下定量的干奶酪和面包等食物的考验方法。后者主要在一些欧洲国家流行过,时称"面包奶酪法"。

另外,在中世纪欧洲一些国家的诉讼活动中盛行的决斗法也带有一定的神明裁判的性质。在决斗之前,主持者一般都要对神祈祷而且要当事人向神宣誓,以便神灵在暗中帮助正义的一方在决斗中战胜对手。决斗的胜者自然就是诉讼的胜方。如果败方的亲友对胜诉方进行报复,则被视为对神明旨意的抗拒,一般都要被判处死刑。

无论在哪一种形式的神明裁判过程中,司法人员的认识活动都不是认定案件事实和做出裁判的主要依据。法官的基本职能并不是查明案件事实并在此基础上适用法律,而只是扮演仲裁仪式主持人的角色。从某种意义上讲,那时的法庭并不是为查明案件事实而设立的司法机构,而是请求神灵揭示案件事实的工具,是为获得"神明旨意"所设置的带有强烈宗教色彩的场所。例如,古希腊人认为,司法裁判的职责不能掌握在人的手中,而只能掌握在诸神的手中;法官之所以能够就案件做出裁决,是因为他们有神的帮助。于是,司法裁决被认为是神的旨意,当事人不是用证据和理由去说服法官接受其诉讼主张,而是祈求神灵来证明其诉讼主张的正当性。

二、神示证据制度的消亡

随着社会的发展,以神明裁判为代表的神示证据制度逐渐退出了司法证明的历史舞台。这首先是由于国家权力的膨胀。公元 11 世纪,欧洲一些国家开始建立比较稳定的政府。这些政府自然而然地开始寻求能够保护其利益的各种措施手段,包括司法手段。于是,司法审判不再被视为个人纠纷的仲裁,而是国家统治者控制民众行为和镇压反政府活动的工具。统治阶级开始对那些结果难以预料的非理性的司法证明方法感到不满,要求司法人员在审判中行使更大的决定权。例如,国王作为一个国家的封建主要求地方贵族交出一定的财产或土地,但是地方贵族对此产生异议并诉诸法律。在这种审判中,国王当然不愿意听凭难以预料的"神明"来做出裁判,便开始越来越多地介入司法证明的过程,让他能够控制的人担任证明的主要角色,如传唤若干名了解案件情况的人进行询问,然后由被任命的司法官在证人证言的基础上做出裁决。

在刑事审判中,这种变化表现得尤其明显。过去,追诉罪犯一直被认为是被害人及其亲属的事情。被害人及其亲属甚至可以对当场抓获的罪犯自行处罚。随着政府权力的膨胀,这种原始的“司法”活动受到了限制。被告人必须被押送到正式审判场所接受正式审判,然后才能受到处罚。而且,政府官员在必要时可以越过被害人去主动抓捕罪犯并进行审判。在这种司法活动中,人证的作用自然越来越重要。例如,俄国11世纪的法律汇编《罗斯真理》中已经有了关于人证效力的规定。该法律认可的“司法证据”包括“神誓”、“神判”、抽签,还包括当事人、目击人或见证人的陈述。因此在当时的审判中,诉辩双方(本书中也称为控辩双方)往往都会带一大群亲属和邻居出庭,作为“证人团”,以便用人证的力量战胜对方。于是,人证逐渐成为司法证明的主要手段。

当然,神明裁判被废止的真正原因还在于人类认识能力的提高。随着科学的进步和社会实践的发展,人们越来越对神明裁判方法的合理性和可靠性产生怀疑。于是,神明裁判在人们心目中的权威性开始降低。在英国法令明确禁止在审判中使用神明裁判方法之前,人们就已经失去了对这种证明方法的信赖。例如,1164年的《克拉灵顿法令》规定在神明裁判中被判无罪的被告人必须在40天内离开其生活的地区。这就是说,即使神明裁判被告人无罪,但是当地百姓仍然相信其是罪恶之人,必须放逐他乡。由此可见,当时人们对待神明裁判的结果已经有了相当广泛的怀疑甚至抵触的心态。

虽然神明裁判方法具有浓厚的宗教色彩,但是在欧洲首先公开反对这种做法的却是教会。1215年,欧洲天主教拉特兰大教会明令禁止在其宗教法庭的审判中使用神明裁判。随后,欧洲许多国家也相继废除了神明裁判。例如,法兰西王国是在1260年明令废除的;罗马帝国是在1290年废止的;英国也是在1290年通过法令禁止的。13世纪末,神明裁判基本上退出了欧洲司法证明的历史舞台。诚然,宣誓的方法在许多国家的审判中保留下来,但是其形式和意义都与古代的“神誓法”相去甚远。

三、神示证据制度的历史评价

首先,神示证据制度是非科学的司法证明制度。毫无疑问,“神誓法”

和“神判法”都不是科学的司法证明方法,它们是人类社会早期发展阶段的产物,是与人类当时的认识能力和水平相适应的。一方面,由于人类还没有掌握科学地认定案件事实的方法和手段,只好求助于神灵的帮助。另一方面,神明裁判的基础是人类对神灵的信仰和崇拜。在现代人看来,神明裁判方法是荒唐甚至滑稽的,但是在古代人的眼中,那些方法却是神圣和可靠的。

其次,神示证据制度有助于提高司法判决的权威性。司法判决需要社会成员的接受和认可,从一定意义上讲,权威性可以说是司法判决的生命。在人类社会的早期,由于司法者还没有办法用科学性与合理性确立其裁判的权威,而国家机构的权威还不够强大,所以借助神灵的力量来加强司法判决的权威性显然是最佳途径。就当时的社会而言,权威性的判决或许比科学性或合理性的判决更为重要。当时人们对合理和正义等观念的理解都会屈从于对神的信仰和崇拜。由此看来,神明裁判提高了司法判决的权威性,有助于维护社会秩序的稳定。

最后,神示证据制度在一定情况下也可以起到查明案件事实的作用。虽然“神示证据”是一种非理性的司法证明方法,但是它有时也能产生理性的效果。例如,当事人的有罪心理可能会影响其宣誓时的神态,有时甚至会使人在接受神明考验时心神不定或丧失意志。另外,有些神明裁判方法即使在今天看来也有一定科学道理,譬如“面包奶酪法”。在法庭上,法官要求被告人在一定时间内吃下一块大约一盎司重的大麦面包和同样大小的干奶酪。如果他没有困难就吃了下去,那就可以证明他无罪;如果他吞咽困难甚至发生呕吐,则证明他有罪。这确有一定道理,因为有罪者在恐惧等心理压力的作用下会出现唾液分泌减少等生理现象,于是他就会感到口干舌燥,很难将干奶酪和面包咽下。诚然,当时的司法人员未必已经知晓这种裁判方法的科学原理。

四、神示证据制度与早期诉讼模式的关系

证据制度的历史沿革与诉讼模式的发展变化有密切关系。由于诉讼模式不同,不同国家证据制度的发展方向和轨迹也有所不同。这在欧洲国家的历史进程中表现得最为突出。无论是在英吉利岛国还是在欧洲大陆国家,早期的诉讼制度都属于控告式诉讼(accusatorial procedure)。当时,无

论是刑事诉讼还是民事诉讼，都被视为私人之间的纠纷，而司法官员对待各种纠纷的基本态度是“不告不理”。在刑事案件中，被害人或其亲友必须到司法机关去“告状”，否则，司法官员不会主动调查和审理案件。当时，国家对司法活动的控制主要表现为防止当事人把法律握在个人手中作为复仇的工具并保证司法的公正，因此，司法者在审判中扮演的是仲裁人的角色。在这种制度下，司法官员的首要职责就是让社会成员相信其裁决是公正的，是具有权威性的。于是，在那些用一般方法难以裁断的疑难案件中借助神明的力量进行裁判，就成为当时最能让人接受的选择。由此可见，神示证据制度也是与人类社会早期的诉讼模式相适应的。

公元 11 世纪以前，同样在罗马法和教会法影响下，欧洲大陆国家和英吉利岛国的诉讼模式没有太大的差异。就当时的情况而言，人们似乎也没有理由认为这两个地区的诉讼制度会沿着不同的方向发展。然而，在神明裁判逐渐退出历史舞台的同时，欧洲大陆国家和英格兰的诉讼制度也开始分道扬镳。前者实行了以司法职权为核心的纠问式诉讼（inquisitorial procedure）制度；后者则形成了以陪审制为基础、以当事人为主导的抗辩式诉讼（adversarial procedure）制度。

英国和欧洲大陆国家的诉讼制度走上不同发展道路的原因是多方面的。首先，与欧洲大陆相对分离的岛国地理环境是使英国形成与欧洲大陆国家不同的诉讼制度的一个基础性原因。其次，英国比欧洲大陆更早确立王室的中央权力，因此，英国国王可以通过在全国各地巡回审判的王室法官推行普通法和陪审团审判模式；而欧洲大陆的小国君主们不得不在维护其统治时借助教会法和罗马法的力量。再次，早在 11 世纪的爱德华国王时期，英国的法官就不再由深受教会法熏陶的教士担任，而是由在王室法院中接受普通法训练的世俗律师担任；但是在欧洲大陆，多数法官都是教会的成员或者深受宗教影响的人。最后，从 13 世纪开始，英国的法律教育和培训就以普通法为基本内容，而且最初都是由设在伦敦的四个律师协会负责；而在欧洲大陆，直到 18 世纪，法律教育和培训的基本内容还是教会法和罗马法，而且主要由意大利那些带有浓厚宗教色彩的学院负责。正是在这些因素的共同影响下，英国和欧洲大陆才形成了不同的诉讼模式。与此同时，英国和大陆法系国家的证据制度也开始走上不同的发展道路。

第二节　英美法系证据制度的历史沿革

获得真相的最好方法是,让各方寻找能够证实真相的各种事实,然后双方展示他们所获得的所有材料……两个带有偏见的寻找者从田地的两端开始寻找,他们漏掉的东西要比一个无私的寻找者从田地中间开始寻找所要漏掉的东西少得多。

——[英]戴维林

1303年,英格兰。休果被指控犯有强奸罪。在陪审团开始对他的审判之前,他声称自己不该受到审判,因为他是教会执事,应享受神职人员的特权。但是法官指出,由于休果已经与一个寡妇结婚,所以他不能再享受神职人员的特权。休果争辩说他的妻子不是寡妇。如何查明这个问题呢?该案的陪审团是了解强奸事实的人,但是他们对休果妻子的婚姻史并不知晓。当然,法庭可以再召12个了解休果妻子婚姻史的人组成另外一个陪审团,裁定这一问题,但是这太浪费时间和人力了。于是法官决定就让这个陪审团裁决此事。然而,那些陪审员显然不能根据自己的知识做出裁决,必须由别人向他们提供有关的情况。面对这一难题,法官破例传唤了解休果妻子婚姻情况的人到法庭来作证。陪审团就是根据这些证人的陈述对这个问题做出了判决,然后再裁断强奸的问题。[1]

一、英国早期的陪审制度与证据制度

英国的证据制度在很大程度上是陪审团审判模式的产物,因此,研究英

[1] Julius Stone, *Evidence: It's History and Policies: An Original Manuscript*, Butterworths, 1991, p. 19.

美法系证据制度的形成与发展，就必须考察英国陪审制度的历史。不过，英国的陪审制度并非土生土长，而是从欧洲大陆传入的。早在公元 10 世纪，欧洲大陆的诺曼底大公国的司法官在审理案件时就经常传唤 24 名了解案情的人协助审判。这一做法后来被入侵英格兰的征服者带到英国，并成为英国陪审制度的雏形。

英国早期的陪审团由 12 名了解案件情况的当地居民组成，因此可以称为"知情陪审团"或者"邻里陪审团"。当时，这些人被招到法庭的目的并不是审查当事人提交的证据并认定案件事实，而是根据他们所了解的案件情况协助法官判案。按照当时的制度，挑选陪审员的基本条件就是了解案情，不了解案情的人不能担任陪审团的成员。如果陪审团成员对案件的某些情况不甚清楚或心存疑惑，他们可以在当地进行调查，去寻找和询问了解那些案情的人。如果通过调查发现某人比陪审团成员更了解案件情况，那么这个人就可能取代某个不太了解案情的陪审员而进入陪审团。

在知情陪审团审判方式下，由于陪审员都是根据自己的"知识"判案，不是根据他人提供的证据判案，所以法律没有必要就证据问题作出规定。因此，当时还没有法律意义上的证明规则或证据规则。法律既没有规定陪审团必须听取证人的陈述，也没有规定他们不能听取证人的陈述。而且法律对于陪审员了解案情的途径没有任何限制。无论是他们耳闻目睹的案件事实，还是他们道听途说的案件情况，都可以作为判决的依据。即使在"听说"的情况下，那些向陪审员讲述案件情况的人也不被视为证人，因为他们根本就不会进入审判程序，他们的名字甚至都不会在审判中提及。一般来说，法官在审判中不会询问陪审员获得信息的来源。从诉讼功能的角度来看，陪审员既具有裁判者的性质又具有证人的性质，因此这种陪审团又称为"证人陪审团"。

当时，无论是判例法还是国王发布的法令，都没有就司法证明的方法和手段做出任何限制性规定。如何证明案件事实，根据什么去证明案件事实，这都属于司法者的自由裁量权。每一个法官和每一位陪审员都可以根据案件的具体情况和本人的知识认定案件事实并做出裁判。实际上，法官和陪审员使用的"证明"方法与人们在日常生活中处理事务或解决纠纷时采用的"证明"方法没有太大的区别，都是根据自己的常识、经验和良知自由地认定有关的事实。

19 世纪初期英国著名的证据法学家边沁认为:司法证明应该是一个“自然的证明体系”,而不是“人造的技术体系”。他解释道:这种体系的基本模式就像一位明智的父亲在处理家庭纠纷时采用的证明方法一样,即让纠纷双方面对面地陈述自己的理由并允许向对方质问。任何证据都不应该被排除在司法证明的过程之外。

然而,随着实践的发展,法官开始对陪审团认定案件事实的活动进行限制和约束,于是便开始有了“证据规则”——首先是排除某些传闻证据的规则。在英国早期的审判程序中,无论是当事人还是法官都没有对陪审团的判决依据进行质疑的保障性机制。由于陪审员们都是根据自己的“知识”进行判决,而且无须在法庭上讲出其获得“知识”的来源,所以当事人和法官都无法质疑。即使法官认为陪审团的“知识”可能是错误的或者不可靠的,他也无能为力。不过,在判决做出之后,陪审员们的“知识来源”就不再是秘密了,因为陪审员们又回到了他们生活的社区之中。一些对案件感兴趣的人会询问陪审员是在什么地方或如何得知案件情况的。如果某陪审员事后承认自己是在酒馆里听一个醉汉或其他不该信赖的人讲述的案件情况,那么人们就会对该陪审员的判决依据提出质疑,有时甚至会要求法庭重新裁判。倘若该陪审员提供的案件情况是原法庭判决的主要依据,那么该判决就有可能被推翻。

正是由于实践中出现了判决因此被推翻的情况,所以一些法官便吸取教训,开始在审判中对陪审员获得与案件有关之情况的来源进行审查,并及时做出排除那些明显不可靠之传闻的裁定。例如,法官可以宣布某个“说法”不可靠,甚至可以在必要时更换陪审员。尽管这时的传闻证据“排除规则”还没有形成明确的法律规定,但是已经在实践中得到越来越多的认可。尽管这种做法与后来在欧洲大陆国家盛行一时的法定证据制度不可同日而语,但它毕竟是对司法活动中证明手段的限制,因此可以看作“法定证明”的发端。

二、陪审制度的变化与证据制度的发展

知情陪审制度适用于那些人口少、地域小的村镇,因为那里的人们互相

认识,而且了解当地发生的事情。但是随着人口的城市化和社会生活的复杂化,这种陪审团就越来越难发挥作用了。一方面,知情陪审员越来越难找;另一方面,陪审员的"知情"越来越不够用。在审判中,如前述休果一案那样需要其他人向陪审团提供证言的情况越来越多。于是,陪审员必须了解案情的要求在实践中变得无关紧要,越来越多的陪审员在参加审判时对案情几乎一无所知,完全根据证人在法庭上的证言进行判案。后来,为了保证陪审员在参加审判时没有任何事前的偏见,不了解案情又成为选任陪审员的基本要求。1352 年,英国法律赋予被告人要求了解案情的陪审员回避的权利。于是,英国的陪审制度就完成了由"知情陪审团"向"不知情陪审团"的转变。

与此同时,英国的诉讼制度逐渐从原来的控告式发展为抗辩式。虽然这两种诉讼模式并没有本质上的差别,但是后者更为强调当事人及其律师在诉讼过程中的作用。在法庭上,诉辩双方的律师扮演主要的、积极的角色;法官和陪审团则扮演消极的、中立的角色。假如把审判比喻为一场体育比赛,那么当事人和律师犹如运动员,法官和陪审团则如同裁判。而且,陪审团和法官的职能也有明确的分工:前者负责运用证据认定案件事实,后者负责主持审判和适用法律。在这种审判方式下,以证人证言为主的各种证据的作用就变得非常重要。

1468 年,英国证据学家福蒂斯休(Fortescue)在其著作中描述了证人在民事审判中出庭作证的情况:在法庭上,每一方当事人自己或者通过其律师首先向陪审团讲述案件中争议的问题和他们将要提出的证据,以便使法庭得知争议的焦点和事实真相;然后,双方传唤其证人出庭作证;每个证人都要先向法庭宣誓,就其知晓的案件争议问题提供证言。不过,陪审员仍然可以基于自己了解的案件情况做出判决。例如,陪审员可以根据自己了解的情况判断证人证言的真实性,也可以根据自己了解的案情认定案件事实,因为法律并没有规定他们只能根据法庭上出示的证据来认定案件事实。〔2〕但是在实践中,陪审团越来越多地依靠证人证言来认定案件事实,不再依靠自己私下了解的情况。

---

〔2〕 Julius Stone, *Evidence:It's History and Policies:An Original Manuscript*, Butterworths, 1991, p. 20.

由知情陪审团向不知情陪审团的转变,由控告式诉讼向抗辩式诉讼的演进,使证据成为审判的中心,从而推动了英国证据制度的发展。在新的审判方式下,各种证据的使用日益频繁,法官和陪审团在采用证据和审查证据时遇到的问题也越来越多,实践中不相一致甚至互相矛盾的做法时有所见。为了规范司法证明的活动,统一采纳证据的标准,减少证据运用上的混乱,保障司法公正的实现,法律必须做出明确的规定,于是,一系列证据规则便应运而生。

从15世纪到17世纪,英国的法律相继确立了传闻证据规则、文书证据规则、证人资格规则、强制作证规则、证言特免权规则等,为英国近现代的证据制度奠定了法律基础。18世纪,律师在法庭上对证人进行询问和交叉询问的规则逐渐形成。19世纪是英国证据法迅速发展和不断改革的时代,各种证据规则不断增加和产生。英国今天的法官在审判中引用的关于证据规则的许多判例都是在19世纪确立的。20世纪以来,英国的立法机关颁布了数量众多的关于证据的法律法规,使英国的证据制度从单一的判例法系统逐渐转变为判例法和制定法相结合的系统。

17世纪,英国移民把陪审制度及其相应的证据规则带进北美殖民地,并成为美国、加拿大等普通法系国家证据制度发展的基础。1791年,以美国宪法修正案形式颁布的《权利法案》(*The Bill of Rights*)对刑事审判和民事审判中的陪审问题做出了明确的规定,从而使英国的陪审制度和诉讼模式在美国各地迅速推行。在美国独立之后的相当一段时间内,联邦及各州的司法机关都沿用英国有关证据的判例法。后来,美国本土的判例法逐渐充实到普通法的体系之中,而且各州的证据规则也开始与传统的英国证据规则相分离。

从19世纪后期开始,美国国会的立法大量增加,因此在美国的法律体系中,制定法的作用越来越重要,但是这些立法主要集中在宪法、行政法等公法的领域之内。直到20世纪中期,美国的证据法仍然以判例法为基本形式。1967年,美国加利福尼亚州颁布了《证据法典》;〔3〕1975年,联邦最高

〔3〕 该法典历经多次修改,最后一次修改是2021年。California Evidence Code, https://leginfo.legislature.ca.gov/faces/codesTOCSelected.xhtml? tocCode=EVID.

法院和国会为联邦各级法院制定了《联邦证据规则》。[4] 目前,美国各州都有自己的证据法或证据规则。

毫无疑问,英美法系的证据制度主要是为适应陪审团审判而设计的,是为防止陪审员在使用证据认定案件事实时出现混乱或偏差而产生和发展起来的。因为陪审员不是法律专业人员,智力水平和道德素质也参差不齐,所以不能让他们自由行使采用证据和评断证据的权力。但是,这种证据制度并没有随着陪审制度的衰落而退出历史舞台。从 19 世纪后期开始,英国的陪审团审判急剧减少。到 1934 年,英国的陪审制度已经基本上名存实亡。20 世纪以来,美国使用陪审团审判的案件数量也在减少,当然,陪审团在重大案件的审判中仍然发挥着重要的作用。由于长期的实践已经证明,这些证据规则确实能够发挥保证公正司法和统一司法的作用,所以在非陪审团审判的案件中依然适用。

综上所述,英美法系的证据制度是在陪审团审判和抗辩式诉讼的框架下产生和发展起来,并以一系列证据规则为基本内容的。诚然,证据规则都具有"人造"的属性,但它们并不是人们凭空想象出来的,而是以实践为基础的。一方面,实践的发展向法律提出了制定证据规则的客观要求;另一方面,司法经验的积累也使人们可以认识和掌握司法证明的规律,从而制定出相应的证据规则。一言以蔽之,证据规则是客观规律在主观认识上的反映。

三、从文书证据规则的演进看英美法系证据制度的发展

在英国早期确立的证据规则中,最重要也最有代表性的当属文书证据规则。而研究英美法系的文书证据规则,又必须追溯到神明裁判后期的"文书审"。所谓"文书审",就是在与某文书所确立的权利义务关系有关的诉讼中,法官必须而且只能依据该文书进行裁决。实际上,在"神明裁判"依然盛行的时候,英国的法官们就已经开始在审判中重视文书的证明作用了。

在当时的英国社会中,制作文书是有知识的贵族或富人专有的技能,因此"文书审"主要适用于贵族或富人之间的诉讼纠纷,如遗产纠纷、土地转

〔4〕 该规则历经多次修改,最后一次修改是 2017 年。Federal Rules of Evidence Federal Rules of Evidence (2020 Edition), https://www.rulesofevidence.org/.

让纠纷等。在“文书审”中,诉讼当事人把有关的文书提交给法官,以便后者裁定当事人的主张是否在该文书中有足够的依据。法官在这种审判中的核心任务就是审查该文书的真实性,而且主要是文书制作形式上的真实性,例如,该文书是不是本案当事人制作的;上面有没有当事人的印章,而且一般都要把印章的比对结论作为判决的主要依据。法官在这种审判中只能视文书若神明,机械地遵从,不能有任何自由裁量权。但是,随着社会的发展和实践经验的丰富,也随着司法理念的变化,“文书审”逐渐演变为“契约之诉”,“文书审”的原则也逐渐进化为适用范围更加广泛的文书证据规则。这一演变过程主要表现在以下三个方面。

(一)从原始文书的不可阙如规则到最佳证据规则

“文书审”的规则之一是当事人在此类诉讼中必须提供原始文书。从某种意义上讲,事前在庄重形式下制作的文书就是对日后诉讼争议的裁定。法庭的任务并不是自己做出裁判,而是让文书做出裁判。顾名思义,“文书审”就是以文书为中心的审判。因此,这种审判绝不能没有文书,就像“神明裁判”中的“热油审”不能没有热油一样。如果根据某文书提出诉讼主张的人把文书丢失了,或者意外地把它毁坏了,那么就意味着其诉讼请求的终止。如果他掌握着该文书,但是不愿意提交给法庭,或者不愿意把原件提交给法庭,那么他就会败诉。一言以蔽之,没有文书,就没有主张的权利;没有原始文书,就没有法院的裁判。但是随着实践的发展,这一“原始文书不可阙如”的规则发生了一些变化。首先,这一规则所适用的案件范围扩大了;其次,这一规则在适用中的灵活性增加了。

“原始文书不可阙如”的规则本来仅适用于遗嘱纠纷、不动产合同纠纷等“文书审”案件,在其他案件中并不适用。但是,随着社会的发展和各种文书在社会生活中的普及,书证在审判中的使用越来越广泛,已经远远超出了传统的“文书审”案件范围。即使在一些普通的刑事案件和民事诉讼中,当事人也可能向法庭提交文书证据。于是,“文书审”中必须提供原始文书的规则也就扩大到其他各类案件的审判之中。

然而,在各类案件的审判中一律适用“文书审”的规则也确实给法官判案增加了困难。如果法官在涉及书证的案件中都按照原来的传统机械地要求当事人必须提供原始文书,那就会导致一些诉讼当事人的正当诉讼请求得不到法院的支持,既影响司法公正,也影响司法效率。因此,实践要求法官在运用这一文书证据规则时必须具有一定的灵活性。在这个问题上,衡平法(equity law)发挥了很重要的作用。

在英国法律制度的发展进程中,衡平法是作为普通法的灵活性补充登上历史舞台的。当普通法那些颇为僵化的规则难以在审判实践中维护司法公正时,诉讼当事人——起初只是具有贵族身份的当事人——只好求助于国王,后者便按照"公平且善良"(ex aequo et bono)的衡平原则做出裁判。后来,国王把这种权力授予作为贵族院首领的大法官(Chancellor),让其以"国王良知守护人"(keeper of the King's conscience)的身份对普通法难以解决的诉讼纠纷进行衡平法裁决,并逐渐把这一做法推广到普通人的诉讼之中。大约在 15 世纪,衡平法在英国已经成为独立的法律体系,而且有了独立的衡平法院系统。

由于普通法院在"文书审"传统的影响下,在审判中机械甚至僵硬地坚持"原始文书不可阙如"的规则,所以那些因文书遗失、损坏或其他原因而无法提交原始文书的当事人只好求助于衡平法院。衡平法院则根据具体案件的情况,允许那些确实有正当理由的当事人在没有原始文书的情况下提起诉讼并获得司法救济。衡平法院的做法不仅改变了"原始文书不可阙如"的规则,而且动摇了"文书审"的核心与根基,即"文书本身包含判决"的司法公正观念。

在衡平法的影响下,普通法院的法官也开始通过判例的方式给"原始文书不可阙如"的规则增设例外,以便减小其负面影响。例如,如果某案件的当事人向法庭证明其确实无法提供原始文书,而且具有正当理由,换言之,他既不是故意隐藏原始文书也不是没有尽力去获取原始文书,那么法官就会允许他用其他证据来证明其诉讼主张,包括没有当事人封印的复制或复印文书,以及能够证明该文书内容的证人证言。

随着社会生活和经济活动中公共管理职能的增长,公司注册登记和人员管理档案等各种公共记录文书的数量不断增加,其作用也不断增强。在实践中,这些文书也越来越频繁地成为诉讼的证据,但当事人往往很难拿到这些文书的原件,而只能向法庭提供文书的副本或复制件。于是,法院不得不进一步放宽对“非原始文书”的禁令。大约在18世纪后半期,英国的法院一般都允许当事人根据公共记录档案的副本或复制件提起诉讼,而不必提交原始文书。

经过上述发展,原来那些非常刻板的原始文书规则就逐渐演化为比较灵活的最佳证据规则。按照这一规则,诉讼当事人在使用书面证明材料时一般都要提供原始书证。但是法律也规定了一些例外情况,例如,文书的原件已经损毁或遗失;文书的载体过于沉重或庞大而不便移送法庭;文书的原件在第三人掌握之下而且第三人有权拒绝提供;文书的原件属于必须由官方保存的档案等。在这些情况下,法庭会允许当事人提供文书的复印件或复制件作为证据。

(二)从文书见证人的不可或缺规则到证言佐证规则

由于制作文书被视为人们事前通过特定的正式程序来处理自己权利的行为,所以要证明文书的效力,就必须首先证明该程序的存在及其恰当性。而这种证明一般都要通过传唤那些目睹该文书制作过程的证人来完成,如遗嘱的见证人等。在“文书审”时期,这是一个非常严格的规定,就像必须提交文书本身一样严格。见证人必须出庭,必须宣誓证明该程序的存在及其恰当性,因为这是采用“文书审”的前提条件。换言之,只要当事人提交了文书,就必须传唤制作该文书的见证人来证明其真实性。无论该文书本身看上去多么可靠,以及作为文书制作者的当事人是否认可,只要见证人没有到庭,该文书就没有法律效力。但是,在契约之诉代替了“文书审”之后,见证人便失去了原来的必要性。虽然法庭仍经常传唤见证人,但那只是为了进一步证明文书的可靠性,并不是法律所要求的必经程序。

随着文书证据在审判中的使用越来越多,见证人规则的适用范围也扩展到所有涉及文书证据的案件之中,但是它已不再具有绝对的约束力。换言之,法律允许提出文书证据的当事人在某些情况下可以不提供见证人。而且随着适用范围的扩大,该规则也越来越宽松。在实践中,只要提交文书的当事人给出见证人不能出庭的正当理由,法庭就不再要求其提供见证人,而根据案件中证据的具体情况来审查文书的真实可靠性。

在19世纪后期的英国实践中,文书见证人的规则又表现出回归的趋势。虽然法律不再要求所有涉及文书的案件都必须传唤见证人出庭，但是明确规定在某些种类的案件中使用文书证据必须提供佐证。例如，在涉及遗嘱、抵押证券、不动产转让契约等类案件中，法律要求当事人必须用见证人来证明有关文书的真实性。这就是现代英美证据法中关于文书证据的证言佐证规则。法律并没有完全否定用见证人来保证文书证据可靠的必要性，但是认为在所有案件中都机械地坚持这一规则会阻碍司法公正的实现，因此提供见证人来证明文书可靠性的做法只局限在某些种类的诉讼纠纷之中。

（三）从契约不容翻悔规则到口头补证规则

按照“文书审”的规则，诉讼当事人不得使用其他证据来推翻或改变文书的内容。由于文书本身就是对有关事实的一种“认定”甚至“判决”，而法庭审判不过是让这种“认定”或“判决”生效的特殊程序，所以法庭的证据调查不能超出该文书内容的范围。这就是说，“文书审”不允许法庭对文书内容以外的事项进行调查，也不允许当事人用其他证据来修改文书中确定的内容，例如，不能用当事人或证人的口头宣誓证言来改变或者增加文书中已经确定的内容。换言之，“文书审”就是由文书决定的审判，不是由法官或陪审团决定的审判，也不是由证人证言决定的审判。按照这一原则，无论文书的内容看上去多么虚假或荒唐，当事人也不能对这些内容提出异议，法官也必须照约裁判。

总之，“文书审”是以文书内容为依据的，不是以当事人陈述为依据的。一旦法庭确认某文书具有法律效力，该文书的内容就会成为法庭判决的依据。这是“文书审”的重要原则，而且体现着当时在审判活动中崇拜权威和重视形式的司法理念。在这种审判中，文书是至高无上的，文书的内容决定一切。诉讼当事人既不能质疑文书的内容，也不能声称该文书对他没有约束力，因为带有其封印的文书形式和恰当的制作过程就足以证明那是他事前认可的“判决”。即使他是被欺骗或强迫而制作该文书的，或是出于明显的过失而制作该文书的，在“文书审”的形式下他也没有法律所认可的辩护理由，因为该文书不仅是一件证据，而且是一种审判程式，是如同“神明裁判”一样神圣不可违背的。

这一规则实际上继承了早在古罗马时期就已经确立的“契约必须遵守”的法律原则。后来,这一规则又演化为英美法律中的“契约不容翻悔”(estoppel by deed,或译“禁反言”)规则。按照契约不容翻悔规则,契约的内容是不可改变的,法官在审判中不能允许当事人用证言等其他证据对契约的内容进行修正或补充。前面所讲的见证人也只能对书证制作过程的真实性和恰当性进行证明,不能对书证的内容进行证明。换言之,文书所确立的法律关系只能由文书本身来证明。当事人用“白纸黑字”的形式记录下来的意思表示和协议是不容置疑的,也是不能变更的。

然而,随着社会实践的发展,文书的种类越来越多,契约的内容也越来越复杂,而且签署契约等文书的当事人并不都是熟悉法律规定的,因此在文书内容中出现不符合法律精神或违反公平原则的情况并非罕见。如果机械地在一切案件中都绝对不允许当事人用证言等其他证据来修正或补充文书的内容,那显然不利于在个案中实现司法公正。于是,英国的法官通过一系列判例为禁止用证言修正文书内容的规则确立了例外。这些例外就构成了“口头补证规则”(parole evidence rule)的基本内容。

根据口头补证规则,如果契约中包含诈欺、强迫或过错等因素,法官就可以允许当事人使用口头补证来证明该契约的内容在法律上是无效的,或者是可以撤销的。这也表明法官可以在具体案件中运用自由裁量权来确认文书证据及相关证言的价值。从实践的角度来看,口头补证规则的确立已经在一定程度上推翻了契约不容翻悔的规则。但是从法律的角度来说,契约不容翻悔规则仍然存在,口头补证规则只不过是其补充性的规定或例外而已。

现代英美证据规则允许当事人在审判中对文书进行“口头补证”,但同时又对口头证据所能补证的文书内容加以限定。这似乎是在寻求一种平衡:一方面,为了维护社会生活的稳定,人们不能随意地签署一份文书,然后又否认他们写成白纸黑字的内容;另一方面,写成白纸黑字的内容未必都是当事人的真实意思表示,未必都符合法律的精神。因此,为了维护司法公正,法官必须根据案件的具体情况,充分地考虑各种有关的证据,才能准确地认定案件事实并做出真正符合法律精神的判决。

纵观英美法系证据制度的历史沿革,我们可以看到其证据规则经历了从少到多、从粗到细的发展过程。当前，英美法系的证据规则确实很多，似乎非常杂乱。但是，经过仔细考察，我们可以发现其具有两个基本特点：第一，证据规则在规范司法证明活动的同时往往也带有一定的灵活性，例如，在限制性规则的基础上不断增设一些例外；第二，绝大多数证据规则都是关于证据采纳问题的，而在证据采信或价值评断问题上，法律还是给予法官和陪审团很大的自由裁量权。由此可见，英美法系的证据制度是规范性与灵活性的结合，是法定证明与自由证明的结合，只不过更倾向于司法证明的规范性和法定性而已。

第三节 大陆法系证据制度的历史沿革

刑讯是一种绝好的发明。它一方面可以使一个意志薄弱的无辜者被判有罪,另一方面可以使一个意志坚强的有罪者被判无罪。

——[意]贝卡利亚

公元16世纪,意大利城市威尼斯。犹太富翁夏洛克与商人安东尼奥签订了一份经过公证的借贷契约。契约规定,如果安东尼奥在3个月期满时未能归还3000元,夏洛克就有权从其身上任何部位割下一磅肉来抵债。后来,由于安东尼奥的商船未能如期归来,导致其无法按时还债,而夏洛克果然依据该契约把那位可爱的君子起诉到法庭,要求强制执行那"割一磅肉"的约定。虽然担任法官的公爵大人也知道该契约的内容是荒唐的、不公正的,但是,既然双方在契约中已有明文约定,法庭也只能按照契约的内容做出判决。

后来,聪明的女主人公鲍西娅化装成年轻的男法官,巧妙地利用该契约中的文字"驳回"了夏洛克的无耻要求。鲍西娅在法庭上看过契约之后首先肯定说:"根据法律,这犹太人有权要求从这商人的胸口割下一磅肉来。"但是她随后对夏洛克说:"这契约上并没有允许你取他的一滴血,只是写明'一磅肉'。所以你可以照约拿一磅肉去,可是在割肉的时候,要是流下一滴基督徒的血,你的土地财产,按照威尼斯的法律,就要全部充公。"最后她宣判道:"你准备动手吧。不准流一滴血,也不准割得超过或者是不足一磅的重量。要是你割下来的肉,比一磅略微轻一点或是重一点,即使相差只有一丝一毫,或者仅仅一根汗毛之微,就要把你抵命,你的财产全部充公。”[5]这当然是夏洛克绝对无法完成的事情,于是就有了喜剧的结局。

一、纠问式诉讼与证据制度

(一)纠问式诉讼

12世纪以后,欧洲大陆国家的诉讼制度发生了很大的变化,即由早期的控告式诉讼转变为纠问式诉讼。在这种诉讼制度下,司法官员不再满足于“消极仲裁人”的角色,而成为刑事案件中主动的追诉人和审判者。在一些重大的刑事案件中,他们甚至不愿意等待当事人的起诉,而是通过自己的主动调查去发现证据、查明案情、审判并惩罚犯罪人。这种诉讼制度的变化也在一定程度上反映了司法观念的转变。刑事案件不再被视为当事人之间的纠纷,犯罪行为也不仅被视为对被害人的侵害,而且是对国家权力和社会秩序的威胁,因此司法机关必须积极行动,进行打击。

由于教会在当时的欧洲大陆有着强大的势力,教会法院在当时的社会生活中甚至发挥着比世俗法院更为重要的作用,所以最先正式采用纠问式诉讼的是教会法院。1215年,率先废除了“神明裁判”的天主教拉特兰大教会开始在其法院中推行“纠问式”诉讼制度。随后,法兰西、德意志和意大利等欧洲大陆国家的普通法院也都相继采用了这种新的诉讼制度。

在纠问式诉讼制度下,刑事案件的诉讼过程包括两个阶段:其一是预审;其二是审判。在预审阶段,司法官具有广泛且不受监督的调查权力。预审调查的核心内容是对被指控者的审讯,而且审讯是秘密进行的,因此,刑讯逼供是家常便饭。一般来说,被告人在接受审讯时根本不知道指控他的证据是什么。审讯结束之后,司法官才会向他出示证据,并宣读有关人员的指控证言。司法官在预审阶段收集的各种证据,包括书面证言和被告人供述,不仅是起诉的依据,而且是法官进行审判的依据。在审判阶段,法官先听取控诉方基于预审案卷材料提出的起诉意见,然后依据案卷材料对被告

---

〔5〕[英]莎士比亚:《莎士比亚全集》(威尼斯商人)(戏剧卷·上),朱生豪等译,译林出版社1999年版,第439~440页。

人进行最后的审讯。无须任何证人出庭作证,法官便可以做出判决。实际上,法官往往在审判开始之前就已经形成了判决意见。由此可见,在这两个诉讼阶段中,最重要的阶段是预审,起决定性作用的人物是负责预审调查的司法官,而审判不过是宣布判决的一种形式。

(二)证据制度的特点

在纠问式诉讼制度的形成过程中,欧洲大陆国家也逐渐形成了与英国不同的证据制度。如果说英国的证据制度是以陪审团审判为基础的,是与抗辩式或当事人主义的诉讼制度相适应的,那么,欧洲大陆国家的证据制度则是以司法官员收集和审查证据的职能为基础的,是与纠问式或职权主义的诉讼制度相适应的。大陆法系国家早期的证据制度具有以下基本特征:

1. 以“人证”为主要证明手段。在神明裁判退出历史舞台之后,人证便成为司法证明的主要手段。人证包括当事人陈述和证人证言。在刑事诉讼中,被告人口供是最为重要的证据。预审的主要目的是获得被告人的口供;审判的主要依据也是被告人的口供。

2. 收集证据具有片面性。在诉讼过程中,预审是收集证据的主要途径和手段。由于预审官员一般都是在相信被指控者有罪的前提下进行审讯的,所以其收集证据的目的性非常明确,即全力收集证明被告人有罪的证据。

3. 被告人无法行使举证权利。在预审阶段,被指控者在面对积极主动而且经验丰富的预审官员时始终处于被动甚至莫名其妙的处境。诚然,他可以向预审官员提出他的证人,但是否询问该证人和如何询问该证人则完全取决于预审官员的意愿乃至心情。此外,被指控者直到对方已经把起诉都准备好之后,才有机会得知指控自己的依据是什么。在有些案件中,被指控者在整个诉讼过程中可能都不知道指控乃至判决自己有罪的根据是什么。

4. 法官对证据的审查徒有虚名。由于纠问式诉讼制度下的审判完全建立在预审官员制作的案卷材料基础之上,法官在审判阶段不再询问证人,对被告人的讯问也只是一种形式,所以审判法官对预审官员收集的证据没有实质意义上的审查。在实践中,法官根据传闻证言或带有强烈偏见的证人陈述就判被告人有罪的情况屡见不鲜。

5. 法官享有运用证据的自由。由于法律对法官收集证据和使用证据没有任何限制性规定，所以法官在审判中可以完全根据个人的知识、经验、兴趣、好恶来采信证据和认定案件事实。

二、法定证据制度

欧洲进入封建君主专制时期之后，一种新的适应当时政治需要的证据制度取代了早期的证据制度。这一新制度在欧洲大陆的确立经历了一个漫长的时期，有其形成的特定历史条件。

（一）法定证据制度的缘起

统一规范法官审判活动的需要是法定证据制度产生的政治原因。13～15世纪，欧洲大陆国家的司法证明实践相当混乱，缺乏统一的证明标准。即使在同一个国家或同一个地区，不同法官采信证据的标准也不相同。在审判实践中，相同案情和相同证据在不同法官面前得到不同对待的情况绝非罕见。然而，随着欧洲大陆各国政权的稳定，统一规范司法活动就成为政府的一项重要任务，而其内容之一就是要统一规范法官在审判中运用证据的活动，限制法官在运用证据认定案件事实上的自由裁量权。

等级制度是法定证据制度产生的社会原因。在当时的欧洲大陆国家中，等级制度已经成为社会的基石。无论是世俗的封建等级制度还是教会的僧侣等级制度，都是社会的基本组织形式，因而都在很大程度上影响着人们的思想观念。既然人是不平等的，是可以分成许多等级的，那么司法活动中的证据也应该是不平等的，也是可以分成许多等级的。

崇拜权威的思潮是法定证据制度产生的文化原因。当时在欧洲大陆社会中流行的崇拜权威的思潮也为统一规范司法证明活动提供了理论和文化层面的条件。在当时的社会生活中，包括学术研究中，权威是特别重要的。人们在评断一个观点或一种学说是否正确的时候，往往不是看其自身是否具有科学性或合理性，而是看其是否具有权威性，是否言出有据。因此，引经据典就成为当时社会文化的一种时尚。而这种时尚也不可避免地影响了人们的司法证明观念，从而促进了法定证据制度的诞生。

在以制定法为基本法律形式的欧洲大陆国家,崇尚权威就是要由法律明确规定代替司法官员的个人认识,尊重等级就是要明确规定各种证据的效力等级,总之,就是要限制法官在运用证据问题上的自由裁量权。大约在16世纪,欧洲大陆国家相继确立了法定证据制度。罗马帝国1532年的《加洛林纳法典》和法兰西王国1670年的《刑事法令》都是这种证据制度的代表。在有些大陆法系国家,这种证据制度一直延续到19世纪。例如,1853年的《奥地利刑事诉讼法》和1857年的《俄罗斯帝国法规全书》中就都保留有法定证据制度的内容。

(二)法定证据制度的内容

所谓法定证据制度,是指法律事先规定各种证据的证明力和评断标准,法官在审判中必须严格遵守这些规则,没有自由裁量权。法定证据制度的基本规则可以概括如下:(1)有了完整的证明就必须做出判决,没有完整的证明就不能做出判决;(2)最好的完整证明是两个可靠的证人,其证言内容的统一是认定被告人有罪或无罪的结论性证明;(3)无论多么可靠,一个证人证言只能构成1/2的证明,而且其本身永远不足以作为判决的依据;(4)如果除证人证言之外还有一个1/2的证明,那就足以作为判决的依据,其他可以构成1/2证明的证据包括通过刑讯获得的被告人供述、商人的财务记录、专门为一方当事人的诚实性或其主张之事实所做的誓言、能够证实前半个证明的传闻证据或名声证据;(5)与案件有利害关系或个人信誉有瑕疵的证人证言是1/4的证明,而受到对方有效质疑的证据的证明力减半;(6)任何两个1/2的证明相加都可以构成完整的证明;任何两个1/4的证明或者四个1/8的证明相加都可以构成半个证明。总之,只要法官把起诉方提交的证据加在一起可以构成一个完整的证明,他就必须做出有罪判决;如果不能构成完整的证明,他就必须做出无罪判决。无论是有罪还是无罪,判决都不受具体案件中法官内心对证据确信程度的影响。

有些欧洲大陆国家的法律还为不同等级的人提供的证言规定了不同的效力。例如,贵族证言的效力高于平民的证言;僧侣证言的效力高于世俗证人的证言;基督徒证言的效力高于犹太人的证言;男子证言的效力高于女子的证言等。这些有关证据价值的法律规则都是法官在审判中必须遵守的,因此有人把法官说成是“立法者所设计和建造的机器的操作者”。[6]

不过，随着实践的发展，一些地区的法官在评断受到对方质疑的证据的证明价值时开始享有一定的自由裁量权。法国证据学家波尼厄尔在其颇具影响的著作《证据论》中就曾具体讲述了17世纪法国一些地区的法院在评价对方质疑对证据价值的影响以及对证据价值进行加减的规则。他指出：如果一个证言受到对方的质疑，那么法官将酌情减低其证明价值。法官不会一笔勾销该证言的价值，而是酌情将其降低为1/8、1/4、1/2或3/4个证言。这些降低了价值的证言需要其他证据佐证才能构成一个完整的证言。假设在一起案件中，一方当事人的四个证言都受到对方的质疑。根据质疑的情况，其中两个证言的价值减半，一个减为1/4，一个减为3/4，那么加在一起，就是两个证言。由于两个良好的证言就可以构成一个完整的证明，所以，尽管这四个证言都在不同程度上受到对方的质疑，但是仍然可以构成一个完整的证明，法官仍然可以据此做出判决。在此，证据的价值仍然是定量的，只不过法官在确认受到对方质疑的证据究竟应该属于1/8、1/4、1/2，还是3/4的证据时，可以“酌情”处理了。

（三）法定证据制度的评价

1. 法定证据制度的优点

这种证明模式有助于提高司法裁决的规范性。司法公正的基本要求之一是相同的案件应该在司法面前得到相同的处理。而要做到司法面前人人平等，司法人员在使用证据和审查证据的时候就要遵守统一的规则，不应该有太多的自由裁量权。

这种证明模式有助于提高司法裁决的可预见性。为了让社会成员能够预见司法裁决的结果并据此设定或约束自己的行为，诉讼中的证据规则就应该是具体明确的，是人们知晓的，而且是人们可以事前预见到其适用结果的。

这种证明模式有助于提高司法判决的权威性。按照统一规范的证据规则认定案件事实并在此基础上做出判决，比较容易获得社会公众的接受和

---

〔6〕［美］梅里曼：《大陆法系》，顾培东译，西南政法学院1983年印行，第39页。

认可,从而提升判决的权威性。

2. 法定证据制度的缺点

这种证据制度在运用证据的问题上过于死板,缺少灵活性。按照法定证据制度的规则,法官在运用证据证明案件事实的时候只需机械地认定证据的价值,然后进行加减即可。这种做法把复杂的问题简单化了,甚至把法官变成了一台简单的"计算器"。然而,案件是复杂多样的,证据也是复杂多样的。法官在不同案件中都按照量化的规则评断证据的价值,没有任何灵活性,就很容易在个案中导致错误或者不恰当的判决。

这种证据制度容易导致刑讯逼供的泛滥。在法定证据制度下,由于法律规定被告人口供是良好的 1/2 的证明,而且法律对司法官员获取口供的方法和途径没有限制,所以刑讯逼供自然就成为司法官员的常规取证手段。实际上,当时的法律就这样告诉司法官员:如果你手中的证据已经构成了半个证明,那么你就应该使用刑讯来获得口供,即另外半个证明。一些国家的法律甚至明确规定被告人供述是最有效的证据或"证据之王"。于是,刑讯逼供就在欧洲大陆盛行起来,并成为法定证据制度的一个基本特征。

三、自由心证制度

(一)自由心证制度的缘起

17 世纪以后,欧洲大陆的资产阶级革命和启蒙运动从政治和文化的层面上推动了司法制度的改革,也包括证据制度的改革。崇尚自由权利和个人认识能力的人道主义者和理性主义者对法定证据制度提出挑战,对以刑讯逼供为特征的法定证据制度进行了猛烈的抨击。法国启蒙思想家孟德斯鸠认为,刑讯逼供适合封建专制国家,因为任何能够引起恐怖的东西都是专制政体的最好动力。意大利刑法学家贝卡利亚指出,关于刑事案件,非法律专业人员依照感觉所做出的判决往往比法律专业人员依照预定的规则所做出的判决更正确。在有些情况下,刑讯逼供会走向查明案情真相的反面,即用肉体折磨来制造冤案。在法国大革命时期,这种抨击达到高潮,并最终导致了诉讼制度的改革。按照法国新的诉讼制度,审判不再是预审调查的附属活动,不再是仅仅依据预审调查的案卷材料做出判决的仪式,而是诉讼过程的实质性阶段,因为法官只有在法庭上对证据进行直接审查之后才能做出判决。换言之,司法活动的中心从预审转移到审判。

与此同时,英国的陪审制度也以两种方式被引入欧洲大陆。一种是法国和意大利采用的"陪审团模式",即陪审团作为专门负责认定案件事实的非专业人员参与审判,法官则只负责适用法律;另一种是以德国为代表的"参审模式",即陪审员在法庭上与法官共同负责认定案件事实和适用法律。后来,法国和意大利都放弃了"陪审团模式",而采用了"参审模式"。虽然欧洲大陆国家的陪审制度与英国的陪审制度有很大差异,但是这种引进毕竟在一定程度上推动了新的证据制度在欧洲大陆国家的建立。

1790 年 12 月 26 日,法国国会中的资产阶级代表杜波尔向宪法会议提出了一项改革草案。他指出,按照法定证据制度进行判决是荒谬的,对被告人和社会都是有危害的;只有在审判中给予法官自由判断证据的权力,才能保证法官尽最大可能去查明案件事实,从而做出正确的判决。1791 年 1 月 18 日,法国宪法会议通过了杜波尔议案,并于同年 9 月 29 日颁布法令,确立了自由心证制度。这项证据制度改革的成果后来被写进了 1808 年法国《刑事诉讼法典》。随后,其他欧洲大陆国家也纷纷效仿法国的改革。例如,德国在 1848 年革命之后也进行了相应的改革,其结果写进了 1877 年《刑事诉讼和法院组织法》;而意大利在法国模式基础上进行的诉讼制度改革是由 1865 年颁行的《刑法典》推广开来的。

(二)自由心证制度的内容

所谓自由心证,就是证据的价值或证明力不再由法律事先做出具体明确的规定,法官和陪审员在审判中可以运用自己具有的"人类普遍认知能力"来自由评断具体案件中各种证据的证明力。从某种意义上讲,这是对法官自由裁量权的肯定。在法定证据制度下,任何证据都具有固定的证明价值,法官没有灵活运用证据的余地;在自由心证制度下,每一种被采用的证据的证明价值是不固定的,要根据具体案件的情况由陪审团或法官自由评断。

1808 年法国《刑事诉讼法典》对自由心证制度做出了具体而且生动的规定。它以陪审团审判为例,要求法官在陪审团评议案情之前做出如下告知:法律并不要求陪审团讲出他们获得确信的途径和方法;法律也不给他们预定的规则,要求他们必须按照这些规则决定证据是否完全和充分;法律所规定的是要求他们集中精神,在自己良心的深处探求对于控方提出的针对被告人的证据和被告人的辩护证据在自己的头脑中形成了什么印象。法律并不对他们说:"你们应当把多少证人所证明的每一个事实认定为真实的。"法律也不对他们说:"你们不要把那些未经某种口头证言、某种文件、某些证人或其他证据支持的证据视为充分的证明。"法律只是向他们提出一个能够包括他们全部义务的问题:"你们是内心确信了吗?"因此,以法国为代表的自由心证制度又称为"内心确信的证据制度"。

(三)自由心证制度的评价

1. 自由心证制度的优点

"自由心证的制度体系以证据自由、证据自由评价以及法官的判决责任伦理为基础,立足法官对证据的理性智识评价以及审慎认知,最终达致案件真相。"[7]显而易见,这一制度具有较大的灵活性,可以更好地在个案中实现司法公正。案件的具体情况是纷繁复杂的,证据的内容和形式是多种多样的,社会的环境状态也是不断发展变化的,因此,由法律事先把一切都明文规定下来的做法在理论上是荒谬的,在实践中也是不可行的。为了保证具体案件中运用证据的合理性和准确性,司法人员必须在运用证据认定案件事实的问题上享有自由裁量权,以便根据案件的具体情况自由地审查证据和运用证据,而且,司法人员普遍具备的良知和能力也使他们完全可以胜任这项工作。

2. 自由心证制度的缺点

自由心证制度缺乏统一的认证标准或尺度,容易受司法者个人因素的影响,从而造成司法认证实践中的混乱。由于自由心证制度在很大程度上依赖于法官个人的专业素质和道德修养,所以在一些情况下就会为法官的专断或恣意提供可乘之机。即使都是正直的法官,也会因为个人素质或兴趣的不同而导致认证结果的差异。从另外一个角度来说,自由心证制度对法官个人的要求很高,而且要求在社会中有制约法官行为的有效机制,因此

〔7〕 施鹏鹏:《刑事裁判中的自由心证——论中国刑事证明体系的变革》,载《政法论坛》2018年第4期。

推广起来比较困难。

20 世纪中期以来,以法德为代表的大陆法系的证据制度也发生了一些变化。在保持自由心证传统的同时,大陆法系也开始吸收英美法系证据制度的优点,采用了诸如非法证据排除规则和被告人口供补强规则等带有法定证明色彩的规定。另外,法律对法官的自由心证也加以限制,确立了所谓的“心证公开”规则。例如,德国《刑事诉讼法典》第 267 条规定:“对公诉被告人定罪判刑或宣布无罪都要说明判决的理由。”

第四节 中国证据制度的历史沿革

察奸人之匿情而作伪者,或听其声而知之,或视其色而知之,或诘其辞而知之,或讯其事而知之。盖以此四者得其情矣,故奸伪之人莫能欺也。

——(南宋)郑克

宋朝年间,建州浦城县发生了一起盗窃案,一个大户人家失窃,丢失金银财宝若干。官府虽然找到一些犯罪嫌疑人,但是几经讯问,就是不能定案。后来,新县官陈述古上任,决心查破此案。他得知该县后山上有一座庙,庙里有一口大钟,当地人视为神灵。于是,他让衙役把那口大钟请到官府,放在后院,用幔布做了一个大帐篷,围在上面。然后,他升堂问案,把那些犯罪嫌疑人都带到后院。他说,这口大钟能够辨识盗贼。疑犯用手摸钟,如是盗贼,那钟就会发出鸣响;如不是盗贼,那钟就会保持沉默。说罢,他带人在大钟前举行了庄重的祈祷仪式,然后让犯罪嫌疑人依次走进帏帐,用手摸钟。帐内光线昏暗,且无人监视。众嫌犯一一入帐摸钟,然后出来,但那大钟一直未响。旁观者议论纷纷,县官却令衙役查验每个疑犯的手掌。只见众人手掌皆黑,唯有一人手掌不黑。县官一拍惊堂木,喝道:“你这盗贼,还不从实招来!”原来,县官让人暗中在大钟上涂了墨,而那个入帐后不敢用手摸钟因此手上无墨的人定是盗贼。经过审讯,那人果然交代了作案经过,并带衙役起获了盗窃所得之赃物。[8]

〔8〕 郑克编著:《折狱龟鉴选》,杨奉琨选译,群众出版社 1981 年版,第 74 页。

一、中国古代的证据制度

中华民族有着悠久的历史。即使在原始社会，还没有国家政权，更没有司法机关时，人们在群体生活中也会出现纠纷，也会发生案件，因此也需要调查事实并做出裁判。公元前21世纪，中国社会开始从原始社会过渡到奴隶社会。公元前5世纪，中国社会又开始从奴隶社会进化到封建社会，并一直延续到公元19世纪中期。在这四千年的历史时期内，虽然朝代经常更替并往往伴有战乱，但是社会制度一直保持相对稳定，因而包括证据制度在内的法律制度也保持着基本特征的相对稳定。

（一）早期证据制度中的“神证”色彩

在中国古代，“神誓法”也曾经作为证明案件事实的一种手段。例如，在神权政治十分突出的商代，国王在对刑事被告人定罪量刑时也要用占卜的方式请求神的旨意，问神是否应该对被告人用刑。甲骨卜辞中便有这种记载：“贞：王闻唯辟？”“贞：王闻不唯辟？”《周礼》中记载：“有狱讼者，则使盟诅。”这说明当时打官司的人也要通过宣誓来证明自己陈述的真实性。

中国古代也有类似“神明裁判”的断案方法，如历史传说中所讲的“皋陶治狱用神羊”。皋陶是舜帝时负责司法的官员，他在审理疑难刑事案件时让人把“神羊”带上法庭，然后让被告人站到“神羊”面前。如果“神羊”用角去顶被告人，就证明被告人有罪；如果“神羊”不顶，就证明被告人无罪。所谓“神羊”，是一种传说中的动物，头上长有独角，能识别善恶，又称为“独角兽”。

诚然，外国那种“火审”“水审”等“神明考验”方法一直没有在中国的主流社会流行起来，但是在一些少数民族地区则有长期的使用。据调查，直到20世纪前期，中国的一些少数民族地区仍然保留着这种“神明裁判”的方法，如藏族、苗族的“捞热油”，景颇族的“捞开水”“潜水”“鸡蛋判”，彝族的“捧铧犁”“嚼米”，傣族的“吊簸箕”，佤族的“磨掌”“打头”“扎手”以及高山族的“馘首”等。

（二）夏朝至清朝证据制度的特点

中国古代的诉讼制度具有纠问式的特征，早在夏商时期，以国王为首的各级司法官员就在审判活动中扮演着积极主动的角色,因此证据制度也与大陆法系国家有许多相似之处。纵观从夏朝建立到清朝没落这几千年的历史,中国的证据制度主要有以下特点:

1. 以有罪推定为基本原则。在刑事诉讼中遇到证据不足,被告人可能有罪也可能无罪的“疑罪”时,究竟应该判有罪还是无罪,这是古今中外的司法者都必须面对的一个难题。在中国的历史上,虽然夏朝时就有人提出了“与其杀不辜,宁失不经”的观点,但是在奴隶社会和封建社会中,这种观点不可能得到统治阶级的认可。为了打击犯罪,维护阶级统治,司法活动的基本原则一直是有罪推定。虽然在某些历史时期,法律中也有“罪疑唯轻”和“疑罪从赎”等规定,但这些规定的本质还是有罪推定。一言以蔽之,被告人在面对犯罪指控时必须证明自己无罪。如果其不能证明自己的清白,司法者就可以判定其有罪。

2. 以人证为主要证明手段。在数千年的中国古代社会中,司法证明的主要手段是人证,包括当事人陈述和证人证言等。总的来说,古代社会的司法者在运用人证查明案件时具有主观武断的特点,但是也积累了一些有益的经验。早在春秋战国时期,一些司法官在遇到疑难案件时就走出法庭进行调查,注意听取当地居民的意见。如《礼记》中记载:“疑狱,泛与众共之,众疑赦之……”这种做法与英国早期的邻里陪审制度有相似之处。另外,在长期运用人证的实践中,办案人员还总结出一些带有科学性质的“人证”调查方法。例如,中国古代的司法人员早就总结出“以五声听狱讼”和“钩距问案”等科学问案方法。所谓“以五声听狱讼”,包括“辞听”“色听”“气听”“耳听”“目听”,就是要求问案人员注意观察被讯问人的语言陈述、面色变化、呼吸频率、听力反应和目光神态,以判断其陈述的真伪。所谓“钩距问案”,则是指司法者在讯问时采取侧面迂回和类比推论等策略,以查明案件事实。

3. 定罪重视被告人的供述。在中国古代的刑事审判活动中,被告人的口供一直被视为最重要的证据。在当时的社会历史条件下,人类的司法认识能力还是相当低下的,司法者还不知道如何运用各种物证去查明案件事实,也不知道如何运用科学方法去认定案件事实,只能根据当事人的陈述断案。在刑事审判中,被告人是案件的当事人,是最了解案件情况的人,因此,被告人承认自己有罪的口供当然是最有力的定罪证据。于是,“断罪必取输服供词”就成为封建法律中一条基本的审判原则。而在实践中,司法者审理刑事案件时自然都格外“偏爱”甚至“偏信”口供,把被告人的认罪供述视为定案的必备证据,遵从所谓“无供不录案”的诉讼规则。当然,中国古代也有人反对盲目相信被告人的口供,强调对被告人供述要认真审查判断。例如,南宋时期的胡太初在《昼帘绪论·治狱篇》中就曾经指出:“凡罪囚供款,必须事事著实,方可凭信。”

4. 刑讯是获取被告人口供的法定手段。在偏重被告人口供的法律制度和司法观念下,刑讯逼供的泛滥就是一种必然的结果。在中国,早在两千多年前的周朝,刑讯就已经广泛地运用于审判之中。据《礼记》中的记载,“仲春之月……毋肆掠,止狱讼”。所谓“肆掠”,就是严刑拷打。在春季,为了保证农业生产的正常进行,要限制对劳动力的刑讯,那么在其他季节显然是可以的。在长期的封建社会中,法律对刑讯的条件、方法、用具和程度往往有明确规定。秦汉以后,各个朝代的法律都对刑讯有所限定。例如,《唐律》中规定:“诸应讯囚者,必先以情审查辞理,反复参验犹未能决,事须讯问者,立案同判,然后拷讯。”宋朝的法律对于刑具和拷打的次数都有明确规定,例如,拷讯只能用荆条,一次拷打不能超过30下,总数不能超过200下。法律明文规定尚且如此,实践中的刑讯逼供可想而知。且不说那些贪官酷吏常常草菅人命,就连包公等“青天大老爷”也把刑讯视为看家手段,声称“不用大刑,焉得实供”。中国辛亥革命之后,刑讯逼供也曾被明令废止。诚然,法律上的禁止并不等于实践中的杜绝,但它毕竟反映了人类司法证明方法的进步。

5. 物证技术发展较早。与同时期的世界各国相比,中国古代社会的生产力比较先进,文明也比较发达,因此,司法证据制度也比其他国家的神明裁判制度更为进步。其表现之一就是物证在司法活动中的运用比较早,有关的科学技术也比较发达。早在周朝,司法官员在审理土地纠纷、财货纠纷和债务纠纷时,就在听取当事人陈述和证人证言的同时,使用官府制作的地图和当事人之间签订的契约等书证作为断案的根据。在秦朝,物证就已经得到了司法官员的重视,成为认定案件事实的重要依据。根据《秦简·封诊式》中有关案例的记载,秦朝的司法官员很重视案件的现场勘查,在“经死”“贼死”“穴盗”等案件的现场勘验记录中就有了关于绳索、衣物和痕迹等物证的详细描述,而且有了法医人体检验的记录。中国在物证技术和法医学领域内曾经领先于世界其他国家。宋朝人宋慈是中国古代最伟大的法医学家,他编写的《洗冤集录》被公认为世界上最早的一部系统的法医学著作。该书中也包括了不少与物证有关的检验技术。但是到了近代,中国的物证技术就落后于西方国家了。

二、近代中国的证据制度

从1840年鸦片战争开始,由于外国列强的入侵,中国沦为半封建半殖民地社会。一方面,中国封建社会中传统的法律制度以及相应的稳定状态受到破坏;另一方面,西方国家的政治思潮和法律制度也开始影响中国社会的发展。这些变化自然都在中国证据制度的发展进程中得到了反映。

清朝末年,在西方法律文化的影响下,中国开始对传统法律制度进行改革,拉开了中国近代史上第一次"法制现代化"的序幕。在与证据制度有关的领域内,这一改革的努力主要表现在两个方面。第一,改革司法体制,推行司法独立;第二,制定刑事诉讼法和民事诉讼法。与此相关,一些源于国外的新概念被引进中国。如汉语中的"自由心证"一词,"于清末正式传入中国,并逐渐由模糊到清晰,最终完成了从移植词到汉化的历程,由异质文明演化为本土的法律概念和原则"。[9] 但是,由于清朝政权的衰亡,这些法律制度改革和证据文化引进难以取得实际的成效。

在中华民国时期,中国的证据制度在立法的层面上进一步向西方国家靠近,例如,当时的刑事诉讼法和民事诉讼法都吸取了西方国家证据法律中的一些先进经验,确立了无罪推定、自由心证、言词辩论、禁止刑讯逼供等原则,而且对证据种类和证明责任等问题做出了比较明确的规定。例如,关于自由心证原则,1945年修正施行的《刑事诉讼法》规定:犯罪事实,应依证据认定之。证据之证明力,由法院自由判断之。同年修正施行的《民事诉讼法》规定:法院为判决时,应斟酌全辩论意旨及调查证据之结果,依自由心证,判断事实之真伪。但是由于长期战乱和国民党政府实行的独裁统治,立法上的证据制度与实践中的证据制度相去甚远,诸如无罪推定和禁止刑讯

---

〔9〕 何邦武:《清季现代自由心证知识体系形成考释》,载《法学评论》2015年第3期。

逼供等规定都不过是一纸空文。而这也恰恰构成了中国近代证据制度的一个重要特征。

三、当代中国的证据制度

中华人民共和国成立之后,人民政权在废除国民党旧法统和总结革命根据地司法工作经验的基础上建立了新的证据制度。20 世纪 50 年代前期颁布的一系列法律法规确立了实事求是、重视调查研究、重证据不轻信口供、严禁刑讯逼供和要求证据必须确实充分等司法证明活动的原则。1950 年,政务院通过的《人民法庭组织通则》规定,法庭受理案件后,应认真地进行调查证据,研究案情,严禁刑讯。1954 年,我国第一部社会主义宪法诞生,它为证据制度的建设提供了根本大法的依据。随后《人民法院组织法》《人民检察院组织法》颁行,标志着证据制度的发展和健全进入新阶段。1955 年,中共中央为了指导肃清暗藏反革命分子的工作,还针对有关证据的问题作了具体的指示,明确指出:"不漏掉一个反革命分子和不冤枉一个好人,分别是非轻重,根本的办法是依靠证据。证据就是人证和物证。""口供只有经过仔细查对核实之后才能相信……用逼供、诱供等错误办法取得的口供,是一文不值,完全不足凭信的。"这些要求对于健全我国的证据制度亦有深远的意义。

可惜,自 20 世纪 50 年代后期到"文化大革命"结束,持续的政治运动和社会动乱使我国的证据制度建设基本上处于瘫痪状态。由于"左"的错误思潮的干扰,司法工作中已经确立的"实事求是,重调查研究,重证据不轻信口供,严禁逼供信"原则受到了极大的冲击。尤其在十年动乱期间,林彪、江青反革命集团疯狂破坏社会主义法制,公然鼓吹"办案要立足于有,着眼于是""先定性质后找材料""棍棒底下出材料""一人供听,二人供信,三人供定",滥司刑讯,伪造证据,新中国的证据制度被粗暴践踏。

党的十一届三中全会召开以后,我国的证据制度又逐步得到恢复、发展和完善。但是由于历史传统和法律文化的影响,我国迄今为止还没有统一的证据法典。证据规则的内容散见于《刑法》《民法典》《海商法》《刑事诉讼法》《民事诉讼法》《行政诉讼法》《行政处罚法》《监察法》《国家安全法》《仲裁法》《电子签名法》《治安管理处罚法》《关于司法鉴定管理问题的决定》等法律法规,以及最高人民法院、最高人民检察院颁布的有关司法解释中。其特色为三大诉讼法的证据条款确定了我国证据制度的骨干内容,相关司法解释确定了我国证据制度的枝蔓内容。

具体来说,现行《刑事诉讼法》规定了刑事诉讼中的证据概念、证据形式、证明责任规则、证明标准规则、行政/刑事证据的对接规则、反对强迫自证其罪规则、非法证据排除规则、证人与鉴定人作证规则、证人与鉴定人保护规则、专家辅助人制度等内容。《民事诉讼法》则对民事诉讼中证据形式、举证时限规则、证据签收制度、证人出庭规则、证人出庭作证费用制度、鉴定申请制度、鉴定人出庭规则、专家辅助人制度以及诉前证据保全制度等方面作了明确。《行政诉讼法》对行政诉讼中的证据形式、证明责任规则、延期提供与补充证据规则、法院调取证据规则、证据保全制度、示证质证规则、非法证据排除规则等方面作了规定。

与此同时,我国最高司法部门还专门制定了多部重要的司法解释,从不同角度对证据运用做出了细化的规定。有的是关于证据的专门性司法解释,如《关于民事诉讼证据的若干规定》《关于知识产权民事诉讼证据的若干规定》《关于行政诉讼证据若干问题的规定》《关于办理死刑案件审查判断证据若干问题的规定》《关于办理刑事案件排除非法证据若干问题的规定》《关于办理刑事案件严格排除非法证据若干问题的规定》等;有的是综合性司法解释中关于证据的专门条款,如《关于互联网法院审理案件若干问题的规定》《人民法院在线诉讼规则》《关于适用〈中华人民共和国刑事诉讼法〉的解释》《关于适用〈中华人民共和国民事诉讼法〉的解释》《关于适用〈中华人民共和国行政诉讼法〉的解释》《人民检察院刑事诉讼规则》《人民检察院办理网络犯罪案件规定》《关于指派、聘请有专门知识的人参与办案若干问题的规定(试行)》《关于检察公益诉讼案件适用法律若干问题的解释》等。

概括地看,无论是从法律渊源还是从条款数量来看,我国当代证据制度已经取得了重大进展,进入了相当发达的历史阶段。然而,从实际效果来看,这些条款在精密性、实效性方面仍有明显不足。它们在一定程度上造成了我国司法和执法实践中的混乱,并不能适应建立现代法治国家的需要,也在积极应对人类司法适应社会智能化转型方面存在巨大的改善空间。走向新时代的证据法典化,是我国证据法接续前行的方向与使命。

第五节 司法证明模式的历史评判

司法证明模式是指在司法活动中审判人员对证据进行审查评断并认定案件事实的方法、方式、规则的总称，一般都具有相互区别且相对稳定的制度性特征。司法证明有两种基本模式：其一是“自由证明”(free proof)，即法律对证明活动没有做出具体的限制，法官可以自由地采纳和采信证据并认定案件事实；其二是“规范证明”(regulated proof)，即法律对证明活动做出了具体明确的规定，法官在采纳和采信证据时必须遵守这些规定。[10] 在人类社会的历史发展过程中，不同国家的司法证明制度走过了各自的发展道路，其中既有共性的规律，也有个性的差异，但是都以证明模式为基线。

一、人类社会早期的司法证明模式

按照前文的介绍，人类社会早期的司法裁判应该属于自由证明模式。根据人类社会发展的一般规律，司法证明的规则应该是随着实践经验的积累才逐渐形成的，因此最初的“法官”们在解决社会纠纷和审理案件时并无证据规则，只能根据个人的经验和知识来审查证据并裁断事实。这可以称为“原始”的自由证明模式。

神明裁判不是科学理性的证明模式，但是其产生反映了司法裁判的需要。在原始的自由证明模式下，司法裁判是很难统一规范的。当时在审判中使用的证据以当事人陈述和证人证言为主，而这些言辞证据的审查很容易受到裁判者的主观意愿和个人因素的影响，因此“裁判不公”或“同案不同判”的情况也就屡见不鲜了。

神明裁判具有统一的程序规则和明确的裁判标准，裁判者必须“依法

---

〔10〕［英］乔纳森·科恩：《证明的自由》，何家弘译，载《外国法译评》1997年第3期。

办案”,因人而异的裁判乱象也就得到了有效的改善。按照现代人的认识水平,那些神明裁判的标准大都是不科学的,甚至是荒唐可笑的,但在当时的社会中确实产生了比较好的裁判效果,因为那时人们对事实真相的追求会服从于对神的信仰与崇拜。

综上,神明裁判在一定程度上满足了规范司法的需要,是人类司法史上第一次从自由证明走向规范证明。当神明裁判退出历史舞台之后,人类社会的司法证明就又回归到自由证明的状态。

二、大陆法系国家的司法证明模式

如前所述,在 13 ~ 15 世纪,以法兰西王国为代表的欧陆国家的司法证明基本上属于自由证明的模式,法官在审判中享有审查认定证据的自由。自由证明容易导致司法裁判的混乱,而当时欧洲大陆国家的不稳定政局更加重了这种混乱。在司法实践中,“同案不同判”的情况时有所见,而这就严重影响了人们对司法公正的认知。正如科恩教授所说,“司法公正思想的核心就在于相同案件应得到相同对待的原则。司法公正就是要用法制来代替任意专断。而且这一原则不仅适用于实体法问题,也应该适用于程序法问题。如果一种法律制度的目的应该是使司法公正制度化,那么它就应该使‘一视同仁’原则成为其各项活动的准则。程序法中的任何随意性或自由,都会给不受规则约束的事实裁判者那无法预见的自由裁量权留下某些特定问题,而这在本质上就和给相似案件中的不同当事人以不同的实体法解释一样是不公正的。因此,解决纠纷所依据的所有规则最好都是法律上的明文规定,因为事实裁判者在法律明文规定的情况下往往会比在各显神通的情况下更容易采取统一而且可以预见的行动。毫无疑问,由于偏见、情绪、遗忘、疏忽或愚钝所造成的事故会更多地侵蚀在法律上毫无约束且无法上诉之裁定的合理性,而较少侵蚀在法律上有约束且可以上诉之裁定的合理性。”〔11〕因此,欧陆国家在政权统一之后的首要任务之一就是要统一司法,包括规范法官审查认定证据的活动。于是,司法证明又开始从自由证明走向规范证明,并在 16 世纪达到顶峰——建立了“法定证据”制度。

---

〔11〕 [英]乔纳森·科恩:《证明的自由》,何家弘译,载《外国法译评》1997 年第 3 期。

法定证据制度是一种“明码标价”的规范证明模式，司法官员必须严格遵守法律就各种证据的证明力所做出的明确规定。法国大革命爆发之后，人们对法定证据制度的批判达至高潮，并最终导致了司法证明模式的嬗变——从极端的规范证明转向极端的自由证明。

与法定证据制度相比，自由心证制度更加灵活，更容易做出适合具体个案情况的裁判。案情是复杂的，证据是多样的，社会也是不断发展变化的，因此让司法裁判人员根据案件具体情况去审查认定证据，可以更好地保障司法公正在个案中的实现。然而，自由心证制度缺乏统一的审查认定证据的规则和标准，司法裁判就容易受个人因素的影响而导致“同案不同判”和个案的不公正，甚至给某些不良法官提供了恣意司法的可乘之机。由此可见，这种证明模式适用于那些以专业而且高尚的精英法官为主体的司法系统。

如果说从法定证据制度嬗变为自由心证制度是从司法证明模式的一个极端走向另外一个极端，而且体现了“物极必反”和“矫枉过正”的事物发展规律，那么欧陆国家司法证明制度的后续发展则展现了渐进折中的趋势。自 20 世纪中期以来，以法国和德国为代表的大陆法系国家在基本保持自由证明模式的同时，也逐渐加强法律对司法证明活动的规范，确立了约束法官自由裁量权的“心证公开”规则等。至此，大陆法系国家的司法证明制度可以称为“准自由证明”模式。

三、英美法系国家的司法证明模式

如前所述，以英格兰为代表的英美法系国家的早期司法证明模式与欧陆国家大同小异，但是在神明裁判逐渐退出历史舞台之后却走上了颇为不同的发展道路。在知情陪审团的审判中，负责认定案件事实的陪审员都是根据自己了解的案情和“证据”做出裁判，根本不需要法律就证据的证明力问题做出规定。由此可见，这还是典型的自由证明模式。然而，当陪审团由不了解案情的人组成时，听取证人证言就成为法庭审判的中心环节，而证据的审查评断也就成为认定案件事实的基础，于是就产生了对陪审团审查认定证据活动进行规范的需要，各种证据规则也就应运而生了。

大概因为英国人不像法国人那么热衷于革命，所以其司法证明模式的演变不是从一个极端走向另一个极端,而是以不断进化的方式从自由证明走向规范证明,具体表现为证据规则的从少到多和从粗到细。

当前,英美法系国家的证据规则貌似杂乱繁多,实际上自成体系,而且具有两个特点。第一,证据规则在规范司法证明活动的同时往往带有一定的灵活性,例如,在传闻排除规则的基础上不断增设一些例外乃至例外的例外。第二,证据规则以证据采纳问题为主线,而在证据采信问题上则给陪审团留有自由裁量的空间。综上,英美法系国家的司法证明制度以规范证明为主,兼顾自由证明,可以称为"准规范证明"模式。

四、中国的司法证明模式

在几千年期间,中国的司法证明一直以自由证明为基本模式。司法官员根据个人的知识和经验对具体案件中的证据进行审查评断。但是,随着司法经验的积累,一些朝代的法律也对司法官员的自由裁量权加以限制。

唐代的法律中便有"据众证定罪"的规定。按照《唐律疏议》中的解释:"称众者,三人以上明证其实,始合定罪。"在刑事审判中,被告人口供一直被视为最重要的定罪证据,到清朝时则在法律中明确规定了"断罪必取输服供词"。[12] 另外,清朝法律还对定罪提出了"诸证一致"的证据要求。它要求案卷中出现的所有证据在形式上都严格相符、高度一致,要求各种供词必须高度一致,还要求凶器等物证必须与其他证据相吻合;如果各种证据反映的事实之间存在明显差异,必须要有合理的解释。[13] "据众证定罪""断罪必取输服供词""诸证一致"等规定都带有规范证明的色彩,但是这些规定都是个别的和零散的,未能形成完整的规则体系。总之,中国古代的司法官员在审查评断证据时享有很大的自由裁量权,或者说,中国古代的司法证明基本上属于自由证明的模式。

中华人民共和国成立之后,人民政府在废除国民党旧法统和总结革命根据地司法工作经验的基础上建立了新的证据制度,确立了实事求是、重视调查研究、重证据不轻信口供、严禁刑讯逼供、证据必须确实充分等原则。

---

〔12〕 陈一云主编:《证据学》,中国人民大学出版社 1991 年版,第 56 页。

〔13〕 王志强:《论清代刑案诸证一致的证据标准——以同治四年郑庆年案为例》,载《法学研究》2019 年第 6 期。

就刑事诉讼而言，虽然法律中也有“严禁刑讯逼供”和“只有被告人口供不能定罪”等限制性规定，但是由于强调“实事求是”和“具体问题具体分析”的原则，而且法律中关于证据的规定非常抽象和空泛，所以司法人员在审查评断证据时享有很大的自由裁量权。在很长时期内，我国的证据制度一直保持自由证明的特征，但后来出现了走向规范证明的趋势。

改革开放以来，我国的司法制度暴露出一些问题，如缺少权威、不够独立、人员参差不齐等。这些问题影响了司法公正的实现，也影响了社会的稳定发展。诚然，这些问题的存在有着广泛的社会原因，这些问题的解决也绝非证据制度所能完成之任务，但是面对这种现状，规范证明应该是比自由证明更好的选择。

规范证明以统一明确的规则为基础，司法人员在审查运用证据时只能“按规则做裁判”，没有自由裁量权，也就没有“吹黑哨”的空间，因此，它可以提升司法的公信力，提高司法判决的权威性；也可以帮助司法人员抵制外界的干扰，在一定程度上维护司法独立；还可以弥补司法人员素质水平的不足，防止和减少司法腐败。在中国这样的“人情关系社会”中，倘若司法人员手中握有很大的自由裁量权，那么当事人就会千方百计去“找门路”“托关系”，甚至送礼行贿，以使司法人员在自由裁量时向其倾斜。如果法律的规定都是非常具体明确的，诉讼当事人就会减弱“托关系”和送礼行贿的心理动力。当然，中国也不能走向极端的规范证明，因为证据规则的制定既要符合司法证明的规律，也要符合人类认识能力的发展水平。根据当代中国的司法制度和社会环境情况，司法证明应当采取以规范证明为主、自由证明为辅的证明模式，换言之，要从“准自由证明”模式转向“准规范证明”模式。

2014 年 10 月，习近平总书记在党的十八届四中全会提出，要推进以审判为中心的诉讼制度改革，目的是促使办案人员树立办案必须经得起法律检验的理念，确保侦查、审查起诉的案件事实证据经得起法律检验，保证庭审在查明事实、认定证据、保护诉权、公正裁判中发挥决定性作用。〔14〕 而实现这一目标的任务之一就是要完善证据规则，包括制定统一的证据标准。这并非易事，因为刑事案件中的证据是复杂多样的。不过，互联网、大数据、

〔14〕 参见《习近平关于〈中共中央关于全面推进依法治国若干重大问题的决定〉的说明》，载《人民日报》2014 年 10 月 29 日，第 2 版。

区块链、人工智能等新兴科学技术为这一目标的实现提供了可行的路径,于是我国一些地方的司法机关就开始大胆地进行设计与实验。自2016年开始,贵州省的公、检、法机关就率先研制"证据标准指引",出台了《刑事案件基本证据要求》,并设计了"司法办案智能辅助系统",针对故意伤害罪、故意杀人罪、抢劫罪、盗窃罪这四类案件绘制图谱,构建模型,统一证据标准。[15] 2017年,上海市的法院系统也研发了"刑事案件智能辅助办案系统",通过将证据标准数据化并嵌入公、检、法机关办案系统的做法,实现证据标准指引、单个证据的合法性检验、多个证据的矛盾审查等功能。[16] 这些改革实验的成果对于统一规范刑事证据的收集、提取、审查、认定等活动具有积极意义,但是其标准是否科学、合理、可靠,其应用是否会侵蚀法官的自由裁量权甚至法庭审判的中心地位,还需要认真研究并经受实践的检验。[17]

纵观人类社会的历史,司法证明模式的发展似乎遵循了"否定之否定"的规律,即从自由证明到规范证明再到自由证明……如此循环往复,螺旋上升。神明裁判是从自由证明走向规范证明的初次尝试;法定证据制度是对自由证明的彻底否定,而自由心证制度又是对规范证明的彻底否定。从表面上看,每次"否定"似乎是在回归旧的模式,但实际上是在更高层次上的"复旧",并且在强烈的"钟摆效应"之后寻找到平衡。诚然,这一规律在大陆法系国家中的体现比在英美法系国家中更为显著。

随着科学技术的进步,人类社会的司法证明能力会不断提升,同时也为司法证明模式的规范提供了更大的可能性。然而,人性的本能会在多大程度上臣服于人类的科技成就,司法证明的模式将如何在规范与自由之间寻求平衡,这大概是未来法学才能解答的问题。诚然,不同的国家或民族可以探索不同的通向美好未来的道路。

---

〔15〕 彭波:《贵州:大数据点亮"智慧检务"》,载《人民日报》2017年5月31日,第019版。

〔16〕 汤瑜:《"人工智能"办案,防范错诉错判——上海首个刑事案件智能辅助办案系统成功运行》,载民主与法制网,http://www.mzyfz.com/cms/benwangzhuanfang/xinwenzhongxin/zuixinbaodao/html/1040/2017-07-13/content-1280339.html。

〔17〕 潘庸鲁:《人工智能介入司法领域路径分析》,载《东方法学》2018年第3期;纵博:《人工智能在刑事证据判断中的运用问题探析》,载《法律科学(西北政法大学学报)》2019年第1期。

思考讨论题

1. 神明裁判有没有科学性？它为什么能够在不同国家、民族中普遍出现？
2. 试述英美法系证据制度的发展与陪审团制度的关系。
3. 简评大陆法系中世纪确立法定证据制度的原因。
4. 简述中国证据制度的历史传统与当代嬗变。
5. 论述证据法治在法治中国建设中的基础价值。
6. 结合最高人民检察院《关于指派、聘请有专门知识的人参与办案若干问题的规定(试行)》的主要条款，论述科学技术对司法证明的影响及证据制度对科学证据的回应。

补充阅读

1. 夏之乾：《神判》，载《社会科学战线》1980 年第 1 期。
2. 何家弘、姚永吉：《两大法系证据制度比较论》，载《比较法研究》2003 年第 4 期。
3. 王志强：《论清代刑案诸证一致的证据标准——以同治四年郑庆年案为例》，载《法学研究》2019 年第 6 期。
4. 裴苍龄：《迎接新证据制度的诞生》，载《河北法学》2014 年第 7 期。
5. 吴洪淇：《刑事证据制度变革的基本逻辑——以 1996—2017 年我国刑事证据规范为考察对象》，载《中外法学》2018 年第 1 期。

第二章 CHAPTER TWO

证据法的理论基础

证据法游离于实体法与程序法之间，在许多国家呈现为多种渊源构成的庞杂法律体系。要准确认识证据法，人们需要透视证据法条文背后的理论基础。传统上，我国证据法所要解决的核心问题是“如何保证司法人员能够正确认识案件事实”，辩证唯物主义认识论一度成为唯一的理论基础。在新的历史时期，证据法得到空前发展。这为人们重新思考证据法的理论基础提出了要求和提供了契机。从“一元论”迈向“三元论”，是有关演变的学术答案。

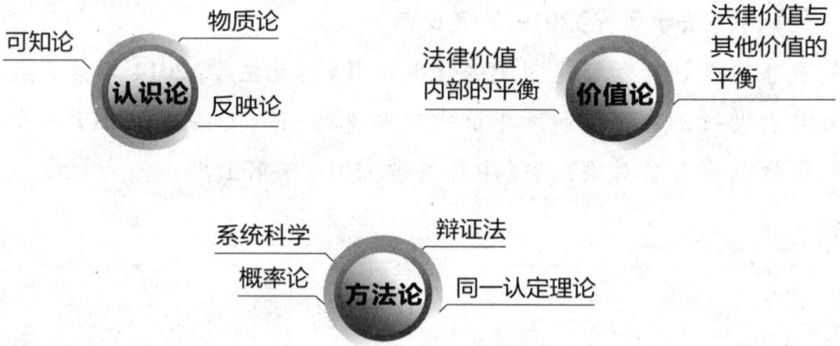

第一节　认识论

法律工作者认识到，诉讼不是也不可能是发现真实情况的科学调查研究。诉讼中应调查的事项是由诉讼当事人决定的。当事人可能排除科学家会坚持考虑的许多因素。法院没有发现当事人不知道的或未经他们披露的信息渊源的手段。法院必须主要依赖利害关系人提供的信息资料……事实审理者只能取得双方当事人有能力并愿意提出的信息。[1]

——[美]摩根

印度传统上是一个“诸神下凡”的社会。在其南部有这样一个传说：古代有一个男人，以力大无比著称，由于一时生气抛弃了他的妻子。一个天神化装成他的样子，插足进来。几个月后，真的丈夫气消了，回到家中，问题就产生了。于是，一个叫作马里亚泰—拉曼(Mariyatai－raman)的婆罗门法官被请来，判别谁是真的丈夫、谁是假的丈夫。他知道真丈夫力大无比，就命令他们逐一举起一块巨大的石头：真的丈夫使尽了全身力气才搬起几英寸高，而那个假的丈夫却像举一根羽毛似的把石头举过头顶。围观的人们大喊：“毫无疑问，把巨石举过头顶的是真丈夫。”但是，马里亚泰—拉曼法官却宣布第一个人是真丈夫，因为他所做的是人类力所能及的，甚至那些力大无穷的人也只能做到这一步；而第二个人做的，只有神才能做得到。这个传说带来的启示是多方面的，其中之一就是它表明人类对案件事实的认识只能是相对的、策略性的。

[1] 转引自沈达明编著：《英美证据法》，中信出版社1996年版，第1页。

一、司法证明是一种特殊的认识活动

证据法的主旨是规范司法证明活动,因此要探讨其理论基础必须先从司法证明活动开始。司法证明究竟是一种什么性质的活动?有人说它是一种神灵显世的活动,有人说它是一种宗教活动,有人说它是一种行政执法活动,还有人说它是当事人之间的争斗、法官的居间裁断等。不同的时代、不同的人会有迥然不同的看法。而对这个问题的回答决定了我们对其理论基础的判断。本节无意面面俱到地展开,将主要探讨现代司法证明与认识活动的关系。

认识是人类感知自然、社会乃至具体事物,以及探求其中的未知因素的过程。从性质上讲,司法证明首先是一种认识活动。无论是在诉讼活动中还是在非诉讼活动中,围绕证据的运用所进行的证明活动都包含着认识过程。作为争辩双方的各个当事人,确实要收集、保全、出示、质疑各种有关的证据,查明未知案情,并向裁判者证明案情;作为裁判者的法官、陪审员、仲裁人员以及行政执法人员等,确实要听取、收集和审查各种有关的证据,对争辩的案件事实做出某种确定。这些查明、证明与认定的做法都是围绕案件真相进行的;换言之,解决事实纠纷是处理法律纠纷的基础。我们很难想象,会存在一种完全不关心事实真相的司法证明活动。

事实上,我国三大诉讼法所设定的庭审流程就充分体现了上述精神。在普通审程序中,法庭调查总是独立于且先于法庭辩论;在简易审程序中,虽然法庭调查与法庭辩论是混合在一起的,但法庭调查也是客观存在的。这里所说的法庭调查,是指诉辩双方在法庭的主持下,当庭对案件事实和证据进行审查、核实并提出意见;法庭辩论则是指诉辩双方在法庭主持下,对案件的事实和适用法律提出意见,进行论证和相互辩驳的活动。前者的主要任务是要解决事实纠纷;后者的主要任务则是要解决法律纠纷,附带地也会涉及事实纠纷的解决。

当然,司法证明应该归属于一种特殊的认识活动,是社会证明的范畴。同日常生活中的证明乃至实验室里的自然科学证明相比,它有着显著的不同:其一,司法证明必须接受证据规则、法律规范以及其他各种人为因素的制约;而日常生活中的证明与实验室里的自然科学证明通常在手段方面受到的限制较少。其二,司法证明有着场所和时间的限制;而日常生活中的证明与实验室里的自然科学证明通常无明显的紧迫感和环境制约性。其三,司法证明通常是由不知情的法官主持的,他们虽然精通法律知识但通常不具有技术专业知识,为此常常需要委托专家来协助,也就是说其间可能存在证明主体与认识主体相分离的情形;而日常生活中的证明通常是由知情人实施的,实验室里的自然科学证明更是由特定领域的专家实施的,一般不存在证明主体与认识主体相分离的问题。总而言之,司法证明既需要遵守认识活动的一般规律,又要考虑其内在的特殊性。

二、不同证据法受不同认识论的指导

既然司法证明属于一种特殊的认识活动,那么将认识论当作证据法的理论基础应该不存在异议。现在的问题是什么样的认识论对我国的证据法具有何种指导作用?

认识论是哲学的一部分,是指"关于人类认识的来源、发展过程,以及认识与实践的关系的学说"。[2] 它的基本问题是认识的起源、确实性和本质问题,据此可以区分为不同的学派。例如,按照对思维与存在何者为第一性的不同回答,分为唯物主义认识论与唯心主义认识论两派;按照对认识起源的不同看法,分为唯理主义认识论、经验主义认识论与批评主义认识论三派;按照对认识确实性的不同看法,分为独断论、怀疑论、批评论与实证论四派;按照对认识本质的不同看法,分为观念论、实在论与现象论三派。

我国学者的研究表明,不同证据法受不同认识论的影响,神示证据制度与法定证据制度的理论基础都是认识论中的独断论。[3] 我们认为,辩证唯物主义认识论是马克思主义理论的重要组成部分,也应该成为我国证据法在认识论方面的理论基础。

三、辩证唯物主义认识论与证据法

辩证唯物主义认识论主要由三个基本的理论要素构成:一是物质论,即

---

〔2〕 中国社会科学院语言研究所词典编辑室编:《现代汉语词典》(2002 年增补本),商务印书馆 2002 年版,第 1067 页。

〔3〕 张建伟:《证据法学的理论基础》,载《现代法学》2002 年第 2 期。

认为物质(或存在)是第一性的,意识(或思维)是第二性的,物质(存在)决定意识(思维);二是反映论,即认为思维是大脑的技能,是对存在的反映;三是可知论,即认为思维与存在之间具有同一性,人的认识可以正确地反映客观世界。探讨辩证唯物主义认识论对证据法的指导作用,就是要考察上述三论对证据法的影响。

(一)物质论与证据法

辩证唯物主义认为,世界是物质的,物质是运动的。这种物质论对证据法的最大指导作用在于,它表明任何案件都是物质性的;仅存在于个体人脑中的思想活动或意向,而不以犯罪行为、违法行为、违约行为或者侵权行为等方式表现在外的,都不构成案件。

物质是标志着客观实在的哲学范畴,其基本特征是客观实在性。这种客观实在是人通过感觉感知的,它不依赖于人们的感觉而存在,能为人们的感觉所复写、摄影、反映。这是辩证唯物主义关于物质的基本看法,为人们分析案件的本质属性提供了依据。

实践中,案件的表现形式千差万别,但几乎没有完全相同的。而实践又证明,尽管案件的形式不同、情况各异,但案件的构成要素都是一致的。究其构成,一切案件都是由何事、何时、何地、何情、何故、何物、何人七个方面要素构成。而每一要素显然均具有客观实在性。

诚然,这些要素并不是孤立地存在,而是以各种方式紧密地结合在一起。我国刑法学理论将犯罪案件构成分为犯罪客体、犯罪客观方面、犯罪主体与犯罪主观方面四部分,民法学理论将侵权责任构成要件分为侵权行为、损害事实、因果关系与主观过错四部分。其实,任何性质的案件均可以从主观与客观、主体与客体方面进行区分。这说明,现实的案件总是以物质元素组合的方式表现出来的。相应地,司法人员所要查明和证明的对象,即案件事实也通常是由七要素之部分组合而成的未知事实。

(二)反映论与证据法

辩证唯物主义认为,物质运动的结果必然呈现一定的形态。毛泽东同志就曾经指出:“人们认识物质,就是认识物质的运动形式,因为除了运动的物质以外，世界上什么也没有，而物质的运动必取一定的形式。”[4]这种物质的运动形态，正是人们认识事物的基础。

虽然现实生活中案件的类型各不相同，但任何案件都可以归结为某种特殊的、极为复杂的物质运动形态，即具有特定性、稳定性与反映性。特定性表明，任何案件都具有不同于其他案件的质的规定性，能与其他案件区别开来；稳定性表明，任何案件都具有相对静止、暂时平衡和稳定的特点，能够在一定时间内保持不变；反映性则表明，任何案件的特征都能在其特征反映体中得到良好的反映，且能够为人们所认识。

反映论表明，各种证据就是案件的反映。如盗窃案件中，作案人进入犯罪现场，必须用脚走路，于是他的脚底必然与地面接触，会在地面上留下鞋印或袜印；侵入现场，需要借助手或工具撬门、开锁，会在门、锁上留下撬拨痕迹；窃取财物时，会留下指纹、取走赃物。如果上述过程为被害人或其他人所察觉，则又会形成被害人陈述或证人证言。此外，在其本人心中也会留下印象，这为日后变成犯罪嫌疑人供述奠定了基础。由此可见，案件中的反映现象是广泛存在的，这是不以人的意志为转移的规律。反映的方式很多，包括位移、接触、分离、剥落、粘附、化合、分解、运算以及感知、记忆、辨识等。因反映而形成的潜在证据很多，关键看能否发现。通过所发现的各种证据，人们可以认识案件，可以区分不同案件，也可以区分同一案件中不同人的不同行为。

反映论还表明，绝大多数司法证明活动就是一种同一认定的活动，是司法人员、执法人员借助证据进行“人—事同一认定”的活动。司法人员、执法人员接受案件之后，往往最初会在头脑中形成一个推测的案件形态，查明案件事实的过程就是将收集来的证据所表明的案件形态与头脑中已推测的案件形态进行同一认定的过程，法庭上证明案件事实的过程就是将收集来的证据所表明的案件形态与法律相关条文所规定的案件形态进行同一认定的过程。因此，反映论决定了司法证明方法、司法证明标准等基本理论问题。

另外，我国当前证据立法所确立或即将确立的一些具体证据规则，也符

---

[4] 毛泽东：《矛盾论》，载《毛泽东选集》（第1卷），人民出版社1991年版，第308页。

合辩证唯物主义认识论中反映论的思想。例如,证据的关联性规则就是要解决证据如何同案件事实发生联系,从而确定其证据能力的问题;最佳证据规则要求出示书证、物证的原件、原物,而不是复制件、复制品,这符合第一手材料更可靠的认识规律;传闻规则或者直接言词原则要求排除传闻陈述,这是因为传闻陈述是间接性认识,可靠性差,不利于确定案件真相。

(三)可知论与证据法

辩证唯物主义认为,人的思维是至上的,能够认识现存世界的一切事物和现象。这种可知论在证据法中的主要体现,就在于认为任何案件从理论上看都应该是可以查明和证明的。

我国过去证据法的许多规定,可以说体现了辩证唯物主义认识论中可知论的思想。例如,我国法律确立了实事求是与证据为本原则,强调证据必须查证属实才能作为定案的根据或认定事实的根据等;又如,法律规定司法人员与行政执法人员办案必须忠实于事实真相。这些实际上是将案件事实当作一种客观存在,认为司法人员及其他参与者应该并且能够揭示案件事实。

但需要特别指出的是,辩证唯物主义所主张的可知论是相对的。这就是恩格斯在《反杜林论》中所指出的:"思维的至上性是在一系列非常不至上的思维着的人们中实现的;拥有无条件的真理权的那种认识是在一系列相对谬误中实现的;二者都只有通过人类生活的无限延续才能完全实现。"〔5〕也就是说,辩证唯物主义的可知论是从人类整体上、在永无止境的时代更迭中所具有的对客观世界的无限认识能力或所能实现的终极认识目标上说的,而不是说人们的每一次具体认识活动都能发现或达到绝对真理。相反,从人们对具体事物的认识这一意义上说,可知又是相对的。这反映了人类认识能力的无限性与有限性、绝对真理与相对真理的辩证统一关系。关于这一点,在第四章我们还将展开论述。

总体来看,我国过去证据法中基本上贯彻了可知论的思想,但对可知的相对性、认识能力的不至上性却有所忽略。这主要表现为某些激进观念和

---

〔5〕《马克思恩格斯选集》(第3卷),人民出版社1972年版,第126页。

做法。例如，我国的证据法律规范一度单纯追求查清事实真相，人为地拔高了证明标准，要求司法人员以“客观真实”为证明标准，甚至在制度上鼓励司法人员为了彻查真相不惜牺牲程序公正等司法价值。这样做的后果是导致证人作证特免权制度与非法证据排除规则等许多证据规则的空置和虚化。这种观念是失之偏颇的，已经得到了拨正。

第二节 方 法 论

我们不但要提出任务,而且要解决完成任务的方法问题。我们的任务是过河,但是没有桥或者没有船就不能过。不解决桥和船的问题,过河就是一句空话。不解决方法问题,任务也只是瞎说一通。

——毛泽东

在中东广泛流传关于毛拉·内史路丁(Mulla Nasrudin)的故事。有一天,他第一次充当地方法官审理案件。原告的控告非常有说服力,以至于内史路丁听完后大声说:"我相信你是对的。"法庭书记员请求他克制自己,因为还没有听审被告。内史路丁于是听了被告的辩解,但他再次被弄得晕头转向,大声说:"我相信你是对的。"那个书记员无法允许他这样,就说:"阁下,他们双方不能都是对的。"内史路丁回答书记员:"我相信你是对的。"

一、司法证明需要方法论的指导

司法证明是一项极为复杂的认识活动,离不开科学方法论的支持。所谓方法论,又称方法学,是关于认识世界和改造世界的方法的理论与学说。它有哲学科学方法论、一般科学方法论、证据法专门方法论之分。[6] 这三个子系统虽然可以看作证据法的完整方法论体系,但就三者的地位和作用来看,它们之间的关系并不是平等的,而是有层次的。其中,哲学科学方法论居最高层次,一般科学方法论居中间层次,证据法专门方法论居最低层次

〔6〕 徐志明主编:《社会科学研究方法论》,当代中国出版社 1995 年版,第 4 页。

(见图2-1)。

哲学科学方法在证据法方法论体系中居于指导地位。它不仅为司法证明提供基础的方法论指导,而且为证据法一般科学方法论和专门方法论提供科学的理论依据,并为新方法的创造和应用提供指导原则。我们认为,马克思主义的辩证法是最重要的证据法哲学科学方法。

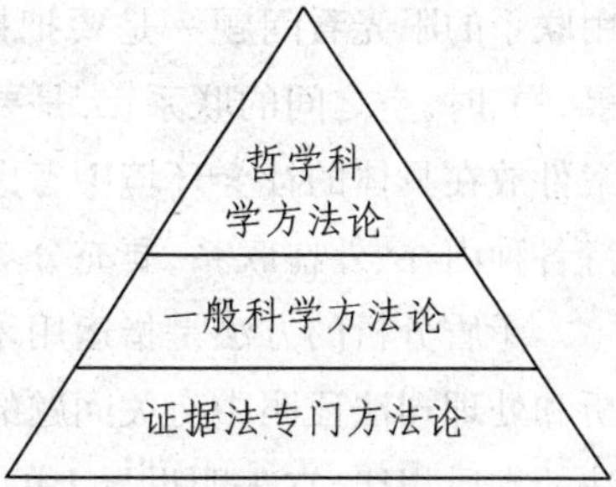

图2-1　证据法方法论层次

证据法的一般科学方法论本身也是一个系统。在该系统中有三个方面,其中既包括基于司法人员的感性认识概括得来的经验方法如观察法、实验法、模拟法等,也包括由前者升华而来的理性思维方法如直觉思维法、归纳演绎法、假说方法等,还包括伴随横向学科的发展而涌现的现代科学方法论。这些现代方法论,尤其是信息论、系统论与概率论,准确而深入地揭示了案件内部的信息联系和系统联系。相对而言,它们对证据法的影响更为突出。

证据法的专门方法论,是指与司法证明有关的各种专门理论,如同一认定理论、种属认定理论与信息转移原理等。传统上,这些理论是侦查学、物证技术学的学科基础,主要用于揭示各种侦查方法、物证技术的内在科学性。当代中国学者主张将这些理论适用于证据法学领域,用于阐述司法证明现象的内在规律性。实践证明,这不失为一种大胆的理论创新,已经产生了深远的积极影响。后文将重点选择同一认定理论与证据法的关系,再作展开论述。

二、辩证法与证据法

马克思主义辩证法是建立在唯物主义基础上的辩证法。坚持辩证法对证据法的指导,就是要按照辩证法的基本规律和范畴的要求,做好查明与证明案件事实的具体工作。辩证法的内容非常丰富,我们认为,在证据法中主要是要贯彻联系发展地看问题的方法、矛盾分析的方法和具体问题具体分析的方法。

联系和发展的观点是马克思主义辩证法的主要特征。在司法证明中,用联系的眼光看问题一是要把握案件中各个要素之间的相互联系,即人、事、物、时、空之间的联系;二是要把握案件与外在环境之间的联系,把特定案件放在具体的社会环境中考虑。用发展的眼光看问题就是不能静止地看待各种内在、外在联系,要充分考虑各种证据会随着时间流逝而发生变化。

矛盾分析的方法是指运用矛盾的观点,亦即对立统一的观点去观察、分析和处理司法证明中有关问题的方法。对立统一的规律是马克思主义辩证法的本质规律,它表明世界上的一切事物都是矛盾的统一体。辩证法有一系列范畴,如原因与结果、偶然性与必然性、现象与本质、形式与内容、可能性与现实性等,都是对立统一的关系,它们从不同侧面揭示了事物是如何联系和发展的。任何案件的发生都是由矛盾引起的,其中既有诉辩双方的矛盾,也有当事人与其他诉讼参与人之间的矛盾。案件的查明与证明过程,就是要按照矛盾分析的方法对案件中不同层次的矛盾进行分析,坚持两点论与重点论的统一。我国古代法律提倡的“两造具备,师听五辞”“兼听则明,偏听则暗”,说的就是证据法中的对立统一规律;现代证据法提倡法官要居间裁判,倾听诉辩双方的陈述与证据,也是符合矛盾分析方法的。

具体问题具体分析是马克思主义辩证法的活灵魂。在司法证明中,就是要按照案件的本来面目分析其运动、变化和发展的特点,并运用不同的方法来查明和证明案件事实。这个方法的着眼点在于分析案件矛盾的特殊性。实践表明,对案件矛盾特殊性的准确把握,是准确认定案件事实的关键。在分析矛盾的特殊性时,一般要求注意区分主要矛盾与次要矛盾、矛盾的主要方面与次要方面。

三、系统科学与证据法

系统科学是自20世纪40年代开始诞生的一组现代科学方法群。它处于哲学与具体科学之间的中间位置,为几乎所有的具体科学提供了影响深远、切实有效的指导。证据法的发展亦从中受益匪浅。具体来说,它包括老三论(系统论、控制论、信息论)与新三论(耗散结构论、协同论、突变论)。从目前的情况来看,信息论与系统论对证据法所起的作用较为明显。

(一)信息论与证据法

信息论是信息方法的理论形态。1948年,美国贝尔电话公司研究所的申农发表了《通讯的数学理论》一文,奠定了现代信息论的基础。后来,人们发现信息问题具有广泛的普遍性,从通讯技术中概括出来的关于信息运动的一般概念、模型、规律逐渐被运用到许多科学认识领域,成为一种跨学科的科学方法。

信息论对证据法的最大价值在于揭示了证据的本质是信息。何为信息?虽然目前在自然科学、社会科学、系统科学与哲学的领域内均无统一的概念,但一般认为信息是一种普遍的客观存在,它具有很多特征,如信息具有知识的秉性、不守恒性、量与质的统一性以及绝对性和相对性的统一等特征。证据也具有这些特征,因此证据是信息的一个特殊类型。

具体来说,证据具有信息的如下特征:(1)证据具有知识的秉性。知识的秉性是指信息能使信宿消除其认识上的不确定性,增加信宿本身的有序性的特征。在实践中,一起案件发生之后,各种痕迹物证会遗留在现场及关联场所,各种言词证据源会自动产生,司法人员及其他法律参与者的重要任务就是通过种种方法从证据源中获取证据,逐步把未知情节变成已知情节,从而使整个案情水落石出。这显然表明证据具有"知识的秉性"。(2)证据具有不守恒性。信息是客观存在的,但又是不守恒的。信息的传递是在能量消耗中实现的,但是能量经过各种形式的转化,它的总量是守恒的,只不过存在的形式发生了变化。信息的不守恒是在能量守恒的过程中实现的。在司法证明中,假如我们把案件事实看作一个相对封闭的物质系统,随着时间的推移,蕴含在这一物质系统中的案件信息可能会因为社会环境的变迁而自行消失或遭到人为的破坏,从而给查明与证明活动带来不便。(3)证据是量与质的统一。信息既有量的规定性,又有质的规定性,是量与质的有机统一。信息量的大小是一个相对值,它是指信宿所能消除的不确定性的程度。一般说来,日常生活中某现象出现的可能性越大,其不确定性就越小,信息量就越小,它所能消除的不确定性也就越小;反之亦然。信息的量作为一个相对性的表述,还不能完整地表明这种不确定性的特征,此时,信息的质便具有突出的重要性。证据的价值也取决于其量和质两方面。某个证据或某组证据的信息量高,则其价值高;反之,则其价值就低。(4)证据具有绝对性与相对性的二重性。信息是相对性与绝对性的有机统一,证据亦然。证据作为对客观事物运动状态和存在方式的反映,其存在是绝对的;但是,只有在证据被司法人员、执法人员获取或破译以后,它才能发挥作用。

信息论表明,案件发生的经过是一个信息转移的过程。任何案件都是一种物质的运动,都必然要在一定的时间、空间条件下实施,必然会破坏事物原有的状态,引起信息转移的出现:一方面,诉辩双方通过案件行为相互交换信息,将其自身的信息保存在变化后的对方及其场所中;另一方面,诉讼一方与证人、现场及关联场所之间也会有信息的转移。如果将这种信息的转移现象用简单的信息系统模型表示的话,可以说诉辩双方当事人是主要的信源,即信息的源泉;形形色色的案件行为是信道,即传送信息的通道;另一方当事人、证人、现场及关联场所是信宿,即传送信息结束后信息的归宿。诚然,这些信息转移在很多时候是双向的,证人、现场及关联场所的信息也会转移到当事人身上。若用图来表示的话,案件过程中的信息转移现象至少可归结为以下两种模型:一是人—人信息转移模型(见图2-2);二是人—场所信息转移模型(见图2-3)。随着当代形形色色网络案件的出现和演变,案件发生过程中的信息转移现象还呈现物理空间与信息空间相映射的新规律。

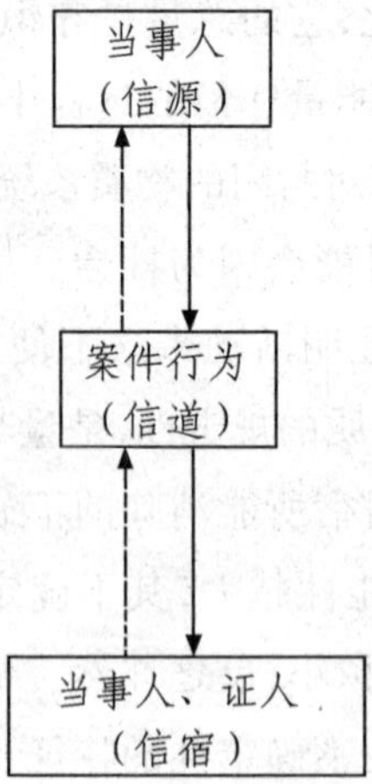

图2-2　案件过程中的人—人信息转移模型

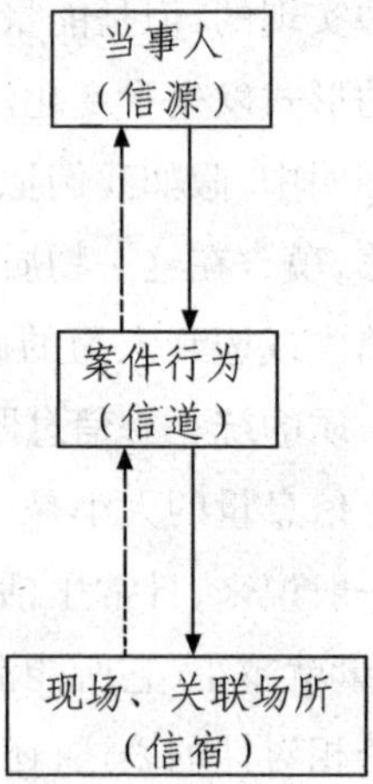

图2-3　案件过程中的人—场所信息转移模型

信息论还表明，司法证明是对案件信息获取、加工处理、反馈和传输的过程。首先，司法人员、执法人员通过各种手段，将以物品为载体的信息（手印、脚印等物证与文书等书证）和以活体为载体的信息（证人证言、当事人陈述等）收集起来，然后凭借经验和认识，结合案件所体现的规律和特性，“破译”、弄清其中的信息内容，这是获取阶段；其次，司法人员、执法人员对案件信息进行科学分类，消除因人为干预而产生的假信息和可信度低的信息，通过鉴别、推理等方式筛选出有效信息，这是加工处理阶段；再次，司法人员、执法人员以经过加工处理的案件信息指导实践，将信息回馈案件，收取其中产生的新信息，这是反馈阶段；最后，司法人员、执法人员将上述信息在不同主体间进行传递，利用这些信息为办案服务，这是传输阶段。上述四阶段并不是静止、孤立的，有些环节是融合在一起的，有些环节还会多次反复。

（二）系统论与证据法〔7〕

系统论是研究系统共同规律的理论，是由美籍奥地利生物学家贝塔朗菲于20世纪30年代提出的。系统方法是指从系统与要素、系统与外部环境的相互联系、相互作用、相互制约的关系出发，综合地、精确地考察对象，以实现最佳地处理问题的一种方法。“以系统论的视角来看，司法证明是一个复杂系统。这一系统包含实体性证明、程序性证明等子系统，每个子系统又分别由证明主体、证明客体、证明手段等要素组成。这些要素还可以进一步细分为某些次级要素。可以说，司法证明是多要素、多变量交互作用下以证据推理为主轴的复杂动态系统。”〔8〕

按照系统论的观点，各类案件的定案证据都是一种系统，即由一定数量的互相区别又互相作用的证据元素构成的证明某一案件事实真伪的证据集合体。其中，证据元素是证据系统构成的基本单位。一定数量的证据元素按照一定的排列顺序进行有机组合，就构成证据系统。证据元素与证据既有相同之处，又有不同之处。相同之处在于，它们都是用来证明案件真实情况的根据。不同之处在于，证据有相对完整的、独立的外在表现形式，例如

〔7〕　杨立新：《证据系统论刍议》，载《河北法学》1986年第1期。

〔8〕　封利强：《司法证明机理：一个亟待开拓的研究领域》，载《法学研究》2012年第2期。

一个证人的证言、一件杀人凶器、一份法医鉴定意见等,都在外在形式上相对独立、完整;而证据元素则不然,它不以外在表现形式的完整、独立为存在的前提,而以能证明一个相对完整的案件事实的片段为前提。任何一个案件,它的事实都是由若干个事实片段组成的。证据元素是能够证明最小的案件事实片段的证据单位。

在实践中,审查判段证据实际上是按照系统论的思想进行的:司法人员不可能把包括许多事实片段的证据笼统地进行比较分析,而必须把它们分解为一个个的片段,逐个片段地加以核对审查,最后才能判断证据的真伪,确定案件的真实情况。把这些情况概括起来,按系统论的思想加以分析,就会看到证据元素客观存在的事实,以及这一理论的客观现实性。这是一种原子主义的证据分析,当然是指不同于"物理分析的原子"的"逻辑认识的原子"。[9]

任何证据元素都必然地与其他证据元素发生联系,任何孤立的证据"元素"都不能称为证据元素,因为证据元素必须与证据系统相联系,而这种联系是通过与其他证据元素的联系而实现的。各个证据元素互相联系,才能构成证据系统。没有这种联系的证据"元素",就不可能成为这一证据系统的元素,因而也就失去了成为证据元素的资格。这是一种整体主义的证据分析,其逻辑要求是"一个特定证据作为分析对象的证明价值,从根本上取决于其他所有证据"。[10]

证据元素之间的联系一般通过两种形式:一种是每一证据元素与另外的证据元素相联系;另一种是每一证据子集与另外的证据子集相联系。证据子集是若干个证据元素的有机组合。因此,证据子集的联系实质上是证据元素联系的特殊表现形式,仍然是证据元素的联系。证据元素间联系的方式主要有四种:直联系、逆联系、平行联系和逆平行联系。直联系是与所要证明的事实发展方向相一致的肯定性联系,是一种顺序联系,可以表现为直接联系或间接联系。逆联系是与所要证明的事实发展方向相背离的否定

---

〔9〕 英国哲学家伯特兰·罗素说过:世界是一个由许多孤立的逻辑原子或原子事实构成的逻辑结构。

〔10〕 Michael S. Pardo, *Juridical Proof, Evidence, and Pragmatic Meaning: Toward Evidentiary Holism*, Northwestern University Law Review, Vol. 95, No. 1, 2000, p. 399.

性联系,是一种逆序联系,也可以表现为直接联系或间接联系。平行联系是与所要证明的案件事实距离较远,只是证明与案件事实有关的一些情况,这些情况与案件事实的发展方向平行发展,与案件事实具有某些一致性。例如,证明盗窃犯作案前有偷摸恶习的情况就是这种联系。逆平行联系与所要证明的案件事实距离较远,证明与案件事实发展相反方向平行发展的一些情况与案件事实具有某种相逆性,例如,证明某杀人犯一贯表现较好的情况。弄清证据元素联系的方式,对于正确认定案件事实和适用法律具有重要意义。

证据系统全部运动的内容是证明,证据系统通过它的全部运动,实现对案件事实的证明。证据系统的证明运动,是通过证据元素之间的相互作用实现的。任何一个证据元素都包含着一定的事实,或者说,任何一个证据元素都是一定的事实。若干个互相关联的事实聚合在一起,通过比较、分析、考查、鉴别,最后得出肯定的或者否定的结论,或者肯定一些事实,或者否定一些事实。

四、概率论与证据法

概率是指在同一条件下可能发生也可能不发生之事件的发生可能性大小的比率。概率论就是有关概率问题的科学方法论。国外将概率论引入证据法的尝试由来已久,如美国至少在20世纪中期就出现了运用概率原理认定案件事实的证据判例,后来又成立了一个专门的学术团体——贝叶斯证据论坛(Bayesian - Evidence Forum),该团体致力于法庭上举证和认证如何借助贝叶斯定理的研究。除此之外,两大法系还围绕这一主题发展了相关理论学说。我国学术界讨论概率论对证据法影响的论著还不多见。但实践中有一种越来越普遍的观点认为,“法官们所认定的案件事实是一种盖然性事实,而非确定性事实”。这就为证据法发展打开了通向寻求概率论支持的大门。

从国外的现状来看,概率论对证据法的影响主要体现在五个方面。其中,有的已成定论,得到了人们的公认;有的则引发了纷争,迄今尚无法达成一致。

(一)概率论可用于评断单一证据的证明力

对证据证明力的评断,从性质上讲大体可归于社会研究的范畴。但人类很早就在证据证明力的评断上借用了概率论的原理,并且取得了巨大的成功。究其原因,可能因为凡是通过统计方法加以分析得出的结论,其说服力和可信性就远远大于经验判断的结论。这方面最典型的例子是人类对指纹同一性的解释。

在实践中出现依靠指纹破案或定案的做法以后,随之而来困扰人们的问题便是:世界上有无可能出现相同的指纹?1892 年英国科学家高尔顿论述指纹没有相同的特性时就曾推测,世界人口增加至 60 亿人时,也许可以找到两个相同的指纹。1910 年法国巴黎大学教授勃泰柴氏(Balthaiar)用概率方法对此加以证明。1970 年国际鉴定协会指定 11 名专家组成专门委员会,研究指纹需要多少个特征符合点才可以做出同一认定的结论。经过 3 年工作,该委员会总结说,在指纹鉴定中,应当根据指纹的具体情况来确定这一问题;事前为提出认定同一的鉴定意见规定一个最低的特征符合点数量,是不切实际的。从我国的指纹鉴定实践来看,一般来说,八个特征符合点是必要的;如果特征质量较高,少于八个特征符合点亦可。这实际上是概率论与经验法则相结合的认识。

除指纹外,人们对其他证据特别是物证的使用中,概率论也是不容忽视的。例如,人类在只掌握 ABO 血型知识时,对犯罪现场的血型实施检验根本无法查清犯罪嫌疑人;而当人们掌握了 DNA 技术后,就可以认定犯罪嫌疑人,因为认定同一的概率为 99.9999%,基本上只存在可忽略不计的错误率。又如,司法人员借助足迹、牙齿痕迹、枪弹痕迹、工具痕迹、笔迹等证据进行同一认定证明活动时,也或多或少是以概率论为基础的。

为什么高尔顿并没有实际比对 60 亿人的指纹,就能断言相同指纹的出现概率是 60 亿分之一?为什么司法人员无须比较全体人类血液的 DNA 图谱,就能判定人类的 DNA 形状几乎是绝对差异性的?这在很大程度上乃概率论使然,也充分展现了概率论用于审查评断证据证明力的优越性。在如何评断证据证明力方面,概率论同经验法则相比有着很大的优势:前者主要是定量分析,后者主要是定性分析;前者是基于数理逻辑推导,后者是基于司法人员的经验。

链接　香港司法机关办理的全球首例“BT”案[11]

该案当时被媒体称为“古惑天王”(Big Crook)案。2005年年初,海关官员在巡查社交论坛时,发现用户“古惑天王”在网络新闻组发布BT种子文件;海关官员将种子文件下载后激活,发现可以下载三部盗版电影;海关官员分析确定了发布信息的源IP地址,通过技术手段定位到嫌疑人的私人电脑,扣押送检;后来嫌疑人被捕、被诉。在本案中,核心问题是控方能否排除合理怀疑地证明“古惑天王”就是上传盗版电影的第一个人?为此,控方主要提举了包括盗版电影、服务器登录日志、文件快捷方式、浏览器缓存文件在内的18份电子证据。香港高科技犯罪局聘请权威专家基于这些电子证据进行概率分析,得出被告人犯案的可能性是92.27%。准确地说,这一概率表明,根据现有证据,所扣押电脑是用作上传这三部盗版电影BT种子文件的可能性是92.97%。这一基于专家投票形成的概率,足以支持法庭作出有罪判决。当年10月24日,法庭认定被告人罪名成立。

(二)概率论可用于评断一组证据的证明力

在实践中,任何一方当事人举出的证据通常都不是单一的,而是由若干证据构成的证据组。所有这些证据被采信后,形成的联合证明力如何评断,一般可以借助统计概率理论的多个概率值合成公式来计算。概率值合成公式在司法证明中的运用规则,基本上就是概率的乘积规则。这一规则是指两个或两个以上的独立事件为真的概率等于每一事件为真的概率之乘积。[12] 例如,连续三次公平地掷硬币皆出现正面的概率为0.125(0.5×0.5×0.5)。这一结果也往往与人们的感性认识相吻合。

我们曾经利用传统统计概率对满足独立来源要求且可以单独进行可信

---

[11] BT是一种互联网上新兴的P2P传输协议,全称为“Bit Torrent”,中文全称“比特流”,现在已独立发展成为一个有广大开发者群体的开放式传输协议。

[12] [美]理查德·A.波斯纳:《证据法的经济分析》,徐昕、徐昀译,中国法制出版社2001年版,第99～100页。

度估算的一组电子证据进行证据合成。[13] 具体来说,人们在评断时应当遵循四个基本步骤:第一步,将不同来源的电子证据分列开来,分别称为具有独立性的证据 1、2……n;第二步,估算每一个电子证据(包括少量的传统证据)的可信度,并简单换算为初始概率值,分别称为小写的 p_1、p_2……p_n,也就是说,每个证据所指向的案件情节发生的可能性分别是 p_1、p_2……p_n;第三步,计算在每个证据的独立支撑下不发生所指向的案件情节(存在其他情形)的可能性,分别为 $1-p_1$、$1-p_2$……$1-p_n$;第四步,依照概率的乘积规则计算所有电子证据(包括少量的传统证据)的可信度及其证明力,计为大写的 P,这就可以援引 $p=1-\prod_{i=1}^{n}(1-p_i)$——电子证据的印证公式进行判断。在这个公式中,无论是 P 还是 p_i、$1-p_i$ 都介于 0 与 1 之间,即 $0<P,\ p_i,\ 1-p_i<1$。随着证据数量和/或某单一证据可信度的增加(i、p_i 值的增大),相关证据的证明力会相应地增加(P 值增大),证据被采信的可能性也就随之增大。

证据联合作用的实际效果既不单取决于单个证据的质量,也不单取决于所有证据的数量,而是同时取决于两者。特别要指出的是,在采用这种方法计算概率值时,要注意证据相对于案件事实的“独立性”,否则便有可能犯计算错误。

链接　克林斯夫妇抢劫罪和伤害罪一案[14]

这是美国证据法教材中广泛引用的一个误用概率乘积规则的典型例子。案件发生在 1964 年 6 月某日的中午,被害人阿尔克斯夫人购物回家途中,突然被人抢走装有刚买来的物品和内有 35～40 美元的钱包的小皮箱,她本人也被人从身后猛力推倒在地。阿尔克斯夫人挣扎起身后发现,一名年轻的金发女郎正在奋力逃窜。正在附近草地上浇水的证人巴斯听到被害人呼叫后,恰巧也发现一名金发女郎快步钻进一辆黄颜色小车,该车飞速从巴斯身边驶去。证人巴斯因而看得更加清楚:驾驶这辆黄色小车的是一个胡须和鬓发均很浓密的黑人男子,金发女郎紧坐一旁。检察官将上述被害

〔13〕 刘品新:《印证与概率:电子证据的客观化采信》,载《环球法律评论》2017 年第 4 期。

〔14〕 Peolpe v. Collins,438 P. 2d 33 (Cal. 1968).

人的陈述和证人的证词结合在一起,还邀请一位大学数学教师作概率学统计分析,得出以下结论:

该案概率统计

项目	特征	独立概率
A	一辆黄颜色汽车	1/10
B	胡须较长的男性	1/4
C	头发较长的女性	1/10
D	鬓发较浓的黑人	1/10
E	金发白人	1/3
F	一辆汽车内同坐不同种族的夫妇	1/1000

数学教师认为,按照概率学的计算原则,即概率乘积规则,当项目统计具有相对独立性的时候,各项目统计所得的独立概率可以直接相乘,故该案行为人特征完全相同的可能性为:$A \times B \times C \times D \times E \times F = 1/12000000$。

检察官据此对克林斯夫妇提起刑事诉讼,控以抢劫罪和伤害罪两项罪名。在审判过程中,法庭认为,检察官总共提供了三份特别有力的证据——被害人关于案情的陈述、目击者的证词和数学教师的概率分析意见,以及一系列相关的间接证据。这些证据相互印证,说明提供法庭调查的证据在概率分析上是完全可靠的。因此,根据两被告的人身特征完全相同的概率仅为一千两百万分之一的分析结果,克林斯夫妇实施抢劫罪与伤害罪具有高度的盖然性,完全可以认定两人的行为已经构成犯罪。同时,陪审团还针对辩护意见指出,对如此之低的概率仍然加以怀疑的观念是陈旧而不科学的,在证据规则中应当坦率地承认数理分析结果的科学性。

被告人克林斯夫妇不服洛杉矶地方法院的判决,以犯罪行为发生时两人均不在现场和检察官提供的证据存在明显的瑕疵为由提起上诉。加利福尼亚州最高法院采纳了被告人的上诉意见,以证据不足和一部分证据不具备可采性为由,撤销了洛杉矶地方法院的第一审判决,裁定被告人无罪。上诉法院改判的重要理由是:(1)在检察官提供的证据中,所谓的独立项目概率只是一种理论上的假设,并无任何证据证明该假设是确定无疑的。相反,黑人男性的胡须和鬓发以及白人妇女的长发和金发等项目却明显具有并非独立的关联性。可见,该项证据运用概率论独立项目原理所进行的推算是不准确的,所得的结论并不具备证据能力。(2)检察官所列举的行为人六大特征的本身,仅仅来源于证人和被害人的陈述,虽然证人与被害人的相关陈述具有一定的关联性,并且具备了相互印证的条件,但独立的证词都未得到相应证据的印证,也即缺乏必要的补强证据。所以,将尚未得到立证的项目作为独立概率分析的基础,在运算过程中不可能防止错误的发生。(3)退一步说,即使检察官提供的证据和主张在概率学上是正确无误的,但只要存在一定的概率就意味着错误判断的可能性,就有可能存在人身特征完全相同的其他夫妇。这种建立在数理分析基础上的证据仍然具有假定性,并不能为被告人是否实施过抢劫和伤害等行为提供有足够证明力的依据。

(三)概率论可用于评断全案证据的证明力

几个世纪以来,国外的法律界早已知道和承认案件事实的发现是盖然性的。虽然在不久以前还是客观真实说在我国占据主流地位,但当前的趋势是法律真实说正在逐渐被接受。这就为借助概率论来判断证明责任一方的证明是否达到证明标准,解除了理论前提上的障碍。概率论为司法人员评断全案证据的证明力究竟能够提供何种帮助?概言之,这不仅仅要求司法人员在认证时有概率意识或者概率思维,而且要具体化为一系列的理论,如信度理论。

信度理论从本质上看是研究"内心确信"的概率理论。[15] 这种理论认为,概率是某人在证据的基础上构造出来的、对一个命题为真的信任程度,简称为信度。信度理论中的证据是指据以形成人之判断的现有全部信息。

信度,可以理解为一个证据对结论的支持度。在信度理论中,对于无证据的情况,全部信度值1被赋予由全部可能结果构成的集合,而对于任何单独结论的信度均为0,即证据不支持任何一个具体结论。为这个由全部可能结果构成的集合赋予的信度值,在信度理论中被称为"无知度"。无知度的概念不仅解释了没有证据证明的情况,而且对于在一定程度上支持相反结论的对立证据的合成作用,也能够予以解释。在给定对立证据的条件下,

---

〔15〕 何家弘主编:《刑事审判认证指南》,法律出版社2002年版,第99~100页。

无知度是关于一个结论及其相反结论的不确定性的度量，任何对立证据的合成效果必然使事实在一定程度上处于无法判断的状态。无知的状态符合人们的日常生活：当对立证据对各自结论的支持没有显著差别时，人们很容易处于“无法判断”的状态。因此，信度理论更适合司法证明及对证据的判断问题。

由所有可能结论构成一个集合，表示为 Θ，在 Θ 中有且仅有一个真实的结论。集合 Θ 这些结果需要证据的支持或排除。一个证据可以支持一个或多个结论，一个证据也可以排除一个或多个结论，一个证据排除某结论，那么意味着它支持除该结论之外的其他所有结论。信度理论用 0～1 之间的数来表示在某个证据条件下对一个结论或多个结论的信度。对于只存在一个证据的情况，将一定信度赋予某一结论，那么剩余的信度不分配给所有其他结论，而是赋予所有结论构成的集合。

综上可见，信度理论虽然并不是一种严格意义上的概率理论，但它在解释很多或然性问题时是具有优越性的，特别是在以证据证明事实的司法证明领域。

（四）概率论可用于评断一方当事人是否有过失的问题〔16〕

过失是一个重要的法律概念，它是许多案件中当事人承担责任的基础。过失问题既是一个法律问题，也是一个事实问题。在美国等国家，当事人是否有过失也可以借助概率论进行证明。这就是著名的“汉德公式”。

该公式是由美国法官利尔德·汉德在审理合众国诉卡洛尔·波音公司一案中提出来的。在该案中，汉德法官提出在侵权案件中可以以简单的数学公式确定被告是否有过失的标准。模型化为 $B<PL$，其中 B 表示被告预防事故发生之预防成本，P 表示事故发生之概率，L 表示实际损失的金额。汉德法官认为，当且仅当 $B<PL$ 时，加害人才构成过失，应当承担赔偿责任；反之则不承担责任。这样一来，在实践中若要证明或认定加害人是否有过失，则只需要估算 B、P、L 的数值，然后进行计算和比较就可以了。

汉德公式在美国产生并不久远，但其内含的概率论方法早已在实践中

〔16〕［美］理查德·A. 波斯纳：《证据法的经济分析》，徐昕、徐昀译，中国法制出版社 2001 年版，第 106～108 页。

使用过。例如,在布莱思诉伯明翰水厂一案中,自来水公司没有将其水管埋得足够深以防冻裂,而后损害了原告的住宅。法官强调这次水冻是前所未有的严重事故,即这种损失的概率很低,而损害不是太大,不至于使事故的预期成本大于预防成本,故认定自来水公司并未构成过失。又如,在亚当斯诉巴洛克一案中,原告(一个 12 岁的男孩)过一座从被告的电车轨道架设通过的桥梁时,挥动手臂去敲打桥面上的 8 英尺长的电线,而该电线与电车的架空线连着,架空线在轨道上面、桥下面,结果原告遭受了电击。法官在该案中支持了被告,因为概率 P 是很低的,任何过桥人都不太可能去摸电线,而预防的成本 B 却很高。再如,在亨德里克斯诉皮博迪煤矿公司一案中,一位 16 岁的男孩在被告废弃而盛满泉水的露天矿游泳时受到严重伤害。被告已经意识到那个矿井将被用作游泳水湾,而且由于在小孩潜水和受伤地方的水面之下有隐蔽突出物而可能造成危险,他应该控制那一地区,但他没有有效地这样做。法官判决说:“整个水面只要用价值 1.2 万 ~1.4 万美元的钢丝网就能被封闭起来。与小孩受伤害的风险相比,这一成本是微不足道的。”

诚然,汉德公式不过是侵权案件中判定过失的一项标准而已。除此之外,还有理性人标准等权威标准。但是,这一公式再次表明,概率论在处理某些事实问题时还是大有可为的。

(五)概率论可用于解决精神损害赔偿数额的确定问题

损害赔偿是民事诉讼的常见诉因,但赔偿的数额如何证明与认定却非易事。尤其是精神损害赔偿额的确定,因没有物资与价格依据,往往成为困扰司法证明的重大难题。通常而言,法律并不直接针对赔偿数额提出证明的要求,而是委任法官进行自由心证。无论是举证也好,心证也罢,绝非表明这个数额可以随心所欲地估算,而没有任何客观的基础。为此,德、日等国以概率论为基础发展了“概率心证说”的理论。

所谓“概率心证说”,其核心内容是,损害赔偿额的计算应当以损害事实认定的概率为基础,当事人提供的证据所能达到的证明程度,就是赔偿金额计算的数据依据。例如,按照证据的证明力认定不法行为及其侵害结果存在的盖然性为 80%,那么相应的赔偿金额也应当按照 8:2 的比例进行计算。又如，假定原告按照实际的伤害结果和精神上承受的痛苦，提出的赔偿请求额为X，而其提供的证据证明价值仅为60%，或者由对方当事人承担证明责任时，反对证据的证据价值为40%，那么赔偿金额的基本算术式应当为：赔偿额 = X × 60%，或者赔偿额 = X ×（100% - 40%）。当然，这一计算方法得出的数值并非一定是判决依据或结论，概率心证说还要求法官按照证据的启示进行综合的判断，并且结合非诉案件的处理原则，形成最终的结论。

尽管对于诸如精神损害赔偿等没有确定性依据的裁判对象而言，概率心证说仍然没有提供完全可靠的计算方法，但对于本来就没有任何客观数据支持的赔偿金额来说，概率论的功效是显而易见的。因而这种理论在一些国家受到了广泛的认同。另外，一些国家还发展了结合考虑受害人与加害人过错程度的更为精确的“过失相抵说”。

综上所述，这种损害赔偿的计算原则试图为困扰法庭的难题提供一种概率论的方法，并且将计算的依据定位在证据和主观心理态度的基础之上，为人们寻找更为科学、更令当事人心服的裁判提供了新思路。当然，其中仍然存在一些难以捉摸的不稳定、不明朗的因素。尽管如此，这一理论对于我国如何解决损害赔偿数额的证明难题还是颇具启发意义的。

五、同一认定理论与证据法

同一认定是人类认识客观事物的基本方法，也是一种普遍的生活方式。例如，一个人到飞机场接朋友后开车回家。在这一过程中，他在机场出口处认出朋友是同一认定；到停车场找到自己的汽车也是同一认定；开车回到自己家还是同一认定……每个人在日常的生活中，都可以发现许许多多的同一认定。

将这些现象的内在规律抽象出来，就形成了司法证明领域的同一认定理论。所谓同一认定，是指依据客体特征判断两次或多次出现的客体是否为同一个客体的认识活动。其中，作为认定对象的客体包括人、物、场所和事件四种，它们必须在人们的认识过程中出现过两次或两次以上；作为认定依据的客体特征包括形象特征、物质成分特征、运动习惯特征、时空位置特征和气味特征等，它们寓存于形形色色的特征反映体之中；认定的方法主要是特征比对法,即通过比较若干个特征反映体的特征相似性,进而得出客体同一性的结论。

从历史沿革来看,同一认定理论缘起于20世纪初。当时英美国家的一些学者发表了零散的关于同一认定理论的文章,1915年"国际同一认定协会"在美国加利福尼亚州成立,系统的同一认定理论则产生于20世纪20年代的苏联。我国从20世纪50年代中期开始引进苏联的同一认定理论,70年代末同一认定理论得到了极大的丰富和发展。90年代末,同一认定理论的适用版图扩大拓展至司法证明领域,成为证据法学的一个重要理论基础。进入21世纪,同一认定理论在认定行为人现实身份与网络身份同一性、基于海量数据的同一性认定等方面有了重大的进展。[17]

(一)司法证明的核心是"人—事同一认定"

现实世界的案件多种多样,但是司法证明所要解决的问题通常可归结为两点:一是控方或原告方提出的案件事实是否确实发生;二是被告人是否为该案件的责任者。前者属于事件同一认定,即判断所诉案件事实是否确实是发生过的事实。后者属于人身同一认定,即判断被告人是否为实施那个特定被诉行为的人。由此可见,司法证明的核心内容是人身同一认定和事件同一认定,可以简称为"人—事同一认定"。

运用证据证明案件事实是一个同一认定的过程。在这一过程中,司法证明活动的核心是"人—事同一"。无论这个证明过程多么漫长、多么复杂,其最终目标都是要证明被告人是不是实施了特定被诉行为的人。当然,在不同案件中,司法人员实现这一目标的过程和途径有所不同。

同一认定贯穿于每一起案件的证明过程之中。其中,既有对整个案件的大同一认定,也有对某个案件事实要素的小同一认定和种属认定。而且案件中的大同一认定往往就是由多个小同一认定和种类认定组成的。例如,在一起杀人案件中,侦查人员在现场提取了足迹、弹壳、血痕、毛发、纤维等物证,鉴定人员对现场足迹和犯罪嫌疑人的鞋进行了同一认定;对现场弹

---

〔17〕 何家弘、谢君泽:《网络犯罪主体的同一认定》,载《人民检察》2020年第19期;刘品新、孙玉龙:《基于电子痕迹的人身同一认定:网络犯罪的身份识别》,载《法律适用》2016年第9期。

壳和嫌疑枪支进行了同一认定;对现场血痕、毛发和纤维则进行了种属认定,即认定了现场血痕与犯罪嫌疑人的血型相同、现场毛发与犯罪嫌疑人的毛发相似、现场纤维与犯罪嫌疑人所穿毛衣的纤维种类相同。此外,某证人在案件发生前曾在现场附近看到一辆汽车,经过辨认,他确认犯罪嫌疑人的汽车就是那辆汽车,这也是同一认定。根据这些同一认定和种属认定的结论,司法人员最终得出该犯罪嫌疑人就是杀人凶手的大同一认定结论。

在有些案件中,大同一认定可以直接由某些证据完成,而这些证据一般都属于直接证据。小同一认定和种属认定则一般都属于间接证据。作为直接证据的同一认定虽然价值较高,但是不一定能保证定案结论的可靠性。例如,被告人的供述也属于直接证据,也需要同一认定,即判断其陈述的案件是否与确实发生的案件同一。即使是有罪供述,也要与通过其他证据查知的案件事实相比较,看是否吻合。由此可见,一起案件的司法证明往往要由多个同一认定和种属认定来完成。这些同一认定和种属认定,或衔接,或并列,或辅佐,或印证,共同构成整个案件的"人—事同一认定"。明确"人—事同一"在司法证明中的地位和作用,可以提高司法证明活动的科学性。

(二)"人—事同一认定"的科学基础在于证据的质量

司法证明的任务是识别案件特征、认定案件事实,而案件的事实特征必须通过各种各样的证据才能反映到主体的认识活动之中。"人—事同一认定"就是要通过审查这些证据,看其是否正确、准确地反映了案件特征,然后再对这些特征的价值进行评断,看其能否达成"人—事同一"。由于"人—事同一认定"必须以案件的事实特征为基础,而认识这些特征的中介是各种证据,所以"人—事同一认定"的依据就主要是案件中的证据。而且,司法人员在诉讼中使用的只是案件事实的部分证据,不是全部证据。

这样一来,个案中司法人员所获取的证据或特征组合是否具备了同一认定所要求的条件,就成为"人—事同一认定"能够实现的前提。这些条件具体包括:(1)证据内容的排他性。由于同一认定要对客体进行个体识别,要把某个客体与其他客体区别开来,所以其依据的特征组合只能出现在一个客体上。换言之,每个同一认定所依据的特征组合必须具有特定性。由于案件的特征是通过证据来识别和认定的,证据组合可以代表特征组合,所以就司法证明的"人—事同一认定"而言,这种特定性则表现为证据组合在内容上的排他性。(2)证据内容的稳定性。不同客体的稳定性有所不同,不同特征的稳定性也有所不同。在实践中,案件中的各种证据都会随着时间的推移而发生或大或小的变化,因此在同一认定时必须考察证据内容的稳定性。如果全案证据体系中主要证据的内容保持不变,或者虽然出现了某些个别变化但并没有改变整体格局,那仍然可以进行"人—事同一认定"。(3)证据内容的可靠性。众所周知,物体在运动过程中经常会以某种方式与其他物体接触,并且会在对方身上留下自己的"痕迹",或某种形式的"反映"。对于"人—事同一认定"来说,重要的不是这种反映的可能性,而是这种反映的容易程度和清晰程度,即证据内容的可靠性。例如,人的指纹具有"触物留痕"的特点,所以指纹就具备了同一认定所要求的"反映性";人的"眼纹"虽然也具有特定性和稳定性,但是很难在其他客体上留下"痕迹",所以不具备同一认定的条件。一般来说,证据内容的可靠性与人类的认识能力和特征识别能力之间有密切的关系。司法证明史表明,随着人类所掌握的科学技术的发展和认识能力的提高,人们在同一认定中不仅可以利用人体的外貌和骨骼结构特征,而且可以利用书写习惯、指纹、掌纹、足纹、牙齿、唇纹、声纹、遗传基因纹特征等。在这一发展过程中,客体特征本身并没有发生什么变化,并不是人体在不断地增生出一些新的特征来供人们识别,而是有些原来无法识别的特征不断转化为可以识别了。毫无疑问,数千年以前的人也有声纹特征和 DNA 特征,只不过当时人类的认识能力还无法识别这些特征而已。

(三)"人—事同一认定"的基本模式是排除法

同一认定实际上是一个通过不断排除相似客体并最终认定同一的过程。同一认定所选用的每一个特征都意味着把不具备这一特征的客体排除在外;而每增加一个特征又都标志着有更多的客体被排除在外。例如,就一起杀人案件来说,司法人员根据现场情况,首先确定是一起非正常死亡案件,即把正常死亡事件排除在外;其次随着收集到的证据增多,又确定这是一起他杀案件、一起故意杀人案件、一起因爱情关系破裂而实施的杀人案件,即相应地把自杀案件、非故意杀人案件和因爱情以外因素而实施的杀人案件排除在外;最后,当所有证据能证明这是由某个特定人实施的杀人案件时,就把其他杀人案件统统排除在外,同一认定的任务也就完成了。由此可见,“人—事同一认定”的基本模式是排除法。

具体来说,同一认定中进行排除的方法有两种:一种是间接排除法,另一种是直接排除法。所谓间接排除法,是指根据特征组合的重复概率来排除其他相似客体,又可称为“概率排除法”;所谓直接排除法,是指根据客体的某些特征直接比较该范围内的每个对象,逐个进行排除,直至最后一个客体。

在大多数同一认定中,由于客体的种属范围太大,客体数量太多,人们不可能把这些客体全部收集起来进行比较和排除,只得以特征组合的重复概率为依据,来推断能否依据该特征组合将其他客体排除在外。例如,对指纹进行同一认定时,我们能把全人类的指印全部取来再一一进行比较和排除吗?当然不能,因为这是不切实际的。在这种情况下,我们只能根据统计数据和经验来评价特征组合的重复概率。如果这一概率低得足以保证该特征组合不可能在其他指纹上出现,则等于间接地把其他指纹都排除在外,因而便可以据此认定同一了。

有时被寻找客体已被限定在很小的范围之内,而且该范围内的每一个客体都是已知的,具备直接比较的可能性,于是直接排除法便可以发挥作用。在这种情况下,人们通过观察或检验被寻找客体的特征反映体来找出被寻找客体的主要特征,然后依据这些特征对该范围内客体进行逐个的比较和排除。如果在一次比较后就排除了某个客体以外的其他客体,便可以认定同一;如果经首次排除后仍剩下多个客体,则可进一步选定被寻找客体的其他特征,作为再次排除的依据,直到只剩下一个客体为止;倘若被寻找客体没有其他特征可以利用,而且排除后剩下的仍为多个客体,那么该排除过程就只能以种类相同的结论告终。

以一起网吧系统遭受攻击的案件为例。警方通过 IP 定位到了一间出租房,房内只有一台电脑,对其进行勘查,发现其安装的软件版本与网吧电脑相同。警方开箱检验主机,发现箱内 PCI 显卡的安装位置与网吧电脑一致,箱内电线被整理过,其绕行方向同为左手法则,且都是绕过 IDE 排线,用扣索扎紧固定。这一特定的安装主机箱的动作习惯痕迹引起警方极大的重视。经过进一步侦查,锁定了曾为网吧组装过电脑的人具有犯罪嫌疑。警方提取到犯罪嫌疑人照片后,房东也予以指认,进一步锁定了犯罪嫌疑人作案的可能性。[18]

在本案中,警方通过IP地址定位和目标电子设备里的软件安装情况、具有个人特征的显卡安装位置和电线缠绕手法的调查,只能初步证明是有人操作这台电脑实施的攻击行为。换言之,IP地址定位以及目标电子设备里的软件安装情况、显卡安装位置和电线缠绕手法等证据一般是不能作为同一认定之依据的。因为该电脑的使用者可能不是一个人。然而本案的条件比较特殊,主要是房东指认出了曾为网吧组装过电脑的人就是该电脑的使用者,且犯罪嫌疑人的电脑主机箱与网吧电脑主机箱内的安装手法一致。基于具有特定性的此类特征组合,警方可以直接运用排除法进行人身同一认定。

---

〔18〕 孙晓东主编:《网络犯罪侦查》,清华大学出版社2014年版,第97页。

第三节 价值论

解决争执和查明真相这两个目的,并未给评价法律程序提供可用的标准,因为它们过于笼统。解决争执是全部法律(程序法与实体法)的目的之一。与纯科学不同,法律的目的并不在于发现真相,并不在于发现全部真相,并不纯粹在于发现真相。这不但代价过高,而且往往与解决争执的目的不沾边。不过,置真相于不顾,照样也能解决争执。武断的命令或抛硬币也可以行之有效地用来解决许多争执。因此,要评价法律程序,需有多种具体目的。

——[美]迈克尔·D. 贝勒斯

英国历史上著名的DNA证据案件。1998年1月4日,英国一名年轻人因涉嫌一起入室盗窃案被捕,警方强制提取了其唾液样本,并制作了DNA图谱。8月23日,由于证据不足,法庭在盗窃案的审判中判其无罪。依照相关法律规定,警方应该尽快销毁所收集的DNA样本,然而他们却没有这么做,而是将它与未破获案件数据库中的DNA样本进行比对。结果发现,该青年的DNA图谱与1997年的一起入室盗窃强奸案中犯罪人留下的DNA样本特征吻合。

此后该青年第二次被捕,在接受讯问时他仍拒不认罪。警方再次依照强制程序提取了他的头发样本,并又一次做出了DNA鉴定意见:二者不同一的概率只是1:1700万。检察官将此案以入室盗窃强奸罪提起公诉。由于强奸案中被害人是一位66岁的老妇人,没有看清罪犯的相貌,故不存在辨认条件。加上缺乏其他有效条件,DNA鉴定意见就成为审判的关键证据。一审法官认为,该DNA证据的取得违反了法律的有关规定,不能被采用,因此判决被告人无罪。控方不服,就证据裁定提出上诉,直至英国的最高审判机关即上议院。

2000 年 12 月 14 日,英国上议院作出最终裁定:在本案中,DNA 鉴定意见是至关重要的证据,而且也是确实可靠的,因此法官应该采用,尽管那是违反法律规定取得的证据。仅仅因为取证不合法就让被告人逃避惩罚,这显然不符合司法正义的要求。

一、司法证明是一种价值权衡的活动

司法证明不仅仅是一种认识活动,更是一种适用法律的专门活动,因此其中必然涉及各种价值的选择和实现问题。它不仅要考虑客观事实真相是什么的问题,也要回答什么是公平、正义,什么是不公平、非正义,什么是善,什么是恶,什么是诚信,什么是不诚信等问题。相应地,证据法所要追求和维护的价值也是多方面的。不仅有一般意义上的法律价值,如对实体正义与程序正义的追求与实现,还有伦理价值、经济价值、社会价值以及文化价值。[19]

法律价值与上述价值之间,甚至不同的法律价值之间通常并不总是一致的,也不总能同时实现。它们之间的冲突和抵触有时是无法避免的。这就需要一种权衡或者平衡的思想,即证据法的价值论基础。

至于如何处理证据法与不同价值取向之间的关系,一个总的原则是:结合具体国情,确定一个合适的平衡点,以保证证据立法和司法活动的正当性。诚然,这个所谓的平衡点绝不是一成不变的,也有一个随时代变化而相应调整的问题。我国有学者概括说,对于存在冲突的价值必须有所取舍时,应当在进行权衡的基础上进行取舍,考虑下列要素:(1)取此舍彼所要达到的目的;(2)被舍弃的价值有无依理性的其他替代方法获取的可能性;(3)被舍弃的价值没有依理性的其他替代方法获取的可能性时,这种舍弃

[19] 有学者研究指出,证据法追求多元价值,特定的核心价值是“真相”“公民基本权利保障”“特定社会政策”“诉讼效率”。参见吴洪淇:《证据法体系化的法理阐释》,载《法学研究》2019 年第 5 期。

是否值得。[20]

二、法律价值与其他价值的平衡

法与正义有密切的联系,汉语的“法”这个字本身就有“平”“正”“直”的含义。但正义绝不仅仅是一个法律概念,它也是伦理概念、宗教概念、经济学概念与政治概念等。换言之,正义是一个涉及面很广的开放性概念。证据法所追求的法律价值与其他价值之间的平衡,也可以看作不同领域正义观念的权衡。

(一)法律正义与道德正义

古罗马的法学家曾有“法是善与正义的艺术”(Jus est ars boni at aegui)的名言。这句话体现于证据法上,就是要求各国证据法不仅要保障与体现司法证明的公正性,还要促进与维护其合理性与人道性,以及保护同诉讼无直接关系的证人等的基本利益。也就是说,证据法必须具有“善”的品格。

如何确保证据法通过“善”的方式来定分止争,就是证据法兼顾法律正义与道德正义的主要任务。定分止争是其法律价值的体现,仁义诚信则是伦理价值的要求。这两种价值之间存在千丝万缕的联系,有时甚至一种价值会被另一种价值吸收,例如,伦理价值的某些内容可能会以法律形式表现出来;当然,它们确实各有独立性。

作为证明案件真相的重要手段,证据是现代司法证明活动中必不可少的东西。而取证、举证、质证、认证均不是轻而易举之事,常常需要司法人员与行政执法人员的积极努力,以及当事人与证人的大力配合。为此,各国证据法必须全面平衡证据行为内在善与恶的力量对比,掌握法律正义与道德正义之间的平衡点。

例如,我国现行法律规定凡是知道案情的人都承担提供证据的义务,并且应当对其作证行为的真实性承担法律上的责任。这体现的是法律至上的正义准则,而没有考虑个人的利害关系和情感上的障碍。这种制度在实际执行过程中就遇到了很多困难。有的知情人拒绝提供对自己亲友不利的证

---

〔20〕 张建伟:《证据法学的理论基础》,载《现代法学》2002 年第 2 期。

言,有的因害怕打击报复也拒绝作证;有时某人“大义灭亲”式地作证后留下了一系列的后遗症,不仅家庭破裂,而且在社会上到处碰壁。这些都说明,证人作证现状有轻视伦理价值的潜在问题,而这种伦理价值又不是法律价值所能代替的。从某种意义上讲,要求所有知情人出庭作证,这对于国家法制建设而言可能是一种“利”,但对于证人本人或其作用对象而言又可能是一种“弊”,甚至是实实在在的“恶”。这种状况必须加以有效解决,以保证证据法的伦理价值不因狭隘地追求法律价值而受到漠视。我国《刑事诉讼法》第193条明确了被告人的配偶、父母、子女不被强制出庭作证,在一定程度上缓解了上述状况,但离真正赋予证人以作证持免权还有重大的不同。

又如,如果诉讼各方在取证时采用各种调查陷阱,在举证、质证时实施突然袭击,则有悖于诚信精神。即便这些证据行为不为法律所禁止,法官也要做利弊的考量。凡是证据行为对伦理价值构成实质性影响的,法官均可以裁定降低甚至取消其证据的证明力,因为所取得的证据在道德上是不正义的。

再如,司法证明是一种特定的劳动,能够产生一定的社会价值甚至是经济价值。从经济学的角度来讲,证据行为本身当然也是一种有效的劳动,同样具有确定价格的可能性。那么,证据能不能像商品一样交易呢?这同样涉及社会基本伦理准则的衡量问题。〔21〕基于证据行为可能带来的利益,事实上各国法律在一定程度上承认证据的交换价值。如坦白从宽、立功受奖的刑事政策,自首从轻的量刑制度,国外采用的辩诉交易、证据契约制度等,都体现出证据行为与一定的利益相结合的思想倾向。但是,证据绝不是商品,获取交换利益绝不能成为证据行为的出发点。如证人、鉴定人不能说哪一方当事人出钱多就为谁作证,也不能说传唤自己出庭的那一方当事人支付了多少出庭费用就按照等价交换的原则给出多大分量的证据。“收买证据”“悬赏取证”等做法虽然在实践中并不鲜见,但从证据法的角度来讲,法官必须进行具体衡量,最终要评判证人获取的利益是否合理、正当,进而决定是否采用相关的证据。

---

〔21〕 陈浩然:《证据学原理》,华东理工大学出版社2002年版,第37页。

(二)司法公平与经济效率

公平与效率是司法证明活动中的又一古老话题。有一个传统说法是,司法以公平为最高的价值目标,而经济学则以效率为追求的第一目标。但事实上这是一种偏见。准确地说,公平并非司法的唯一目标,关注效率也应是法律的应有之义。由此推知,司法公平与经济效率都是证据法的基础要求。

从世界范围来看,许多证据规则都同时体现了公平与效率的精神。如非法证据排除规则隐含着两层含义:其一,一方当事人以违法方式取得证据对另一方当事人是不公平的,所以这样的证据要排除在外;其二,一方当事人以违法方式取得的证据极有可能是虚假的,这无形之中增加了证明成本,降低了司法效率,所以这样的证据要排除在外。除此之外,证明责任规则、交叉询问规则、口供补强规则等也兼顾了对公平与效率的追求。而举证时限规则、推定规则、自认规则、品格证据规则、传闻证据规则、最佳证据规则、关联性规则、书证优先规则等虽然侧重于维护司法效率,而强制出庭作证规则、宣誓作证规则、意见证据规则、行政案卷外证据排除规则等偏向于强调司法公平,但所有证据规则在整体上达到了公平与效率之间的某种平衡。

我国证据法传统上一直强调对案件事实的真理性认识,这固然与其公平的理念相合。但若因此而以牺牲其他的价值目标如效率为代价,则物极必反,因为迟来的正义非正义。证据法改革的一个根本目标就是要实现公平与效率价值的协调统一。现在看来,我国今后很长一段时间主要是需要在促进效率方面多做一些努力。

(三)司法正义与传统文化、宗教信仰、社会观念

任何国家的司法证明对司法正义价值的追求,还要受其他方面因素的影响,包括传统文化、宗教信仰、社会观念等因素也会对证据法产生一定的影响。如果这些因素相互之间或者与发现真相、维护正义的价值之间产生冲突时,也同样会遇到权衡的问题。

就文化传统而言,东方国家和西方国家之间确实存在较大的差异,中国有自己的特色。概言之,中国法律强调伦理性,西方法律具有强烈的宗教

性;中国法律文化以秩序为重心,以至于无讼,西方法律以权利为轴心,追求正义;[22]中国执法时法、情、理交融,情理为主、法刑为辅,西方则很早就确立了遵守法治的传统等。[23] 这些反映在证据法律规范上确实会形成不同的特色。例如,中国几千年来形成了颂扬“包青天”等清官的民众心理,老百姓对实体公正有强烈的追求,如果“包青天”们使用各种“计谋”让坏人受到追究,老百姓也会拍手称快,而不太会关注官方采取的取证等程序究竟是否合法;反之,英美法系国家民众有强烈的重视程序的偏好,如果警察在收集证据的过程中有违法行为,则该证据一般无效,即便导致“坏人”逍遥法外也在所不惜。这就是传统文化不同所致。

宗教信仰与社会观念的不同也会造成不同国家证据法的差异。例如,伊斯兰法律世界认为,“一个正直的穆斯林的话被认为比一纸空文和一则有待证实的消息更可靠”,因此伊斯兰国家形成了比较发达的目证制度和公证人制度,世俗法庭拥有很多被认可的真相提供者。[24] 而法国自1566年的穆兰法令开始,在证据法律制度中确立了强调签名书证优先地位的规则,其理论根基大抵在于社会观念方面,因为法国人认为:(1)由于合同的纠纷不断增加,且日益复杂化,如果在解决这类纠纷的诉讼中法官依靠证人则不易于查明案件事实,并且会造成诉讼上的混乱;(2)为了防止滥用诉权,减少法院诉累;(3)强调书证的优先有利于防止当事人收买证人作伪证。[25] 这两者之所以形成鲜明反差,盖因其宗教信仰有所不同。又如,中国的社会观念中更愿意相信单位的公信力,所以在司法证明实践中所谓的“单位证言”较普遍;而西方国家更重视个人的信用,所以“自然人证人”占主导地位。这两者之所以形成差异,显然是因为社会观念有所不同。

鉴于此,我国在进行证据制度改革和证据立法的时候,既要认真学习外国的经验,也要注意保持中国的特色,在借鉴外国与继承传统之间做好另一种权衡。这种权衡绝不是为了刻意追求特色而保留特色,更不是要保留那

---

〔22〕 张中秋:《比较视野中的法律文化》,法律出版社2003年版,第168~272页。

〔23〕 宋世杰:《证据学新论》,中国检察出版社2002年版,第3页。

〔24〕 [美]克利福德·吉尔兹:《地方性知识:事实与法律的比较透视》,邓正来译,载梁治平编:《法律的文化解释》,生活·读书·新知三联书店1994年版,第102~105页。

〔25〕 [日]德田和幸:《法国民事诉讼的基础理论》,日本信山社1994年版,第131页。转引自张卫平、陈刚编著:《法国民事诉讼法导论》,中国政法大学出版社1997年版,第84页。

些落伍后进的特色，而是要认真研究中国的实际情况，认真研究外国的经验教训，切忌不顾国情地盲目“引进”；同时，还要敢于肯定中国传统文化、宗教信仰、社会观念中具有积极意义的内涵，善于利用并发扬光大中华民族的“本土资源”。

三、法律价值内部的平衡

西方的一位学者指出：“在很多情况下，人们往往把公平看作法律的同义语。”〔26〕这说明，公平或者说正义、公正、公道是法律的根本价值。虽然这些词的表述各不相同，但所表达的意思基本一致，都是人类所追求的一种理想法治状态。但这种理想状态究竟是什么，不同的时代、不同的人、不同的法律制度有不同的回答。这又如博登海默所说：“正义具有一张普洛透斯似的脸，变幻无穷，随时可呈不同形状，并具有极不相同的面貌。”〔27〕总之，没有永恒的司法正义，司法正义总是具体的、相对的。

（一）实体正义与程序正义

任何国家的司法证明活动都是实现公正的重要手段，追求司法正义是其基本目标。然而，在不同的社会形态不同的历史时期，人们对司法正义的理解并不完全相同，其中实体正义与程序正义是各国必须权衡的两种利益。如果将司法证明活动视为工厂加工产品的过程，那么实体正义考察的是工厂生产出来的“产品”，程序正义考察的是该“产品”的“生产工序”。虽然就一般情况而言，要保证“产品”质量就必须遵守科学合理的“生产工序”，而科学合理的“生产工序”也应该导致“产品”的合格，但二者的考察指标毕竟不同。单纯就实体正义而言，无论采用什么“工序”进行生产，只要认定案情达到了实体法要求就是“产品”合格，就是“正义”；而单纯就程序正义而言，无论“产品”质量如何，只要采用了科学合理的“生产工序”，符合程序法要求，就是“正义”。

---

〔26〕［美］彼德·斯坦、约翰·香德：《西方社会的法律价值》，王献平译，中国人民公安大学出版社 1990 年版，第 74 页。

〔27〕［美］E. 博登海默：《法理学——法哲学及其方法》，邓正来、姬敬武译，华夏出版社 1987 年版，第 240 页。

世界各国在确立其证据法律制度时不得不就实体正义与程序正义作出明示或默示的界定和取舍。当然,各国的做法并不相同,有时甚至大相径庭。实践经验证明,单纯追求实体正义不仅会导致漠视甚至是践踏诉讼参与者的正当权利,而且也会导致司法正义观念的扭曲;片面追求程序正义也是一种误区,因为牺牲了实体正义必然会使司法正义失去其本来的意义。证据是人们明确案件事实的依据,它既是司法活动中通向实体正义的桥梁,也要遵循程序正义的要求。我国应该在司法证明活动中确立实体与程序并重的正义观。

这种观念表明,无论是背离实体正义的做法还是背离程序正义的做法,均为现代司法制度所不取。但证据法律制度究竟该偏向实体正义还是程序正义,不同国家有不同的答案。总体来看,这两种利益之间的权衡是各国证据法无法回避的选择,这两种正义观的权衡也就成为各国证据法的一个重要理论基础。

根据实体正义理论,实体法是处理当事人之间权利义务纠纷的基础准则,执行实体法就是司法证明的第一目标。只要司法证明能够导致正确地认定重要的案件事实,无论是达到客观真实还是法律真实的要求,那么实体法就得到了最佳的执行。这就是不同角色诉讼参与者参加司法证明的首要目的。如果传唤证人的出发点不是要查明与证明事实,那么就没有必要要求证人宣誓或者具结承诺书,也没有正当理由在证人作伪证后对其加以处罚;如果法官审案的出发点不是要重建案情,那么就没有必要强调靠证据定案,也没有理由要求证据必须具有关联性与证明力。现代各国审理绝大多数案件都是在通过司法证明活动确定案件事实后处理的,这正体现着实体正义的精神。此外,在实践中,司法人员查明案件事实总会遇到这样或那样的困难,甚至会遇到事实无法查清最终只能靠证明责任理论判案的情况,这也构成一种特殊的实体正义。总体来看,实体正义理论已经渗透到证据法的绝大多数条文之中,成为证据法的灵魂。

根据程序正义理论,一项法律程序或者一次法律实施过程是否具有正当性,不能仅看它是否有助于产生正确的结果,而且要看它能否保护一些独立的内在价值。至于这种内在价值究竟是什么,学者们见仁见智,对此有不同的解释。有的主张法律程序自身所保护的是建立在社会契约理论基础上的正义价值；有的认为是人的自然权利、基本的自由价值和人的尊严；还有的则认为是所谓“将人视为目的而非仅仅手段”的道德原则。但无论怎样，法律程序自身的公正、公平、合理都被视为与程序所要产生的结果无关的独立价值。证据法与一般意义上的法律程序一样，也具有其独立的内在价值，应当发挥其“公平竞赛”或“公平游戏”规则的作用，以维护双方对抗的公平性和法律程序的正当性。

对于这一点，我们可以从不同角度加以论证。例如，从程序正义理论的角度来看，诉讼的最终目标应当是以符合正义要求的方式解决争端，求得诉讼过程的公正性。因此，证据不仅应具有客观性与关联性，更要具备法律严格限定的资格和条件；无罪推定作为对刑事诉讼被告人在法律上所作的保护性假定，并非对被告人身份和地位的事实描述，它所维护的是被告人在诉讼程序中的主体资格和积极参与者地位，保障的是程序过程的公平性和合理性；反对强迫自我归罪原则维护的主要是被告人防卫自身和自主选择诉讼行为的能力，防止的则是那种为达到定罪结局而不择手段的实践，它对于诉辩双方在理性的基础上进行平等对抗具有保证作用；至于非法证据排除规则，则更是直接体现了法律对程序的尊重以及对公民自由、隐私权等的保护，只不过这种规则所带来的是为维护法律程序的公正性而使那些非法诉讼活动的实体法律后果遭到否定的局面等。总之，程序正义理论所证明的主要是发现案件事实真相的手段和方式如何以及为什么要公正的问题，而这恰恰是一系列证据规则赖以建立的理论基础问题。〔28〕

在任何一个国家中，证据法律制度都处于实体正义与程序正义观念的冲突之中。这些冲突是客观存在的，是不以人的意志为转移的。毋庸讳言，受许多传统价值观念的影响，我国的证据法律制度过去一向是偏重实体正义的，而对程序正义重视不够。然而，现代社会的司法证明活动应该崇尚公正与文明，因此我国证据制度改革应加强对人权、权利与程序的保护。

当然，我国在探索证据法律制度改革的道路时强调要摒弃陈旧的法律价值观念，也要避免从一个极端走向另一个极端。司法证明系统主要肩负着查明案件真相的职能，不能变成一个片面强调弘扬程序正义的“花架

〔28〕　何家弘主编：《新编证据法学》，法律出版社2000年版，第44～45页。

子”。在这一点上,是否应当赋予刑事诉讼被告人以沉默权以及赋予其何种沉默权就是例证。我国《刑事诉讼法》并没有像美国那样明文规定所有犯罪嫌疑人都有“米兰达规则”确定的那种沉默权,假如那样规定恐怕只是过分考虑程序正义,而案情就很难查清楚,也就是丧失实体正义了。在这两者的关系问题上,我国一定要慎重权衡,寻求两种法律价值观念的兼顾与平衡。

(二)案件真相与解决纠纷

如何理解证据法上的实体正义?详言之,究竟是案件真相的水落石出才意味着达到了实体正义?还是仅依据实体法解决了当事人之间的纠纷就表明实体正义的实现?这个问题在过去并未引起我国学术界的重视,但一些人存在模糊的误解。

我们认为,争端和纠纷一旦进入诉讼领域,裁判者一般就需要给予权威的裁决结论,从而最终解决这种争端和纠纷。在解决争端和纠纷的过程中,法官固然会通过审查诉辩双方提供或者自行收集的证据,对案件的事实真相作出明确的揭示,但这种对事实的揭示只是为争端和纠纷的解决提供一定的事实基础和依据,创造一定的条件,而不是诉讼的最终目的。法官就争端和纠纷的解决所作的裁判结论,并不一定非得建立在客观真实的基础上。甚至可以说,利益争端的解决、诉讼目的的完成,有时完全可以与事实真相是否得到查明毫不相干,而直接体现为法官对法律的理解和法律价值的选择。这就是查菲1924年所说的:“审理不是抽象地寻找真情,而是试图在两个人之间不经过武斗解决争端。”〔29〕

就这一点而言,司法证明与科学研究也有显著的不同。科学研究的唯一目的在于揭示客观真理,客观真理对科学研究来说是全部价值的体现。为了实现对客观真理的认识,科学研究可以不惜代价,不计成本。而且,科学研究揭示、表达的规律是外在的、不受时空限制的,要对真理进行检验,只需返归其自身便可达目的。与此不同,司法证明的对象是特定主体实施特定的具有法律意义的行为所形成的事实,是人为的事实,它不可避免地带上

〔29〕 沈达明编著:《英美证据法》,中信出版社1996年版,第6页。

了行为主体的心理因素和主观意识。从哲学上讲，司法证明要想还原业已成为过去的事实，也就是原原本本复现已经发生的事实，这是根本不可能实现的。由于这种人为的事实转瞬即逝，一去不复返，即使是同一个主体也不可能重现他曾经实施的行为，因此，司法人员、执法人员对案件事实的证明在客观上是不全面的。执法、司法程序要顺利进行，必须正视这种不全面的证明，也就是相对的证明。

证明的相对性理论的基本含义可以被归纳为：证明主体、证明客体、证明时空和资源的局限性以及证明程序和证据规则的制约，决定了司法证明在大多数情况下达不到证明结果与案件客观事实完全一致的程度。[30] 这一理论表明，虽然查明事实真相是司法证明的中心任务之一，但它绝不是司法的唯一任务；相比而言，解决纠纷才是司法更为现实的任务。在实践中，只要诉讼各方依据实体法的要求"圆满地"解决了纠纷，那么就可以认为司法的任务已经完成。

以解决纠纷为司法公正的判断标准，这一理论基础的意义非常重大。它不仅有助于我们把握司法证明目的与标准之间的关系，更有助于开拓思路，鼓励司法人员通过证据契约的方式来确定案件事实。证据契约主要用于民事、行政诉讼，在刑事诉讼中也偶有出现，大致是指当事人就诸如事实认定范围、方法与程序等一些证据问题所达成的协议。由于证据契约基本上是当事人意思自治的体现，因此它的使用范围在实践中受到一定的限制。从实践来看，证据契约有以下几种情况：(1)当事人之间相互承认，对于一定的事实可以不通过证据而直接加以确认，这种相互间的承认通常称为"自认契约"；(2)当事人双方约定，对于特定的事实不提出一定的证据来加以证明，这类证据约定一般称为"限制契约"；(3)当事人双方共同商定，对于需要证明的事实共同委托给第三方予以直接的证明，双方对该证明不提出任何异议，此类商定被称为"仲裁人契约"或"鉴定人契约"；(4)当事人双方达成协议，对各种证据方法的证明力加以特别的约定，双方恪守约定而不向法庭提出任何异议，此种协议被称为"证明力契约"。[31] 证据契约的缔

---

〔30〕 卞建林、郭志媛：《论诉讼证明的相对性》，载《中国法学》2001 年第 2 期。

〔31〕 陈浩然：《证据学原理》，华东理工大学出版社 2002 年版，第 195～196 页。

结方式有同意、承认、合意及订立契约等多种形式。[32] 显而易见,证据契约并不是以发现事实真相为目的的,而是基于当事人的基本意愿,对事实认定的方法和程度事先加以约定。只要证据契约不违背法律的强制规定,那么当事人各方与法官就必须遵守。法官绝不能以其与事实真相有出入,进而认为其违背实体正义为由,横加干涉与排斥。

(三)个体利益与社会利益

证据法是维护社会生活秩序的一种机制,因此就不可避免地要面对不同利益的冲突,如社会整体利益和社会成员利益之间的冲突,以及不同社会成员的个人利益之间的冲突等。个人利益包括经济收益、生活安全、权力地位、名誉声望等;社会整体利益包括经济发展、文明进步、社会安宁、公共秩序等。在有些情况下,个人利益与社会整体利益是一致的。例如,在刑事司法活动中,被害人的利益往往与控方所代表的国家(社会)利益一致。如果指控被告人犯罪成功,则既维护了被害人的利益也维护了国家(社会)的利益。而在有的情况下,个人利益与社会利益是对立冲突的。如在刑事司法活动中,被告人的利益往往与控方所代表的国家(社会)利益相悖。如果维护了国家(社会)的利益,就会侵害被告人的个人利益。个体利益与社会利益的冲突现象,在民事、行政司法证明活动中亦不同程度地存在。

在如何协调这些矛盾冲突的问题上,不同国家在证据法中采取了不一样的态度。有些国家在司法证明活动中强调要特别保护社会整体的利益,即社会利益优先;有些国家则强调要把个人的利益放在首位,即个体利益优先。

这种社会利益与个人利益价值定位的差异正是东西方文化传统的重大不同。东方国家拥有社会利益高于个人利益的价值取向传统,故一个人为了国家利益、社团利益或者家庭利益而牺牲个人利益是理所当然的事情,是值得鼓励和倡导的行为;西方国家在这一问题上多采用向个人利益倾向的价值定位,美国堪称这一类型的代表。按照美国社会的主流价值观念,个人是社会的基本单位,个人利益是社会利益的具体体现,若离开了个人利益则

---

[32] 宋志军:《论刑事证据契约的理论模型与实践样态》,载《证据科学》2021 年第 2 期。

社会利益就不复存在。因此,美国的司法制度首先保护个人利益。

我们认为,在司法证明中片面强调个人利益或者社会利益,都是不可取的。换言之,在证据法中应当贯彻个体利益与社会利益平衡的指导思想。当然,我国的当务之急是向个人利益的方向作合理的适度倾斜。

具体来说,我国的刑事证据法律制度长期受强调社会利益的传统价值观念的影响,受阶级斗争的思维习惯的制约,一直偏重对打击犯罪的关注,而对犯罪嫌疑人和被告人权利的保护重视不够。因此,我国刑事证据法律制度改革的目标之一就是加强对犯罪嫌疑人和被告人权利的保护。我国《刑事诉讼法》第2条明确了"尊重和保障人权"的重要表述,顺应了这种变革的需要。但这是远远不够的。有学者建议,我国应当"在贯彻无罪推定、不得自证其罪原则的前提下,确保刑事被告质证权的行使,发挥非法证据排除规则、作证特免权规则对刑事被告基本权利的保障作用"。[33]

相比而言,民事、行政司法证明活动更像是平等地位或对等地位的当事人之间发起的争斗,其中出现个人利益与社会利益冲突的情况不像刑事司法证明活动那样突出。但我国的民事、行政证据法律制度也有要强化保护个人利益的问题。现行证据法律制度对民事诉讼当事人、行政诉讼当事人、证人、鉴定人规定的权利不多,且保障措施不够,这一状况显然亟待改善。我们建议,我国民事、行政诉讼中应当尽快增设当事人自行启动鉴定、聘请专家参与诉讼制度,扩大律师申请调查令制度,确立特殊证人的证言特免权或作证豁免制度,丰富和完善证人保护制度等。

思考讨论题

1. 试述辩证唯物主义认识论与中国证据法的关系。
2. 论述现代系统科学理论对证据法的指导意义。
3. 请以司法证明为场域重建同一认定理论。
4. 2016年快播公司等传播淫秽物品牟利罪一案是一起富有争议的影响性案件。在案材料显示,海淀文委针对侵犯著作权违法活动进行执法检查时,

〔33〕 张保生:《证据法的基本权利保障取向》,载《政法论坛》2021年第2期。

于2013年11月18日从光通公司扣押了涉案4台服务器。因该案涉“黄”,2014年4月10日,海淀公安分局调取了该4台服务器,随即移交进行淫秽物品审验。该案中,一个重要的争议事实是“现有存在淫秽视频的服务器是否由快播公司实际控制使用”。在该4台服务器的扣押、移交、鉴定过程中,执法机关只登记了服务器接入互联网的IP地址,没有记载服务器的其他特征,而淫秽物品审验人员错误地记载了硬盘的数量和容量。由于接入互联网的IP地址不能证明服务器与快播公司的关联关系,前后鉴定意见所记载的服务器的硬盘数量和容量存在矛盾,可以让人对现有存储淫秽视频的服务器是否为原始扣押的服务器、是否由快播公司实际控制使用产生合理怀疑。〔34〕针对第一次庭审中产生的合理怀疑,法院委托××鉴定中心对4台服务器及其存储内容进行了检验,分析了4台服务器的系统日志,检索到服务器的管理者频繁远程登录使用的IP地址为218.17.158.115。而经调取有关专线协议确认,该IP地址为快播公司专用。同时,鉴定人员经对4台服务器内现存快播独有视频格式文件QDATA文件属性等各类信息的检验分析,没有发现2013年11月18日后从外部拷入或修改QDATA文件的痕迹。在这种情况下,第二次庭审后,“综合海淀文委、北京市版权局、北京市公安局等办案机关、办案人员出具的证据材料,结合对4台服务器的检验结果”,法院认定快播公司“是服务器的远程控制者和日常维护者”。〔35〕请尝试利用电子证据的印证公式进行量化分析。

5. 假设:有四个相互独立的证据被采信,它们被用于证明被告人是否成立犯罪。每个证据单独对事实的证明概率值均为60%,即单个证据的存在使事实的存在概率达60%,被告人成立犯罪的概率为60%(或理解为每个证据的正向证明力是0.6)。那么可以认为,单个证据使事实不存在,即被告人不成立犯罪的概率为40%(理解为每个证据的反向证明力是0.4)。请

〔34〕 快播案,北京市海淀区人民法院刑事判决书,(2015)海刑初字第512号。

〔35〕 快播案,北京市海淀区人民法院刑事判决书,(2015)海刑初字第512号。具体来说,快播公司的合同签订者侯某作证“证明自己与光通公司进行了有关合同内容的沟通”;快播公司的网络维护员钟某证实“其为涉案缓存服务器安装了快播系统软件,并通过账户和密码来远程控制和维护”。而“上述证言与光通公司合同签订联系人、工程师陈某的证言,以及某鉴定中心检验所证实的远程控制IP为快播公司所有等证据内容完全相符,印证了快播公司负责涉案4台缓存服务器的软件安装和远程控制这一事实”。参见快播案刑事判决书,第60页。

问，如何通过计算这一组证据的证明力，得到该被告人成立犯罪的概率？以下回答你赞同哪一种？

A. 被告人犯罪的概率可用概率的乘积规则计算，即 $0.6\times0.6\times0.6\times0.6=1296/10000$。

B. 除被告人之外的某人犯罪的概率是 $0.4\times0.4\times0.4\times0.4$，即在四个证据条件下，被告人之外的某人犯罪的概率为256/10000。被告人犯罪的概率与除被告人之外的任意一个人犯罪的概率的和为1，因此，被告人犯罪的概率为 $1-256/10000=9744/10000$。

C. 应当计算"相对概率"，即被告人的作案概率为 $1296/(1296+256)=0.8351$，而另一个其他人作案概率为 $256/(1296+256)=0.1649$。

D. 应当根据每个证据对案件的重要程度，计算加权概率。

设四个证据的权重分别为 x_i $(i=1,2,3,4)$，则被告人成立犯罪的概率为 $0.6\sum_{i=1}^{4}x_i$。你认为是否还有其他合适的计算方法？

6. 简述主要国家证据法中关于价值权衡的典型条文。

补充阅读

1. 陈瑞华：《从认识论走向价值论——证据法理论基础的反思与重构》，载《法学》2001年第1期。
2. 张建伟：《证据法学的理论基础》，载《现代法学》2002年第2期。
3. 张保生：《证据法的基本权利保障取向》，载《政法论坛》2021年第2期。
4. 王敏远等：《"证据法的基础理论"笔谈》，载《法学研究》2004年第6期。
5. 刘品新：《电子证据的基础理论》，载《国家检察官学院学报》2017年第1期。
6. 刘本超：《司法审判中的数据分析》，载《地方立法研究》2020年第5期。

第三章 CHAPTER THREE

证据法的基本原则

证据法的基本原则，简称证据法原则，是指在制定与证据有关的法律规定与运用证据证明案件事实时，应当遵循的原则。几十年来，我国证据制度建设潮起潮落，应当将证据法原则率先确立下来。我国既要明确反映司法证明一般规律的公理性原则，如实事求是原则、证据为本原则、直接言词原则等；又要明确反映法律价值取向和社会政策的政策性原则，如遵守法制原则、公平诚信原则等。它们具有基石的地位。

第一节　遵守法制原则

法治的关键是树立法律至高无上的权威。如果统治者可以不受法律制约，甚至可以以言代法，那么无论在这个国度里有多少法律，也谈不上什么“法治”。法治的基础是节制，普遍的守法观念是实现法治的前提。

——[古希腊]柏拉图

被害人尼科尔女士在带着2岁的儿子牵着狗散步时被刺身亡。警察就此案向一位著名的心理学家进行咨询，心理学家在观察了犯罪现场的情况之后认为凶手具有性变态的特征。警察据此认定一位名叫斯德格的男子嫌疑最大。当时没有直接证据，只有间接证据。警察认为采取秘密行动是证实或排除斯德格杀人嫌疑的唯一途径。一名女警察假装与斯德格交朋友，相互间进行了有关性幻想的通信，这种“猫和老鼠”的游戏持续了8个月，最后终于显示出斯德格的性幻想与杀害尼科尔的凶手的性变态相吻合。警察逮捕了斯德格。法官奥格内尔在将被告人交付陪审团审判之前撤销了该案件。他认为，警察的行为“不仅过分热情，而且明显是一种通过不正当欺骗行为让嫌疑人自我归罪的尝试”。“杀人确实是一种可怕的犯罪，警察和检察机构采取合法步骤将犯罪者交付审判将得到支持，但必须强调‘合法’这个词。”被告人被无罪释放之后，被害人的父亲发出了“公正在哪里”的慨叹，但新闻媒介对法官的做法基本持赞成态度。[1]

[1] Rachel Nickell, *The Investigation of Colin Stagg*, https://www.essaycompany.com/essays/criminology/the - investigation - of - colin - stagg - murder - of - rachel - nickell - criminology - essay.

一、遵守法制原则的含义

遵守法制原则是建设法治国家的基本要求。法治的基本目标是要以法的精神为基础,建立一种稳定且良性运转的社会秩序。任何司法与执法活动都是为实现国家法治服务的,其本身必须遵守法律的有关规定。如果用非法的手段开展司法、执法工作,那既有悖于司法、执法活动的价值,也有害于国家的法制。

遵守法制原则适用于所有参与司法与执法活动的人,包括诉讼当事人及其律师、证人等。但是,该原则最主要的约束对象应该是在司法、执法过程中行使国家职权的官员或"准官员",包括法官、检察官、侦查人员、行政执法人员、监察人员、公证人员、仲裁人员。这些人在办案过程中必须严格遵守法律的有关规定。基于此,该原则又可以称为依法办案原则。

在司法证明场域中强调遵守法制的原则具有特殊的意义。在我国证据法制建设依然滞后的当今,强调该原则更是如此。一方面,我国尚未通过证据立法的形式建立取证、举证、质证、认证全流程规则,使有关人员在证明活动中仍然感到规则不明或"无法可依";另一方面,我国尚未在证明活动中确立严格依法办案的保障机制,难以有效地约束司法人员、行政执法人员、监察人员等的行为,离真正做到"有法必依"还有明显的差距。

二、遵守法制原则在司法证明中的实现

在司法证明活动中坚持遵守法制原则,首先就要做好证据法律制度的建设。中华人民共和国成立以来,我国的证据法制建设乃至证据法学的发展一度相当落后。我国在很长一段时期都没有独立的"证据法学",只有泛泛而谈的"证据学",这一字之差深刻反映了学术界在证据与证明问题的研究上"法律意识"的淡漠。不但学术研究如此,证据立法与实践亦然。在证据立法上,我国一直没有切实有效的证据法条款,陆续出台的证据法规范中普遍存在有关条款刚性不强的问题;在实践中,司法人员往往以查明真相为第一要务,过于关注能否破案或查明事实真相,并不关注手段合法与否。

在司法活动中倡导法治精神,就是要求行使国家职权的官员或"准官员"及其他诉讼参与者必须严格按照法治精神收集证据和使用证据。既不

能允许任何人在法律面前享有特权,也不能允许非法侵犯任何公民的人身权利和民主权利。调查人员必须依法收集证据,违反法律规定收集的证据应该排除或者进行其他处理。

依法取证、依法举证、依法质证、依法认证是遵守法制原则在司法证明活动中的具体呈现。就司法证明的四个基本环节而言,取证是举证、质证和认证的基础,取证工作的质量在很大程度上决定着举证、质证、认证工作的质量。同时,取证又是一种自主性或随意性很强的行为,往往表现为权力与权利的冲突,很容易出现违法乱纪和侵犯人权的情况。因此,依法取证是司法证明活动中遵守法制原则的重中之重。

目前,我国司法取证活动中存在许多不遵守法制的现象,如"钓鱼式执法""养鱼式执法""陷阱式取证"等,因此强调依法取证具有优先的价值。当然,从我国证据法律制度转型的重点方向来看,今后应该逐步强化诉辩双方的举证、质证活动尤其是法官、陪审员的认证活动的法治化,而且要以举证、质证、认证的法治化来带动和促进取证的法治化。

第二节 实事求是原则

"实事"就是客观存在的一切事物,"是"就是客观事物的内部联系,即规律性,"求"就是我们去研究。

——毛泽东

徐计彬冤案是我国违反实事求是原则的一起典型案例。1990 年 12 月 3 日,河北省曲周县河南疃镇徐街村尚某家发生一起入室强奸案,罪犯在现场被褥上留下了精斑。经法医鉴定,现场遗留的精斑化验血型为 B 型。根据被害人和其女儿的怀疑,26 岁的民办教师徐计彬被锁定为犯罪嫌疑人。在第三次传唤时,曲周县公安局法医对徐计彬抽血化验。这也是徐计彬平生第一次化验血型。化验后公安局并没有告诉徐计彬是什么血型,只说他的血型和现场遗留的精斑血型不一致。徐计彬在拘留所被关了五天后回到家里。1991 年 4 月 30 日,正在家盖房的徐计彬却被县公安局刑警队逮捕。此时一份法医物证检验报告显示,徐计彬的血型为"B"型,犯罪现场所留精斑血型也是"B"型,二者血型一致。1991 年 9 月 11 日,曲周县法院判处徐计彬有期徒刑 8 年。徐计彬要求重新化验血型未被允许。徐计彬上诉后,原邯郸地区中级人民法院维持原判。2005 年 12 月 10 日,徐计彬出狱后听从律师的建议去医院验血,得知自己的血型为 O 型,遂向邯郸市中级人民法院提出申诉。邯郸市中级人民法院审理后,认为原判认定事实不清,证据不足,决定撤销原邯郸地区中级人民法院、曲周县人民法院的刑事判决,发回重审。2006年7月28日，曲周县人民法院判决徐计彬无罪。[2]

一、实事求是原则的含义

所谓实事求是，就是要从客观实际情况出发去调查研究和分析问题，从而得出正确的认识结论。此词源于《汉书·河间献王传》，该文曰："河间献王德以孝景前二年立，修学好古，实事求是。"唐代训诂学家颜师古注释为："务得事实，每求真是也。"即根据实证，求索真相，务得正确结论之意。[3]该原则适用于司法证明场域，就是要求从实际出发，根据确实的证据，准确地查明和证明案件事实。我国三大诉讼法所确立的"以事实为根据，以法律为准绳"审理原则中，"以事实为根据"正是实事求是原则的体现。

从本质上讲，在司法活动中运用证据查明和证明案件事实就是一种"实事求是的活动"，或者说实事求是原则高度地概括了司法证明活动的本质属性。无论是发现提取证据还是评断使用证据，其基本宗旨都是要从案件的客观实际情况出发对案件中争议的事实问题做出正确的认定。然而，司法证明活动的这种内在要求并不能自动地转化为司法人员、执法人员的自觉行动。

二、实事求是原则在司法证明中的实现

有些外国的证据制度片面追求形式上的公平和程序的正当，似乎忘记了查明案件真实情况是司法活动的根本目的。在审判过程中，律师热衷于诉讼的胜负，法官则关心司法的尊严和规则的遵守，似乎人们所关注的就是形式所表现的真实，而不是实质意义上的真实。这种"诉讼竞技主义"的做法并不足取。

我国也有两种错误做法或认识有悖于实事求是原则。第一种是长期以来我国的司法制度在程序虚无主义或程序工具主义的影响下，片面强调查明案件事实真相的重要性，于是过程是否正当变得无关紧要，结果正确与否

---

〔2〕 马竞：《如此错案谁担责》，载《法制日报》2006年8月7日，第5版；李英强：《有罪推定下的一起冤案》，载《记者观察》2007年第5期。

〔3〕 柴发邦主编：《中国民事诉讼法学》，中国人民公安大学出版社1992年版，第347页。

才是唯一重要的。第二种是21世纪以来在强调程序公正的同时,我国实践中又出现了另外一种倾向,即片面追求形式真实,否定实质真实的价值。有些学者甚至认为,实事求是原则已经过时了。这就彻底走向了否定实事求是原则的极端。

我们认为,无论是上述"左"的做法,还是"右"的看法,均有偏颇。借用一个通俗的说法,司法证明领域中也要进行"防'左'反'右'"。我们既要重视程序公正的价值,也要强调在运用证据查明或证明案件事实时以实事求是为指导原则。不顾客观事实,只求程序公正的态度是不可取的。换言之,司法人员、执法人员等在诉讼过程中无论是收集证据,还是审查证据,仍应该努力查明并证明案件的真实情况,努力追求案件的客观真实。从某种意义上讲,实事求是原则就是要司法人员、执法人员在追求客观真实与维护程序公正之间达成一种平衡。

在司法证明活动中坚持实事求是原则,就是要求司法人员、执法人员不能凭想当然,不能主观臆断。即便是经验特别丰富的司法人员、执法人员,也必须深入细致地调查研究,根据案件的具体情况收集证据、审查证据与运用证据,特别要注意研究案件的细节并竭力发现那些不为人注意的证据。只有真正从客观实际出发,才能在错综复杂的案情中找到正确的答案。

在司法证明活动中坚持实事求是原则,还要求司法人员、执法人员不能先入为主,不能偏听偏信。司法人员、执法人员对案件的态度往往会造成一定的心理倾向,甚至会形成一定的偏见。坚持实事求是原则,就必须克服这种心理倾向或偏见,客观全面地收集证据、审查证据与运用证据,不能只收集或使用符合自己主观需要的证据,更不能为了所谓的"工作需要"而制造或使用虚假证据。我国学者的实证研究表明,"证据问题是导致刑事错案的主要原因"。〔4〕 坚持实事求是原则,正是防范刑事错案的利器。

总之,司法人员、执法人员在收集证据和运用证据证明案件事实的时候,必须尊重案件的事实真相,必须努力认识并以一定方式重建案件事实。只有坚持实事求是原则,才能准确地查明和证明案件事实,为正确处理案件奠定基础。

---

〔4〕 何家弘、何然:《刑事错案中的证据问题》,载《政法论坛》2008年第2期。

第三节　证据为本原则

认定事实，必须是根据具有证据能力的证据，而且只有经过调查之后才能认定构成犯罪核心内容的事实。“事实”的概念，“依据证据”的概念都具有特殊的规范意义。

——[日]田口守一

十年“文化大革命”期间，我国司法证明制度受到了极大的破坏，林彪、“四人帮”一伙以种种子虚乌有的“证据”，炮制了无数冤案。据载，1971年12月29日，江青到北京游泳馆看游泳、跳水表演时，在“即兴”表演中竟说：“还有一个高个子，我每次去都看到他像要打我的样子，他的眼睛里充满了对我的仇恨。这个人关起来没有？不关起来也要弄他下去劳动改造……”她的这种毫无根据的臆想，就成为那个高个子犯有“反革命罪”的“证据”。如果这件事发生在现今，发生在法庭上，那么法庭就不是以证据来裁判，而是以某些人的“个人意志”来办案。

一、证据为本原则的含义

所谓证据为本，就是说在司法活动中认定案件事实必须以证据为本源，司法证明活动必须以证据为基石。换言之，司法裁判必须建立在证据的基础之上，因此又称为“证据裁判主义”。这是人类社会在摒弃了神明裁判和主观断案的司法证明方法之后确立的一项司法原则。[5]

证据为本原则是符合司法证明客观规律的。司法证明的基本任务是认定案件事实。对于司法人员、执法人员及其他诉讼参与者来说,案件事实一般都是发生在过去的事件,无论是一年以前还是一天以前。由于物理空间的时间具有一维性,是一去不复返的,因此司法人员、执法人员及其他诉讼参与者在诉讼中无法看见发生在过去的事实。他们所能看到和听到的,只是各种各样的证据。在他们的面前,案件事实犹如镜中之花、水中之月、海市蜃楼。虽然"花、月、楼"是客观存在的事实,但是司法人员、执法人员及其他诉讼参与者只能通过"镜、水、空气"的反射与折射感知它们的存在。而"镜、水、空气"就是案件中的证据。诚然,这里的"证据"应作狭义的理解,它必须符合一定的规格,具体是指作为认定案件事实基础的、具有证据能力的证据。

尽管现代科学技术非常发达,但是人类目前还没有办法回到过去。司法人员、执法人员及其他诉讼参与者在诉讼中,根本无法看见发生在过去的案件事实,包括比较遥远的过去和并不遥远的过去。因此,诉辩双方的任务就是要举出各种各样的证据,来证明自己的事实主张或反驳对方的事实主张,而法官的任务就是要通过这些证据查明和认定案件事实。

基于此,许多国家或地区对此原则作出了明文规定。如日本《刑事诉讼法》第 317 条规定:"认定事实,必须依据证据。"[6]我国台湾地区"刑事诉讼法"第 154 条第 2 款也规定:"犯罪事实应依证据认定之,无证据不得认定犯罪事实。"[7]我国《关于办理死刑案件审查判断证据若干问题的规定》第 2 条规定:"认定案件事实,必须以证据为根据。"这一表述具有中国特色,之后被吸收进最高人民法院《关于适用〈中华人民共和国刑事诉讼法〉

---

〔5〕 我国有学者据此将人类司法证明历史区分为"神明裁判""口供裁判""证据裁判"三个阶段。参见陈光中、郑曦:《论刑事诉讼中的证据裁判原则——兼谈〈刑事诉讼法〉修改中的若干问题》,载《法学》2011 年第 9 期。

〔6〕 Article 317 Facts are established on the basis of evidence. See *Code of Criminal Procedure of Japan*, *Law number*: *Act No.* 131 *of* 1948, *Law number*: *Amendment of Act No.* 74 *of* 2011, http://www.japaneselawtranslation.go.jp/law/detail/? id = 3364&vm = 02&re = 02.

〔7〕 五南法学研究中心编辑:《简易小六法》,五南图书出版股份有限公司 2011 年版,第 7 ~ 26 页。

的解释》(2012年、2021年)等多部司法解释中,标志着证据为本原则开始得到法律确认。[8]

从上述规定和法理来看,现代意义上的证据为本原则具有丰富的内涵,不能被简单理解为"重视证据"。我们认为,它至少包括如下四层含义:(1)认定待证事实必须依靠证据,没有证据不能认定待证事实;(2)无论是实体法事实还是程序法事实的证明都离不开证据;(3)用于定案的证据必须是有证据能力或可采性的证据;(4)用于定案的证据必须是在法庭上查证属实的证据。诚然,证据为本原则并不意味着没有例外,[9]人们可以允许通过推定等替代性司法证明方法来认定案件事实。

二、证据为本原则在司法证明中的实现

坚持证据为本原则,就是要求司法人员、执法人员在办案过程中,必须从客观存在的证据出发去认定案件事实,不能以主观的臆断或猜测等作为认定案件事实的基础。在实践中强调这一原则具有特别重要的意义,它可以帮助我们有效地遏制刑讯逼供,防止"逼供信",树立文明、科学的现代司法观念。在现代司法观念指导下,司法人员、执法人员在办案过程中应该认真地按照法律的要求和标准收集并保管能够充分证明案件事实的证据,运用证据工作的质量也将会有很大的提高。

链接　聂树斌故意杀人、强奸罪再审改判无罪案[10]

2016年12月2日,最高人民法院第二巡回法庭对"聂树斌故意杀人、强奸妇女一案"作出公开宣判,判决撤销1994年河北省石家庄市中级人民法院和1995年河北省高级人民法院对被告人聂树斌作出的有罪判决,宣告

[8] 关于证据为本原则是否适用于民事诉讼,学术界存有争议。我国民事诉讼学者指出,"证据裁判原则是刑事诉讼法中的一项原则。受刑事诉讼法理论的影响,证据裁判原则也在民事诉讼中被人们所提及……对于如何认识证据裁判的规范地位和意义,无论是民事证据规范文本的规定,还是人们对例外情形的认识,都存在一些误识。误识的主要原因是脱离了民事纠纷的特性,按照公法思维而非私法思维去认识证据裁判的意义。文章就此进行了澄清和辨析。在民事诉讼中,对于事实认定而言,更重要的是自由心证原则。"参见张卫平:《"民事证据裁判原则"辨识》,载《比较法研究》2021年第2期。

[9] 陈瑞华:《我国刑事证据法的基本原则》,载《兰州大学学报(社会科学版)》2012年第4期。

[10] 最高人民法院刑事判决书(2016)最高法刑再3号。

聂树斌无罪。这一案件的审理全面落实了证据裁判原则,再审判决书中体现了以“证据分析”代替“证据罗列”,基于证据对案件争议事实进行了评判,具体从九个方面分析了证据与待证事实之间的内在联系,最终得出“事实不清、证据不足”的结论。该案还坚持了“疑证从无”原则,对原审中真实性、合法性、证明力存疑的证据,不予作为定案的依据。[11]

这一案件的审理,不仅体现了我国司法“有错必纠、有冤必申”的态度,具有里程碑式的意义,其中所蕴含的丰富的法治信息也为我们提供了绝佳的学习研究范本。

坚持证据为本原则,还要求司法人员、执法人员转变观念,从传统的“查明事实”的办案观转向“证明事实”的办案观,从倚赖人证的证明观转向重视物证的证明观。在现代社会,司法人员、执法人员不仅要通过种种方法查明案情,使自己清楚;而且要通过各种证据尤其是实物证据,使别人清楚。

当然,坚持证据为本原则,并不意味着所有的案件事实都需要证据予以证明。对于有的事项,出于节约诉讼成本、提高诉讼效率的考虑,可以免除主张方的证明责任。例如,司法认知或推定的案件事实一般属于不需要证据就能证明的事实,如果法官对这些事实做出了直接认定,那么并不违背证据为本原则,而是为了避免浪费不必要的诉讼资源。这属于作为证据为本原则之例外的补充。

---

〔11〕 胡云腾:《聂树斌案再审:由来、问题与意义》,载《中国法学》2017年第4期。

第四节　直接言词原则

无论是什么纠纷，法官都应该看所有可能与案情有关的东西，听所有可能知晓案情的人的陈述；当然，其中最重要而且最应注意的是那些可能最了解案情的人，即当事人。

——[英]边沁

这是美国的一位检察官为处理一个形象极为丑陋的目击证人如何出庭作证，别出心裁采用的创新之举。假设检察官有这样一个必须传唤出庭支持公诉的证人，他外表丑陋，神经质，而且吐字不清，一旦出庭会给陪审团留下很坏甚至令人作呕的印象。为此，检察官这样告诉这个丑证人："你到法院后不要去法庭附近的任何地方，要直接去地下室，在那里等候，不要让任何人看见你。"检察官另外安排了一位他能找到的最吸引人、最善于表达的人，代替丑证人走上了证人席。检察官在直接询问时对这个"美证人"说："你到地下室，能找到本案的一位目击者。我给你一些问题，你去问他，你现在就去地下室，把我的问题向他提出；然后回到这里，把目击者的回答告诉陪审团。"但是，"美证人"对案件事实不直接知情，因而使辩护律师无法就案件事实进行有效的交叉询问。法官裁定，检察官要么让地下室的那位证人直接出庭作证，要么将该证人从控方证人名单中除去。检察官的这种做法虽然富有想象力，但是与美国法律规定的传闻排除规则相冲突。当然，这种做法也不符合直接言词原则。

一、直接言词原则的含义

直接言词原则是直接原则和言词原则的合称。直接原则又称为"直接审理原则”,是与间接审理原则相对而言的,其要旨在于对案件作出裁判的法官必须直接对证据进行审查,认定案件事实。法官是案件的裁判者,对证据的审查必须具有“亲历性”,即法官在审判中必须亲自审查证据。因此,任何证据原则上都必须经过法庭上的直接质证和认证,才能使审判者对证据的证明力形成内心确信,并在此基础上认定案件事实,作出判决。需要特别指出的是,我国现阶段开始推行在线诉讼或庭审,其中许多证据是远程举证、质证的,甚至是“异步审理”〔12〕或“异步质证”〔13〕。这并不当然背离直接原则,而是原则上相兼容的。〔14〕

言词原则又称为言词审理原则,是与书面审理原则相对而言的,其要旨在于庭审调查过程中的举证和质证都必须以言词(口头陈述)的方式进行。虽然审判之前获得的书面证言和笔录也有证明价值,但是其是否真实、准确、完整地表达了陈述人的意思,还是要通过直接询问陈述人来确定。总之,对书面证言和笔录进行的质疑和反驳属于间接审查,只能作为审查证据的辅助方式。

直接言词原则是大陆法系国家普遍采用的一项原则。由于其出发点在于保障法官对证据的直接审查和采信,所以又称为直接采证原则。英美法系国家虽然不使用直接言词原则的概念,但是其传闻证据排除规则实际上具有同样的效果。按照传闻证据规则,各种证言必须以口头言词的方式在法庭上直接提出,并接受对方律师的交叉询问,以便法官或陪审团审查判断证据。证人在法庭之外所做的陈述笔录或者在审判之前提供的书面证言都

---

〔12〕 异步审理模式是与同步审理模式相对的概念,是指将涉网案件的各审判环节分布在互联网法院网上诉讼平台上,法官、原告与被告等诉讼参与人在规定期限内按照各自方便的时间登录平台,以非同步、非面对面的方式完成诉讼的新型审理模式。参见自正法:《互联网法院的审理模式与庭审实质化路径》,载《法学论坛》2021 年第 3 期。

〔13〕 异步质证是将质证相关环节通过电子诉讼平台或其他电子方式完成。原告与被告等诉讼参与人在规定期限内按照各自方便的时间登录,以非同步、非面对面的方式完成质证工作。在一些试点地方,异步质证报告可以直接入电子卷宗,复制进庭审笔录使用。

〔14〕 我国学者研究表明,异步审理模式作为新兴“互联网 + ”审判模式,构成了对传统诉讼理论的挑战。从表面上看,突破庭审同一时空维度限制的异步审理模式与强调法官亲历、证据原始、口头辩论、对席审判的直接言词原则存在冲突。但就直接言词原则设立的深层次价值取向而言,如果异步审理模式在合理限度内发挥其效用,二者间的矛盾就并非不可调和。参见陶杨、付梦伟:《互联网法院异步审理模式与直接言词原则的冲突与协调》,载《法律适用》2021 年第 6 期。

属于传闻,一般来说应该排除。坚持这一原则,就必须要求并保证证人出庭作证。由此可见,大陆法系的直接言词原则和英美法系的传闻证据排除规则具有异曲同工之妙。

在司法证明活动中坚持直接言词原则具有重要的意义。首先,直接言词原则是以审判为中心的司法模式的要求,体现了法官或陪审团直接审查证据和认定证据的需要。其次,该原则也符合司法证明的客观规律,特别是对证人证言的审查判断的规律。如果法官只对书面证言进行间接的审查,就很难做出科学的判断。最后,该原则也是司法程序公正的要求和保障。这种直接举证、直接质证、直接认证的做法既可以防止司法人员、执法人员在审查评断证据时产生预断和偏见,提高审判的透明度,也可以保障诉讼当事人的合法权利,特别是获得公平审判的权利。

二、直接言词原则在司法证明中的实现

在诉讼证明中贯彻直接言词原则,必须明确其适用范围。虽然该原则是为法庭审理而设立的,但它并不适用于一切庭审程序。首先,直接言词原则一般只适用于一审法院案件证据的收集、审查、判断,而一审法院就程序事项所作的裁定或决定,以及二审法院仅就一审判决所适用的法律进行的审查和判决可以不适用该原则,它们可以实行书面或间接的审理方式。其次,直接言词原则只适用于普通审判程序中,而不适用于简易程序,如大陆法系各国中的"处刑令程序""简易审判程序"以及美国实行的"辩诉交易程序"。最后,在法律明确规定的特殊情况下,可以例外地不适用该原则。如证人因死亡、重病、未成年、出国等客观情况而无法或不宜出庭作证时,其经过法庭调查和辩论的书面证言也可作为法官判决的依据。也就是说,直接言词原则存在一些法定的例外。

直接言词原则要求法官和诉讼各方做到以下三点:第一,诉讼各方均应亲自出庭,任何一方的证人亦应出庭,并以言词陈述的方式提供证言和接受对方的质证,以使法庭调查和辩论充分有效地进行。第二,法官应该亲自调查和采纳证据,独立审判。第三,法庭审理以直接的、言词的方式集中进行,其判决不得仅仅建立在诉讼一方所移送的书面卷案笔录上,而应直接建立在法庭调查和言词辩论的基础上。

我国现行证据法律规范在一定程度上体现了直接言词原则的要求,但是并不明确,制度设计也不严谨。为此,我们必须在诉讼中进一步强化法官独立审判的权威。同时,还应当落实配套高效的证人、鉴定人、侦查人员、监察人员出庭作证制度。实践中,证人出庭率偏低,侦查人员、监察人员普遍不出庭,这些都是值得深刻反思和大力改变的。

第五节　公平诚信原则

对以不正当方式获取的被告人供述不予采纳，不仅是因为用这种方式获取的被告人供述具有不可靠性，而且还因为不可强迫自我归罪的原则和在文明社会中警察应正当地对待在押人。

——[英]格利菲斯

20 世纪 80 年代，英国警方以梅森涉嫌纵火罪将其逮捕。在执行逮捕时，警察告知犯罪嫌疑人和他的律师，在犯罪现场的一个玻璃瓶上发现了犯罪嫌疑人的指印。这是警察故意编造的谎言，其目的是引诱出口供。在这种情形下，律师建议犯罪嫌疑人交代与本案有关的所有情节，于是梅森做出了有罪供述。此案中，口供是公诉人的唯一证据，一审法院判决被告人有罪；但上诉法院撤销了一审法院的判决，并指出法官在行使司法自由裁量权时应考虑到律师被警察欺骗这个因素，因此该供述不能用作证据。

一、公平诚信原则的含义

公平诚信原则是公平原则和诚信原则的合称。公平原则又称为“司法公正原则”，就是要在司法活动中坚持和体现公平与正义。这就包括两方面的内容，一是要求司法活动的过程遵循平等和正当的原则，实现程序公正；二是要求司法活动的裁决或处理对有关人员来说是公正的，实现实体公正。[15] 实体公正是当事人诉诸法律的根本目的，是司法系统追求的最终目

〔15〕 何家弘主编：《证据调查实用教程》，中国人民大学出版社 2000 年版，第 8 页。

标;程序公正是实现实体公正的基础,其中还体现着程序自身的价值。片面追求任何一方面,无论是强调实体公正而无视当事人的正当权利,还是强调程序公正而有损实体公正并且影响司法效率,都是对司法公正观念的扭曲。

诚信原则最初是一种道德领域的规范,但随着商品经济的发展而逐渐植入法律领域。它实际上包括两层含义:一是诚实,二是信用。两者之间有密切联系,但是并不完全等同。诚实和信用都具有否定和排斥欺骗的价值观,但是前者强调的是真实,反对的是虚假;后者强调的是守信,反对的是食言。迄今为止,诚信原则的适用范围逐步扩大,至少在民法领域获得了空前的发展,乃至被公认为“帝王条款”。

公平原则与诚信原则之间存在密切的联系。公平原则是司法证明的“魂”,诚信原则是司法证明的“魄”。离开了公平原则,司法证明就丧失了起码的法律价值,就不成其为法律活动;离开了诚信原则,司法证明就丧失了道德底线,沦为一种崇尚“尔虞我诈”的争斗。

二、公平诚信原则在司法证明中的实现

(一)公平原则在司法证明中的实现

就公平原则而言,现实的最大不足在于人们普遍重视实体公正,而严重忽略程序公正。为了确保实体公正,现行法律并不禁止司法人员、执法人员采纳通过违法手段获取的一些证据,也不限制当事人为彻查真相而不惜成本地调查取证。假如案件实体处理上产生了疑问,法律容许当事人不断上诉或申诉直至更正判决;假如当事人在取证、举证与质证程序上出现了问题,法律通常没有规定相应的有效制裁措施。

在我们看来,在实践中实体公正是难以完全实现的,而程序公正具有较强的可操作性,是达到实体公正目标的有效途径。因此,司法证明活动应该在实体公正与程序公正之间作些调整,转向选择程序公正作为追求司法公正的切入点。具体来说,要在证据法律制度中体现程序公正的价值进而推动司法公正的最终实现,我国至少要在以下三个方面做出努力:

1. 保证法官、陪审员接触证据的中立性。法官、陪审员作为裁判者,是诉讼的三角结构中消极接受证据的一方,必须保持其居中的立场。为了保证不对案件事实有所偏见,法官、陪审员在审判程序开始之前不应当过早地

接触证据，不应当越俎代庖地调查收集证据；另外，为了保证裁判者与裁判结果之间没有利害关系，法官、陪审员也只能根据诉辩双方提供的证据对事实予以认定，不应当负有任何意义上的举证责任。

2. 保证诉辩双方的公平对抗。程序正义要求诉辩双方在诉讼过程中的各个阶段都能保证公平对抗，具体到证据制度就突出地表现在取证、举证和质证程序中。在取证方面，法律应尽可能地赋予诉辩双方以平等取证权，对于刑事诉讼辩方的取证应该设置更多的保障措施，必要时还可以赋予辩方有条件地申请法院取证的权利；在举证方面，要保证诉辩双方通过庭前证据展示等制度，都有权知悉对方掌握的证据，以便做好防御准备，防止法庭审判中的证据突袭；在质证方面，要保证诉辩双方有机会直接面对于己不利的证据，且就此进行辩论。换言之，就是要求所有的证人出庭作证，并接受双方尤其是对方当事人的询问。

3. 保证证据运行环节的程序公开。一般来说，取证（除刑事案件有碍侦查目的的以外）、举证、质证和认证等各个环节都应当以程序公开为原则。程序公开是程序公正的有力保障。取证公开有利于防止调查人员的违法行为；证据信息公开，有利于实现诉讼的"平等武装"，从而进行公平的对抗；认证公开，尤其是认证结果的公开，要求法官们在裁判文书中对证据的取舍理由及心证过程进行说明，有利于防止由于法官判决的任意性导致对当事人诉讼权利的损害。

（二）诚信原则在司法证明中的实现

我国《民事诉讼法》第 13 条第 1 款规定："民事诉讼应当遵循诚实信用原则。"最高人民法院《关于知识产权民事诉讼证据的若干规定》第 1 条规定："知识产权民事诉讼当事人应当遵循诚信原则，依照法律及司法解释的规定，积极、全面、正确、诚实地提供证据。"然而，就诚信原则而言，当前的主要问题是人们无论在感情上还是在理念上，都没有接受甚至无法接受在司法证明中贯彻诚信原则。很多人认为，这只是民法等私法领域的指导原则，不能也不应想当然地拓展到诉讼法、证据法等公法领域。有人甚至以刑事诉讼为例进行说理，认为刑事诉讼是打击犯罪的专门活动，如果某些人实施了毒品犯罪、黑社会犯罪等严重危害社会的罪行，那怎么能要求侦查人员和和气气地对待他们,怎么能禁止侦查人员对他们施加一些“对敌斗争”的谋略呢？而且从司法证明传统来看,中国人过去习惯于强调对抗思维和“斗争哲学”,特别是习惯于用军事斗争的谋略指导调查取证,无论是在庭前还是庭上,当事人使用一些欺骗手段甚至“不择手段”,就没有什么大不了的。

我们认为,现代司法活动倡导司法文明,故在现代司法证明活动中强调诚信原则具有突出的现实意义。

1. 这是在司法证明活动中落实法治精神的必然要求。诉讼需要游戏规则,也需要公平诚信。特别是就正式的公开的诉讼程序来说,公平竞争要讲诚信,文明司法也要讲诚信。可以想象,如果缺乏诚实信用原则的约束,诉讼将在当事人纯粹技术意义上的证据攻防大战中丧失其正义的本质,而沦为无意义的诉讼技巧的竞赛,甚至是“邪恶的角斗”。

2. 这是在司法证明活动中保障人权的客观要求。诚信原则体现了对人的尊重、对人权的尊重。在刑事诉讼中,犯罪嫌疑人和被告人应该享有与控方平等的地位。国家要守信于民,控方也要“守信于民”,这就包含了遵守诚信的意思。换言之,诉讼虽然具有对抗的性质,但这应该是“君子之争”,而不应成为“小人之斗”。

3. 这是克服证据法成文条款局限性的有效手段。我国没有判例法传统,现在或将来的证据立法都是以成文法面目现世的。而成文法具有一种先天的局限性,即由于其技术上的特点不能妥善地实现其立法目的。个中缘由很简单。因为就人类个体而言,我们对世界的认识始终受到主客观各种条件的制约,而无法达致绝对真理;同样,立法者也不可能预见一切可能发生的情况并据此制定出天衣无缝、预先包容全部社会生活事实的法典,这就使法律难免出现规则落空和不适用的情况。这是成文法为获得其安定性等积极价值而不得不付出的代价。近代一些立法实践表明,以引入一些基础性的条款来赋予成文法律适当的弹性,从而使法官能够针对不同社会情势对法条作出合乎情理的扩张,是克服成文法局限性的有效手段。而诚信原则正可以充任这样的基础性条款。

当然,在司法证明中,主张诚信原则是不是该有一个限度？以及以什么为限度？这些都是值得继续深入探讨的问题。一般来说,司法诚信是相对的、有条件的，而不是绝对的。在一些特殊条件下，并不绝对排除欺瞒性手段的使用。鉴于诚信原则是我国证据法领域的一个新问题，我们有必要借此重新全面审视和调整证据法律制度和法律文化。

总体来看，诚信原则涉及证据制度的方方面面。例如，在取证方面，如果发现当事人采用非法手段取得证据，其非法手段侵害了他人的合法权益或社会公共利益的，则认为属于违反诚信原则，其结果自然应归于无效；如果发现当事人以威胁、利诱等种种不法行为对证人施加影响，特别是阻止有利于对方的证人出庭作证或提供证言的，则除了可以对这些妨害举证的行为追究有关责任人妨害举证的责任外，还可以直接依据诚实信用原则裁定在当事人之间转换证明责任，即免除原先主张某事实存在的一方当事人的证明责任，转由实施妨害举证行为的另一方就该事实的不存在负证明责任。在举证方面，如果发现当事人以行使举证权利的方式，在法官、对方当事人及律师毫无准备的情况下提出始料不及的证据，发起突然袭击，使对方当事人不能有效质证，以达到恶意缠讼或延滞诉讼目的的，则认为属于违背诚信原则，可依据举证时限制度判定该证据失权或相关后果；如果发现在宣誓后，当事人出示了伪证或进行虚伪陈述，或者证人提供伪证，法官将对该证据不认可外，亦可依据诚实信用原则对其所提供的其余证据的效力等级考虑其不诚实性而给予相应降级。在质证方面，如果发现当事人滥用质证权利，故意拖延时间，则应当予以制止。

思考讨论题

1. 试述认罪认罚从宽案件中如何体现证据法的遵守法制原则。
2. 试述刑事错案的改判标准设计如何践行实事求是原则。
3. 试述在线诉讼是否违反直接言词原则。
4. 从证据法的公法、私法属性的角度论述公平诚信原则对证据法的指导意义。
5. 鉴于证据法的基本原则，试述本案该如何下判？

   山东烟台，一个车队的队长张三和司机李四是一对好朋友，白天合伙开车，晚上合作开商店。一日因借款起纠纷，张三到法院起诉李四，要求后者返还借款人民币3000万元。张三举出的证据是李四所立的一张借据，载明“今借张三人民币3000万元，借款人李四，×年×月×日”。法庭上法官询问李四，“这个借据上的字是你写的吗？”李四回答：“这个字是我写的，整个借据都是我写的。”法官又问：“那你怎么借了别人3000万元呀？”李四仔细看了看说：“哎呀，我只借了3000元，我怎么把元写成万字了呢。法官，这可怎么办呢？”

6. 在一起受贿案中，犯罪嫌疑人是个很有水平也很有口才的官员。面对侦查人员的讯问，他总是以“实事求是”做挡箭牌。他说：“我们共产党最讲实事求是。无论干什么，都要实事求是。我是领导干部，无论对上对下，都要实事求是。我做事要实事求是，说话也要实事求是。我跟你们讲，我没有受贿，就是没有受贿。这就是实事求是嘛！你们是人民检察官，是代表国家和人民的，办案就应该实事求是。历史的经验告诉我们，如果不实事求是，那是要犯错误的！”侦查人员见他反复强调“要实事求是”，就说：“我们都知道要实事求是，不用你讲。这样吧，你把它写在纸上，就不用一遍遍重复了。行吧？”嫌疑人点了点头，在侦查人员拿来的白纸上写下“要实事求是”，然后又按照侦查人员的要求签上自己的名字。侦查人员结束讯问之后，拿着这张纸找到该嫌疑人的妻子，对她说：“这是你老公写给你的，他让你实事求是地回答我们的问题。”妻子仔细查看一番，发现确是她丈夫的笔迹，便如实交代了她和丈夫收受贿赂的犯罪事实。[16] 请问，本案的取证方法是否符合遵守法制的原则、实事求是的原则以及公平诚信原则？并请结合本案，论述证据法原则的重要意义。

补充阅读

1. 陈卫东：《论刑事证据法的基本原则》，载《中外法学》2004年第4期。
2. 张卫平：《“民事证据裁判原则”辨识》，载《比较法研究》2021年第2期。
3. 马贵翔：《论证据裁判主义与自由心证的衡平》，载《北方法学》2017年第6期。

---

〔16〕 何家弘：《论“欺骗取证”的正当性及限制适用——我国〈刑事诉讼法〉修改之管见》，载《政治与法律》2012年第1期。

4. 宋英辉、李哲:《直接、言词原则与传闻证据规则之比较》,载《比较法研究》2003 年第 5 期。
5. 赵菡:《语言、文字与物质的实证问题——论“四重证据法”的“物证优先”原则》,载《中国比较文学》2021 年第 3 期。
6. 罗维鹏:《中国刑事证据法基本原则再认识》,载《社会科学》2020 年第 12 期。

第四章 CHAPTER FOUR

证据概念与证据资格

人们在日常生活中使用“证据”一词时，实际是在借用法律术语，即所使用的证据就是指证明的根据。这说明“证据”有真有假，不能被人为地限定为“客观存在的事实”。中外法律界对如何界定证据众说纷纭，提出的代表性观点有“事实说”“根据说”“材料说”“统一说”等。“根据说”具有相对合理性，将证据界定为证明案件事实或者与法律事务有关之事实存在与否的根据。在司法和执法活动中，证据被容许采纳的具体标准不尽相同，但也有一些共通的资格标准，包括客观性标准、关联性标准和合法性标准等。

不属实者非证据？

- 日常生活中的证据
- 法律领域的证据
- 司法实践中证据的真实观
- 认识论下证据的真实观

什么是证据？

- 事实说　根据说　材料说　统一说
- 证据材料　证明材料　证据资料　证据方法　证据原因

什么证据可以被采纳？

- 客观性标准
- 关联性标准
- 合法性标准

第一节　证据的真实观

彼彼止于彼，此此止于此，可；彼此而彼且此，此彼而此且彼，不可。

——（战国）公孙龙

曹某与被告张某离婚后财产纠纷一案。1998 年 7 月，曹某与张某以夫妻共同财产全款购买了位于成都市武侯区的房屋。2014 年 6 月 1 日，曹某、张某经判决离婚，但生效判决并未对案涉房屋进行处置。曹某起诉至法院，请求按份分割。被告张某辩称，诉争房屋已于 2007 年 7 月 9 日出售给张河；2008 年 12 月 20 日，曹某与张某签订离婚补充协议确认该房屋已出售给张河，曹某配合办理过户手续；案涉房屋不属于夫妻共同财产。为此，被告张某提交了张某、曹某于 2007 年 7 月 9 日出具的收条，主要内容为曹某和张某收到张河购买大石西路百花福园一套住房购房款共计 80000 元。原告曹某对收条真实性不认可，并申请对签名的真实性以及签名的形成时间进行鉴定。法院委托成都清源司法鉴定中心进行鉴定，鉴定意见表明"收条上的'曹某'署名字迹与曹某签名样本字迹是同一人书写"，同时该鉴定中心以其未开展文书时间鉴定工作为由未进行形成时间鉴定；法院又委托四川光明司法鉴定所对形成时间进行鉴定，该鉴定所于 2018 年 9 月 10 日出具《关于不能开展司法鉴定的说明》，表明因鉴定事项超出其现有技术条件，不能开展鉴定。最终，法院判决认定，收条和《离婚财产分割补充协议》之间能够形成证据锁链，证明诉争房屋已经出售给张河具有高度可能性。[1] 本案表明，实践中证据的真实性通

〔1〕 四川省成都市锦江区人民法院民事判决书，(2016)川 0104 民初 8463 号。

常都是相对意义上的。[2]

一、证据的语词起源和基本含义

“证据”一词在汉语中的准确起源已经很难考证。唐代文豪韩愈在《柳子厚墓志铭》中曾经写下了“议论证据今古,出入经史百子”的名句。然而,其中的“证据”是动词,意为“据史考证”或“据实证明”。在古汉语中,证据二字往往是分开使用的。其中,“证”字犹如现代的证据,但多指人证;“据”字则意为依据或根据。例如,《唐律·断狱》中就多有“据众证定罪”之用语。及至清代,法律中仍有“众证明白,即同狱成”的规定。20世纪初,随着白话文的推广,证据二字才越来越多地合并为一个词使用,而且多出现在与法律事务有关的文字之中。例如,南京临时政府于1912年3月2日颁布的《大总统令内务、司法两部通饬所属禁止刑讯文》中规定:“不论行政司法官署,及何种案件,一概不准刑讯。鞫狱当视证据之充实与否,不当偏重口供。其从前不法刑具,悉令焚毁。”[3]这可以视为后来在我国颇为流行的“重证据,不轻信口供”之办案原则的发端。

现在,证据已经是汉语中常用的语词之一。虽然人们在日常生活的非法律事务中也使用这一概念,但是由于它在法律事务中具有特别重要的地位和特别高的使用频率,所以它仍然在很大程度上属于专门的法律术语,以至于人们一听到这个词就会马上联想到案件、纠纷、调查、审判等法律事务。《辞海》中对证据的解释是:“法律用语,据以认定案情的材料。”可见,证据首先或者主要是法律领域的专门用语,人们在日常生活的非法律事务中使用“证据”一词时实际是在借用法律术语。

此外,人们在日常生活中对“证据”一词的理解也是以法律领域的概念为基础的。两者之间没有也不应该有本质上的差异。在讨论证据概念问题时必须从这两个字的基本含义出发,不应片面强调法律用语和日常生活用语的差异,不应偏离人们在长期形成的语言习惯中对证据一词的理解去再

---

〔2〕 *United States v. Whitaker*, 127 F.3d 595, 602 (7th Cir., 1997).

〔3〕《中国法律思想史》编写组编:《中国法律思想史资料选编》,法律出版社1983年版,第923页。

造“法律证据”“诉讼证据”“司法证据”的概念。

从汉语的字词结构来理解,证据就是证明的根据。这是对“证据”一词最简洁、最准确的解释,也是人们在日常生活中普遍接受的基本含义。由此可见,“证据”一词并没有真假善恶的价值取向。好人可以使用证据,坏人也可以使用证据。无论你要证明的是什么,也无论你拿什么来证明,只要按照一定的规则把甲用作证明乙的根据,甲就是证据。就真假的两值观念而言,“根据”一词是中性的,它可真可假,也可以同时包含真与假的内容。

诚然,在法律上界定证据的概念,可以使用更为具体、明确的语言,但是不应偏离这一用语本身所具有的基本含义。语词的基本含义是人们在长期使用该语词的过程中约定俗成的。如果抛开这一点,就会背离语言的使用规律。

二、正确看待证据的真实性问题

中华人民共和国成立以后,随着人民司法制度的建立,证据问题也逐渐受到人们的重视。当时人们对证据问题的研究及有关的论述主要集中在证据的意义或重要性上,还没有深入到证据的概念和特征等理论问题。不过,其时一些法规性文件在强调要重视依靠证据办案的同时,也谈到了什么是证据的问题。例如,中共中央在 1955 年做出的关于肃清暗藏的反革命分子的指示中提道:“不漏掉一个反革命分子和不冤枉一个好人,分别是非轻重,根本的办法是依靠证据。证据就是人证和物证。证据也有真假之分,所以要经过鉴定。”

1979 年,第五届全国人民代表大会第二次会议通过了新中国第一部《刑事诉讼法》。该法第 31 条规定:“证明案件真实情况的一切事实,都是证据……”这是我国法律首次对“证据”一词作出的明确解释。1989 年《行政诉讼法》和 1991 年《民事诉讼法》,以及 1996 年《刑事诉讼法》都明示或默示地接受了这一解释。于是,过去我国学者多将此作为界定证据概念的法律依据,得出“证据就是证明案件真实情况的事实”这样的证据定义。〔4〕对于如何理解这条法律规定的含义,人们有必要做深入的讨论。

---

〔4〕 江伟主编:《证据法学》,法律出版社 1999 年版,第 206 页。

在“证据就是证明案件真实情况的事实”这一定义中,核心词是“事实”,因此可以将其简化为“证据即……事实”。这一定义与前文谈到的证据的基本语词含义之间的区别就在于它把“根据”改成了“事实”。这一分歧归根结底是以不同认识论为基础的证据真实性问题,其焦点在于是否只有属实的才能叫作证据。对于这个问题,可以从实践和认识两个层面来回答。

(一)从实践来看,“不属实者非证据”的观点无法成立

众所周知,无论是在刑事案件还是在民事案件中,无论是在经济纠纷还是在行政诉讼中,当事人提交司法机关的证据和司法机关自己收集的证据中都是有真有假的,因此才需要认真地审查评断。按照“不属实者非证据”的观点,这些当事人提交的和司法机关收集的证据显然就不能称为“证据”了,因为它们都存在不属实的可能性。

实践经验昭示,不仅当事人提供的和司法机关收集的证据中有真有假,司法机关审查判断之后用作定案根据的证据中也会有真有假,否则就不会有冤假错案了。有时,法官采信的证据被后来的事实证明为假;有时,法官决定不予采信的证据又被后来的事实证明为真。

例如,在一起合同纠纷案件中,一审法院的法官请笔迹专家对合同上的字迹进行了鉴定。但是后来经过对案件中各种证据的综合评断,法官认为该鉴定意见不符合案件中的真实情况,未予采信。我们能因此说该鉴定意见就不是证据吗?否!它当然是证据,只是没有被该法官采信而已。事实上,该案的上诉审法院后来又采信了该鉴定意见,将其作为二审推翻原判的根据。如果因为一审法官没有采信该鉴定意见就说其不是证据,那么二审法官采信之后它怎么又变成了证据?同一样东西,一会儿是证据,一会儿不是证据,而且仅仅以法官等裁判者是否采信为标准。这不仅否定了证据的客观存在性,而且否定了证据的统一确定性。其结果必然是理论上的矛盾与实践中的混乱。

人非圣贤,孰能无过?法官等裁判者不是“神仙”,怎能要求他们在审查评断证据时不得犯任何错误?即使在那些还没有被发现为冤假错案的判决中,以及在法官等裁判者们正在做出和将要做出的判决中,难道就肯定没有内容不属实或者不完全属实的证据吗?对这个问题,每位诚实的人恐怕

都很难做出"肯定没有"的回答。那么按照"不属实者非证据"的定义,这些被法官等裁判者采信但是有可能不属实的证据自然也就不能称为"证据"了。

严格地说,在任何一起案件的定案依据中都存在证据不完全属实的可能性。而且就每一个具体证据来说,其中也存在不完全属实的可能性。例如,证人证言往往都不是百分之百的属实。法官等裁判者在决定采信一份证言的时候往往也知道该证言的内容只是基本属实。那么,证言中不属实或可能不属实的部分还是不是证据呢?如果对此问题做出否定的回答,那么一份证言就同时既是证据又不是证据,而提供该证言的人就既是证人又不是证人了。这显然是一种很难被人们接受的结论。

(二)从认识论的角度来看,"不属实者非证据"的观点也难以立足

辩证唯物主义认为,世界是可知的,人类是有能力认识一切客观真理的。但是,这并不等于世界上的事物对每个具体的人来说都是可知的,并不等于每个具体的人都有能力认识客观真理。这就是可知论的相对性。我们在第二章已经引用过恩格斯在《反杜林论》中的精辟表述,不妨作进一步延伸。恩格斯还指出:"一方面,人的思维的性质必然被看作绝对的,另一方面,人的思维又是在完全有限地思维着的个人中实现的。这个矛盾只有在无限的前进过程中,在至少对我们来说实际上是无止境的人类世代更迭中才能得到解决。从这个意义来说,人的思维是至上的,同样又是不至上的,它的认识能力是无限的,同样又是有限的。按它的本性、使命、可能和历史的终极目的来说,是至上的和无限的;按它的个别实现和每次的实现来说,又是不至上的和有限的。"[5]

人们对证据和案件事实的认识都属于认识的"个别实现",都是"在完全有限地思维着的个人中实现的",都是不可能无限期无止境地进行下去的,因此就每一具体案件来说,人们对证据和案件事实的认识都不是"绝对真理",都只能是"相对真理"。换言之,人们对每一具体案件和具体证据的认识都不是百分之百的"属实",而只是在不同程度上的"属实"。承认这一点,证据才不会仅仅存在于"理想的王国",才能具有现实的意义。

---

〔5〕《马克思恩格斯选集》(第3卷),人民出版社1972年版,第126页。

其实,案件中的证据问题并不像人们想象得那么简单。司法和执法活动中面临的证据错综复杂,而且对证据的收集和使用要受时间、空间等多方条件的限制,因此司法人员、执法人员对证据的认识不可避免地带有一定的局限性和模糊性。但在有些人的心目中,似乎案件事实总是泾渭分明的,案件中的证据总是一清二白的。他们喜欢或者习惯于用非此即彼、非真即假、非对即错、非黑即白的思维方式看待案件事实和有关的证据。在他们眼中,一件证据要么就是真的,要么就是假的,绝对不能处于可真可假、半真半假的状态;一个事实认定结论,要么就是对的,要么就是错的,绝对不应出现或对或错、有对有错的情况。

然而,这是一种形而上学的思维习惯。恩格斯在《自然辩证法》一书中指出:"一切差异都在中间阶段融合,一切对立都经过中间环节而互相过渡,对自然观的这种发展阶段来说,旧的形而上学的思维方法就不再够了。辩证法不知道什么绝对分明和固定不变的界限,不知道什么无条件的普遍有效的'非此即彼!',它使固定的形而上学的差异互相过渡,除了'非此即彼!',又在适当的地方承认'亦此亦彼!'并且使对立互为中介。"〔6〕实践告诉人们,人们在通过证据认定案件事实的时候经常要不可避免地面临那种非黑非白的"灰色地带",即使是所谓的"科学鉴定"结论亦然。

有经验的鉴定人员都知道他们在进行各种司法鉴定时,面临的难题恰恰是那些所谓的"灰色地带"。例如,在根据毛发根鞘细胞中的性染色体来判断毛发性别的鉴定中,人们一般都把 Y 染色体作为认定男性毛发的依据。但是大量的数据表明,女性毛发的根鞘细胞中也可以有 Y 染色体,只是数量较少。在单位检材内,男性毛发的 Y 染色体数量为 20 ~ 80,女性毛发的 Y 染色体数量为 0 ~ 25。如果具体案件中毛发检验结果表明 Y 染色体的数量在 26 以上或 19 以下,结论可以说是明确的;如果检验结果表明 Y 染色体的数量在 20 ~ 25,那么结论就是"灰色"的了。在笔迹鉴定和司法精神病鉴定等很大程度上要依靠鉴定人员的个人主观经验的鉴定中,这种"灰色"区域更为常见。由此可见,证据只能真不能假的"定论"在理论上也是站不住脚的。

---

〔6〕《马克思恩格斯选集》(第 3 卷),人民出版社 1972 年版,第 535 页。

第二节 证据的定义

如果某一个材料被认为是真实的、可信的和具有充分的相关性,能够说服法院,认定其为证据就是适当的。

——[英]摩菲

这是一起内地涉港仲裁的是历史名案。买方香港A公司与卖方广东省B公司签订了商品房买卖合同,约定分期付款购买"××花园"。此后,A公司依约付清了前两笔款项,但随即发现B公司所持的惠阳县国土局国用字(89)第1321040018号国有土地使用证上注明的土地用途是"工业村"而非"涉外商品房",于是拒付其他款项;B公司遂根据合同规定没收了A公司已付的前两笔楼价款。1993年6月30日,A公司以申诉人的身份向中国国际经济贸易仲裁委员会深圳分会提请仲裁,称根据国土证,被诉人不具备开发涉外商品房的权利,其冒充行为导致合同无效,要求被诉人退回没收的楼价款;被诉人B公司则辩称,法律上并未明确"工业村"概念,从有关机关核发的许可证看应包括工业厂房、宿舍及商住楼,从建设工程许可证及1992年2月28日县房管局下发的外销批文看也明确为"商住楼",因而申诉人具有合法的土地使用权。仲裁庭认为,案件争议的关键在于国土证中载明的土地用途"工业村"是否包括外销商品房用地的问题,为此向广东省国土厅进行了调查询问。该厅书面回信答复,"工业村"不包括外销商品房的用地,已确定为"工业村"用途的土地要改为外销商品房用地的必须征得有关主管部门的审批。仲裁庭据此答复,未经"质证"而径直裁决被诉人败诉。

申诉人事后向香港高等法院申请承认与执行仲裁裁决书。被诉人提出异议,认为仲裁庭自行取得广东省国土厅的"答复"是一种证据,应接受质证,而仲裁庭在未质证的情况下,就做出了裁决,显然程序违法,故要求法院拒绝执行仲裁庭的裁决。此案的处理结果是香港高等法院驳回了被诉人的请求,做出了执行裁决的命令;后来被诉人不服,上诉至香港上诉法院,上诉法院又撤销了高等法院的判决。此案的波折引起了中国学者的极大兴趣,讨论的一个热点问题是"行政机关做出的'答复'是证据还是法律规范性文件"?

一、关于证据定义的学说

法律必须以严谨的逻辑为基础,因此需要对使用的专门术语进行准确的定义。但是,由于法学领域有些事物的复杂性、多样性、变化性,人们对有些法律概念的理解和使用其实很难统一。证据就是这样一个典型例证。古今中外的学者们围绕这个"猜想级"的难题殚精竭虑,提出了许多观点,但迄今为止仍然众说纷纭、莫衷一是。少数国家如印度在立法中给出了证据的定义,而多数国家和地区的立法则索性采取了回避的态度。下面择要介绍有关证据定义的影响较大的几种学说。

(一)事实说

所谓"事实说",就是把证据界定为一种用作证明的事实。例如,英国著名法学家边沁认为,"在最广泛意义上把证据假定为一种真实的事实,把它看成是一种成为相信另一种事实存在或者不存在的理由的当然事实"。〔7〕 苏联法学家安·扬·维辛斯基赞同边沁的看法,他指出:"的确,诉讼证据——这是通常的事实,是在生活中出现的同样现象,同样的事物,同样的人,人们的同样作为。只要它们已归入诉讼程序的范围,成为一种判明法院和侦查机关所关切的情况,解决法院和侦查机关所关切的问题的手段,

---

〔7〕 [英]边沁:《诉讼证据论》,苏联基辅1876年俄文版,第8页。转引自[苏]安·扬·维辛斯基:《苏维埃法律上的诉讼证据理论》,王之相译,法律出版社1957年版,第267页。

它们便是诉讼证据。"[8]美国证据法大家威格莫尔也提出，证据"是任何一件或一组可知的事实，而不是法律的或伦理的原理"。[9]

按照这种观点，证据是用来证明案件事实的，但是证据本身也是一种事实。例如，在一起故意杀人案中，张三作证说李四杀了人；侦查人员在现场发现的匕首是李四的，也可以证明李四杀了人。在此，需要证明的案件事实是"李四杀了人"，证据则是"张三看见或听见了杀人过程"和"现场有李四的匕首"这两个事实。

(二)根据说

所谓"根据说"，就是把证据界定为证明案件事实的根据。如我国台湾地区学者陈世雄、林胜光、吴光陆就认为："证据者，足使法院认定当事人之主张为真实之凭据者，谓之。"[10]我国内地有一些学者认同"根据说"，提出诉讼证据是指"用来证明案件真实情况，正确处理案件的根据"。[11]另外，最高人民法院在其司法解释中也采用过这种观点。

持这种观点的学者认为，证据与事实之间是不能画等号的，证据可以证明事实，但证据本身并不等于事实。把证据理解为根据，这也符合人们日常生活中的一般理解。如果首先确定了"证据为证明案件真实情况的一切事实"，那么证据便与事实画上了等号，而且证据都必须是属实的。但是，根据诉讼法的有关规定，凡证据必须查证属实，才能作为认定案件事实的根据。一方面说证据都是属实的，另一方面又说证据需要查证属实，二者显然互相矛盾。而"根据说"则与诉讼法中"证据必须查证属实，才能作为认定事实的根据"的规定恰好吻合。

(三)材料说

所谓"材料说"，就是把证据界定为证明案件事实的材料。使用中性词

---

[8]　[苏]安·扬·维辛斯基：《苏维埃法律上的诉讼证据理论》，王之相译，法律出版社1957年版，第267页。

[9]　王以真主编：《外国刑事诉讼法学》(第2版)，北京大学出版社1994年版，第215页。

[10]　陈世雄、林胜光、吴光陆：《民刑事诉讼法大意》，台湾五南图书出版公司1986年版，第96页。

[11]　杨荣新主编：《民事诉讼法教程》，中国政法大学出版社1991年版，第210页。

"材料"给证据定位,一方面表明了这些学者不赞成把证据界定为"事实"的观点,另一方面也体现了这些学者试图在证据概念的层面上回避证据真实性悖论的良苦用心。例如,英国证据学家摩菲认为:证据是"能够说服法官认定某个案件事实为真实或者可能的任何材料"。[12] 美国《加利福尼亚州证据法典》第140条规定:"证据是指被提供用以证明某一事实存在或者不存在的证言、文书、物品或其他可感知物。"[13]

在中国的学者中,持这种观点的人也不少,但表述不尽相同。有人认为,行政诉讼证据是"一切用来证明案件事实情况的材料";[14] 有人则认为,"从《行政诉讼法》所确定的证据种类来看,行政诉讼证据是指用来证明案件事实的一切材料和手段"。[15] 这种观点为我国现行《刑事诉讼法》所接受。该法第50条第1款规定:"可以用于证明案件事实的材料,都是证据。"这种立法表述修正了"事实是证据"的过去条款所带来的逻辑和实践问题,不过引发了进一步的讨论。[16]

(四)统一说

所谓"统一说",就是要强调证据内容与证据形式的统一。由于出发点略有不同,"统一说"也有不同的表述,其中,有些可以看作对"根据说"的完善,有些可以视为对"事实说"的补充。例如,有的学者认为,"诉讼证据,是审判人员、检察人员、侦查人员等依照法定的程序收集并审查核实,能够证明案件真实情况的根据","从证据所反映的内容方面看,证据是客观存在的事实;从证明关系看,证据是证明案件事实的凭据,是用来认定案情的手段;从表现形式看,证据必须符合法律规定的表现形式,诉讼证据是客观事实内容与表现形式的统一"。[17] 有的学者则指出,"证据是证据的内容(事

---

〔12〕 Peter Merphy, *A Practical Approach to Evidence* (4th ed.), Blackstone Press Ltd., 1992, p. 1－2.

〔13〕 "Evidence" means testimony, writings, material objects, or other things presented to the senses that are offered to prove the existence or nonexistence of a fact. See *Federal Rules of Evidence* (1997－1998 Edition), West Publishing Co., p. 367.

〔14〕 应松年主编:《行政诉讼法学》,中国政法大学出版社1994年版,第136页。

〔15〕 马原主编:《行政诉讼手册》(第一辑),人民法院出版社1999年版,第86～87页。

〔16〕 "材料"一词不能全面准确地表达"根据"一词的内涵。

〔17〕 樊崇义主编:《证据法学》,法律出版社2001年版,第45～46页。

实材料）与证据的形式（证明手段）的统一”，其代表性的表述为，“证据是以法律规定的形式表现处理的能够证明案件真实情况的一切事实”。[18]

除上述主要学说外，在证据的界定上还有其他不同的代表性看法。如有人认为，证据是法官确认案件事实的“原因”；有人认为，证据是举证与调查的“结果”；有人认为，证据是认定案件事实的“方法”；有人认为，证据是对案件事实的“反映”；有人认为，证据是与案件事实有关的“信息”；也有人认为，证据的概念有广义与狭义之分，而究竟何为广义证据、何为狭义证据，人们又有不同的理解。学说如此众多，可见证据的定义既是非常重要的，也确实是异常复杂的。

二、证据的相对合理界定

在明确了证据的真实性问题并阐述了上述各家学说以及《刑事诉讼法》定义调整之后，我们赞同相对合理的“根据说”。依照这一理论，所谓证据法中的证据，就是指证明案件事实或者与法律事务有关之事实存在与否的根据。无论这个“根据”是真是假或半真半假，它都是证据；无论这个“根据”是否被法庭采信，它都是证据。至于这个“根据”的具体表现形式或存在形式，那就是有关法律中列举的物证、书证、证人证言、当事人陈述、勘验检查、辨认、侦查实检等笔录、鉴定意见、视听资料、电子数据等。

证据和定案根据是一对既有联系又有区别的概念。一般来说，定案根据都是证据；但是证据并不一定都能成为定案根据。这里所说的“定案”并不仅指审判人员的判决，也包括仲裁、公证、行政执法、纪检监察等人员就有关事实做出的裁决和认定。虽然他们“定案”的标准和要求并不完全相同，但是工作性质大同小异。他们对于自己收集或他人提供的证据都要根据有关的规则进行审查评断，然后从中筛选出他们认为可靠的证据作为“定案”的根据。那些未能被他们采信的证据，也仍然是证据，只是未能成为定案根据而已。

三、与证据相关的几个术语

为助于理解上述证据定义，有必要对一些相关的、易导致混淆的法律术

---

〔18〕 卞建林主编：《证据法学》，中国政法大学出版社2002年版，第70页。

语作一下介绍和梳理。这些相近术语包括我国用得较多的“证据材料”“证明材料”,以及大陆法系国家及地区用得较多的“证据方法”“证据资料”“证据原因”。

“证据材料”是国内某些学者为解决我国过去诉讼法中证据条款的内在矛盾而提出的一个概念。实际上,证据本身就是各种材料,在某些语境下使用证据材料的说法亦无不可,但若将其作为与“证据事实”相对应的一个概念则有不妥。我们认为,没有必要再生搬硬造一个“证据材料”的概念,否则会给本来误区重重的证据概念“乱上添乱”。

“证明材料”是我国部分法律规范中习惯上使用的一个概念,指的是专门针对某一证明目的而提供的宽泛意义上的材料。它通常可以是加盖印文的书面材料,也可以拓展至其他形式材料。若做严格的界分,一部分证明材料指向的案件事实问题,属于证据的范围;另一部分证明材料指向的主要是案件中的法律问题,则可能不属于证据的范围。前者如最高人民法院《关于内地与香港特别行政区法院就仲裁程序相互协助保全的安排》第4条规定:“向内地人民法院申请保全的,应当提交下列材料:……(三)身份证明材料:申请人为自然人的,应当提交身份证件复印件;申请人为法人或者非法人组织的,应当提交注册登记证书的复印件以及法定代表人或者负责人的身份证件复印件……”;后者如最高人民法院《关于行政机关负责人出庭应诉若干问题的规定》第9条第1款规定:“行政机关负责人有正当理由不能出庭的,应当提交相关证明材料,并加盖行政机关印章或者由该机关主要负责人签字认可。”

“证据方法”“证据资料”“证据原因”这三个术语在我国证据法学中运用得很少,但在大陆法系国家和地区如日本、德国、我国台湾地区则得到了普遍的认同。关注并厘清这三个术语,将有助于我国在介绍和借鉴大陆法系证据法时准确地看清其面貌。证据方法是指作为认定事实素材的人或物,分为人证与物证。人证就是把人作为证据方法,经过对人的询问所得到的被询问人所作的陈述即可作为认定事实的材料,通常有证人、鉴定人及当事人三种;物证就是把物作为证据方法,经过检查物证所取得的认定事实的材料，通常包括书证和勘验物两种。[19] 证据资料是通过证据方法获得的内容，如证人的证言、鉴定人的意见、书证的内容、勘验的结果等。一般来说，证据方法与证据资料的关系是，通过调查证据方法，就能获得证据资料。[20] 证据原因是指使法官能够形成心证的原因。在大陆法系国家如日本的民事诉讼中，除证据资料外，口头辩论的全部意旨也能成为证据原因。而在刑事诉讼中，只有证据资料才可以成为证据原因。[21]

---

〔19〕［日］兼子一、竹下守夫：《民事诉讼法》，白绿铉译，法律出版社 1995 年版，第 100 页。
〔20〕［日］田口守一：《刑事诉讼法》，刘迪等译，法律出版社 2000 年版，第 218 页。
〔21〕何家弘主编：《外国证据法》，法律出版社 2003 年版，第 484 页。

第三节 证据的资格

如果证据能够从逻辑上证明或者反驳需要证明的一些事项,那么该证据就是有关联的。即使冒着词源学上同义反复的风险,也可以有充分的理由说,有关联证据是使那些待证事项更有可能或者更不可能的证据。

——[英]西蒙

崔某原系沿海地区一家公司的部门主管,涉嫌强奸其下属的公司员工。在侦查期间,崔某与其律师以开除该员工、“找人收拾她”等方式,威胁该员工,迫使其录制了承认两人系自愿通奸的录音资料。等到庭审阶段,辩方将该录音带提交法庭,用作对崔某有利的证据,造成法庭被迫休庭。休庭后,公诉人员专门找被害人核实情况,进行耐心开导,最终被害人说出了该录音带系出于被迫而作出的。后来,被害人上庭陈述了录制该录音带的全过程和具体情形,法庭据此否决了该录音带的证据资格,判决崔某有罪。

一、证据资格的概念

证据的资格问题涉及在司法、执法、仲裁、公证、纪检监察等活动中决定有关人员提出的证据能否被采纳所依据的准则,简言之,就是什么样的证据可以被采纳。这是任何国家的证据法律制度都不能回避的问题。诚然,不同国家的证据资格并不完全相同,有些比较宽松,有些比较严格。而且,不同国家的证据法学者研究和阐述这一问题的角度也不尽相同。

证据资格(competency of evidence)是大陆法系证据法律制度习惯使用的概念;而在英美证据法律制度中,这一问题被概括为证据的“可采性”

(admissibility of evidence)。一个证据具备了“可采性”,就是说诉讼当事人或其他有关人员提交的证据符合了法律规定的资格,法官应该在审判中采纳。由于“证据资格”或“可采性”的概念首先产生于英美法律中关于证人的规定,所以我国有些学者习惯将其翻译为“证据能力”和“证人能力”(competency of witnesses)。在我国,人们可以从汉语的语词特点出发使用“证据的采纳标准”这一概念。它同证据资格标准基本同义。

一般来说,证据的采纳标准只是确定某证据是否可以在诉讼或其他证明活动中采纳。至于可采纳的证据是否可靠及有多大的证明价值,则还要由裁判人员进行评断,而这正是另一个标准——采信标准所要解决的问题。由于对可采性与证明力的判断是确定应当如何具体使用证据的两大基本任务,因此证据的采纳标准与采信标准共同构成了完整的采用标准。诚然,这两个标准之间有着严格的区别。采纳的证据不一定是采信的证据,具备“证据资格”的证据不一定是作为定案根据的证据。

我国学界习惯从证据特征或属性的角度来研究证据的资格问题,而且一般都作为证据概念问题的延伸加以论述。诚然,研究证据的资格问题应该考察证据所具备的基本属性或特征,但是不能把这个问题和证据的概念问题混为一谈。如前所述,证据就是证明的根据。而证明是人类所特有的逻辑思维活动,是一种主观认识活动。一个东西是否可以被叫作证据,主要取决于它是否被有关人员用作证明的根据,这是证据的概念问题。至于这个证据能否被具体的司法、执法、仲裁、公证、纪检监察等活动采纳为证据,则要看其是否具备作为该种证明活动之证据的资格,是否符合该种证明活动所要求的证据资格。

明确区分证据的概念问题和证据的资格问题是非常重要的。多年来我国学者关于证据合法性等问题的争论,归根结底是因为混淆了“什么是证据”和“什么证据可以被采纳”这两个问题,也就是混淆了证据概念和证据资格这两个问题。如果说“凡是不具备合法性的就都不能叫证据”,那么肯定会有很多人不同意这个观点。如果说“不具备合法性的也可以叫证据,但是可能不被采纳”,那么人们一般就都会举手赞同了。这说明从证据特征或属性的角度论述证据的资格问题容易造成混乱。[22] 换言之,证据属性是学术研究的“废矿区”。[23]

二、证据资格的基本内容

在不同的司法和执法等与法律事务有关的活动中,证据的资格标准并不完全相同。例如,仲裁、公证、行政执法和纪检监察等活动和诉讼活动的证据资格标准就有所不同;刑事诉讼和民事诉讼的证据资格标准也会有所不同;在侦查、起诉、审判等不同的刑事诉讼阶段,证据的资格标准仍然会有所不同;证人证言和物证、书证等不同种类的证据还会有不同的具体资格标准;科学证据用于证明案件事实更要求有特殊的可采性标准。[24] 然而,在各种与法律有关的证明活动中,证据的资格标准还是有一些共性,即一般标准,包括采纳证据的客观性标准、关联性标准和合法性标准。这些构成了证据资格的基本内容。

(一)客观性标准

证据的客观性是指证据应该具有客观存在的属性,或者说,证据应该是客观存在的东西。无论是在刑事、民事、行政等诉讼活动中,还是在仲裁、公证、纪检监察等非诉讼法律事务中,采纳的证据都必须具有客观存在性。当然,这种解释过于抽象,尚难以在司法和执法实践中作为证据资格的具体标准。

在具体的司法和执法活动中,客观性标准应该包括两个方面。首先,证据的内容必须具有一定的客观性,必须是对客观事物的反映。虽然这种反映可能会有错误和偏差,但是它必须以客观事物为基础。纯粹的主观臆断、

〔22〕 我国学术界关于证据属性的讨论具有复杂性和长期性。我国有学者总结说,“我国证据属性研究曾有四次比较大的争论,一是证据是否具有阶级性,二是证据是否具有客观性,三是证据是否具有法律性或者合法性,四是学术界是否应从证据属性研究”。参见郑飞:《证据属性层次论——基于证据规则结构体系的理论反思》,载《法学研究》2021 年第 2 期。

〔23〕 何家弘、马丽莎:《证据“属性”的学理重述——兼与张保生教授商榷》,载《清华法学》2020 年第 4 期。

〔24〕 科学证据可采性的标准主要包括科学证据本身的科学有效性、可靠性、科学相关性以及科学专家的可信性等。参见张南宁:《科学证据可采性标准的认识论反思与重构》,载《法学研究》2010 年第 1 期。

毫无根据的猜测，以及梦幻中的情节和迷信邪说的咒语，即使被当事人提交法庭，也不具有证据资格。其次，证据必须具备客观存在的形式，必须是人们可以通过某种方式感知的东西。无论是物证、书证，还是证人证言、鉴定意见，都必须有其客观的外在表现形式，都必须是看得见摸得着的东西。如果对案件有关情况的反映仅存在于某人的大脑之中，没有以证人证言或当事人陈述等形式表现出来，那它就不具备证据的资格。诚然，由于人脑本身就是物质的高级存在形式，所以存在于人脑中的信息也具有一定的客观性，但是这种存在形式无法让他人感知，不符合采纳证据的客观性标准。

在此需要指出一点，证据具有客观性并不意味着它是纯粹客观的东西；实际上，所有证据都是人的主观认识与客观事物相互结合的产物。例如，当事人陈述和证人证言显然是有关人员主观上对客观存在的案件事实的认识结果。正因如此，当事人陈述和证人证言等证据中才存在不符合案件事实的可能性。严格地说，任何形式的证据中都包含人的主观因素。又如，有人说物证就是纯客观的证据，其中没有任何主观因素，但这种理解不无偏颇。物证自身固然可以说是客观的，没有主观因素的，但是物证自身却不能证明案件中的任何问题。任何物证要想证明案件中的有关事实，必须与有关人员的行为联系起来，必须依赖于有关人员的活动。试想一下，某杀人现场有一把带血的匕首，它自己能够证明案件事实吗？否！首先要有人将它从现场提取并作为证据；然后要有人对它进行检验或辨认，以便确定它与案件事实或犯罪嫌疑人的联系。只有当有关专家通过对刀上的血痕或尸体伤口的鉴定意见确认它就是导致被害人死亡的那把凶器，或者有关证人通过辨认确认它就是某个犯罪嫌疑人的刀时，它才能发挥证明的作用。而在这一过程中，它也就不可避免地“染上”了有关人员的主观因素。由此可见，任何证据都在不同程度上包含人的主观因素。这正是司法人员、执法人员依靠证据处理案件时可能发生错误的根源之一，也是司法人员、执法人员必须对各种证据认真审查评断的原因之一。

我国当代证据法学界倾向于使用“真实性”一词来替代哲学色彩浓厚的“客观性”一词。我们亦表示赞同，但同时认为，若要用真实性标准来概括证据的一项资格条件的话，其指的是一种法律上或形式上的真实性。换言之，用于证明案件事实的证据必须在形式上或表面上是真实的，若完全虚假或者伪造则不得被采纳。至于该证据在实质上的真实程度,即可靠性大小,属于判断其证明力大小的标准。实践中,司法人员对证据真假的判断总是具象的判断,追求的只能是符合理性的真实观。[25]

(二)关联性标准

证据的关联性或相关性,指的是证据必须与需要证明的案件事实或其他争议事实具有一定的联系。对于司法和执法实践来说,这种解释显然也太抽象,不具备可操作性,难以作为证据资格的具体标准。不过,证据的关联性本身就是一个很难用语言界定的概念。正如美国证据学家华尔兹教授所指出的:"……相关性实际上是一个很难用切实有效的方法界定的概念。相关性容易识别,但却不容易描述。"[26]

从哲学的角度来说,客观事物之间的联系是普遍的和绝对的。任何两个事物之间都存在一定的联系,只不过联系的形式和性质各不相同。严格地说,即使在所谓"风马牛不相及"的事物之间,人们也总可以找到某种联系。例如,在澳大利亚的一只蝴蝶扇动翅膀的动作与太平洋台风的形成之间也存在某种微弱但绝对不可否认的联系,因为它们都与空气的运动有关;城市的汽车和乡村的树木之间似乎是毫无关联的,但是仔细分析,人们仍然可以从环境保护、生产生活、物质成分等许多方面找出二者之间的联系。从这个意义上讲,任何证据与任何案件事实之间都具有关联性,因为它们至少都是共同存在于同一宇宙之中的物质。然而,这种普遍存在的关联性显然不能作为司法和执法活动中的证据资格标准,而只能作为人们研究和理解证据关联性的出发点。

从司法证明的角度来说,关联性标准要求每一个具体的证据必须对证明案件事实具有实质性意义。这里的"实质性意义"包括正向和反向两种,分别产生"积极的关联性"和"消极的关联性"。[27] 无论是哪一种意义上的关联性,用一个公式来表达,就是"关联性 = 实质性 + 证明性"。换言之,

---

〔25〕 刘品新:《论电子证据的理性真实观》,载《法商研究》2018 年第 4 期。

〔26〕 [美]乔恩·R. 华尔兹:《刑事证据大全》,何家弘等译,中国人民公安大学出版社 1993 年版,第 64 页。

〔27〕 关于"积极的关联性""消极的关联性"的界定,请参见陈瑞华:《刑事证据法学》,北京大学出版社 2012 年版,第 89 页。其中使用的术语是"积极的相关性""消极的相关性"。

一个证据的使用必须对证明案件事实或其他争议事实有确实的帮助，因此又可以称为证据的“证明性”。但是，证据对案件事实的“证明性”有大有小，有强有弱，而司法证明活动要受多种因素的限制，不可能无限期无范围地进行下去，所以作为证据资格标准的证明性必须达到一定的程度或水平。

诚然，人们对证据关联性的认识也会受到科学技术等因素的影响。一些过去被认为没有关联性的东西，随着科学技术的发展有可能就具有了关联性。例如，过去人们不知道人的血压、呼吸频率和皮肤电阻等生理变化和人的说谎行为之间有关联，但是后来的科研成果证明二者之间确有一定的联系，于是这些心理和生理测试的数据对于有关人员陈述是否属实，就具有了关联性。一些过去被认为关联性简单的东西，随着科学技术的发展有可能产生了复杂的关联性。例如，过去人们认为，“只有对案件事实的证明能产生一定的实质性影响，电子证据才被允许用于司法证明，此为传统证据法理论中的关联性标准”；现在人们认为，“作为一种虚拟空间的证据，电子证据用于定案必须同时满足内容和载体上的关联性。前者是指其数据信息要同案件事实有关，后者突出表现为虚拟空间的身份、行为、介质、时间与地址要同物理空间的当事人或其他诉讼参与人关联起来”。〔28〕

司法人员、执法人员在评价证据的关联性时一般要考虑两个方面的因素：一个是时间和人力的耗费是否允许采纳该证据；另一个是该证据的采纳是否会给证明带来不必要的干扰或混乱。例如，一个 34 岁的被告人在 14 岁的时候曾经在商店里偷拿过商品的行为对其当前面临的故意杀人罪指控具有关联性吗？一个受贿案件的证人在厕所里听到隔壁有人说该案的被告人曾经受贿多少万元的陈述对证明案件事实有证明性吗？对这两个问题的回答都应该是肯定的，但是它们又都不符合采纳证据的标准，因为前者的关联性过于遥远，后者的证明性过于微弱。由此可见，证据与待证事实之间的联系必须具有实质性的证明意义。

综上所述，人们在具体的司法和执法活动中可以把证据的关联性标准分解为以下三个问题：第一，这个证据能够证明什么事实；第二，这个事实对

---

〔28〕　刘品新：《电子证据的关联性》，载《法学研究》2016 年第 6 期。

解决案件中的争议问题有没有实质性意义;第三,法律对这种关联性有没有具体的要求。通过回答这三个问题,人们就可以比较准确地把握具体证据的关联性了。

(三)合法性标准

证据的合法性是我国证据法学领域内长期争议的问题之一。一派学者认为证据必须具有合法性,或者说合法性是证据的基本特征;另一派学者则认为证据不必具有合法性,或者说合法性不是证据的基本特征。如前所述,只要不在证据概念的层面上讨论这个问题,而是在证据资格的层面上讨论这个问题,人们的观点就容易统一了。作为证明根据的材料无论是否具备合法性,都可以称为证据,但是每一件证据能否在具体的司法和执法活动中被采纳,还要看其是否具备合法性。无论是在刑事诉讼、民事诉讼还是行政诉讼中,无论是在仲裁、公证、行政处罚还是纪检监察中,合法性都是证据资格的重要内容之一。

证据的合法性标准包括以下内容:第一,证据的调查主体必须符合有关法律的规定。这主要涉及各种"人证"。例如,我国的法律法规对鉴定人的资格条件作出了一些限制性规定,因此,那些不具备鉴定人资格的人做出的鉴定意见即使具备了客观性和关联性,也不能采纳;基于同样的理由,行政机关超越其法定权限收集的证据,亦属于主体不合法的证据,不能采纳。第二,证据的形式必须符合有关法律的规定。例如,我国刑事诉讼法规定鉴定意见上必须有鉴定人员的签名,因此,那些没有上述人员签名的鉴定意见就属于形式不合法的证据,一般不能采纳;另外,如果法律规定证明某种民事关系存在的证据必须以书面形式,或者必须经过公证,那么不具备相应形式的证据也就不能采纳。第三,证据的收集程序或提取方法必须符合法律的有关规定。例如,我国刑事诉讼法禁止刑讯逼供,因此,使用刑讯手段提取的被告人口供就不具有这种证据的合法性;我国行政诉讼法规定被告人在诉讼过程中不得自行向原告和证人收集证据,如果作为行政诉讼被告人的行政机关这样做了,那么其收集的证据也因程序不合法而不能采纳。此外,陈瑞华教授还提出,"法庭调查程序的合法性"也是合法性标准的组成部分。也就是说,未经当庭举证、质证等法庭调查程序,任何证据都不能转化为定案的根据。[29]

由此可见,证据不具备合法性包括主体不合法、形式不合法、程序不合法及其他合法性情况。然而,无论哪一种情况下的不合法证据也都是证据。人们不能因为一把带有被害人血迹的匕首是非法搜查所获得的,就说它不是证据;也不能因为被告人供述是刑讯逼供的结果就说它不是证据。它们只不过是一般不能被采纳的证据。

采纳证据的合法性标准必须以特定的法律规定为前提。首先,在不同的法律制度下,证据的合法性可以具有不同的内容。譬如在封建社会的法律制度下,通过刑讯获取的被告人供述当然具有合法性;在近代以来的不同国家法治建设中,通过刑讯获取的被告人供述基本上被规定不具有合法性。其次,对于不同的司法或执法活动来说,法律规定的证据资格不同,合法性的含义也就有所不同。例如,窃听取得的证据通常不得作为民事诉讼中的证据使用,但在刑事诉讼中只要侦查机关经过严格的审批手续便具有合法性。在仲裁、公证、行政处罚和纪检监察等活动中,具体采纳证据的合法性标准也不完全相同。对于不同的司法或执法活动中证据需要对接的,往往需要专门的法律规定。如《刑事诉讼法》第 54 条第 2 款、《监察法》第 33 条第 1 款分别规定了行政机关、监察机关等收集的证据材料,在刑事诉讼中可以作为证据使用。此外,法律规定是可以修改的,证据合法性的内容也会随之发生改变。

值得注意的是,证据合法性与证据真实性之间有联系也存在区别,证据真实不等于证据合法。有学者指出,二者易发生混同,我们不可从内容真实推论程序合法,应当警惕“真实故合法”“稳定故合法”“印证故合法”等不当思路。[30]

总之,证据必须在主体、形式和程序方法等方面符合有关法律的规定,才能在相应的证明活动中被采纳。另外需要指出的是,一国的证据合法性标准往往与非法证据排除规则密切相关,甚至可说是“一物两面”,不宜分开考虑。在现代法治社会中,强调证据采纳的合法性标准,以及强调非法证

---

〔29〕 陈瑞华:《刑事证据法学》,北京大学出版社 2012 年版,第 89 页。

〔30〕 易延友:《非法证据排除规则的中国范式——基于 1459 个刑事案例的分析》,载《中国社会科学》2016 年第 1 期。

据排除规则的构建,均具有特别重要的意义。

思考讨论题

1. 在一列火车上,一名残疾人因为忘记带残疾证,而被要求补买全价票。面对乘务人员的质疑和刁难,他悲愤地说:“难道我少掉的一条腿,还不能证明我残疾么?”在中国社会,类似的现象被概括为“有证件才有权利,没有证件就没有权利”。请结合这一现象,阐述证据的本质。
2. 比较证据与定案根据、证据资料、证据方法、证据原因的异同。
3. 阐述学术界对于证据的客观性、关联性、合法性的主要争议。
4. 如何判断纪检监察办案中所获取证据的合法性?
5. 基于大数据、人工智能技术形成的专业分析报告是否具备符合证据资格所要求的关联性?
6. 列举英美法系、大陆法系和中国法律关于证据排除规则的代表性条款,阐释其背后的关于证据可采性或资格标准的基本原理。

补充阅读

1. 何家弘、马丽莎:《证据“属性”的学理重述——兼与张保生教授商榷》,载《清华法学》2020 年第 4 期。
2. 郑飞:《证据属性层次论——基于证据规则结构体系的理论反思》,载《法学研究》2021 年第 2 期。
3. 张继成:《事实、命题与证据》,载《中国社会科学》2001 年第 5 期。
4. 张斌:《证据概念的学科分析——法学、哲学、科学的视角》,载《四川大学学报(哲学社会科学版)》2013 年第 1 期。
5. 刘品新:《电子证据的关联性》,载《法学研究》2016 年第 6 期。
6. 张南宁:《科学证据可采性标准的认识论反思与重构》,载《法学研究》2010 年第 1 期。

第五章 CHAPTER FIVE

证据的学理分类

证据分类是证据理论研究的重要方法。一般认为，学术界最早对证据进行分类研究的当推 18 世纪英国法学家边沁，其代表作《司法证据理论》提出了证据分类九法，包括“实物证据和人的证据”“自愿证据和强制证据”“言词证据、宣誓证据和书证”“直接证据和间接证据”“原始证据和传闻证据”等。此后各国学者深化了对证据的分类研究，采用的标准不尽相同。我国学术界习惯于划分“言词证据与实物证据”“原生证据与派生证据”“直接证据与间接证据”“本证与反证”等。〔1〕

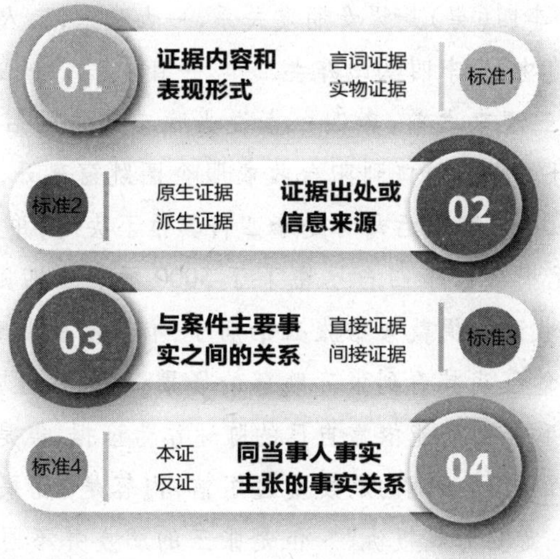

〔1〕 近年来，我国学者讨论过刑事诉讼中“客观性证据与主观性证据”的新分类。这是按照证据内容的稳定性与可靠性程度的不同进行的区分：客观性证据是指“以人以外之物为证据内容载体的证据”，主观性证据是指“以人为证据内容载体的证据”。前者的载体通常是客观之物，虽然也会受到自然之影响，但是在有限的诉讼时限内，在没有人为因素介入的情况下，其外部特征、性状及内容等基本稳定，所包含的证据内容受人的主观意志的影响较小，因而客观性较强；后者需要通过对人的调查来获取其所掌握的证据信息，由于人的认知会随着外部环境和内在动机的变化而发生改变，其特点表现为变动有余而稳定不足。参见樊崇义、李思远：《刑事证据新分类：客观性证据与主观性证据》，载《南华大学学报(社会科学版)》2016 年第 1 期。

第一节 言词证据与实物证据

实物证据所提供的,好比是一张张孤立的、静止的"照片";而言词证据所提供的,则是一幕幕连贯的、生动的"电影"。

张三(女)与李四(男)是男女朋友关系,一天晚上,二人争吵后,张三从三楼跌落,变成植物人,李四从此辞去工作,一直在医院细心照顾,终于等到张三醒来。在张三醒来之前,李四一直说当晚二人争吵后,李四将房门锁上,不让张三离开。张三借口到阳台收衣服企图跳窗离开,随后不慎跌落,摔成重伤。但是,张三醒来后却称是李四将其推下去的,并且还说自己住院后收到的8000元捐款被李四自己留下了5000元。李四则说这完全是误会,并且辩解说,收到的捐款全给张三治病了,有医院的收费单为凭证。本案唯一的证人只能证明其看到张三跌落的场景,却无法证明她究竟是怎么落下去的。张三和李四只能依靠自己的陈述作为证据,但是后来,张三又说她在半夜三点多的时候给她的朋友发过短信,内容是"如果我死了,那一定是李四干的,你一定要为我报仇"。但是张三的朋友并不愿意为此事作证,而李四到电信的营业厅查了张三的话费清单,证实当晚三点多张三没有给任何人发过短信。

当地公安机关经过现场勘验,认为在拍下的现场照片上,看到张三在落地之前砸坏了一楼住户的一个雨棚,而根据雨棚的毁坏程度和毁坏面积,警方判断张三头部朝下坠落的可能性不大。此外,在张三下落的过程中,将二楼住户的金属晾衣架砸弯,而这个弯曲弧度的中心也就是受力点距离阳台的边缘距离只有36厘米,这说明她属于近距离滑下,而不是远距离抛出来的。也就是说,她很有可能是自己从楼上滑落下去的。本案的案件事实厘清，需要把握言词证据与实物证据的特点。

一、言词证据与实物证据的概念

言词证据和实物证据是很多国家在实践中或学理上采用的一种基本的证据分类。不过，各国法律或学者使用的概念并不完全相同。有的称为人证与物证，有的称为证言与证物，有的称为口头证据与实物证据，有的称为主观性证据与客观性证据，还有的称为有形证据和无形证据。在我国，学者多采用言词证据和实物证据的术语。

所谓言词证据，即以人类语言为内容和表现形式的证据，具体包括被害人陈述、犯罪嫌疑人或被告人的口供、被调查人的陈述、证人证言以及民事、行政诉讼当事人陈述等。言词证据的本质是无形的语言陈述。但是，语言陈述作为证据的具体形式可以是口头的，也可以是书面的，还可以是录音、录像甚至网络聊天。根据我国刑事诉讼法的有关规定，证人可以提供书面证词，犯罪嫌疑人、被告人也可以提供书面供词；在有条件的情况下，调查人员还可以使用录音、录像等方法记录证人的证言和犯罪嫌疑人、被告人的口供。这些以书面、录音、录像等方式记录下来的证言与口供仍然属于言词证据。

所谓实物证据，即以实物为内容和表现形式的证据，包括我国三大诉讼法中规定的物证、书证、视听资料等。实物证据是客观存在的有体物品，都是看得见摸得着或者感觉得到的东西，但是具体形式多种多样。实物证据既包括固体物，也包括液体物和气体物；既包括物体本身，也包括物体的痕迹及其模型；既包括文书材料，也包括录音带和录像带等音像材料，还包括通过计算机等设备生成的电子材料。美国学者把实物证据分为两大类：一类是实在证据（real evidence），即案件中实际存在的东西，如犯罪现场的手枪和足迹、犯罪人作案时使用的电话和车辆等；另一类是示意证据（demonstrative evidence），即具有示意或说明功能的实物材料，如现场的绘图、手枪的照片、足迹的模型、汽车的录像等。示意证据虽然不是案件中实际存在的物品，但也是看得见摸得着的东西，因而在本质上也属于实物证据。[2]

---

〔2〕［美］乔恩·R. 华尔兹：《刑事证据大全》，何家弘等译，中国人民公安大学出版社 1993 年版，第 13～14 页。

在实践中,言词证据经常表现为各种讯问、询问活动的笔录,如对犯罪嫌疑人、被告人的讯问笔录,对被害人、证人的询问笔录等。虽然这些讯问、询问笔录也属于言词证据,其内容都是被害人、证人、犯罪嫌疑人、被告人关于案件事实的陈述,但是人们不能把笔录和这些人的陈述混为一谈,因为两者的证明主体、对象、方式和价值并不完全一样。

无论是口头陈述还是书面陈述,证明的主体都是作出陈述的被害人、证人、犯罪嫌疑人或被告人、被调查人,而讯问、询问的证明主体不是作出陈述的被害人、证人、犯罪嫌疑人或被告人、被调查人,而是制作笔录的办案人员。如果在审判中关于讯问、询问笔录的真实性问题产生了争议,或者说出现了所谓的"翻证"或"翻供"现象,那么制作笔录的办案人员就应该出庭作证,证明该笔录的真实性。诚然,被害人、证人、犯罪嫌疑人、被告人、被调查人曾经在讯问、询问笔录上的签字是证明笔录真实性的重要证据,讯问、询问时的录音或录像也是证明陈述真实性的有力证据。无论如何,笔录和陈述仍然不应被等同。

即使是书面陈述,也不能等同于讯问、询问笔录。书面陈述是被害人、证人、犯罪嫌疑人或被告人、被调查人自己书写的,讯问、询问笔录则是办案人员记录的。诚然,被害人、证人、犯罪嫌疑人或被告人、被调查人在特殊情况下也可以委托他人"代笔",但是"代笔"与笔录仍有很大区别。"代笔"是陈述人自主委托的行为,"代笔"的内容也是由陈述人决定的。讯问、询问笔录则不一定是陈述人的自主行为,笔录的内容也不以或者不完全以陈述人的意志为转移,即便陈述人在笔录的后面注明了"属实"并签上了自己的姓名。总之,办案人员制作的讯问、询问笔录不能等同于有关当事人或证人的陈述。

有人认为,与当事人或证人后来的当面陈述相比,讯问、询问笔录是最早记录在案的文字,是证明案件事实的"原始"证据,最为可靠。这种观点值得商榷。严格地说,讯问、询问笔录所直接证明的并不是案件事实,而是某被害人、证人、犯罪嫌疑人或被告人、被调查人曾经作过关于案件事实的陈述。用通俗的话说,询问笔录不能直接证明某被害人、证人看到了什么,只能证明该被害人、证人曾经说过他看到了什么;讯问笔录也不能直接证明某犯罪嫌疑人或被告人、被调查人干了什么,只能证明他曾经说过他干了什么。由此可见,在证明具体案件事实的问题上,讯问、询问笔录应该属于传闻证据。诚然,在证明该证人、犯罪嫌疑人或被告人、被调查人是否曾经作过该陈述的问题上,讯问、询问笔录具有原始证据的性质。

很多学者都把勘验等笔录归入实物证据的范畴,理由是勘验等笔录在形式上通常表现为书面文字材料或照片、绘图、录像等实物,在内容上则是对有关场所、物品、人身、尸体等实物情况的客观记载,而非司法和执法人员的意见或判断。然而,这些理由不足以把勘验等笔录从言词证据中分离出来,因为其他言词证据也可以具有这些特征。例如,证人证言的形式也可以是书面文字材料或录音、录像,而且其内容也是对案件事实的客观记载,并不是证人的意见或判断。因此,人们不能简单地将勘验等笔录都归为实物证据,而应具体分析其内容的性质。勘验等笔录中的文字部分虽然也具有文书的实物形式,但是从内容性质上看,仍然属于言词证据,是勘验人员等用书面形式记录的关于其在勘验等活动中所闻所见之事实的陈述。正因如此,勘验人员在必要时应该出庭,像证人那样用语言证明自己所做笔录的真实性,或者对笔录内容作出必要的解释和说明。至于勘验等笔录中以照相、录像等方式制作的有关物品或痕迹的记录,因为这些记录内容本身不具有言词的性质,所以应该归入实物证据的范畴。

毋庸置疑,大多数笔录都具有证据性质,或者都与证据有密切关系。但是,我国目前的实践过分依赖笔录,形成了“笔录中心”的审理模式。“在这一审理方式下,公诉方通过宣读案卷笔录来主导和控制法庭调查过程,法庭审判成为对案卷笔录的审查和确认程序,不仅各项控方证据的可采性是不受审查的,而且其证明力也被作出了优先选择。”〔3〕笔录的发达是过去司法活动中职权主义和书面证据中心主义的产物。大量使用笔录固然可以提高司法的效率,但是却容易导致司法的偏差以及权力对权利的侵犯。因此,我国的审理模式应该从“笔录中心”向“言词中心”持续移转。

鉴定意见也应当归入言词证据的范畴。诚然,鉴定意见与被害人陈述、证人证言等言词证据有所不同,其内容不是对案件事实的直接或间接感知,而是对案件中专门性问题的意见和判断。但是,这并不能否定鉴定意见的

〔3〕 陈瑞华:《案卷笔录中心主义——对中国刑事审判方式的重新考察》,载《法学研究》2006年第4期。

言词性质。无论从内容还是从形式上看,鉴定意见都具有语言陈述的性质,鉴定意见就是鉴定人以口头或书面陈述的形式对案件中的专门性问题发表的意见或看法。在英美法系国家中,鉴定意见就属于证人证言的一种,称为“专家证言”或“专家意见”。在法庭审判中,鉴定人一般都要出庭陈述其鉴定意见,并接受诉辩双方律师的询问。明确鉴定意见的言词证据属性,有利于提高我国司法实践中鉴定人出庭的比例。

二、划分言词证据与实物证据的标准

虽然言词证据和实物证据是一种得到普遍采用的分类,但是在划分言词证据和实物证据的标准问题上,国内外学者却有不同的观点。第一种观点是“来源说”,即以证据的信息来源作为划分的标准。只要证据中与案件事实有关的信息来源是人,就是言词证据或人证;只要证据中与案件事实有关的信息来源是物,就是实物证据或物证。按照这种标准,记录证人陈述的录音带属于言词证据;而有关物证的鉴定意见和勘验等笔录则属于实物证据。第二种观点是“形式说”,即以证据的形式作为划分的标准。只要证据的形式是言词,就是言词证据;只要证据的形式是实物,就是实物证据。按照这种标准,口头陈述的证言是言词证据,而记录证人证言的录音带或录像带则是实物证据。第三种观点是“内容说”,即以证据的内容作为划分的标准。只要证据的内容是言词,就是言词证据;只要证据的内容是实物,就是实物证据。按照这种标准,记录作案人交谈内容的录音带属于言词证据,而物证类鉴定意见则应属于实物证据。

我们认为,划分言词证据与实物证据,既要考察证据的内容,也要考察证据的形式,而关键是要考察每个证据证明案件事实的实质内容和形式是否具有言词的性质。如果证明案件事实的实质内容和形式是言词,就属于言词证据;如果证明案件事实的实质内容和形式是实物,就属于实物证据。

以视听资料为例,它本身的表现形式是实物,但是用作证据时它可以是实物证据,也可以是言词证据。如果录音带或录像带记录的内容本身就是案件事实,即这些实物就是直接证明案件事实的证据,那么这些录音带和录像带就是实物证据,如绑架分子要求被绑架人家属交付赎金的电话录音、银行营业大厅录下的抢劫犯命令银行职员交出现金或保险柜钥匙的录像。如果录音带或录像带记录的内容本身不是案件事实,而是证明案件事实的其他证据,则要看那个证据是言词还是实物。例如,记录证人证言、被害人陈述的录音带或录像带就是言词证据;记录犯罪嫌疑人或被告人、被调查人口供或陈述的录音带或录像带也是言词证据;但是,如果录像带记录的是犯罪现场上的物体和痕迹,那么就属于实物证据了。

再以书面文字形式的证据为例。假如某一书面材料记录的内容本身就是案件事实,如合同、遗嘱、病历等,那么该书面材料就属于书证,即实物证据;如果某一书面材料记录的内容本身不是案件事实,而是证明案件事实的证言或口供,那么该书面材料就属于言词证据。由此可见,这种划分的标准也可以表述为证明功能究竟是"以人为本"还是"以物为本"。鉴定意见的证明功能必须由人来完成,是"以人为本",故是言词证据;书证的证明不需要由人完成,是"以物为本",故是实物证据。当然,这里所说的"以人为本"是指人的言词,而不是人的身体。例如,在涉嫌伤害案件中,被害人身体上的伤口或肢体组织若被用作证据,便属于实物证据。

三、划分言词证据与实物证据的意义

(一)有利于揭示两类证据的特点

1. 言词证据的特点

(1)言词证据能够系统全面地证明案件事实。言词证据是当事人、证人等对其直接或间接感知的案件事实的陈述,往往能够较为形象生动、详细具体地反映案件事实的过程和结果,甚至包括案件发生的前因后果和来龙去脉。这是言词证据的一个突出优点。

(2)言词证据的证据源不易灭失。言词证据是人的陈述,陈述的内容是其所感知的案件事实。当人直接或间接感知案件事实后,感知到的内容便被输入大脑的记忆神经中枢储存起来。由人的记忆生理规律所决定,记忆的内容往往能够保存相当长的时间,而且感知时刺激越强烈,印象越深刻,记忆的时间就越长。在有些案件中,调查人员在案发后很久才找到证人,但证人仍能较为清晰地讲述案件情况。

(3)言词证据容易受各种主客观因素的影响而出现虚假或失真的情况。从主观方面来看,陈述人与案件的利害关系可能使陈述人故意作出虚假的陈述。刑事诉讼中的被害人、犯罪嫌疑人或被告人、被调查人都与诉讼结果有直接的利害关系,这种利害关系就可能促使他们作出虚假陈述。证人虽然一般与案件没有直接的利害关系,但也会由于个人的认识能力、道德品质或心理倾向而作出失真的陈述,或者因为受到威胁、利诱而不如实陈述。从客观方面来看,言词证据的形成是一个相当复杂的过程,一般要经过感知、记忆、陈述三个阶段,在这三个阶段都可能因各种客观因素的影响而出现失真,使言词证据在反映案件事实时出现偏差。

2. 实物证据的特点

(1)实物证据具有较强的客观性和稳定性。实物证据都是客观存在的物,且往往伴随着案件的发生而形成,不像言词证据那样易受人的主观因素的影响而出现虚假或失真;而且实物证据往往是经司法和执法人员勘验或搜查、扣押而到案的,一经收集保全后,就可以长期保持其原有形态,成为证明案件事实的有力证据。这是实物证据的突出优点。

(2)实物证据本身容易灭失。实物证据是客观存在之物,其存在离不开一定的外界条件,一旦外界条件发生变化,实物证据就可能灭失,再也无法收集;实物证据也会因人为的毁弃而灭失。这是实物证据在司法证明中的弱点。

(3)实物证据与案件事实的关联具有隐蔽性。首先,实物证据一般不能自己表明它与案件事实的联系,需要人们通过辨认、检验、鉴定等方法揭示或解释其证明价值。其次,实物证据与案件事实的联系往往是间接的,需要与其他证据构成证据链条才能完成证明的任务。再次,部分特殊的物证、书证等实物证据甚至被单列为"隐蔽性证据"。所谓隐蔽性证据,是指"不易为案外人察觉而通常只有作案人才可能知晓的案情信息",〔4〕如根据口供在偏僻废弃矿井中找到的被害人尸体。最高人民法院《关于适用〈中华人民共和国刑事诉讼法〉的解释》第141条规定:"根据被告人的供述、指认提取到了隐蔽性很强的物证、书证,且被告人的供述与其他证明犯罪事实发生的证据相互印证,并排除串供、逼供、诱供等可能性的,可以认定被告人有罪。"这体现了对实物证据中隐蔽性证据的特别重视。

〔4〕 秦宗文:《刑事隐蔽性证据规则研究》,载《法学研究》2016年第3期。

(4)实物证据通常对案件事实的证明具有片段性。实物证据一般只能证明案件事实的一个片段、一个情节,而不能像言词证据那样比较全面地反映案件的经过和结果。例如,在入室杀人案件现场的屋门上提取的一枚犯罪嫌疑人手印经过指纹同一认定后,也只能证明某犯罪嫌疑人曾经到过犯罪现场,不能证明该犯罪嫌疑人是否实施了杀人行为;合同诈骗案中当事人提供的合同书经过鉴定确认有涂改的字迹,这只能证明有人涂改合同的事实,但关于这是何人、在何时何种场合下、出于何种目的涂改的案件事实,还需要其他证据来证明。

(二)有利于指导司法人员、执法人员针对不同证据的特点,采用不同的方法收集证据、保全证据、审查证据和运用证据

1. 收集证据。言词证据的基本收集方法是询问、讯问。询问、讯问应当按照法律规定的程序进行,以保证陈述人能够如实陈述,保证证据收集的合法性。虽然言词证据的来源具有相对持久的特点,但是对言词证据的收集也要强调迅速及时,因为人的记忆也会随着时间的推移而逐渐模糊以致淡忘。实物证据的收集主要是通过勘验、搜查、扣押、查封、冻结、调取、当事人提供等方式进行的。采取上述措施收集实物证据,也必须依照法定的程序进行;对实物证据的取得要履行必要的交接手续,如填写扣押物品清单、调取证据清单等。考虑到实物证据具有容易灭失和关联性不明显等特点,人们对实物证据的收集必须迅速及时、深入细致,以保证及时发现和获取各种有证明价值的信息。

2. 保全证据。证据的保全必须根据言词证据与实物证据的不同特点采用不同的方法和手段。言词证据可以用文字、录音、录像等方式加以固定和保全。笔录应当按照规范化的要求制作;笔录和证词、供词等应按要求装订入卷,以防散失;录音带、录像带应注明案别、陈述人、时间等,妥善保管。实物证据的保全应该以不损毁、不变形、不丢失为原则,尤其是要注意分案保管,以防不同案件的证据相互混淆。

3. 审查证据。对言词证据和实物证据的审查,也应各有侧重。由于言词证据具有虚假偏差的弱点,所以司法人员、执法人员对言词证据的审查重点是内容的真实可靠性,例如,陈述人感知的事实是否准确、是否存在影响

陈述人如实陈述的因素、陈述人是否有意作出虚假陈述等。由于实物证据与案件事实的关联具有隐蔽性,所以司法人员、执法人员对实物证据的审查重点是其关联形式和性质,既要查明该实物证据是否来源可靠、出处确切、确与本案有关,也要查明该实物证据与本案有何种关联、能够证明案件中的什么事实等。

4. 运用证据。司法人员、执法人员在运用证据认定案件事实时,应当注意把言词证据与实物证据结合起来,相互印证,扬长避短。言词证据往往能够比较全面地证明案件主要事实,但是容易出现虚假或失真的情况;实物证据具有客观性和稳定性较强的优点,但是往往需要解释和推断。因此,司法人员、执法人员要注意用实物证据印证言词证据,也要注意运用言词证据解释、说明实物证据的证明力。总之,在两种证据的运用中,要综合兼顾,充分发挥各自的优势,克服各自的弱点,利用证据互补,构成案件中完整可靠的证明体系。

第二节　原生证据与派生证据

在美国,有一句广为流传的俗语,叫作"直接来自马嘴"。究其渊源,大概是来自赛马场的赌徒。赌徒们对自己的赛马预测极为自信,因为他们得到了"直接来自马嘴"的信息。

——[美]乔恩·华尔兹

原告某油厂向被告某贸易公司求购毛豆油若干,并依约支付了定金。但由于国际市场上毛豆油价格暴涨,被告在履约期内并没有发货。为维护自身权利,原告诉诸法院,并向法庭提交了购销合同、双方往来函件等证据,遗憾的是这些证据无一例外都是传真件。据此,被告辩解说原告的传真证据均属于派生证据或复制件,属于举证不足。本案的棘手之处在于:这些传真证据究竟是原生证据,还是可以作为认定事实根据的派生证据?这其实反映了原件规则在当今遇到传真技术等信息技术的普遍性难题。

一、原生证据与派生证据的概念

原生证据,是指直接产生于案件事实或直接源于原始出处的证据。所谓直接产生于案件事实,就是说证据是在案件中有关行为或活动的直接作用或影响下形成的;所谓直接源于原始出处,是指证据包含的信息直接源于该信息生成的原始场所和环境。例如,侦查人员在犯罪现场发现并提取的与案件有关联的各种痕迹和物品,在搜查中找到并扣押的作案工具和赃物,直接感知案件事实的证人和当事人作出的陈述等,都属于原生证据。

派生证据,是指在原生证据的基础上经过复制、复印、传转、转述等方式生成的证据。派生证据不是直接产生于案件事实的,也不是直接源于信息原始出处的,而是经过某种中介从原生证据派生出来的。例如,现场痕迹的模型、书证的复印件和影印件、转述他人感知事实的证言等,都属于派生证据。

在我国的证据学理论中,原生证据和原始证据是同义概念;派生证据与复制证据、传转证据或传来证据的含义也基本相同,表述的角度略有不同。但是,派生证据不能与传闻证据混为一谈。严格地说,传闻证据仅指言词证据;而派生证据的范围则比较广泛,不仅涉及言词证据,也涉及实物证据。例如,一个足迹的模型和一个文件的复本都是派生证据,但是不属于传闻证据。

传闻证据是世界各国普遍使用的一个概念,但是不同国家的法律或学者对传闻证据的概念有不同的界定。例如,按照英美法系国家的有关法律规定,无论证言内容是否直接来自案件事实,只要不是在法庭上作出的陈述,就都属于传闻证据。因此,一位目击证人在法庭之外提供的书面证言也属于传闻证据。但是在大陆法系国家,传闻证据的界定主要看证言的内容是自己直接感知的还是从别人那里得知的。按照这种定义,目击证人在法庭之外提供的书面证言就不属于传闻证据。

原生证据和派生证据不完全等于日常所说的"第一手证据"和"第二手证据"。在有些时候,第一手证据的含义和原生证据差不多,第二手证据的含义也略同于派生证据。但是在有些情况下,第一手证据指自己亲自收集来的证据;而第二手证据则指别人代为收集来的证据。在这种情况下,第一手证据可能是原生证据,也可能是派生证据;第二手证据可能是派生证据,也可能是原生证据。例如,办案人员亲自收集来的与案件事实有关的合同复印件属于第一手证据,但却是派生证据。相反,办案人员让有关单位代为提取的合同原件属于第二手证据,但却是原生证据。

二、划分原生证据与派生证据的标准

划分原生证据与派生证据的基本标准是证据的出处或信息的来源,即证据是否直接生成于案件中有关的行为或活动,是否与案件事实之间存在原始性关联,是否直接反映案件中人、物、事的属性或特征。至于证据本身

是否表现为复制的形式,对于区别原生证据和派生证据虽有一定意义,但不是绝对的标准。在有些情况下,证据虽然具有复制品的形式,但却属于原生证据。例如,在诽谤案件中,作案人将手写或打印的诽谤信复印多份广为散发,那些复印的诽谤信虽为复制品,但是属于原生证据,因为那些信都是作案人实施诽谤行为的"原件"。假如司法机关对作案人复印的诽谤信再行复印,得来的复制件才是派生证据。

随着通信技术、计算机技术和网络技术的发展和普及,以及各种电子证据在实践中的产生,划分原生证据和派生证据的标准也遇到了新的问题。例如,传真件、电子邮件、办公文档等作为证据时,应该如何区分原生证据和派生证据呢？从形式上看,传真件显然具有复制的性质,电子邮件、办公文档也很难说属于原件,而且它们的内容和特征也很难保证不被改变。但是在实践中,传真件和电子邮件往往就是作为原件使用的。而且在有些情况下,传统意义上的原件是不存在的。例如,电子邮件可能根本就没有书面形式的原件。因此,在这些领域内区分原生证据和派生证据,也要具体分析证据是否直接生成于案件中有关的行为或活动,是否与案件事实之间存在原始性关联。

基于此,我们曾经倡导采用电子证据的"拟制原件说"——原生电子证据包括但不限于自然意义上的原生证据,它还包括当事人拟制的原生证据。按照这一理论,"原生电子证据"与"派生电子证据"可具体界定如下:前者是指该电子数据本身,或者制作者或发行者意图使其具有同等效力的复本,它不局限于信息首先固定所在的媒介物,而是指对当事人而言具有法律效力和最终完整性的数据,对于任何直接源于该电子数据的打印输出或其他可感知的输出物,只要其能够准确地反映该记录内容,则均可视为原生电子证据;后者则是指通过电子的再录制方法,或者通过其他能正确复制原件的相应技术而产生的复本。〔5〕2020年实施的最高人民法院《关于民事诉讼证据的若干规定》作出了此类规定。〔6〕

---

〔5〕　何家弘主编:《电子证据法研究》,法律出版社2002年版,第47页。

〔6〕　最高人民法院《关于民事诉讼证据的若干规定》第15条第2款规定:"当事人以电子数据作为证据的,应当提供原件。电子数据的制作者制作的与原件一致的副本,或者直接来源于电子数据的打印件或其他可以显示、识别的输出介质,视为电子数据的原件。"

区分原生证据和派生证据还要看具体证据的内容所要证明的案件事实是什么。证明的对象或目的不同,证据的原生或派生属性也会有所不同。例如,某证人在法庭上说,张三在 2021 年 3 月 8 日的晚上对她说他买了一支手枪。如果作证的目的是要证明张三有没有买手枪,那么该证言就是派生证据或传闻证据;如果目的是要证明张三在 2021 年 3 月 8 日晚上有没有对该证人说那句话或者张三那天晚上有没有和该证人在一起,那么该证言就是原生证据了。

综上可见,一份特定的证据可能同时具有双重属性,既是原生证据又是派生证据。例如,复制的诽谤信件在认定诽谤行为时属于原生证据,但是在认定那些信件是由哪个人书写或者由哪台打印机打印的时候,又属于派生证据了,因为它们对书写人或打印机的字迹特征的反映不是原始的,而是通过中介传转的。

三、划分原生证据与派生证据的意义

划分原生证据与派生证据的主要意义在于揭示这两种证据在可靠程度上的差异,从而为各种证据的收集和运用提供理论支持。

影响证据可靠性的因素很多,证据来源是其中重要的一个。原生证据都是伴随案件事实形成的,是案件中某种行为或活动的产物,因而都会以不同方式储存着与案件事实相关的信息。这些信息是查明和证明案件事实的依据。派生证据是在原生证据的基础上通过各种方式传转形成的。在传转过程中,与案件事实有关的信息都会在不同程度上受到损耗或发生变异。传转的次数越多,信息的损失就越多,变异就越大。因此,原生证据较派生证据更为可靠,而传转环节较少的派生证据比传转环节较多的派生证据更为可靠。

明确了原生证据与派生证据在可靠性方面的区别,就为指导司法人员、执法人员正确地收集和运用这两类证据提供了理论依据和原则。俗话说:原生证据是“源”,派生证据是“流”,逆流求源,派生证据常常成为查找原生证据的向导。在实践中,司法人员、执法人员应当尽可能收集和使用原生证据;在不能取得原生证据的情况下,也应当尽可能收集和使用最接近案件事实的派生证据。在英美法系国家的证据法中,有一条主要适用于书面证据的“最佳证据规则”，即要求书证的提供者尽量提供原件，如果提供副本、抄本、影印本等非原始材料，则必须提供充足理由加以说明。这一规则明确规定原始文字材料优先于它的复制品或根据回忆其内容所作的口头陈述。这一规则虽然是英美证据法中的规则，而且限于书面证据，但它所确立的“最佳证据”观念却可以为我国所借鉴。

一般来说，司法人员、执法人员在办案的时候，只要有原生证据，就不要使用派生证据。当然，也不能一概否定派生证据的价值，不能简单地说派生证据都没有用。派生证据在可靠性方面不及原生证据，但是我国法律并未禁止在审判中使用派生证据，而且在实践中派生证据有时也确实可以发挥重要的作用。例如，在有些案件中，原生证据已经灭失或无法找到、无法提取，司法人员、执法人员只能使用派生证据。当然，在这种情况下，司法人员、执法人员应当尽可能提取和使用最接近案件事实的派生证据，即“次佳证据”。换言之，没有“最佳证据”，还可以用“次佳证据”；如果连“次佳证据”也没有，那就只能有什么证据用什么证据了，因为有证据就比没证据强。另外，派生证据是从原生证据派生而来的，那么收集到派生证据后还可以寻根溯源，找到原生证据。在收集到原生证据后，派生证据也并非毫无价值，因为司法人员、执法人员可以对原生证据和派生证据进行互相比对和印证，派生证据还可以增强原生证据的证明力。总之，派生证据也是证据，司法人员、执法人员不应对其视而不见，也不应在发现后未经审查就轻言放弃。

使用原生证据与派生证据证明案件事实都必须认真审查，但侧重点有所不同。如果是原生证据，司法人员、执法人员就要先分析其提供者的情况和提取的过程，看其来源是否可靠。尽管原生证据比派生证据更为可靠，但是司法人员、执法人员也不能忽视对其来源可靠性的认真分析。

司法人员、执法人员对派生证据的审查更为复杂，难度也更大，必须格外慎重。审查的要点在于信息来源和传转方式：第一步，要审查派生证据的原始来源，即该证据内容最初形成的情况和“第一提供者”的情况。例如，某证言内容最初是如何形成的、原始证人是如何感知案件情况的、原始证人是如何将这个情况转告他人的、原始证人的个人情况及其与案件的关系等。第二步，要审查派生证据的形成过程和提供者的情况。例如，某文书是用什么方法复制的,是转述记录还是手工抄录,是原大复印还是放大复印或缩小复印;证人是通过什么方式得知该证言内容的,是通过当面交谈还是侧面旁听,是口头传闻还是书面传闻;证据提供者的个人情况及其与案件的关系等。第三步,要审查派生证据在复制、复印、传抄、转述过程中有无失真和误差。假如派生证据来源可靠,确实与案件事实有联系,而且内容基本属实,也可以作为认定案件事实的根据;假如派生证据没有确切来源,或者无法判明其是否可靠,如纯属道听途说、街谈巷议等,则不得用作定案的根据。

第三节　直接证据与间接证据

有人曾说间接证据就像一个链条,每一个间接证据就是这个链条上的一环。其实不然,因为任何一环断开,整个链条就会断掉。间接证据更像是许多股细绳拧成的绳索。一股绳子或许不能承受重量,但许多股绳子合起来可能就足够结实有力了。

——[英]波洛克

在一起刑事案件中,有人看见布什马特和斯蒂兹走进了一间屋子,而这间屋子只有一个出入口——门。他们进屋后就把门锁上了。站在门外的人听到屋里传出很响的"砰"的一声,然后破门而入,只见布什马特站在倒卧的斯蒂兹身体旁边,后者的前额上有一个正在流血的圆形伤口。布什马特手中拿着一支转轮手枪,弹仓里还有一个打过的仍然很热的弹壳。所有这些对布什马特开枪击中斯蒂兹头部的事实而言,都是间接证据,因为没有人实际上看到了开枪行为。假如布什马特声称,"我没有开枪打斯蒂兹,而且这里也没有发生其他反常的事情",那么他的话将构成直接证据。

一、直接证据与间接证据的概念

根据与案件主要事实之间的关联方式不同,可以把证据划分为直接证据和间接证据。所谓直接证据,就是以直接方式与案件主要事实相关联的证据,即能够直接证明案件主要事实的证据。所谓间接证据,就是以间接方式与案件主要事实相关联的证据,也就是必须与其他证据连接起来才能证明案件主要事实的证据,也称作旁证。[7]

在实践中,常见的直接证据主要有以下几种:第一,当事人的陈述,包括刑事诉讼被害人的陈述,犯罪嫌疑人、被告人、被调查人的供述和辩解以及民事、行政诉讼当事人陈述。由于当事人一般都是案件的直接参与者或经历者,所以其陈述大多能直接证明案件的主要事实,是最常见的直接证据。当然,并非所有当事人的陈述都属于直接证据,只有那些能够单独直接证明案件主要事实的当事人陈述才是直接证据。例如,盗窃案件的被害人在陈述中只讲出了被窃财物的特征和数量等情况,并没有讲出其财物是如何被人盗窃的,那么该陈述就不属于直接证据。第二,能够证明案件主要事实的证人证言。证人证言不一定都是直接证据。如果证人证言能够直接证明案件的主要事实,就属于直接证据。例如,目睹一起抢劫案件发生过程的证人所作的证言,就是直接证据。第三,能够证明案件主要事实的书证。书证是以其记载的内容证明案件事实的,如果其记载的内容能直接证明案件的主要事实,就可以成为直接证据。例如,虐待案件的被害人记有遭受某人虐待经过的日记,共同犯罪案件中犯罪人互相通报作案准备和实施情况的信件等。第四,能够证明案件主要事实的视听资料。在有些情况下,视听资料记载的内容可以反映案件发生的主要过程。例如,银行大厅里安装的监控录像将某人盗窃储户现金的过程记录下来,那么,该录像就可以成为该盗窃案件中的直接证据。

在实践中,间接证据的种类和数量都是非常多的。如果把案件中的证据比作大海上漂浮的冰山,那么直接证据只相当于露出水面的山尖部分,而间接证据则是藏在水下的巨大山体部分。这有两个方面的原因:一方面,案件事实包括的内容非常广泛,案件事实的构成要素也有很多种类。许多证据虽然不能直接证明案件的主要事实,但是可以证明案件的一些相关情节或事实要素,如案件发生的时间、地点,作案人使用的工具、手段,犯罪行为的前因、后果,作案人的目的、动机等。这些证据都属于间接证据。另一方面,案件中的证据也是多种多样的。有些种类的证据可以直接甚至全面地

---

[7] 近年来,国内也有非主流观点认为,"理论上并不存在可以'直接''单独'证明案件主要事实的直接证据。直接证据与间接证据的区分必须另辟蹊径"。参见纪格非:《"直接证据"真的存在吗?对直接证据与间接证据分类标准的再思考》,载《中外法学》2012年第3期。

证明案件的主要事实或基本事实，但是有些种类的证据只能证明案件事实的部分或片段。例如，物证，勘验、检查、辨认、侦查/调查实验等笔录，鉴定意见等证据通常都不能单独直接地证明案件的主要事实，因此一般都属于间接证据。

二、划分直接证据与间接证据的标准

划分直接证据与间接证据的标准是证据与案件主要事实之间的关联方式，或者说证据与案件主要事实之间的证明性质。任何证据都具有关联性，但是关联的方式有所不同。直接证据与案件主要事实的关联是直接的，是没有中间环节的。间接证据与案件主要事实的关联则是间接的，是通过其他证据连接的。任何证据都具有证明功能，但是证明的性质有所不同。直接证据对案件主要事实的证明具有直接性，即可以不依赖于其他证据，“一步到位”地直接证明案件的主要事实。间接证据的证明则具有间接性，即必须与其他证据连接起来，而且往往要以某种推理为中介才能证明案件的主要事实。

间接证据不能单独、直接地证明案件的主要事实，但是可以单独、直接地证明案件事实中的某个情节或片断。换言之，间接证据对案件主要事实的证明具有间接性，但是对于案件事实中某个情节或片段的证明则可能具有直接性。例如，某盗窃案件中的证人说她曾经看见被告人在案件发生前半小时在现场外观望，或者说该被告人曾经向她炫耀一只钻石戒指，而后来经辨认那就是该盗窃案中的赃物。对于有关该被告人案发前曾到过现场的事实或者曾向他人炫耀那只钻石戒指的事实来说，那位证人的证言可以直接证明，既不需要与其他证据连接，也不需要推论作为中间桥梁。但是，这两个事实并不是该盗窃案件中的主要事实，证明这两个事实并不能证明该被告人就是实施该盗窃行为的人。由此可见，区分直接证据和间接证据的关键问题是要明确什么是案件的主要事实。

所谓案件的主要事实，就是对确定案件争议或解决纠纷具有关键意义的事实。在不同种类的诉讼中，案件主要事实亦有所不同。民事案件的主要事实是民事当事人之间争议的民事法律关系发生、变更、消灭的事实；行政诉讼案件的主要事实是行政机关具体行政行为是否存在及是否合法的事实;在刑事诉讼中,案件主要事实则是指犯罪嫌疑人或被告人是否实施了被指控犯罪行为(如杀人、抢劫、盗窃、强奸等)的事实。从某种意义上讲,案件的主要事实不仅包括"何事",也包括"何人",即不仅包括发生了什么案件,也包括主要涉案人的身份。

案情是复杂多样的,证据也是复杂多样的,因此在实践中区分直接证据和间接证据必须具体问题具体分析。以一起"自杀还是他杀"的案件为例:甲经理在乙经理的办公室里中弹身亡。乙经理说他亲眼看见甲经理开枪自杀。乙的这个证言显然属于直接证据,因为它可以直接证明案件的主要事实,即甲经理是自杀。另外,乙经理的秘书说她看见甲和乙一起走进了乙的办公室,然后听见屋里一声枪响,等她和别人一起冲进屋去,看见甲倒在地上,头部有一个流血的伤口,手边有一支手枪,屋子里只有甲乙二人。这位秘书的证言是间接证据,因为它不能直接证明关于甲经理究竟是自杀还是他杀的事实。

该案现场还有不少物证,如死者手边的手枪、死者头部伤口内的子弹头和伤口周围的射击残留物等。经过检验,人们发现那支手枪的枪把上留有甲的手印,而且认定导致甲死亡的那颗子弹就是从这支手枪里射出的,但是它们都不能直接证明甲是自杀还是他杀的事实,因此它们都不是直接证据。不过,射击残留物的情况比较复杂。

根据对伤口周围射击残留物分布形状的检验,物证技术专家推断出枪口到伤口的射击距离在80厘米以上。受胳膊长度的限制,一个人很难在这种射击距离下完成自杀行为,因此可以排除甲开枪自杀的可能性。但是,这个射击残留物并不是直接证据。首先,这个排除自杀的结论不是射击残留物自己"讲"出来的,而是专家通过检验"推断"出来的,因此,该射击残留物对是否自杀的证明也不是直接的,而是通过专家的推断间接完成的。其次,虽然自杀还是他杀是本案中需要证明的主要事实,但是排除自杀并不能直接完成对该主要事实的证明。在这个问题上,肯定和否定具有不完全等同的意义。如果某证据证明甲经理是自杀,那么这个主要事实就得到了直接的证明;如果某证据只是否定了甲经理的自杀,那么这个主要事实还没有得到直接的或完全的证明,因为就该案做出处理的结果来说,还必须证明究竟是谁杀死了甲经理。诚然,该案的现场环境情况和有关人员讲述的情况可以证明甲经理被子弹打死时现场只有乙经理一人,而且没有窗外开枪杀人的可能性,因此开枪打死甲经理的人只能是乙经理。但是,这些情况并非不证自明的事实,也是需要其他证据来证明的。简言之,要想证明甲经理是被乙经理开枪打死的事实,只有射击残留物及其鉴定意见还不够,还必须有其他的证据。

区分直接证据和间接证据的标准是证据与案件主要事实之间的关系,不是证据内容或信息的来源,因此不能将这一分类同原生证据和派生证据的划分混淆起来。仍以上面的案件为例。乙经理的秘书在讲述了进入办公室看到的情况之后又说,听乙经理讲,甲经理是开枪自杀的。她的这段证言就属于直接证据。尽管这个证言的内容不是直接源于案件事实的,该秘书也并没有亲眼看见甲经理开枪自杀,但是,假如其属实的话,该证言的内容仍然可以直接证明案件的主要事实。诚然,该秘书的证言内容很可能不属实,但内容是否属实不是划分直接证据和间接证据的标准。按照上一节讲的内容,该秘书的证言不是原生证据,属于派生证据,但这不是划分直接证据和间接证据所要解决的问题。

再如,该案的侦查人员找到了乙经理的妻子,让她对现场那支手枪进行辨认。她对甲经理死亡之事一无所知,但是她认出那是她丈夫数月前买的手枪。那么,她的证言属于间接证据,因为不能直接证明本案的主要事实;但同时它又属于原生证据,因为就手枪归属的事实而言,她是直接感知的人,其证言内容直接源于案件事实。

三、划分直接证据和间接证据的意义

(一)有利于研究和把握直接证据与间接证据的不同特点

1. 直接证据的特点

(1)直接证据最显著的特点是它对案件主要事实的证明关系是直接的,是无须借助其他证据的。这一特点使直接证据运用起来比较简单便捷,一经查证属实便可用作定案的主要依据。

(2)直接证据的另一个特点是收集和审查比较困难。由于直接证据来源较窄,数量较少,所以在一般案件中收集和提取都比较困难,有时甚至是无法提取的。例如,很多刑事案件都没有目击证人,犯罪行为是谁实施的、是如何实施的,只有犯罪人自己知晓。如果犯罪嫌疑人或被告人拒绝供述,那么侦查人员就没有办法获得直接证据,司法人员也只能依据间接证据认定案件事实了。在审查证据的问题上,由于直接证据大多表现为有关人员的言词证据,容易受主客观因素的影响而出现虚假或失真的现象,所以审查起来也比较复杂,难度较大。在证据的运用中,必须正确认识直接证据的这些特点,既不能盲目轻信,也不能简单否定;只有经过认真审查判断后确认属实的,才能作为定案的根据。

2. 间接证据的特点

(1)证明关系的间接性。间接证据与案件主要事实的证明关系是间接的。任何间接证据都只能从某个侧面证明案件事实的情节或片段,而不能直接证明案件主要事实。间接证据对案件主要事实的证明必须以证明案件的某一事实或情节为基础,然后从这一事实或情节出发,通过其他证据的支持以及相应的推理,才能完成。

(2)证明过程的依赖性。间接证据对案件主要事实的证明有赖于若干间接证据相互组合,形成一个相互依赖、相互连接的证据链条。这条证据链必须环环相扣,如果缺少其中的一环,对案件主要事实的证明便无法实现。换言之,每个间接证据的证明作用都依赖于其他证据。

(3)证明方式的推理性。间接证据对案件主要事实的证明是以推理的方式进行的,或者说是通过推理实现的。由于间接证据不能直接证明案件的主要事实,所以它在案件的证明过程中往往存在一定的空间;而这些证明空间就需要一定的推理来填充,或者以一定的推理作为桥梁,连接事件的原因与结果、行为与动机、现象与本质。这些由推理连接起来的间接证据构成一个完整的证明体系,并排除了其他可能性结论,才能最终证明案件事实。

此外,间接证据还有范围广、种类多、数量大等特点。任何案件的发生都离不开一定的时间、空间,都会在客观世界或有关人员的大脑中留下一定的痕迹或信息。如前所述,在证明案件事实的证据中,只有少数属于直接证据,大多数都属于各种形式各种性质各种作用的间接证据。随着科学技术的发展,以物证为主的间接证据在司法证明活动中的作用和地位将越来越重要。

(二)有利于正确运用直接证据和间接证据

区分直接证据和间接证据的根本目的在于明确前者的证明力或证明价值高于后者,但这并不等于前者的可靠程度也一定高于后者。证据的证明价值或证明力是由该证据与案件主要事实之间的关联形式和性质所决定的。抽象地说,证据价值的高低与其关联的远近成反比。有关联就有价值,无关联则无价值;关联近就价值高,关联远则价值低。因此,直接证据的证明价值高于间接证据的证明价值,与案件主要事实间隔一个环节的间接证据的证明价值高于间隔两个环节的间接证据的证明价值。

然而,上述比较的前提是假定这些证据都是真实可靠的。在可靠性的问题上,直接证据和间接证据之间并没有当然的差异。这就是说,直接证据并不一定就比间接证据更为可靠。例如,在上文讨论的案例中,乙经理关于甲经理系自杀的陈述是直接证据,而射击残留物及其鉴定意见是间接证据,但是这并不意味着前者就比后者可靠。实际上,考虑到人证与物证的差异和案件中的具体情况,乙经理的陈述肯定不如射击残留物及其鉴定意见可靠。

直接证据与间接证据各有特点,在证明过程中的价值和作用也有所不同。在实践中,要善于把两类证据结合起来,发挥各自的优势,克服各自的弱点,使其优势互补,相互印证,构成确实充分的证明体系。

1. 直接证据的运用

直接证据对案件主要事实的证明关系是直接的,一旦收集到直接证据,案件的主要事实便可得到证明。在实践中要重视直接证据的收集和运用,充分发挥其对案件主要事实的直接证明作用,以便迅速、及时地查明案件事实。然而,对于直接证据的运用而言,所要着重解决的问题是如何保证直接证据的真实可靠性。直接证据多表现为言词证据,容易受主客观因素的影响出现虚假或失真现象。司法经验证明,很多错案都是由于直接证据运用上的错误而造成的。因此,对直接证据的运用必须十分慎重,必须对其真实性认真审查,以防出现错误。

为了保证直接证据的真实可靠性达到确实充分的证明要求,在实践中即使掌握了直接证据,也要尽可能地收集间接证据,使直接证据与间接证据相互组合,相互印证、补充,形成完整、严密的证明体系。在既收集到大量间接证据又收集到直接证据的情况下,证据体系的组成一般是以直接证据为主干,以间接证据为补充。作为主干的直接证据的真实性必须得到确认,这是保证证据体系不出现错误的决定性环节。同时要运用大量的间接证据对直接证据进行印证核实,对案件的各事实要素和情节逐一进行证明,最终达到确证的程度。

2. 间接证据的运用

间接证据虽然不能单独直接证明案件的主要事实,只能证明案件的局部事实或个别情节,但它具有范围广、数量多等优点,是实践中不容忽视的一类证据。间接证据的作用主要表现在以下几个方面:

(1)间接证据可用来证明案件的非主要事实及各种情节。在证明活动中,案件主要事实只是案件中需要证明的一系列事实的核心部分。案件主要事实得到证明不等于全案事实都得到证明。司法人员、执法人员不仅要查明和证明案件的主要事实,还要证明案件的其他事实和相关情节。在证明案件各事实要素及各种情节上,间接证据仍有其不可替代的作用。

(2)间接证据是发现和获取直接证据的媒介。由于直接证据数量少,在很多案件中都难以直接获取,往往是先收集到间接证据,再以间接证据为媒介,发现并获取直接证据。间接证据的这一作用在侦查过程中尤为明显,如通过证明某人案发时在场的证言寻找到目击者;通过指印的比对确定犯罪嫌疑人,再通过讯问取得犯罪嫌疑人的供述,等等。

(3)间接证据可以印证直接证据是否真实,增强直接证据的证明效力。直接证据虽然能够直接证明案件的主要事实,但直接证据以言词证据居多,很可能出现虚假或失真,因此需要间接证据的印证或补强。间接证据与直接证据的合理组合,可以构成完整的证明体系。

(4)在无法收集到直接证据的情况下,依据大量的间接证据组成的证明体系也可以认定案件事实。实践经验表明,正确恰当地运用间接证据组合认定案件事实,与依靠直接证据和间接证据的组合一样,同样可以达到确实充分的证明程度。不过,运用间接证据证明案件事实是一个比较复杂的过程,也是实践中运用证据的一个难点。在本书最后一章中,我们将对这个问题进行专门的探讨。

第四节　本证与反证

惟本证与反证，究系两种证据，故反证之提出，必先有本证在。

——陈朴生

这是一起貌似普通的借款纠纷。张三诉称，李四于2020年1月向自己借款10万元，口头约定1年期满即归还。后李四于当年10月归还了5万元，另有5万元未还。现1年期已满，向李四索债未果，遂诉至法院。为此，张三向法庭提交了一份李四签字的“欠条”，上面无抬头（无欠条或借条字样），主要内容为“李四还欠款5万元”，最后有李四的签字及日期。李四则辩称，自己确实向张三借过钱，但不是10万元，而是5万元，已于2020年10月全部归还。李四提出，张三提供的上述“欠条”中的“还”字应读为“还款”的“还”，而不是“还有”的“还”，故实际上不是“欠条”而是“还款条”。当初自己写这张条时没有意识到会发生歧义，没想到现在张三“恶人告状”。本案中的这份书证既是本证也是反证。

一、本证和反证的概念

根据证据对事实主张的证明功能和作用不同，可以把证据分为本证与反证。顾名思义，本证就是本方的证据，反证就是反方的证据。在司法证明活动中，凡是支持一方的事实主张能够成立，证明该主张之事实存在的证据，就是本证；凡是证明一方的事实主张不能成立，证明该主张之事实不存在的证据，就是反证。

在不同的诉讼活动中，本证和反证的表现形式略有不同。例如，刑事诉讼中控方指控被告人有罪或罪重的证据,就是本证;被告人及其辩护人提出的反驳控诉主张的证据,即证明被告人无罪或罪轻的证据,则是反证。在民事诉讼中,双方当事人提出的支持各自事实主张的证据,都属于本证;而反驳对方事实主张的证据,就是反证。在行政诉讼中,由于诉讼争议主要是行政机关的具体行政行为是否合法,所以一般而言,凡是证明具体行政行为合法的证据就属于本证,而证明具体行政行为违法的证据则属于反证。

在有些情况下,同一个证据由于在证明诉辩双方事实主张中所起的作用不同,可以兼有本证和反证的属性。换言之,该证据对这一方的事实主张来说是本证,对另一方的事实主张来说则属于反证。例如,在某一刑事自诉案件中,自诉人指控被告人侵占了他遗忘在某处的手机,构成侵占罪,被侵占的手机是控方的本证;而被告人辩解时提出,手机已使用多年,其价值不够定罪的数额,因而自己的行为不构成犯罪,手机又成为被告人证明自己无罪的反证。又如在某一民事案件中,原告为证明被告借款未还的事实而提出的借据,是支持原告事实主张的本证;而被告则提出该借据是伪造的,并要求对借据进行笔迹鉴定,则该借据连同笔迹鉴定书均可能成为被告反驳原告事实主张的反证。

有些学者把本证与反证的划分局限于民事诉讼,在刑事诉讼中则使用控诉证据与辩护证据、攻击证据与防御证据、有罪证据与无罪证据、有利于被告人的证据与不利于被告人的证据等分类。这几种分类同本证、反证的分类有相似之处,但是其划分的角度和标准又有所不同,划分的意义和侧重也有所不同。综合评判,还是本证与反证的划分方法比较科学,而且可以适用于各种诉讼活动,有利于证据理论的统一,也有利于诉讼制度的改革和发展。

二、划分本证和反证的标准

关于划分本证和反证的标准,主要有四种观点。

第一种观点是“提出说”。持这种观点的人认为,因为本证和反证是就诉讼活动而言的,所以划分的标准应该是提出证据者的诉讼身份。用通俗的话说,就看这证据是哪一方提出来的。无论是刑事诉讼还是民事诉讼,只要起诉一方提出的证据就是本证,只要被告一方提出的证据就是反证。

第二种观点是“有利说”。持这种观点的人认为,划分本证和反证的标准不能单纯地看是哪一方提出的,而应看该证据究竟对哪一方有利。按照我国《刑事诉讼法》第 52 条的规定，审判人员、检察人员、侦查人员必须依照法定程序,收集能够证实犯罪嫌疑人、被告人有罪或者无罪、犯罪情节轻重的各种证据。因此,无论是谁收集或提出来的证据,只要是有利于原告方主张之事实的,就是本证;只要是有利于辩方主张之事实的,就是反证。

第三种观点是“责任说”。持这种观点的人认为,本证和反证的区别在于证明案件事实的功能不同,而证明案件事实的功能与证明责任有密切关系,因此划分本证和反证的标准也应该以证明责任为基础。具体来说,划分本证和反证时不能笼统地谈案件事实主张,而应该具体分析某一案件事实的证明责任。凡是能够证明有证明责任一方主张之案件事实存在的证据就是本证,凡是能够证明该事实不存在的证据就是反证。如果控方负有证明责任,那么证明控方主张之事实存在的证据就是本证,证明其不存在的证据就是反证;如果是辩方负有证明责任,那么证明辩方主张之事实存在的证据就是本证,证明其不存在的证据就是反证。这就是说,本证总是跟着证明责任走的。

第四种观点是“相对说”。持这种观点的人认为,本证和反证是相对而言的。对于控方来说,那些能够证明控方主张之事实存在的证据是本证,那些能够证明控方主张之事实不存在的证据是反证;对于辩方来说,那些能够证明辩方主张之事实存在的证据是本证,那些能够证明辩方主张之事实不存在的证据是反证。这就是说,控方的本证往往就是辩方的反证,而辩方的本证往往又是控方的反证。

以上第一种和第二种观点都过于简单,难以准确地反映复杂多样的案件情况。本证与反证的划分和证据提出者的诉讼身份虽有联系,但不能以此作为划分的标准,不能简单地规定控方提出的证据都是本证,辩方提出的证据都是反证。虽然本证经常是由控方提出的,反证也经常是由辩方提出的,但是例外的情况也很多。例如,民事诉讼中的辩方在未提出反诉的情况下也可以提出自己的事实主张,因而也会提出本证;诉讼第三人也可以提出自己的事实主张,而这个事实主张可能既不同于控方的事实主张,也不同于辩方的事实主张,因此第三人也会提出自己的本证或反证。在行政诉讼中,证明责任经常是由处于被告地位的行政机关承担的,更不能说控方提出的或者对控方有利的证据就是本证;反之就是反证。由此可见,以诉讼身份作为划分本证与反证的标准,容易在实践中出现混乱。

第三种观点和第四种观点在本质上大同小异,但是第四种观点似乎更全面一些。一般来说,案件中诉辩双方所主张的事实都是互相对立的,因此根据事实主张来区分本证和反证可以更好地反映诉辩双方的对立关系,可以更好地分析证据的性质和作用。而且,证据的功能往往具有双重性,即在肯定某一事实主张的同时又可以否定与之对立的另一个事实主张。

在上文讨论过的那起案件中,控方指控乙经理开枪杀死了甲经理。乙经理辩解说他没有开枪杀死甲,甲是开枪自杀的。在这里,控方和辩方所主张的事实是相互对立的,因此证明控方主张之事实为真的证据同时也具有证明辩方主张之事实为假的作用;反之亦然。因此,一个证据完全可以同时既是本证又是反证。例如,辩方提出证据证明甲因负债累累而早有自杀念头,又提出证据证明甲在案件发生前一天从乙的手中借走了那支手枪,并且约好第二天到乙的办公室去还枪。辩方据此证明甲是蓄意自杀,同时要陷害乙。对于辩方主张的自杀事实来说,这些证据是本证;但是对于控方所主张的他杀事实来说,这些证据又是反证。这就是本证与反证的相对性。

三、划分本证和反证的意义

本证与反证的划分,是从证据功能的角度对证据进行的分类。它可以揭示证据在支持或反驳诉辩双方事实主张问题上的不同作用,对于完善我国的举证制度,指导司法人员、执法人员科学地分析证据的作用并恰当地运用不同的证据,具有重要的意义。

第一,将证据划分为本证与反证,有利于调动诉辩双方举证的积极性,增强诉讼的抗辩性。根据举证规则,主张某项事实的一方负有证明责任,有义务对自己的事实主张提出证据加以支持,并应达到法律所要求的证明程度。如果不能提出充分的证据证明自己的事实主张,则要承担败诉的风险。反驳指控的一方,也有权利提出证据,其所提出的反证如经审查属实,法庭应该采纳。诉辩双方积极取证和举证,可以使案件争议的事实在本证与反证的对抗中得到澄清,从而保证司法判决的客观公正。

第二,将证据划分为本证与反证,有利于司法人员、执法人员全面了解诉辩双方的事实主张和证据情况。在诉辩双方积极取证和举证的情况下,证据来源大为拓宽,司法人员、执法人员根据双方提供的本证和反证,可以迅速全面地了解双方的事实主张,并通过对双方证据的审查,及时查明案件的真实情况。这一方面可以做到兼听则明,防止偏听偏信和主观擅断;另一方面也可以提高诉讼的效率。

第三,将证据划分为本证与反证,有利于司法人员、执法人员客观全面地审查评断证据。诉辩双方在诉讼中提出的事实主张具有对抗的性质,双方提出的本证和反证也具有对抗的性质。然而,案件的真相只有一个,反证与本证作为完全对立的证据,也不能同时为真。因此,当对同一事实存在肯定或否定两种证据时,司法人员、执法人员运用反证审查本证,或者通过本证审查反证,容易得出确定的结论。总之,本证与反证之间的这种相互否定、相互对立的性质,有利于查清证据的真伪和事实的真相。

第四,将证据划分为本证与反证,有利于司法人员、执法人员和诉讼各方有效地运用证据。在各种诉讼中,控方一方面要构筑完整的本证证据体系,另一方面也要对对方提出的反证予以反驳。控方通常是事实的主张者,因此应当提供充分的本证,并且达到法定的证明标准。如果控方的证据达不到证明标准,便不能胜诉。因此,控方应当积极取证和举证,用本证对其主张的案件事实要素予以充分的证明。同时,控方对对方提出的反证也应采取积极批驳的态度。

辩方为反驳原告的起诉也要积极取证和举证。由于反驳不是积极地主张某一事实的存在,而是从否定的角度起证明作用,所以法律对反驳没有证明程度的要求。反驳只要查证属实,就可以成立。关于案件中关键事实或情节的反证,有时甚至可以彻底推翻对方的事实主张。因此,辩方要善于针对对方证据链中的薄弱环节收集和使用反证,还要善于发现对方证据中互相矛盾或自相矛盾之处,从而使对方的本证变为对方的反证。当然,在辩方提出己方的事实主张时,也应当提供充分的本证予以支持。

司法人员、执法人员在运用证据时对本证和反证都应重视,都要认真地审查核实。经查证属实,无论是本证还是反证,也无论是哪一方提出的,都应该用作认定案件事实的依据;经审查不属实的,一律不得用作定案的依据。

思考讨论题

1. 勘验、检查、辨认、侦查实验等笔录属于实物证据还是言词证据的范畴?
2. 试述原生证据与派生证据的分类标准与异同。
3. 比较传来证据与传闻证据的区别与联系。
4. 试述直接证据与间接证据的分类标准与异同。
5. 试述反证与反驳性证据的差异。
6. 除本章所述证据的学理分类外,你认为还可以对证据进行哪些类型化处理?

补充阅读

1. 刘万奇:《物证新论》,载《法学研究》1993 年第 2 期。
2. 裴苍龄:《论人证》,载《现代法学》1996 年第 2 期。
3. 周洪波:《诉讼证据种类的区分逻辑》,载《中国法学》2010 年第 6 期。
4. 纪格非:《“直接证据”真的存在吗?对直接证据与间接证据分类标准的再思考》,载《中外法学》2012 年第 3 期。
5. 刘品新:《论电子证据的原件理论》,载《法律科学(西北政法大学学报)》2009 年第 5 期。
6. 李富成:《刑事证据分类新探——兼论静态证据与动态证据》,载《中国刑事法杂志》2013 年第 3 期。

证据的法定形式

我国《刑事诉讼法》第50条第2款规定:“证据包括:(一)物证;(二)书证;(三)证人证言;(四)被害人陈述;(五)犯罪嫌疑人、被告人供述和辩解;(六)鉴定意见;(七)勘验、检查、辨认、侦查实验等笔录;(八)视听资料、电子数据。”我国《民事诉讼法》和《行政诉讼法》中也有类似的规定。据此,一般认为我国证据有八种法定形式。[1]诚然,三大诉讼中证据的法定形式并不完全相同。任一种法定证据形式都是与特定的证据规则相联系的,不同形式的证据应当遵守对应的证据规则。

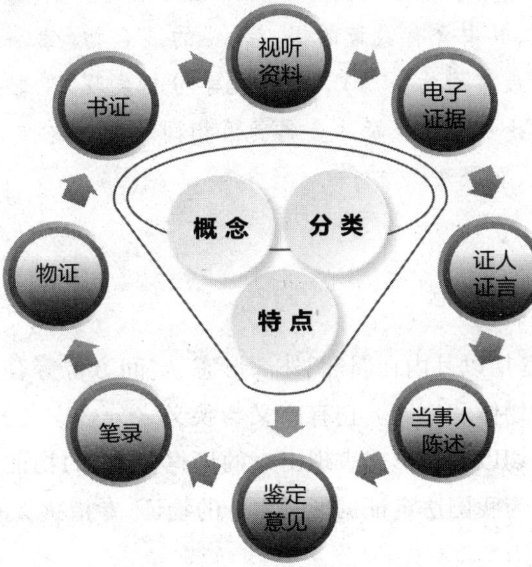

〔1〕 有学者评价,我国证据法定形式/分类制度有四个特点:一是具有某种形式主义倾向;二是构筑了封闭式的分类体系;三是倾向于细致具体的分类方式;四是类别设置有一定独特性。参见龙宗智:《证据分类制度及其改革》,载《法学研究》2005年第5期。

第一节 物 证

物证不怕恫吓。物证不会遗忘。物证不会像人那样受外界影响而情绪激动。物证总是耐心地等待着真正识货的人去发现和提取,然后再接受内行人的检验与评断。这就是物证的性格。

——[美]赫伯特·麦克唐奈

洛卡德是物质转移原理〔2〕的创始人。20世纪初的一天,法国里昂埃德蒙·洛卡德警察技术实验室里押进了一个被怀疑制造金属伪币的家伙。洛卡德用自制的吸尘器对犯罪嫌疑人的衣服进行了细致的检查,在衣服上发现了尘土,其中含有微量的锡、锑、铅的混合物(锡、锑、铅正好是全世界伪造货币者最常用的金属)。通过化学分析发现,犯罪嫌疑人衣服上的这三种金属的比例与所怀疑的金属伪币相同。面对这样的证据,犯罪嫌疑人目瞪口呆,认罪服法。

一、物证的概念

物证,是指以其内在属性、外部形态、空间方位等客观存在的特征证明案件事实的物体和痕迹。它有广义与狭义之分。广义的物证包括书证、视听资料等一切以实物形式表现出来的证据,狭义的物证则不包括书证和视听资料。作为我国法定证据形式之一的物证,专指狭义的物证。

〔2〕 该原理也被称为"物质交换原理",经典表述为"触物留痕"。关于该原理的含义、意义及适用范围等,参见李学军:《物证论——从物证技术学层面及诉讼法学的视角》,中国人民大学出版社2010年版,第57~70页。

物证的证明功能是通过其客观存在的特征实现的，而物证的特征表现在多个方面，包括内在属性、外部形态、空间方位等。所谓内在属性，是指物证的物理属性、化学成分、内部结构、质量功能等特征；所谓外部形态，是指物证的大小、形状、颜色、光泽、图纹等特征；所谓空间方位，是指物证所处的位置、环境、状态、与其他物体的相互关系等特征。在司法活动中，有些物证只能依据一个方面的特征证明案件事实，有些物证则可以同时依据多个方面的特征实现其证明功能。

物证包括物体和痕迹。这里所说的物体，是指由实体性粒子等构成的物质存在形式。在自然界中，实体性粒子是人可直接感知的物质存在形式。此外，物质还可以以电子、光子等形式存在，如电磁波和电磁场。一些视听资料的证明功能就是以电磁波和电磁场等的变化情况为基础的，但是它们不属于本节所讲物证的范畴。在刑事案件中，常见的物体证据包括作案的目的物（如盗窃的赃物）、使用物（如杀人凶器）、遗留物（如作案人遗留在现场的烟头、纽扣）等；在民事案件中，常见的物体证据包括标的物（如继承纠纷案件中的遗产）、使用物（如加工合同纠纷案件中使用的机器）、关联物（如离婚案件中涉及的信函）等。

所谓痕迹，是指一个物体在一定力的作用下在另一个物体的表面留下的自身反映形象。其实，这种形象痕迹也具有物体的性质，因为它总要依附于一定的物体，而且它也是人可直接感知的客观存在的实体。但是，痕迹的证明价值主要不是基于它自身的特征，而是基于它所反映客体的特征。另外，客观世界的物体也可以在人的大脑中留下痕迹，但这种“意识痕迹”不属于本节所讲的物证意义上的痕迹。实践中常见的痕迹物证包括手印、足迹、工具痕迹、枪弹痕迹、车辆痕迹等。

物证是各类案件中常见的证据。从理论上讲，物证存在于每一个案件之中，因为任何案件都发生在一定的物质环境之中，当事人的行为都会对周围的物质环境产生不同形式的影响并留下与案件事实有某种关联的痕迹或物体。例如，在一起入室盗窃案件中，作案人在进入现场、实施盗窃、逃离现场的过程中都有可能留下足迹、手印、工具痕迹、车辆痕迹等物证，而他使用的作案工具和盗窃的物品更是当然的物证。即使作案人在作案后采取毁灭现场痕迹等物证的反侦查措施，但是他在毁灭物证的同时，往往又会留下新的反常痕迹。因此,物证是普遍存在的。调查人员在有些案件中没有发现或提取到物证,并不等于那些案件中就没有物证,只不过是因为技术手段和取证能力等主客观因素的限制而未能发现或提取而已。

二、物证的种类

人们在司法活动中遇到或使用的物证是多种多样的。大到高楼桥梁,小到遗传基因,大千世界的万物都有可能成为案件中的物证。因此,物证是无法列举穷尽的。但是,为了更好地把握物证概念的内涵和外延,可以从不同的角度对其进行细分。

在自然界中,物体的基本形态包括固态、液态和气态;与此相应,物证可以分为固体物证、液体物证和气体物证。固体物证是实践中最常见的物证,几乎存在于各种案件之中。例如,杀人用的刀枪、盗窃用的工具、诈骗的财物、抢劫的车辆、贪污的赃款、受贿的现金等,都是固体形态的物证。液体物证在许多案件中也是多见的证据,如投毒的饮料、纵火的汽油、涂改账目的药水等,都属于液体形态的物证。气体物证在司法活动中虽然比较少见,但是也很重要,例如,可以致人伤亡的毒气、煤气、汽车尾气,以及可以由警犬进行气味识别的气体样本等,都是非常重要的气体物证。将物证划分为固体物证、液体物证和气体物证,有助于准确认识不同物证的特点,以便在司法活动中采用恰当的取证措施。

根据体积和质量大小不同,可以把物证分为巨体物证、常体物证和微体物证。巨体物证指体积较大、不便于直接提取原物并在法庭上出示的物证,如楼房、桥梁、轮船、火车、飞机等。常体物证指体积一般、可以直接提取原物并在法庭上出示的物证,如衣物、钱币、撬棍、手枪、弹壳等;微体物证又称微量物证,指体积微小,人的感官难以直接感知,往往需要借助一定的工具或仪器才能发现和提取的物证,如附着在足迹上的金属粉末、黏附在衣服上的射击残留物、散落在现场的纤维等。这种划分的意义在于明确不同物证的特点,以选择相应的取证方法。

根据检验的科学方法不同,可以把物证分为物理物证、化学物证和生物物证。物理物证即主要以其物理学特征证明案件事实,主要使用物理学方法进行检验的物证,如各种痕迹物证。化学物证即主要以其化学特征证明案件事实,主要使用化学方法进行检验的物证,如与案件有关的各种微体微量的有机物质和无机物质。生物物证即主要以生物学特征证明案件事实,主要使用生物学方法进行检验的物证,包括源于人体、动物体、植物体的指甲、毛发、皮肉、组织、分泌物、排泄物等。由于有的物证往往同时具有物理、化学、生物学等多方面特征,因此这种划分是相对的。

根据证明案件事实所依据的特征不同,可以把物证分为形象特征物证、成分特征物证、习惯特征物证和气味特征物证。形象特征指客体的外表结构、形状形态、图像花纹、颜色光泽等特征,手印、足迹、工具痕迹、枪弹痕迹等物证就属于形象特征物证。成分特征指客体物质成分的种类、含量、结构、排列、比例等方面的特征,血液、精液、毛发、人体组织等可以进行DNA图谱分析的物证就是成分特征物证。习惯特征指客体进行某种运动的习惯方式和特点,如人的书写习惯特征和行走习惯特征等,而反映人的书写习惯特征的笔迹和反映人的行走习惯特征的步法足迹就属于习惯特征物证。气味特征是客体物质所具有的能够刺激人和动物的感官并产生味觉的特征,能够反映人体或物体气味特点的气体和物品就属于气味特征物证。在实践中,有些物证可能同时具有形象特征和习惯特征,有些物证可能同时具有成分特征和气味特征,因此这种划分也是相对的。

三、物证的特点

1. 物证具有较强的客观性。物证是客观存在的物体和痕迹,是以物质的存在形式证明案件事实的,因此,与其他证据相比,特别是与各种人证相比,物证具有较强的客观性。物证中储存着各种各样与案件事实有关的信息,可以为查明和证明案件事实提供重要的依据。虽然物证也可以造假,但是相对来说伪造的难度比较大,所以物证往往比其他证据更为可靠,因而具有较高的证明价值。美国著名物证技术学家赫伯特·麦克唐奈曾经指出:"在审判过程中,被告人会说谎,证人会说谎,辩护律师和检察官会说谎,甚至法官也会说谎。唯有物证不会说谎。"〔3〕

2. 物证一般具有"双联性"。案件事实是由何事、何时、何地、何物、何

---

〔3〕[美]刘易斯:《血痕弹道指纹探奇》,何家弘译,群众出版社1991年版,第1页。

情、何故、何人等基本要素构成的。任何证据都必须与案件事实具有关联性。物证的关联性一般表现为连接两个事实要素的桥梁,一方面连接已知案件事实,另一方面连接未知客体。这就是物证的"双联性"。例如,侦查人员在一起杀人案件的现场发现一个血手印,经过专家鉴定,确认它就是犯罪嫌疑人李某的手印。在该案的证明活动中,这个血手印一方面连接杀人行为,另一方面连接犯罪嫌疑人李某。换言之,要想通过这个血手印认定李某就是杀人凶手,必须完成两个环节的证明:其一,在现场留下这个血手印的人就是杀人凶手;其二,李某就是留下这个血手印的人。在实践中,人们有时忽略了第一个环节的证明,使物证的证明链条出现断缺,结果导致证明错误。

链接　佘祥林故意杀人冤案

在2005年震惊中国的佘祥林冤案中,法院用作定案根据之一的物证是在水塘中提取的装有四个石块的"蛇皮袋"。根据该物证的特征和发现地点,办案人员推断它是作案人沉尸所用,因此确立了该物证与犯罪事实的联系。但是,办案人员未能找到把该物证与嫌疑人联系起来的依据,只好通过佘祥林的口供加以确认。这个关联性不完整的物证就成为导致错判的原因之一。[4]

3. 物证的证明往往具有间接性。物证的双联性决定了物证所反映的案件事实是不完整的片段,是静音状态的画面。正是在这个意义上,有人称物证为"哑巴证据"。物证不会说谎,但也不会说话。物证不能自己直接向法庭证明案件事实,必须与其他证明手段结合起来,因此物证的证明具有间接性。例如,侦查人员在杀人现场发现一把匕首,但是这把匕首本身并不能证明杀人案件的事实,其证明价值需要人的解读。专家通过检验死者身上的伤口和匕首上的附着物质,认定该匕首就是杀人凶器;证人通过辨认,确定这把匕首是犯罪嫌疑人赵某的;于是,这把匕首才发挥了证明案件事实的作用。当然,上述证据还不足以证明赵某就是杀人凶手,因为那把匕首属他所

〔4〕　何家弘:《亡者归来——刑事司法十大误区》,北京大学出版社2014年版,第123~210页。

有,并不等于他就是杀人凶手。要证明赵某就是杀人凶手,还必须有其他证据。由此可见,物证一般都属于间接证据。

4. 物证通常具有不可替代性。物证的证明价值通常都专属于特定的物体和痕迹。例如,侦查人员在某伤害案件的现场提取到一根带有血迹的木棍。在该案中,只有这根木棍具有证明价值,侦查人员不能用其他同类或相似的木棍来代替它。因此,物证通常具有不可替代性。明确物证的这个特点,就必须强调物证的保全。任何物证在现场提取之后,必须按照法律要求的程序和方式进行保管,形成完整的物证保全链条,以确保在法庭上出示的物证,就是在现场提取的物证,就是与案件事实具有某种关联性的物证。

5. 物证的使用往往要借助一定的科学技术手段。物证不能自己到法庭上证明案件事实,其证明价值往往要借助一定的科学技术手段才能实现。一方面,许多物证的发现和提取都需要借助专门的科学技术手段,如潜在手印的显现技术和粉尘足迹的提取技术;另一方面,很多物证中储存的与案件事实有关的信息也需要一定的科学技术检验活动来解读,如血痕和精斑中遗传基因的检验。正因为物证检验的"科技含量"较高,所以物证应该属于"科学证据"的范畴。

第二节 书 证

只有文书要求提供“最佳证据”——文书的原件;对于不含文书的物品,法官不得排除描述该物品的口头证言而要求提供该物品本身。当然,如果一件物品,比如一枚警徽、一支手枪、一枚订婚戒指,或者一块墓碑,上面带有数字或者铭刻有其他内容,将其视为物还是视为文书,则是我们面临的一个问题。

——[美]迈考密克

再审申请人郑华安诉被申请人儋州市政府及原审第三人郑秋美、白马井镇政府土地权属争议行政复议一案。[5] 申请人郑华安向最高人民法院申请再审,理由是:购买案涉土地属实,以白马井镇政府作出的儋马府〔2019〕22 号《关于郑秋美与郑华安土地权属争议处理决定》(以下简称 22 号处理决定)认定事实清楚、应当恢复效力为由申请再审,请求撤销二审判决并提审。最高人民法院经审查认为:最高人民法院《关于行政诉讼证据若干问题的规定》第 63 条规定,证明同一事实的数个证据,其证明效力一般可以按照下列情形分别认定:(1)国家机关以及其他职能部门依职权制作的公文文书优于其他书证……本案中,儋州市政府根据原中国共产党儋县委员会和原儋县人民政府于 1989 年 4 月 6 日联合下发的儋委发(1989)18 号文件,综合儋县白马井地区总体规划等证据,认定 1989 年 4 月之前无儋县白马井镇马口井管理区基层组织建制,并据此认定郑华安证明其权属主张的主要证据,即 1985 年 3 月 20 日出具、加盖儋县马口井管理区公章、编

〔5〕 最高人民法院行政裁定书,(2021)最高法行申 2166 号。

号为 0014498 的收据存在重大瑕疵，不足以作为确认郑华安对案涉土地享有权属的依据。儋州市政府作出儋府复决字〔2019〕7 号《行政复议决定书》，撤销 22 号处理决定，责令白马井镇政府重新作出处理决定，一审法院判决驳回郑华安的诉讼请求，二审法院判决驳回其上诉、维持原判，并无不当。再审申请人主张的再审事由不能成立，不应予以支持。

一、书证的概念

书证，是指以文字、符号、图形等方式记载的内容来证明案件事实的文件或其他物品。广义的书证包括录像、摄像、多媒体图像、计算机存储资料等以记载的内容证明案件事实的视听资料。由于我国法律明确规定视听资料是与书证等并列的证据种类之一，所以本节中讲的书证不包括上述内容。

书证具有书面形式，这是书证在形式上的基本特征。书面形式多种多样，包括手写、打印、印刷的文件、标语、传单、信件和日记，证明身份的各种证件或介绍信，证明学历、资格、婚姻状况等的证书，经济活动中使用的合同、账本、票据，以及各种图形、图表等。书证的载体多为纸张，但也可以是其他物体。例如，在织物、木板、金属、石碑、地面、墙壁上刻画的字迹内容若可以证明案件事实，则也属于书证，因为它们也具有书面形式，而其载体就分别是织物、木板、金属、石碑、地面和墙壁。

以记载的内容来证明案件事实是书证的内容特征，也是书证与物证的主要区别。具有书面形式的材料可能是书证，也可能是物证。如果一份书面材料以其记载的内容证明案件事实，它就是书证，如记载着多次行贿的时间、地点、对象、金额等内容的日记；如果一份书面材料不是以其记载的内容证明案件事实，而是以其内在属性、外部形态、空间方位等客观存在的特征证明案件事实，它就是物证，如在某杀人现场发现一份打印文件，虽然其内容与该案无关，但是经查是由某犯罪嫌疑人专用的电脑打印机制作的，因此其存在的位置和外部形态等特征对案件事实仍然能起一定的证明作用。在该案中，打印文件就属于物证，而不是书证。在有些情况下，一份书面材料可以同时具有书证和物证两种属性。例如，贪污案件中的账本，其记载的内容可以证明贪污手段和金额等案件事实，这是书证的属性；而账本中涂改添加的字迹又可以证明是谁改写的事实,这是物证的属性。又如,某强奸杀人案件的被害人在临死前用血在自己的衣服上写下了案件发生的主要经过及作案人的有关情况,那么这件血衣就同时具有了物证和书证的属性。

书证中记载的内容可以证明诉讼案件中争议或待证的事实,但是书证一般都不是为特定案件的诉讼活动制作的,而是在诉讼活动开始之前制作的,或者是在与诉讼活动没有联系的情况下制作的。这是书证与当事人、证人、鉴定人等诉讼参与人提供的书面证明材料之间的主要区别。当事人陈述、证人证言和鉴定意见也可以是书面形式,其内容也可以证明案件事实,但是它们不属于书证的范畴。在有些案件中,上述书面证言或陈述与书证有很多相似之处,司法人员、执法人员要根据具体书面材料的制作情况来判断其是否属于书证。例如,张三将某件财物赠与李四时写的赠与书就是书证,而张三在诉讼中提供的该财物是他赠与李四的书面材料就是证人证言。

二、书证的种类

根据内容的表现形式不同,可以把书证分为文字书证、符号书证和图形书证。所谓文字书证,就是以文字形式记载与案件有关联之内容的书证。这是最为常见的书证,如信函、传单、合同、账簿、票据等。所谓符号书证,就是以符号形式记载与案件有关联之内容的书证。符号的种类很多,如标记、标识、音符、记号、路标等。有些符号是通用的,常人都可以理解其含义;有些符号是在某个特殊行业或专业领域内使用的,有专门知识的人才能明白其含义;还有些符号是个人之间约定和使用的,外人很难解读。所谓图形书证,就是以图案、图画等形式记载与案件有关联之内容的书证,如侮辱他人的漫画、作案人自制的现场地形图,以及产品说明图、房屋设计图、建设规划图等。有些书证只有一种形式的内容,有些书证可能同时具有两种或三种形式的内容,因此这种划分是相对的。

根据是否由国家机关或公共职能机构依其职权制作,可以把书证分为公文书证和私文书证。公文书证指国家机关或其他公共职能机构在其职权范围内制作的证书、通告、决议、命令等文书,如民政机关制作的结婚证书、公安机关制作的身份证件、房管部门制作的房产证等。私文书证指公民、企业、社会团体等非公共职能主体在社会生活和交往中制作的各种文书,以及国家机关或其他公共职能机构制作的与其职能无关的文书，如私人写的借据、公司签订的合同、国家机关发出的与其职能无关的信函等。由于公文书证是依据有关的法律授权、由享有相应职权的特定工作人员按照法定程序或方式制作的，具有较强的规范性，所以其证明价值一般高于私文书证。[6]

根据形式、格式、制作程序等要件是否必须符合法律的专门规定，可以把书证分为一般书证和特别书证。凡是法律没有就其形式、格式、制作程序等要件做出专门规定的书证，就是一般书证，如公民之间的借据、收条，犯罪嫌疑人写的诽谤文书和往来信函等。特别书证是必须按照法律规定的形式、格式、程序制作的文书，如市场监管部门颁发的营业执照、公安机关制作的行政处罚决定书、民政机关制作的离婚证书以及法律规定必须经过公证或鉴证的合同书等。一般书证的审查要点在于其意思表示是否真实，而特别书证的审查要点则在于其是否具备法律规定的形式要件。

根据内容的性质和功能不同，可以把书证分为处分性书证和记录性书证。如果书证的内容具有处分法律关系的性质并可导致一定的法律后果，或者说制作书证的目的是要设定、变更或消灭一定的法律关系，那么这种书证就属于处分性书证，如公民就个人财产设立的遗嘱书、公司就商务活动签订的合同书、法院就诉讼纠纷做出的判决书等。如果制作书证的目的不是处分某种法律关系，而是记录、描述或报道某种具有法律意义的事实，那么这种书证就属于记录性书证（也称报道性书证），如医疗病历、商业往来的账簿、会议或谈判的纪要等。处分性书证一般能够确定地证明其设立、变更或消灭的法律关系存在与否的事实，而记录性书证对相关事实的证明则具有一定的不确定性或间接性。

---

〔6〕 最高人民法院《关于民事诉讼证据的若干规定》第91、92条分别对公文书证、私文书证的效力作了区隔性规定。其第91条规定："公文书证的制作者根据文书原件制作的载有部分或者全部内容的副本，与正本具有相同的证明力。在国家机关存档的文件，其复制件、副本、节录本经档案部门或者制作原本的机关证明其内容与原本一致的，该复制件、副本、节录本具有与原本相同的证明力。"第92条规定："私文书证的真实性，由主张以私文书证证明案件事实的当事人承担举证责任。私文书证由制作者或者其代理人签名、盖章或捺印的，推定为真实。私文书证上有删除、涂改、增添或者其他形式瑕疵的，人民法院应当综合案件的具体情况判断其证明力。"

根据制作方法和内容来源不同,可以把书证分为原生书证和派生书证。所谓原生书证,就是制作人以书写、描绘、打印等方法直接把相关内容记录到纸张等载体上而形成的书证。这种书证是制作人就文书内容所制作的初始文本,反映的是文书内容的原始状态,因此又称原始书证,包括文书的原件、原本、底本与正本。所谓派生书证,就是制作人在原生书证的基础上以复印、描写、抄录、誊写等方法制作的文书,包括文书的副本、抄本、节录本、复印件、影印件等。区分原生书证和派生书证时不能只看制作的方法,还要看书证内容是否形成于案件发生的过程中。例如,商店售货员用复写纸开具发票的第二联和第三联,虽然是以复写方式制作的,但应属于原生书证。

三、书证的特点

1. 书证可以作为证明待证事实的直接证据。书证作为证明案件事实的依据,具有直接性的特点。如前所述,物证一般不能自己直接证明案件事实,必须与鉴定意见等证据共同证明案件事实,因此物证一般都属于间接证据。书证则不然,书证的内容一般都可以直接证明待证的案件事实。至于具体案件中的书证究竟属于直接证据还是间接证据,则要分析该书证与案件主要事实的关系。由于本书第五章已作详细讨论,故在此不赘。

2. 书证所证明的事实内容一般比较明确。书证的证明价值是通过文字、符号、图形等直观形式来实现的,而且这些文字、符号、图形一般都在一定社会中有通行且固定的含义,因此书证所能证明的事实内容往往是比较明确的。例如,一份房产证中的文字和图形可以明确地说明该房产的特征和所有权关系;一份医疗病历中的文字和符号可以明确地说明该病人的诊断和治疗情况。另外,书证的明确性还表现在书证一般能比较全面也比较详细地证明相关的案件事实。例如,一份合同可以比较全面地解说当事人之间相应的权利义务关系;一本账簿在正常情况下能够比较详细地反映一个公司在一定时期内的经营活动情况。当然,书证的明确性并不等于书证中就没有虚假的内容。

3. 书证具有较强的稳定性。书证的内容一经文字、符号、图形等方式固定下来,就具有了较强的稳定性或固定性,而不像证人证言和当事人陈述等证据那样容易发生变化。即使书证的内容被人以某种方式改变,一般也可以查到改变的蛛丝马迹。而且这些改变的内容在形成之后,也具有稳定性,也可以从另外的角度证明相应的案件事实。因此,稳定性是书证的优点之一。

第三节 视听资料

既然录音磁带是可采纳的,那么雷达接收产生的照片也应是可采纳的,或者更确切地说,任何其他形式的照片都应是可采纳的。如果有人说要将某个摄影师持照相机手工拍摄得来的照片,同旅行装置或定时装置控制照相机拍摄的照片相区分,认为前者具有可采性,后者不具有可采性,那么这种说法无疑是荒唐的。同样,如果天气情况证据同争议事实具有关联性,但法律认为只有通过某个不时察看晴雨表的人才能证实,而不能通过举出气压曲线记录来证实,那么法律就违反了常识……今天的法律应当认可用机器方式替代人力方式的客观现实。

——[英]西蒙

再审申请人陈绍琦与被申请人章杰、孙绍国合伙协议纠纷一案。[7] 陈绍琦申请再审的理由之一是:“二审判决认定陈绍琦、章杰的合伙份额各占40%股份、孙绍国占20%股份,缺乏证据证明。一审判决依据章杰提供的录音证据和录音文字记录,以及章杰提供的证人证言,认定陈绍琦、章杰各占40%的股份、孙绍国占20%的股份,但章杰一审提供的录音证据系经过剪辑,且在一审庭审中未播放,而录音证据的文字记录篡改了通话内容。即使根据章杰提供的不完整的通话录音,也能清楚反映陈绍琦在通话中不认可章杰占40%股份、孙绍国占20%股份。可见,章杰提供的上述证据不能在两审中作为确认合伙人合伙份额的依据。”

对此,安徽省高级人民法院审查认为:章杰在本案中提交了电话录音证

[7] 安徽省高级人民法院民事裁定书,(2020)皖民申3637号。

据,陈绍琦在质证时虽认为视听资料(电话内容)不完整等而应予排除,但根据最高人民法院《关于适用〈中华人民共和国民事诉讼法〉的解释》第106条规定,该录音视听资料,只要当事人不是采用严重损害他人合法权益或违反法律禁止性规定或者严重违背公序良俗的方法形成或者获取,又有证人证言予以佐证,且陈绍琦也没有提供足以反驳的相反证据的,可以作为证据使用,故一审、二审法院确认该视听资料可以作为证据使用,于法有据。从陈绍琦与章杰在视听资料的通话声音来判断应是章杰与陈绍琦(双方均没有否认)的(二次)对话,对话过程中,陈绍琦认可在潘月路工程(涉案工程)上与章杰合伙并收到章杰投资款50万元(其中,陈绍琦提到"你可以录音";最后强调"你投资50万元,我没有出条子,更何况是汇款,就是给现金我也承认"),章杰讲到各占50%股份,事后各让10%股份给孙绍国,孙绍国出资28万元,即章杰、陈绍琦各占40%股份,孙绍国占20%股份,陈绍琦也承认这一事实,该事实也有证人证言予以佐证。

一、视听资料的概念

视听资料是以录音、录像、电子计算机及其他电磁方式记录储存的音像信息证明案件事实的证据。由于此类证据反映的是有关客体的声音特征和形象特征,所以又称音像证据。虽然"视听资料"一词并不能准确地概括此类证据的特征,但是我国的三大诉讼法都采用了这一概念,已属约定俗成。

视听资料属于广义物证的范畴,因为它与其他物证一样,也是客观存在的、能够证明案件事实的物品。不过,它是一种特殊形态的物证,与其他物证有所不同。一般物证都是通过其形状、形态、色泽、颜色、图纹、成分、结构、规格等特征来证明案件事实,而视听资料则主要是通过其记录和储存的与客体的声音和图像有关的信息来证明案件事实的。

视听资料记录的是有关客体的特征,因此也可以看作一种"痕迹",或者以特殊形式记录客体特征的"特征反映体"。所谓特征反映体,是指能以一定方式反映客体特征并能被人感知和认识的实体,如手印、足迹、笔迹、工具痕迹等。视听资料与上述特征反映体不同,它不是以物体接触和微量物质转换的方式记载和反映客体特征的,而是以录音、录像等声、光、电、磁转换的方式记载和反映客体特征的。视听资料所反映的主要是客体的声音特征和形象特征。

如前所述,具有书面文字形式的证据不一定都是书证;同样,具有电磁视听信息形式的证据也不一定都是视听资料,还需要具体分析证据的性质和内容。譬如,在法庭审判中用多媒体方式出示证据时提供的、具有电磁视听信息形式的计算机演示资料不等于视听资料,因为那只是出示证据的方式,本身并不是证据,而视听资料本身就是一种证据。多媒体出示的证据属于哪种法定证据形式,取决于证据本身。如果出示的是物体或痕迹,就属于物证;如果出示的是现场照片,就属于勘验、检查或现场等笔录;如果出示的是证人的陈述,就属于证人证言;如果出示的是被告人的陈述,就属于口供……

二、视听资料的种类

1. 根据记录储存的客体特征不同,可以把视听资料分为声音资料、图像资料和音像混合资料。声音资料是指单独记录客体声音特征的资料,如录音带、电话录音、激光唱盘等;图像资料是指单独记录客体形象特征的资料,如视频监控资料、雷达扫描资料等;音像混合资料是指同时记录客体声音特征和形象特征的资料,如录像带、VCD、DVD 等。这种分类有助于人们准确地把握各种视听资料的证明特点。

2. 根据记录储存客体特征的载体不同,可以把视听资料分为录音证据、录像证据、计算机证据与其他电磁音像证据等。前三种视听资料都好理解,最后一种包括无线电波记载的声音或图像、电子扫描图像、雷达扫描图像、X 光图像等。这是对视听资料的一种基本分类,可以作为建立视听资料归档的依据。

3. 根据制作方式不同,可以分为公开制作的视听资料和秘密制作的视听资料。前者是在被录音或录像者知晓或应该知晓的情况下制作的视听资料,如合同签字仪式上公开拍摄的录像;后者是在被录音或录像者不知晓的情况下制作的视听资料,如一方当事人在另一方当事人不知晓的情况下制作的交谈录音,以及侦查人员运用秘密手段获得的录音、录像、录屏等。但是,有关部门在特定场所面对不特定人设置的摄录仪器所制作的视听资料应该属于公开的视听资料,尽管有些被记录者可能并不知晓他们已经成为被摄录的对象。这种分类可以帮助人们判断视听资料的合法性。一般来说,秘密制作的视听资料在作为证据使用时要受到一定的限制。

4. 根据同案件事实之间的关系,可以分为作为案件事实要素的视听资料和作为案件证明手段的视听资料。前者是说,视听资料本身就是案件事实的构成要素,如音像制品侵权案件中的盗版光盘、贩卖淫秽物品案件中的黄色影碟等。后者是说,视听资料只是证明某些案件事实的手段,如记录某公司制作盗版光盘的照片,记录某人推销黄色影碟的视频文件等。这种分类可以帮助人们准确地认识各种视听资料在案件办理中的性质和作用。

三、视听资料的特点

1. 视听资料属于"高科技证据"。视听资料是科学技术不断发展的产物,它对科学技术手段有很强的依赖性。虽然客体的声音特征和形象特征一般是人们可直接感知的,但是要想把这些信息记录并储存在有形的物质载体上,就必须依靠一定的科学技术手段,如录音、录像、摄像、录屏等。另外,大多数视听资料的证明价值也只有通过一定的科学技术设备才能表现出来。虽然其他许多物证在司法活动中的运用也与科学技术手段有关,但科学技术手段主要是用于对物证的检验。对某类物证进行检验的科技性并不等于该类物证就具有了科技性。例如,对毛发和血液等生物物证进行检验可以采用很先进的科学技术手段,但是这并不等于毛发和血液等生物物证本身就具有了科技性。然而,视听资料本身就具有很高的科技性。正因如此,所以才有人称其为"高科技证据"。

2. 视听资料具有较强的直观性。视听资料可以直观地展示与案件有关客体的声音特征和形象特征,可以生动地再现与案件有关的事件或活动的过程,使人们能够比较真实和全面地认识有关案件事实的情况和有关客体特征的情况。例如,录音证据可以使人像亲耳听到某人的声音,录像证据可以使人像亲身感受到某个场所的情景或某个事件的过程。在描述客体的声音特征和形象特征时,人类语言具有很大的局限性。即使是训练有素的专业人员提供的规范性语言描述也难以把客体的声音特征和形象特征全面准确地表现出来。而视听资料在这方面恰恰有很大的优势,它可以通过生动直观的形式使人产生亲闻其声、亲见其人、亲观其事、亲临其境的感觉,从而强化证据的证明作用。视听资料的直观性也可以表述为形象性或直感性。

3. 视听资料具有便利、高效的特点。视听资料具有体积小,储存信息量大,便于保存、检索、使用等特点。同其他证据相比,它具有明显的便利性和高效性。例如,一盒小小的录像带就可以记录成千上万个画面,而且可以长期保存、反复使用;而利用计算机储存的音像资料在查阅和使用上更是快捷方便,可以有效节约办案人员的工作时间。由此可见,视听资料的使用有利于提高司法机关的办案效率。

第四节　电子证据

如果说在物质世界、能源世界里，人们主要靠所谓的神灵、证人与实在之物以至于“能源证据”来定案的话，那么在信息世界里这些所谓的传统证据肯定退居次席，唯有电子证据才是解决法律纠纷与纷争的制胜武器。换言之，在信息世界里，电子证据当仁不让地成为新的“证据之王”。

这是我国的一起电子证据名案。2003年2月25日11时至13时许，清华大学荷园教工餐厅和北京大学农园食堂内相继发生爆炸，致使9人受到不同程度的身体伤害。同时，两餐厅部分建筑及设施被炸毁，造成财产损失22万余元。“2·25爆炸案”产生了恶劣的社会影响，公安部门成立了专案组全力侦查此案。3月6日，北京大学新闻中心收到一封自称犯罪嫌疑人发来的可疑邮件，该邮件表明了爆炸装置内容、作案目的以及要求有关学生在搜狐网聊天室公开讨论此事的建议。通过技术比对，警方很快认定此邮件就是作案人所发。为此，警方一方面通过技术手段提取了电子邮件、IP地址，并进行物理定位；另一方面安排网警同犯罪嫌疑人进行网络聊天。最终，成功调动作案人黄某并将其抓获。此案提起公诉后，被告人黄某亦认罪服法，法院判决其犯爆炸罪，判处无期徒刑。

一、电子证据的概念

电子证据是现代信息技术的产物。离开了现代通信技术、计算机技术、网络技术以及其他信息技术在现代社会活动中的应用，就谈不上电子证据。学理上，一般将电子证据概括为借助现代信息技术或电子设备形成的一切证据,或者以电子形式表现出来的能够证明案件事实的一切证据;在立法上,我国使用的法律术语是“电子数据”,给出的定义是“案件发生过程中形成的,以数字化形式存储、处理、传输的,能够证明案件事实的数据”。〔8〕

电子证据还被称为电子数据证据,其学术概念有广义、狭义之分。狭义的电子证据仅指数字式证据,即通过信号的离散状态的各种可能组合赋予各种数值或其他信息的方法来承载信息内容的电子证据;广义的电子证据还包括模拟式电子证据,即通过信息中的某些特征的具体数值或量(如电压信号的幅度、降位、频率,脉冲信号的幅度或持续时间等)来记载信息内容的电子证据。虽然模拟式电子证据与数字式电子证据之间存在一些明显差异,但是随着当今信息技术的发展,两者日益融合乃至可以相互转化,因此电子证据广义观日益为更多的人所推崇。

同七种传统证据形式相比,应该说电子证据来源于七种证据,是将各种传统证据部分地剥离出来而泛称的一种新证据形式。例如,在计算机侵入犯罪案件中生成的电子痕迹,就是以电子信息的存在与状况来证明案件事实的物证,同时也是重要的电子证据,准确地说是电子物证。依此类推,书证、视听资料、证人证言、当事人陈述、鉴定意见与勘验检查笔录亦均存在电子形式,相应地可称为电子书证、电子视听资料、电子证人证言、电子当事人陈述、关于电子证据的鉴定意见与电子勘验检查笔录。在我国证据立法过去长时间没有进展的情况下,这种观点一度成为一种相对合理的选择。即便是我国将电子证据单独吸收入法之后,该证据同传统证据的交叉现象依然存在。〔9〕

在21世纪初,一些国家已经将电子证据单列出来专门立法,如加拿大统一州法委员会于1998年颁布了《统一电子证据法》,菲律宾最高法院于2001年制定了《电子证据规则》,美国加利福尼亚州于2009年出台《电子证据开示法》,欧盟自2019年启动《电子证据条例》起草等。我国最早与电子

〔8〕 最高人民法院、最高人民检察院、公安部《关于办理刑事案件收集提取和审查判断电子数据若干问题的规定》第1条第1款。

〔9〕 最高人民法院、最高人民检察院、公安部《关于办理刑事案件收集提取和审查判断电子数据若干问题的规定》第1条第3款规定,“以数字化形式记载的证人证言、被害人陈述以及犯罪嫌疑人、被告人供述和辩解等证据,不属于电子数据。确有必要的,对相关证据的收集、提取、移送、审查,可以参照适用本规定。”

证据有关的立法是2004年通过的《电子签名法》，其中规定："数据电文不得仅因为其是以电子、光学、磁或者类似手段生成、发送、接收或者储存的而被拒绝作为证据使用。"之后，我国《刑事诉讼法》《民事诉讼法》《行政诉讼法》正式确认了"电子数据"这种证据的法律地位。这表明，将电子证据（或者其中一部分）独立出来并构建专门的运用规则，是世界范围内证据立法的一个潮流。

二、电子证据的种类

1. 根据所依存的信息技术不同，可以把电子证据分为电子通信证据、计算机证据、网络证据、大数据证据与其他电子证据。通信的本质是传递信息，人类社会的现代通信技术经历了电报时代、电话时代、多媒体通信时代，相应的电子通信证据主要包括电传资料、传真资料、手机录音证据、手机录像证据、手机摄像证据、手机录屏证据等。从20世纪40年代第一台电子管计算机诞生，到晶体管计算机、集成电路计算机、大规模集成电路计算机等，电子计算机的发展可谓一日千里，它们在人类生产、生活和社会交往诸多领域的运用产生了电子计算机文件证据、计算机输出物与计算机打印物等计算机证据。网络技术是基于计算机技术与通信技术融合的产物，由此出现的网络证据纷繁芜杂，当前使用较多的有电子邮件、电子数据交换、电子聊天记录、电子博客记录、微信记录、电子签名、域名、网页以及网络痕迹等。大数据技术是处理以海量信息特征呈现的大数据材料的各种技术，它带来了基于海量数据凝练而成的规律性认识即大数据分析结果或报告用作证据的问题。[10] 除此之外，广播技术、电视技术、电影技术、录音技术、录像技术、摄像技术、区块链技术、时间戳技术等信息技术也不同程度地丰富了电子证据的种类。这种分类有利于深刻揭示电子证据的特点，将其与传统证据区别开来。

2. 根据形成机制的不同，可以把电子证据分为电子设备生成证据、电子设备存储证据与电子设备混成证据。电子设备生成证据是指完全由电子计算机等设备自动生成的证据。其最大特点是，它是完全基于计算机等设备

〔10〕 刘品新：《论大数据证据》，载《环球法律评论》2019年第1期。

的内部命令运行的,其中没有掺杂人的任何意志。如果把相关的计算机等设备比喻成一个证人的话,那么该证据就是基于该"证人"本身的知情而得出的,因此根本不发生英美法系所说的传闻问题,其可靠性取决于电子设备的性能与运行状况。电子设备存储证据是指纯粹由电子计算机等设备录制人类的信息而得来的证据。在这一过程中,如果把相关的计算机等设备也比喻成一个证人的话,那么此证据就是由该证人"道听途说"而来,故它必须通过英美法系传闻证据规则的检验。对此类证据证明力大小的判断,除了要考虑电子设备的性能与运行状况外,还要考虑录入时是否发生了影响录入准确性的因素。电子设备混成证据是指由电子计算机等设备录制人类的信息后,再根据内部指令自动运行而得来的证据。由于这类证据兼有上述两种证据的性质,因此对其可采性和证明力的判断均要复杂得多。

3. 根据内容和功能的不同,可以把电子证据分为数据电文证据、附属信息证据与系统环境证据。这是受档案学的启发而提出的分类。依照档案学,对于电子文件不仅要保存数据本身,还要保存"元数据",即该文件产生的时间、地点、形成者及形成机构的职能背景、业务活动的经过表述、数据形成及存储方式等。所谓数据电文证据,是指电子数据本身,即记载法律关系产生、变更与消灭的数据,如电子邮件、电子数据交换的正文。所谓附属信息证据,是指对数据电文生成、存储、传递、修改、增删而引起的记录,如电子系统的日志记录、电子文件的属性信息等,它的作用主要在于证明电子数据的真实性,即证明某一电子数据是由哪一计算机系统在何时生成的、由哪一计算机系统在何时存储在何种介质上、由哪一计算机系统或 IP 地址在何时发送的,以及后来又经过哪一计算机系统或 IP 地址发出的指令而进行过修改或增删等。所谓系统环境证据,是指数据电文运行所处的硬件和软件环境,即某一电子数据在生成、存储、传递、修改、增删的过程中所依靠的计算机环境,尤其是硬件或软件名称和版本。这三者所起的证明作用是不一样的。数据电文证据主要用于证明法律关系,它是主体证据;附属信息证据主要用于证明数据电文证据的真实可靠,它像用于证明传统证据保管环节的证据一样,必须构成一个完整的证据链条,表明每一数据电文证据自形成到获取,最后到被提交法庭,每一个环节都是有据可查的;系统环境证据则主要用于在庭审时或鉴定时显示数据电文的证据,以确保该数据电文证据以其原始面目展现在人们的面前。

三、电子证据的特点

1. 电子证据的存储需要借助一定的电子介质或其他数据存储空间。电子证据是以电子形式存储在各种电子介质或其他数据存储空间上的,这与传统证据有很大的不同。如传统书证主要的载体是纸张、布帛及其他可书写物质,传统证人证言主要借助于人的记忆,传统物证主要借助于各种物品、痕迹与物质等,而电子证据则离不开芯片、磁带、软盘、硬盘、光盘、云盘等新型的电子介质或其他数据存储空间。这些新型的介质或空间由于具有很高的技术含量,往往存储的数据量或信息量巨大,且以文本、图形、图像、动画、音频及视频等一种形式或多媒体形式出现。同时,这一特点也使电子证据一旦受到改动或破坏不易被肉眼察觉。

2. 电子证据可以无限地快速传递。一般来说,传统证据只能在物理空间传递,如通过当事人交接、移送的方式进行,这种方式的传递效率显然是低下的。而电子证据本质上主要是一种信息,所以可在虚拟空间传播,如电话、电报可以通过光缆在分秒之间越洋,电子邮件、电子数据交换可以通过因特网瞬间传播扩散到世界的每一个角落。后者的传递速度显然是惊人的,它提高了电子证据的使用效率,同时也对传统的证据转移观念提出了挑战。依照人们习惯的看法,传统物证、书证、视听资料转移后,在原始出处就不存在了;传统证人证言传播开来后虽然在原始出处仍然存在,但往往会发生重大变形,“一传十、十传百”而导致面目全非。而电子证据的传递则不然,不仅在转移后仍在原始出处存在,而且失真的可能性很小甚至没有。从这个角度来说,电子证据的传递实质上属于信息的精确复制。这一特点决定了区分电子证据原件与复制件时必须遵循新思维。

3. 电子证据的解读是间接式的。电子证据的解读肯定离不开计算机及其他电子设备。如果没有专门的电子设备主件,没有相应的播放、检索、显现、打印等设备,那么无论多么形象、真实可靠的内容,都只能停留在各种电子存储介质中,而不能被人们所感知,更不能为法庭所认可和采信。此外,电子证据的感知还离不开特定的系统软件环境。如果软件环境发生变化,则存储在电子介质上的信息可能显现不出来,或者难以正确地显现出来。

这一特点要求人们在收集电子证据的时候,应当同时保存相应的软硬件环境。这一特点决定了电子证据是一种隐蔽性或难以直接判断真实性的证据:一方面,脱离了电子设备和系统环境的电子证据是无法阅读或不可知的;另一方面,借助电子设备和系统环境显示出来的电子证据也很难同存储在电子介质上的信息进行肉眼比对。

4. 电子证据的采用要接受双联性的检验。任何证据均是由信息与载体[11]或者说内容与形式两部分构成的。评断传统证据的关联性通常仅需考虑信息或内容的关联性,而不用专门关注载体或形式的关联性。但对电子证据而言,既要考察信息或内容的关联性,也要考察载体或形式的关联性。从这个角度来说,电子证据的关联性体现为鲜明的双联性。[12]

内容关联性是电子证据的数据信息同案件事实之间的关联性,载体关联性是电子证据的信息载体同当事人或其他诉讼参与人之间的关联性。具体来说,前者影响案件事实存在与否的认定,后者确定电子证据所蕴含的信息同诉讼主体的关联性;前者属于一种经验上的关联性,后者属于一种法律上的关联性;前者等同于对传统证据提出的一致要求,后者体现出对电子证据关联性的特殊要求;前者主要涉及物理空间,即判断电子证据的内容是否对证明物理空间的案件事实产生了实质性影响,后者则主要涉及虚拟空间,即借助电子证据的形式确立虚拟空间的案件事实并搭建两个空间的对应关系。这些内容共同构成了电子证据双联性原理的内涵。

链接 姚晓杰等11人破坏计算机信息系统案[13]

2017年年初,被告人姚晓杰等人接受王某某雇佣,招募多名网络技术人员,在境外成立"暗夜小组"黑客组织。"暗夜小组"从被告人丁虎子等3人处购买大量服务器资源,再利用木马软件操控控制端服务器实施DDoS攻击(黑客通过远程控制服务器或计算机等资源,对目标发动高频服务请求,使目标服务器因来不及处理海量请求而瘫痪)。2017年2~3月,"暗夜

〔11〕 所谓"证据载体",是指那些记载或者证明一定证据事实的证据形式。参见陈瑞华:《刑事证据法学》,北京大学出版社2012年版,第63页。

〔12〕 刘品新:《电子证据的关联性》,载《法学研究》2016年第6期。

〔13〕 最高人民检察院指导性案例检例第69号。

小组”成员三次利用14台控制端服务器下的计算机,持续对某互联网公司云服务器上运营的三家游戏公司的客户端IP进行DDoS攻击。攻击导致三家游戏公司的IP被封堵,出现游戏无法登录、用户频繁掉线、游戏无法正常运行等问题。为恢复云服务器的正常运营,某互联网公司组织人员对服务器进行了抢修并为此支付4万余元。侦查过程中,深圳市检察机关与公安机关多次会商研究“暗夜小组”团伙内部结构、犯罪行为和技术特点等问题,建议公安机关重点做好如下工作:一是查明导致云服务器不能正常运行的原因与“暗夜小组”攻击行为间的关系。具体包括:对被害单位提供的受攻击IP和近20万个攻击源IP作进一步筛查分析,找出主要攻击源的IP地址,并与丁虎子等人出售的控制端服务器IP地址进行比对;查清主要攻击源的波形特征和网络协议,并和丁虎子等人控制的攻击服务器特征进行比对,以确定主要攻击是否来自该控制端服务器;查清攻击时间和云服务器因被攻击无法为三家游戏公司提供正常服务的时间;查清攻击的规模;调取“暗夜小组”实施攻击后给三家游戏公司发的邮件。二是做好犯罪嫌疑人线上身份和线下身份同一性的认定工作,并查清“暗夜小组”各成员在犯罪中的分工、地位和作用。以上两点指向的就是电子证据的载体关联性,以证实三家网络游戏公司客户端不能正常运行系受“暗夜小组”攻击导致。

5. 绝大多数电子证据具有极强的稳定性与安全性。许多学者认为,电子证据具有脆弱性,容易失真且不易被发觉。实则不然。国内外的大量案例表明,极少数电子证据容易被篡改或删除,更多的电子证据则难以被篡改或删除(或者对其的任何篡改、删除痕迹都能够被轻松地通过技术手段捕捉到)。[14] 具体来说,如果某些电子证据(如冲洗出来的数码照片)是孤立存在的,那么对其删改的可能性较大;但是绝大多数电子证据(如计算机系统、网络系统中的电子邮件、文本文件、图片文件等)都是以系统(操作系统、应用系统等)数据的形式存在,对它们造假几乎是不可能的,或者是很容易被发现的。实践中,造假者可能会删除或变造那些简单、看得见的电子证据或痕迹,但不可能完全删除或变造那些看不见的电子证据或痕迹;他可

---

〔14〕 Alan M. Gahtan, *Electronic Evidence*, Thomson Professional Publishing, 1999, p. 7.

能会删除或变造个别电子证据或痕迹,但不可能完全删除或变造案件中大量的乃至全部的电子证据或痕迹。最重要的是,这些“造假”行为绝不会“天衣无缝”。[15]

总之,人们在认识到极少数孤立的电子证据容易失真的同时,更要承认绝大多数电子证据的极强稳定性和安全性。[16] 这一现象反映了认识电子证据真伪时的“两分法”立场。正是从这个意义上讲,当代证据法学领域普遍流行一句名言:“电子证据是新一代的实话血清(注:效力最优的证据)!”

〔15〕 刘品新:《论电子证据的理性真实观》,载《法商研究》2018 年第 4 期。

〔16〕 这里指的是电子证据的实质真实性,与电子证据的形式真实性即鉴真问题有区隔。关于电子证据的鉴真问题及原理,请参见刘品新:《电子证据的鉴真问题:基于快播案的反思》,载《中外法学》2017 年第 1 期。

第五节 证人证言

每个法院都必须依靠证人，证人应当自由地、无所顾虑地作证，这对执法来说是至关重要的。但众所周知，证人可能被指使作伪证——可能会有人威胁证人，如果说出真情就没有好结果——他们会因吐露真情而遭到惩罚。

——[英]丹宁

申请再审人袁燕君与被申请人马德祥、王艳平、袁伟君、李俊生雇员受害责任纠纷一案。[17] 袁燕君申请再审的理由之一是："本案证人证言系伪造，不能作为证据使用。1. 关于本案证人张春旺、赵爱明分别于2011年12月3日、2011年12月20日提供的证明两份，此二人在2010年12月24日凌晨1时并不在现场，他们所做证言是虚假的。2. 关于杨云龙于2011年4月8日做的证言，申请再审人在本案一审开庭多次向法庭强调，在出事当天确实雇用了杨云龙的车，但是并没有说杨云龙所作的证言内容。3. 关于马满槽、马纪元、刘天贵分别于2011年4月4日、2011年4月1日、2011年4月3日所作三份证明，上述3人不仅是原审原告的亲戚，与原审原告有利害关系，而且他们做的证言内容是不符合常理的、虚假的。同时，也没有其他证据佐证。4. 关于马白则的当庭证言，马白则是原审原告的亲戚，2010年12月24日凌晨不在现场，其证言不可采信。5. 关于死者王文飞的父亲王润付2011年8月15日证词，王文飞是肇事车辆的司机，也是车的所有人，对马锋的死亡有不可推卸的责任。作为王文飞的父亲，其作出不利于申请

〔17〕 山西省高级人民法院民事裁定书，(2016)晋民申273号。

再审人的证言,其真实性在没有其他证据印证的情况下不能作为证据使用。证人证言作为证据必须具有客观真实性、合法性、关联性。任何猜测性、评论性、推断性的语言,均不能作为证据使用。"

对此,山西省高级人民法院经审查认为:本案中各方争议的焦点是2010年12月24日凌晨,袁燕君的车拉煤回来后,袁燕君是否指派马锋去其弟弟袁伟君的晋A77409、晋AC465挂号大货车上随车拉煤,袁燕君应否承担雇主责任。一审、二审充分调查取证结合证人证言,并根据生活常理做出判断,马锋受雇于袁燕君,年仅20岁。2010年12月24日凌晨1点多马锋与袁燕君随车拉煤回来,袁伟君与袁燕君系兄弟,袁伟君生病不能出车,袁燕君关于马锋随车去玩的说法不合生活常规,证人马满槽、马纪元、刘天贵、马白则、杨云龙、王润付的证人证言也均证实马锋是由其雇主袁燕君指派到其弟袁伟君车上随车送煤,故一、二审认定雇员马锋肇事当天乘车跟随运输是为其雇主袁燕君从事雇佣活动并无不当。雇员在从事雇佣活动中遭受人身损害,雇主应当承担赔偿责任。

一、证人证言的概念

证人证言是指证人就自己所知道的案件事实情况向司法机关所作的陈述。广义的证人指一切向司法机关陈述与案件有关之情况的人,包括诉讼当事人、鉴定人、勘验检查人员和见证人等;狭义的证人则特指了解案件事实情况的第三人。英美法系国家多采用广义的证人概念,大陆法系国家和我国采用狭义的证人概念。本节所说的证人属于狭义的证人。

证人证言有口头和书面两种形式。口头证言即证人以口头叙述的方式向司法机关提供的证言。书面证言即证人以书面陈述的方式向司法机关提供的证言。书面证言一般都应当由证人自己书写。关于证人在法庭审判之前对侦查、监察、检察、审判人员和辩护人作证所形成的证言笔录,我国有学者认为其属于书面证言。[18] 我们认为,这一理解是有失偏颇的,因为这些笔录仍然是"证人以口头叙述的方式向司法机关提供的证言",特别是侦

---

〔18〕 龙宗智:《论书面证言及其运用》,载《中国法学》2008年第4期。

查、监察、检察、审判人员和辩护人在询问证人时辅助采取录音、录像、录屏方式的情况下。记录证人陈述的录音、录像、录屏不属于视听资料，而是证人证言。

证人资格是证人证言的基本构成要件之一。依据我国法律的有关规定，证人资格包括两个方面：第一，证人必须是了解案件情况的人。这是证人的基本特征，不了解案件情况的人不能成为证人。第二，证人必须是能够辨别是非、正确表达意思的人。我国现行法律明确规定：生理上、精神上有缺陷或者年幼，不能辨别是非、不能正确表达的人，不能作证人。[19]

这一规定包含两个条件：一是生理上、精神上有缺陷或者年幼；二是不能辨别是非、不能正确表达。这两个条件必须同时存在。对那些虽然生理上、精神上有缺陷或者年幼，但仍能辨别是非、正确表达的人，法律并不禁止他们作证。例如，盲人可以提供关于耳闻事实的证言；聋哑人可以提供目睹事实的证言；间歇性精神病患者在神智正常期间也可以提供证言；年幼的儿童若对某些事实具备了辨识能力并能正确表达，也可以提供证言。

证人必须是自然人。单位不属于证人的范畴，因为它们不具备证人资格。诚然，自然人可以代表单位提供自己直接感知案件事实的证言，但是在这种情况下，作为证人的是单位的代表，不是单位。如果以单位的名义出具证明文件，那么，这些证明文件属于书证，不属于书面证言。值得特别说明的是，实践中有的单位员工出具书面材料或接受询问时给出的是猜测性、评论性、推断性的说法，对此应当限制作为有效的证人证言使用，该员工的证人身份亦值得商榷。

二、证人的种类

1. 根据证人的身份、职业等情况，可以把证人分为普通证人和特殊证人。所谓特殊证人，即因为身份或职业特殊而需要享受特殊待遇或适用特殊规定的证人。这主要有两种情况：一种是特殊身份的证人，例如，有些国家的法律规定国家元首或者政府首脑属于特殊证人，可以享受出庭豁免权，或者可以用特殊方式提供证言；另一种是特殊职业的证人，如律师、医生、心

---

〔19〕《刑事诉讼法》第 62 条第 2 款。《民事诉讼法》第 75 条第 2 款也有类似规定。

理咨询人员、神职人员等,有些国家的法律对这些人的作证问题适用特殊规定。这种分类主要是证据规则建设中应当考虑的问题。

2. 根据证人的身体健康状况,可以把证人分为健康证人和残障证人。在此,健康与残障是针对作证而言的,不是一般意义上的健康与否。所谓健康证人,即没有影响其正常作证的生理、心理缺陷或疾患的证人。所谓残障证人,即有影响其正常作证的生理、心理缺陷或疾患的证人。常见的残障证人包括聋哑人、盲人、智力障碍者、精神病人等。这种分类的主要作用在于明确对不同证人应该采取不同的询问方法。

3. 根据证人与案件或诉讼当事人的关系,可以把证人分为关系证人和无关证人。所谓关系证人,即与案件有某种利害关系或者与当事人有某种亲友关系的证人,如刑事案件中被害人或被告人的亲友。所谓无关证人,即与案件没有利害关系、与当事人也没有亲友关系的证人。这种分类有助于司法人员、执法人员对不同证人证言的审查判断。

4. 根据证人本身有无罪错或犯罪嫌疑,可以把证人分为清白证人和"污点"证人。所谓清白证人,指本身没有罪错也没有违法嫌疑的证人。所谓"污点"证人,指本身有罪错或违法嫌疑的证人,即本身也有污点的证人,如犯罪团伙的一般成员、有一般违法行为或轻微犯罪行为的人等。这是有些国家和地区在刑事案件中使用的一种证人分类。这种分类有助于司法人员、执法人员对不同证人的使用和保护。

5. 根据证人了解案件事实的信息来源或途径不同,可以把证人分为目击证人和传闻证人。所谓目击证人,即自己直接或亲身感知案件事实的证人;所谓传闻证人,即通过他人的陈述了解案件事实的证人。目击证人是一种"代称",因为直接或亲身感知案件事实的途径不只"目击",还可以通过"耳击""鼻击""舌击""触击"等。

三、证人证言的特点

1. 证人证言具有较强的主观性。与物证、书证相比,证人证言具有较强的主观性,即比较容易受人的主观因素的影响。证人证言的形成过程包括感知、记忆、表述三个阶段。在这三个阶段中,证人的主观因素都会对证言的内容产生一定的影响。这表现在两个方面:其一,证人在具体案件中的主观倾向会影响证言的内容，甚至使其故意提供虚假的证言；其二，证人的主观能力会影响证言的内容，使其形成某种认知误差，包括感知误差、记忆误差和表述误差。明确证人证言的这个特点，有助于司法人员、执法人员对证言真实可靠性的评断。

2. 证人证言容易发生变化。证人证言的另一个特点是变化性或不稳定性。这主要是由证人的记忆能力和机理所决定的。证人在感知了特定案件事实之后，有关信号便经过一定的分类组合，以暂时神经联系的方式储存在大脑皮层的神经元内。这些储存的感知信号并非一成不变，随着时间的推移，这些信号会淡化、模糊，甚至完全消失。在其他感知信号的干扰下，原来的信号也会发生变异。于是，证人证言的内容就出现了变化，甚至被彻底地遗忘。理解证人证言的变化性，可以更科学地认识证言的证明功能，可以更准确地把握证言的证明价值。

第六节　当事人陈述

被告人是一个理性的、负责的主体。如果刑事诉讼程序被作为这样一种程序来对待,而不是仅仅将它作为一个获得有关事实方面的正确裁决的工具来对待的话;那么,被告人就应当享有听证的机会,并被允许发表他自己的意见,否则,法庭就没有承认他作为一个理性参加者的诉讼地位。简言之,被告人既应当享有权利,也应当承担义务。其义务应当包括提供证据和接受交叉询问等内容。

——[美]格林

再审申请人熊作亚与被申请人高禄、汪丽萍及一审第三人叁叁公司、谭永富不当得利纠纷一案。[20] 熊作亚申请再审的理由之一是:"高禄、谭永富、叁叁公司的陈述违背诚实信用和禁反言原则,均不能作为定案依据。(1)高禄先称代谭永富收款,后改称代叁叁公司收款,对款项用途的陈述也前后不一,但均未提供证据证明。高禄与谭永富恶意串通,既不配合法院通知谭永富出面解决纠纷,本人也不参与庭审以拖延诉讼,从而使谭永富起诉熊作亚的案件生效。随后谭永富将债权转让,由第三人申请强制执行完毕,严重损害熊作亚的合法权益。(2)谭永富在本案中的陈述与此前在关联案件中的陈述相互矛盾。本案中,谭永富先称案涉款项系叁叁公司委托高禄收取、用于支付购房款,后却称其中100万元用于支付叁叁公司对外借款的利息。"

四川省高级人民法院经审查认为:经查阅(2016)川民终503号、

〔20〕　四川省高级人民法院民事裁定书,(2020)川民申5035号。

(2017)川0105民初7969号、(2018)川01民终6415号等关联案件庭审笔录以及本案诉讼历次庭审笔录,各方当事人就案涉款项的陈述均前后不一、相互矛盾:叁叁公司、谭永富在(2016)川民终503号案件中否认收到案涉200万元,但在本案诉讼中却表示应由叁叁公司承担责任,在前案中的陈述仅是技巧性抗辩。熊作亚在(2016)川民终503号案件中举示案涉款项以证明其与谭永富个人之间存在经济往来,主张"向谭永富转款603.7万元",但在谭永富提起的不当得利纠纷一案中却称双方无经济往来,就案涉款项不主张抵销;在本案诉讼中又称与谭永富存在经济往来,案涉款项本来是准备转给谭永富的,但"转错了,随便输的号码就转给了高禄""为什么转到高禄的卡上,记不清楚了",但对如何取得高禄账号一事始终语焉不详。可见各方当事人在不同案件中出于自身利益考虑,陈述反复矛盾,可信度均不高,因此不能仅凭当事人陈述判断案涉款项性质。

一、民事、行政诉讼当事人陈述

(一)民事、行政诉讼当事人陈述的概念

当事人陈述是证据的法定表现形式之一,这在《民事诉讼法》和《行政诉讼法》中均有明文规定。刑事诉讼有自身的特点,不宜对当事人陈述作出笼统的规定。故《刑事诉讼法》分别就"被害人陈述"和"犯罪嫌疑人、被告人供述和辩解"作了规定。所以,狭义的当事人陈述仅指民事诉讼、行政诉讼中以该术语表达的证据形式,而不包括刑事诉讼中的"被害人陈述"和"犯罪嫌疑人、被告人供述和辩解";广义的当事人陈述则包括刑事诉讼中的"被害人陈述"和"犯罪嫌疑人、被告人供述和辩解"。

民事、行政诉讼当事人陈述是指在民事、行政诉讼中,原告、被告等当事人就自己所知道的案件事实情况向司法机关所作的陈词与叙述。在实践中,当事人所作陈述往往不仅涉及对案件事实的认识,还包括所发表的对案件处理的意见,如诉讼请求、抗辩请求、各种程序上的申请以及诉讼中发表的关于事实认定、证据采用、法律适用的意见等。前者是由原告、被告和第三人基于其对案件事实的感知和认识所发表的,反映了案件事实的全部或部分面貌,具有证明案件事实的价值,因此也被精准地概括为"作为证据的

当事人陈述";[21]后者均属于法律层面的问题,而不属于事实层面的问题,故不能作为认定案件事实的根据,不能归入证据意义上的民事、行政诉讼当事人陈述的范畴。

至于当事人陈述是否该限定于诉讼过程中,我国法律未予明确,学界则有不同理解。有学者主张当事人在案件发生过程中、诉讼开始前,或者在诉讼开始后但不在法庭上所作的陈述也属于当事人陈述,尽管系一种非正式陈述。例如,在一起交通事故发生后,汽车司机承认其在错误的一边行车道上行驶,而且没有发出适当的信号。在诉讼过程中,对方当事人或者听到该陈述的证人,便可引用这段陈述作为证明司机所述事实的证据。[22]有人主张,当事人陈述是在诉讼过程中由诉讼主体以书面或言词的形式,向法院所作出的陈述。当事人陈述在性质上属于诉讼行为的范畴,而任何诉讼行为都必须向法院作出才能产生效力。所以,当事人不在审判者面前或者不是指向审判者所作的陈述,即使可能与案件事实有关从而可能形成其他类型的证据,但不构成"当事人陈述"。比如,当事人相互之间在诉讼过程中的书面或口头交涉,其中的内容如果与案件事实有关,那也只能以书证或其他证据形式提供给人民法院,而不属于当事人陈述。[23]我们赞同后一种看法。

(二)民事、行政诉讼当事人陈述的种类

1. 根据陈述倾向性的不同,可以将其分为确认性陈述、否认性陈述与承认性陈述。前两种均属于利己的陈述,第三种属于利他的陈述。所谓确认性陈述,是指当事人对案件事实作出的、旨在宣示某一事实主张或说明某种事实过程的一种主动性陈述;否认性陈述是指一方当事人对另一方当事人作出的不利于他的事实陈述的一种反应性陈述,具有被动性的特点;承认性陈述则是一方当事人对另一方当事人所提出的对他不利的事实陈述表示认同或者不加争执,通常被称为事实自认或当事人承认。例如,原告提出被告曾经向他借款10万元的事实主张,并且描述了借款的过程及其他情境,这

---

〔21〕 王亚新、陈杭平:《论作为证据的当事人陈述》,载《政法论坛》2006年第6期。

〔22〕 江伟主编:《证据法学》,法律出版社1999年版,第476页。

〔23〕 何家弘主编:《新编证据法学》,法律出版社2000年版,第137页。

里的“提出”及“描述”部分，皆属确认性陈述。被告答辩说确实借过10万元，不过已经归还了5万元，实际上只欠5万元，对此原告予以否认，说没有还款这回事。这里就至少存在三种当事人陈述，被告的“确实借过10万元”说法属于承认性陈述，被告的“已经归还了5万元”说法属于确认性陈述，原告的“否认收到过还钱”说法属于否认性陈述。由此可见，判断一项陈述是确认性陈述、否认性陈述还是承认性陈述，关键看其内容对陈述者来说是肯定的还是否定的，以及是主动的还是被动的，而与当事人的诉讼地位是原告、被告还是第三人无关。总体来看，这种分类有助于司法者对当事人陈述分门别类进行审查判断。

2. 根据陈述形式的不同，可以将其分为书面陈述和口头陈述。书面陈述是指由当事人将有关案件的事实情况，以文字等书面方式记载下来，递交司法机关的陈述。例如，原告在起诉状中，或被告在答辩中，对案件事实进行的叙述。口头陈述则是指由当事人就有关案件的事实情况，采用言词方式所进行的陈述。例如，司法人员、执法人员找当事人调查询问，当事人到庭参加诉讼，陈述有关案件事实，一般都采用言词方式。比较而言，口头陈述更为朴实，更容易见真情。这说明了为什么要推行直接言词原则，要求开庭审理时通知当事人到庭亲自陈述事实。

3. 根据陈述主体的不同，可以将其分为原告陈述、被告陈述、第三人陈述、共同诉讼人陈述与诉讼代表人陈述。当事人是诉讼主体，他们的诉讼活动对于诉讼程序的发生、变更或消灭有重大的影响。但诉讼角色不同，同案件结果的利害关系也不同。这对于判断各种陈述的真假有重要参考价值。

（三）民事、行政诉讼当事人陈述的特点

1. 民事、行政诉讼当事人陈述具有双重性。当事人是发生争议的实体法律关系的主体，与案件的解决结果有直接的利害关系。一方面，它是实体法律关系的直接参与者，对于法律关系的产生、发展、演变及发生的争议，较任何其他诉讼参与者如证人、鉴定人、勘验人员等，都更加了解，不仅全面而且深刻。故当事人陈述比任何其他证据形式都更能够反映案件的全面情况，更有助于诉讼目标之实现。但是，另一方面又不能不看到，由当事人陈述的证据主体所决定，当事人陈述的证据内容通常难以确保真实性、客观性

和全面性,而是往往在真实的陈述中掺入虚假的成分,并始终带着有利于陈述者的主观性和片面性。

同其他的证据形式相比较,当事人陈述的这一特点是显而易见的。对于当事人的陈述,审判者既应充分重视,又不能轻易相信,而需要同案件中出现的其他证据相互佐证、去伪存真,从而辩证地发挥其证明案件事实真实情况的作用。正是基于这一点,我国《民事诉讼法》第 78 条第 1 款规定:“人民法院对当事人的陈述,应当结合本案的其他证据,审查确定能否作为认定事实的根据。”

2. 民事、行政诉讼当事人陈述具有事后性。如前所述,当事人陈述应该限定于诉讼过程中。这是因为当事人陈述在性质上属于诉讼行为的范畴,而任何诉讼行为最终都必须向法院作出才能产生效力。故当事人不在审判者面前或者不是指向审判者所作的陈述,即使可能与案件事实有关而形成其他类型的证据,也不构成“当事人陈述”。比如,当事人相互之间在诉讼过程中的书面或口头交涉,其中的内容如果与案件事实有关,那也只能以书证或其他证据形式提供给法院,而不属于当事人陈述。同书证、物证和视听资料相比,当事人陈述在形成时间上具有事后性的特点。

二、刑事诉讼被害人陈述

(一)被害人陈述的概念

被害人陈述是指刑事案件的被害人就自己所知道的案件情况向公安司法机关所作的陈述。被害人陈述在内容、形式、功能等方面都与证人证言有相似之处,但由于被害人在刑事诉讼中具有特殊的身份和地位,所以我国法律将被害人陈述单独规定为证据形式的一种。

被害人即刑事诉讼被害人,指合法权益直接遭受犯罪行为侵害的人。这里所说的合法权益包括人身权利、财产权利、民主权利,以及受到法律保护的相关利益。只有合法权益直接受到犯罪行为侵害的人才是被害人,间接受到侵害的人不属于被害人的范畴。例如,杀人案件中死者亲属的合法权益当然也受到了犯罪行为的侵害,但这种侵害是间接的,因此他们不属于被害人。被害人一般为自然人,特殊情况下也可以是法人等单位。

被害人在刑事诉讼中的身份可以有三种表现形式,即公诉案件中的被害人、自诉案件中的自诉人、附带民事诉讼中的原告。然而,无论在公诉案件中还是在自诉案件中,无论被害人在诉讼活动中是否以自诉人或附带民事诉讼原告的身份出现,其陈述都属于被害人陈述。在诉讼活动中,被害人既有陈述案件情况的权利,也有提出诉讼请求的权利,但是只有就案件情况所作的陈述,才属于证据意义上的被害人陈述。

被害人陈述多采用口头陈述的方式,但也可以采用书面陈述的方式。对于被害人的口头陈述,公安司法机关应当制作笔录,或者用录音、录像、录屏的方式记录。书面陈述一般都应当由被害人亲笔书写。被害人不具备书写能力的,应当提供口头陈述。只有在被害人不具备书写能力,而且确实无法或不适宜口头陈述的特殊情况下,才可以由他人代笔。

(二)被害人的种类

1. 根据年龄不同,可以把被害人分为未成年被害人、青壮年被害人和老年被害人。关于未成年人的年龄界限,世界各国的法律规定不尽相同。多数国家规定 18 岁为成年人,但是也有的国家规定为 19 岁或 21 岁。关于老年人的年龄界限,各国法律一般不做明文规定,而社会习惯多以 60 岁或 65 岁为界限,而且男女略有差异。不同年龄被害人的陈述各有特点。

2. 根据性别不同,可以把被害人分为男性被害人和女性被害人。男性和女性在不同种类犯罪中成为被害人的概率有较大差异,男性和女性被害人在向公安司法机关陈述案件情况时也有不同的习惯和特点。

3. 根据被害人在犯罪形成的过程中有无过错或责任,可以把被害人分为无过错被害人和有过错被害人。无过错被害人,是指在犯罪行为发生过程中没有过错,或者没有任何道义或法律上责任的被害人,又称为无责任被害人。有过错被害人,是指在犯罪行为发生过程中有过错,或者在道义或法律上有一定责任的被害人,又称为有责任被害人。根据过错或责任的大小,有过错被害人又可以分为责任小于加害者的被害人(无知型被害人)、责任等同于加害者的被害人(自发型被害人)、责任大于加害者的被害人(诱发型被害人)。

4. 根据被害人在犯罪发生前与加害人是否相识及相识情况,可以把被害人分为不相识被害人、相识被害人和搭识被害人。所谓不相识被害人,是指那些在犯罪发生之前与加害人素不相识、没有任何关系的被害人;所谓相识被害人,是指那些在犯罪发生之前就与加害人互相认识或有某种关系的被害人;所谓搭识被害人,是指那些与加害人原本不相识,但是在犯罪发生前临时认识的被害人。搭识往往是加害人接近被害人的一种手段。

(三)被害人陈述的特点

1. 被害人陈述具有不可替代性。这是由被害人在诉讼中的地位所决定的。在任何一起刑事案件中,被害人都是特定的,都是不能由他人替代的。因此,向公安司法机关提供被害人陈述的必须是被害人本人,不能由其亲属或家长代替。即使被害人是法人等单位,也是特定的。诚然,代表法人等单位进行陈述的个人是不特定的,可以有多个人,也可以互相替代,但他们不是代表个人陈述,而是代表法人等单位陈述。因此,作为被害人的法人等单位仍然是特定而不可替代的。与此相应,被害人陈述也就具有不可替代性。

2. 被害人陈述可以直接证明案件事实。被害人是直接遭受犯罪行为侵害权益的人,他们一般都清楚地了解犯罪行为侵害的后果乃至侵害过程和作案人的情况,因此其陈述往往可以直接证明有关的案件事实。在有些案件中,被害人与作案人有过正面接触,或者遭受或经历了犯罪的侵害过程,因此其陈述就是证明案件事实的直接证据。在有些案件中,虽然被害人没有与作案人正面接触,也不知道作案人的身份,但是其了解的犯罪侵害事实仍然对案件具有重要的证明作用。与物证、书证等其他证据相比,被害人陈述的直接证明性是最显著的特点。换言之,在实践中,被害人陈述多属于直接证据。

3. 被害人陈述经常带有倾向性。被害人对案件事实的认识是直接的,其陈述是查明和证明案件事实的重要依据。但是,由于被害人是直接受犯罪行为侵害的人,与诉讼结果有直接的利害关系,因此其陈述往往容易受情感、情绪等主观因素的影响,带有较强的倾向性。例如,有些被害人可能夸大犯罪行为的侵害程度或侵害后果的严重程度,有些被害人可能隐瞒犯罪侵害过程的某些情节,还有些被害人可能提供部分编造甚至全部编造的“案件事实”。侦查人员、司法人员在审查和运用被害人陈述的时候,必须考虑到这一特点。

4. 被害人陈述往往带有综合性。被害人陈述的内容往往带有综合性的特点，即其陈述的内容不仅是对犯罪侵害事实的叙述与说明，还可能包括对作案人的指责、对犯罪的控诉、对社会或有关人员的抱怨、对公安司法机关的要求等。而且，这些内容总是交织混杂在一起的。如前所述，与犯罪事实无关的内容并不具有证据的作用，但是侦查人员、司法人员也要认真听取并记录下来，然后综合识别和评断。

三、刑事诉讼犯罪嫌疑人、被告人、被调查人的供述和辩解

（一）口供的概念

犯罪嫌疑人、被告人、被调查人的供述和辩解，是指犯罪嫌疑人、被告人、被调查人就有关案件的事实情况向侦查机关、检察机关、司法机关、监察机关等所作的陈述，可以简称为“口供”。

口供的主体有三种，即犯罪嫌疑人、被告人、被调查人。犯罪嫌疑人是被指控或发现犯有罪行并由侦查机关立案侦查或由公诉机关审查起诉的人。被告人是指被公诉机关提起公诉或者被个人提起自诉并受到人民法院审判的人。在公诉案件中，犯罪嫌疑人和被告人的区分以公诉机关正式提起公诉为界限，之前属于犯罪嫌疑人，之后属于被告人。在自诉案件中，一般没有犯罪嫌疑人，只有被告人。被调查人在此处做狭义理解，仅指涉嫌职务违法和职务犯罪、由监察机关开展调查的行使公权力的公职人员。无论是犯罪嫌疑人、被告人还是被调查人，他们向侦查机关、检察机关、司法机关、监察机关就案件情况所作的陈述，都属于口供。

口供的内容主要有三种：第一种是承认自己有犯罪行为或罪行较重的陈述，即供述；第二种是否认自己有犯罪行为或说明自己罪行较轻的陈述，即辩解；第三种是检举揭发他人犯罪行为的陈述，即攀供。攀供应该属于口供还是证人证言，学界有不同观点。我们认为对此问题不可一概而论。如果攀供是检举揭发同案犯在本案中的共同犯罪行为，应当属于口供；如果攀供是检举揭发同案犯或其他人在其他案件中的犯罪行为，而且攀供者本人不是那起案件的犯罪嫌疑人、被告人、被调查人，则应当属于证人证言。

(二)口供的种类

口供可以有多种分类。根据形式不同,可以把口供分为口头供词和书面供词;根据内容不同,可以把口供分为供述、辩解和攀供;根据主体是初犯还是累犯,可以把口供分为初犯口供和累犯口供等。这些分类对于研究和认识不同口供的性质和特点,都有一定意义。

此外,还有一种分类对实践有重要意义,但是一直没有得到人们的重视,那就是犯罪嫌疑人口供、被调查人口供和被告人口供。这是根据主体不同进行的区分。这种划分有助于明确三种口供在证明作用和价值上的差异。一般来说,犯罪嫌疑人口供、被调查人口供只能作为侦查机关、监察机关、公诉机关审查犯罪嫌疑和查明案件事实的依据,主要用作获取其他证据的线索和印证其他证据的依据。被告人口供则是审判中的证据,是法院认定被告人是否有罪的依据之一。简言之,犯罪嫌疑人口供、被调查人口供是侦查/调查阶段、公诉阶段查明案件事实的依据,被告人口供是审判阶段证明案件事实的根据。从整个刑事诉讼过程来说,犯罪嫌疑人口供、被调查人口供当然具有证据的性质,但是就审判阶段而言,犯罪嫌疑人口供、被调查人口供则必须转化为被告人口供才能作为定案的根据。如果犯罪嫌疑人口供、被调查人口供和被告人口供的内容是一致的,那么前两者可以自然转化为后者。如果犯罪嫌疑人口供、被调查人口供和被告人口供在内容上有差别,审判时则应当以被告人口供为准。只有在无法获得被告人口供的情况下,犯罪嫌疑人在侦查阶段与公诉阶段做出的书面供词、被调查人在监察调查阶段做出的书面供词和侦查机关、监察机关、公诉机关的审讯笔录,才可以有条件地作为审判阶段的证据。

明确区分犯罪嫌疑人口供、被调查人口供和被告人口供,有助于在实践中消除"口供情结",遏制刑讯逼供。理由很简单,犯罪嫌疑人口供、被调查人口供对于审判不那么重要,诉讼的关键还得看被告人在法庭上如何陈述。因此,侦查人员、监察人员、公诉人员不能以为只要拿到了侦查阶段、调查阶段的有罪供述,就算大功告成。他们必须考虑犯罪嫌疑人、被调查人在转化为被告人之后会怎么说,必须认真地收集能够支持犯罪嫌疑人口供、被调查人口供的其他证据。当然,人们也不应该完全否定犯罪嫌疑人口供、被调查人口供的证据价值,因为那些口供至少还可以提供查明案件事实和寻找其他证据的线索。

（三）口供的特点

1. 口供可以直接证明案件事实。犯罪嫌疑人、被告人、被调查人是最了解案件情况的人,他是否实施了被指控的犯罪行为、如何实施的犯罪行为,只有他自己最清楚。因此,无论是犯罪嫌疑人、被告人、被调查人的供述还是辩解,对于查明案件事实往往都具有直接的证明意义。换言之,口供一般都属于直接证据的范畴。

2. 口供中多有虚假的成分。犯罪嫌疑人、被告人、被调查人的供述和辩解是一种虚假可能性很大的证据。为了逃避法律的制裁,有的犯罪嫌疑人、被告人、被调查人极力掩盖犯罪事实,避实就虚,避重就轻,作虚假陈述;也有的出于哥们儿义气或为了争取好的态度等目的,把不是自己的罪行揽到自己身上。因此,有真有假、虚虚实实,这是口供的一个重要特征。办案人员对口供必须采取正确的态度,既要看到它的证据价值,又不能盲目轻信,只有在认真审查的基础之上才能使用。

3. 口供很容易出现反复。犯罪嫌疑人、被告人、被调查人在面对侦查机关、监察机关和公诉机关的调查和指控时,心理活动非常复杂,而且经常随着讯问人员和环境的变化而发生变化。犯罪嫌疑人、被告人、被调查人一会儿以恐慌心理为主,一会儿以侥幸心理为主;一会儿以悔过心理为主,一会儿以抗拒心理为主。受这些不同心理活动和状态的影响,翻供就成为实践中一种常见的现象,而且往往是供了又翻,翻了又供,多次反复,令人难辨真假。这种反复性也是口供复杂性的表现。

第七节 鉴定意见

鉴定人传达推论,证人传达事实;鉴定人提出大前提,证人提出小前提;证人是证据方法,鉴定人是法官的辅助者。

——[日]上野正吉

2012年6月30日下午,12岁女孩李平(化名)在放学路上失踪。6天后,警方在李平家邻居张大山(化名)家的化粪池中找到了李平赤裸的尸体。现场勘验人员在张大山家的床席上发现一块红色斑迹,炕洞内发现一包女性衣服,经李平家属辨认是李平失踪当天所穿,检查裤子发现有透明反光的可疑斑迹。对两处斑迹的检验结果显示,床席上的红色斑迹是人血,DNA分型结果与被害人李平相同,李平裤子上的斑迹是人精斑,DNA分型结果与张大山相同,张大山有重大作案嫌疑。张大山到案后,对先奸后杀李平的作案事实供认不讳,警方将犯罪嫌疑人张大山移送检察机关。检察机关在审查中发现张大山有一个双胞胎弟弟张小山(化名),虽然犯罪嫌疑人张大山已交代作案事实,为了排除合理怀疑,检察机关要求侦查机关对张小山也进行检验。让警方感到吃惊的是检验结果显示张氏兄弟是同卵双胞胎,DNA分型完全相同。为排除张小山作案的可能,检察机关将案卷退回公安机关要求补充侦查,警方委托第四军医大学法医司法鉴定所进行鉴定。

依法接受委托后,由一位主任法医师牵头组成鉴定小组,对张大山、张小山按照行业标准进行了STR分型检验。经比对,发现张小山在常染色体vWA基因座上出现了少见的三个等位基因的现象,为了办成经得起历史考验的铁案,鉴定小组又对张小山的精液进行DNA检验,发现同样存在这一现象。而张大山的vWA基因座未出现三等位基因现象,现场精斑在vWA

基因座上与张大山的DNA分型结果一致。以此为据,鉴定人出具鉴定意见,认为案件与弟弟张小山无关,确定哥哥张大山为真凶,搁置几个月的疑难案件终于进入了公诉阶段。

法院通知本案司法鉴定人出庭作证,经法院同意,检察机关聘请了一位公安机关DNA专家出庭协助。法庭上,公安机关的DNA专家问道,如果发现某个基因座出现三等位基因现象,怎么确定是污染造成还是基因座本身的客观表型?出庭鉴定人胸有成竹地回答道,如果多个基因座都出现三等位基因现象,一般来说污染的可能性大,如果仅是单个基因座出现,再经过重复检验结果一致的话,通常可以确定该结果就是真实的。最终法院采信了鉴定意见。[24]

一、鉴定意见的概念

鉴定意见是鉴定人员就案件中的专门问题向侦查机关、检察机关、司法机关、监察机关提供的专业判断意见。鉴定意见都与案件事实有关,是侦查机关、检察机关、司法机关、监察机关查明案件事实的重要依据。但是,鉴定意见不是对案件事实的客观记录或描述,而是鉴定人在观察、检验、分析等科学技术活动的基础上得出的主观性认识意见。这也是鉴定意见与证人证言及勘验等笔录的重要区别。证人讲述的是自己以看、听等方式感知的案件事实,勘验检查人员记录的是自己观察到的案件事实,而鉴定人提供的是自己关于案件事实的意见。因此,鉴定意见又称为专家意见。

鉴定是为司法证明服务的一种特殊的科学认识活动。鉴定的任务是解答案件中的专门问题。案件中的专门问题多种多样,涉及众多学科领域。因此,鉴定的主体必须是在相关学科领域内具有鉴定资格或其他专门知识的专业人员。这有两层含义:其一,他必须是在某个科学技术领域内具有专门知识、能够解答案件中专门问题的人;其二,他通常应当是具有相关领域鉴定资格的人,要么是官方鉴定机构中的专业人员,要么是经司法行政部门批准建立的非官方鉴定机构中的专业人员。当然,这并不排除遇到交叉学

〔24〕 司法部司法鉴定指导案例07号“张大山同卵双胞胎的DNA鉴定”。

科等专业知识问题,鉴定主体在必要时聘请其他专业机构或专家提供补充性的帮助。[25] 当前,我国主管机关仅对法医类、物证类、声像资料和环境损害"四类"鉴定进行统一登记管理,"四类外"鉴定机构无须统一登记,根据"行业资质"即可接受办案机关委托进行司法鉴定。基于此,对于鉴定主体的资格要做适度宽泛的理解。[26] 此外,在新的历史时期鉴定人开始借助专家辅助系统(不同程度的人工智能平台)开展工作,但尚未改变"鉴定主体是专业人员"的基本格局。

实践中,有些特殊的专业意见不具有鉴定意见之形,但可以参照鉴定意见处理。其一,对案件中的专门性问题需要鉴定,但没有法定司法鉴定机构,或者法律、司法解释规定可以进行检验的,可以指派、聘请有专门知识的人进行检验。如在盗窃、诈骗等侵财案件中,被广泛运用的价格认定报告就可以作为"准鉴定意见"。其二,在一些事故发生后,行政机关或者事故调查组要进行专业性的调查,会以集体的名义出具对事实进行审查、认定的调查报告。例如,火灾事故调查报告记录了火灾的起火时间、起火点、可能的起火原因等对案件事实认定至关重要的因素,可以作为"准鉴定意见"使用。诚然,事故调查报告中与事实认定无关或者不属于专门性问题的部分,不具有证据性质。

链接 宋某某等人重大责任事故案[27]

2016年5月,宋某某作为A煤业公司矿长,在3号煤层配采项目建设过程中,违反《关于加强煤炭建设项目管理的通知》(发改能源〔2006〕1039号)要求,在没有施工单位和监理单位的情况下,即开始自行组织工人进行施工,并与周某某签订虚假的施工、监理合同以应付相关单位的验收。杨某

〔25〕 例如,最高人民法院《关于知识产权民事诉讼证据的若干规定》第20条规定:"经人民法院准许或者双方当事人同意,鉴定人可以将鉴定所涉部分检测事项委托其他检测机构进行检测,鉴定人对根据检测结果出具的鉴定意见承担法律责任。"

〔26〕 例如,最高人民法院《关于知识产权民事诉讼证据的若干规定》第21条规定:"鉴定业务领域未实行鉴定人和鉴定机构统一登记管理制度的,人民法院可以依照《最高人民法院关于民事诉讼证据的若干规定》第三十二条规定的鉴定人选任程序,确定具有相应技术水平的专业机构、专业人员鉴定。"

〔27〕 最高人民检察院指导性案例检例第95号。

作为该矿的总工程师，违反《煤矿安全规程》（国家安全监管总局令第87号）要求，未结合实际情况加强设计和制订安全措施，在3号煤层配采施工遇到旧巷时仍然采用常规设计，且部分设计数据与相关要求不符，导致旧巷扩刷工程对顶煤支护的力度不够。2017年3月9日3时50分许，该矿施工人员赵某某带领4名工人在3101综采工作面运输顺槽和联络巷交叉口处清煤时，发生顶部支护板塌落事故，导致上覆煤层坍塌，造成3名工人死亡，赵某某及另一名工人受伤，直接经济损失635.9万元。2017年5月5日，长治市事故联合调查组认定宋某某、赵某某分别负事故的主要责任、直接责任，二人行为涉嫌重大责任事故罪，建议由公安机关依法处理。

此案经过侦查取证后，被移送起诉。上党区人民检察院经审查，认为事故发生的主要原因有：一是该矿违反规定自行施工，项目安全管理不到位；二是项目扩刷支护工程设计不符合行业标准要求。在分清主要和次要原因、直接和间接原因的基础上，上党区人民检察院对事故责任人进行了准确区分，作出相应处理。该案的指导意义之一在于，安全生产事故调查报告在刑事诉讼中可以作为证据使用，应结合全案证据进行审查。具体来说，安全生产事故发生后，相关部门作出的事故调查报告，与收集调取的物证、书证、视听资料、电子数据等相关证据材料一并移送给司法机关后，调查报告和这些证据材料在刑事诉讼中可以作为证据使用。调查报告对事故原因、事故性质、责任认定、责任者处理等提出的具体意见和建议，是检察机关办案中是否追究相关人员刑事责任的重要参考，但不应直接作为定案的依据。

二、鉴定意见的种类

1. 根据鉴定所解决的问题性质不同，可以把鉴定意见分为同一认定型鉴定意见、种属认定型鉴定意见和性质状态型鉴定意见。同一认定型鉴定意见就是以解决物体或人身是否同一的问题为目的的鉴定意见，如认定某撬压痕迹是否为某嫌疑工具所留的工具痕迹鉴定意见、认定某指印是否为某人手指所留的指纹鉴定意见、认定某字迹是否为某人所写的笔迹鉴定意见等。种属认定型鉴定意见就是以解决物体或物质的种类所属为目的的鉴定意见，如确定某纸张物质成分的鉴定意见、确定某射击残留物成分的鉴定意见、确定某微量附着物物质属性的鉴定意见、确定两处发现的物质是否为相同种类的鉴定意见等。性质状态型鉴定意见就是以确定人或物的性质或状态为目的的鉴定意见,如确定人体损伤程度的鉴定意见、确定行为人精神状态的鉴定意见、确定文书的书写或制作时间的鉴定意见、确定票据或文件是否伪造的鉴定意见、确定枪支机件的功能是否正常的鉴定意见等。

2. 根据鉴定对象的物质特征不同,可以把鉴定意见分为痕迹鉴定意见、文书鉴定意见、化学物证鉴定意见、生物物证鉴定意见、音像物证鉴定意见、电子数据鉴定意见等。痕迹鉴定的对象通常是人或物在一定物质载体上留下的印痕。根据印痕的种类不同,痕迹鉴定又可以分为指纹鉴定、足迹鉴定、工具痕迹鉴定、枪弹痕迹鉴定、牙齿痕迹鉴定、车辆痕迹鉴定、整体分离痕迹鉴定等。文书鉴定,又称为可疑文书鉴定或文件鉴定,包括笔迹鉴定、伪造和变造文书鉴定、打印和复印文书鉴定、被涂字迹和压痕字迹的鉴定、文字书写时间鉴定、文书物质材料鉴定等。化学物证鉴定,又称微量物证鉴定,是指需要采用化学检验方法和仪器分析方法进行检验的各种微量有机物质和无机物质的鉴定,包括爆炸物证鉴定、纵火物证鉴定、微量纤维纺织物鉴定、油脂漆片鉴定、泥土玻璃鉴定、金属焊渣鉴定、塑料橡胶鉴定、毒品毒物鉴定等。生物物证鉴定,是指需要采用生物学检验方法进行检验的各种生物物质的鉴定,包括血痕鉴定、精斑鉴定、唾液斑鉴定、毛发鉴定、人体组织鉴定、动物组织鉴定、植物物证鉴定等。音像鉴定,是指运用电子技术等现代科学技术来检验、鉴别和辨识可疑的视听资料的鉴定,包括可疑照片鉴定、可疑录音带鉴定、可疑录像带鉴定等。电子数据鉴定是指运用证据学、物证技术学、信息科学的交叉性知识,依法对各类电子数据及其存储介质进行检验和专业性判断的鉴定。

3. 根据意见的确定性程度不同,可以把鉴定意见分为确定性鉴定意见和非确定性鉴定意见。确定性与非确定性是人类认识活动中普遍存在的一对矛盾。这一方面是由客观事物的类属边界和状态差异的模糊性所决定的,另一方面是由人类认识能力的局限性所决定的。所谓确定性鉴定意见,就是说这种鉴定意见对于所要解答的案件专门问题而言具有唯一或排他的性质。所谓非确定性鉴定意见,则是说这种鉴定意见对于所要解答的案件专门问题而言不具有唯一或排他的性质。究竟哪些鉴定意见属于确定性,哪些鉴定意见属于非确定性,要根据鉴定对象、方法、条件等具体情况来定。

一般来说,如果鉴定对象的特征具有较强的特定性和稳定性,鉴定方法具有较高的科学性和精确度,那么这种鉴定意见就属于确定性鉴定意见的范畴,但是也还要看具体案件的鉴定条件。例如,指纹鉴定意见一般都属于确定性鉴定意见。但是,如果现场手印条件不好,如只有一小块纹线,而且纹线不太清晰,那么就只能得出非确定性的鉴定意见了。

4. 根据鉴定所依据的科学知识和技术不同,可以按照有关学科的分类把鉴定分为化学鉴定、物理学鉴定、生物学鉴定、遗传学鉴定、人类学鉴定、医学鉴定、精神病学鉴定、心理学鉴定、会计学鉴定、工程学鉴定、考古学鉴定、计算机学鉴定等。与此相应,鉴定意见也可以做相同的划分,即化学鉴定意见、物理学鉴定意见等。因为这里讲的鉴定意见都是为司法证明活动服务的,所以在这种语言环境下没有必要再在这些学科的前面统统加上"司法"或"法"的字样,如法化学鉴定、司法物理学鉴定等。当然,有些学科因经常服务于司法证明活动而形成了相对独立的法科学学科,如法医学、司法精神病学等,另当别论。在实践中,有些学科的鉴定方法是相互独立的,有些学科的鉴定方法是相互交叉的,因此在同一个鉴定意见中,可能包含多学科鉴定的内容。

三、鉴定意见的特点

1. 鉴定意见属于"科学证据"。鉴定意见是鉴定人运用一定科学知识、采用一定科学方法对案件专门问题进行分析、检验后得出的意见,具有较强的科学性。诚然,鉴定的对象和方法是多种多样的,科学技术的含量也是各不相同的。有的鉴定使用尖端的仪器设备,自动化程度很高;有的鉴定凭手工操作,主观经验性很强。但是,任何鉴定意见都必须以一定的科学技术为基础,因此,鉴定意见属于"科学证据"(或"技术性证据")的范畴。不过,鉴定意见的科学性并不等于所有鉴定意见都是科学可靠的。任何科学仪器都是由人操作的,任何鉴定意见最终都是由人做出的,因此鉴定活动不可避免地还要受到鉴定人的业务水平、专业经验、职业道德等因素的影响。

2. 鉴定意见属于"意见证据"。如前所述,鉴定意见属于"意见证据"。这有两层含义。第一,鉴定意见是鉴定人对案件中的专门性问题提出的理性意见,不是感性认识。鉴定的目的是解决案件中凭借普通常识无法判明的专门性问题,因此鉴定人不能只报告鉴定中观察到的事实,必须在观察或检验的基础上做出理性的分析判断,即意见。第二,鉴定意见是鉴定人就案件中的事实问题提供的意见,只解答事实认定问题,不解答法律争议问题,因为后者属于司法人员、执法人员的职能范围。例如,在刑事案件中,鉴定人不应就行为人的杀人行为究竟是故意还是过失,是正当防卫还是防卫过当等问题提供意见,尽管鉴定人对相关事实的鉴定意见很可能作为司法人员、执法人员回答上述问题的依据。

第八节　笔　录

勘查无论怎样周密细致，如果不能将其结果正确表现在笔录上，也是没有意义的。笔录的使命就是为在日后看到它的第三者，特别是检察官、审判官面前能再现勘查时的情况，像直接见到活生生的现场一样容易被理解、被认识，从而充分发挥其作为证据的价值。

——［日］刚川正雄

陈国体猥亵儿童罪一案。〔28〕 2020年3月27日14时至18时，陈国体哄骗陈某某（2013年8月2日出生）做挠痒痒游戏，借机搂抱陈某某，抠摸陈某某生殖器等，导致陈某某外阴多处红肿，右侧大阴唇可见一处皮肤破损，约0.5厘米。被告人陈国体被以猥亵儿童罪提起公诉，指控证据包括现场勘验笔录、提取笔录、接受证据清单、情况说明、辨认笔录等。陈国体及其辩护人所提辩护意见之一是：同一见证人崔某在现场勘验笔录、提取笔录、辨认笔录形成时间段内存在重合，且分别出现在不同地点，上述三份笔录不能作为证据采信。在二审期间，公安机关出具的《情况说明》证实，侦查人员在见证人崔某的见证下，对案发现场进行了勘验。在将勘验情况录入系统时，系统根据接勘时间自动生成勘验时间（2020年3月27日20时56分至21时56分），侦查人员在制作现场勘验笔录时未对时间进行校正，实际勘验时间为2020年3月27日20时30分至55分。二审法院经审理后认为，鉴于二审期间公安机关已经出具情况说明，证据上的瑕疵已经予以补正，上述三份笔录应当予以采信。

〔28〕　四川省南充市中级人民法院刑事裁定书，（2020）川13刑终224号。

一、笔录的概念

笔录是指司法人员、执法人员或法律工作者在办案活动中所作的各种记录。实践中的笔录种类很多,我国法律只规定了若干特定范围内的笔录属于证据之列。诚然,这一范围具有一定的开放性,属于一种“口袋证据”。按照我国《刑事诉讼法》的有关规定,可单独用作证据的是勘验、检查、辨认、侦查实验等笔录;[29]按照《民事诉讼法》的有关规定,可单独用作证据的是勘验笔录;按照《行政诉讼法》的有关规定,可单独用作证据的是勘验笔录、现场笔录。我国有学者将这些笔录称为证据笔录,其他笔录称为非证据笔录。[30]

在刑事诉讼中,勘验、检查、辨认、侦查实验等笔录是指侦查人员和司法人员对可能与犯罪有关的场所、物品、人身、尸体进行勘验、检查、辨认、侦查实验时所作的记录;在民事诉讼中,勘验笔录是指人民法院指派勘验人员对与案件争议有关的现场、物品或物体进行查验、拍照、测量时所作的笔录;在行政诉讼中,勘验笔录与民事诉讼中的概念基本相同,现场笔录是指行政机关进行当场处罚或其他处理时所作的笔录。三者的措辞与概念表述略有不同,但共性在于都限定为特定的笔录,即均属于为保全司法或执法活动中的所见所闻而进行的一种证据保全。此种证据“同时具有证明取证行为合法性和实质证据真实性或相关性的辅助功能”。[31]

从字面上讲,笔录的主要形式是文字记录,但是也包括绘图、照相、录音、录像、录屏甚至自动语音识别等形式。随着科学技术的发展,以音像方式记录勘验、检查或现场执法活动的过程和结果,越来越成为法律实践中普遍使用的做法,因此把这种证据形式改称为“记录”似乎更为准确。

从形式上看,以音像方式制作的笔录和视听资料有很多相似之处。但是就内容而言,二者还是不同的,因此不应混为一谈。另外,侦查人员、监察人员

---

〔29〕 学术界对此条中的“等”字理解为“等外等”,已经初步达成共识。也就是说,刑事诉讼中的证据笔录“不限于勘验检查笔录、侦查实验笔录与辨认笔录,但具体范围却不明确”。参见马明亮:《笔尖上的真相——解读刑事诉讼法新增笔录类证据》,载《政法论坛》2014年第2期。

〔30〕 江伟主编:《证据法学》,法律出版社1999年版,第501页。

〔31〕 王景龙:《论笔录证据的功能》,载《法学家》2018年第2期。

和司法人员在进行询问、辨认、讯问等活动时也要制作笔录,但是不属于此类特定笔录的范畴,而应当分别归属于证人证言、被害人陈述和口供等。律师制作的询问笔录亦不属于此类特定笔录的范围,一般不宜直接作为证据。

二、证据笔录的种类

证据笔录可以有多种分类。最主要也是最基本的分类是根据勘验、检查、辨认、侦查/调查实验或现场执法活动的性质和方法不同,将其分为场所勘验笔录、远程勘验笔录、物证检查笔录、尸体检验笔录、人身检查笔录、辨认笔录、侦查/调查实验笔录、搜查笔录和现场笔录等。

场所勘验笔录是对犯罪现场及其他与犯罪有关的场所进行勘验时制作的记录。由于最常见的场所勘验对象是现场,所以又称为现场勘验笔录。这种记录的内容包括勘验的人员、过程和发现的证据等情况,记录的形式包括勘验的文字记录、绘图、照相、录音、录像、录屏等。

远程勘验笔录是远程勘验时制作的笔录。所谓远程勘验,是针对难以在现场提取的电子数据采取的一种特殊取证手段。它指的是“网络对远程计算机信息系统实施勘验,发现、提取与犯罪有关的电子数据,记录计算机信息系统状态,判断案件性质,分析犯罪过程,确定侦查方向和范围,为侦查破案、刑事诉讼提供线索和证据的侦查活动”。〔32〕远程勘验笔录中往往需要详细记录目标网络地址、网络域名、网络运营商、网络路径、服务器名称、系统环境、系统设置等信息。

物证检验笔录是对单个物证进行检查时制作的笔录,也称为物证检查笔录。记录的内容包括对物证进行检验的过程以及发现物证的位置和物证的性质、特征等情况,记录的形式包括文字记录、绘图、照相、录像、录屏等。由于物证检验往往是在现场勘验等活动中进行的,所以物证检验笔录常作为场所勘验笔录的附件出现。

尸体检验笔录是对尸体进行外表检验或解剖检验时制作的笔录。记录的内容包括检验的过程和发现的情况,如尸体的外表特征和伤口,以及尸斑、尸温等尸体变化情况,记录的形式包括文字记录、照相和录像、录

〔32〕 周加海、喻海松:《〈关于办理刑事案件收集提取和审查判断电子数据若干问题的规定〉的理解与适用》,载《人民司法》2017 年第 28 期。

屏等。

人身检查笔录是对活人的身体进行检查时制作的笔录。记录的内容包括检查的人员、过程和发现的各种情况,如人体特征、生理状态和损伤情况等;记录的形式包括文字记录、照相和录像、录屏等。

辨认笔录是指侦查人员让被害人、犯罪嫌疑人或者证人对与犯罪有关的物品、文件、尸体、场所或者犯罪嫌疑人进行辨认所作的记录。

侦查/调查实验是侦查人员、监察人员或司法人员为了验证案件中某些事实或情节是否存在或可能发生而进行的模拟实验。由于这种实验在传统上主要是为侦查工作服务的,所以称为侦查实验。侦查/调查实验笔录中记录的内容包括实验的参加人员、过程和结果;记录的形式包括文字记录、照相、录音和录像、录屏等。侦查/调查实验不是对人、物或场所的直接勘验或检查,但是也具有对案件事实问题进行查验的性质,往往与其他勘验检查活动有一定的联系。

搜查是侦查人员、监察人员对可能隐藏有证据或作案人的场所和人身进行搜索和检查的一种强制性侦查措施。搜查笔录即侦查人员、监察人员对上述场所或人身进行搜查时制作的记录。记录的内容包括搜查的人员、对象、过程,以及搜查中发现和提取的证据等情况;记录的形式包括文字记录、照相、录像、录屏等。对于搜查笔录应否属于证据笔录,学界有不同观点。

现场笔录是行政机关在现场当场实施行政处罚或其他处理决定时所作的记载现场情况的笔录。当事人不服行政处罚提起行政诉讼时,现场笔录就成为行政诉讼中的重要证据。

除此之外,我国还有学者把庭审笔录与听证笔录纳入可用作证据使用的笔录之列。[33] 庭审笔录是指人民法院或仲裁机构在案件的审理过程中制作的记载整个庭审情况的记录,听证笔录是指行政机关等在作出责令停产停业、吊销许可证或者执照、实施较大数额罚款等行政处罚决定之前,举行听证活动中制作的反映整个听证情况的记录。严格地说,这两种笔录还仅仅是记录性文本,并未被纳入具有法定证明效力的文书。我们认为,这些笔录较为可靠地记载了案件事实与举证、质证、认证等过程情况,能够综合

---

〔33〕 江伟主编:《证据法学》,法律出版社1999年版,第501页。

反映事实的情况，可以在其他审判或仲裁活动中用作证据。诚然，人们也要注意克服恣意扩大证据笔录的错误倾向。[34]

三、证据笔录的特点

1. 证据笔录属于客观记录。证据笔录都是对有关人、物、场所的状况及其勘验、检查、辨认、侦查/调查实验活动或现场执法活动的客观记载，具有“实况”记录的性质。因此与其他形式的证据相比，其更具有客观性。这主要表现在两个方面：第一，其内容都是与客观存在的案件事实有关的情况，不包括有关人员的主观意识活动的情况；第二，其基本要求就是客观记录，制作者只能记录自己看到、听到或以其他方式感知到的事实情况，不能记录自己的分析、推测和判断。当然，笔录毕竟是由人制作的，是以个人的观察和检验活动为基础的，因此这里所说的“客观性”并不意味着笔录的内容都一定符合客观实际情况。任何人的观察和检验都可能出现误差，任何人的记录都可能出现漏记和误记，即使采用照相和录像、录屏的方法，也会因思维习惯和技术能力等主观因素的影响而使图像和画面出现变形等不完全真实的情况。

2. 证据笔录具有综合性。证据笔录的综合性表现在三个方面：第一，其所反映的往往不是客体的单方面特征，而是多方面的综合性特征；第二，其可以综合反映有关场所中多种证据的组合情况，包括物证等证据之间的关系及物证等证据与周围环境的关系等；第三，笔录可以通过文字记录、现场绘图、现场照片、现场录像或现场录屏等多种形式反映有关客体的情况，因而具有综合证明的功能。

3. 证据笔录的证明具有间接性。如前所述，这种笔录是对有关的人、物、场所的状况的记录。虽然这些状况往往是案件行为的结果，但是这些记录本身并不能直接证明曾经发生案件的主要事实。因此，这种笔录一般都不能单独作为认定案件事实的根据，必须与物证、鉴定意见等其他证据结合

---

〔34〕 我国有学者专门论证过将庭审笔录用作证据的学术方案，称之为“庭审笔录法定化”。该学者建议，“应建立法定化的庭审笔录制度，使庭审笔录真正成为能够为当事人、诉讼参与人所阅览、使用，并能作为证明庭审程序合法与否的法律文书。”参见张卫平：《论庭审笔录的法定化》，载《中外法学》2015 年第 4 期。

起来共同证明案件事实。换言之,证据笔录一般都属于间接证据的范畴。

4. 证据笔录具有规范性。证据笔录具有规范性的特点。这既体现了诉讼活动对这种证据的严格要求,也体现了这种证据在实践中运用的客观规律。这种规范性表现在三个方面:一是笔录格式的规范性,包括使用格式化的表格或专门的笔录纸;二是笔录用语的规范性,包括名称用语和描述用语等;三是笔录签名的规范性,这是笔录具有证明效力的重要保证。

思考讨论题

1. 试述我国法律规定证据法定形式的特点。
2. 在人类司法证明史上,物证、书证、电子证据、鉴定意见、口供等均被称为"证据之王"。请梳理相关说法的背景与含义。
3. 阐述《监察法》与《刑事诉讼法》规定的证据法定形式有何不同。
4. 试述我国统一司法鉴定管理体制的改革对鉴定意见用作证据的影响。
5. 试述我国法律规定可作证据使用的特定笔录的特点与分类。
6. 最高人民法院、最高人民检察院、公安部《关于办理刑事案件收集提取和审查判断电子数据若干问题的规定》第1条第2款规定:"电子数据包括但不限于下列信息、电子文件:(一)网页、博客、微博客、朋友圈、贴吧、网盘等网络平台发布的信息;(二)手机短信、电子邮件、即时通信、通讯群组等网络应用服务的通信信息;(三)用户注册信息、身份认证信息、电子交易记录、通信记录、登录日志等信息;(四)文档、图片、音视频、数字证书、计算机程序等电子文件。"请分析此分类法的标准及优劣。

补充阅读

1. 裴苍龄:《再论物证》,载《环球法律评论》2016年第1期。
2. 李训虎:《口供治理与中国刑事司法裁判》,载《中国社会科学》2015年第1期。
3. 王景龙:《论笔录证据的功能》,载《法学家》2018年第2期。
4. 刘品新:《论大数据证据》,载《环球法律评论》2019年第1期。

5. 曹志勋:《论公文书实质证明力推定规则的限缩》,载《国家检察官学院学报》2020年第2期。
6. 樊崇义、吴光升:《鉴定意见的审查与运用规则》,载《中国刑事法杂志》2013年第5期。

第七章 CHAPTER SEVEN

司法证明的概念与对象

证明是一种非常普遍的社会现象。当人们提出一种说法而遭到他人反对或怀疑时，往往就需要借助“摆事实、讲道理”等方式说服他人，此即证明。证明也是一种十分重要的司法行为。无论哪一方当事人提出事实主张而对方又不予认可的，就不仅需要给出形形色色的“静态”证据，还要由各个诉讼参加者使这些证据“运动”起来，完成明确案件事实的任务。此即司法活动中的证明或司法证明、诉讼证明。诚然，仲裁、调解、行政执法等非诉讼活动中也有类似的证明。

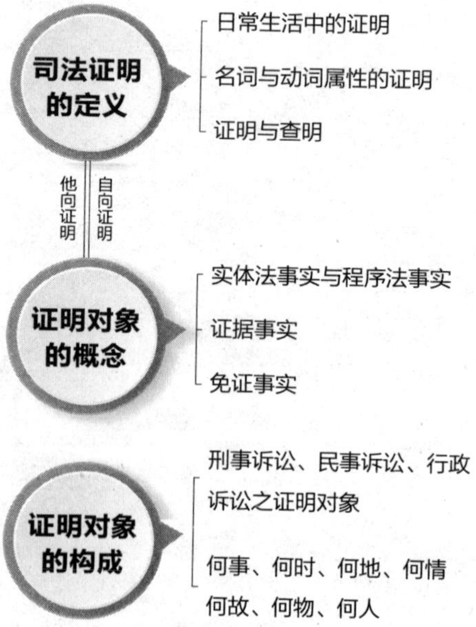

第一节　司法证明的概念

我们可以区分三种能找出证明和要求证明的论说类型。在纯数学里,我们寻求证明先天抽象的真理;在形而上学里,我们寻求证明关于世界结构的最一般的命题;在日常生活论证中,尤其是在政治的或法庭上的论证中,我们寻求偶然性命题的证明。

——[英]威廉·涅尔

一天早晨,王某骑自行车去上班,路上见到一个过马路的老太太被一个骑车的年轻人撞倒了。那个年轻人回头看了一眼,没有下车,跑了。王某是个心地善良的人,便下车来看那个老太太摔得怎么样。他见老太太伤得不轻,就把老太太送进了附近的医院。他本想做一回好事儿,但是等那个老太太的儿子来到医院之后,老太太反而一口咬定说王某就是撞伤她的人。王某怎么解释都没有用。后来他们一起去了当地的派出所。但是警察也不相信他的话,最后让王某赔了老太太一笔钱,算是医药费和营养费。王某气坏了,觉得这世道真是不讲理,明明他是好人,却没有人相信他的话。这实际上就是个证明的问题。

一、证明概念的复杂性与多义性

证明是人们在社会生活和科学研究领域内广泛使用的一个概念。根据《汉语大辞典》中的解释,证明就是"据实以明真伪"。[1]《现代汉语词典》

〔1〕《汉语大辞典》(第11卷),汉语大辞典出版社1993年版,第430页。

中解释为“用可靠的材料来表明或断定人或事物的真实性”或者“证明书或证明信”。[2] 总体来看,证明有动词和名词词性上的含义。从动词的含义来看,凡是运用已经掌握的材料、经验或者事实表明或者断定人或者事物真实性的行为,都是证明。例如,普通人根据某个人的肌肤、穿着等情况推断其年龄;根据其言谈举止和考试成绩断定某个人的品格和能力;科学家运用科学技术设备和原理证明自然科学中的一个假设或者命题;社会学家借助历史和经验材料阐明某一个社会规律;等等。从名词的含义来看,凡是用来表明某个人的身份、来源、能力或者目的的书面材料,如介绍信、证明信、身份证、工作证、授权委托书等,或者表明某个物品的产地、构成、品名、功能等情况的书面材料,如说明书、标签、质量保证书等,都是证明。显而易见,司法证明指的是动词词性上的证明。

如果从名词词性上理解司法证明,就会出现“证明”与“证据”相混淆的情况。例如,《现代汉语词典》对证明的一种解释为“证明书或证明信”,实际上就是证据的一种——书证;又如在英美法系中有时也将证明与证据作为同义语使用,《布莱克法律词典》对证明有一种解释是“导致法庭作出司法判决的证据”。[3] 其实证明与证据虽存在密切联系,但也有本质上的不同:其一,证据是各种材料、信息载体,属于“存在”或“物质”的范畴;证明是人的认识,属于“意识”的范畴。其二,证据多产生于实体过程,证明则发生于程序过程。其三,证据是认识的根据,证明是认识本身。另外,美国教授威斯顿还指出,证明是证据的结果或效果,证据是证明的媒介。更准确地说,证据是各种事实赖以确立的手段,而证明是根据这些证据推导出来的结果或结论。[4] 为了叙述的便利,我们使用“证明”一词代表“司法证明”的概念,当然是指动词词性的证明。

从构词规律来看,在“证明”一词中,“证”的含义是证据,“明”的含义是明确、说明或表明,因此证明很容易被理解为“用证据来明确、说明或表明”。这一理解貌似简单,人们在使用这个概念时却很复杂,表示的含义各

---

〔2〕 中国社会科学院语言研究所词典编辑室编:《现代汉语词典(2002 年增补本)》(第 3 版),商务印书馆 2002 年版,第 1608 页。

〔3〕 *Black Law Dictionary*(7th edition), St. Paul, Minn., 1999, p. 1231.

〔4〕 Paul B. Weston, *Criminal Evidence for Police*(3rd edition), Prentice – Hall Inc., 1986, p. 2.

有不同。例如,证明可以表示从已知到未知的推论活动,可以表示支持某种观点或论断的说明活动,也可以表示为某人或某事作证或担保的行为。

即使在专门的证据法学领域内,人们对证明概念也有不同的解释。以下便是国内几种具有代表性的观点:(1)"确定—阐明说":"诉讼中的证明具有自己的特点,它是指司法机关或当事人依法运用证据确定或阐明案件事实的诉讼活动。"〔5〕(2)"求证—探知说":"证明在近现代的诉讼制度中,指的是证明主体在证明责任的作用和支配下,运用证据这个证明方法,求证或探知证明客体的抽象思维活动和具体诉讼行为,简单地说,证明就是认知案件事实的理念运动和具体过程的统一。"〔6〕(3)"认定说":"在证据法或者诉讼法领域内,证明有特定的含义,它是指诉讼主体按照法定的程序和标准,运用已知的证据和事实来认定案件事实的活动";〔7〕"国家专门机关、当事人和辩护人、诉讼代理人按照法定的程序和要求,运用证据揭示或认定案件事实的诉讼活动"。〔8〕(4)"阐明—论证说":司法证明是指"诉辩双方在法庭审理中依照法律规定的程序和要求向审判机关提出证据,运用证据阐明争议事实,论证诉讼主张的活动"。〔9〕(5)"广义—狭义说":狭义的证明是指"司法机关和当事人依法运用证据对案情中未知的或者有争议的事实查明的诉讼活动";广义的证明包括"证明过程、证明程序、证明对象、证明责任、证明标准"。〔10〕(6)"特殊活动说":"与一般的证明活动不同,司法证明主要存在于法庭审判过程之中,是指负有证明责任的一方向法庭证明所主张的事实成立的活动,对方有可能同时就该案件事实的真实性进行证伪活动,法官则作为裁判者,对所要证明的案件事实是否存在进行权威的验证和裁断。"〔11〕此外,还有学者将司法证明类型化为"当事人式证明观"和"职权式证明观",指出两者的差异主要在于前提、主体、内容和后果不

〔5〕陈一云主编:《证据学》(第2版),中国人民大学出版社2000年版,第114页。
〔6〕江伟主编:《证据法学》,法律出版社1999年版,第49页。
〔7〕樊崇义主编:《证据法学》,法律出版社2001年版,第173页。
〔8〕陈光中主编:《证据法学》,法律出版社2011年版,第286页。
〔9〕卞建林、谭世贵主编:《证据法学》(第3版),中国政法大学出版社2014年版,第219页。
〔10〕陈光中主编:《中华法学大辞典》(诉讼法学卷),中国检察出版社1995年版,第761页。
〔11〕陈瑞华:《刑事证据法学》,北京大学出版社2012年版,第205页。

同。[12]

证明是人的一种活动,而且是一种与人的认识有关的活动。但是,如何界定这种认识活动的性质,如何描述这种认识活动的特征,确实不是一件容易的事情。对上述观点进行分析比较,我们发现其使用的描述语可以分为三类:第一类包括"认定""确定""确认"等;第二类包括"推断""查明""求证""探知"等;第三类包括"阐明""论证""说明""表明"等。这三类词语的差异既反映了人们对"证明"概念的不同理解,也反映了证明概念本身的复杂性和多义性。

二、自向证明与他向证明

作为人的一种认识活动,证明普遍地存在于人们的社会生活和工作之中。例如,张三要证明其出国留学的决定是正确的;李四要证明自己是个诚实的好人;数学家要证明"哥德巴赫猜想"是可以成立的;考古学家要证明万里长城在秦始皇之前就已经开始修建了。这些都是现实生活中的证明。

如果仔细分析,人们会发现这些证明的形式略有不同。在张三和李四的证明中,证明的主体在进行证明的时候其实都有了证明的结论,即张三出国留学的决定是正确的,李四是个诚实的好人。但是在数学家和考古学家的证明中,证明的主体在进行证明的时候还没有证明的结论,或者说还没有确信的证明结论。诚然,数学家和历史学家的心中都有一定的证明期望,即"哥德巴赫猜想"是可以成立的,万里长城是在秦始皇之前就已经开始修建了。但是,在证明过程结束之前,他们自己也不能肯定这个期望就一定能够变成现实的结论。换言之,在前一种证明中,主体自己已经明白了,证明的目的就是让他人明白;在后一种证明中,主体自己也不明白,证明的目的主要是让自己明白,当然也包括让他人明白。

根据这种差别,我们可以把证明分为两种,或者说证明有两种基本形式,一种是自向证明,另一种是他向证明。自向证明就是向自己证明。一般来说,证明者先提出一个假设的结论,然后去寻找证据,并按照一定规则运用证据去证明该结论是正确的或可以成立的。他向证明是向他人证明。证

〔12〕 张建伟:《证据法要义》(第2版),北京大学出版社2014年版,第333~334页。

明者在证明时已经知道或者认为自己已经知道了证明的结论,但是他人不知道或不相信,所以要用证据向他人证明。

在诉讼活动中,自向证明和他向证明都是存在的,但是二者的主体有所不同。自向证明的主体一般是就事实问题做出某种认定或裁断的人,如侦查人员、检察官、法官;他向证明的主体一般是提出某种事实主张的人,如诉讼中的当事人及其律师。不过,自向证明和他向证明的主体在诉讼过程中也是可以转化的。在侦查/调查阶段,侦查、调查人员是自向证明的主体;但是在审查起诉阶段,侦查人员则成了他向证明的主体,因为他要向检察官证明逮捕或提起公诉的事实依据。而作为是否起诉的决策人,检察官又成了自向证明的主体;到了法庭审判阶段,检察官作为公诉人,要向法庭证明指控的案件事实,因此他们又转化为他向证明的主体。法官作为诉讼裁判者是自向证明的主体,但他在裁判文书中说理时又成了他向证明的主体。

在诉讼活动中,自向证明一般都属于主体的职权行为,目的是满足自己行使某种职权的需要。例如,法官的自向证明就是其行使司法裁判权的需要。他向证明一般属于主体的义务行为,目的是满足他人的某种认知需要。例如,案件当事人的他向证明就是要满足法官认定案件事实的需要。虽然当事人的他向证明最终是为自己的诉讼目的或主张服务的,但是就审判活动而言,他向证明表现为一定的义务,即作为诉讼主体必须履行的责任。因此,他向证明的主体要在诉讼中承担相应的证明责任,而自向证明的主体虽有证明职权,却不承担证明责任。

由此可见,自向证明是以司法职权为中心的,他向证明是以诉讼当事人的活动为中心的。因而在不同的诉讼制度下,这两种证明的地位和作用也有所不同。在纠问式或职权主义的诉讼制度下,当事人的他向证明虽然不可缺少,但是司法官员的自向证明显然发挥着特别重要的作用;而在抗辩式或当事人主义的诉讼制度下,自向证明虽依然存在,但相当弱化,他向证明则成为整个诉讼证明的基本内容。明确区分自向证明与他向证明是我国诉讼制度和审判方式改革的需要,有利于实践中证明观念的转变。

三、证明与查明

在司法活动中,查明是一个经常使用的概念,也是一个很容易与证明相混淆的概念。所谓查明,就是通过调查研究,明确有关事实的真伪,如侦查人员、监察人员、公诉人员或审判人员查明案件事实的活动。查明的依据,主要是各种各样的证据。查明的过程一般表现为查找证据、收集证据与使用证据等。查明的目的往往是让查明者自己明白,以便做出某种决定或裁断。

受职权主义诉讼模式及其观念的影响,我们很容易把查明和证明等同起来,或者笼统地把查明说成证明的目的。根据前面的分析,查明在一定意义上可以等同于自向证明,因此,认为查明就是自向证明,或者查明是自向证明的目的,似乎并无不可。但是,查明与他向证明在内涵和外延上都有较大的差异,不可混为一谈。

一般来说,他向证明的主体在进行证明时都已经通过不同途径和方式"查明"案件事实。例如,案件当事人在诉讼中进行证明的时候已经"查明"案件事实;公诉人和辩护律师在法庭上进行证明的时候也已经"查明"案件事实。如果当事人、律师、公诉人在法庭上证明的时候自己还没有查明案情的话,那他们显然就不应该进行诉讼,就不应该也不能够进行他向证明。以其昏昏、使人昭昭,在诉讼中是根本行不通的。

由此可见,查明与证明之间既有联系,又有区别。查明是证明的基础,证明是查明的目的;但是证明并不等于查明,查明也不能代替证明。用通俗的话讲,查明是让自己明白,证明是让他人明白;自己明白才能让他人明白,但自己明白并不等于他人也明白。二者不可混淆,相互的关系也不能颠倒。

在证据法学中,区分这两个概念是非常必要的。在很多司法活动中,让自己明白并不太难,最难的是让别人明白。例如,侦查人员已经查清了案件事实,但是他们若想让检察官、法官和其他有关人员都相信这确实是事实,就要靠证明。当事人自己也完全明白案件是怎么回事,但是他要想说服司法人员、执法人员相信他说的确是事实,也得靠证明。

例如,在本节开篇描述的案件中,王某自己知道案件的真实情况,但是处理案件的警察并不知道,所以他必须让警察相信他说的是事实,而这就需要证明。证明不是空口说白话,必须依靠证据。他说那个老太太不是他撞的,可那个老太太就说是他撞的。他没有别的证据,警察凭什么相信他说的话?王某抱怨这世界上已经没有"天理良心"了。但是,在解决诉讼纠纷的时候，“天理良心”也是需要证据来证明的。

由此可见，查明并不等于证明，“自明”并不等于“他明”。任何人想让他人接受自己的事实主张，或者想让他人按照自己的事实主张做出裁断，那么此人就得用证据向他人进行证明。明确查明与证明的概念及其相互关系，不仅对于证据理论研究很有意义，而且对于证明实践也很有意义。

四、证明的定义

如前所述，证明就是用证据来明确或表明。那么，司法活动中的证明，就是指司法人员或司法活动的参与者运用证据明确或表明案件事实的活动。这包括两层含义，一是提出事实主张的当事人、律师、检察官等用证据向法官说明或表明案件事实存在与否的活动；二是法官运用证据查明和认定案件事实的认识活动。狭义的证明，仅指前一种含义上的证明。

理解证明的定义，关键在于明确证明的主体。证明的主体即在司法活动中进行证明的人。根据我国有关法律的规定，诉讼证明的主体包括当事人、律师、侦查人员、监察人员、公诉人员和审判人员等。其中，当事人、律师、侦查人员、监察人员和公诉人员是他向证明的主体，在某些情况下也可以成为自向证明的主体；审判人员则只能是自向证明的主体。

审判人员为什么不能成为诉讼活动中他向证明的主体呢？简言之，虽然诉讼活动中的证明可以统称为证明，虽然审判人员在证明过程中起着非常重要的作用，但是，审判人员不是用证据去向他人说明或表明案件事实的人，而是查明案件事实的人，是接受或认定证据所说明或表明之案件事实的人。换言之，他们不是证明活动中的说服者，而是被说服者。诚然，审判人员在必要的情况下也可以自己去收集证据，但这是为了查明案件事实，为了让自己明白，不是为了让他人明白。

另外，在诉讼活动中，他向证明的主体都应该根据一定的原则承担相应的证明责任，而且承担证明责任者在案件事实不清、证据不足的情况下，必须承担败诉或其他不利的诉讼后果。如果审判人员属于他向证明的主体，那么他们就必须承担相应的证明责任乃至不利的诉讼后果，而这显然违背诉讼的基本原理。

不同主体在诉讼中地位不同，其证明案件事实的方式和角度也有所不同。在刑事诉讼中,当事人是为保护自己的合法权益而进行证明;律师是为保护其委托人的合法权益而进行证明;侦查人员、监察人员是从揭露犯罪和证实犯罪的角度来进行证明;公诉人员是从审查起诉和支持公诉的角度来进行证明;审判人员则是从裁断有罪无罪和定罪量刑的角度来进行证明。民事、行政诉讼中不同诉讼主体的证明目的亦可作此类推。无论诉讼性质如何,若仅就审判阶段而言,唯有审判人员的活动属于自向证明,其他主体的活动一般都属于他向证明。

五、证明的不同阶段及基本要素

司法证明的过程如机械化的生产流程,是分阶段完成的,大体上包括证明初始阶段、证明实施阶段与证明终结阶段。它们承上启下、相互关联,共同构成一个庞大而完整的证明流程。缺少任何一个环节或不同环节之间的错位,都会影响证明任务的顺利完成。

证明初始阶段,也称为证明开始阶段,涉及证明的启动,即由谁启动司法证明、承担什么证明任务。这一阶段涉及三个基本要素:(1)证明主体,即由谁来实施证明的工作。这一要素就是指广义上的当事人。(2)证明对象,即需要证明的究竟是什么。这一要素基本上是当事人进行诉讼所涉及的案件事实,但不是全部的案件事实。下一节将就此作详细地展开。(3)行为意义上的证明责任,即为什么要由某一方当事人完成对相关案件事实的证明。这三者实际上也是证明初期必须明确的基本问题。

证明实施阶段涉及证据的提出、质询、初步审查与判断:(1)证据的提出主要指诉讼当事人在审判中向法庭提出证据证明其主张的事实的行为,包括讯问被告人、询问被害人及证人等、宣读未到庭的证人证言及鉴定意见等、出示有关的物证书证、播放视听资料等内容。提出证据的主体应当为各方当事人,而不包括审案的法官。(2)证据的质询(质证)是指诉讼当事人及其代理人在审判过程中针对对方举出的证据进行质疑和询问。质询是诉讼双方反驳对方证据的重要手段,也是形成法官心证的重要方式。(3)证据的初步审查与判断则要求诉讼主体质询证据后,对质询的过程和证据本身进行分析研究,鉴别其真伪,并初步判断其与案件有无联系,以确定其证明力的有无及大小,为全案事实的认定奠定基础。这一阶段的任务如何完成,落实为证明方法、证明环节与证明规则三要素。简言之，证明方法是指证明主体运用证据证明案件事实的方式、办法和手段，证明环节是指推动司法证明进程所需要经历的举证、质证和认证步骤，证明规则是指法律法规所确定的证据资格规则、证明力规则等。这三者相互交错地共同起着作用，推动着司法证明走向终结。

证明终结阶段涉及对案件事实的认定。这是整个司法证明活动的归宿和关键。事实的认定是法官、陪审员行使审判权的一种职能活动，也是具有特定法律效力的司法行为。在这一阶段，法官需要综合全案所有证据进行考察，审查它们之间是否存在足够的印证关系，进而评断是否能够证明全案的案件事实。由于这种认定不可能做到“百分之百”地还原案件真相，因此法官需要考虑证明标准与证明责任两个要素。简言之，前者是衡量案件事实清楚的法律尺度，后者是裁量案件事实不清时由哪一方当事人承担不利后果的尺度。凡是达到了证明标准，便可以作出肯定性裁判；凡是没有达到证明标准，便要考虑由哪一方当事人承担证明责任，作出否定性裁判或存疑性裁判。

司法证明的三阶段、七要素不是静止的关系，而是在运动中形成不同的结构体系。这些动态的结构体系既是分阶段的，也是整体性的。下面绘制其起点、终点及基本要素的模型，见图 7－1。

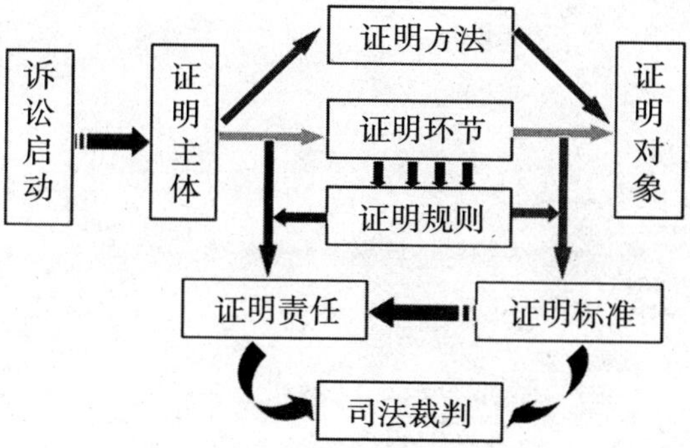

图 7－1　司法证明的基本要素

不难看出，任何司法处理结果的做出，本质上都是这一证明结构体系动态运行的产物。特别是在证明终结阶段，法官必须衡量证明主体所提交的所有证据是否达到了证明标准,以及是否需要根据证明责任的分担结果做出裁决。这往往形成了不同的处理结果。

具体来说,司法处理包括三种类型:一是肯定性的判决或裁定。做出这一处理的前提是,承担证明责任的一方对案件事实的司法证明已经达到了法定的证明标准的程度。二是否定性的判决或裁定。如果法院确认承担证明责任的一方所主张的案件事实不存在,那么就要做出否定性的判决或裁定。三是存疑性的判决或裁定。做出这一处理的前提是,承担证明责任的一方对案件事实的司法证明尚未达到证明标准。在这种情况下,法院通常需要裁量由哪一方当事人承担证明责任,然后判定这一方当事人承担举证不能的败诉后果。

第二节 证明对象的概念

法官要作出裁判,对法规和事实两个方面都必须认定……但是,作为证明对象最普通的还是事实,即当事人所主张的具体事实是否存在的问题……在这些事实中,当事人不争执的事实,就不需要法院认定,并且法院对显著事实的认定也不需要证据。

——[日]兼子一、竹下守夫

2011年7月13日,原告陈××在被告福建省仙游县中国农业银行处开通了银行账户。2015年3月12日22时51分,原告收到中国农业银行客服电话95××9发来的短信两条"您尾号5119的农行账户于3月12日22时50分完成一笔转支交易,金额为-105900.00,余额135.28……"2015年3月13日早上,原告看到信息后便持该借记卡去银行查询,银行告知原告该笔款项在泉州市石狮香江中国农业银行被转账至他人账户。原告随后向仙游县公安局报警,公安局已立案但未侦破。之后,原告要求被告赔偿存款损失,经交涉未果。原告于2016年4月15日诉至法院,主张原告、被告之间的储蓄存款合同关系成立并有效,被告负有保障储户资金安全及保密的义务,应当承担赔偿原告存款损失的违约责任。被告仙游农行辩称:原告提供的证据不足,不能证明其借记卡是被他人复制、盗取而存在伪卡交易;被告不存在任何违约,也不存在任何过错,不应承担任何责任;原告未妥善保管秘密,责任应当自行承当。

该案的处理,首先要清楚双方当事人的证明对象。法院经审理认为,原告陈××在被告处开通银行账户,双方之间的储蓄存款合同依法成立,合法有效,应受法律保护。根据《商业银行法》第6条规定"商业银行应当保障存款人的合法权益不受任何单位和个人的侵犯”,被告应当保障存款人的存款安全。根据上述分析认定,被告在没有证据证明原告存在违约或违法犯罪情形的前提下,应先行向原告赔付存款损失及相应的活期存款利息。

一、证明对象的含义

在诉讼活动中,证明对象有两种含义:一是证明的接受者,即证明活动要说服的对象;二是证明的针对物,即需要证明的事实,又称为证明的客体。人们通常把证明对象解释为需要证明的事实,但这种解释容易掩盖另外一种证明对象,即作为证明接受者的人,而这也是证明的一个重要问题。

就证明对象的第一种含义而言,自向证明可能没有证明的接受者,或者说证明对象就是证明主体自己。但是,他向证明则肯定有证明对象,即接受证明或者被证明说服的人。从我们在第一节中谈到的证明例子来看,张三要让别人相信自己的决定是正确的,李四要让别人相信自己是好人,这里说的“别人”就是证明的对象。在诉讼的不同阶段,他向证明的主体和对象会发生一些变化。以刑事诉讼为例,在审查批捕、审查起诉阶段,证明的主体是侦查人员、监察人员,证明的对象是负责审查批捕和起诉的检察官;在审判阶段,检察官又成了证明的主体,法官则是证明的对象。当然,审判阶段的证明主体还包括案件的当事人及其律师或其他诉讼代理人。

就证明对象的第二种含义而言,证明的客体主要是案件事实,而且是未知或有争议的案件事实。如果是众所周知或双方认知的事实,当然就无须证明了。但是,这里所说的“未知”,并不一定是所有人都不知道。对于他向证明来说,这主要是指将要接受证明的人或者做出裁判的人不知道,而他向证明的主体往往都知道或者以为自己知道要证明的案件事实。这里所说的“案件事实”,是指法律规定司法机关为了正确做出裁判必须明确的事实,是适用法律不可缺少的基础;它基本上等同于争议事实、待证事实或要证事实,而与全案事实、案情事实有所不同。

在司法活动中,证明的对象或客体通常指第二种含义上的证明对象,即需要用证据等证明的案件事实。下文所述均是指这种含义的证明对象。研究这种证明对象具有非常重要的意义,因为它是证明活动的中心环节。一般来说,证明活动都是围绕证明对象展开的,也是以证明对象为归宿的。

在理解证明对象的定义时,还应该注意把握以下要点:第一,证明对象是以诉讼主体的事实主张为基础的,没有主张的事实一般不能成为证明的对象。在刑事诉讼中,检察官代表国家和人民提出的犯罪指控包括事实主张;在民事、行政诉讼中,原被告两方的诉讼请求中都包含事实主张。第二,证明对象是与证明责任密切相关的。凡是证明对象,都要有相应的证明责任;所有证明责任,都是针对一定证明对象而言的。第三,证明对象是必须由证据加以证明的案件事实。如果某个案件事实是无须证明的或者不证自明的,那么它就不属于证明的对象。第四,证明对象以实体法律的规定为主要依据。通常诉讼主体的事实主张都是依据实体法律的规定提出的,所以实体法律规定的具体案件事实的构成要件往往就是证明对象的核心内容。[13] 诚然,哪些实体法事实属于免证事实而非证明对象,以及除实体法事实之外的程序法事实、证据事实等应否划归证明对象,这些问题值得特别讨论。

二、证明对象的范围

(一)程序法事实

所谓程序法事实,是指那些与案件本身没有关系但是对解决某些诉讼程序性问题具有法律意义的事实,包括关于回避的事实、关于违反诉讼期限的事实、关于不应采用刑事强制措施的事实、关于违反法定诉讼程序的事实、关于变更执行依据的事实等。例如,一方当事人要求法官或者鉴定人回避,那么他应当说明要求回避的事实理由,或者该法官是另一方当事人的亲友,或者该鉴定人与另一方当事人有共同的利害关系等。这些就是所谓的程序法事实。

在程序法事实应否成为证明对象的问题上,证据法学界有不同的观点。

---

〔13〕 我国有学者指出,判断某一事实是否属于证明对象,并非看诉讼中是否需要运用证据对其加以证明,这只是表象;根本性的判断标准应当是相应的法律后果,只有那些在法律逻辑上,对产生所欲求的法律后果必不可少的事实,说它是证明对象才更有意义。参见孙远:《证明对象、要件事实与犯罪构成》,载《政治与法律》2011 年第 8 期。

肯定论者认为,程序法事实应当属于诉讼中证明的对象,[14]因为这些事实是司法机关做出相应裁定或决定的基础,而且是需要由提出请求或主张的一方用证据加以证明的。否定论者则认为程序法事实不属于诉讼中证明的对象,[15]主要理由是诉讼中的证明对象应该仅限于实体法意义上的事实,即对诉讼结果或司法判决有直接意义的事实。我们认为,这种争论并没有太大的实际意义,因为无论程序法事实是否称为证明对象,当事人提出类似回避等程序请求时都要有事实依据,都要用证据加以证明。当然,程序法事实与实体法事实具有不同的性质,实体法事实是诉讼活动中主要的证明对象。

(二)证据事实

关于证据事实应否成为证明对象的问题,学者们也有不同的观点。肯定论者认为,所有证据事实都应该成为证明的对象,因为任何证据都需要查证属实,也就是说,任何证据都需要由别的证据来加以证明。[16]区分论者认为,直接证据事实不应该成为证明的对象,或者说,不必单独列为证明的对象,因为它就是案件的主要事实;但是间接证据事实应该列为证明的对象,因为间接证据必须互相印证、互相连接,才能构成案件证明的完整链条。[17]否定论者认为,证据事实根本就不是证明的对象,因为所谓的证据事实是用来证明案件事实的,属于证明的手段,人们不应把手段和对象混为一谈。[18]

我们认为,证据事实不属于证明对象。虽然证据也需要印证或佐证,但那属于对证据的审查评断,与对案件事实的证明不一样。不能因为证据需要审查判断就把它说成证明的对象。证据是证明案件事实的根据,如果说证据事实也是证明对象,那么证据就不仅是证明案件事实的根据,也是证明证据事实的根据。于是,这就会导致自我循环,如证据是证明证据的根据,

---

〔14〕樊崇义主编:《证据法学》,法律出版社 2001 年版,第 187 页。

〔15〕江伟主编:《证据法学》,法律出版社 1999 年版,第 63 页。

〔16〕宋世杰:《诉讼证据法学》,中南工业大学出版社 1998 年版,第 157 页。

〔17〕裴苍龄:《证据法学新论》,法律出版社 1989 年版,第 160～161 页。

〔18〕樊崇义主编:《证据法学》,法律出版社 2001 年版,第 188 页;江伟主编:《证据法学》,法律出版社 1999 年版,第 64 页。

证明对象是由证明对象证明的对象。

其实,“证据事实”的说法本身就值得商榷。关于“证据事实”的概念,学者们有两种解释:一种观点认为,证据事实是指证据本身,因为每一个证据也可以看作一个事实;[19]另一种观点认为,证据事实是指每一个具体证据所表明或说明的、与案件有关的事实。第一种解释把每个证据本身视为一个事实,例如,侦查人员在一起杀人案件的现场发现了一封与案件有关的信。这封信本身也是一个事实,所以称为证据事实。但是,这封信就是证据,再称之为“证据事实”确有画蛇添足的嫌疑。第二种解释把每个证据所反映的案件事实称为“证据事实”,例如,现场发现的那封信的内容反映了某人与死者存在暧昧关系,这个事实就是证据事实。然而,这很容易与案件事实混淆起来,因为这个事实本身就是案件事实,再称之为“证据事实”纯属多此一举。

(三)免证事实

如前所述,证明对象是未知或者有争议的案件事实。如果某一案件事实虽然是实体法事实,或者某一程序法事实是需要证据加以证明的,但这些事实却属于已知的或者没有争议的,那么当然就没有必要进行证明了。这里所说的“已知的事实”,通常包括众所周知的事实、可以推定的事实、已经确认的事实等;这里所说的“没有争议的事实”,主要指一方当事人提出而且对方明确表示承认的事实。在证据法上,这些事实被合称为“免证事实”。

我国不同法律规范对免证事实做了具体细化。最高人民检察院于2019年发布的《人民检察院刑事诉讼规则》第401条规定的免证事实包括:(1)为一般人共同知晓的常识性事实;(2)人民法院生效裁判所确认并且未依审判监督程序重新审理的事实;(3)法律、法规的内容以及适用等属于审判人员履行职务所应当知晓的事实;(4)在法庭审理中不存在异议的程序事实;(5)法律规定的推定事实;(6)自然规律或者定律。

2020年实施的最高人民法院《关于民事诉讼证据的若干规定》第10条

---

〔19〕 陈一云主编:《证据学》(第2版),中国人民大学出版社2000年版,第149~153页。

第1款规定的免证事实包括:(1)自然规律以及定理、定律;(2)众所周知的事实;(3)根据法律规定推定的事实;(4)根据已知的事实和日常生活经验法则推定出的另一事实;(5)已为仲裁机构的生效裁决所确认的事实;(6)已为人民法院发生法律效力的裁判所确认的基本事实;(7)已为有效公证文书所证明的事实。

2002年实施的最高人民法院《关于行政诉讼证据若干问题的规定》第68条第1款规定的免证事实包括:(1)众所周知的事实;(2)自然规律及定理;(3)按照法律规定推定的事实;(4)已经依法证明的事实;(5)根据日常生活经验法则推定的事实。

第三节　证明对象的构成

世上万物皆不相同，即使在茂密的树林里也找不出两片完全一样的树叶。

——[古希腊]亚里士多德

5月15日何教授驾驶一辆小轿车，在北京顺义城南一个十字路口发生了一起交通事故：小轿车的前部与一辆卡车的尾部相撞，造成小轿车的挡风玻璃破碎及其他损坏。假如当时没有交通警察在场，而双方就事故责任和赔偿等事项发生争议，最终诉诸法院。原告即何教授诉称的事实经过如下：他驾驶的小轿车来到该路口时依次停在被告的卡车后面，而被告的卡车突然向后倒来；他急忙按喇叭，但是那辆卡车直到其车厢的后角顶碎了小轿车的挡风玻璃之后才停住。下车后，他非常气愤，卡车司机也下车了，惊慌地说自己是新司机，本想挂前进挡，却错挂了倒退挡，并问是"公了"还是"私了"。当时何教授的妻子坐在车内，可以证明上述事实。而被告即卡车司机辩称的事实如下：他驾驶的卡车来到该路口时因前面有车而停下。就在这时，他听到后面一声响，发现后面的小轿车撞到了他的车上。他根本就没有倒车，是原告的小轿车"追尾"。当时卡车上还坐着他们单位的一个人，可以为他作证。另外，现场一位"目击者"也声称他"亲眼看见是后边的小轿车撞上了前面停着的卡车"。请问，本案证明对象的构成要素是什么？

一、证明对象的分类

在展开论述证据对象的构成之前，我们有必要先对其进行不同角度的分类。分类将有助于进一步了解证明对象的复杂性,有助于弄清楚证明对象的构成要素及其组合关系。

首先,根据所处程序的不同,证明对象可分为刑事诉讼证明对象、民事诉讼证明对象、行政诉讼证明对象、行政程序证明对象、仲裁证明对象与公证证明对象等。这种分类的意义在于揭示三大诉讼及其他法律活动中证明对象的不同之处。由于刑事诉讼处理的是犯罪行为案件,民事诉讼处理的是有关民事权利义务关系的纠纷,而行政诉讼处理的是有关具体行政行为合法性、合理性的行政争议,诉讼客体不同决定了证明对象特别是实体要件事实的内容不同。

其次,根据法律依据的不同,证明对象可分为实体法规定的证明对象和程序法规定的证明对象,即实体法事实与程序法事实。前者涉及实体要件方面,后者涉及程序推进方面。三大诉讼证明对象的区别表现于前者,而后者基本上是一致的。

二、三大诉讼的证明对象

研究三大诉讼的证明对象,一方面要从法理上抓住实体法事实这个主线,另一方面要紧扣现行法律的相关规定。从我国现行证据法律制度来看,刑事诉讼证明对象比较具体、明确,在《刑事诉讼法》与最高人民法院《关于适用〈中华人民共和国刑事诉讼法〉的解释》中有针对性的规范条款;而民事诉讼、行政诉讼证明对象则比较复杂、模糊。

(一)刑事诉讼证明对象

我国《刑事诉讼法》第 52 条规定:“审判人员、检察人员、侦查人员必须依照法定程序,收集能够证实犯罪嫌疑人、被告人有罪或者无罪、犯罪情节轻重的各种证据……”根据这条规定,有关犯罪嫌疑人、被告人是否有罪及犯罪情节轻重的事实,包括定罪事实、量刑事实及程序事实,都属于刑事诉讼证明对象。

最高人民法院《关于适用〈中华人民共和国刑事诉讼法〉的解释》第 72 条第 1 款还作了进一步明确:(刑事诉讼中)应当运用证据证明的案件事实包括:(1)被告人、被害人的身份;(2)被指控的犯罪是否存在;(3)被指控的犯罪是否为被告人所实施;(4)被告人有无刑事责任能力,有无罪过,实施犯罪的动机、目的;(5)实施犯罪的时间、地点、手段、后果以及案件起因等;(6)是否系共同犯罪或者犯罪事实存在关联,以及被告人在犯罪中的地位、作用;(7)被告人有无从重、从轻、减轻、免除处罚情节;(8)有关涉案财物处理的事实;(9)有关附带民事诉讼的事实;(10)有关管辖、回避、延期审理等的程序事实;(11)与定罪量刑有关的其他事实。据此可见,刑事诉讼中完整的证明对象包括如下事实:

1. 被指控犯罪行为构成要件的事实。构成要件是指被指控的犯罪行为成立的条件。刑法规定的各种犯罪之所以成立并且相互有别,是因为它们各自的要件不同。每一种犯罪行为都有独立的构成要件使犯罪得以确认。被指控的犯罪不同,证明对象所包含的要件事实也就不同。学理通说认为,犯罪行为的构成要件一般有四个:(1)犯罪客体,是指刑法所保护的、犯罪行为所侵害的具体的社会关系等;(2)犯罪主体,是指实施了危害社会的行为、依法应负刑事责任的自然人和单位;(3)犯罪的客观方面,是指犯罪主体实施了危害社会的犯罪行为,以及与犯罪行为有关的各项客观事实,如犯罪的时间、地点、手段、危害社会的结果等;(4)犯罪的主观方面,指犯罪主体实施犯罪行为时所持的主观心理态度,如故意、过失等。

2. 与犯罪行为轻重有关的各种量刑情节的事实。根据我国刑法的规定,有关量刑事实称为情节事实,既包括法定情节事实,又包括酌定情节事实。学理上一般概括如下:(1)从重处罚的事实,即在法定刑之内选择较重的刑种或较长刑期的事实,如教唆不满 18 岁的人犯罪、累犯等。(2)从轻、减轻处罚或者免除处罚的事实,如犯罪未遂、犯罪中止,在共同犯罪中起次要或者辅助作用的从犯,或者系被胁迫诱骗参加犯罪的胁从犯等,犯罪人在犯罪时不满 18 周岁的,或者是聋哑人、盲人的,犯罪以后自首的,被告人认罪认罚的,等等。

3. 排除某行为之违法性、可罚性的事实。惩罚犯罪和保障无罪的人不受刑事追究,是我国刑事诉讼所肩负的两大任务。据此,侦查机关对行为人有罪的事实应当全面查清,排除行为人行为之可罚性的事实也应当查清。这些事实具体包括:(1)排除行为违法性的事实。某些行为看似犯罪行为,但系客观情势所致或者其行为目的、动机等主观意志具有正当性,刑法明确否定这类行为的犯罪性质。这些行为既然因排除了其中的违法性因素而不构成犯罪,当然也就排除了受刑事追究的可能性,如正当防卫、紧急避险等。(2)排除可罚性的事实。这类危害行为一经发生,尽管法律上符合犯罪构成,但也不产生相应的刑事处罚责任。例如,犯罪行为实施后已经过多年,超出了刑法所规定的追诉时效;经特赦令免除刑罚的;依照刑法告诉才处理的犯罪,而被害人没有告诉,或者告诉后又撤诉的;被告人已经死亡;等等。

4. 免除或减轻刑事责任的事实。如果行为人没有达到法定的刑事责任年龄,或者在实施犯罪行为时,处于精神不正常的主观状态,则他们属于无刑事责任能力人,不受刑事追究。根据我国《刑法》第 17 条第 2、3、4 款的规定,已满十四周岁不满十六周岁的人,犯故意杀人、故意伤害致人重伤或者死亡、强奸、抢劫、贩卖毒品、放火、爆炸、投放危险物质罪的,应当负刑事责任;已满十二周岁不满十四周岁的人,犯故意杀人、故意伤害罪,致人死亡或者以特别残忍手段致人重伤造成严重残疾,情节恶劣,经最高人民检察院核准追诉的,应当负刑事责任;对依照规定追究刑事责任的不满十八周岁的人,应当从轻或者减轻处罚。根据《刑法》第 17 条之一的规定,已满七十五周岁的人故意犯罪的,可以从轻或者减轻处罚;过失犯罪的,应当从轻或者减轻处罚。

5. 刑事诉讼程序事实。这具体包括:(1)对犯罪嫌疑人、被告人采取强制措施的事实。公安司法机关可以根据案件的具体情况,依法对犯罪嫌疑人、被告人采取拘传、取保候审、监视居住、拘留、逮捕五种强制措施,以保障刑事诉讼的顺利进行。(2)有关回避的事实。办案人员与案件具有利害关系的,应当回避。(3)关于诉讼进程是否超越法定期限的事实。(4)公安司法机关或监察机关是否存在侵犯犯罪嫌疑人、被告人或被调查人诉讼权利的事实。(5)有关管辖争议的事实。(6)与刑罚执行的合法性有关的事实。

实践中,对于不同类型的案件总有一些主要的争议事实,它们是刑事诉讼中核心的证明对象。

链接　金某盈侵犯商业秘密案〔20〕

被告人金某盈于2005年应聘到明发公司工作，双方签订劳动合同。其间，金某盈先后担任业务员、销售部经理、副总经理，对菲涅尔超薄放大镜制作方法有一定了解，并掌握设备供销渠道、客户名单等信息。金某盈与明发公司签订有保密协议，约定劳动合同期限内、终止劳动合同后两年内及上述保密内容未被公众知悉期内，不得向第三方公开上述保密内容。2011年年初，金某盈从明发公司离职，当年3月24日以其姐夫应某甲、应某乙的名义成立菲涅尔公司。菲涅尔公司成立后随即向上述三家供应商购买与明发公司相同的胶板、模具和液压机等材料、设备，使用与明发公司相同的工艺生产同一种放大镜进入市场销售，造成明发公司经济损失人民币122万余元。

2018年1月23日，浙江省温州市公安局以金某盈涉嫌侵犯商业秘密罪移送温州市人民检察院（以下简称温州市检察院）审查起诉。1月25日，温州市检察院将本案交由瑞安市人民检察院（以下简称瑞安市检察院）办理。本案被告人未作有罪供述，为进一步夯实证据基础，检察机关退回公安机关就以下事项补充侦查：金某盈是否系菲涅尔公司实际经营者，该公司生产技术的取得途径，明发公司向金某盈支付保密费情况以及金某盈到案经过等事实。2018年8月16日，瑞安市检察院以被告人金某盈构成侵犯商业秘密罪提起公诉。庭审中，被告人金某盈及辩护人提出以下辩护意见：（1）鉴定人检索策略错误、未进行技术特征比对、鉴定材料厚度未能全覆盖鉴定结论，故现有证据不足以证明明发公司掌握的菲涅尔超薄放大镜生产工艺属于“不为公众所知悉”的技术信息。（2）涉案三家供应商信息属于通过公开途径可以获取的信息，不属于商业秘密。（3）菲涅尔公司系通过正常渠道获知相关信息，其使用的生产工艺系公司股东应某甲通过向其他厂家学习、询问而得知，金某盈没有使用涉案技术、经营信息的行为及故意，并提供了8份文献证明涉案技术信息已公开。（4）保密协议仅对保密内容作了原则性规定，不具有可操作性，保密协议约定了保密津贴，但明发公司未按约向被告人金某盈发放保密津贴。公诉人主要从“涉案工艺具备非公知性”“涉案供应商信息属于商业秘密”“金某盈在明发公司任职期间接触并

---

〔20〕　最高人民检察院指导性案例检例第102号。

掌握明发公司的商业秘密”“金某盈使用了明发公司的商业秘密”“现有证据足以排除金某盈通过其他合法渠道获取或自行研发超薄放大镜生产工艺的可能”“保密协议约定明确,被告人金某盈应当知晓其对涉案技术信息和经营信息负有保密义务”六个方面做了回应。一审、二审法院均判处被告人金某盈构成侵犯商业秘密罪。

本案的指导要旨是:办理侵犯商业秘密犯罪案件,被告人作无罪辩解的,既要注意审查商业秘密的成立及侵犯商业秘密的证据,又要依法排除被告人取得商业秘密的合法来源,形成指控犯罪的证据链。具体来说,控方通过证据之间的相互印证,排除被告人获取、使用商业秘密来源合法的可能性的,可以证实其实施侵犯商业秘密的犯罪行为。换言之,双方的具体争议在一定程度上限缩了案件中的证明对象。

(二)民事诉讼证明对象

民事诉讼的证明对象需要区分诉讼的类型,结合不同的法律规范和学理来考虑。这些法律规范既包括《民法典》《专利法》《商标法》《反不正当竞争法》等实体法,也包括《民事诉讼法》《仲裁法》等程序法,还包括最高人民法院《关于民事诉讼证据的若干规定》等司法解释。

我国学界的通说认为,民事诉讼证明对象可以归结为以下四个方面的事实:(1)民事法律关系发生、变更和消灭的事实,即与民事法律关系构成要素有关的事实,具体包括民事主体的事实、民事行为及其效果的事实、民事权利义务的成立、变更和消灭的事实等。(2)民事争议发生过程的事实,即当事人之间因民事权利义务的享有、履行发生纠纷、解决纠纷乃至最后诉诸人民法院的事实。(3)当事人主张的民事诉讼程序事实,具体包括有关当事人资格的事实、有关法院主管和管辖的事实、有关审判组织的事实、有关审判程序的事实、有关民事强制措施的事实、有关诉讼期间的事实等。(4)有关外国法律法规的事实。外国的法律法规是否存在和有效,对我国的人民法院来说是一个事实问题。在涉外民事诉讼中,当事人主张适用外国的法律法规的,应当举证证明外国法律法规的存在及其效力。[21]

---

〔21〕 常怡主编:《民事诉讼法学》,中国政法大学出版社1994年版,第163～164页。

（三）行政诉讼证明对象

相对而言，我国确定行政诉讼证明对象的实体法依据比较复杂。这是由行政管理的广泛性和多样性决定的。行政管理划分为公安、税务、规划、财政等许多部门，行政法律法规也相应地存在部门或行业的划分。每一个部门或行业的行政案件具有不同的证明对象。同时，作为行政诉讼客体的被诉具体行政行为也存在行政处罚、行政许可、行政收费、行政合同等多种多样的形态，每一种具体行政行为的证明对象也存在一定的差异。

我国《行政诉讼法》仍是确定其证明对象的主要法律依据。第 6 条规定："人民法院审理行政案件，对行政行为是否合法进行审查。"第 34 条第 1 款规定："被告对作出的行政行为负有举证责任，应当提供作出该行政行为的证据和所依据的规范性文件。"第 89 条规定："人民法院审理上诉案件，按照下列情形，分别处理：（一）原判决、裁定认定事实清楚，适用法律、法规正确的，判决或者裁定驳回上诉，维持原判决、裁定；（二）原判决、裁定认定事实错误或者适用法律、法规错误的，依法改判、撤销或者变更；（三）原判决认定基本事实不清、证据不足的，发回原审人民法院重审，或者查清事实后改判；（四）原判决遗漏当事人或者违法缺席判决等严重违反法定程序的，裁定撤销原判决，发回原审人民法院重审。原审人民法院对发回重审的案件作出判决后，当事人提起上诉的，第二审人民法院不得再次发回重审。人民法院审理上诉案件，需要改变原审判决的，应当同时对被诉行政行为作出判决。"根据这些条款，行政诉讼的证明对象包括与被诉具体行政行为合法性、合理性有关的事实和行政诉讼程序事实。另外，《国家赔偿法》《行政复议法》《行政处罚法》与行政诉讼有密切的联系，它们是确定行政诉讼证明对象的程序法依据。

由此可见，行政诉讼证明对象大体上可以分为与被诉行政行为合法性和合理性有关的事实、与行政赔偿构成要件有关的事实和行政诉讼程序事实。

1. 与被诉具体行政行为合法性和合理性有关的事实。行政行为是指行政机关行使行政职权，依法作出的具有法律效力的行为，包括具体行政行为和抽象行政行为。具体行政行为是指行政机关行使行政职权，对特定的公民、法人或者其他组织和特定的事件单方面作出的直接产生法律效力的行为。我国《行政处罚法》第7条专门规定,公民、法人或者其他组织对行政处罚不服的,有权提起行政诉讼。这里所说的"行政处罚",是指行政机关依法对违反行政管理秩序的公民、法人或者其他组织,以减损权益或者增加义务的方式予以惩戒的行为。它属于具体行政行为之列。由于被诉具体行政行为的合法性和合理性是一般行政诉讼的主要客体,与此有关的事实也就成为一般行政诉讼的证明对象。这具体包括有关被告行政机关的行政主体资格和权限、原告即行政相对人是否实施了被处理行为或者是否符合法定条件、被诉具体行政行为是否符合法定程序、被告作出被诉具体行政行为时目的是否正当,以及被诉具体行政行为的处理与案件的事实、情节和性质是否相适应等事实。

2. 与被诉抽象行政行为合法性有关的事实。抽象行政行为是指行政机关依法对不特定的人和事件制定具有普遍约束力的行为规则的行为。根据《行政复议法》的有关规定,行政法规和规章以外的抽象行政行为可能成为行政诉讼的审查对象,[22]与其合法性有关的事实也就相应地成为一般行政诉讼的证明对象。它具体包括如下方面的事实:(1)作为抽象行政行为主体的行政机关是否享有实施该抽象行政行为的行政职权。(2)实施抽象行政行为的程序是否合法。(3)抽象行政行为的适用范围和效力情况。

3. 行政赔偿构成要件的事实。行政赔偿是指行政机关及其工作人员在行使行政职权过程中违法侵害公民、法人或者其他组织合法权益造成损害的,国家要承担赔偿责任。在行政侵权赔偿诉讼中,行政赔偿构成要件的事实是主要的证明对象,也是行政赔偿诉讼证明对象与一般行政诉讼证明对象的区别所在。具体包括:(1)侵权行为是否由作为被告的行政机关及其工作人员实施。这里对工作人员应当作广义的理解,不仅包括具有公务员身份的工作人员,而且包括接受行政机关指派或者公务员唆使而实施侵权行为的公民。(2)侵权行为是否为行政机关及其工作人员在行使行政职权

---

〔22〕 我国《行政复议法》第7条规定:"公民、法人或者其他组织认为行政机关的具体行政行为所依据的下列规定不合法,在对具体行政行为申请行政复议时,可以一并向行政复议机关提出对该规定的审查申请:(一)国务院部门的规定;(二)县级以上地方各级人民政府及其工作部门的规定;(三)乡、镇人民政府的规定。前款所列规定不含国务院部、委员会规章和地方人民政府规章。规章的审查依照法律、行政法规办理。"

的过程中实施。这一点应当从是否存在相应的法定职权、行为的目的、时间和场合等方面认定。(3)侵权行为是否违法,包括违反程序法和行政法、民法等实体法。(4)侵权行为是否给作为原告的受害人造成人身权或者财产权的损害、损害的大小如何。(5)侵权行为与损害之间是否具有直接的因果关系,因果关系应当从侵权行为实施的条件、作用等方面认定。另外,原告单独提出赔偿请求的,人民法院还应当查明赔偿义务机关作出处理的情况。

4. 行政诉讼程序事实。行政诉讼程序事实是指原告行政诉讼程序是否合法推进的事实,具体包括:(1)有关当事人资格的事实;(2)有关法院主管和管辖的事实;(3)有关审判组织的事实;(4)有关审判程序的事实;(5)有关采取排除妨害行政诉讼强制措施的事实;(6)有关诉讼期间的事实;(7)有关被告及其代理人是否在诉讼过程中自行向原告和证人取证的事实;(8)有关行政诉讼执行程序是否合法的事实;等等。

三、证明对象的构成要素

证明对象的基本内容是由需要证明的案件事实构成的。虽然社会生活的复杂性和多样性决定了案件事实的复杂性和多样性,但是形形色色的案件都是由一些基本事实要素构成的。这些案件事实要素可以简称为“七何”(英文中称七个“W”),即何事(What matter)、何时(When)、何地(Where)、何情(How)、何故(Why)、何物(What thing)、何人(Who)。

(一)何事

任何案件都是一种事件,因此都有一定的性质。所谓“何事”,即什么性质的事件,而事件的性质往往有多个层次。以刑事案件为例,在某人意外死亡的事件中,首先要判断这是正常死亡还是非正常死亡;如果确定为非正常死亡,则要进一步判断是自杀还是他杀;如果确定为他杀,还要进一步判断是犯罪杀人还是非犯罪杀人(如正当防卫);如果确定为犯罪杀人,仍要进一步判断是仇杀、财杀、情杀、流氓杀人还是激情杀人等。这些由犯罪行为的性质及其侵害的后果所决定的刑事案件性质,需要分不同层次逐一明确。因此,证明案件的性质,就要证明涉案行为的性质及其引发的法律后果。

在案件发生后,虽然对行政执法人员、监察人员、司法人员、当事人或律师来说事件的性质可能是已然明确的事情,但是就诉讼而言,这些都是需要用证据证明的事实。换言之,案件的性质是证明的主要对象之一。

(二)何时

任何案件都是在一定时间内发生的,因此时间是案件事实的构成要素之一。所谓"何时",指的就是案件的这种时间特征。它有三层含义:一是某案件在客观世界时间进程中的顺序性,或者说该案件是在什么时间发生的,如某盗窃案发生于2021年10月20日凌晨2时30分等;二是某案件在客观世界时间进程中的连续性,或者说该案件持续了多长时间,如该盗窃活动持续了40分钟等;三是某案件在客观世界时间进程中的关联性,或者说该案件与其他事件的时间关系,如该盗窃案发生在当天下雨之前等。

在实践中,有些案件发生的时间是已知的,有些是可推知的,有些是需要查知的;而且有些是只知时间点不知时间段,另有一些虽不知准确时间却知其与其他事件的先后关系。无论在何种情况下,案件的时间都是证明的重要对象。

(三)何地

任何案件都是在一定空间内发生的,因此空间也是案件事实的构成要素之一。所谓"何地",指的就是案件的这种空间特征。空间表示物体在宇宙中的位置及其与其他物体的相互关系。它具有广延性、三维性、排列性等特征,这是无须赘述的。除此之外,案件的空间特征还应包括自然形态特征和社会形态特征。前者主要指案件发生场所的地形、地物、地貌等自然环境和自然因素特征;后者主要指案件发生场所的社会属性及其周围环境的政治、经济、文化、宗教等社会背景特征。

一般来说,案件发生的地点或场所在发现案件时都是比较明确的,因此证明的主要任务不是查找这些地点或场所,而是发掘这些地点或场所中与案件有关的各种信息。不过,在有些案件中,案件发生在"何地"也会成为证明的首要任务,因为办案人员接案时并不知道案件发生的地点或场所,或者那些已知的场所并不是案件发生的真正场所或主要场所,杀人抛尸案就是典型的例证。此外,针对日益兴起的网络犯罪,出现了在网络空间中实施犯罪的情形,犯罪人从大部分的线下物理或社会空间转移至线上虚拟空间作案,其"地点""场所"更加难以捉摸。总之,"何地"是案件事实的重要组成部分,是必须用证据证明的对象。

(四)何情

"何情"指的是案件发生时的情况,或者说案件是在何种情况下发生的、如何发生的,因此又可称为"如何"。它包括案件发生的方式和过程。

首先,任何案件都是以一定方式表现出来的,而不同案件的表现方式又有所不同。例如,民事案件与刑事案件的表现方式不同;在民事案件中,离婚纠纷案与继承纠纷案的表现方式不同,扶养纠纷案和赡养纠纷案的表现方式不同,房屋纠纷案和债务纠纷案的表现方式不同,侵害人身权利案和侵害知识产权案的表现方式也不同;在刑事案件中,杀人案件与伤害案件的表现方式不同,强奸案件与抢劫案件的表现方式不同,盗窃案件与诈骗案件的表现方式不同,纵火案件与爆炸案件的表现方式不同,贪污案件与贿赂案件的表现方式也不同。严格地说,每一起案件都有不完全等同于其他案件的表现方式。例如,同为杀人案件,其表现方式又有毒杀、枪杀、勒杀、扼杀、闷杀、溺杀、电杀、刺杀、棒杀等。因此,证明的任务之一就是证明具体案件的表现方式。

其次,每个案件的发生都有其独立且完整的过程,因为每个案件都是由相关人员的一系列行为或活动所组成。例如,在相对简单的公民债务纠纷案件中,这一过程可以包括债权人和债务人达成口头或书面借款协议的行为、债权人把钱款交给债务人的行为、债权人向债务人追索借款的行为等;在相对复杂的合资企业纠纷案件中,这一过程可以包括合资双方为建立合资企业而进行可行性研究和合同谈判的活动、双方签订合资企业合同的活动、双方共建合资企业的活动、双方共同经营管理合资企业的活动、产生纠纷的具体活动,以及双方为解决纠纷而进行的活动等。证明案件发生的过程也是证明的重要任务,因为只有证明案件过程才能对案件有完整的认识,才能确保证明结果的准确性。例如,在一起入室盗窃案件中,侦查人员和公诉人员应该从作案分子如何准备行窃、如何进入现场、如何实施盗窃、如何逃离现场、如何销赃灭证的整个过程中发掘案件信息和收集证据,并在整体上把握它们之间的相互关系,从而对案件事实做出完整的证明。

(五)何故

"何故"指的是案件发生的原因,或者说案件为何发生,又可称为"为何"。它包括案件发生的主观原因和客观原因。前者指案件当事人或行为人的动机和目的,如某人提出离婚之诉的动机、某人实施贿赂的目的等;后者指促使或导致案件当事人或行为人做出某种决定或实施某种行为的外界因素,如导致某人决定离婚的家庭因素和社会环境因素,促使某人实施贿赂的外界诱因等。此外,"何故"还可以指造成案件后果的原因,如造成某块麦田减产的原因、造成某条河流污染的原因等。在诉讼活动中,证明案件发生的原因或造成案件后果的原因,其实质就是要证明案件中的因果关系。

案件中的因果关系具有复杂性和多态性的特点。首先,因果关系的形式是多种多样的,既有一因一果也有多因多果,既有一因多果也有多因一果;其次,因果关系的性质是多种多样的,既有直接联系也有间接联系,既有必然联系也有偶然联系;最后,因果关系的组合也是多种多样的,既有直链式也有网络式,既有并联式也有交叉式。

在实践中,证明案件中的因果关系具有非常重要的意义。一方面,案件中的因果关系往往是正确认定案件事实的关键。例如,在麦田减产的案件中,证明了减产是由于劣质麦种或劣质化肥还是旱灾、虫灾或管理不当,案件中的事实认定问题也就迎刃而解了。另一方面,案件中的因果关系还可以作为证明其他案件事实的线索和桥梁。例如,在杀人案件中,根据现场情况和证人陈述证明了杀人动机为复仇、图财或奸情,这种因果关系可以作为连接被告人和杀人行为的证明"桥梁"。总之,案件中的因果关系也是证明的重要对象之一。

(六)何物

任何案件都发生在客观物质世界之中,因此都会涉及一定的物体。所谓"何物",即与案件有关的是什么物体。根据这些物体与案件的关系或者在案件中的地位,可以将其分为三类:第一类是案件中的标的物,如继承纠纷案中的遗产、购销合同纠纷案中的货物、诈骗案件中骗取的财物等;第二类是案件中的使用物,如加工合同纠纷案中使用的机器、运输合同纠纷案中使用的车辆、杀人案件中使用的凶器等;第三类是案件中的关联物,如离婚案件中涉及的信件、运输合同纠纷案中涉及的票据、盗窃现场遗留的作案人衣物及有关痕迹等。

由于这些物体都以不同方式记载着与案件有关的信息,因此它们都反映着相应的案件事实。例如,诈骗的财物可以证明被告人诈骗该财物的事实;杀人凶器可以证明被告人使用该凶器杀人的事实;现场遗留物可以证明被告人在现场遗留该物品的事实。在诉讼活动中,这些物体一般都会成为案件中的物证,其本身并不是证明的对象,其所反映的案件事实才是证明的对象。

(七)何人

刑事案件、民事案件、行政案件及其他与执法等活动有关的案件,本质上都是人与人之间的纠纷。离开了人和人的行为,案件便失去了存在的基础和意义。所谓"何人",即与案件有关的是什么人。根据这些人与案件的关系或者在案件中的地位,我们可以将其分为三类:第一类是案件中的当事人,如刑事案件中的被告人和被害人,民事案件中的原告和被告等;第二类是案件中的关系人,如刑事案件中被告人或被害人的亲友,民事案件中与原告或被告有利益关系的人等;第三类是案件中的知情人,他们虽然与案件当事人无利益关系,但是了解与案件有关的情况,如交通事故的目击人、书写遗嘱时的见证人、发现无名尸体的报案人等。他们一般都可以成为案件中的证人。实际上,案件中的关系人也可能是案件中的知情人,而这种分类只以他们与案件的关系为基础。如果关系人了解案件中的事实情况,他们当然也就是案件中的证人。

在有些案件中,证明"何人"可能是证明的中心任务。例如,在"从事到人"的刑事案件中,证明的主要任务就是明确谁是作案人;在民事侵权诉讼中,证明的主要任务就是明确谁是侵权人。当然,这里需要证明的不仅是涉案人的身份,也包括依法可以排除或减轻涉案人法律责任的有关事实情况,如作案人作案时的年龄、精神状态等。

最后,我们不妨按照上述证明对象构成七要素理论对节首的案例进行解析。第一步,可以先将该案双方主张的案件事实要素列表如下(如表7－1所示):

表7－1　双方主张的案件事实要素

案件事实构成要素	原告主张的事实	被告主张的事实
何事	卡车后倒撞坏小轿车	小轿车"追尾"
何时	×年5月15日	(同左)
何地	顺义县城南路口	(同左)
何情	小轿车停在卡车后面,卡车突然向后倒车并撞坏小轿车	卡车停在路口,小轿车刹车不及,撞在卡车尾部
何故	(不清楚)	(不清楚)
何物	小轿车和卡车	(同左)
何人	双方当事人与原告方证人	双方当事人与被告方证人

第二步,依据上表不难推断出,当事人双方争议的焦点在于"何事"与"何情",而"何故"则是双方可以从不同角度加以说明的空白事项。因此,本案的证明对象笼统地说是上述"七何",但是具体体现为案件事实中的"何事""何情""何故"三个构成要素。

思考讨论题

1. 司法证明与科学证明有何异同?
2. 阐述自向证明与他向证明两分法对证明制度构建的意义。
3. 如何全面理解司法证明中的"事实"概念?并请简述全案事实、案情事实、案件事实、待证事实、争议事实与诉争事实等术语的联系与区别。
4. 免证事实与免证方法有何联系?
5. 如何理解"七何"是三大诉讼中证明对象的共同构成要素?
6. 比较作为刑事诉讼证明对象的定罪事实与量刑事实有何异同。

补充阅读

1. 龙宗智:《"大证据学"的建构及其学理》,载《法学研究》2006 年第 5 期。
2. 封利强:《司法证明机理:一个亟待开拓的研究领域》,载《法学研究》2012 年第 2 期。
3. 栗峥:《司法证明模糊论》,载《法学研究》2007 年第 5 期。
4. 孙远:《证明对象、要件事实与犯罪构成》,载《政治与法律》2011 年第 8 期。
5. 孟勤国:《法官自由心证必须受成文法规则的约束——最高法院(2013)民申字第 820 号民事裁判书研读》,载《法学评论》2015 年第 4 期。
6. 马可:《程序法事实证明的概念、适用、实质与意义》,载《中国刑事法杂志》2013 年第 10 期。

第八章 CHAPTER EIGHT

司法证明的环节

司法证明像一条作业流水线，呈现取证、举证、质证与认证的四个基本环节。其中，取证是基础，举证与质证是枢纽，认证是核心。毋庸置疑，在任何诉讼活动中上述四个环节均不可或缺。如果离开了任何一个环节，司法证明都会变成残缺的链条，其任务也就很难顺利地完成了。当前我国监察体制改革已经落地，监察调查同样属于取证的环节，监察机关办案移交审查起诉后同样要经历举证、质证、认证的环节。

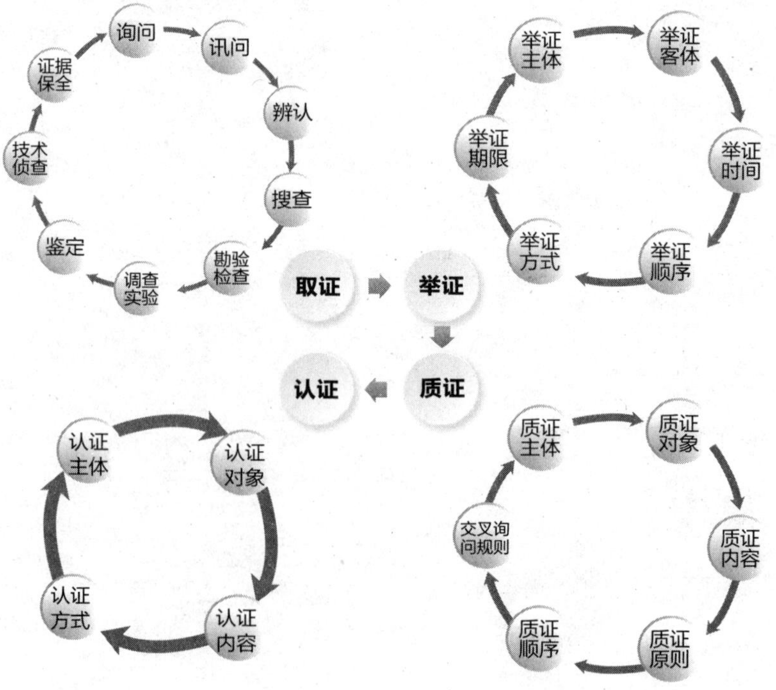

第一节　取　证

搜查人员应该把自己置于被搜查者的地位，考虑他的心理状态、职业、生活方式、性格和习惯，并提出这样的问题：如果进行搜查的人自己处在被搜查者的环境和条件下，并且同他的文化水平、职业、技能和本领都一样，进行搜查的人自己会想出什么办法，会把东西藏在什么地方。

——[苏]B. 格罗莫夫

在侦查队伍中广泛流传的一起陈年旧事。侦查人员在案发后从现场提取了打人者使用的木棍。由于打人者外逃，该案在发生一年多以后才得以交付审判。但是在起诉时，侦查人员发现那根木棍不见了。据说，那根木棍一直就"随便地"放在技术人员办公室的门后，不知什么人"随手"拿作他用了。无奈，侦查人员只好按照现场勘查笔录中记载的木棍种类、尺寸、颜色等特征复制了一根，并做了"仿旧处理"。法庭调查时，被告人并未仔细察验就承认这根木棍是他打人时使用的那根。虽然侦查人员在此案中的做法"很幸运地"蒙混过关了，而且也没有造成冤案，但是它留给人们的思考却是深刻的。

一、取证的概念

取证是指调查人员为揭示案件真相或证明事实主张，而依法展开的收集证据、初步审查证据以及保全证据的专门活动。这一概念相当于狭义的证据调查。因为取证作为司法证明的第一环节，往往只涉及庭前为获取未知证据而开展的调查活动；而证据调查不仅包括庭前的各种调查活动，也包括庭上的一些调查活动。例如,一方当事人在法庭上通过对方举证、己方质证的方式也能实施一定的证据调查活动,但这种活动一般不属于取证。

从上述概念可以看出,取证的主体是各种调查人员,包括审判人员、公诉人员、侦查人员、行政执法人员、监察人员、公证人员、仲裁人员、律师以及当事人等。其他人员则不属于司法证明中的取证主体。例如,普通老百姓在日常生活中为了认识某一客观事物,往往需要采用各种调查方法;有些社会人士为调查专业性现象,也会实施某种特定对象的甚至形成全行业性的调查活动,如新闻调查等。这些活动都不是司法证明的取证。

取证的方法既包括法律法规明文规定的各种调查措施或手段,也包括法律法规未作明文规定的调查措施或手段。在我国,三大诉讼法、《监察法》以及各种部门性规章为询问、讯问、辨认、搜查、勘验、检查、侦查/调查实验、鉴定、技术侦查/调查、调取、查询、冻结、查封、扣押以及保全等各种取证方法确定了规范和规则。这些取证方法为实践中顺利开展取证活动提供了保障,后文将择其要者阐述。与此同时,我国现有法律规范显然并不能囊括实践中采用的所有取证方法;使用那些尚未得到法律确认的取证方法亦是较为普遍的现象。

链接 陈力等八人侵犯著作权案〔1〕

2017 年 7 月至 2019 年 3 月,被告人陈力受境外人员委托,先后招募被告人林崟、赖冬、严杰、杨小明、黄亚胜、吴兵峰、伍健兴,组建 QQ 聊天群,更新维护“www. 131zy. net”“www. zuikzy. com”等多个盗版影视资源网站。其中,陈力负责发布任务并给群内其他成员发放报酬;林崟负责招募部分人员、培训督促其他成员完成工作任务、统计工作量等;赖冬、严杰、杨小明等人通过从正版网站下载、云盘分享等方式获取片源,通过云转码服务器进行切片、转码、增加赌博网站广告及水印、生成链接,最后将该链接复制粘贴至上述盗版影视资源网站。其间,陈力收到境外人员汇入的盗版影视资源网站运营费用共计 1250 万余元,各被告人从中获利 1.8 万余元至 50 万元不等。案发后,公安机关从上述盗版影视网站内固定、保全了被告人陈力等人

〔1〕 最高人民检察院指导性案例检例第 100 号。

复制、上传的大量侵权影视作品,包括《流浪地球》《廉政风云》《疯狂外星人》等2019年春节档电影。

本案移送起诉后,为进一步夯实证据基础,检察机关要求公安机关对陈力设置的多个网站中相对固定的美日韩剧各个版块,按照从每个网站下载300部的均衡原则抽取了2425部作品,委托相关著作权认证机构出具权属证明,证实抽样作品均系未经著作权人许可的侵权作品,且陈力等网站经营者无任何著作权人许可的相关证明材料。在事实清楚、证据确实、充分的基础上,8名被告人在辩护人或值班律师的见证下均自愿认罪认罚。最后,上海第三中级人民法院作出一审判决,以侵犯著作权罪分别判处被告人陈力等8人有期徒刑十个月至四年六个月不等,各处罚金2万元至50万元不等。此案中采取的抽样取证方法,在实践中已经得到广泛使用,但尚未在刑事诉讼法层面进行规定。在进行抽样取证时,要注意其科学性,如应注意审查所抽取的样本是否具有代表性、抽样范围与其他在案证据是否相符、抽样是否具备随机性等影响抽样客观性的因素。在达到追诉标准的侵权数量基础上,对抽样作品提交著作权人进行权属认证,以确认涉案作品是否均系侵权作品。这一现象也表明,将取证方法纳入法治轨道是一个长期的过程。

按照不同标准,取证方法可以进行多种分类。依据措施和程序的不同,可以将取证分为询问、讯问、辨认、搜查、勘验、检查、侦查/调查实验、鉴定、技术侦查/调查、调取、查询、冻结、查封、扣押以及保全等,后文将以此为主线展开论述;依据主体的权限性质不同,可以将取证分为权力型取证与权利型取证,前者是指拥有国家强制权力的国家机关及其工作人员开展的强制性收集与保全证据的做法,后者是指案件当事人及其律师开展的非强制性收集与保全证据的做法;[2]依据是否经过委托,可以将取证分为自行调查与受托调查,前者是指由承担取证义务的主体收集与保全证据的做法,后者是指某人本来不承担取证义务,在接受他人的委托后收集和保全证据的做

---

[2] 实践中,权利型取证可以部分借助权力型取证完成任务,如当事人或其律师可以向法院申请调查令或证据提供令。最高人民法院《关于知识产权民事诉讼证据的若干规定》第24条规定:承担举证责任的当事人书面申请人民法院责令控制证据的对方当事人提交证据,申请理由成立的,人民法院应当作出裁定,责令其提交。这一规定将传统中实行的书证提交令拓展到覆盖各种证据。

法;依据涉及的领域与方式不同,可以将取证分为国内取证与国际取证。[3]

二、询问

(一)询问的概念

询问是人们通过问话的方式了解情况的一种活动,它存在于人们日常生活的各个领域之中。在司法活动中,询问是办案人员通过与有关人员进行问话,了解案件情况的专门活动。询问的主体主要包括侦查人员、公诉人员、审判人员、监察人员、仲裁人员、行政执法人员和律师等;询问的对象主要指案件中的证人、刑事诉讼被害人与民事、行政诉讼当事人等。

询问是收集言词证据的主要方法。尽管现代科学技术的发展促进了司法证明方法的进化,使科学证据取代人证成为司法证明的主要手段,但是询问作为常规性取证方法,仍然在司法活动中发挥着重要的作用。它不仅可以为查明案件事实提供证人证言、被害人陈述与民事、行政诉讼当事人陈述,而且可以为收集其他证据提供线索和依据。

(二)询问的种类

1. 正式询问和非正式询问

正式询问,是指询问人员依照法律规定所进行的具有法律效力的询问。它一般都应该制作笔录,其笔录可以作为诉讼中的证据。非正式询问,是指询问人员为了解案情而与有关人员进行的一般性问话。它不具有法律效力,一般也不宜制作笔录。

2. 走访询问和传唤询问

走访询问,是指询问人员前往被询问者的家中、工作单位或其提出的地点进行的询问。它既可以是正式询问,也可以是非正式询问。传唤询问,是指询问人员依照法定程序把被询问者传唤到侦查机关或其他特定地点进行的询问。它属于正式询问,一般由有权传唤的机关进行。

---

〔3〕 何家弘主编:《证据调查》(第2版),中国人民大学出版社2005年版,第3页。

3. 公开询问和秘密询问

公开询问,又称正面询问,是指询问者以行政执法人员、监察人员、司法人员或律师的身份出现,公开就某些与案件有关的问题进行询问。它既可以是正式询问,也可以是非正式询问。秘密询问,又称侧面询问,是指询问者不以行政执法人员、监察人员、司法人员或律师的身份出现,在不暴露其真实意图的情况下,就某些与案件有关的问题进行询问。它只能是非正式询问。秘密询问通常有两种方式:一是由行政执法人员、监察人员、司法人员或律师化装成某种角色接近询问对象并进行问话;二是由行政执法人员、监察人员、司法人员或律师挑选既具备接近询问对象的条件又安全可靠的人,代替自己与询问对象就案件有关问题进行问话。

三、讯问

(一)讯问的概念

讯问,是指执法人员、司法人员为了查明和证明案件事实,依法对犯罪嫌疑人、被告人或违法嫌疑人进行的审查和诘问。我国法律实践中,讯问主要适用于刑事案件、治安案件与监察案件。在取证阶段,讯问的主体主要是公安机关、国家安全机关、检察机关、军队保卫部门、监狱的侦查人员,公安机关的治安警察以及监察机关的调查人员;讯问的对象则是犯罪嫌疑人、被告人与违法嫌疑人,包括依法被采取了拘留、留置、逮捕等强制措施的犯罪嫌疑人和未采取拘留、留置、逮捕等强制措施的犯罪嫌疑人、违法嫌疑人。

讯问是执法人员、司法人员的一种职务行为,必须严格依法进行。这里所说的"依法",既包括程序法的规定,也包括实体法的规范。例如,讯问时讯问人员一般不得少于二人。只有严格依法进行讯问,才能保证办案质量,准确地惩治犯罪与违法,保障无辜的人不受法律追究。

(二)讯问的种类

1. 刑事讯问、治安讯问和监察讯问

根据适用领域的不同,讯问可以分为刑事讯问、治安讯问和监察讯问。刑事讯问是追究普通犯罪的一种取证手段,其主体是侦查人员或审查起诉人员,对象是犯罪嫌疑人,目的是获取犯罪嫌疑人口供以及借助口供进一步收集和核实证据,内容多是围绕已经发生的案件事实,全面了解掌握犯罪嫌疑人有罪或无罪的情况。治安讯问是人民警察在查处治安案件的过程中,依法对违反治安管理法律法规的人所进行的诘问,它是一种治安取证措施,其主体包括巡警、治安警等,对象是有违法犯罪嫌疑的人员,而不像刑事讯问所指向的是特定的犯罪嫌疑人。监察讯问是监察机关对涉嫌贪污贿赂、失职渎职等职务犯罪的被调查人,依法进行的诘问。它是一种监察取证措施,其主体主要是监察人员,对象是涉嫌职务犯罪的公职人员。此外,刑事讯问的法律依据是《刑事诉讼法》以及相关的解释性规范,治安讯问主要依据《人民警察法》,监察讯问主要依据《国家监察法》等。

2. 侦查讯问和检察讯问

根据讯问主体与目的的不同,刑事讯问可以分为侦查讯问和检察讯问。我国《刑事诉讼法》在第二编第二章第二节中专门用第 118 ~ 123 条对讯问犯罪嫌疑人的主体、地点、期间、程序、笔录、录音、录像等作了规定,这表明侦查讯问是侦查阶段围绕收集口供而进行的一种诉讼活动。而《刑事诉讼法》第 173 条规定:“人民检察院审查案件,应当讯问犯罪嫌疑人……”这表明检察讯问(或审查起诉中的讯问)是审查起诉的必经程序。另外,《刑事诉讼法》第 191 条还规定:“公诉人在法庭上宣读起诉书后……可以讯问被告人。被害人、附带民事诉讼的原告人和辩护人、诉讼代理人,经审判长许可,可以向被告人发问。审判人员可以讯问被告人。”可见,审判讯问或庭审讯问亦是我国法律认可的一种诉讼活动,不过它属于质证的环节,不能纳入取证的范围。

侦查讯问与检察讯问虽然对象相同——均是犯罪嫌疑人,但讯问的背景不一样,犯罪嫌疑人的心态也会有所变化。检察讯问是在侦查讯问的基础上进行的,此时绝大多数犯罪嫌疑人已对案件事实作了不同程度的供述或辩解,因而其目的主要是审查核实证据,即甄别口供的真伪,同时检验侦查活动是否合法,为出庭公诉做准备。其特点为有重点地讯问,即根据掌握的案情,针对犯罪嫌疑人原有的或现时的口供,有重点地进行核对。

四、辨认

（一）辨认的概念

辨认是公安司法机关为查明案件事实而组织安排熟悉或了解辨认对象特征的人，对与案件有关的人、物、场所进行的辨识和再认。辨认属于具有同一认定性质的认识活动。当辨认人看到辨认对象时，立即将有关信号输入自己的大脑，在储存的记忆表象中进行查找和比对，并作出是否同一的结论。

（二）辨认的种类

1. 证人辨认、被害人辨认、犯罪嫌疑人或被告人辨认

根据主体在诉讼活动中的身份不同，辨认可以分为证人辨认、被害人辨认、犯罪嫌疑人和被告人辨认。在诉讼活动中，其结果相应地表现为证人证言、被害人陈述、犯罪嫌疑人或被告人的供述和辩解。诉讼中身份不同，辨认主体与案件的关系就不同，与审判结果的利害关系也就不同，因此，审查和运用上述各种辨认结果的方法也应该有所不同。

2. 人身辨认、物体辨认、场所辨认

根据客体或对象的不同，辨认可以分为人身辨认、物体辨认和场所辨认。人身辨认包括对活体的辨认和对尸体的辨认，其目的主要是解决人身是否同一的问题，如确认犯罪嫌疑人是否为实施犯罪行为的人、某无名尸体是否为某失踪人。物体辨认的对象包括与案件有关的各种物品，如作案工具、现场遗留物、作案标的物等，其目的一般是解决物体是否同一的问题，如确认某物品是否属于某人所有、某物体是否曾由某人加工或使用。场所辨认的对象包括案件现场和相关场所，其目的是解决场所的特定性问题。

3. 公开辨认和秘密辨认

根据组织方式的不同，辨认可以分为公开辨认和秘密辨认。公开辨认，是指由侦查人员组织辨认人在被辨认人或被辨认物的持有人知晓的情况下进行的辨认。公开辨认的常见对象包括：犯罪嫌疑人、逃犯、无名尸体、无主物品、现场遗留物等。秘密辨认，是指由侦查人员组织辨认人在被辨认人或被辨认物的持有人不知晓的情况下进行的辨认。秘密辨认的对象多为犯罪

嫌疑人、赃物等。秘密辨认的结果只能作为破案的线索,供侦查时参考。

4. 直接辨认和间接辨认

根据途径或方法的不同,辨认可以分为直接辨认和间接辨认。前者是指辨认人通过对辨认对象的直接观察或感知而进行的辨认;后者是指辨认人通过某种中介了解辨认对象的特征,并以此为基础进行的辨认。常见的辨认中介有照片、模拟画像、录音、录像、录屏等。间接辨认在结论的可靠性方面不如直接辨认,但比较简便。

五、搜查

(一)搜查的概念

搜查,是指执法人员、司法人员为了收集犯罪证据,查获犯罪嫌疑人、被调查人,依法对犯罪嫌疑人、被调查人以及可能隐藏犯罪嫌疑人、被调查人或者犯罪证据的人身、物品、住处和其他场所进行搜索、检查的一种专门活动。在侦查过程中,侦查人员在拘留、逮捕犯罪嫌疑人的同时,一般都要对其人身、住处及其他可能隐藏证据的场所进行搜查;当侦查人员通过询问、讯问或其他途径获得与藏匿的犯罪嫌疑人或证据有关的线索之后,也应该对有关的场所进行搜查。在监察调查过程中,监察机关可以对涉嫌职务犯罪的被调查人以及可能隐藏被调查人或者犯罪证据的人的身体、物品、住处和其他有关地方进行搜查;必要时,可以根据工作需要提请公安机关配合。

搜查是一种重要的取证方法,又是一种直接关系公民的人身权利和住宅权利的调查行为,所以其实施必须履行严格的审批手续,必须严格遵守法律的有关规定。首先,搜查的主体只能是公安机关、安全机关、人民检察院负责案件侦查的人员以及监察机关的调查人员,其他任何机关、单位和个人均不得以任何理由对公民的身体及其住宅实施搜查。其次,实施搜查时,参加搜查的侦查人员、监察人员一般不得少于两人。最后,侦查人员、监察人员搜查时,必须持有签发的搜查证。执行搜查时,侦查人员、监察人员必须向被搜查人或被搜查物、住所的所有人或看管人出示搜查证。在执行拘留、逮捕时,若遇紧急情况,公安机关的侦查人员凭拘留证、逮捕证可以实施搜查。这里所说的“紧急情况”,主要是指在执行拘留、逮捕时,犯罪嫌疑人身上可能带有凶器,可能隐藏爆炸、剧毒等危险品,可能隐匿、毁弃、转移犯罪证据,以及可能隐匿其他犯罪嫌疑人等情况。实践中,监察机关不必开展“紧急情况”的搜查。

(二)搜查的种类

根据不同搜查对象及搜查方法的相应特点,可以把搜查分为五种,即人身搜查、物品搜查、存储介质搜查、室内场所搜查和室外场所搜查。

1. 人身搜查,即以人的身体为对象的搜查。人身搜查的对象多为犯罪嫌疑人,但是也包括其他可能在身体上藏匿证据的人。人身搜查可以与场所搜查同时进行,也可以单独进行。

2. 物品搜查,即以物品为对象的搜查。物品搜查的对象多为具有一定空间的物体,如汽车、火车、船只、飞机等。物品搜查可以与场所搜查、人身搜查同时进行,也可以单独进行。

3. 存储介质搜查,即计算机搜查,是对犯罪嫌疑人所有的计算机硬盘与其他存储介质进行的搜查。它是刑事取证的一种新手段。

4. 室内场所搜查,即以室内场所为对象的搜查,又称为住所搜查。这里所说的“室内场所”,包括住宅、宿舍、办公室、旅馆、饭店、车间、仓库等。

5. 室外场所搜查,即以室外场所为对象的搜查,又称为露天场所搜查。室外场所通常是与被搜查人的住宅相毗连的庭院、菜园、花园等场所,因此室外场所搜查往往是室内场所搜查的延续。当然,在有些情况下也可能单独进行。

六、勘验、检查

(一)勘验、检查的概念

勘验、检查,是指行政执法人员、监察人员、司法人员为了查明案件情况、发现和收集证据,对与案件有关的场所、物品、尸体进行的勘查和检验。在特殊情况下,侦查人员为了确定犯罪嫌疑人或被害人的身体特征、生理状态、损伤情况等,可以对犯罪嫌疑人或被害人的身体进行检验和查看。

在刑事诉讼中,勘验、检查属于侦查措施,其主体一般为公安机关、国家安全机关、检察机关的侦查人员;当然在审查批捕、审查起诉阶段和审判阶段,有关的检察人员和审判人员为了调查核实证据,也可以进行勘验和检查。在民事、行政诉讼中,审判人员可以进行勘验、检查。在行政执法案件中,行政执法人员也有权进行现场检查。在监察案件中,监察机关也可以直接或者指派、聘请具有专门知识、资格的人员在调查人员主持下进行勘验、检查。

(二)勘验、检查的种类

根据对象不同,勘验、检查可以分为现场勘验、物证检验、电子证据检查、尸体检验和人体检查。这些取证活动所针对的对象分别是犯罪现场、犯罪痕迹和相关物品、电子证据、现场尸体或死因不明的尸体以及犯罪嫌疑人与被害人的身体。

根据是否到达现场,勘验、检查可以分为实地勘验、检查和远程勘验、检查。前者是指调查人员到达现场后对现场内外状态及周围环境展开巡视观察,对现场的各个局部(如不同的房间、地段等)以及对在此范围内的痕迹、物证等进行的勘验,对现场的尸体、遗留物、人身、书证等客体进行的检查。远程勘验、检查主要针对不能达到现场的情形,如对远程计算机信息系统进行远程勘验,[4]再如通过远程访问方式对现场或实验室的课题进行远程检查。

七、侦查/调查实验

(一)侦查/调查实验的概念

侦查/调查实验,是指调查人员为了查明或验证某个案件事实或情节,按照案件发生时的条件,对该事实或情节进行的模拟演示。公安人员、检察人员与审判人员将这一措施广泛应用于刑事诉讼中。监察人员在监察调查时有进行调查实验的需要;环保部门等行政执法机关在依法行政作出具体

---

[4] 2019年公安部发布的《公安机关办理刑事案件电子数据取证规则》第27条规定:“网络在线提取时需要进一步查明下列情形之一的,应当对远程计算机信息系统进行网络远程勘验:(一)需要分析、判断提取的电子数据范围的;(二)需要展示或者描述电子数据内容或者状态的;(三)需要在远程计算机信息系统中安装新的应用程序的;(四)需要通过勘验行为让远程计算机信息系统生成新的除正常运行数据外电子数据的;(五)需要收集远程计算机信息系统状态信息、系统架构、内部系统关系、文件目录结构、系统工作方式等电子数据相关信息的;(六)其他网络在线提取时需要进一步查明有关情况的情形。”

行政行为时,也时常借此获取必要的证据。

侦查/调查实验既可以用来审查案件中的证据,又可以用来验证有关案件情节的推断,还可以帮助调查人员发现新的案情线索和证据。[5]

(二)侦查/调查实验的种类

1. 根据对象不同,侦查/调查实验可以分为有关人、动物和物体的实验。有关人的实验,即以某个人的行为能力或感知能力等为对象的实验;有关动物的实验,即以某种动物的特征、属性、能力等为对象的实验;有关物品的实验,即以某种物品的特征、属性等为对象的实验。

2. 根据解决的问题不同,侦查/调查实验可以分为有关感知能力、行为能力和物质属性的实验。有关感知能力的实验,即测试人的感觉或知觉能力的实验,它可以确定实验对象能否在一定条件下感知某一现象或事实的存在或发生,如某证人能否在下着大雨的路边听清 20 米外两个人的对话。有关行为能力的实验,即测试人的行为能力的实验,它可以确定实验对象在特定情况下能否完成某一行为,如某人能否搬动某一重物、能否熟练地使用电钻等。有关物质属性的实验,即测试某一物品是否具有某种属性或者在某些条件下是否会发生某一结果的实验,如某品牌的啤酒在一定温度条件下是否会自己爆炸、某草堆在一定温度条件下是否会自燃等。

3. 根据是否采用对照方式,侦查/调查实验可以分为单一实验和对照实验。所谓单一实验,即仅就单一对象进行的实验。例如,为了查明某打火机能否自己爆炸,仅以该种打火机为实验对象,有步骤地改变环境温度、使用力量等实验条件,看其是否会自行爆炸。所谓对照实验,即就两个或两组对象同时在不同条件下进行的实验。例如,为了查明某工厂排放的污水对河水中鱼类的影响,可以把鱼同时放在两个水池中进行实验,其中一个池中是普通的河水,另一个池中是掺有该工厂污水的河水,然后对照观察两组实验的结果。

---

〔5〕 何家弘主编:《证据调查实用教程》,中国人民大学出版社 2000 年版,第 354 页。

八、鉴定

(一)鉴定的概念

鉴定,是指鉴定人员接受公安机关、检察机关、审判机关、监察机关、诉讼当事人及律师的委托,对案件中的专门性问题进行检验、分析、鉴别、判断的活动。鉴定是查明案件事实的重要方法,鉴定意见是证明案件事实的重要证据。在实践中,鉴定的材料来源主要有两种:一是鉴定人亲自到现场发现并提取的物品、痕迹等;二是鉴定人接受其他机关或单位委托送检的物品、痕迹等。第二种情况较为常见。

我国鉴定机构主要有两种:一种是常规性鉴定机构,即专门为司法活动建立或者经常为司法活动提供服务的鉴定机构,如公安机关的刑事技术鉴定机构、经由司法部门批准建立的社会鉴定机构等;另一种是非常规性鉴定机构,即并非专门为司法活动建立而只是偶尔为司法活动提供服务的鉴定机构,如农业、制造业、建筑业等专业或学科领域内的研究机构。2017 年,中央全面深化改革领导小组第三十七次会议审议通过了《关于健全统一司法鉴定管理体制的实施意见》。此后,司法行政机关开始严格审核登记法医类、物证类、声像资料、环境损害司法鉴定的鉴定机构和鉴定人,对明确属于从事“四类外”鉴定业务的鉴定人和鉴定机构进行了清理注销。

(二)鉴定的种类

1. 根据所依据的科学知识和技术不同,鉴定可以分为化学鉴定、物理学鉴定、生物学鉴定、电子证据鉴定、遗传学鉴定、人类学鉴定、医学鉴定、精神病学鉴定、心理学鉴定、会计学鉴定、工程学鉴定、考古学鉴定等。本书第六章第六节中对此已有介绍,故不再赘述。

2. 根据启动鉴定的法律依据不同,鉴定可以分为侦查鉴定、司法鉴定和自行委托的鉴定。侦查鉴定是由侦查机关内部设立的鉴定部门在侦查环节所实施的鉴定;司法鉴定是鉴定人接受司法机关的委托面向审判环节所实施的鉴定。自行委托的鉴定是当事人自行委托鉴定人开展检验工作,如民事诉讼中一方当事人就专门性问题自行委托有关机构或者人员出具专门意见。就启动鉴定的法律规范而言,侦查鉴定依据的是《刑事诉讼法》第二编

第二章第七节关于鉴定的条款，司法鉴定依据的是《司法鉴定程序通则》及三大诉讼法关于委托鉴定的相关条款，自行委托的鉴定依据的仅仅是单纯的鉴定委托合同。

3. 根据程序的不同，鉴定可以分为初次鉴定、补充鉴定、重新鉴定与会同鉴定等。初次鉴定是指就一个具体的鉴定对象和鉴定要求而言，鉴定人所进行的第一次鉴定；补充鉴定是在初次鉴定的基础上，由原鉴定人对初次鉴定中不完善之处进行修改补充的鉴定；重新鉴定是委托人对已做出的鉴定意见存在疑虑，委托原鉴定人以外的鉴定人再次进行的鉴定；会同鉴定是指为解决疑难、复杂的专门问题，或不同鉴定人就同一问题所形成的鉴定意见矛盾时，而组织不同鉴定机构的鉴定人集体实施的鉴定。当前刑事诉讼实践中出现了相同鉴定机构、鉴定人就同样的专门性问题出具多份鉴定意见书的情况，这是不严肃、不规范的。

九、技术侦查/调查

（一）技术侦查/调查的概念

技术侦查/调查，也称技术侦察，是指侦查机关、监察机关为了侦查犯罪、调查案件的需要，根据国家有关规定，经过严格审批，采取的一种特定技术手段。它与侦查、调查技术（侦查活动中使用的各种技术手段）具有一定的交叉之处。一般来说，这一措施应当同时具备两个要素：一是要运用现代科学方法或技术装备；二是要在一定范围内秘密实施。

我国1993年《国家安全法》首次使用"技术侦察"的概念，赋予了国家安全机关在侦查危害国家安全犯罪中的技术侦察权。[6] 1995年，我国颁行的《人民警察法》随之也对技术侦查做了规定，明确了公安机关在侦查犯罪活动中的技术侦查权。为使这一措施进一步法治化，2012年我国修正《刑事诉讼法》时将其吸收入法，对刑事诉讼中技术侦查措施的主体、适用范围、程序与期限等做了明确的规定。自监察体制改革完成后，《监察法》对监察机关开展技术调查的内容作出了规定，明确了采取技术调查措施的

---

〔6〕 该条文为2014年我国《反间谍法》吸收。其第12条规定："国家安全机关因侦察间谍行为的需要，根据国家有关规定，经过严格的批准手续，可以采取技术侦察措施。"

主体、程序、适用范围与期限等。[7]

(二)技术侦查/调查的种类

技术侦查/调查手段会随着科学技术的发展而不断变化。一般认为,实务中的技术侦查/调查包括电子侦听、电话监听、电子监控、秘密拍照或者秘密录像、秘密获取某些物证、电子邮件检查等专门技术手段。[8] 学理上还常常根据实施对象的不同,将技术侦查/调查分为以通讯、人、物为实施对象的技术侦查/调查。

以通讯为实施对象的技术侦查/调查,即运用专门的技术方法或装备,秘密获取调查对象之通讯内容的措施。这类措施可以统称为通讯检查。根据行为人采用的具体通讯方式,通讯检查又可以分为有线通讯检查、无线通讯检查、电子通讯检查和口头会话检查等。

以人为实施对象的技术侦查/调查,即运用专门的技术方法或装备,对特定对象进行秘密跟踪监视、秘密调查取证、秘密拘捕的措施。这一措施既包括跟踪等传统手段,也包括利用电子定位系统、电子追踪系统进行监控,还包括利用现代化照相、录音、录像、录屏方式进行记录。

以物为实施对象的技术侦查/调查,即运用专门的技术方法或装备,秘密进入行为人的居所,进行秘密调查、秘密取证的措施。采取密搜、密取手段主要是在不惊动特定对象的情况下实施秘密取证行为和发现取证线索。从广义的角度来理解,控制下交付也被视为以物为实施对象的一种技术侦查/调查。它指的是在侦查机关知情并进行监测的情况下允许非法或可疑货物运出、通过或运入一国或多国领土的一种做法,其目的在于侦查某项犯罪并发现参与该项犯罪的潜在人员。这一措施常常用于侦查毒品犯罪案件、走私犯罪案件和其他跨国有组织犯罪案件。

---

〔7〕 我国《监察法》第28条规定:“监察机关调查涉嫌重大贪污贿赂等职务犯罪,根据需要,经过严格的批准手续,可以采取技术调查措施,按照规定交有关机关执行。批准决定应当明确采取技术调查措施的种类和适用对象,自签发之日起三个月以内有效;对于复杂、疑难案件,期限届满仍有必要继续采取技术调查措施的,经过批准,有效期可以延长,每次不得超过三个月。对于不需要继续采取技术调查措施的,应当及时解除。”

〔8〕 王尚新、李寿伟主编:《〈关于修改刑事诉讼法的决定〉释解与适用》,人民法院出版社2012年版,第156页。

十、证据保全

（一）证据保全的概念

证据保全包括证据的固定和保管，是指用适当的方式和手段将已经发现或提取的证据固定下来，妥善保管，以便司法人员、行政执法人员、监察人员、当事人和律师在诉讼活动中证明或认定案件事实时使用。这一概念有狭义与广义之分。狭义的证据保全仅指人民法院在民事案件、行政诉讼案件和刑事自诉案件的诉讼过程中，根据诉讼参与人的请求或者依照职权采取的证据保全措施。广义的证据保全则包括公安机关、检察机关、监察机关、审判机关、公证机关以及律师在诉讼前和诉讼中采取的各种证据保全措施。本书使用的是广义的证据保全概念。

与证据保全相近的一个概念是“存证”。所谓存证，顾名思义，是将用作证据的材料进行提存、存储等活动。它既包括证据保全意义上的存证，也包括不具备证据保全功能的存证。存证在实践中的出现主要与公证、归档和技术平台相关，后一种样态后来居上，主要是指通过专门存证平台的防篡改技术方案进行存证。当前使用最广、影响最大的区块链存证，指的是“由互联网法院等主体搭建基于区块链技术的平台，供当事人或其他组织收集、固定电子数据，并通过存证节点进行效力证实的证明机制”。[9] 该方式对于传统的证据保全方式产生了很大的冲击和影响。

作为取证活动的重要环节，证据保全是收集证据工作中不可分割的组成部分。提取证据是为了使用这些证据证明案件事实。但是，无论在时间上还是空间上，提取证据与使用证据之间都有一定的距离。如果因保全措施不当而使提取到的证据受到损坏甚至灭失，那么收集证据的任务等于没有完成，而且很可能再也无法完成了。因此，要实现收集证据的目的，必须重视证据保全工作。

（二）证据保全的种类

1. 根据对象不同，证据保全可以分为实物证据的保全和言词证据的保

---

〔9〕 刘品新：《论区块链存证的制度价值》，载《档案学通讯》2020 年第 1 期。

全。前者包括我国三大诉讼法中列举的物证、书证、视听资料、电子证据等证据的保全;后者则包括证人证言、被害人陈述、口供以及民事、行政诉讼当事人陈述等证据的保全。这是研究证据保全规则的一种基本分类。

2. 根据方法不同,证据保全可以分为原物保全、复制保全、笔录保全、照相保全、录音保全、录像保全、封存保全、存证链保全等。所谓原物保全,即采用提取和保管原物的方法保全证据的证明价值,主要适用于体积不大的物证、书证、视听资料等证据。所谓复制保全,即采用复印、转录、制作模型、制作数据镜像〔10〕等方法保全证据的证明价值,主要适用于各种痕迹物证、书证、视听资料、电子证据等证据。所谓笔录保全,即采用制作笔录的方法保全证据的证明价值,主要适用于证人证言、被害人陈述、口供以及民事、行政当事人陈述等证据。所谓照相保全,即采用照相的方法保全证据的证明价值,主要适用于各种不宜提取原物的物证和不易长期保存的书证等证据。所谓录音保全,即采用录音的方法保全证据的证明价值,主要适用于证人证言、被害人陈述、口供以及民事、行政当事人陈述等言词证据。所谓录像保全,即采用录像的方法保全证据的证明价值,主要适用于口供以及民事、行政当事人陈述等言词证据,以及现场勘验、搜查等综合取证的活动和过程。所谓封存保全,即采用封存财物和冻结银行账户等方法保全证据的证明价值,主要适用于容易转移、灭失的大宗物证和与案件有关的金钱等证据。所谓存证链保全,即对电子证据或传统证据电子化后计算完整性校验值,〔11〕将完整性校验值存入基于区块链〔12〕技术的存证链(如北京互联网法院的天平链),以保全证据的证明价值,主要适用于各种电子化的证据。

3. 根据主体不同,证据保全可以分为侦查机关的证据保全、审判机关的证据保全、公证机关的证据保全等。侦查机关的证据保全,是指侦查人员对侦查过程中发现或提取的证据采取的保全措施。审判机关的证据保全,是指在诉讼过程中或诉讼前、仲裁前,法院根据诉讼参与人或利害关系人的申

〔10〕 数据镜像是指二进制(0101 排序的数据码流)相同的数据复制件,与原件的内容无差别。

〔11〕 完整性校验值是指利用散列函数所产生的,用于校验某一特定长度电子数据是否发生变化的数值(如 MD5、SHA1、SHA256 值),通常可以针对整个存储介质或者特定文件进行计算得出。

〔12〕 区块链是指一种由多方共同维护,使用密码学保证传输和访问安全,能够实现数据一致存储的防抵赖技术体系。

请，对那些可能灭失或者以后难以取得的证据采取的保全措施，或者由法院主动采取的证据保全措施。公证机关的证据保全，是指公证机关根据当事人的申请对某些证据进行的保全。过去公证保全常常用于民事诉讼、行政诉讼，现在也在刑事诉讼中得到运用。在实践中，还存在由当事人、鉴定机构等进行证据保全的情况。

链接　南京百分百公司等生产、销售伪劣农药案〔13〕

2014年5月至6月，中土公司在未取得吡蚜酮"农药三证"的情况下，由朱某负责采购吡蚜酮的主要生产原料，安排人员自研配方，生产吡蚜酮；许某民联系设计吡蚜酮包装袋；并经王某定审定；提供给中土公司分装。该农药包装袋印制有百分百公司持有的"金鼎"商标，久易公司获得批准的"农药三证"，生产企业标注为久易公司。同年6月至8月，中土公司先后向百分百公司销售吡蚜酮计2324桶（6.972吨），销售金额计629832元。百分百公司出售给喜洋洋公司，由喜洋洋公司分售给江苏多家农资公司，农资公司销售给农户。泰州市姜堰区农户使用该批农药后，发生不同程度的药害，水稻心叶发黄，秧苗矮缩，根系生长受抑制。经调查，初步认定发生药害水稻面积5800余亩，折损面积计2800余亩，造成经济损失计270余万元。经检验，药害原因是因农药中含有烟嘧磺隆（除草剂）成分。但对涉案农药为何混入烟嘧磺隆，被告人无法给出解释，且农药生产涉及原料收购、加工、分装等一系列流程，客观上亦无法查证。

案发后，许某民自动投案并如实供述犯罪事实，朱某、王某定到案后如实供述犯罪事实。本案被提起涉嫌生产、销售伪劣农药罪公诉后，庭上争议焦点之一为被告单位、被告人生产、销售的吡呀酮中含有烟嘧磺隆（除草剂）成分，是否为造成水稻受损的直接原因。为此，公诉人举证称为科学确定水稻受损原因，田间试验结果系由泰州市新农农资有限公司申请，在泰州市姜堰公证处的全程监督下，进行拍照、摄像固定取得的。"七种配方，八块试验田"的试验方法，是根据农户将吡呀酮与阿维氟铃尿、戊唑醇、咪鲜三环唑混合施用的实际情况，并考虑涉案吡呀酮仅存在于两个批次，确定第

〔13〕　最高人民检察院指导性案例检例第62号。

一到第四块试验田分别施用两个批次、不同剂量(20克和40克)的吡蚜酮;第五和第六块试验田分别将两个批次吡蚜酮与其他农药混合施用;第七块试验田混合施用不含吡蚜酮的其他农药;第八块试验田未施用农药。结果显示凡施用涉案农药的试验田,水稻均出现典型的除草剂药害情况,排除了天气等因素影响,证明水稻受害系因农户使用的涉案农药吡蚜酮中含有烟嘧磺隆造成。2017年9月,一审判决被告单位、被告人罪名成立。本案反映公证在刑事诉讼中亦有特定价值。

第二节　举　证

法国在长达30年的时间里所进行的种种试验无论如何也足以表明，不利用最低限度的权威力量，很难改变各法院（在举证期限上）的实践做法。与此同时，人们也看到，运用严格的期限，并且对不遵守期限的情形给予逾期丧失权利的制裁，有可能产生确认自动主义的危险。因此，有必要协调这两种矛盾。

——［法］让·文森、塞尔日·金沙尔

再审申请人刘煜与被申请人九隆公司债权转让合同纠纷一案。[14] 刘煜申请再审的理由之一是："新证据于萍的证言，足以推翻原判决。原审法院未追加于萍为当事人参加诉讼，未向原债权人于萍调查落实债权转让过程中的相关事宜，导致本案裁判错误。于萍出具一份书面证人证言，证明她将债权转让给刘煜，并通知了九隆公司，于萍承诺可以在法院核实时作证。该份证据同时证明2016年12月12日签订的所谓合同书'将涉案540万元债权转成保证金'的相关事宜，系在九隆公司明知于萍系无权处分，明知债权转让属实的情况下未经与于萍协商自行打印合同并签订，该合同书的目的纯粹是九隆公司借合同名义意图侵占刘煜以及于萍的相关款项。"九隆公司提交意见称："刘煜提交的所谓于萍的证言并非民事诉讼法中的新证据，该证言实为于萍出具的当事人陈述，其对于刘煜所主张的待证事实无任何证明效力。在于萍已经依法缔约处分自己债权的情况下，现在出尔反尔，违反民事诉讼禁反言的规定。在刘煜与于萍之间存在重大利害关系的情况

〔14〕　山东省高级人民法院民事裁定书，（2020）鲁民申10061号。

下,对于萍出具的证明既不应当认定真实性,也不能单独作为定案的依据。刘煜提出此证据早已超过法律规定的期限。”

对此,山东省高级人民法院经审查认为:刘煜提交的于萍出具的书面证言不属于民事诉讼法规定的新证据。从书面证言的内容来看,于萍称签订《合同书》(2016年12月12日)时,九隆公司打印好文本让其签字,未征求其意见;于萍作为完全民事行为能力人,应当知道其在合同上签字应承担的后果,对其上述陈述本院不予采信。故刘煜提交的书面证人证言不符合最高人民法院《关于适用〈中华人民共和国民事诉讼法〉的解释》第387、388条规定的情形,该申请事由不能成立。

一、举证的概念

诉讼中举证具有特殊的含义,它主要指诉辩双方在审判或者庭前会议过程中向法庭提供证据证明其主张之案件事实的活动。它囊括将证据提交给法庭的各种工作,如讯问被告人,询问被害人、证人、鉴定人,宣读未到庭证人的证言、被害人的陈述、有关证据笔录及鉴定意见,出示有关的物证、书证,播放视听资料等。

从这个概念可以看出,举证的主体应当是各方当事人(含公诉案件的公诉人在内,本章下同),而不包括审案的法官、陪审员。虽然按照我国现行诉讼法的规定,人民法院在特定条件下可以依职权调查收集一部分证据,但这些证据不宜由法官在法庭上出示,而应当由某一方当事人出示。因为这些证据总是对一方当事人有利,对另一方当事人不利,如果法官出示的话,就会形成质证不便开展,甚至法官不中立的局面。我们认为,无论是在刑事诉讼还是在民事诉讼、行政诉讼中,由法官获取的那些证据对诉辩哪一方有利,就交由这一方完成举证的任务。

举证的客体是对当事人本方有利的证据,即本证。在我国刑事实践中,侦查/调查人员在侦查/调查阶段可能收集到一些证明被告人无罪、罪轻的证据,但公诉人在审查过程中认为这些证据不属实,不属于指控范围的证据,没有向法庭移送;而辩方律师通过种种渠道知道了控方掌握着证明被告人无罪、罪轻的证据,遂在法庭上要求公诉人当众出示或宣读,结果往往是遭到公诉人的拒绝。[15] 我们认为,这些潜在的证据属于控方的反证、辩方的本证,故不宜由控方出示,否则控方便难以对之展开质证了。

举证的时间主要是庭审阶段,也包括庭前会议过程。庭审时当事人各方出示证据会产生明确的法律后果,属于典型的举证。而在庭前会议中,诉讼各方在法庭的主持下要按照一定规则和程序把己方证据告知对方,以便对方在开庭前做好相应准备,即所谓的证据交换行为、证据展示或开示行为,这可以视为举证的预备程序,也可以称为宽泛意义上的举证。在庭前会议中组织证据交换通常适用于案情比较复杂或者证据数量较多的案件;法庭对庭前交换证据的情况应当记录在案;组织证据交换可以通过电子诉讼平台或者采取在线视频等方式。至于诉讼当事人各方在庭审前的取证环节中可能向对方出示证据进行摆事实、讲道理,这些不产生特定的法律效果,均不是举证。

二、庭审中的举证顺序

(一)确定举证顺序的基本原则

根据诉讼活动中证明责任分配的原则,庭审中举证的基本次序应该是先原告方(控方)后被告方(辩方),即先由提起诉讼的一方进行举证,再由被起诉至法庭的一方进行举证。具体来说,诉讼举证可以分为几轮,在首轮举证中,原告方先行举证,然后由被告方进行举证(被告方并非必须举证);在第一轮举证之后,如果双方还有反驳证据,可以再按照先原告方、后被告方的顺序进行第二轮乃至多轮的举证。这个基本顺序从理论上讲是恰当的,但是在实践中举证顺序的确定并不总是这么简单。案件情况不同,举证顺序也不可能完全相同。特别是在复杂的案件中,证据的数量和种类都很多,而且相互之间的关系错综复杂,各方究竟应该如何安排举证的顺序,确实是一个需要认真研究的问题。

举证的顺序应当由谁决定?是由当事人还是由法官决定?对于刑事诉

---

〔15〕 张军、姜伟、田文昌:《刑事诉讼:控·辩·审三人谈》,法律出版社2001年版,第192～196页。

讼,有人主张举证顺序应当由法官决定,也有人主张应当由检察官决定。[16]我们认为,举证是当事人的责任,按照什么顺序举证应该属于当事人的权利。如果举证的顺序不合适,举证的效果不好,那就由当事人承担不利的诉讼后果。在刑事诉讼中,由于控方承担举证责任,所以举证顺序应当由检察官决定。不过,为了保证庭审中举证的顺利与流畅,检察官可以在庭审之前就举证顺序问题听取法官的意见。由于法官是庭审调查的主持者,而且有责任保障举证和质证过程的公正与效率,所以法官可以根据每个案件的具体情况在宏观上提出举证的要求,包括举证的基本顺序。如果法官在庭审过程中发现控方的举证顺序不合适,也可以要求检察官进行相应的调整。但法官不应过多干涉控辩双方的举证活动,这是一条基本原则。

(二)几种常见的举证顺序

1. 按照事件发生的时间顺序进行举证

举证通常可以按照事件发生的时间顺序进行。这主要适用于案件事实要素中时间顺序比较明显的情况。如在刑事诉讼中,如果被告人被指控先后实施了盗窃或抢劫等多起同类犯罪行为,那么控方可以按照这几起案件的时间顺序分别进行举证;如果被告人被指控的犯罪行为是由一系列相对独立而且时间顺序清楚的具体活动构成的,那么控方可以按照这些活动的先后顺序进行举证。这一规律也适用于民事诉讼和行政诉讼。一般来说,这种举证常常采用"顺向思维"的顺序。

2. 按照事实要素在案件中的重要程度进行举证

在有些案件的诉讼活动中,由于案件事实要素之间的时间顺序不太明显或者不太重要,所以举证不宜按照事件发生的时间顺序进行。但是,各事实要素在案件中的重要程度不同,而且层次比较清晰,便可以按照各个事实要素在案件中的性质和地位安排举证的顺序。这有两种情况:第一种是先就案件的核心事实要素进行举证,后就案件的外围事实要素进行举证;第二种是先就案件的外围事实要素进行举证,后就案件的核心事实要素进行举证。前者可以称为"从内向外"的举证顺序;后者可以称为"从外向内"的举

---

〔16〕 张军、姜伟、田文昌:《刑事诉讼:控·辩·审三人谈》,法律出版社 2001 年版,第 144 ~ 145 页。

证顺序。

3. 按照事实要素之间的因果关系进行举证

在有些案件的诉讼活动中，由于案件事实或行为之间的因果关系比较明确，所以举证可以按照事件的因果关系进行。这仍有两种情况：第一种是先就案件中的原因进行举证，后就案件中的结果进行举证；第二种是先就案件中的结果进行举证，后就案件中的原因进行举证。前者可以称为"由因及果"的举证顺序；后者可以称为"由果及因"的举证顺序。相比而言，"由果及因"的做法更为常见。

另外，在刑事附带民事诉讼案件中，一般应该按照"先刑事后民事"的顺序分别就有关的案件事实或主张进行举证。

三、庭审中的举证方式

所谓举证方式，是指对于全部在案证据，究竟以何种方式、模式向法庭举证。[17] 举证方式直接关系到质证、认证的效果，与控辩双方的利益及庭审结果密切相关。

不同类型的证据适用不同举证方式。言词证据的举证方式应该以口头陈述为主，以书面陈述和笔录等为辅。只要条件许可，当事人、证人、鉴定人、勘验检查人员等都应该以直接陈述的方式向法庭提供证据，有关的书面陈述和笔录等作为对照和补充。在确实无法以口头陈述方式举证的情况下，经法官允许，可以以书面陈述和笔录等方式举证。但是在对证据内容有争议或疑问时，法官应当传唤书面陈述和笔录的制作人出庭说明情况。此外，近年来我国知识产权法庭和互联网法院均开始推行线上举证方式，即通过电子诉讼平台或区块链存证平台、传真电邮、在线视频等途径。

实物证据的举证方式应该以原始物为主，以复制物为辅。[18] 只要条件许可，物证应该提供原物，书证应该提供原件，视听资料应该提供原带，而以物证的模型、书证的复制件、视听资料的复制带等作为对照和补充。在确实无法提供原始物的情况下，经法官允许，可以以复制物的方式举证。但是在

〔17〕 万毅：《论庭审证据调查安排》，载《中国刑事法杂志》2020年第3期。

〔18〕 我国有学者将这两种举证方式分别称为"直接式""间接式"。参见左卫民、彭昕：《物证的直接式调查：实证研究与理论思考》，载《中国刑事法杂志》2020年第6期。

对证据内容有争议或疑问时,法官应当传唤复制物的制作人或提取人出庭说明情况,或者要求控辩双方举出其他证据进行“补强”。对于电子证据,还可以考虑在庭审时直接上网调取核实。为了生动形象地说明证据的内容或特征,各方当事人可以在法庭上采用多媒体方式对实物证据进行辅助举证。必要时,也可以通过有专门知识的人出庭协助举证。

链接 徐老太与被告彭宇人身损害赔偿纠纷案〔19〕

原告徐老太诉称:2006年11月20日上午,原告在本市水西门公交车站等83路车。大约9时30分,两辆83路公交车进站,原告准备乘坐后面的83路公交车,在行至前一辆公交车后门时,被从车内冲下的被告撞倒,导致原告左股骨颈骨折,住院手术治疗。因原告、被告未能在公交治安分局城中派出所达成调解协议,故原告诉至法院,请求判令被告赔偿损失。被告彭宇辩称:被告当时是第一个下车的,在下车前,车内有人从后面碰了被告,但下车后原告、被告之间没有碰撞。被告发现原告摔倒后做好事对其进行帮扶,而非被告将其撞伤。原告没有充分的证据证明被告存在侵权行为,被告客观上也没有侵犯原告的人身权利,不应当承担侵权赔偿责任。如果由于做好事而承担赔偿责任,则不利于弘扬社会正气。原告的诉讼请求没有法律及事实依据,请求法院依法予以驳回。

在本案中,双方的争议事实可概括为:(1)原告、被告是否相撞;(2)原告损失的具体数额;(3)被告应否承担原告的损失。针对上述事实,原、被告所出具的证据主要包括:双方当事人陈述;原告提供的住院记录、医疗费票据;被告申请的证人陈二春的当庭证言;城中派出所提交的对原告的询问笔录、对被告询问笔录的电子文档及其誊写材料;法院委托鉴定的鉴定报告、法院谈话笔录以及本院开庭笔录等证据。这些证据既包括言词证据也包括实物证据,基本上也遵循了上述举证方式。不过,由于城中派出所保管询问笔录出现了失误,原告向法庭提交的是该派出所所作询问笔录的电子文档及其誊写材料。这一举证方式显然是不妥的。

〔19〕 南京市鼓楼区人民法院民事判决书,(2007)鼓民一初字第212号。

从举证数量的角度来看,控辩双方还可以采取逐一式举证、分组式举证以及批量式举证的方式。所谓逐一式举证,即“一证一举”,具体而言,即将在案证据按照一定之顺序逐一地向法庭出示。所谓分组式举证,即“一组一举”,指举证方按照一定的标准如罪名、被告人人数、证据种类等对全案证据事先进行分类、组合后,以“组”为单位向法庭出示。所谓批量式举证程式,即“一案一举”,亦称为“打包式举证”,指举证方将与本案犯罪事实有关的全部证据,一次性地向法庭进行举证。

从法理上讲,这三种证据出示方式各有利弊。[20] 逐一式举证是举证方式的理想状态,有利于对证据进行全面审查和评价,但效率低下;分组式举证意味着逻辑化、条理化地举证,从而增加质证的实效性,但可能导致统一证据多次重复使用;批量式举证的价值基础在于集约化作业产生规模效益,意味着批量质证与批量认证,全程提高庭审效率,但影响庭审调查的精细程度和精密度。实践中,举证方可能需要根据证明对象的不同而综合采用多种举证方式。

四、举证期限

举证期限,即控辩双方向法庭提交证据的时间限度。如果控辩双方没有在法律规定的时限内进行举证,就视为放弃举证权利,也因此可能丧失举证的机会。确定举证期限规则有利有弊。其“利”主要表现在三个方面:第一,可以防止控辩双方滥用举证权利拖延诉讼,提高司法效率;第二,可以减少诉讼时间和费用,降低司法成本;第三,可以维护法院判决的既判力,提高司法权威。其“弊”则主要表现在以超过举证期限为由弃用某些证据有可能影响司法证明的准确性。

我国分别明确了民事诉讼、行政诉讼的举证期限制度,而刑事诉讼举证期限制度尚未确立。我们认为,刑事诉讼中控方动辄补充侦查、举证甚至进行诉讼“突袭”,这并不是良性的司法样态。从利弊衡量的角度来看,刑事诉讼也应该有举证期限制度,当然可以允许更大的灵活性。

我国民事、行政诉讼举证期限的确定主要实行法院确定的方式,当然允

---

〔20〕 万毅:《论庭审证据调查安排》,载《中国刑事法杂志》2020 年第 3 期。

许当事人进行协商。例如,《民事诉讼法》第 68 条第 2 款规定:“人民法院根据当事人的主张和案件审理情况,确定当事人应当提供的证据及其期限……”最高人民法院《关于民事诉讼证据的若干规定》第 51 条第 1、2 款规定,举证期限可以由当事人协商,并经人民法院准许。人民法院指定举证期限的,适用第一审普通程序审理的案件不得少于十五日,当事人提供新的证据的第二审案件不得少于十日。适用简易程序审理的案件不得超过十五日,小额诉讼案件的举证期限一般不得超过七日。再如,最高人民法院《关于适用〈中华人民共和国行政诉讼法〉的解释》第 104 条规定:“适用简易程序案件的举证期限由人民法院确定,也可以由当事人协商一致并经人民法院准许,但不得超过十五日。被告要求书面答辩的,人民法院可以确定合理的答辩期间。人民法院应当将举证期限和开庭日期告知双方当事人,并向当事人说明逾期举证以及拒不到庭的法律后果,由双方当事人在笔录和开庭传票的送达回证上签名或者捺印。当事人双方均表示同意立即开庭或者缩短举证期限、答辩期间的,人民法院可以立即开庭审理或者确定近期开庭。”

无论是民事诉讼还是行政诉讼中,在满足特定条件的情况下,当事人均可以向人民法院提出申请,在得到许可后,对举证期限适当加以延期。这些事由最好是不可抗力及当事人不能控制的其他正当事由。这些事由往往会造成当事人按期提交证据的客观困难。当事人申请延长举证期限,应当在举证期限届满前提出。

控辩双方逾期提供证据的,往往需要承担相应的法律后果。具体来说,在民事诉讼中,对于当事人逾期提供的证据,人民法院应当责令其说明理由;当事人拒不说明理由或者理由不成立的,人民法院根据不同情形可以不予采纳该证据,或者采纳该证据但予以训诫、罚款。人民法院对逾期提供证据的当事人处以罚款的,可以结合当事人逾期提供证据的主观过错程度、导致诉讼迟延的情况、诉讼标的金额等因素,确定罚款数额。在行政诉讼中,对于被告逾期提供证据的,视为被诉行政行为没有相应的证据;[21] 对于原告或者第三人逾期提供证据的,人民法院应当责令其说明理由,拒不说明理

〔21〕 最高人民法院《关于适用〈中华人民共和国行政诉讼法〉的解释》第 34 条。

由或者理由不成立的视为其放弃举证权利,或者人民法院不予接纳。[22] 在这些后果中,最严重的当属"证据失权",即"法院对当事人逾期提交的证据不予质证、直接排除"。[23] 我国长期实践中对此遵循的是谦抑性原则。例如,在一起借款案件中,法院指定举证期限为 30 日,被告乙答辩称已还钱,同时开始努力查找甲写的收款条,在举证期限届满后一直未找到。此后,在判决之前的某日,乙在家中整理藏书室突然发现了甲写的收款条,遂提交法庭。这样的证据很难被法庭裁定不予采纳。

在特殊情况下,逾期提供证据的并不会导致上述任一种法律后果。这主要是针对控辩双方在完成举证之后又发现的新证据。所谓"新证据",必须是"新发现"的证据,不能是"新收集"或"新提出"的证据。人民法院在认定"新证据"时,主要考虑以下因素进行综合认定:(1)证据是否在举证期限内已经客观存在;(2)当事人未在举证期限内提供证据,是否存在故意或者重大过失的情形。对于这种证据,当事人经法庭许可可以补充举证,法庭必要时也可以要求当事人补充举证。

---

〔22〕 最高人民法院《关于适用〈中华人民共和国行政诉讼法〉的解释》第 35 条。

〔23〕 吴泽勇:《民事诉讼证据失权制度的衰落与重建》,载《中国法学》2020 年第 3 期。

第三节 质 证

为发现真情,人类迄今发明的最伟大的法律发动机,毫无疑问应当是交叉询问。

——[美]威格莫尔

美国大都会捷运公司的两列火车互撞,引发了许多求偿案件。下面是一起诈赔案件中质证的精彩片段。原告是一名工人,他因撞击的力量从车厢被抛向了附近的人行道上,造成肩膀脱臼。他上庭陈述说,自己受到了永久的伤害,以致无法像平常一样工作,因为他的手臂不能举到肩膀的高度。被告律师在进行法庭交叉询问时,向原告提了几个对他受伤表示同情的问题,与之建立了友善的基础关系;然后建议他最好能向陪审团展示自从受伤后他手臂能举高的极限。原告缓慢且相当费力地将手臂举到肩膀的高度。律师接着说:“现在,用同一只手臂,做给陪审团看,在未受伤前它能够举多高。”只见原告将手臂尽可能地举高超过头部,整个法庭上人们哄堂大笑。

一、质证的概念

在古今中外的司法实践中,质证活动都是普遍存在的。但是在很长时期内,人们并没有把质证作为一个专门术语在理论上加以阐释和在法律上加以界定。在我国,1979 年《刑事诉讼法》和 1982 年《民事诉讼法(试行)》都没有明确使用“质证”的概念,法律的着眼点是司法人员对证据的审查评断。1991 年《民事诉讼法》首次在法律上明确了当事人的质证权,规定“证据应当在法庭上出示,并由当事人互相质证”。

目前,我国学者对“质证”的概念有不同的理解。我们认为,界定质证的概念先要明确两个问题:第一,质证不等于认证,也不等于对证据的审查评断。在诉讼活动中,质证是认证的必要前提,质证是为认证服务的,但是二者属于司法证明的不同环节;而且,质证属于当事人的行为,认证属于法官、陪审员的行为,不可混为一谈。质证与证据的审查评断虽有密切关系,但也不能等同。严格地说,质证只是审查评断证据的一种方式或途径,二者在主体和内涵上都有很大差异。第二,质证的本质特征在于“质”,即对证据的质疑和质问,而且这种“疑”和“问”都带有当面对抗的性质。虽然在质证的过程中可能要对证据进行辨认、说明和解释,但是这些行为并不代表质证的本质特征。如上所述,质证虽带有审查证据的性质,但并非所有对证据的审查都属于质证。对本方证据的审查不属于质证的范畴,从中立角度对证据进行的审查也不属于质证的范畴,只有从对立的角度对证据进行的质疑和质问才是质证,才体现了质证的本质特征。

在质证活动中,质疑和质问是相辅相成、不可偏废的。对证据的内容提出质疑是质证的根本目的,对提出证据的人(包括证人、鉴定人、勘验人员、检查人等)进行质问是质证的基本形式。简言之,因疑而问,有疑有问;问以解疑,问以证疑。由此可见,仅对对方证据提出不同的看法,并不是真正意义上的质证。

综上所述,质证是指诉讼当事人及其法律代理人在审判过程中针对对方举出的证据进行的质疑和质问。它是诉讼一方反驳和攻击对方证据的重要手段,也是帮助和影响法官认证的重要途径。

二、质证的主体

质证的主体,即有权在审判中对证据提出质疑和进行质问的人。从法律规定和法理推导的角度,很容易得出控辩双方及其他当事人是当然的质证主体。具体来说,在刑事诉讼中,质证的主体包括检察官、辩护律师、被告人、被害人、附带民事诉讼原告、被告及其法律代理人;在民事、行政诉讼中,质证的主体包括原告、被告、第三人及其代理律师。其中,刑事诉讼中被告人有权质证,但是其一般都让辩护律师代行质证。刑事诉讼中被害人也有权进行质证,但是因为检察官的质证往往与其同向,所以一般也没有必要再行单独质证。如果证据与其附带民事诉讼有关,被害人或其法律代理人也可以自行质证。第三人参与诉讼往往与原告、被告一方存在利益关系,故其质证活动会与原告、被告有些重合。

法官是否属于质证的主体,学界在这个问题上有两种截然不同的观点。一种观点认为,法官是质证的主体。其主要理由有三:第一,法官是证据和事实的认定者,有责任保证质证的正确性和有效性,且对因质证失误造成错案也应承担相应的法律责任;第二,法官虽然不是案件的实体法律关系主体,与案件事实没有直接的利害关系,但法律上赋予其审判职责,足以成为其质证的动因;第三,实践中法官在庭审时对证人有权进行质询,对证据进行审核,这实际上是在行使质证权。另一种观点认为,法官不是质证的主体。其主要理由有四:第一,如果法官成为质证主体,势必影响其公正形象;第二,缺乏法律依据,因我国《民事诉讼法》第 71 条已明确规定,证据应当在法庭上出示,并由当事人互相质证;第三,质证主体与举证主体应当是一致的,法官不是举证责任的主体,由此也不能成为质证的主体;第四,法官认定证据和事实是在当事人质证的基础上进行的,不是在自己直接质证的基础上进行的。〔24〕

我们基本上同意后一种观点。在审判过程中,质证当然要在法官的主持下进行,但法官的主要任务是"听证",主要职责是保障质证的公正和有序。虽然法官在必要时也可以对证人、鉴定人等提出问题,但那是审查证据的需要,是法官行使审判权的需要。另外,如果说法官应该对审判中出现的错案负责,那也是因为其认证失误,而不是因为质证失误。总之,法官是审查证据的主体,是认证的主体,不是质证的主体。

三、质证的对象

质证的对象,又称为质证的客体,即在审判中由一方提出并由对方进行质疑或质问的证据。我们认为,质证的对象包括诉讼法规定的八种证据,既包括言词证据,也包括实物证据。这是现行法律的要求,更是实践的规律。诚然,针对不同种类的证据,质证的方式可能有所不同。针对证人证言、当

---

〔24〕 刘敏:《当代中国的民事司法改革》,中国法制出版社 2001 年版,第 274 ~ 275 页。

事人陈述等言词证据来说,质证的基本方式是质问或交叉询问。针对物证、书证、视听资料、电子证据等实物证据来说,质证的主要方式是对证据的内容或特征提出质疑,也包括对收集、提取、保管、提交该实物证据的人进行的交叉询问。

在讨论质证对象的问题时,法院调查收集的证据应否接受质证及如何接受质证,是另一个需要回答的问题。实践中的做法很不一致。有的法院让当事人质证;有的法院不让当事人质证;有的法院只是分别征求一下双方当事人对该证据的意见,就算质证了。我们认为,法院自行收集的证据也应当经过当事人的质证,特别是要接受不利方当事人的质证,才能作为定案的根据。具体质证的方式应该与当事人提供的证据一样:根据证据种类的不同,相应地采取当面质疑或质问的方式。

考虑到诉讼成本、司法效率、保守机密等方面的要求,法官可以决定对某些证据免于质证。这主要有两种情况:其一,对于当事人双方均已认可的证据,无须进行质证。由于质证是当事人的一种诉讼权利,当事人也可以放弃这项权利。其二,对于那些涉及国家秘密、商业秘密、个人隐私而且不宜让对方当事人知晓具体内容的证据,法官可以决定不再组织质证,自行审查后直接认定。不过,并非所有涉及国家秘密、商业秘密和个人隐私的证据都可以免于质证。其中,有些证据只是不宜向社会公开,无须向对方当事人保密,因此仍然可以质证,只要采用不公开的方式进行质证即可。总之,免于质证属于质证规则中的特例情况,必须严格掌握。

四、质证的内容

证据资格是质证的首要内容。围绕证据资格进行质证,主要是对证据的关联性、合法性、客观性提出质疑。某一证据与案件事实没有关联性,当然不具备证据资格;不符合法律的有关规定,自然也不能进入诉讼程序;不具备起码的真实性,即完全虚假的证据,显然不能被许可采纳。

证据的证明力是质证的第二项内容。这包括对其可靠性与充分性进行质疑。凡是一方当事人提交的、具备证据资格而获准进入诉讼程序的证据,对方当事人仍然可以对其真实可靠性提出质疑。这可以从两个方面进行:一是从证据的来源质疑证据的真实可靠性;二是从证据的内容质疑证据的真实可靠性。例如,对于一个鉴定意见,诉讼对方可以提出如下质疑:检材来源是否可靠;检材是否受到污染;鉴定使用的方法和仪器是否科学;鉴定意见与该鉴定所依据的科学原理之间有无矛盾等。前两项属于对证据来源的质疑;后两项则属于对证据内容的质疑。证据的充分性是由证据与待证事实之间的关联形式和性质所决定的,因此,对证据的充分性提出质疑就要以关联的形式和性质为基础,看其关联的形式是直接的还是间接的,关联的性质是必然的还是偶然的。例如,侦查人员在某盗窃案现场发现一枚手印,经过指纹专家鉴定,确认该手印就是被告人留下的。审查结论表明,这枚手印确实是在该现场提取的,因此来源是真实可靠的;指纹鉴定意见的得出也是科学的,因此内容也是真实可靠的。但是,这枚手印与指控的盗窃行为之间的关联是间接的、偶然的,其证明待证事实的价值也因此受到了质疑。

五、质证的原则

(一)当庭质证

所谓当庭质证,就是所有质证活动都必须在法庭审判中当庭进行。当庭质证既是诉讼当事人有效行使质证权的保障,也是法官公正行使审判权的保障。

当事人参与庭审调查的目的就是通过证据和说理影响法官对证据和案件事实的认定。这有两条实现的途径:一条是让法官相信己方的证据和事实主张;另一条是让法官不相信对方的证据和事实主张。二者是相辅相成的。其中,要想让法官不相信对方的证据和事实主张,最有效的方法就是在法庭上对对方提出的证据进行质疑和质问。

法官是案件的裁判者,法官对证据的审查必须具有“亲历性”,即法官在审判中必须亲自审查证据,因此任何证据都必须经过法庭上的质证活动,才能使审判者对证据的真实性和证明价值形成内心确信,并在此基础上认定案件事实,作出判决。我们认为,诉讼当事人及其律师在庭下向法官提交的答辩书和意见书等,不能代替法庭上的质证。这也是“审判中心主义”的诉讼制度在质证问题上的具体要求和体现。

(二)直接质证

所谓直接质证,就是一切证据都必须经过当事人在法庭上的直接质疑和质问,才能作为定案的根据。直接质证规则是与当庭质证规则相辅相成的,也是保障质证效果的一条重要规则。

就言词证据而言,直接质证就是由对方直接对提供言词证据的证人、被害人、被告人等进行质证。对书面证言和笔录等进行的质疑和反驳属于间接质证,只能作为质证的辅助或替代方式。虽然审判之前获得的书面证言或笔录也有重要的证明价值,而且一般都有陈述人的签名或盖章,笔录上还写有"以上记录属实"等字样,但是其是否真实、准确且完整地表达了陈述人的意思,最好还是通过直接询问陈述人来确定。总之,对言词证据进行直接质证是基本原则,只有在确实无法或确无必要进行直接质证时,才能采用间接质证的方式。

对实物证据的直接质证包括两层含义:第一,直接对物证、书证、视听资料等进行检验和审查;第二,直接对实物证据的勘验、检查、鉴定人员进行直接的质问。《刑事诉讼法》第195条规定:"公诉人、辩护人应当向法庭出示物证,让当事人辨认,对未到庭的证人的证言笔录、鉴定人的鉴定意见、勘验笔录和其他作为证据的文书,应当当庭宣读。审判人员应当听取公诉人、当事人和辩护人、诉讼代理人的意见。"这一规定在一定程度上体现了当庭直接质证的精神,但是还不够彻底,不够充分。

(三)公开质证

所谓公开质证,就是质证活动应当在开庭审判时公开进行。公开质证是公开审判的组成环节,因此要遵循公开审判的有关规定。除依法应当保密的证据外,任何证据都必须在公开审判过程中公开进行质证。对于涉及国家秘密、商业秘密或个人隐私的证据,则应当在无人旁听的情况下进行质证。

在实践中,有的审判人员对于当事人提供的证据只是听取一下对方当事人的看法,就算完成了质证的程序;有的审判人员对于法院自行收集的证据只是分别征求一下双方当事人的意见,就算进行了质证;还有的审判人员对当事人在庭审后提交的新证据,不再进行开庭质证,仅在庭下听取一下对方当事人的意见,就直接确认证据的资格和效力。这些做法显然都违反了公开质证的规则。我们认为,无论是"新"证据还是"旧"证据,无论是当事人提供的证据还是法院自行收集的证据,都要经过法庭上的公开质证,才能作为定案的根据。

六、质证的程序

质证的程序属于具体的操作规程,即在具体诉讼活动中,质证应该按照什么顺序、以什么方式进行。诚然,在不同种类的诉讼中,在不同性质的案件中,质证的顺序和方式可以有所不同,但是各种诉讼和各类案件中的质证总有一些共同的规律。

(一)质证的顺序

所谓质证的顺序,就是在庭审过程中,当事人对对方证据进行质疑和质问的时间顺序或先后顺序。质证的顺序是质证程序性规则的重要组成部分。由于在诉讼过程中,质证是举证的后续环节,没有举证就没有质证,所以确定质证的顺序必须以举证的顺序为依据。

诉讼中举证的基本顺序是先控方后辩方,质证的顺序也应当是先控方的证据后辩方的证据。就具体的案件事实来说,质证可以按照不同的顺序进行。质证可以按照事件发生的时间顺序进行;质证也可以按照各个事件要素在案件中的性质和地位进行,包括“从内向外”的质证顺序和“从外向内”的质证顺序;在案件事实或行为之间的因果关系比较明确的情况下,质证还可以按照事件的因果关系进行,包括“由因及果”的质证顺序和“由果及因”的质证顺序。总之,质证的顺序应该以举证的顺序为基础,但是也可以具有一定的灵活性,这主要表现为不同的质证程式。

《人民法院办理刑事案件第一审普通程序法庭调查规程(试行)》规定,证人出庭后,先由对本诉讼主张有利的控辩一方发问;发问完毕后,经审判长准许,对方也可以发问。有学者认为,从作证与质证的关系上讲,时间上应当先有作证后有质证,质证以作证为前提。因为在实践中,辩方向法庭提请证人、鉴定人出庭比较多,且辩方不承担证明被告人有罪的举证责任,收集、获取证据的能力较弱,其要求证人、鉴定人出庭是为了向他们质证。上述最新出台的规定,就发问顺序使作证与质证的关系回到正确的轨道,与交叉询问制度的适用形成了天然的契合。[25]

(二)质证的程式

所谓质证的程式,就是质证的程序模式,是质证的程序中最重要的内容。在诉讼活动中,质证和举证的基本顺序是一致的,但不都是完全对应的。换言之,在有些情况下"一举一质"是恰当的也是必要的,在有些情况下"一举一质"则是不恰当的或者不必要的。因此,在不同案件的诉讼活动中,根据事实情况不同或证据情况不同,质证可以有不同的程序模式。

1. 单个质证

单个质证又可以称为"一证一质"。按照这种程式,每一个证据在法庭上被一方举出之后,立即由另一方对该证据进行质证。如果另一方此时不进行质证,即视为放弃了对该证据进行质证的权利,并由此失去对该证据进行质证的机会。无论从司法证明的自身规律来说,还是从实践的客观需要来说,单个质证都是一种基本的质证程式。特别是在诉辩双方对证据及其相关事实的认识截然不同的情况下,司法人员应该尽量采用"一证一质"的程式。

2. 分段质证

分段质证又可以称为"一组一质"。按照这种程式,证据可以根据案件构成的基本事实要素分成若干组或若干段,就每一个案件事实或每一组证据,先由控方举证、辩方质证;然后再由辩方举证、控方质证。分段质证可以提高诉讼效率,节约司法资源。这种程式适用于案情比较复杂而且证据数量较多的案件。

3. 单方质证

单方质证又可以称为"一方一质"。按照这种程式,诉讼的一方完成举证之后,另一方对其全部证据进行质证。以刑事诉讼为例,控方就其主张全面举证之后,辩方针对控方证据中的薄弱环节进行质证;然后,辩方再进行举证,并接受控方的质证。单方质证适用于案情不复杂或者争议点不多、证据数量较少而且相对集中的案件。

---

〔25〕 顾永忠:《庭审实质化与交叉询问制度——以〈人民法院办理刑事案件第一审普通程序法庭调查规程(试行)〉为视角》,载《法律适用》2018 年第 1 期。

4. 综合质证

综合质证又可以称为“全案一质”。按照这种程式,诉辩双方都完成举证之后,双方再以辩论的方式,综合地对对方证据进行质疑和反驳。这曾经是我国实践中普遍使用的一种质证程式。综合质证可以节约审判时间,但是难以保障质证的效果,特别是在那些案情比较复杂、证据数量较多的案件中。我们认为,在强调当事人质证的诉讼模式下,综合质证的适用范围不宜太广,可以局限在只有单一争议点,且本证反证相互对应的案件与适用简易程序的刑事案件。

以上四种质证程式各有优劣,司法人员可以根据具体案件的事实构成和证据情况,选用最恰当也最有效的程式。不过,从质证本身的规律和要求来说,单个质证和分段质证应该是当前最值得推广的质证程式。

按照什么顺序进行举证是各方当事人的权利。但是,采用哪一种质证程式则属于法官的职权范围,应当由法官来决定。当然,法官在审判中选择质证程式的时候,可以听取诉辩双方的意见。

(三)质证的基本方式:交叉询问

所谓质证的方式,即在庭审调查中采用什么方法和形式进行质证。这也是质证程序的组成部分,主要理由有二:首先,质证的方式与质证的程序是密不可分的,质证的程序包含质证方式的内容,质证的方式也体现在质证程序之中;其次,质证的方式与质证的程序具有相同的属性,二者都属于指导和规范实际操作活动的规则。

在英美法系国家,受当事人主义诉讼模式的影响,庭审调查的基本方式是以当事人为主的“直接询问”(direct – examination)和“交叉询问”(cross – examination),而交叉询问也就是质证的基本方式。在大陆法系国家,受职权主义诉讼模式的影响,庭审调查的基本方式是以法官为主的询问和审查。虽然大陆法系国家的立法没有就交叉询问作出明确的规定,但是在实践中,交叉询问还是存在的,只不过法官在指导和限制当事人进行交叉询问的问题上具有很大的自由裁量权。日本原来一直采用大陆法系国家的庭审调查模式,但是在第二次世界大战之后,受美国的影响,在庭审中引入了交叉询问的机制，形成了当事人询问与法官询问相结合的庭审调查模式。[26]

我国法律没有对质证的方式作出正面的规定，但是从有关的司法解释和诉讼实践中的做法来看，我国目前采用的是法官查证与当事人质证相结合的方式，而且在一定程度上包含了交叉询问。例如，《刑事诉讼法》第194条规定："……公诉人、当事人和辩护人、诉讼代理人经审判长许可，可以对证人、鉴定人发问。"由于交叉询问体现着当事人的质证权利，所以这里所说的"经审判长许可"，应当理解为程序上或形式上的批准，不应是实质意义上的批准。换言之，只要对方的发问不会影响审判活动的正常进行，审判长就应该"许可"。我们认为，交叉询问较好地体现了司法活动中质证的宗旨和要求，也符合我国审判方式改革的方向，应该明确作为诉讼活动中质证的基本方式。下面，我们主要就交叉询问进行介绍和讨论。

1. 交叉询问的概念

交叉询问是由一方当事人或其律师在法庭上对另一方证人进行的盘诘性询问。《布莱克法律词典》对这个概念的解释是："在审判或听证中由与传唤证人出庭作证的一方相对立的一方对该证人进行的询问。"[27] 理解交叉询问的概念要注意以下几个问题：(1)交叉询问是由一方对另一方的询问，具有对立的性质。在诉讼中，当事人任一方对对方证人的询问，都属于交叉询问；但是，当事人任一方对己方证人的询问则不属于交叉询问。(2)交叉询问是盘诘性的询问，具有攻击或反驳的性质。如果是支持性或者进一步说明性的询问，则不能体现交叉询问的本质特征。(3)交叉询问的对象是广义的"证人"，包括被告人、被害人、证人、鉴定人、勘验人员、检查人员以及实施搜查、扣押等侦查措施的警察等。(4)交叉询问应该于法庭上在法官的主持下进行。司法人员、执法人员或律师在调查阶段或法庭之外对证人的询问，不属于交叉询问。

在英美法系国家的审判中，交叉询问是质证的基本方式，也是诉讼当事人的一项重要权利。任何一名证人在法庭上接受了本方律师的询问（直接询问）之后，对方律师都有权代表其当事人进行交叉询问，以便对该证人证言进行质疑。如果对方律师不进行交叉询问，法庭就视其代表当事人放弃

---

〔26〕 何家弘主编：《新编证据法学》，法律出版社2000年版，第396页。

〔27〕 *Black's Law Dictionary* (7th edition), West Group, 1999, p. 383.

了对该证人进行质证的权利。

2. 交叉询问的目的及其实现途径

交叉询问的主要目的是对对方证人提供的证言进行质疑，以便降低甚至消除该证言在事实裁判者心目中的可信度。在诉讼实践中，实现交叉询问目的的基本途径是攻讦对方证据的弱点或缺陷。正如《布莱克法律词典》中所指出的，“交叉询问的目的是通过以下几种方式让证人在事实裁判者面前失去信用，如提出先前陈述中的矛盾之处和不可能之处；给证人置上疑点；以及诱导证人作出可以削弱其证言的承认”。[28]

美国著名证据法学家华尔兹教授概括道：“诉讼律师在对出庭作证的证人进行交叉盘(询)问中使用的质疑技术主要涉及以下六种情况：(1)感觉缺陷；(2)证人的品格；(3)证人的精神状态；(4)证人的重罪前科；(5)该证人以前的自相矛盾的陈述；(6)证人一方的利益或偏见。”[29]

3. 交叉询问的规则

交叉询问作为质证的基本方式，既有利于调动当事人进行质证的主观能动性，也有利于实现质证的目的和功能，还有利于保障庭审调查的程序公正。但是，交叉询问也容易出现一些问题，如拖延诉讼、侵犯证人权利等。因此，诉讼各方在法官主持下进行交叉询问时，应当遵守以下规则：(1)交叉询问的问题应当与证人或鉴定人等陈述的案件事实或鉴定事项有关。对于不具有上述关联性的问题，证人或鉴定人可以拒绝回答，但是涉及证人资格或鉴定人资格的问题除外。(2)在对证人或鉴定人的资格进行质疑时，可以涉及与个人信誉和品行有关的问题，但是不得损害证人或鉴定人的人格尊严。(3)在交叉询问中可以使用带有诱导性质的提问方式，但是不得使用威胁、利诱等语言。[30] (4)如果一方认为对方在交叉询问中提问的方式或内容不合适，应当及时在法庭上提出异议或反对，法官应当对异议或反

〔28〕 *Black's Law Dictionary* (7th edition), West Group, 1999, p. 383.

〔29〕 [美]乔恩·R. 华尔兹：《刑事证据大全》，何家弘等译，中国人民公安大学出版社 1993 年版，第 130 页。

〔30〕 最高人民法院《关于民事诉讼证据的若干规定》第 82 条第 2 款中规定：“询问鉴定人、勘验人不得使用威胁、侮辱等不适当的言语和方式。”这里所说的“不适当的言语和方式”实际上就是英美法系证据法中“直接询问禁止诱导性提问”的规则。但在该司法解释中将这一规则扩大至“交叉询问”，这实际上是对英美法系规则的错误借鉴，值得特别注意。

对作出即时裁判。

综上所述,交叉询问是质证的基本方式,应当在法律中加以明确,在实践中普及推广。同时,人们也要加强对交叉询问方法和规律的研究,规范交叉询问的行为,完善交叉询问的规则。

链接 陈满申诉案〔31〕

1994年11月,陈满故意杀人、放火一案由海口市中级人民法院作出一审判决,以故意杀人罪判处陈满死刑,缓期二年执行,剥夺政治权利终身;以放火罪判处有期徒刑九年,决定执行死刑,缓期二年执行,剥夺政治权利终身。此后,被告人一方经历三次申诉。2015年,最高人民检察院依审判监督程序向最高人民法院提出抗诉。最高人民法院作出再审决定,指令浙江省高级人民法院再审。2016年1月25日,浙江省高级人民法院作出再审判决,撤销原审判决裁定,认定原审被告人陈满无罪。

在这一案例中,最高人民检察院以"原审判决据以定案的证据不确实、不充分,认定原审被告人陈满故意杀人、放火的事实不清,证据不足"为由提出抗诉。"原审裁判认定原审被告人陈满实施杀人、放火行为的主要证据,除陈满有罪供述为直接证据外,其他如公安机关火灾原因认定书、现场勘查笔录、现场照片、物证照片、法医检验报告书、物证检验报告书、刑事科学技术鉴定书等仅能证明被害人钟某被人杀害,现场遭到人为纵火;在案证人证言只是证明了案发时的相关情况、案发前后陈满的活动情况以及陈满与被害人的关系等情况,但均不能证实犯罪行为系陈满所为。而在现场提取的带血白衬衫、黑色男西装等物品在侦查阶段丢失,没有在原审法院庭审中出示并接受检验,因此不能作为定案的根据。"

由此可知,证据是刑事诉讼的基石,认定案件事实,必须以证据为根据。证据未经当庭出示、辨认、质证等法庭调查程序查证属实,不能作为定案的根据。

〔31〕 最高人民检察院指导性案例检例第26号。

第四节 认 证

为了实现公平理念和正当程序,法官应当履行三项义务:(1)法官必须认真倾听当事者的主张;(2)法官必须以认真回答当事者主张的方式对自己作出决定的根据进行充分的说明;(3)法官作出的决定,必须建立在当事者提出的证据和辩论的基础上。

——[美]梅尔文·艾森伯格

林秀仁因销售伪劣产品申诉一案。[32] 林秀仁以原判认定自己明知是伪劣产品的证据不足、销售金额不准确、量刑过重为由,向最高人民法院提出申诉。最高人民法院经审查对林秀仁回复如下:(1)关于你申诉提出原判认定你明知是伪劣产品的证据不足的申诉理由。经查,你在侦查阶段多次供述明知所销售的"美国强根""美国种蚂"系假冒伪劣产品,称"应该是假的,因为给我的都是空白的协议文书""厂家和我说他们公司生产的美国强根胶囊和美国种蚂胶囊都没有经过检验,还叫我卖的时候注意一点,不要被查到了""厂家提醒我做这个生意不要留账,这些产品是不合法的";在具体的销售行为中,你采用不使用真实信息、不留账目的隐秘销售手段,你的销售方式与你的供述相互印证,足以证实你主观上明知所销售的产品不合法;你主动注册商标,是为了顺利推广销售产品创造条件,不能以此为由否定你主观上明知产品不合法,你对此提出的申诉理由不能成立。(2)关于你申诉提出原判认定你销售金额不准确的申诉理由。经查,原判根据证人倪荣、王春燕的证言及你的供述,结合南京邮政速递公司、南京宅急送公司提

〔32〕 最高人民法院驳回申诉通知书,(2018)最高法刑申776号。

供的 EMS、宅急送快递明细及代收款记录、你公司客服保存在电脑里的销售记录、你的银行账户交易明细等证据，综合认定你销售金额为 370 余万元，远低于公诉机关指控的数额，已体现了有利于被告人原则，属于就低认定，你对此提出的申诉理由不能成立。最终，最高人民法院驳回申诉。在这里，法官采取的综合认证方式。

一、认证的概念

认证，是指法官、陪审员在审判过程中对诉辩双方提供的证据，或者自行收集的证据，进行审查评断，确认其证据能力和证明力的活动。简言之，认证就是对证据的认定。无论在刑事诉讼中，还是在民事诉讼或行政诉讼中，法官、陪审员都要进行认证，而且都要遵循基本的认证规律。

认证是诉讼过程的重要阶段，也是审判活动的中心内容。在取证、举证、质证、认证这四个基本环节中，认证无疑是最关键的环节。诚然，没有取证、举证、质证，认证就会成为“无本之木”和“空中楼阁”。但是归根结底，取证、举证、质证都是为认证服务的，因为取证、举证、质证的结果最后都要通过认证体现。换言之，认证是取证、举证、质证的目的或归宿。离开认证这个环节，司法证明就成了一句空话，司法证明的任务就无法完成。

二、认证的主体

认证是法官、陪审员行使审判权的一种职能活动，是具有特定法律效力的司法行为，因此，认证的主体只能是法官、陪审员，其他诉讼参与人都不能成为认证的主体。在这个问题上，我们有必要区分认证与对证据的审查评断。诚然，认证离不开对证据的审查评断，或者说，认证必须以对证据的审查评断为基础；但是，对证据的审查评断并不等于认证，因为二者的主体和效力并不完全相同。

在诉讼过程中，凡是使用证据的人，都要对证据进行审查评断。如侦查人员、监察人员、检察人员与律师等对自己收集或他人提供的证据也要进行审查评断，但是他们对证据进行审查评断的结果都不具有认证的性质和效力。只有法官、陪审员在庭审中对证据进行的“最终”审查评断才是认证。

三、认证的对象

认证是对证据的认定,不是对案件事实的认定。换言之,认证的对象是证据,不是案件事实。在诉讼活动中,案件事实需要认定,各种证据也需要认定。认定证据与认定案件事实是两个密切相关又相互区别的概念:前者是后者的基础和手段,后者是前者的目的和归宿;前者都是为后者服务的,它们不应混为一谈。

人们有时并不严格区分对证据的认定和对案件事实的认定,甚至会笼统地认为二者就是一回事,因为只要证据认定了,案件事实也就认定了。然而,就诉讼认识活动而言,认定证据应该与认定案件事实区分开来,因为它们是法官、陪审员"决策"过程中两个相互衔接又相互区别的认识阶段。一方面,认定证据并不等于认定案件事实,即使确认了案件中所有证据的效力,也不等于完成了对案件事实的认定;另一方面,认定案件事实也不等于认定案件中所有证据的效力。司法人员、执法人员不能用认定案件事实的活动笼统地代替或吞没对案件中各种证据的认定活动,后者应该在程序和方法上具有相对的独立性。总之,在理论上明确认定证据与认定案件事实这两个概念之间的联系与区别,对于指导法官、陪审员的认证活动都很有裨益。

四、认证的内容

所谓认证的内容,就是法官、陪审员在认证时要解决哪些问题。我们认为,法官、陪审员在审判活动中对证据的认定实际上包括两方面的内容:一是确认每个证据能否获准进入诉讼的"大门";二是确认某个或某组证据能否作为定案的根据。要准确把握认证这两个方面的内容,必须明确以下两对概念及其相互关系。

(一)证据能力与证明力

所谓证据能力,指的是证据能否满足诉讼活动对证据的基本要求。就司法审判而言,即证据是否具备诉讼的"准入资格",因此等同于第四章所说的证据资格。所谓证明力,指的是证据对案件中待证事实的证明效果和力量。换言之,证据是否能够达到法定标准地证明待证事实,亦称证据力或证据效力。

概括而言,证据能力的主要内容是证据的客观性、关联性与合法性;证明力的主要内容是证据的真实性和证明价值。显然,这种区分是相对的,不是绝对的。在具体案件的认证活动中,证据的关联性、合法性、真实性、证明价值等方面的内容往往是相互交叉和影响的。

例如,证据的证明价值不能与证据的关联性截然分开,前者在很大程度上是以后者为基础的。证据与案件事实的关联越近,其证明价值就越高;直接关联的证据当然要比间接关联的证据具有更高的证明价值;与案件事实具有必然联系的证据当然也比与案件事实具有偶然联系的证明价值更高。实际上,法官、陪审员在认定证据能力和证明力时都要考察证据的关联性,只不过考察的层面有所不同。前者所要考察的主要是证据与案件事实有没有关联;后者所要考察的则是证据与案件事实之间关联的性质、形式和程度。与案件事实没有关联性的材料当然不具有证据能力,但是具有关联性的证据并不一定就具有充分的证明力。

再如,证据的真实性与证据的关联性及合法性也有一定的联系。虚假的证据当然也包括与案件事实具有虚假关联的证据;而法律规定排除某类证据或者限制某类证据在诉讼中的使用时,既要考虑保护人权和司法公正等价值取向问题,也要考虑该类证据的真实性问题。在实践中,明显虚假的证据当然是不能获准进入诉讼程序的。另外,由于证据的证明价值是以证据的真实性为前提的,所以对证明价值的认定也离不开对证据真实性的认定。从这个意义上讲,真实性是一个贯穿于整个认证活动的概念,甚至可以说是认证活动的中心内容。法官、陪审员在审判实践中对每个具体证据的认定,主要解决的问题就是该证据是否真实,是否可靠。但是,我们不能用真实性代替关联性,也不能用真实性代替证明价值。

(二)证据的采纳与采信

证据的采纳和采信是两个既有联系又有区别的概念。前者的核心字是"纳",即证据能不能被纳入诉讼的程序;后者的关键字是"信",即证据是否可信,是否具备足以作为定案根据的证明价值。用通俗的话说,采纳解决的是证据能否"进门"的问题,采信解决的是能否用这些证据定案的问题。证据的采纳,主要是对证据能力的认定;证据的采信,则主要是对证明力的认定。

无论是采纳证据还是采信证据,都要对证据进行审查评断,但是二者的审查方式和要求有所不同。就审查的方式来说,证据的采纳主要是对单个证据的审查评断;而证据的采信既包括对单个证据的审查评断,也包括对一组证据乃至全案证据的审查评断。就审查过程来说,采纳是对证据的初步审查,采信是对证据的深入审查。

就法官、陪审员在审判中的认证过程来说,采纳是采信的基础,采信是采纳的延续。就认证结果而言,没有被采纳的证据当然谈不上采信,但是采纳了的证据也不一定都被采信。简言之,采纳只是对证据的初步认可;采信才是把证据用作定案的根据。

证据的采纳和采信是目前我国理论研究和实践中经常混用和替用的两个概念。在每一起具体案件的审判活动中,法官、陪审员也并不一定总要明确区分证据的采纳和采信。但是,为了更好地研究和把握审判中认证活动的规律,在理论上明确区分这两个概念还是非常必要的。

五、认证的方式

(一)当庭认证与庭后认证

根据认证活动的时间和地点不同,认证可以分为当庭认证和庭后认证。所谓当庭认证,就是在庭审过程中,法官、陪审员对于一方诉讼当事人举出并经过对方质证的证据,在法庭上当即作出的认证。所谓庭后认证,则是法官、陪审员对于诉讼当事人举出并经过质证的证据,在庭审之后再行认证。实践中,法官在庭后认证时需要对陪审员认证提供必要的帮助。通常,合议庭评议案件时,先由承办法官介绍案件涉及的相关法律、证据规则,然后由人民陪审员和法官依次发表意见,审判长最后发表意见并总结合议庭意见。[33]

客观地说,证据是形形色色的,案情是错综复杂的,仅仅根据法庭上对

---

〔33〕 最高人民法院《关于适用〈中华人民共和国人民陪审员法〉若干问题的解释》第12条。

一个或一组证据的举证和质证,往往很难对证据作出全面的判断。特别是证据的真实性和证明价值问题,一般都需要综合评断案件中的各种相关证据甚至全部证据才能作出恰当的判断,而这往往只能在庭审结束之后才能进行。因此,很多法官、陪审员在实践中都喜欢庭后认证,而颇感当庭认证很难操作,他们担心前面认定的证据又被后面的证据否定而出现误"认"、错"认"。

然而,当庭认证是审判方式改革的要求和发展方向。法官、陪审员当庭认证,可以提高审判决策过程的透明度,减少"暗箱操作",提高审判质量,保证司法公正,有利于防止司法腐败。

那么,法官、陪审员当庭认证什么?是证据能否采纳,还是证据是否可靠及证明价值?我们认为,法官、陪审员当庭认证应该主要解决证据的采纳问题,即证据能否获准进入诉讼程序,而不解答证据采信的问题。实践中,关于非法证据排除问题,应当更多地采取当庭认证的方式。具体来说,法官、陪审员在审判中对于诉讼当事人举出并经过质证的各种证据,应该根据证据的采纳标准,当庭裁判是否采纳。至于这些被采纳的证据是否真实可靠、究竟有多大证明价值,则可以等到庭后评议时再作出判断。总之,当庭认证主要适用于对证据能力的认定;庭后认证主要适用于对证明力的认定。

(二)个人认证与合议认证

根据认证主体的数量不同,认证可以分为个人认证与合议认证。在独任制审判中,认证活动由法官一人进行,实行个人认证。在合议制审判中,认证活动一般应当由合议庭进行,实行合议认证。但是,由于当庭认证只解答证据能否采纳的问题,一般比较简单,所以为了节省诉讼时间和保持庭审的流畅性,也可以由审判长进行个人认证。如果证据问题比较复杂,审判长则可以在法庭上与其他审判员、陪审员简单交换意见甚至暂时休庭讨论,然后再决定是否采纳有关证据。

在合议制审判中,对于证据真实性和证明价值的认定,应当采用合议认证的方式。因为证据的采信问题比较复杂,由合议庭成员集体对证据的真实性和证明价值进行判断和确认,有利于充分发挥集体智慧,克服个人认知的局限性和片面性,从而更好地保障认证结果的客观性和准确性。合议庭在进行认证时,应当遵循少数服从多数的原则。

(三)单一认证与综合认证

根据作为认证对象的证据数量不同,认证可以分为单一认证和综合认证。所谓单一认证,就是法官、陪审员每次仅对一个证据进行的认证,即一证一认。所谓综合认证,即法官、陪审员一次对多个证据进行的认证,包括对一组证据的综合认证和对全案证据的综合认证。对一组证据的综合认证,也就是说,对于几个相互关联的、用于证明同一个案件事实的证据,经过分别举证和质证之后,法官、陪审员可以把它们集中起来加以综合认定。对全案证据的综合认证,则是在案件全部证据已经举证、质证之后,法官、陪审员对全部证据进行全面系统的分析、归纳、审查、判断,并在此基础上作出综合性认定。

对证据能力的认定,一般适用单一认证的方式,即在庭审过程中,对每一个证据"一举、一质、一认"。对证明力的认定,如果案情比较简单而且证据相对独立,可以采用单一认证的方式;如果案情比较复杂而且待证事项较多且相对独立,可以采用一组证据综合认证的方式;如果案情复杂而且证据之间的关系紧密交织,则可以采用全案证据综合认证的方式。

(四)口头认证与书面认证

根据认证结果的表现形式不同,认证可以分为口头认证和书面认证。所谓口头认证,就是指法官、陪审员用口头语言形式所表达的认证。所谓书面认证,则是指法官、陪审员用书面文字形式所表达的认证。口头认证适用于比较简单的证据问题,当庭认证或者对证据能力的认定通常可以采取口头认证的方式。书面认证适用于比较复杂的证据问题,庭后认证或者对证明力的认定一般应该采用书面认证的方式。

(五)一步认证与两步认证

根据认证过程是否划分为采纳和采信两个阶段,认证可以分为一步认证和两步认证。所谓一步认证,即法官、陪审员对证据的认定过程不分为采纳和采信两个阶段，而是一次性完成对证据能力和证明力的认定。所谓两步认证，即法官、陪审员对证据的认定过程分为采纳和采信两个阶段，分别完成对证据能力和证明力的认定。一步认证适用于案情和证据比较简单的案件；两步认证适用于案情和证据比较复杂的案件。实践中，很多法官、陪审员都在自觉或不自觉地使用两步认证的方式。

在美国等国的陪审团审判中，认证是典型的两步模式，因为对证据能力的认定是法官的职能；对证明力的认定是陪审团的职能。在法庭调查过程中，主持审判的法官要当庭对有争议的证据做出是否采纳的裁定。但是，法官裁定采纳的证据是否真实可靠、是否有足够的证明价值，还要由陪审团在庭审之后进行评议和认定。正如美国著名证据学家华尔兹教授所指出的，“尽管证据已由审判法官裁定可以采用，但它仍要由陪审团来决定其有多大分量，如果有的话。作为事实的认定者，陪审员们有权评价证据的说服力或可信度。他们可以认定其毫无分量，如果其可信度值得怀疑的话；他们也可以给其完全的分量，只要其具有说服力而且是无可反驳的”。〔34〕在诉讼活动中采用两步认证模式，有利于提高认证结果的科学性。

链接　礼来公司诉常州华生制药有限公司侵害发明专利权纠纷案〔35〕

2013 年 7 月 25 日，礼来公司（又称伊莱利利公司）向江苏省高级人民法院诉称，常州华生制药有限公司（以下简称华生公司）使用落入涉案专利权保护范围的制备方法生产药物奥氮平并面向市场销售，侵害了礼来公司的涉案方法发明专利权。华生公司认为其未侵害涉案专利权，因其自 2003 年至今，一直使用 2008 年补充报批的奥氮平备案生产工艺，该备案文件已于 2010 年 9 月 8 日获国家药监局批准，具备可行性。在礼来公司未提供任何证据证明华生公司的生产工艺的情况下，应以华生公司 2008 年奥氮平备案工艺作为认定侵权与否的比对工艺。最高人民法院二审审理过程中，为准确查明本案所涉技术事实，准许礼来公司的专家辅助人、华生公司的证人出庭；通知出具〔2014〕司鉴定第 02 号《技术鉴定报告》的江苏省科技咨询

〔34〕［美］乔恩·R. 华尔兹：《刑事证据大全》，何家弘等译，中国人民公安大学出版社 1993 年版，第 16 页。

〔35〕最高人民法院指导案例第 84 号。

中心工作人员出庭;首次指派技术调查官出庭,就相关技术问题与各方当事人分别询问了专家辅助人、证人及鉴定人。

此案中,对于被诉侵权药品制备工艺等复杂的技术事实,法院综合运用了技术调查官、专家辅助人、司法鉴定以及科技专家咨询等多种途径进行查明。因此,在证据认定过程中,法官、陪审员可以尝试通过多种方法,借助外力,完成认定。

思考讨论题

1. 试述取证、举证、质证与认证的司法证明流水线同诉讼各阶段流水线的关系。
2. 试述询问、讯问、辨认、侦查/调查实验、勘验、检查、搜查、鉴定、证据保全的规则与分类。
3. 评析我国法律对三大诉讼举证时限规定的异同。
4. 评析我国庭前会议的举证、质证、认证功能。
5. 如何理解“为发现真情,人类迄今发明的最伟大的法律发动机,毫无疑问应当是交叉询问”?
6. 为什么当庭认证改革在中国试水20多年后未能落地?

补充阅读

1. 陈瑞华:《辩护律师调查取证的三种模式》,载《法商研究》2014年第1期。
2. 袁中华:《论民事诉讼中的法官调查取证权》,载《中国法学》2020年第5期。
3. 梁坤:《跨境远程电子取证制度之重塑》,载《环球法律评论》2019年第2期。
4. 吴泽勇:《民事诉讼证据失权制度的衰落与重建》,载《中国法学》2020年第3期。
5. 汪海燕:《论刑事庭审实质化》,载《中国社会科学》2015年第2期。
6. 何家弘:《证据的审查与认定原理论纲》,载《法学家》2008年第3期。

第九章 CHAPTER NINE

司法证明的方法

证明方法在司法活动中有多重含义。从思维层面来看，它具有逆向性、对抗性与时效性等特点；从制度层面来看，通过证据证明案件事实的做法是当今的主流，推定与司法认知等直接确认法亦占据一席之地。司法证明方法可以类型化为“直接证明法和间接证明法”“演绎证明法和归纳证明法”“要素证明法和系统证明法”等。拓展推定与司法认知的证明价值，需要我国发展相关的证据学理论，并结合立法和实践进行提炼。

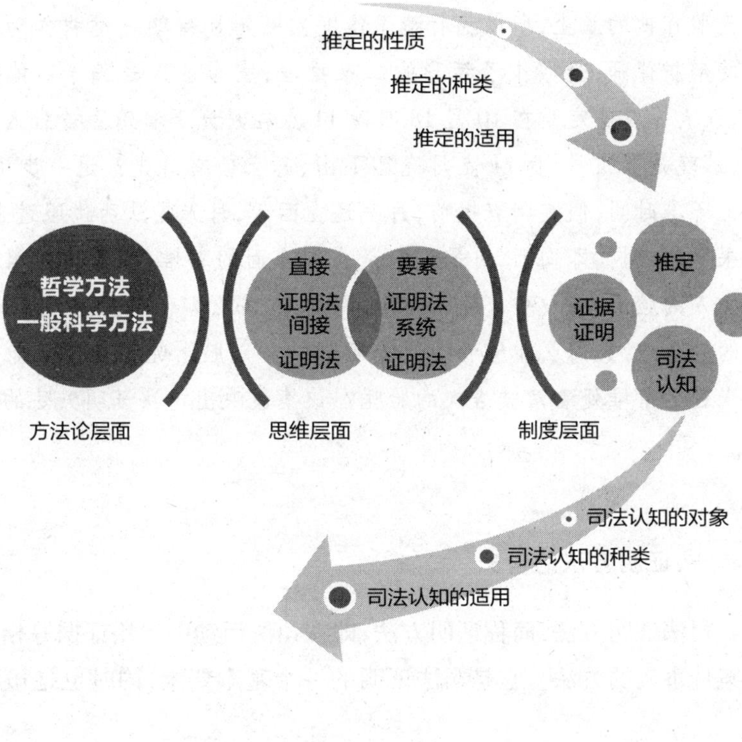

第一节 证明方法的概念

侦查工作的头几个小时,其重要性是不可估量的,因为失掉了时间,就等于蒸发了真理。

——[法]艾德蒙·费加尔常

青年林肯当律师时发生的一件轶事。一天,有一个叫阿姆斯特朗的人被诬告谋财害命。诬告者收买了一名证人,该证人在法庭上赌咒发誓说:"10月18日晚上11点,我在草堆后面,亲眼看到他在大树旁边作案。因为月光照在他的脸上,所以我看清了作案人阿姆斯特朗。"林肯作为阿姆斯特朗的辩护律师,当即作了精彩的二难推理,宣布证人是骗子。他揭露证人说,证人一口咬定是在10月18日晚11点在月光下看清了被告人的脸。但是,那晚是上弦月,晚11点月亮已下山,怎么会有月光?退一步讲,即便证人记不准时间,假定稍有提前,月亮还在西天,月光是从西边照过来,被告人如果脸朝大树,即向西,可是证人是在树东面的草堆后,那他就根本看不到被告人的脸;如果被告人脸朝草堆,即向东,那么即使有月光,证人只能看到他的后脑勺,又怎么能够看到月光照到被告人脸上呢?又怎么能够从二三十米远的草堆处看清被告人的脸呢?该案反映出司法证明方法的特点及魅力。

一、证明方法的含义

司法证明方法,简称证明方法,即在司法活动中运用证据等相关材料证明案件事实的方法。它是司法证明的一个基本要素,同时也是司法证明得以区别于日常生活中证明的重要内容。在日常生活中采用的有些证明手段,如赌咒、票决等,并不能适用于司法领域;另一些在日常生活中采用的证明手段,如发誓或宣誓等,虽然亦可适用于司法领域,但具体做法和规则大相径庭。因此,将证明方法单列出来研究,对认识司法证明活动和构建司法证明规则具有特殊意义。

证明方法有多重含义,可以从不同层面进行解读。首先,从方法论层面来说,各种哲学方法和一般科学方法居于证明方法的高级层次,在我国唯物辩证法、信息论、系统论、概率论与同一认定理论便是基础性的证明方法。对此,本书第二章第二节已有深入论述,在此不赘。

其次,从思维层面来看,司法证明离不开思维活动。不仅司法活动中收集到的各种证据都要由司法人员、执法人员进行去粗取精和去伪存真的思维加工,而且各种证明结论的推导是否合理更是在很大程度上取决于司法人员、执法人员的思维效果。司法证明的思维方法有鲜明的特点:(1)逆向性。辩证唯物主义认为,任何事物都是互相联系的,引起与被引起的联系方式即顺序性的因果关系,即原因在先、结果在后。而司法证明主体在进行思维时采取的却是与之相反的顺序,一般是"由果导因"的模式,即案件事实发生在先、司法证明在后。(2)对抗性。在司法证明活动中,诉辩双方犹如弈棋,对阵布局力争擒敌制胜。然而,双方都想取胜,思维自然形成对抗。一方要想获胜,必须准确地掌握对方的思维动态和路径,尽可能地使用换位思考法。此即司法证明活动中思维的对抗性。(3)时效性。司法活动有时间限制,收集与使用证据也必须在一定时间内完成。该取证时就要取证,事过境迁就无法取证;举证也要有时间限制,庭审已经结束再行举证就失去了效力;质证应该在举证后立即进行,如果法庭已经认证,再想质证就为时晚矣;法庭的认证也有时限问题,因为审判本身就是有时限的。

最后,从制度层面来看,司法证明必须落实于各种具体措施或手段。放眼世界,无论不同国家证据法之间有多大的差异,实际上都是在为如何用证据或其他材料证明案件事实定规建制。因此,制度层面的证明方法是当代证明制度的核心内容之一。后文将以此为基础,兼顾思维层面的证明方法,作进一步论述。

二、证明方法的种类

(一)直接证明法和间接证明法

根据证明的方向不同,思维层面的证明方法可以分为直接证明法和间接证明法。这种分类与第五章中讲述的直接证据和间接证据不同,不是以证据与案件主要事实之间的联系为基础。直接证明法,指的是直接用证据的真实性来证明案件事实的真实性。这是实践中常用的证明方法,包括演绎证明法和归纳证明法。间接证明法,是通过证明与案件事实相反或相斥之事实为假来证明案件事实为真的方法。它不是用证据等材料直接证明案件事实本身,而是否定与之相反或相斥的假设事实,然后再间接地证明案件事实的真实性。间接证明法包括反证法和排除法。

运用反证法证明案件事实,先要假设一个与该案件事实相反的事实,而后再否定该假设事实的真实性,从而肯定该案件事实的真实性。例如,在第五章中谈到的那起甲经理和乙经理的案件中,侦查人员手中没有能够直接证明他杀的证据,于是先假设甲经理为自杀。但是根据死者头部伤口周围的射击残留物痕迹,枪弹检验专家推断射击距离在80厘米以上,而甲经理不可能在这么远的距离完成自杀行为。这样一来,通过证明甲经理开枪自杀的假设事实为假,侦查人员便证明了他人开枪打死甲经理的真实性。这就是反证法的运用。

运用排除法证明案件事实,首先要提出关于该案件事实的全部可能性假设,而且这些假设都处于相互排斥的状态,然后逐个进行排除,直至剩下唯一一种可能的事实,从而证明其真实性。前面这个案例中,开枪人有三种可能性:甲经理、乙经理、第三人。根据案件发生时现场外面人的证言和现场的环境情况,第三人开枪的可能性可以排除;根据射击残留物的检验结论,又可以排除甲经理开枪自杀的可能性;至此,剩下的唯一可能性就是乙经理开的枪。于是,侦查人员运用排除法推断出乙经理是真正的开枪人。

(二)演绎证明法和归纳证明法

如上所述,演绎证明法和归纳证明法都属于直接证明法,只不过其证明中使用的推理形式有所不同。演绎证明法就是运用演绎的形式,从证据的真实性直接推导出案件事实的真实性。演绎证明法通常要运用两种论据：一种是一般的原理或规则，即大前提；另一种是案件中的具体证据，即小前提。演绎证明法就是通过把一般原理或规则适用于具体案件情况，从而证明某案件事实的真实性。在杀人案件中，法医在证明被害人的死亡时间这一案件事实时就可以运用演绎证明法。法医使用的大前提是法医学关于“尸体在不同死亡时间内会呈现不同反应”的一般原理，小前提是本案中尸温、尸僵、尸斑等具体的尸体现象，结论是死亡时间。

归纳证明法是运用归纳的形式，从证据的真实性直接推导出案件事实的真实性。诚然，这里所说的“归纳”不是严格的逻辑学意义上的“归纳推理”。归纳推理是从个别事实推导出一般性结论的思维方法，归纳证明法则要通过一系列具体事实或一组证据来证明案件事实的真实性。在甲经理被杀案中，侦查人员根据现场的手枪和致命弹头上的射击痕迹、死者头部的枪伤和周围的射击残留物痕迹、有关的鉴定意见，以及甲经理和乙经理之间有债务纠纷等证据，通过归纳与综合，最终证明了乙经理就是杀害甲经理的凶手。

由于演绎证明法中前提的正确与否比较容易判断，而归纳证明法中的归纳往往是不完全的，所以演绎证明法的可靠性较高；但是，演绎证明法的前提比较抽象，而归纳证明法的依据都是具体事实，因此归纳证明法的说服力较强。在运用证据证明案件事实时，演绎证明法和归纳证明法往往要结合起来使用。

（三）要素证明法和系统证明法

根据证明的过程形态不同，思维层面的证明方法可以分为要素证明法和系统证明法。要素证明法即通过运用证据证明构成案件事实的每一项要素来证明全案事实的方法。由于其证明过程是从部分到整体，所以有人称之为“自下而上”的证明方法。系统证明法与之相反，它是先从整体上证明案件事实的基本结构，然后再证明具体的构成要素。由于其证明过程是从整体到部分，所以又被称为“自上而下”的证明方法。

虽然这两种方法的区别表现为证明的过程形态不同，但是其实质在于证明的重心不同。在有些情况下，证明了每一个要素就等于证明了整体事实;但是在有些情况下,证明每一个要素与证明整体事实并不能简单地等同起来;另外,在某些案件中,证明某个要素几乎是不可能的,但证明包括该要素在内的整体事实却还是完全可能的。在第一种情况下,采用"自下而上"的证明方法还是采用"自上而下"的证明方法并无太大的差异;但是在后两种情况下,采用何种证明方法却有可能带来大相径庭的结果。由此可见,要素证明法和系统证明法分别适合于不同的案件情况。

从实践的角度来讲,系统证明法有十分广泛的用途,因为任何司法人员、执法人员在使用证据证明案件事实时,往往都已经有了一定的"符合历史规律和逻辑规律的命题"。在这种情况下,运用系统证明法既可以加强证明的条理化又可以简化复杂的证明过程。此外,这也比较符合人们在日常生活中形成的思维习惯,因为人们会自然而然地对生活中的认识活动进行条理化和简化处理。例如,一个人会记住自己昨天下午去了一趟商店,而不一定记住出门、锁门、下楼、掏钥匙、打开自行车锁、骑上车等一系列具体动作;当人们看到一辆汽车从身旁驶过时,会毫不犹豫地推定那辆汽车具有车身、轮胎、发动机、车灯等一系列构成要件,而不会在一一核查这些要件之后才断定这是一辆汽车。诚然,证明案件事实绝不像上述事例那么简单,但其中道理是相通的。运用系统证明法证明案件事实时,最重要的是准确把握系统的结构和系统证明的规则。

(四)证据证明法和直接确认法

这是根据证明的媒介不同,对制度层面的证明方法进行的分类。证据证明法是指在司法活动中对未知案件事实,运用有关的证据加以确认的方法;直接确认法,也称为非证据证明方法或免证方法,是指在司法活动中对那些无须用证据来证明的未知案件事实,凭借司法人员、执法人员的经验常识或逻辑推理等直接加以确认的方法。在前述第三章中我们说过,证据裁判主义是人类社会在摒弃了神明裁判和主观断案的司法证明方法之后确立的一项司法原则。因此在当今各国证据法中证据证明法无疑是核心内容,直接确认法则处于辅助与补充的地位。

相比而言,证据证明法的环节要复杂一些,而直接确认法则简约得多。前者大体上包括证明启动、提交各种证据、可采性检验、证明力检验与证明结束五个阶段（见图 9－1），相应地，各国证据法所确立的制度涉及证据可采性、证明力等实体性规则与取证、举证、质证、认证等程序性规则。后者也是通过人类长期实践被多次证明有效的证明方法，它无须遵循有关证据的各种实体性和程序性规则，而是单独适用一套专门性规则。

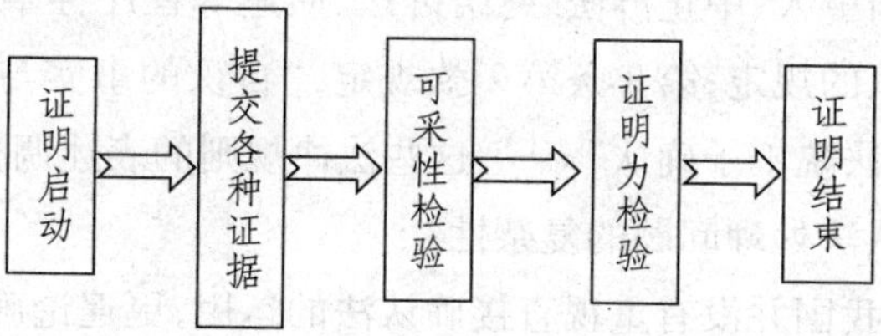

图 9－1　证据证明法的基本构造

由于直接确认法有利于高效地处理司法纷争，能够节约诉讼成本，而且一般不至于发生差错，因此它普遍为各国证据法所采用并被当事人所接受。从世界范围来看，司法证明中比较公认的直接确认法包括推定与司法认知，另外也有国家将自认归于此列。

在我国，法律规范对于自认能否产生直接确认后果有一个动态调整的过程。早期，一般将其理解为当事人陈述或口供的一种。2001 年最高人民法院《关于民事诉讼证据的若干规定》（已被修改）第 8 条第 1、2 款规定："诉讼过程中，一方当事人对另一方当事人陈述的案件事实明确表示承认的，另一方当事人无需举证。但涉及身份关系的案件除外。对一方当事人陈述的事实，另一方当事人既未表示承认也未否认，经审判人员充分说明并询问后，其仍不明确表示肯定或者否定的，视为对该项事实的承认。"这一条文带有将正式自认作为直接确认法之司法认知处理的意思。与此相似的条款还有最高人民法院《关于行政诉讼证据若干问题的规定》第 65 条。2015 年最高人民法院《关于适用〈中华人民共和国民事诉讼法〉的解释》（已被修改）第 92 条第 1、2 款做了限定性调整，规定："一方当事人在法庭审理中，或者在起诉状、答辩状、代理词等书面材料中，对于已不利的事实明确表示承认的，另一方当事人无需举证证明。对于涉及身份关系、国家利益、社会公共利益等应当由人民法院依职权调查的事实，不适用前款自认的规定"。2020 年实施的最高人民法院《关于民事诉讼证据的若干规定》进一步做了退缩。第 7 条规定：" 一方当事人对于另一方当事人主张的于已不利的事实有所限制或者附加条件予以承认的,由人民法院综合案件情况决定是否构成自认。”第 8 条第 1 款规定,“涉及可能损害国家利益、社会公共利益的”“涉及身份关系的”“对污染环境、侵害众多消费者合法权益等损害社会公共利益的行为”“当事人有恶意串通损害他人合法权益可能的”“涉及依职权追加当事人、中止诉讼、终结诉讼、回避等程序性事项的”等事实,不适用有关自认的规定;第 8 条第 2 款规定,“自认的事实与已经查明的事实不符的,人民法院不予确认”。[1] 这些法律规则的表述调整,表明自认可否作为直接确认法处理问题的复杂性。

长期以来,我国并没有重视直接确认法的运用,更遑论确立科学而完善的免证制度。从立法来看,三大诉讼法均未明确规定推定与司法认知的术语与规则,虽然司法解释作了一些补位性的规定但有关条款的争议不小。在实践中,多数司法人员、执法人员没有养成使用推定与司法认知来定案的意识和习惯。这无疑是对司法资源的极大浪费。

---

[1] 最高人民法院《关于民事诉讼证据的若干规定》从 2001 年至 2019 年,有关自认内容的修改和补充主要体现在“修改了诉讼代理人自认规则”“增加了共同诉讼人自认的规定”“增加了限制自认的规定”“修改了撤销自认的条件”。参见郑学林、宋春雨:《新民事证据规定理解与适用若干问题》,载《法律适用》2020 年第 13 期。

第二节　推　定

推定所依赖的基础在多数情况下同分配提出证据责任的理由相同，可以被概括为便利、公平和政策等。如果什么事情更可能发生，它就会常常被推定……此外，靠近证据也常常是创制推定的基础。

——[美]F. 詹姆斯

王立明犯贩卖毒品罪一案。〔2〕王立明不服广东省深圳市中级人民法院(2014)深中法刑一初字第250号刑事判决等，向广东省高级人民法院提出申诉。其申诉理由之一是：王彩霞为贾永政购买、运输毒品，本人陪同去，但两人没有告诉本人购买毒品是为了贩卖，本人也没有从中牟利及获取报酬，不知道贾永政是否有贩卖交易毒品行为，故原判认定犯贩卖毒品罪错误。广东省高级人民法院经审查，认为申诉请求不能成立，并释明如下："我国刑法第三百四十七条规定的走私、贩卖、运输、制造毒品罪是选择性罪名，即针对同一宗毒品、只要具有其中一种行为，即可构成本罪，并且适用相同的数量标准，故针对同一宗毒品的多种行为，仅在罪名上有所区别，而在量刑上并没有重复评价，既没有数罪并罚，也没重复计算毒品数量。本案中，在案证据充分证明你有参与购买、运输毒品的犯罪行为，原判认定你犯贩卖毒品罪主要是基于你参与了购买、运输毒品的行为，而认定你明知贾永政是贩毒人员而受其指使参与购买、运输该宗毒品的事实，主要是依据同案人王彩霞对贾永政购买毒品是为了贩卖的指认，以及你作为毒品再犯，对毒品属性特征较一般人更为了解，对贾永政购买如此大量的毒品应用于贩卖

〔2〕广东省高级人民法院驳回申诉通知书，(2018)粤刑申409号。

(其他目的不合常理)存在主观明知的推定规则,并非没有依据。”该案体现了刑事诉讼中通过推定证明行为人主观明知的做法。

一、推定的概念

推定是司法证明的重要方法之一,也是司法证明领域内使用比较混乱的一个概念。有人把推定与推理、推断、推论混为一谈;有人把推定和拟制等同起来。其实,推理、推断、推论、推定和拟制是五个密切关联的法律术语,均属于从已知事实推导出未知事实的逻辑思维范畴,但是各自的语义重心有所不同。概念上的混乱容易导致实践做法的混乱,因而有必要先做简单的区分。

(一)推定与相关术语的比较

1. 推理

推理是从已知的事实或判断出发,按照一定的逻辑规则和经验法则,推导出新的关于事实的认识或判断。推理是司法活动中查明和证明案件事实常用的思维方法,也是人类的思维能力和智慧的重要表现。例如,一个男子被人杀死了。侦查人员通过调查得知该男子的妻子与他人通奸。于是他们做出如下推理:

大前提:通奸的妻子往往会与奸夫合谋杀害亲夫;

小前提:这个妻子与他人通奸;

结　论:她很可能与奸夫合谋杀害了亲夫。

毫无疑问,这个大前提属于或然真实性判断,其推理结论也属于或然真实性认识,但是,侦查人员最终就是根据这个推理查明了案件事实并捕获了罪犯。当然,法院判决不能仅仅根据这个推理,还得根据其他证据。

2. 推断

在某些语境下,推断和推理的含义是基本相同的,都是从已知事实推知未知事实的思维活动。但是严格地说,二者的语义重心仍有差异,推理的语义重心是这种思维活动的根据和过程;推断的语义重心是这种思维活动的结论或结果。正是在这个意义上,人们可以说推断就是根据推理来进行判断或者做出的判断。在上例中，侦查人员可以根据上述推理作出判断：该妻子与奸夫合谋杀害了亲夫。

3. 推论

推论也是司法证明的重要方法之一。《汉语大辞典》对推论的解释是：推论是用语言形式表达出来的推理。[3] 这就是说，推论是以推理为基础的，先有推理，才有推论；推理是推论的前奏，推论是推理的延续；推理是推论的实质内容，推论是推理的表现形式。总之，推论就是要用充分的证据和严谨的论述来说明推论者所查明的案件事实，或者推论者所主张的案件事实。在前例中，假如侦查人员需要说服主管部门发布逮捕该妻子和奸夫的令状，则要用合乎逻辑的语言论证或说明其推理过程。

4. 推定

推定的语词含义就是根据推理来对事实进行认定。推定和推断、推论一样，也是以推理为基础的。这里所说的"理"一般是指两个事实之间的伴生关系或者常态联系，因此当一个事实存在时便可以认定另外一个事实的存在。换言之，由于事实A与事实B之间具有伴生关系，所以只要有事实A存在，就可以认定事实B。学理上一般将"事实A"称为"基础事实"或"前提事实"，将"事实B"称为"推定事实"或"结果事实"，将两者之间的伴生关系称为连接纽带。这三者是构成一个完整推定的基本要素，任意一个都不可或缺(见图9-2)。

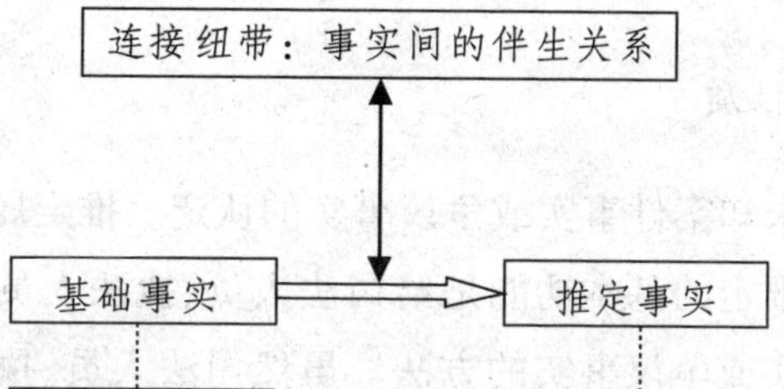

图9-2　推定的基本构造

---

〔3〕 中国社会科学院语言研究所词典编辑室编：《现代汉语词典》(第3版)，商务印书馆2002年版，第1281页。

例如,很多国家的法律都规定,当一个人已经失踪若干年(4 年、5 年或 7 年)之后,法院便可以推定那个人已经死亡。这个推定中的推理如下:

大前提:多年音讯杳然、下落不明的人一般已经死亡;

小前提:这个人多年音讯杳然、下落不明;

结　论:这个人已经死亡。

在这个推定中,小前提即基础事实,大前提即连接纽带,结论即推定事实。其中,推定事实并不一定是客观事实,法院依法推定的死亡并不一定是真实的死亡。但是,这个推定是合理的,因为其依赖的推理是能够成立的。在此人们必须注意,推理是推定的基础,但是并非所有推理都可以转化为推定。例如,上述"妻子与奸夫谋杀亲夫"的推理就不能转化为推定。

5. 拟制

拟制是指法律在特定情况下把某种事实视为另一种事实并发生相同的法律效果。例如,我国《刑法》第 67 条第 2 款规定:"被采取强制措施的犯罪嫌疑人、被告人和正在服刑的罪犯,如实供述司法机关还未掌握的本人其他罪行的,以自首论。"这就是为了鼓励主动认罪而把如实供述行为拟制为自首行为。再如,我国《劳动合同法》第 14 条第 3 款规定:"用人单位自用工之日起满一年不与劳动者订立书面劳动合同的,视为用人单位与劳动者已订立无固定期限劳动合同。"这是为了保护劳动者的权益而把不与劳动者订立书面劳动合同的行为拟制为已订立无固定期限劳动合同的行为。

(二)推定的性质

1. 推定是对未知案件事实或争议事实的认定。推定属于司法活动中事实认定的范畴。推定的基本功能是给司法人员、执法人员提供一种简捷的认定未知案件事实或争议事实的方法。虽然司法人员、执法人员在具体案件中运用推定的时候会以法律的规定为依据,但是这并不等于推定解决的是案件中的法律问题。这些有关推定的法律规定就是要告诉司法人员、执法人员该如何认定案件或争议中的未知事实。如果某项法律规定并不涉及事实认定问题,而只涉及法律如何看待或规定的问题,那就不属于推定的范畴。这也正是区分推定和法律拟制的基本标准。

如前所述,拟制与推定都可以表现为两个事实(A 和 B)之间的关系,但是二者确有区别。拟制的含义是明知 A 不是 B,但是把 A 视为 B。推定的含义是不知是否为 B,但是根据 A 推定为 B。换言之,在拟制的情况下,事实 A 和事实 B 都是明确的,是不需要认定的;但是在推定的情况下,事实 A 是明确的,但事实 B 是不明确的、需要认定的,推定就是要根据事实 A 去认定事实 B。虽然二者在法律规定中都可能使用“视为”的字眼,但是人们可以根据具体语境加以甄别。例如,《民法典》第 25 条规定:“自然人以户籍登记或者其他有效身份登记记载的居所为住所;经常居所与住所不一致的,经常居所视为住所。”这就是法律上的拟制,因为“经常居所”实际上并不是“住所”,只是法律规定将其视为“住所”而已。而《民法典》第 145 条第 2 款中规定:“相对人可以催告法定代理人自收到通知之日起三十日内予以追认。法定代理人未作表示的,视为拒绝追认……”这就属于推定,首先,在事实 A 为“被代理人收到催告且一个月内未作表示”的情况下,事实 B 是不明确的,即被代理人可能是同意也可能是不同意追认的;其次,根据经验法则,“被代理人收到催告且三十日内未作表示”往往就是不同意的,因此可以推定为拒绝追认。

2. 推定是以推理为桥梁的对未知事实的间接认定。就认识活动而言,司法人员、执法人员在认定案件或争议中未知事实的时候既可以采取直接认定的方法,也可以采取间接认定的方法。推定不是对未知事实的直接认定,而是间接认定。对未知事实的直接认定不属于推定的范畴。例如,在“死亡推定”中,法院根据某人失踪多年的事实间接地得出“其已经死亡”的事实认定结论;倘若法院直接根据这个人的尸体或者有关机构开具的死亡证明书来直接认定其已经死亡,那就不属于推定的范畴。另外,这种间接认定是以推理为桥梁的,即以一定的事实为基础,然后根据客观事物之间联系的规律推导出另一事实的存在。在此,推理就是连接基础事实(A)与推定事实(B)的认识桥梁。

推定的依据一般表现为 A 与 B 之间的伴生关系或常态联系。一般来说,这种关系或联系并不具有必然性,并不是有 A 就一定有 B,而只具有一定的盖然性,即有 A 就可能有 B。但是作为设立推定的标准,人们应该要求这种关系或联系具有较高的盖然性,即有 A 就很可能有 B。这也是评价一项推理能否转化为推定的主要标准,或者说,考察一项推定的设立是否合理的主要标准。例如,“妻子与奸夫谋杀亲夫”的推理不能转化为推定,其理由就在于“妻子有奸夫”的事实与“谋杀亲夫”的事实之间不具有较高盖然性的伴生关系。在现实生活中,确实有些与他人通奸的妻子会谋杀亲夫,潘金莲与西门庆通奸后谋害武大郎就是一例;但是生活经验也告诉人们,许多与他人通奸的妻子不会谋杀亲夫,或者说,丈夫遇害不一定是有奸情的妻子所为。在侦查阶段运用这种推理来确定侦查方向并无不妥,因为其目的只是确定犯罪嫌疑人并发现、收集证据。假如人们把这种盖然性不高的伴生关系作为推定的基础,规定“凡有奸情之女子的丈夫被杀便推定该女子为杀人凶手”,那就很容易造就“杨乃武与小白菜”之类的冤假错案。

3. 推定是关于事实认定的法律规定。作为一个法律术语,推定和推理、推断、推论等概念的重要区别就在于它是一种法律规定。这就是说,法官在没有法律规定的情况下根据经验法则对未知事实作出的推断等不属于推定。诚然,这是人为的约定,而且可能与人们在其他社会生活领域内使用该语词的习惯不尽一致,但是人们确有必要在法律领域内达成这样的约定,因为这可以有效地避免推定概念的使用混乱,特别是与推断等概念的混用。作为法律术语,推定应该有别于推断。推断是司法人员、执法人员认定事实的一种思维方式;推定是以法律规则的形式固定下来的推断;推断可以上升为推定;那些未能上升为推定的推断仍然可以由司法人员、执法人员在具体案件中自主运用。

二、推定的种类

(一)立法推定与司法推定

推定的种类需要从厘清其下位概念或范畴切入。根据成立基础的不同,可以把推定分为立法推定和司法推定。前者是指由立法机关在有关法律中明确规定的推定,又叫作法律上的推定或法律推定;后者是指由司法机关通过解释法律和创设判例等方式确立的推定,又称诉讼中的推定或事实上的推定。立法推定可以更好地保障规则的普遍适用性和相对稳定性;司法推定则可以更好地兼顾规则的个案适用性和灵活适用性。[4]

立法推定和司法推定的认识过程或思维形式都表现为：只要有事实 A 存在，就可以推定事实 B 存在。但是，二者的效力有所不同。立法推定一般具有较强的效力；而司法推定的效力则比较宽松。由于推定是以基础事实与推定事实之间的常态联系或盖然性伴生关系为依据的，所以在基础事实与推定事实之间的伴生关系比较稳定或盖然性很高的情况下，就可以采用立法推定的模式；而在基础事实与推定事实之间的伴生关系不太稳定或盖然性较低的情况下，则可以采用司法推定的模式。此外，有些推定的设立理由不仅是认识论的考量，还可能有价值论或政策性的考量，如司法公正的要求、诉讼效率的要求、稳定社会关系的要求等。例如，我国《电子商务法》第 48 条第 2 款规定："在电子商务中推定当事人具有相应的民事行为能力。但是，有相反证据足以推翻的除外。"在诸如此类的推定中，立法推定与司法推定的区别可能就不在于伴生关系的盖然性高低了。

基于立法推定与司法推定的这些区别，各国立法者在决定是否采用法律形式使某种推定定型化的时候，必须考虑两个方面的因素：一是该种推定的基础事实与推定事实之间的关系，是否在一般情况下有 A 必然有 B；二是该种推定所服务的价值目标，如司法公正与司法效率、实体公正与程序公正、保护人权与打击犯罪等。在不同的诉讼活动中，价值的要求和取向有所不同，因而对推定所要求的严格程度也有所不同。换言之，某些推定可能适用于民事、行政诉讼，但对刑事诉讼却不适用。例如，在民事、行政诉讼中，如果持有证据的一方当事人无正当理由拒不交出证据，而对方当事人主张该证据的内容不利于证据持有人，那么可以推定该主张成立，即举证妨碍推定。[5] 但是该推定却不能适用于刑事诉讼，因为它有悖于无罪推定的精神，有强迫犯罪嫌疑人自我归罪之嫌。世界各国与地区对刑事诉讼中严重的举证妨碍行为一般按照伪证罪、湮没证据罪等定罪处罚，而不是按照推定

[4] 何家弘：《从自然推定到人造推定——关于推定范畴的反思》，载《法学研究》2008 年第 4 期。

[5] 如最高人民法院《关于知识产权民事诉讼证据的若干规定》第 25 条规定："人民法院依法要求当事人提交有关证据，其无正当理由拒不提交、提交虚假证据、毁灭证据或者实施其他致使证据不能使用行为的，人民法院可以推定对方当事人就该证据所涉证明事项的主张成立。"

处理。[6] 我国还设计了专门罪名“拒不履行信息网络安全管理义务罪”加以治理。[7] 类似的例子还有混合过错推定、死亡推定等。例如,在本节首的案例中,民事诉讼部分完全可以根据“张某下落不明满4年”推定其已死亡,但刑事诉讼部分则不能据此推定(或以此为基础做出民事判决)对李某定罪量刑。其中的道理是基本相通的。

(二)事态推定、权利推定、行为推定、原因推定、过错推定、意思推定、明知推定与目的推定等

在各类法律和司法解释中,推定事项可以分为两大类:一类是客观事实,如某事物存在的状态、某行为的性质等;另一类是主观事实,如主观过错、是否明知等。根据推定事项主题的不同,推定可分为事态推定、权利推定、行为推定、原因推定、过错推定、意思推定、明知推定和目的推定。这实际上就是推定的八种典型范式。

事态推定是在人、物、事等认识客体的内容、性质、特征或状态不够明确的情况下,根据一定的基础事实对上述事态作出的推定。例如,《民法典》第46条规定:“自然人有下列情形之一的,利害关系人可以向人民法院申请宣告该自然人死亡:(一)下落不明满四年;(二)因意外事件,下落不明满二年。因意外事件下落不明,经有关机关证明该自然人不可能生存的,申请宣告死亡不受二年时间的限制。”这就是关于人的生命状态的立法推定。《刑法》第395条规定:“国家工作人员的财产、支出明显超过合法收入,差额巨大的,可以责令该国家工作人员说明来源,不能说明来源的,差额部分以非法所得论……”这是关于财产性质的立法推定。有的学者把“巨额财产来源不明罪”归入“持有型犯罪”,并因此认为《刑法》第395条的规定是属于“明知”的推定。[8] 但我们认为,这里推定的事项是财产的性质,即非法所得,并非被告人是否明知。《民法典》第1121条第2款规定:“相互有继承关系的数人在同一事件中死亡,难以确定死亡时间的,推定没有其他继承人

---

〔6〕 [韩]李世润:《论民事诉讼中的举证妨碍行为》,金玄卿译,载何家弘主编:《证据学论坛》(第3卷),中国检察出版社2001年版。

〔7〕 最高人民法院、最高人民检察院《关于办理非法利用信息网络、帮助信息网络犯罪活动等刑事案件适用法律若干问题的解释》第5条。

〔8〕 龙宗智:《推定的界限及适用》,载《法学研究》2008年第1期。

的人先死亡。都有其他继承人,辈份不同的,推定长辈先死亡;辈份相同的,推定同时死亡,相互不发生继承。"这是关于生命状态或者生命进入死亡状态之时间顺序的立法推定。

权利推定是在某种权利之归属不够明确的情况下,根据一定的基础事实对该权利之归属做出的推定。例如,《民法典》第757条规定:"出租人和承租人可以约定租赁期限届满租赁物的归属;对租赁物的归属没有约定或者约定不明确,依据本法第五百一十条的规定仍不能确定的,租赁物的所有权归出租人。"这是关于租赁物所有权归属的立法推定。《民法典》第352条规定:"建设用地使用权人建造的建筑物、构筑物及其附属设施的所有权属于建设用地使用权人,但是有相反证据证明的除外。"这是关于建筑物等设施所有权的立法推定。《著作权法》第12条第1款规定:"在作品上署名的自然人、法人或者非法人组织为作者,且该作品上存在相应权利,但有相反证明的除外。"这是关于著作权归属的立法推定。[9]《民法典》第308条规定:"共有人对共有的不动产或者动产没有约定为按份共有或者共同共有,或者约定不明确的,除共有人具有家庭关系等外,视为按份共有。"第309条规定:"按份共有人对共有的不动产或者动产享有的份额,没有约定或者约定不明确的,按照出资额确定;不能确定出资额的,视为等额享有。"这是关于共有财产所有权归属的立法推定。

行为推定是在某行为是否存在以及行为的对象、性质或特征不够明确的情况下,根据一定的基础事实对上述事项作出的推定。例如,《民法典》第1124条规定:"继承开始后,继承人放弃继承的,应当在遗产处理前,以书面形式作出放弃继承的表示;没有表示的,视为接受继承。受遗赠人应当在知道受遗赠后六十日内,作出接受或者放弃受遗赠的表示;到期没有表示的,视为放弃受遗赠。"这是关于接受继承行为和放弃受遗赠行为的立法推定。最高人民法院《关于适用〈中华人民共和国民法典〉婚姻家庭编的解释(一)》第29条第1款规定:"当事人结婚前,父母为双方购置房屋出资的,

---

〔9〕实践中,著作权归属推定已经拓展至刑事诉讼。例如,最高人民法院、最高人民检察院《关于办理侵犯知识产权刑事案件具体应用法律若干问题的解释(三)》第2条第1款规定:"在刑法第二百一十七条规定的作品、录音制品上以通常方式署名的自然人、法人或者非法人组织,应当推定为著作权人或者录音制作者,且该作品、录音制品上存在着相应权利,但有相反证明的除外。"这是关于著作权归属的司法推定。

该出资应当认定为对自己子女个人的赠与,但父母明确表示赠与双方的除外。”这是关于赠与行为对象的司法推定。《民法典》第 586 条第 2 款规定:“……实际交付的定金数额多于或者少于约定数额的,视为变更约定的定金数额。”这是关于合同变更行为的立法推定。

原因推定是在某结果事实产生之原因不够明确的情况下,根据因果关系来确认某事实为原因的推定。正是由于这种推定要以两个事实之间的因果关系为依据,所以又被人们习惯地称为“因果关系推定”。[10] 例如,《民法典》第 1230 条规定:“因污染环境、破坏生态发生纠纷,行为人应当就法律规定的不承担责任或者减轻责任的情形及其行为与损害之间不存在因果关系承担举证责任。”虽然这条规定没有使用“推定”或“视为”等字样,但是其关于举证责任的规定实际上隐含了关于环境污染、破坏生态原因的立法推定。再如,最高人民法院《关于审理证券市场因虚假陈述引发的民事赔偿案件的若干规定》第 18 条规定:“投资人具有以下情形的,人民法院应当认定虚假陈述与损害结果之间存在因果关系:(一)投资人所投资的是与虚假陈述直接关联的证券;(二)投资人在虚假陈述实施日及以后,至揭露日或者更正日之前买入该证券;(三)投资人在虚假陈述揭露日或者更正日及以后,因卖出该证券发生亏损,或者因持续持有该证券而产生亏损。”这是关于上市公司的虚假陈述与投资者损失之间存在因果关系的司法推定。换言之,只要存在上述规定的基础事实,就应该推定上市公司的虚假陈述是造成投资者损失的原因事实。

过错推定是在侵权责任人是否存在主观过错的情况不够明确的时候,根据一定的基础事实确认其具有主观过错的推定。例如,《民法典》第 1253 条规定:“建筑物、构筑物或者其他设施及其搁置物、悬挂物发生脱落、坠落造成他人损害,所有人、管理人或者使用人不能证明自己没有过错的,应当承担侵权责任……”这是关于建筑物、构筑物或者其他设施的所有人或管理人对上述损害的发生具有主观过错的立法推定。此外,该法第 1255 条规定:“堆放物倒塌、滚落或者滑落造成他人损害,堆放人不能证明自己没有

---

〔10〕 推定的基本范式是根据事实 A 和事实 B 之间的联系或关系,当事实 A 存在时便推定事实 B 存在,而因果关系是一种事实之间的关系,并不是一个事实,它可以作为推定原因事实的根据,但是不能成为推定事实。所以,“因果关系推定”是一种不够严谨的泛化表述。

过错的，应当承担侵权责任。”第 1257 条规定：“因林木折断、倾倒或者果实坠落等造成他人损害，林木的所有人或者管理人不能证明自己没有过错的，应当承担侵权责任。”这是关于其他物件损害纠纷案件中行为人具有主观过错的立法推定。

意思推定是在行为人意思表示不够明确的情况下，根据一定的基础事实确认其意思表示的推定。例如，《民法典》第 171 条第 2 款中规定：“相对人可以催告被代理人自收到通知之日起三十日内予以追认。被代理人未作表示的，视为拒绝追认……”这是关于追认意思表示的立法推定。最高人民法院《关于适用〈中华人民共和国担保法〉若干问题的解释》第 54 条第 2 款规定：“共同共有人以其共有财产设定抵押，未经其他共有人的同意，抵押无效。但是，其他共有人知道或者应当知道而未提出异议的视为同意，抵押有效。”这是关于抵押之意思表示的司法推定。

明知推定主要是指在刑事诉讼被告人对某些犯罪构成要件的主观认知状态不够明确的情况下，根据一定的基础事实来确认其明知的推定。[11] 例如，最高人民法院《关于审理破坏森林资源刑事案件具体应用法律若干问题的解释》第 10 条规定：“刑法第三百四十五条规定的‘非法收购明知是盗伐、滥伐的林木’中的‘明知’，是指知道或者应当知道。具有下列情形之一的，可以视为应当知道，但是有证据证明确属被蒙骗的除外：(一)在非法的木材交易场所或者销售单位收购木材的；(二)收购以明显低于市场价格出售的木材的；(三)收购违反规定出售的木材的。”这就是关于“明知是盗伐、滥伐林木”的司法推定。最高人民法院、最高人民检察院《关于办理侵犯知识产权刑事案件具体应用法律若干问题的解释》第 9 条第 2 款规定：“具有下列情形之一的，应当认定为属于刑法第二百一十四条规定的‘明知’：(1)知道自己销售的商品上的注册商标被涂改、调换或者覆盖的；(2)因销售假冒注册商标的商品受到过行政处罚或者承担过民事责任、又销售同一种假冒注册商标的商品的；(3)伪造、涂改商标注册人授权文件或者知道该

〔11〕 我国有学者将刑法中的“明知”区分为“确知”“实知”“或知”“应知”四级。“确知”是指根据被告人口供、被害人指认、证人证言或其他各种证据，可以直接判定行为人肯定地、确切地知道；“实知”是指事实上知道；“或知”是指事实上知道；“应知”，是指行为人“应当知道”。除此之外，行为人主观上就属于“确实不知”了。参见周光权：《明知与刑事推定》，载《现代法学》2009 年第 2 期。

文件被伪造、涂改的;(4)其他知道或者应当知道是假冒注册商标的商品的情形。”这是关于销售假冒注册商标的商品之“明知”的司法推定。不过,该规定第4项不属于推定的范畴,因为推定规则中关于基础事实的描述语言应该是具体明确的。这种俗称的“兜底性规定”是把允许司法人员、执法人员酌情推断的规定混同到推定规则之中了。最高人民法院、最高人民检察院《关于办理与盗窃、抢劫、诈骗、抢夺机动车相关刑事案件具体应用法律若干问题的解释》第6条规定:“行为人实施本解释第一条、第三条第三款规定的行为,涉及的机动车有下列情形之一的,应当认定行为人主观上属于上述条款所称‘明知’:(一)没有合法有效的来历凭证;(二)发动机号、车辆识别代号有明显更改痕迹,没有合法证明的。”这是关于购买赃车之“明知”的司法推定。

目的推定主要是指在刑事诉讼被告人是否具有“非法占有目的”的情况不够明确的时候,根据一定的基础事实来确认其有此目的的推定。例如,最高人民法院《关于审理非法集资刑事案件具体应用法律若干问题的解释》第4条规定:“以非法占有为目的,使用诈骗方法实施本解释第二条规定所列行为的,应当依照刑法第一百九十二条的规定,以集资诈骗罪定罪处罚。使用诈骗方法非法集资,具有下列情形之一的,可以认定为‘以非法占有为目的’:(一)集资后不用于生产经营活动或者用于生产经营活动与筹集资金规模明显不成比例,致使集资款不能返还的;(二)肆意挥霍集资款,致使集资款不能返还的;(三)携带集资款逃匿的;(四)将集资款用于违法犯罪活动的;(五)抽逃、转移资金、隐匿财产,逃避返还资金的;(六)隐匿、销毁账目,或者搞假破产、假倒闭,逃避返还资金的;(七)拒不交代资金去向,逃避返还资金的;(八)其他可以认定非法占有目的的情形。集资诈骗罪中的非法占有目的,应当区分情形进行具体认定。行为人部分非法集资行为具有非法占有目的的,对该部分非法集资行为所涉集资款以集资诈骗罪定罪处罚;非法集资共同犯罪中部分行为人具有非法占有目的,其他行为人没有非法占有集资款的共同故意和行为的,对具有非法占有目的的行为人以集资诈骗罪定罪处罚。”最高人民法院、最高人民检察院《关于办理妨害信用卡管理刑事案件具体应用法律若干问题的解释》第6条第3款规定:“具有以下情形之一的,应当认定为刑法第一百九十六条第二款规定的‘以非法占有为目的',但有证据证明持卡人确实不具有非法占有目的的除外:(一)明知没有还款能力而大量透支,无法归还的;(二)使用虚假资信证明申领信用卡后透支,无法归还的;(三)透支后逃匿、改变联系方式等手段,逃避银行催收的;(四)抽逃、转移资金,隐匿财产,逃避还款的;(五)使用透支的资金进行违法犯罪活动的;(六)其他非法占有资金,拒不归还的情形。"在这两条规定中,前者是关于集资诈骗罪中被告人具有"非法占有目的"的司法推定;后者是关于信用卡诈骗罪中被告人具有"非法占有目的"的司法推定。

三、推定的适用

(一)推定的适用范围

哪些案件事实只能用证据证明?哪些案件事实又可以借助推定证明?我们认为,推定毕竟只是一种辅助性的证明方法,它仅限于司法上必须确认而又难以举证证明的案件事实。具体来说,"司法上必须确认"是指某些案件事实如果不加以确认便不能继续推进司法程序,以至于无法下判;"难以举证证明"是指客观上存在难以克服的举证障碍,如关于主观上心理状态的证明、关于证据湮灭事实的证明、关于极为特殊情形的证明等。

凡是满足前述两项条件的事实,且无必要的证据予以证明的,均可以寻求推定来解决问题。在英美法系,传统上存在一些源于罗马法谚的推定,如知悉法律的推定、预料到行为当然后果的推定、婚姻推定、对行为正当性或习惯性的推定、精神正常的推定、现状存续的推定与所有权的推定等;[12]我国也有巨额财产来源不明犯罪的推定、持有型犯罪的推定、举证妨碍的推定与主观上罪过的推定、主观上明知的推定等说法。这些典型的推定均未超出推定的适用范围。

相比而言,推定在刑事诉讼中的运用受到限制,远不如其在民事诉讼中的运用广泛。有观点认为,"推定作为'证明责任的修补或者调整方法',主要适用于民事诉讼领域,一般不能在刑事诉讼证明中加以应用,因为推定的

---

〔12〕 有关这些推定的具体含义,参见[英]塞西尔·特纳:《肯尼刑法原理》,王国庆等译,华夏出版社 1989 年版,第 487 页。

应用将会‘中断’证明过程,从而影响刑事证明的准确性和公正性”。[13] 另有学者进一步剖析了形式推定可能带来的风险,如“刑事推定在放松控方证明要求的同时又将存疑风险转移到被告人身上,背离了排除合理怀疑的证明标准,直接危及无罪推定原则所保护的价值与利益”;并建议“只有在满足相应的实体与程序条件时,才允许适用有利于控方的刑事推定”。[14]

推定对准确价值的忽视和对效率等价值的追求,使其难以承载刑事证明的重任,不能替代对犯罪要件事实的证明,更不能成为确信无疑证明标准的例外,推定的滥用会危害刑事司法的公正性。

(二)推定的适用条件

推定的基本功能在于为特定事实的证明设置一种便捷方式,即通过对基础事实的证明来替代对待证事实的证明。对于主张适用该推定规则的当事人来说,尽管他已被免除了针对待证事实的证明责任,但是还必须就基础事实的存在承担证明责任。如前所述,《民法典》第 1253 条规定:“建筑物、构筑物或者其他设施及其搁置物、悬挂物发生脱落、坠落造成他人损害,所有人、管理人或者使用人不能证明自己没有过错的,应当承担侵权责任……”在民事侵权赔偿的诉讼中,原告一般要对具体损害的要件事实承担证明责任,包括侵权行为、损害结果、行为与结果之间的因果关系以及行为人的主观过错等。在上述规定的情况下,原告不必承担间接行为人主观过错的证明责任,但是还要承担得以推定间接行为人具有主观过错的一系列基础事实,例如,建筑物等设施上的搁置物脱落,原告头部受伤,其头伤是由该脱落物造成的,被告是该建筑物等设施的所有人等。只有在这些基础事实已经得到充分证明的情况下,法官才可以考虑适用该过错推定规则。因此,“基础事实已经得以充分的证明”是适用推定的第一项条件。

同时,已经证明的基础事实必须符合推定规则的“条件”。如前所述,法律规则中的“条件”描述了可以适用该规则的情况,而规则使用的描述语言往往具有一定的抽象性或模糊性,因此推定主张方证明的基础事实是否符合“条件”,也需要法官进行认真的审核。不妨仍以《民法典》第 1253 条

[13] 张保生:《推定是证明过程的中断》,载《法学研究》2009 年第 5 期。
[14] 劳东燕:《认真对待刑事推定》,载《法学研究》2007 年第 2 期。

的规定为例。例如,一起案件中的原告声称他是被一条公路边上的一截滚下来的圆木砸伤的,那么法官在确认这一基础事实已经得到充分证明之后,还要回答该事实是否符合第1253条规定之“条件”的问题。诸如,该公路是否属于该规则所说的“建筑物、构筑物或者其他设施”?该圆木是否属于该规则所说的“搁置物、悬挂物”?总之,本案的法官需要根据具体情况来确定上述基础事实是否符合该推定规则的“条件”。

最后,“无反证推翻”是适用推定的第三项条件。推定是以推理为基础的间接事实认定,具有“可假性”。换言之,推定的事实并不一定就是客观存在的事实。因此,法官在决定适用一项推定规则之前应该确认没有足以推翻该推定的反证,否则就不能适用该推定规则。一般来说,这些反证都是由推定不利方当事人提供的。具体来说,提供反证的目的可以有两种情况:一是证明基础事实不能成立;二是证明推定事实不能成立。在前例中,被告可以举出证据证明原告所受的伤不是由那根滚落的圆木造成的,即基础事实不能成立;也可以举出证据证明那根圆木是从路过的车辆上滚落的,他们作为公路的管理者没有任何过错,即推定事实不能成立。法官必须对这些反证进行认真审查之后,才能决定是否适用该推定规则。

(三)推定的适用程序

推定的适用程序大体包括启动、反驳和裁定三个阶段。

在启动阶段,司法推定与立法推定有别。司法推定首先应当由司法人员作出,然后向双方当事人宣告;同时应允许不利一方当事人提出反证;一旦提出足够有效的反证,司法人员应当撤销该推定。立法推定本身是以既定的法条为基础的,属于执行法律的问题,故主要由司法人员直接援引法条,或者由当事人申请援引法条而后由司法人员确认。当然,在适用立法推定前,一般应允许不利一方当事人提出反证。一旦有反证足以推翻该推定,就应当终止推定的效力。在诉讼活动中适用有关的推定规则既是诉讼当事人的权利,也是法官的权力,因此,诉讼当事人有权请求法官在认定案件事实或争议事实的时候适用某项推定规则,法官也可以自主决定在认定事实时适用某项推定规则。当然,在当事人请求适用的情况下,最终决定权也属于法官。法官在接到适用请求或者自主决定要适用某项推定规则时,首先应该对基础事实的证明进行审查,以便确定是否符合适用该推定规则的基本条件。

在反驳阶段,无论是当事人提请的还是法官自主决定的,都应当给予该推定的不利方当事人进行反驳的机会。反驳的目标既可以是适用该推定规则的基础事实不能成立,也可以是该基础事实不符合该推定规则的条件,还可以是该推定结果不符合本案的具体情况。反驳的方式可以是举出证据,也可以是进行说明和论辩。法官应该认真听取不利方当事人的反驳意见。

在裁定阶段,在给予不利方当事人进行反驳的机会之后,如果其不进行反驳,法官就可以直接作出适用该推定规则的裁定;如果不利方当事人进行了反驳,法官就要审查评断该反驳是否有效,是否足以阻却该推定规则的适用,并在综合评断双方意见的基础上作出是否适用该推定规则的裁定。

在实践中,推定规则的适用程序可能表现为连续的动态过程,即主张方要求适用,反对方进行反驳,双方分别进行举证和论辩,直至法官作出裁定。在这种情况下,上述程序阶段的划分可能并不十分明显,但是在法理上明确这三个阶段对于推定规则适用的规范化还是很有意义的。

第三节　司法认知

司法程序不可能从零开始来解释每一起案件，就像笛卡尔在假定的“我思故我在”原理基础上创造世界一样。

——[美]戴维斯

1919年夏，瓦考尔先生带着6岁的儿子吉姆在美国旧金山的一条街区散步。在两人横穿街道时，吉姆不幸被一辆疾驶而来的小轿车撞倒而亡。经过现场勘查，交警认定肇事车辆当时的行驶速度为30英里/小时。不久，瓦考尔先生将肇事车的车主李先生告上法庭，提起民事赔偿之诉。在审理过程中，双方当事人对涉案时肇事车时速为30英里/小时这一事实均无异议，但对出事地点是否处于商业区的范围内各执一词。据加利福尼亚州当时的《机动车法》的规定，在本州任何商业区范围内，机动车的行驶时速禁止超过15英里/小时。由此可见，如果出事地点被认定属于商业区的范围，则被告的行为就属于违法超速驾驶，应当承担赔偿责任。在庭审中，一审法官未待双方当事人就上述争议问题举证和辩论，径直向陪审团作出司法指示如下：发生涉案交通事故的大街一直以来属于旧金山市商业区的组成部分。据此，陪审团判决原告胜诉。被告不服提出上诉，声称一审法官作出的上述司法指示是错误的。二审法官认为，对于本司法管辖区内为大多数人所知晓的事物，审案法官完全有权直接作出司法认知，要求双方当事人举证和辩论既无必要也无意义，遂驳回上诉维持原判。

一、司法认知的概念

司法证明中的认知即司法认知，也被称为审判上的认知、审判上的知悉,一般是指法官对于待认定的事实,在审判中不待当事人举证,而直接予以确认作为判决的依据。其中,司法认知的主体只能是狭义的司法人员,即法官;司法认知的对象是特定的案件事实;从性质上看,司法认知是司法证明的一种特殊方法,它能够免除有关当事人的证明责任和减少不必要的证明环节,还能够避免各法院或仲裁机构等在事实认定方面出现不该有的分歧。

在英美法系,司法认知还存在广义之说,即除了指对案件事实的认知外,还包括对"立法事实""外法事实"的认知。其中,所谓"立法事实",是指那些与立法原因和法定程序相关的事实,既包括法律原则的系统表述、法庭作出的裁判,也包括立法机关的立法;"外法事实"则主要指联邦法事实、其他州法事实、国际法事实与外国法事实等。这种对"立法事实""外法事实"的司法认知,是当事人主义诉讼制度的产物。当事人在诉讼活动中有义务向法庭提供其诉讼主张的法律依据,所以在法律规定为显而易见或众所周知时,法官可以通过司法认知予以采信,不再要求当事人进行证明。而且,像美国一样的联邦制国家的法律体系非常庞杂,联邦有专门的法律,各州也有自己的法律,故而对一些法规的内容进行司法认知也是必要的。在我国,除行政机关在某些情况下有责任举出行政行为的法律依据外,一般案件的诉讼当事人都无须就本国的法律依据进行举证,法官也无须对本国的立法事实进行司法认知;如果涉及援引外国法或国际组织法律规范判案的,则当事人需要进行特定的举证,法官亦无须对外国的立法事实进行司法认知。因此,本书中对司法认知的界定不包括对"立法事实""外法事实"的认知。

司法认知在证据法中应当置于何种地位?不同法系国家有不同的处理。在英美法系,司法认知通常被视为证据形式之一。如美国证据法学家华尔兹教授指出:"由于有些事物属于社会中常识的范畴,或者属于某种其推论所依据的是诸如日历或医学论文等高度可靠性原始资料的证明,所以其无须按通常的方式验证。于是,审判法官将对它们进行司法认知,并指示陪审员们可将其视为本案中已完全确认的事实,无须再通过证人或展示物品的正式证明。从这种意义上说,司法认知也是证据的一种形式……"[15]

---

[15] [美]乔恩·华尔兹:《刑事证据大全》,何家弘等译,中国人民公安大学出版社1993年版,第14页。

美国联邦及多数州实际上采用这种观点，将证据分为言词证据、实物证据与司法认知三种。当然，也有美国学者认为，司法认知实质上是免去了事实裁判者上庭作证的环节，而以其知迳引为证据，故应列为“言词证据”。[16] 在大陆法系，司法认知则通常被视为一种免证方法。如德国《民事诉讼法》第291条规定：“对法院已经显著的事实，不需要加以举证。”[17] 我国台湾地区“民事诉讼法”第278条、“刑事诉讼法”第158条亦均规定：“事实于法院已显著或为其职务上所已知者，毋庸举证。”[18]

我国法律倾向于第二种处理方式。例如，最高人民法院《关于民事诉讼证据的若干规定》第10条第1款规定：“下列事实，当事人无须举证证明：（一）自然规律以及定理、定律；（二）众所周知的事实；（三）根据法律规定推定的事实；（四）根据已知的事实和日常生活经验法则推定出的另一事实；（五）已为仲裁机构的生效裁决所确认的事实；（六）已为人民法院发生法律效力的裁判所确认的基本事实；（七）已为有效公证文书所证明的事实。”在这里，除第3、4项属于推定外，其他各项均表明司法认知是一种免除当事人举证证明的方法。《人民检察院刑事诉讼规则》第401条规定：“在法庭审理中，下列事实不必提出证据进行证明：（一）为一般人共同知晓的常识性事实；（二）人民法院生效裁判所确认并且未依审判监督程序重新审理的事实；（三）法律、法规的内容以及适用等属于审判人员履行职务所应当知晓的事实；（四）在法庭审理中不存在异议的程序事实；（五）法律规定的推定事实；（六）自然规律或者定律。”在这里，除第5项属于推定外，其他各项均属于司法认知的范畴。此外，最高人民法院《关于适用〈中华人民共和国民事诉讼法〉的解释》第93条与最高人民法院《关于行政诉讼证据若干问题的规定》第68条也有类似的规定。

---

〔16〕 周叔厚：《证据法论》（第3版），台北，三民书局1995年版，第11～12页。

〔17〕 Section 291 Common Knowledge Facts that are common knowledge with the court need not be substantiated by evidence. See German Code of Civil Procedure as promulgated on 5 December 2005, last amended by Article 3 of the Act dated 24 September 2009 (Federal Law Gazette I page 3145), https://www.ilo.org/dyn/natlex/docs/ELECTRONIC/89715/103683/F-595450696/ZPO.pdf.

〔18〕 五南法学研究中心编辑：《简易小六法》，台北，五南图书出版股份有限公司2011年版，第4～45页。

从上述法律规定不难看出，司法认知与推定具有极大的相似性。它们都具有确认事实和影响证明责任分配的功能，都有利于提高诉讼效率。在特殊情况下，司法认知的事实甚至可以作为推定的基础事实。但是，司法认知毕竟是不同于推定的证明方法：其一，司法认知的内容具有客观真实性和确定性，法官不能对虚假的事实进行司法认知；而推定的内容则具有相对性和不确定性，推定的事实只是法律上的一种假定，未必符合客观情况。其二，司法认知事项由法官直接确认其真实可靠性，无须当事人对此项事实进行前置性证明；而推定需要前置性证明，如果处于举证地位的当事人没有提供证据，或者提供的证据不足以证明基础事实的客观真实性，法官就不能进行推定。

另外，近年来我国司法解释中出现了一种“类司法认知”事物。例如，2016 年最高人民法院、最高人民检察院、公安部《关于办理电信网络诈骗等刑事案件适用法律若干问题的意见》第 6 条第 1 款第 1 项规定：“……确因被害人人数众多等客观条件的限制，无法逐一收集被害人陈述的，可以结合已收集的被害人陈述，以及经查证属实的银行账户交易记录、第三方支付结算账户交易记录、通话记录、电子数据等证据，综合认定被害人人数及诈骗资金数额等犯罪事实。”这里的表述是由司法人员(主要是法官)作出“认定/评估”，就符合司法认知的表象特征。但从实质上看，其使用的关键词“综合认定”“综合评估”还属于自由心证或自由裁量的范围。学术界有人断言，“综合认定就是独孤九剑，以无招胜有招，允许不拘泥于印证论而采用一切新内容、新技术、新方法证明犯罪数额”。[19] 这是一种夸张的说法。

链接 郭明升、郭明锋、孙淑标假冒注册商标罪案[20]

2013 年 11 月，被告人郭明升通过网络中介购买店主为“汪亮”、账号为 play2011－1985 的淘宝店铺，并改名为“三星数码专柜”，在未经三星(中国)投资公司授权许可的情况下，从深圳市华强北远望数码城、深圳福田区通天地手机市场批发假冒的三星 I8552 手机裸机及配件进行组装，并通过

〔19〕 高艳东：《网络犯罪定量证明标准的优化路径：从印证论到综合认定》，载《中国刑事法杂志》2019 年第 1 期。

〔20〕 最高人民法院指导案例 87 号。

“三星数码专柜”在淘宝网上以“正品行货”进行宣传、销售。被告人郭明锋负责该网店的客服工作及客服人员的管理，被告人孙淑标负责假冒的三星I8552手机裸机及配件的进货、包装及联系快递公司发货。该案起诉后，被告人郭明升、郭明锋、孙淑标辩解称其网店销售记录存在刷信誉的情况，对公诉机关指控的非法经营数额、非法获利提出异议。法庭经审理认为，三被告人在公安机关的多次供述，以及公安机关查获的送货单、支付宝向被告人郭明锋银行账户付款记录、郭明锋银行账户对外付款记录、“三星数码专柜”淘宝记录、快递公司电脑系统记录、公安机关现场扣押的笔记等证据之间能够互相印证，综合公诉机关提供的证据，可以认定公诉机关关于三被告人共计销售假冒的三星I8552手机20000余部，销售金额2000余万元，非法获利200余万元的指控能够成立，三被告人关于销售记录存在刷信誉行为的辩解无证据予以证实，不予采信。2015年9月，一审法院判决被告人郭明升等三人犯假冒注册商标罪。

该案采取的是“综合认定”的证明方式，其裁判要点是：假冒注册商标犯罪的非法经营数额、违法所得数额，应当综合被告人供述、证人证言、被害人陈述、网络销售电子数据、被告人银行账户往来记录、送货单、快递公司电脑系统记录、被告人等所作记账等证据认定。被告人辩解称网络销售记录存在刷信誉的不真实交易，但无证据证实的，对其辩解不予采纳。

二、司法认知的对象

司法认知的对象为法官应当知道的特定事实，具体范围在各国并不一致。在英美法系，由于不同时期有不同的判例，形成了庞杂乃至浩瀚的司法认知事项；而大陆法系的法律对司法认知的规定较为原则和概括。考察外国的有关学说和立法，我们认为，确立司法认知的对象主要遵照两个标准：一是司法认知必须针对具有客观真实性的事实；二是关于该事实不存在合理的争议。基于此，我国司法认知的对象可以类型化为显而易见的事实、众所周知的事实、没有争议的事实和法官职务上知悉的事实等。

（一）显而易见的事实

所谓显而易见的事实，即不证自明的事实，是在社会生活中显见的事实。例如,2021年6月13日是星期日的事实,北京冬季晚上6时30分已经天黑的事实,指纹鉴定、DNA鉴定可用于人身识别的事实等。这些事实由法官根据一般的知识或普通的经验法则,很容易作出判断,而无须当事人进行争论或举证。

一般的知识既包括日常生活中的一般常识,也包括司法领域中的通用知识。普遍的经验法则,是指"人们从生活经验中归纳获得的关于事物因果关系或属性状态的法则或知识""经验法则是人们对事实状态的一种认识,而非事实本身"。[21] 假如法官需要依据一般的知识或普通的经验法则判案的,他不能以不证自明的说辞"引而不论",而必须"通过裁判说理努力论证自己所援引的经验法则具备规律性或规范性"。[22]

如果某一事实需要法官依据特别知识或经验判断,那么就不得作为径行认定事实的基础,而必须适用较为严格的证明方法。

(二)众所周知的事实

所谓众所周知的事实,即案件中属于公众常识的事实。众所周知是一个相对概念,它有时指一定区域内的众知,有时指全国范围内的众知,有时则指全世界范围内的众知。相比显而易见的事实而言,众所周知的事实更是无可争议的,通常表现为各种自然现象或社会常识,如中国人民大学本部位于北京市海淀区、10月1日是中国的国庆节、从地球上看太阳是东升西落等。

从广义上讲,自然规律及科学定理也可以归入众所周知事实的范畴,因为自然规律及科学定理反映的是客观世界的本质联系和确定不移的趋势。在实践中,也许法官对万有引力定律和勾股定理等自然规律及科学定理并不知晓,但是他可以委派具有专业知识的专家提供帮助,也可以查阅毋庸置疑的权威资料来确认。一旦自然规律及科学定理的可靠性得到确定,那它就成为司法认知的对象。

---

〔21〕 张卫平:《自由心证原则的再认识:制约与保障——以民事诉讼的事实认定为中心》,载《政法论丛》2017年第4期。

〔22〕 何雪锋:《法官如何论证经验法则》,载《北方法学》2021年第1期。

(三)没有争议的事实

所谓没有争议的事实,简称为自认的事实,即诉辩双方都认可的案件事实。例如,民事诉讼中原告和被告都承认曾经就房屋借住问题达成过一个口头协议。对于该案件事实,法官一般没有必要再让当事人举证,可以作出司法认知。

自认的表现形式很多。以是否在法庭上作出为标准,自认分为诉讼上承认与诉讼外承认;以认可内容的多寡为标准,自认分为全部承认与部分承认;以认可的主体为标准,自认分为本人承认与代理人承认;以意思表示是否公开为标准,自认分为明示自认与拟制自认,后者也称为准自认、默示自认、视同自认等;以法律效力为标准,自认分为正式自认与非正式自认。最后一种分类最具有实际意义,因为只有正式自认才构成司法认知的有效前提,才能产生免除对方当事人举证责任,并对法官行使审判权予以拘束的效果。从学理上讲,正式自认至少必须满足两项条件:一是作出自认的时间,必须在审判程序的延续过程之中。在审判程序开始前或结束后所作出的承认,均不构成这里的"正式自认"。至于在审判程序中的哪一阶段作出承认的表示,则在所不问。二是当事人只有向审理该案的法官作出承认,才能构成正式自认。如果当事人在审判过程中不是向审理该案的法官,而是向其他的法官或者仅向对方当事人作出了承认的意思表示,则也不构成"正式自认"。

需要特别指出的是,依靠自认的事实进行司法认知的机制存在两种特殊的例外情形:(1)反映实体法事实的刑事口供不是司法认知的基础。如果在刑事案件中,对于"被告人是否实施了犯罪行为"的主要案件事实,仅有被告人的承认(或称有罪供述)仍是不够的,法官还必须借助其他有力的证据才能确认。这是当今各国普遍实行反对自我归罪原则的应有之义。相比而言,如果被告人对程序法事实未提出异议,则法官可以进行司法认知。(2)不正当自认不是司法认知的基础。不正当自认是指双方当事人恶意串通,一方当事人对对方当事人陈述的虚假不利事实承认,而损害国家、集体或者第三人的合法利益。例如,在一起借款合同纠纷案件中,贷款人甲起诉借款人乙、保证人丙,要求乙履行还本付息义务,丙承担保证责任。甲、乙双方恶意串通,主张丙陈述甲的起诉已超过诉讼时效,乙对此虚假陈述承认,以达到令丙承担保证责任的目的。那么,法官对这一自认应当进行正当性审查,第三人也有权申请撤销。

链接 上海欧宝生物科技有限公司诉辽宁特莱维置业发展有限公司企业借贷纠纷案〔23〕

2007年7月至2009年3月,欧宝公司与特莱维公司先后签订9份《借款合同》,约定特莱维公司向欧宝公司共借款8650万元,约定利息为同年贷款利率的4倍。约定借款用途为:只限用于特莱维国际花园房地产项目。借款合同签订后,欧宝公司先后共汇款10笔,计8650万元,而特莱维公司却在收到汇款的当日或数日后立即将其中的6笔转出,共计转出7050万余元。其中5笔转往上海翰皇实业发展有限公司(以下简称翰皇公司),共计6400万余元。此外,欧宝公司在提起一审诉讼要求特莱维公司还款期间,仍向特莱维公司转款3笔,计360万元。

辽宁省高级人民法院于2011年3月21日作出(2010)辽民二初字第15号民事判决:特莱维公司于判决生效后10日内偿还欧宝公司借款本金8650万元及借款实际发生之日起至判决确定给付之日止的中国人民银行同期贷款利息。该判决发生法律效力后,因案外人谢涛提出申诉,辽宁省高级人民法院于2012年1月4日作出(2012)辽立二民监字第8号民事裁定再审本案。辽宁省高级人民法院经再审于2015年5月20日作出(2012)辽审二民再字第13号民事判决,驳回欧宝公司的诉讼请求。欧宝公司提起上诉,最高人民法院第二巡回法庭经审理于2015年10月27日作出(2015)民二终字第324号民事判决,认定本案属于虚假民事诉讼,驳回上诉,维持原判。同时作出罚款决定,对参与虚假诉讼的欧宝公司和特莱维公司各罚款50万元。终审的裁判要点是:"人民法院审理民事案件中发现存在虚假诉讼可能时,应当依职权调取相关证据,详细询问当事人,全面严格审查诉讼请求与相关证据之间是否存在矛盾,以及当事人诉讼中言行是否违背常理。经综合审查判断,当事人存在虚构事实、恶意串通、规避法律或国家政策以

〔23〕 最高人民法院指导案例第68号。

谋取非法利益，进行虚假民事诉讼情形的，应当依法予以制裁。”该案表明不正当自认与虚假诉讼具有密切关系。

（四）职务上知悉的事实

所谓法官职务上知悉的事实，即法官在履行职务时知道的事实。这又具体分为三类：一是法官在履行审判职能时所已知的司法事项，如涉案财产已被查封、当事人是否到庭、诉讼已中止、有关法院的设置和管辖范围等；二是由行政机关作出的具有公示法律效力的行政事项，如各国内行政区划的设置、居民的身份证和户口簿记载的信息以及国家机关公报所公布的事实等；三是既判的事实或预决的事实，如已为法院生效的裁判所确认的事实、已为仲裁机构的生效裁决所确认的事实等。无论上述哪一种事实，法官都可以通过查询书面记载获得信息。

在我国正确理解法官职务上知悉的事实，需要注意三个问题：(1)法官职务上知悉不包括“私知”，即法官基于个人的生活经验和学习经历所获取的知识。在现代社会以法官的私知判案被认为违反了程序公正的要求，因为它剥夺了当事人质证的权利和反驳的机会，也容易造成合议庭审理时一部分法官私知而另一部分法官不知的困境。如果某一法官私下掌握了涉案的证据，他应当走上证人席作证。(2)法官职务上知悉不应当包括公证的事实。我国《民事诉讼法》第72条规定：“经过法定程序公证证明的法律事实和文书，人民法院应当作为认定事实的根据，但有相反证据足以推翻公证证明的除外。”最高人民法院的相关司法解释也有类似的表述。但是，这些条款并不能做字面上的理解。从学理上讲，公证是指公证机关依法对当事人的法律行为、有法律意义的文书和事实的真实性与合法性进行证明的活动。公证时公证机关必须出具公证书，该公证书通常是比其他证据效力更高的证据，而非对案件事实的确认。(3)法官职务上知悉包括已为行政机关生效的终局行政决定所确认的事实。例如，我国《行政复议法》第30条第2款规定：“根据国务院或者省、自治区、直辖市人民政府对行政区划的勘定、调整或者征收土地的决定，省、自治区、直辖市人民政府确认土地、矿藏、水流、森林、山岭、草原、荒地、滩涂、海域等自然资源的所有权或者使用权的行政复议决定为最终裁决。”这就意味着，前述行政复议所确认的案件事实理当归入"既决事实"之列,法官应当予以司法认知。

三、司法认知的种类

(一)必须认知与可以认知

根据对法官产生的约束力不同,可以把司法认知分为必须认知与可以认知,也称为强制性认知与任意性认知、应予认知与得予认知。前者是法官不能以任何理由推诿,必须作出的确认;后者是法官可以自由裁量是否作出的确认;前者具有绝对的效力,不允许诉辩双方举证反驳,后者具有相对的效力,诉辩双方可以通过举证进行反驳。之所以作必须认知与可以认知的划分,是因为实践中司法认知的事项十分庞杂,其中一部分较容易划定,另一部分则难以确定,需要委诸法官的自由裁量权。

一般来说,众所周知的事实是必须认知的,即便法官自己不知,他也必须穷尽一切手段获得相关知识,以达到认知的目的;而显而易见的事实、没有争议的事实和职务上知悉的事实则是可以认知的范畴,如果法官拒绝认知也不成为上诉理由。诚然,这两者的界限不是绝对的。各国完全可以基于国情作出不同的界定。例如,美国《加利福尼亚州证据法典》第451、452条就分别对必须认知与可以认知的事项作了列举性规定。[24]

(二)依职权认知与依申请认知

根据是否需要以当事人申请为前提,可以把司法认知分为法院依职权的司法认知和依当事人申请的司法认知。前者是指法官应当主动作出的司法认知;后者是指法官需要在当事人主动申请的情况下作出的司法认知。前者的对象包括众所周知的事实和职务上知悉的事实;后者的对象包括显而易见的事实和没有争议的事实。对于这些事实如果当事人未提出申请,虽然法官也可以主动进行认知但不具有强制的效力,而一旦当事人提出了申请且提供了必要材料,则法官就必须作出司法认知。此外,前者往往由法官未经庭上调查直接作出;而后者则需要经过多方调查才能作出。调查的

---

〔24〕 Sec. 451, 452 of California Evidence Code, https://leginfo.legislature.ca.gov/faces/codes_displayText.xhtml? lawCode = EVID&division = 4. &title = &part = &chapter = &article = .

方式有很多种，如在法庭上听取证言，询问大学、研究所和使领馆等专业机构，查阅历史著作等。这种分类表明，司法认知既是法官的一种职权，也是当事人的一种诉权。

（三）口头认知与书面认知

根据认知的外在形式不同，可以把司法认知分为口头认知与书面认知。前者是指法官在审理过程中以口头直接方式作出的认知，后者是法官以书面裁定或决定方式作出的认知。实践中，司法认知以口头认知为原则，以书面认知为例外。当然，法官以口头方式作出司法认知的，也应当载明于庭审笔录。

四、司法认知的适用

司法认知可以在法庭审理的全过程中作出。无论当事人是否提出请求，人民法院都有作出司法认知的自由裁量权。但如果一方当事人提出申请，并且提供了必要材料的，人民法院必须对是否作出司法认知进行判断。当事人提出申请的，应当以书面形式提交申请书。

为了保证司法认知的质量，人民法院应当对于认知事项和理由在法庭上进行审查，必要时可以组织专门的听证。在审查或听证过程中，法庭可以听取当事人的陈述、询问证人或专家、参阅书籍等，以维护当事人的诉讼权利。法庭调查的范围不受当事人请求的限制。

关于司法认知的事实是否为终局性的结论，不能一概而论。原则上，法官在作出任意性认知前应当为当事人提供反驳的机会。这一方面是为了保障当事人的知情权和对质权，[25]另一方面是为了提高法官心证的透明度和裁判的可接受性。当事人反驳的方式既可以是口头的，也可以是书面的，但必须提供相应的证据。

一旦一方当事人提出了新的证据，且足以推翻司法认知的事实，法官就

---

〔25〕 我国尚未规定完整意义的对质权。《刑事诉讼法》第 61 条规定："证人证言必须在法庭上经过公诉人、被害人和被告人、辩护人双方质证并且查证属实以后，才能作为定案的根据……"按照惯常理解，该条文应该是对权之规定。参见郭烁：《对抗秘密取证：对质权属性及范围重述》，载《现代法学》2020 年第 1 期。

不能再借助司法认知来判案。例如,2014 年某地人民检察院对被告人刘某抢劫一案提起公诉。此前,刘某的同伙梅某等人经一审、二审程序已经判决有罪,故该院在对刘某提起公诉时,举出了法院对梅某等人的刑事判决书所确认的事实。起诉书认定:2009 年 6 月至 9 月,被告人刘某伙同原判被告人梅某等人先后抢劫 17 次,劫取财物 6990 元。庭审中,被告人刘某辩称 2009 年 6 月 26 日作案时,因爬水管摔伤造成左小腿骨折,没有作案的能力,为此,起诉书指控其 2009 年 7 月以后参与抢劫的事实不能成立。法庭上,经对原判决所依据的证据重新质证,发现有 4 份证据证明刘某的辩解成立。据此,法院采纳被告人的辩解,对起诉书指控其 2009 年 7 月以后参与抢劫的事实不予认定。从本案可以看出,并非对所有已为法院生效的裁判所确认的事实都必须进行司法认知。

考虑到司法认知具有实体上的法律效力,人民法院作出司法认知时应当采取裁定或决定等正式的方式。该裁定或决定可以是书面的,也可以是口头的,但口头的必须记入笔录。无论是哪一种形式的裁定或决定,法庭必须明确司法认知事实的范围以及根据、理由。当事人对法院作出的司法认知有异议的,可以在上诉事由中一并提出。

思考讨论题

1. 比较司法证明方法的类型化与司法证明的类型化。
2. 比较推定、推理、推论与拟制在简化证明难度方面有何不同。
3. 国内学术界曾经就下面一起关于推定的疑难案件展开讨论:一日,村民汤某因民事纠纷被派出所传唤。其幺叔陪同前往,在门外等候。约 10 分钟后,警察出来问幺叔:“你侄儿有病吗?”幺叔随即入内,只见汤某右手抓住椅子边儿,左手发抖,脸色转青,眼睛发愣,呼吸困难,说不出话来。汤某在被送往医院的途中死亡。在善后处理过程中,该派出所的上级县公安局以汤某曾患肾病为由,认定汤某系肾病发作死亡,公安机关对此不承担责任。汤某的家属一再要求进行尸检,但县公安局不仅拒绝组织尸检和法医鉴定,而且责成汤某的家属立即火化尸体并最终促成了尸体火化。那么,能否推定是公安机关的违法行为导致了汤某的死亡?有学者认为,依照我国现在的审判方式,无法作出刑讯致死或者其他故意伤害致死的推定;有学者认为,虽然司法审判中不能作出推定,但今后立法中可以基于推定将类似情形规定为犯罪;另有学者则赞同作出推定,进而对警察定罪量刑。请阐述你对此的看法。

4. 结合《民法典》的下列规定,阐述实体法上"视为"条款同证据法上"非证据证明方法"的联系。

第16条 涉及遗产继承、接受赠与等胎儿利益保护的,胎儿视为具有民事权利能力。但是,胎儿娩出时为死体的,其民事权利能力自始不存在。

第18条第2款 十六周岁以上的未成年人,以自己的劳动收入为主要生活来源的,视为完全民事行为能力人。

第25条 自然人以户籍登记或者其他有效身份登记记载的居所为住所;经常居所与住所不一致的,经常居所视为住所。

第48条 被宣告死亡的人,人民法院宣告死亡的判决作出之日视为其死亡的日期;因意外事件下落不明宣告死亡的,意外事件发生之日视为其死亡的日期。

第140条 行为人可以明示或者默示作出意思表示。

沉默只有在有法律规定、当事人约定或者符合当事人之间的交易习惯时,才可以视为意思表示。

第145条 限制民事行为能力人实施的纯获利益的民事法律行为或者与其年龄、智力、精神健康状况相适应的民事法律行为有效;实施的其他民事法律行为经法定代理人同意或者追认后有效。

相对人可以催告法定代理人自收到通知之日起三十日内予以追认。法定代理人未作表示的,视为拒绝追认。民事法律行为被追认前,善意相对人有撤销的权利。撤销应当以通知的方式作出。

第308条 共有人对共有的不动产或者动产没有约定为按份共有或者共同共有,或者约定不明确的,除共有人具有家庭关系等外,视为按份共有。

第309条 按份共有人对共有的不动产或者动产享有的份额,没有约定或者约定不明确的,按照出资额确定;不能确定出资额的,视为等额享有。

第503条 无权代理人以被代理人的名义订立合同,被代理人已经开始履行合同义务或者接受相对人履行的,视为对合同的追认。

第718条 出租人知道或者应当知道承租人转租,但是在六个月内未提出异议的,视为出租人同意转租。

5. 结合下列法律规定,阐述亲子关系推定的现象与原理。

最高人民法院《关于适用〈中华人民共和国民法典〉婚姻家庭编的解释(一)》法释〔2020〕22 号

第 39 条　父或者母向人民法院起诉请求否认亲子关系,并已提供必要证据予以证明,另一方没有相反证据又拒绝做亲子鉴定的,人民法院可以认定否认亲子关系一方的主张成立。

父或者母以及成年子女起诉请求确认亲子关系,并提供必要证据予以证明,另一方没有相反证据又拒绝做亲子鉴定的,人民法院可以认定确认亲子关系一方的主张成立。

6. 结合下列法律规定,比较法律拟制与推定的异同。

最高人民法院《关于适用〈中华人民共和国民法典〉婚姻家庭编的解释(一)》法释〔2020〕22 号

第 40 条　婚姻关系存续期间,夫妻双方一致同意进行人工授精,所生子女应视为婚生子女,父母子女间的权利义务关系适用民法典的有关规定。

补充阅读

1. 向燕:《论刑事综合型证明模式及其对印证模式的超越》,载《法学研究》2021 年第 1 期。
2. 纪格非:《论法律推定的界域与效力——以买受人检验通知义务为视角的研究》,载《现代法学》2020 年第 6 期。
3. 陈瑞华:《论刑事法中的推定》,载《法学》2015 年第 5 期。
4. 何家弘:《从自然推定到人造推定——关于推定范畴的反思》,载《法学研究》2008 年第 4 期。
5. 徐铣、詹王镇:《论司法认知的制度激励——基于民事审判实践认知规避现象的反思》,载《北方法学》2018 年第 5 期。
6. 刘品新:《网络犯罪证明简化论》,载《中国刑事法杂志》2017 年第 6 期。

第十章 CHAPTER TEN

司法证明的责任

司法活动中的证明责任涉及复杂的理论，又关涉重要的实践。在理论上，虽然自古罗马时代开始法律学者就一直在研讨证明责任问题，而且无论在英美法系国家还是在大陆法系国家这方面的著述都相当丰硕，但是时至今日，人们在证明责任的概念、性质、分配等基本问题上仍然是众说纷纭、莫衷一是。在实践中，证明责任的分配和确定至关重要，因为其往往在很大程度上决定着诉讼的结果，且跨越实体法与程序法区域。

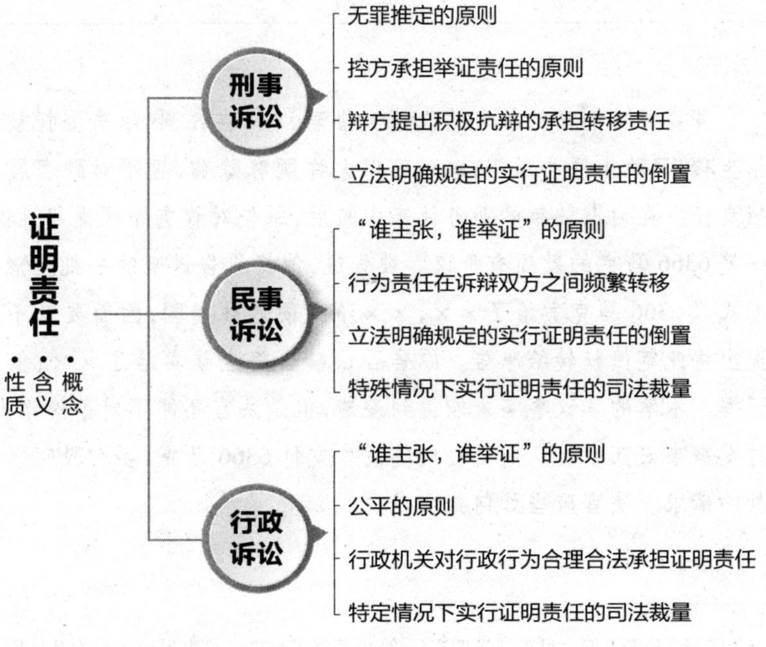

第一节　证明责任的概念

如果当事人的主张没有争议,或者如果法院对有争议的主张的真实与否获得了一个特定的心证,无论该心证是调查证据的结果,还是在没有证据的情况下从审理的全过程中得出的,都不会出现证明责任问题。在这样的情况下,如果法院对证明责任的分配作出了错误的裁决是没有什么不利的,对这个——于判决的内容无足轻重的——裁决提出上诉,不可能导致撤销判决的后果。

——[德]莱奥·罗森贝克

罗森贝克例举的著名的代销生猪案。[1] 在德国,原告委托被告为其代销生猪,风险由原告承担;被告可以允许顾客赊购,且不对顾客履行义务承担责任。在为期数年的业务往来中断后,原告对收支差额提起诉讼,其中对一笔6366马克的款项有争议。被告说,他将原告送来的一批生猪以赊购的方式以6366马克卖给了××,××不久便逃往美国,因而要款不成。被告提出将此笔债权转给原告。原告否认被告将生猪卖给了××,但没有任何证据。本案的争议事实未能得到澄清,但是法官不能不对争讼作出裁判,就打发当事人回家去。他要么判决被告支付6366马克,要么驳回原告支付价款的请求。法官应当如何判决呢?

[1] [德]莱奥·罗森贝克:《证明责任论:以德国民法典和民事诉讼法典为基础撰写》,庄敬华译,中国法制出版社2002年版,第2页。

一、证明责任与举证责任之辨

使用的概念不统一,是证明责任问题复杂性的一个重要表现。目前我国的法学界和司法界在这个问题上使用两个概念,一个是证明责任;另一个是举证责任。而且,有人认为这两个概念可以完全等同;有人认为这两个概念必须严格区分;有人主张统一使用证明责任的概念;有人主张一律使用举证责任的概念。因此,有必要首先考察一下这两个概念的关系。

在学术著作中,人们较多地使用证明责任的概念;而在实践中,人们则更多地使用举证责任的概念。就我国的现行法律而言,《刑事诉讼法》《行政诉讼法》明确使用了"举证责任"的概念。前者第 51 条规定:"公诉案件中被告人有罪的举证责任由人民检察院承担,自诉案件中被告人有罪的举证责任由自诉人承担。"后者第 34 条第 1 款规定:"被告对作出的行政行为负有举证责任,应当提供作出该行政行为的证据和所依据的规范性文件。"《民事诉讼法》尚无明确的举证责任表述,不过第 67 条第 1 款中有规定:"当事人对自己提出的主张,有责任提供证据。"

其实,不仅中国学者在证明责任和举证责任等概念的使用上存在分歧,外国学者在这个问题上也存在"众说纷纭"的现象。例如,在英美国家的证据法中,有三个与此相关的概念:证明责任(burden of proof 或 onus of proof)、举证责任(burden of production)、说服责任(burden of persuasion)。其中,举证责任又可以称为先行举证责任(burden of initially producing evidence)或证据推进责任(burden of going forward with evidence)。有些学者认为,证明责任是一个总概念,举证责任和说服责任是其下面的两个分概念。有些学者则认为,这三个概念是相互独立、相互区别的,不能混为一谈。[2]

我们认为,举证责任和证明责任是两个密切相关又略有区别的概念。从字面上看,一个是举证;另一个是证明,含义自然应该有所差异。举证的含义是举出证据或者提供证据;证明的含义是用证据来表明或者说明。那么,严格说来,举证责任只是举出证据的责任,证明责任则是运用证据证明

〔2〕［美］乔恩·华尔兹:《刑事证据大全》,何家弘等译,中国人民公安大学出版社 1993 年版,第 312 页。

案件事实的责任,二者的侧重显然有所不同。但是,如果进一步分析其实质内涵,人们就会发现二者其实相去不远,因为举证的目的也是要用证据证明案件事实,而证明也就包含了举出证据的意思。离开证明案件事实的目的,举证便成了毫无意义的行为;没有举出证据的行为,证明也就成了一句空话。由此可见,证明必须以举出证据作为基础,而举证的目的也就是证明案件事实。

如果说证明责任包括举证责任,人们一般不会反对;但是若说举证责任包括或等于证明责任,有人就会觉得难以接受。我们认为,这两个概念似不必严格区分,也不必强行肯定一个、否定一个。语言是约定俗成的,人们长期以来在使用举证责任这个概念的时候其实已经赋予它证明责任的含义。也就是说,人们讲的举证责任实际上就包括了证明责任的含义。尽管这两个概念的字面含义有所不同,但是人们在长期的语言习惯中已经把它们当作同义词来使用,现在没有强行改变的必要。当然,在不同的具体语言环境下,人们可以按照习惯选用证明责任或举证责任的术语。

二、证明责任的含义

证明责任的含义也是一个见仁见智的问题。我国学者在这个问题上主要有三种观点:(1)行为责任说,即证明责任就是提供证据这种行为的责任。(2)结果责任说,即证明责任是在案件事实不清的情况下,由一方当事人承担不利后果的责任。(3)双重含义说,认为证明责任包括双重含义,即行为意义上的证明责任和结果意义上的证明责任;〔3〕或者认为根据现代证明责任理论,证明责任分为客观证明责任与主观证明责任。〔4〕

我们基本上同意"双重含义说"的观点,但是认为定义可以简单一些,即证明责任就是诉讼当事方在审判中向法庭提供证据证明其主张之案件事实的责任。理解这一定义,应该把握以下几点:

首先,证明责任是就他向证明而言的,自向证明不存在证明责任的问题。因此,在诉讼活动中承担证明责任的主体只能是诉讼当事方,不包括法

---

〔3〕 江伟主编:《证据法学》,法律出版社1999年版,第82~83页。

〔4〕 李浩:《证明责任的概念——实务与理论的背离》,载《当代法学》2017年第5期;胡东海:《民事证明责任分配的实质性原则》,载《中国法学》2016年第4期。

官。需要特别指出的是,这里的"诉讼当事方"是一个特别的说法,它主要是诉讼中处于争议地位的双方或一方,与我国现行法律规定的"当事人"并不完全吻合,如它涉及刑事诉讼中处于指控地位的公诉人,却不包括刑事诉讼处于支持地位的被害人,也不包括民事、行政诉讼中的第三人。

其次,证明责任是以审判为中心的,主要表现在诉讼的审判阶段。在审判以前的诉讼活动中,不存在证明责任的问题。虽然审判以前的调查取证等活动都是为审判阶段的证明活动服务的,在刑事诉讼中侦查人员也要进行他向证明,但是严格地说,那还不是证明责任的履行或实现。换言之,侦查人员不是刑事诉讼中承担证明责任的主体。同理,监察调查中的监察人员也是如此。

再次,证明责任与事实主张具有密切关联。没有事实主张,就没有证明责任。换言之,证明责任要以一定的事实主张为基础,而且承担证明责任的人往往先有一定的事实主张,否则证明责任就成了"无本之木"。但是,提出事实主张是承担证明责任的前提,不是证明责任的内容。这两者不应混为一谈。

最后,证明责任可以分解为三个层面:(1)提供证据的行为责任,即诉讼当事方就其事实主张向法庭提供证据的责任;(2)说服事实裁判者的行为责任,即诉讼当事方使用符合法律要求的证据说服事实裁判者相信其事实主张的责任;(3)承担不利后果的责任,即诉讼当事方在不能提供证据或者不能说服事实裁判者而且案件事实处于不清状态时承担不利诉讼后果的责任。

三、证明责任的性质

证明责任的复杂性在于其多重"跨界"性,既处于"事实"与"规范"之间,又处于"立法"与"司法"之间,还处于"程序"与"实体"之间。[5] 在法律上应该如何界定证明责任的性质,学术界也有不同的观点,如权利说、义务说、责任说、负担说、需要说、效果说、必要说、权利义务说、权利责任说等。在这些学说中,影响比较大的是前四种。[6]

---

〔5〕 胡学军:《证明责任制度本质重述》,载《法学研究》2020 年第 5 期。

〔6〕 何家弘主编:《新编证据法学》,法律出版社 2000 年版,第 360 ~ 363 页。

(一)权利说

持这种观点的学者认为,证明责任是诉讼当事人的一种权利。其理由主要有两点:第一,因为诉讼是法律赋予公民的一项权利,所以当事人在诉讼中提出事实主张和运用证据进行证明也是一种权利。第二,当事人对诉讼标的有处分的权利,而提出诉讼主张和运用证据进行证明正是这种处分权的体现。

(二)义务说

持这种观点的学者认为,证明责任是诉讼当事人的一种义务。其主要理由在于:当事人履行证明责任是法律所要求的,是不能选择的。如果证明责任是当事人的一种权利,那么当事人就可以放弃,而且放弃权利不应导致额外的法律后果。但是,证明责任是法律要求当事人必须履行的义务。既然当事人向法庭提出某种事实主张,就应该向法庭承担相应的证明义务。如果当事人不进行相应的证明,就必须承担不利的诉讼后果。如果当事人对自己主张的事实不履行证明的义务,法官在认定该事实时就会作出对其不利的裁判。

(三)责任说

持这种观点的学者认为,证明责任属于诉讼当事人的法律责任。其主要理由与义务说相似。既然当事人向法庭提出了某种事实主张,当然就有责任用证据加以证明。但这一观点认为,责任与义务是两个不同的概念,将证明责任作为当事人的义务不太妥当。责任主要是对自己来说的,但义务一般都是对他人而言的。对于负有证明责任的当事人来说,如果他不进行证明或者没有完成法律所要求的证明,只是对自己不利,并非没有履行对他人的义务。而且,举证责任本身的用语就是“责任”,这种定性已经相当明确了。

(四)负担说

持这种观点的学者认为,证明责任属于诉讼当事人的负担。从法律上讲，证明责任既不是权利，也不是义务，而是当事人为了获得胜诉判决而不得不接受的负担。负有证明责任的当事人不进行证明或者没有完成法律所要求的证明，就必须面对不利的诉讼后果。如果其不愿意接受这个不利的诉讼后果，就必须在诉讼中承受这种证明的负担。当然，如果其不介意败诉的后果，也可以卸下这个负担。负担的概念比义务和责任的概念更为宽泛，它实际上包括了义务和责任的含义。另外，证明责任是从国外引入的术语，而英语的“burden”和法语的“onus”的本意都是“负担”，只不过在翻译成中文时被译成了“责任”。

我们认为，在诉讼中运用证据证明自己的事实主张是当事人的一种权利，但是证明责任所强调的并不是权利，而是义务、责任或负担。其实，义务、责任、负担这三个概念的含义相差并不太大，人们没有必要在这个问题上争论不休。如果一定要选择三者之一为证明责任定性，不妨使用“责任”一词。当然，要准确地理解这里的“责任”之内涵，需要更加偏重于依赖实体法渊源。

第二节　民事诉讼证明责任的分配

提出证据责任应当由提出争执点的当事人承担,但因对方当事人有取得和控制证据的特殊条件而由其举证有失公平的情况除外;说服责任应当由举证的当事人承担。

——[美]迈克尔·D.贝勒斯

引起全国广泛讨论的名案:“此球非彼球”。1999年1月23日上午10时,顾某在上海工艺美术商厦购买一颗标注为“天然黄水晶球”的工艺品。在购买之前顾某要求鉴定真伪,售货员表示:“你去鉴定吧,有什么问题找我们。”“您放心,我们是假一赔百。”于是顾某以2944元将该球买下,同时带走发票、信誉卡,信誉卡上也标明了“假一赔百”。随即顾某打车前往豫园上海珠宝测试鉴定处鉴定。鉴定结果当日很快就出来了,结论是“球重289.8克、直径58.6mm,方解石”。当日13时,顾某据此向商家索赔,要求履行“假一赔百”的约定,但交涉未果。此后顾某一纸诉状诉诸法院。在法庭上双方争议的焦点是:顾某拿去鉴定的假水晶球是否就是被告出售的东西?被告主张,原告搞了“调包计”,即在被告处购买真水晶球后换成假的拿去鉴定,故庭上“此球非彼球”;而原告则坚称,在庭上出示的假水晶球就是从被告处买来的,“此球乃彼球”。本案反映了我国买“假”索赔案件中的普遍问题。请问,本案的争议事实应当由谁承担证明责任?

一、民事诉讼证明责任分配的一般规则

(一)国外民事诉讼证明责任分配的学说

民事证明责任的分配原则在古罗马法时代即已产生。当时分配的原则有两个:第一原则为"原告应负举证之义务""原告不尽证明责任时,应为被告胜诉之裁判。"当然这不是说被告完全不负证明责任。如果原告完成了他的证明责任,被告即须以反证推翻原告的举证;如果被告提出抗辩,就该抗辩也有举证之必要。第二原则为"举证义务存在于主张之人,不存在于否认之人",或者说,"为主张之人有证明义务,为否定之人无之"。这项原则是由法学家保鲁斯(Paulus)从"一切推定为否定之人之利益"的推定法则中引申出来的。[7]

近代的民事证明责任分配学说开始于19世纪末叶。从研究方法上看,它们主要包括两大类:一是待证事实分类说;二是法律要件分类说。所谓待证事实分类说,泛指以待证事实的性质和内容为标准分配证明责任的学说和理论。该学说阵营内部又分为消极事实说、继续事实说、特别例外事实缺乏说、内在事实说等分支学说。这种研究方法根本不考虑待证事实在法律构成要件上处于何种地位,以及将会引起何种法律效果。所谓法律要件分类说,泛指按照法律构成要件的事实,依据不同的价值标准分配证明责任的学说和理论。该学说阵营内部又分为因果关系说、通常事实说、最低限度事实说、规范说、特别要件说等若干分支学说。证据法大师莱奥·罗森贝克的证明责任分配理论就是规范说,他强调各方当事人应对其有利于自己的规范要件加以主张和举证。

近代社会产生的证明责任分配理论具有很浓的形式主义、简单主义和统一主义色彩。尽管这些理论在大多数情况下能够对证明责任做到公平分配,但是随着环境污染、交通事故、产品责任等现代社会新型案件的大量产生,借此越来越难确保实现对证明责任的公平分配。越来越多的案件难以套用一两个简单的证明责任分配公式,需要具体问题具体分析。这就需要另辟蹊径,一些讲求实质公平的证明责任分配学说随之产生:(1)危险领域

〔7〕 骆永家:《民事举证责任论》(第3版),台北,商务印书馆1981年版,第69页。

说。该学说认为,案件中的待证事实属于哪一方当事人控制的危险领域,就由哪一方当事人来承担证明责任。(2)盖然性说。该学说认为,应当以待证事实发生的盖然性高低决定证明责任的分配。(3)损害归属说。该学说主张以实体法确定的责任归属或者损害归属来决定证明责任的分配。根据实体法的立法意图,某具体案件的类型化责任归属于谁,就由谁来承担证明责任。(4)利益衡量说。该学说认为,在解决具体案件的证明责任分配问题时,应当由法官参考双方当事人与证据的距离远近、举证的难易程度以及诚实信用原则等因素加以决定。

(二)我国民事诉讼证明责任分配贯彻"谁主张,谁举证"原则

我国民事诉讼中证明责任分配在根基上是遵循"谁主张,谁举证"原则的。这就是我国《民事诉讼法》第67条第1款的规定:"当事人对自己提出的主张,有责任提供证据。"最高人民法院《关于适用〈中华人民共和国民事诉讼法〉的解释》第91条进一步细化规定为:"人民法院应当依照下列原则确定举证证明责任的承担,但法律另有规定的除外:(一)主张法律关系存在的当事人,应当对产生该法律关系的基本事实承担举证证明责任;(二)主张法律关系变更、消灭或者权利受到妨害的当事人,应当对该法律关系变更、消灭或者权利受到妨害的基本事实承担举证证明责任。"

这一原则可以看作"提出主张的人有证明责任"这一罗马法上分配原则的现代表述。[8] 当然,一直有人对此原则持有异议。否定者提出,"谁主张,谁举证"会因人们对"主张"一词的认识不同,尤其是因请求、抗辩、自认、否认等一系列与主张相联系的法言法语的存在,而成为一条人人皆云、最后变得不知所云的证明责任分配标准。[9] 我们认为,确定"谁主张,谁举证"作为一项基本规则应是一种现实的合理选择。我国的要务不是否定这一项传统规则,而是以此为基础,不断修改和完善该规则。

在这里,"主张"指的是民事诉讼中的事实主张,不包括法律主张,具体是指具有实体或程序意义的法律事实主张,而不能被理解为一种主观态度或意见。一般来说,一方当事人提出某种事实声明后,往往构成一种主张。

---

〔8〕 张卫平:《证明责任的分配》,2000年全国第三届民事诉讼法学研讨会(武汉)论文。

〔9〕 陈刚:《证明责任法研究》,中国人民大学出版社2000年版,第228~229页。

而对方当事人若单纯否认，则不构成新的主张；若作出积极抗辩，则又构成新的主张。如在债务纠纷之诉中，原告说被告欠自己500元钱，要求判令其返还，这构成一种主张；如果被告反驳说“我没有借过你的钱”就是一种单纯否认，不应视为主张；如果被告对原告提出的债权关系成立之主张表示存在，但又以“我已经将钱还给你了”或“该债权已经超过诉讼时效”为由，提出变更或消灭已成立债权的陈述，就构成抗辩，形成新主张。从不同当事人的角色来看，所说的“主张”包括“原告提出的诉讼请求所根据的事实、被告答辩所根据的事实、第三人提出独立的诉讼请求或为保护自己的利益所根据的事实，以及被告提起反诉所根据的事实等”。〔10〕

按照这种理解，我国学者提出民事诉讼证明责任的一般分配法则为：(1)凡主张权利或法律关系存在的当事人，必须对产生该权利或法律关系的法律事实负证明责任，不必对不存在阻碍权利或法律关系发生的事实负证明责任；存在阻碍该权利或法律关系发生的事实的证明责任由对方当事人负担。(2)凡主张原来存在的权利或法律关系已经或者应当变更或消灭的当事人，只须就存在变更或消灭权利或法律关系的事实负证明责任，不必进一步对不存在阻碍变更或消灭权利或法律关系的事实负证明责任；这类事实的存在也由对方当事人主张并负证明责任。显然，这种观点是将“谁主张，谁举证”原则的“主张”理解为积极主张、肯定性主张等。〔11〕

诚然，由于民事之诉的复杂性，上述原则和解读并不能完全解决民事实践中出现的有关证明责任分配的所有问题。实践中经常出现的问题是诉辩双方都存在“主张”、都可能由此承担“败诉”风险的情况。对此，学术界应当“重构‘谁主张，谁举证’规则的理论脉络，梳理它与规范说的内在联系，在解释论上化解二者之间的法律适用冲突”；〔12〕司法人员应当将这些程序法、证据法规定与民事实体法的固有精神结合起来，以合理处理疑难复杂个案中的证明责任分配问题。

---

〔10〕 段文波：《民事证明责任分配规范的法教义学新释》，载《政法论坛》2020年第3期。

〔11〕 李浩：《民事举证责任研究》，中国政法大学出版社1993年版，第140~141页。

〔12〕 胡东海：《“谁主张谁举证”规则的历史变迁与现代运用》，载《法学研究》2017年第3期。

二、民事诉讼证明责任分配的特殊规则

(一)证明责任的转移

在民事诉讼中,提出证据的行为责任频频发生转移是一大特色。一般来说,当承担证明责任的那一方当事人提供了一定数量的证据,使该事实变得清晰明了或即将趋于清晰明了时,对方当事人便会感到推进诉讼的现实压力或败诉危险。此时,该当事人不仅在心理上而且在诉讼实务上皆会产生一种负担,该负担是潜在的或现实的诉讼不利益,它的外化表现便是提供证据的行为责任。转移过来的行为责任,经过这一方当事人的积极举证,到一定的程度后,又转移到原来承担该责任的那一方当事人。提供证据责任在双方当事人之间发生来回移动,是民事诉讼中一种司空见惯的现象。

我国一些法律规范习惯于使用“一方当事人提供初步证据、另一方当事人进行举证”的表述,来概括这种证明责任转移的现象与要求。例如,我国《反不正当竞争法》第 32 条第 1 款规定:“在侵犯商业秘密的民事审判程序中,商业秘密权利人提供初步证据,证明其已经对所主张的商业秘密采取保密措施,且合理表明商业秘密被侵犯,涉嫌侵权人应当证明权利人所主张的商业秘密不属于本法规定的商业秘密。”这就是在商业秘密权利人与涉嫌侵权人之间作出了证明责任转移的法律设计。

这种转移仅限于行为责任,而不涉及结果责任。那种“不能说服便要承担不利后果”的结果责任,在民事诉讼开始之初便告产生,一直到诉讼结束均固定于一方当事人,是不会转向另一方当事人的。这是这两种责任的区别之一。

(二)证明责任的倒置

结果责任可以由法律规定而发生倒置现象。我国民事诉讼证明责任的倒置是与“谁主张,谁举证”相反的分配机制,是指在一定的情形下,不应当按照“谁主张,谁举证”的分配原则决定案件中的证明责任分配,而应当实行与该原则相反的分配。比如,在侵权诉讼中,按证明责任的分配原则,一

般而言,原告应当就被告在实施侵权行为时主观上有过错负证明责任。[13]但是,如果这是一起特殊的侵权案件,便应当由被告就其主观上有过错的反面事实即主观上没有过错的事实负证明责任。[14] 一个是正常的分配,另一个是非正常的倒置(基于推定的倒置),这两种处理证明责任归属问题的方法将会导致截然不同的后果。假定关于被告主观上是否有过错最终处在真伪不明的状态,那么,按一般原则分配证明责任则原告败诉,而按例外倒置证明责任则被告败诉。

立法上为何出现证明责任倒置的现象？一般来说,立法者规定证明责任倒置时考虑到的因素不外乎两点:(1)举证难易。比如,在环境污染的侵权案件中,原告顶多只能证明自己因为环境污染而受到了损害,至于侵权人对此环境污染在主观上是否有过错那只有被告才知道,原告往往是不得而知的,也就是说,原告与该证据的距离相隔较远。与之相反,被告对于其主观上是否有故意、重大过失,更容易提供证据来证明,比如,他能够提供证据证明自己已经尽了适当注意的义务、污染源的产生是不可抗力等。(2)保护弱者。证明责任的负担问题看上去是程序问题和证据问题,实际上却是实体权利义务的合理安排及立法政策的导向问题。对于一些现代新型的案件,如环境污染、产品责任、高度危险作业、动物饲养责任、建筑物责任、道路施工责任等案件,一方当事人往往是处于自然优势地位的公司或其他单位,而另一方当事人则是普通自然人。普通自然人因为环境污染、产品质量等问题而遭受了实际损害,本身就处在需要救济的弱者地位,立法者与司法者不能在证明责任的承担及履行上加重他们的责任,否则无异于拒绝对他们实施法律保护。为了避免这种看上去公平但实际上不公平的现象发生,立法者提出了一个保护弱者的重要举措:利用证明责任充当诉讼中调节双方当事人力量的杠杆,实行证明责任倒置。

在我国,实行民事诉讼证明责任倒置的规定主要体现在《民法典》等实体法当中,包括两大类:一是直接规定由“主张方”的对方承担证明责任。

---

〔13〕《民法典》第1165条第1款:“行为人因过错侵害他人民事权益造成损害的,应当承担侵权责任。”

〔14〕《民法典》第1165条第2款:“依照法律规定推定行为人有过错,其不能证明自己没有过错的,应当承担侵权责任。”

如《民法典》第1230条规定:“因污染环境、破坏生态发生纠纷,行为人应当就法律规定的不承担责任或者减轻责任的情形及其行为与损害之间不存在因果关系承担举证责任。”这就是因果关系事实的证明责任倒置。二是通过规定推定规则来实现证明责任倒置。如《民法典》第1222条规定:“患者在诊疗活动中受到损害,有下列情形之一的,推定医疗机构有过错:(一)违反法律、行政法规、规章以及其他有关诊疗规范的规定;(二)隐匿或者拒绝提供与纠纷有关的病历资料;(三)遗失、伪造、篡改或者违法销毁病历资料。”这就设置了特殊情况下医疗机构承担关于过错问题的倒置证明责任。

(三)证明责任的司法裁量

民事诉讼中证明责任能否交由司法裁量,是一个极富争议的问题。一种观点认为,考虑到法律制定具有滞后性和立法者认识能力具有局限性的现实,应当允许法官以谨慎的态度来裁量证明责任的分配,以临时弥补“准据法”的缺位;另一种观点认为,一旦允许法官对证明责任分配进行司法裁量,那么一旦裁量不当,不仅会极大地损害当事人的合法权益,而且会破坏法律的公平与正义。我国2001年最高人民法院《关于民事诉讼证据的若干规定》(已被修改)第7条规定:“在法律没有具体规定,依本规定及其他司法解释无法确定举证责任承担时,人民法院可以根据公平原则和诚实信用原则,综合当事人举证能力等因素确定举证责任的承担。”这就是说,法官在特定情况下拥有裁量确定证明责任分配的权力。这一条款在2020年最高人民法院《关于民事诉讼证据的若干规定》中被删除。

尽管如此,在一些专业的民事案件中依然存在带有证明责任司法裁量色彩的做法。例如,我国《商标法》就侵犯商标专用权的赔偿数额作了专门设计。第63条第2款规定:“人民法院为确定赔偿数额,在权利人已经尽力举证,而与侵权行为相关的账簿、资料主要由侵权人掌握的情况下,可以责令侵权人提供与侵权行为相关的账簿、资料;侵权人不提供或者提供虚假的账簿、资料的,人民法院可以参考权利人的主张和提供的证据判定赔偿数额。”在这种情况下,一个有良知的法官不能以无法律规定为由拒绝裁判,他的合理选择就是像立法者那样为当事人创设一种“准据法”。

第三节 行政诉讼证明责任的分配

确定证明责任分配的因素包括:诉讼便利性的考虑;双方当事人的举证能力;是谁打破了现存的法律状态;如果对有关争议问题没有证明,在法律上什么应当认定为真实的;一方当事人提出诉讼主张的反常性;诉讼理由是肯定性的还是否定性的;案件是否属于制定法或者一般诉讼规则的例外情形,以及诸如威慑之类的公共政策等。这些因素都在考虑之列。

——[美]罗特斯坦因

2013年7月10日,被告新乡市卫滨区水利局执法人员到原告湖南省第六工程有限公司的建筑工地调查,发现原告"未经批准擅自取用地下水资源用于该单位建筑施工用水"。原告诉称没有被告认定的违法事实,其取水工程师进行的地下工程疏干排水,是为保障地下工程施工安全和生产安全而必须进行的临时应急措施。该案涉及的法律规范为2006年《取水许可和水资源费征收管理条例》(已被修改)(以下简称《取水条例》)第4条第1款:"下列情形不需要申请领取取水许可证:(一)农村集体经济组织及其成员使用本集体经济组织的水塘、水库中的水的;(二)家庭生活和零星散养、圈养畜禽饮用等少量取水的;(三)为保障矿井等地下工程施工安全和生产安全必须进行临时应急取(排)水的;(四)为消除对公共安全或者公共利益的危害临时应急取水的;(五)为农业抗旱和维护生态与环境必须临时应急取水的。"[15] 由此,该案争议焦点在于原告是否符合《取水条例》规定的"临时应急取(排)水",这一待证事实应当由谁负证明责任?

〔15〕 河南省新乡市卫滨区人民法院行政判决书,(2014)卫滨行初字第1号。

如果由被告行政机关对原告是否属于“临时应急取(排)水”负证明责任。那么,当心证真伪不明时,法官应当判决被告行政机关败诉。然而,如此分配举证责任会产生如下影响:在任何一起对未经许可取水进行处罚的案件中,行政机关在行政程序中均要对相对人是否存在《取水条例》第4条规定的五种情形逐一调查取证,否则一旦行政相对人主张其存在该第4条规定的任何一种情形,认为自己不应当受到处罚,行政机关将因在行政程序中未调查取证而败诉。这样的结果显然是不切实际的。一种替代性的思路是:把《取水条例》第4条理解为行政相对人未经许可取水应受处罚的免责事由,进而主张免责事由应当由行政相对人承担证明责任。然而,这找不到法律依据和理论支撑。[16]

一、行政诉讼证明责任的分配原则

(一)“谁主张,谁举证”的原则

行政诉讼是一种与民事诉讼有密切关系的特殊诉讼。在英美法系国家,行政诉讼与民事诉讼没有严格的区别,它们适用同样的诉讼规则,亦适用同样的证明责任分配规则;在大陆法系国家,虽有独立的行政诉讼,但并没有为行政诉讼制定单独的证据规则,而是适用与民事诉讼同样的规则。[17] 我国的行政诉讼最早源于民事诉讼,并且目前仍然参照适用民事诉讼的有关程序规定。在证明责任的分配原则上,行政诉讼也与民事诉讼相同,适用“谁主张,谁举证”的原则。

从现行法律规定和实践来看,我国的行政诉讼是以对被诉具体行政行为进行合法性审查为核心的诉讼。而在行政诉讼的合法性审查中,很重要的内容就是审查被告作出具体行政行为时认定的事实及其依据的证据。而在行政管理活动中,行政机关即行政诉讼被告处于管理者的地位,相对人即行政诉讼原告处于被管理者的地位,被告作出的具体行政行为无须经相对

---

〔16〕 江必新、徐庭祥:《行政诉讼客观证明责任分配的基本规则》,载《中外法学》2019年第4期。

〔17〕 李国光主编:《最高人民法院〈关于行政诉讼证据若干问题的规定〉释义与适用》,人民法院出版社2002年版,第211～212页。

人同意,可以完全按自己的意志作出。因此,被告依照自己的判断单方作出的具体行政行为就是其主张,原告对被诉具体行政行为不服,实际上是对被告的主张不服。

正是基于这种理解,我国行政诉讼法律规范确立了证明责任的分担规则:对于被诉的具体行政行为由被告负证明责任,对于具体行政行为以外的其他证明对象则根据具体情况由原告或被告分别承担证明责任。国内有学者将前者称为行政诉讼中的特别证明责任,将后者称为一般证明责任。[18]实际上,这两种分配结果均充分体现了"谁主张,谁举证"的原则。

(二)公平原则

公平是法律的一个基本准则。公平原则要求证明责任的分配结果与当事人的权利义务相一致,与当事人的举证能力相适应。证明责任分配必须公平,证明责任分配不公必然导致裁判上的不公。

我国行政诉讼当事人的举证能力并不是对等的,故其证明责任的分配要充分考虑当事人完成证明责任的可能性和现实性。将证明责任分配给永远无法完成证明任务的一方当事人,显然是错误的。判断当事人举证能力的标准主要有两个:一是证据应当或者事实上为哪一方当事人所掌握和控制;二是由哪一方当事人承担证明责任所造成的困难更小。

由于原告不是被诉具体行政行为的作出者,不了解被诉具体行政行为做出的过程,特别是不知晓被告审查判断证据的过程,而我国又没有实行美国那样的行政公开制度和情报自由制度,原告不可能向被告了解必要的情况,取得必要的证据,其对被诉具体行政行为的举证能力非常有限。相比之下,被告就不同了。被诉具体行政行为是由被告作出的,其对具体行政行为形成情况最了解,具有充分的举证能力,应当对自己的行为承担全部的证明责任。如果被告不能提供充分的证据证明被诉具体行政行为合法,这既不是因为不了解有关情况,也不是因为没有举证能力,而是因为其在做出被诉具体行政行为之前就没有调查收集到足够的证据。当然,这并不意味着被告对于所有待证事实都处于优势地位。如对行政不作为诉讼中有关原告提

---

〔18〕 蔡虹:《行政诉讼证据问题研究》,武汉水利电力大学出版社 1998 年版,第 115 页。

起过申请的事实、行政赔偿诉讼中原告遭受损害的事实,原告的举证能力往往强于被告。

对于当事人双方举证地位和举证处境的这种不同,我国《行政诉讼法》等法律规范在分配证明责任时作了充分的考虑。具体来说,对当事人双方举证地位、举证处境比较平衡的情况,我国法律在当事人双方之间均衡地分配证明责任;对当事人举证地位、举证处境不平衡的,在分配证明责任时,表现为向举证能力占优势的一方倾斜,在证明责任分配上有相应侧重;对当事人双方举证地位、举证处境完全失衡的,则将证明责任分配给占绝对优势的当事人一方。之所以这样分配证明责任,不仅是为了充分调动各方当事人举证的积极性,更重要的是为了确保人民法院作出公正的审理,实现法律的公平原则。

链接　罗元昌诉重庆市彭水苗族土家族自治县地方海事处政府信息公开案〔19〕

2014 年 11 月 17 日,罗元昌因诉重庆大唐国际彭水水电开发有限公司财产损害赔偿纠纷案需要,通过邮政特快专递向被告重庆市彭水苗族土家族自治县地方海事处(以下简称彭水县地方海事处)邮寄书面政府信息公开申请书,具体申请的内容为下列事故的海事调查报告等所有事故材料:兴运 2 号在 2008 年 5 月 18 日、9 月 30 日的 2 起安全事故及鑫源 306 号、鑫源 308 号、高谷 6 号、荣华号等船舶在 2008 年至 2010 年发生的安全事故。2015 年 1 月 23 日,彭水县地方海事处作出(2015)彭海处告字第 006 号《政府信息告知书》,载明:对申请公开的海事调查报告等所有事故材料经查该政府信息不存在。4 月 22 日,罗元昌以彭水县地方海事处作出的(2015)彭海处告字第 006 号《政府信息告知书》不符合法律规定,且与事实不符为由,提起行政诉讼。

此案历经一审、二审。2015 年 9 月 18 日重庆市第四中级人民法院作出终审判决,确认(2015)彭海处告字第 006 号《政府信息告知书》行政行为违法。法院生效裁判认为:彭水县地方海事处作为彭水县的海事管理机构,

〔19〕 最高人民法院指导案例第 101 号。

负有对彭水县行政区域内发生的内河交通事故进行立案调查处理的职责,其在事故调查处理过程中制作或者获取的,以一定形式记录、保存的信息属于政府信息。罗元昌提交了兴运2号船于2008年5月18日在彭水高谷长滩子发生整船搁浅事故以及于2008年9月30日在彭水高谷煤炭沟发生沉没事故的相关线索,而彭水县地方海事处作出的(2015)彭海处告字第006号《政府信息告知书》第2项告知罗元昌申请公开的该项政府信息不存在,仅有彭水县地方海事处的自述,没有提供印证证据证明其尽到了查询、翻阅和搜索的义务。

该案的"裁判要点"是:在政府信息公开案件中,被告以政府信息不存在为由答复原告的,人民法院应审查被告是否已经尽到充分合理的查找、检索义务。原告提交了该政府信息系由被告制作或者保存的相关线索等初步证据后,若被告不能提供相反证据,并举证证明已尽到充分合理的查找、检索义务的,人民法院不予支持被告有关政府信息不存在的主张。这一证明责任分配结果体现了公平原则。

二、行政诉讼证明责任的分配规则

(一)具体行政行为合理合法由被告承担证明责任

我国《行政诉讼法》第34条第1款规定:"被告对作出的行政行为负有举证责任,应当提供作出该行政行为的证据和所依据的规范性文件。"最高人民法院《关于行政诉讼证据若干问题的规定》第1条还作了具体的配套规定。这些法律规范说明,被告要对行政诉讼承担主要的证明责任,即对具体行政行为合理合法承担证明责任。具体来说,被告承担证明责任主要有两种情形:一是对与被诉具体行政行为合法性有关的事实承担证明责任;二是对行政处罚的事实和不履行法定职责具有合法理由的事实承担证明责任。这两种情形下的证明责任承担,实际上是被诉行政机关在行政程序中所负担的职责在诉讼领域中的表现,二者在内容上和范围上是一致的。

为什么行政诉讼法要强调被告对具体行政行为承担证明责任?其原因除了"谁主张,谁举证"的基本原则外,还有一些其他的重要参考因素:

1.相对于原告而言,被告有更优越、更现实、更充分的举证条件,让被告负责举证不会与公正、公平原则相冲突。在行政法律关系中,行政机关和相对人处在管理和被管理的不平等地位。作为国家执法机关的被告在行政程序中,对于为什么要对作为相对人的原告作出某个具体的行政行为,是比包括原告在内的任何人都清楚的。它对于其具体行政行为所赖以作出的法律依据和事实根据肯定收集了足够的证据,否则它是不能作出该特定的具体行政行为的。而诉讼发生后,所针对的事项正是该具体的行政行为,所以让被告提供证据向法院加以证明,也只是把原来的具体行政行为的实施过程在法庭上再演示一遍。这对被告来说不是难事。如果相反,立法要求原告举证则是很困难的。因为首先原告面临取证难的问题,原告要举证必然遇到行政管理制度上的障碍,难以全面地收集证据;原告也不一定了解行政机关作出具体行政行为的依据和原因;而且,原告还不具备进行鉴定、勘验等收集证据、保全证据的能力和条件。所以从举证难易方面来说,由被告负证明责任是比较公平的。

2. 让被告负证明责任,还有立法政策上的理由和行政导向方面的意义。2015 年 10 月,习近平总书记在中央全面深化改革领导小组第十七次会议上指出,“行政机关要支持人民法院受理和审理行政案件,保障公民、法人和其他组织的起诉权利,认真做好答辩举证工作,依法履行出庭应诉职责,配合人民法院做好开庭审理工作。”[20]由行政机关负证明责任,意味着法院只有在认为该具体行政行为确实正确的情形下,被告才能胜诉。反之,如果该具体行政行为是否正确难以判断,那么便由行政机关承担败诉后果,也就是说,从法律上推定该具体行政行为是不具备合法性的。这样就为行政机关依法行政提出了更高的要求。行政机关在作出行政决定以前,一定要具备事实根据和法律根据两个条件,并遵守“先取证,后裁决”的原则。总之,要求行政机关在行政诉讼中承担证明责任,能够有效地促使行政机关依法行政。

链接　宣懿成等诉浙江省衢州市国土资源局收回国有土地使用权案[21]

原告宣懿成等 18 人系浙江省衢州市柯城区卫宁巷 1 号(原 14 号)衢州府山中学教工宿舍楼的住户。2002 年 12 月 9 日,衢州市发展计划委员会

---

〔20〕 习近平:《鼓励基层改革创新大胆探索　推动改革落地生根造福群众》,载《人民日报》2015 年 10 月 14 日,第 1 版。

〔21〕 最高人民法院指导案例第 41 号。

根据第三人建设银行衢州分行(以下简称衢州分行)的报告,经审查同意衢州分行在原有的营业综合大楼东南侧扩建营业用房建设项目。25日,被告衢州市国土资源局(以下简称衢州市国土局)请示收回衢州府山中学教工宿舍楼住户的国有土地使用权187.6平方米,报衢州市人民政府审批同意。同月31日,衢州市国土局作出衢市国土〔2002〕37号《收回国有土地使用权通知》(以下简称《通知》),并告知宣懿成等18人其正在使用的国有土地使用权将收回及诉权等内容。该《通知》说明了行政决定所依据的法律名称,但没有对所依据的具体法律条款予以说明。原告不服,提起行政诉讼。

法院经审理认为:被告衢州市国土局作出《通知》时,虽然说明了该通知所依据的法律名称,但并未引用具体法律条款。在庭审过程中,被告辩称系依据1999年《土地管理法》(已被修改)第58条第1款作出被诉具体行政行为。1999年《土地管理法》(已被修改)第58条第1款规定:"有下列情况之一的,由有关人民政府土地行政主管部门报经原批准用地的人民政府或者有批准权的人民政府批准,可以收回国有土地使用权:(一)为公共利益需要使用土地的;(二)为实施城市规划进行旧城区改建,需要调整使用土地的……"本案中,衢州市国土局提供的衢州市发展计划委员会〔2002〕35号《关于同意扩建营业用房项目建设计划的批复》《建设项目选址意见书审批表》《建设银行衢州分行扩建营业用房建设用地规划红线图》等有关证据,难以证明其作出的《通知》符合1999年《土地管理法》(已被修改)第58条第1款规定的"为公共利益需要使用土地"或"实施城市规划进行旧城区改造需要调整使用土地"的情形,主要证据不足,故被告主张其作出的《通知》符合1999年《土地管理法》(已被修改)规定的理由不能成立。根据《行政诉讼法》及其相关司法解释的规定,在行政诉讼中,被告对其作出的具体行政行为承担举证责任,被告不提供作出具体行政行为时的证据和依据的,应当认定该具体行政行为没有证据和依据。2003年8月29日,法院判决撤销被告衢州市国土资源局2002年12月31日作出的衢市国土〔2002〕第37号《收回国有土地使用权通知》。

该案的裁判要点是:行政机关作出具体行政行为时未引用具体法律条款,且在诉讼中不能证明该具体行政行为符合法律的具体规定,应当视为该具体行政行为没有法律依据,适用法律错误。

(二)对起诉超过诉讼时效的事实,由被告承担证明责任

从我国的审判实践来看,被告与原告对起诉是否超过时效发生争议,多数情况是因为被告未告知相对人诉权和起诉期限引起的,少数情况是因为送达的事件发生争议而引起的。因此,最高人民法院《关于行政诉讼证据若干问题的规定》第4条第3款规定:"被告认为原告起诉超过法定期限的,由被告承担举证责任。"

之所以这样分配,是基于以下几个因素:(1)告知相对人诉权和起诉期限是行政机关的义务,故行政机关未告知相对人诉权和起诉期限的,就应当推定相对人不知道诉权和起诉期限。行政机关若要认定相对人知道诉权和起诉期限,就要向法庭提供证据证明原告知道或应当知道诉权和起诉期限。倘若行政机关提供不出这类证据,那法庭就只能推定相对人不知道诉权和起诉期限。(2)根据法律规定,行政机关向相对人直接送达行政处理决定的,相对人收到行政处理通知后,应当在送达证上签字或者盖章;相对人拒绝签收的,行政机关工作人员应当把当时的情况记录在案,并由在场人签字或者盖章。如果通过邮寄送达或者公告送达,其应当保留邮寄单据或者公告的报刊。倘若相对人已向法庭提供其不知道诉权或起诉期限的证据,行政机关完全具有提出反驳相对人提供的证据的条件。(3)被告提出"原告的起诉已经超过诉讼时效",这是提出了"否定原告具备胜诉条件"的主张,理应由被告负证明责任。(4)从证明便利的角度考虑,被告掌握起诉期限的全部环节,将该证明责任分配给被告是公平的。

(三)起诉行政不作为的申请事实由原告承担证明责任

行政行为包括依申请的行政行为和依职权的行政行为。依申请的行政行为,也称被动性行政行为、消极行政行为,是指行政主体只有在相对人申请的条件下方能作出,没有相对人的申请,行政主体便不能主动作出的行政行为。依申请的行政行为是以相对人的申请为前提的要式行政行为,一般要求相对人以法定的形式,遵循法定程序提出申请,也要求行政主体在法定期限内,以法定方式、方法和步骤作出是否予以批准的准许、认可、确定等决定,必要时还要求进行权利告知或者理由说明等,如行政许可行为、行政给

付行为、行政确认行为、行政裁决行为等。依职权的行政行为,或称针对性行政行为、积极行政行为,是指依据行政机关所具有的法定行政权,不需要相对人的申请即可作出的行政行为,如行政规划行为、行政征收行为、行政处罚行为、行政强制行为等。被告不作为的行政案件,是指那些应当由原告申请行政机关作为或应当由行政机关依职权主动作为而行政机关不作为的行政案件。

最高人民法院《关于行政诉讼证据若干问题的规定》第4条第2款明确指出:"在起诉被告不作为的案件中,原告应当提供其在行政程序中曾经提出申请的证据材料。但有下列情形的除外:(一)被告应当依职权主动履行法定职责的;(二)原告因被告受理申请的登记制度不完备等正当事由不能提供相关证据材料并能够作出合理说明的。"

(四)行政赔偿案件中对具体行政行为造成损害的事实由原告承担证明责任

我国《行政诉讼法》第38条第2款规定:"在行政赔偿、补偿的案件中,原告应当对行政行为造成的损害提供证据。因被告的原因导致原告无法举证的,由被告承担举证责任。"最高人民法院《关于行政诉讼证据的若干规定》第5条规定:"在行政赔偿诉讼中,原告应当对被诉具体行政行为造成损害的事实提供证据。"这实际上是根据待证事实的具体属性,按照"谁主张,谁举证"原则,并考虑了双方举证能力的大小而进行的分配。因为行政赔偿诉讼本质上与一般民事侵权案件没有什么不同,因被诉行政行为而造成损害的事实属于原告的主张,理应由原告一方承担证明责任。

链接　沙明保等诉马鞍山市花山区人民政府房屋强制拆除行政赔偿案〔22〕

2012年年初,原告沙明保等四人诉被告安徽省马鞍山市花山区人民政府,非法拆除其房屋及地上附着物,侵犯其合法财产权,请求法院判令其赔偿房屋损失、装潢损失、房租损失共计282.7680万元;房屋内物品损失共计10万元,主要包括衣物、家具、家电、手机等5万元;实木雕花床5万元。马

〔22〕　最高人民法院指导性案例第91号。

鞍山市中级人民法院一审判决驳回了原告诉讼请求。沙明保等四人上诉,称被告拆除房屋的行为事前未达成协议,未告知何时拆迁,系违法;屋内财产未搬离、未清点,所造成的财产损失应由被告承担举证责任。

二审法院认定,被上诉人提供的证据不能证明原告自愿交出了被征土地上的房屋,其在土地行政主管部门未作出责令交出土地决定亦未申请人民法院强制执行的情况下,组织实施拆除,行为违法。拆除房屋时,未依法对屋内物品登记保全,未制作物品清单并交上诉人签字确认,致使上诉人无法对物品受损情况举证,故该损失是否存在、具体损失情况等,依法应由被上诉人承担举证责任。上诉人主张的屋内物品 5 万元包括衣物、家具、家电、手机等,均系日常生活必需品,符合一般家庭实际情况,且被上诉人亦未提供证据证明这些物品不存在,故对上诉人主张的屋内物品种类、数量及价值应予认定。上诉人主张实木雕花床价值为 5 万元,已超出市场正常价格范围,且不能确定该床的材质、形成时间、与普通实木雕花床有何不同等,法院出于最大限度保护被侵权人的合法权益考虑,结合目前普通实木雕花床的市场价格,按“就高不就低”的原则,综合酌定该实木雕花床价值为 3 万元。

安徽省高级人民法院于 2015 年 11 月 24 日作出行政赔偿判决,撤销原审判决;判令被告赔偿上诉人沙明保等四人房屋内物品损失 8 万元。

因此,在房屋强制拆除引发的行政赔偿案件中,原告提供了初步证据,但因行政机关的原因导致原告无法对房屋内物品损失举证的,实行证明责任的转移,即由行政机关承担举证责任。不能确定损失数额的,按最大限度保护被侵权人合法权益的原则,结合市场价格“就高不就低”进行综合认定。有学者评价说:“该案对确立此类案件中的举证责任分配标准,以及双方当事人都不能证明损害的数额时如何判定原告的损失数额具有重大意义。”〔23〕

需要注意的是,该案之所以由行政机关承担举证责任,前提在于“因行政机关的原因导致原告无法对房屋内物品损失举证”。假如没有这一因

〔23〕 罗智敏:《行政赔偿案件中原被告举证责任辨析》,载《中国法学》2019 年第 6 期。

素,实践中的主要做法仍然是由原告承担关于损害数额的证明责任。例如,最高人民法院在一份再审裁定中明确指出“原告就损失金额承担的举证责任,是法律预先规定的而非由法官酌定的,是固定不变的而非可转移的,是客观的举证责任而非主观的举证责任,是结果意义的举证责任而非行为意义的举证责任,是说服法官相信待证事实已达到高度可能性的责任而非推进诉讼进行的责任。易言之,只要原告所提供的证据不能证明其有关遭受损失及损失金额的主张,且对方又不认可其有关损失金额的主张,法院经调查核实后仍无法准确认定,有关损失金额的案件事实处于真伪不明的状态时,原告将因举证不能或者未能完全履行举证责任而承担其主张得不到法院支持的不利后果。”〔24〕

（五）特定情况下行政诉讼证明责任的司法裁量

我国最高人民法院《关于审理发生在我国管辖海域相关案件若干问题的规定（二）》中第13条规定:“行政机关有证据证明行政相对人采取将装载物品倒入海中等故意毁灭证据的行为,但行政相对人予以否认的,人民法院可以根据行政相对人的行为给行政机关举证造成困难的实际情况,适当降低行政机关的证明标准或者决定由行政相对人承担相反事实的证明责任。”这一规定表明,我国有关司法解释对特定情况下的行政诉讼,允许进行证明责任的司法裁量。诚然,这一机制需要谨慎使用。批评者指出,由法官裁量证明责任的分担不仅会破坏证明责任的制度功能,还有违实体法。〔25〕

---

〔24〕 最高人民法院行政裁定书,(2017)行申字第26号。

〔25〕 江必新、徐庭祥:《行政诉讼客观证明责任分配的基本规则》,载《中外法学》2019年第4期。

第四节　刑事诉讼证明责任的分配

综观英国刑法之网，常常可以看到一条金线，那就是证明被告人的罪行是控方的责任……在最终考虑全部案情时，无论是控方还是被告人提交的证据，如果在被告人是否蓄意杀害被害人问题上能够引起合理怀疑，那么控方就没有证实其指控，被告人因而有权获得无罪判决。无论什么指控，控方必须证明被告人有罪的原则是英国普通法的一个组成部分，任何削弱该原则的企图均不予接受。

——[英]桑基

1935 年，英国伍尔明顿一案。被告人被指控谋杀同他已经分居的妻子。他承认妻子死于从自己持有的枪中射出的子弹；但辩解说，他当时正准备用自杀的方式说服妻子回去与他共同生活，这时枪意外地走火了，因而自己扣动扳机时没有犯罪故意。一审判决被告人有罪。判决书中写道："控方已经证明了这个女人死在被告人的手上，因此被告人必须用证据证明哪些事实可以减轻自己的罪责，或者证明这完全是一个意外；否则就是谋杀。"辩方上诉至上诉法院被驳回，但上诉至上议院却胜诉了，上议院认为一审判决对证明责任的处理是错误的，应当由控方证明犯罪意图的存在。[26]

---

〔26〕 Woolmington v. DPP, Director of Public Prosecutions, 1935, A. C 462, https://www.bailii.org/uk/cases/UKHL/1935/1.pdf.

一、刑事诉讼证明责任分配的一般规则

（一）无罪推定原则

明确证明责任的分配规则，必须以一定的诉讼理论为基础，必须以一定的司法理念为出发点。在刑事诉讼中，决定证明责任分配或分担的首要原则是无罪推定或有罪推定。如果实行无罪推定，证明责任就在控方，因为控方必须向法庭证明被告人有罪，否则法庭就应宣判被告人无罪；如果实行有罪推定，证明责任自然落到辩方身上，因为辩方不得不向法庭证明被告人是无罪的，否则法庭就会认定其有罪。我国《刑事诉讼法》第 12 条规定："未经人民法院依法判决，对任何人都不得确定有罪。"尽管人们对这一规定还存在不同的理解，但是这一规定显然体现了无罪推定原则的基本精神。

无罪推定是基于一定价值取向而规定的不可反驳的立法推定。然而，这并不是说，根据已经掌握的证据，被告人无罪的可能性大于有罪的可能性，所以要推定其无罪。无罪推定的目标是要保护被告人的合法权利，是要保障司法的公正，是要把"无罪者被错判有罪"的可能性限制到最低的水平。这些是无罪推定原则的价值取向。

目前，人们在理解和贯彻无罪推定原则的时候还存在两种错误的倾向。一种倾向是将无罪推定原则束之高阁，使其在实践中失去作用。这种倾向主要存在于司法人员、执法人员的思想之中。由于受传统的"宁可错判也不要错放"的司法观念的影响，一些司法人员、执法人员在实践中遇到疑案时不能坚决地贯彻无罪推定的精神，不采取"疑罪从无"，而采取"疑罪从轻"。另一种倾向是过分抬高无罪推定原则的地位。例如，有人认为侦查机关和司法机关在审判之前都不应该对犯罪嫌疑人或被告人采取拘留、逮捕等强制措施，因为那等于把犯罪嫌疑人或被告人当作罪犯来对待，是对无罪推定原则的违犯。这种理解显然大有偏颇。在世界上任何一个实行无罪推定的国家中，司法机关或执法机关都会在审判前对犯罪嫌疑人或被告人采取一些必要的人身强制措施。

其实，无罪推定原则并不是至高无上的神圣法则，其主要功能在于明确刑事诉讼中证明责任的分配。具体说来，无罪推定在刑事诉讼中有两层含

义:一是原则上由控方而不是由辩方承担证明责任;二是在控方举出的证据未能达到法定证明标准的情况下,法院应当宣布被告人无罪。

在此有一个问题需要说明。我国《刑事诉讼法》第 120 条第 1 款规定:“……犯罪嫌疑人对侦查人员的提问,应当如实回答。但是对与本案无关的问题,有拒绝回答的权利。”我们认为,这条规定并不等于让被告人承担证明责任。首先,这条规定的对象是犯罪嫌疑人,不是被告人,不是公诉机关正式提出犯罪指控的对象;其次,这条规定只是一种道义上的要求,是立法者“号召”犯罪嫌疑人配合侦查机关查明案件事实的举措;最后,这条规定的内容不属于证明责任的范畴。如果说犯罪嫌疑人或被告人应当承担证明责任,那么他不举证或者举证不能,就要承担不利的诉讼后果,即被判定有罪。但是,根据这条规定,即使犯罪嫌疑人不如实回答问题,甚至根本不回答问题,司法机关也不能因此就判定其有罪。由此可见,该条规定并没有违背刑事诉讼中无罪推定的原则。

(二)公诉案件由人民检察院承担被告人有罪的证明责任

在刑事公诉案件中,证明责任分配的一般规则是由人民检察院承担被告人有罪的证明责任,被告人不承担证明责任。在审判中,人民检察院要向法庭提供充分的证据证明其指控的犯罪事实,而且要达到法定的标准。辩方既没有义务向法庭证明被告人有罪,也没有义务向法庭证明被告人无罪。换言之,辩方可以不向法庭提供任何证据,仅对公诉人代表人民检察院提出的证据进行质疑就是完成了辩护的任务。辩方甚至可以不做任何辩护,法庭也不能因此就作出对被告人不利的判决。

之所以这样分配公诉案件的证明责任,除了无罪推定原则的要求外,还有遵循“谁主张,谁举证”规律之操作层面上的理由:一方面,因为人民检察院是诉讼程序的启动者,是要求法院作出判决的人,所以人民检察院应该向法庭提供证据支持其要求和主张;另一方面,人民检察院既然做好了起诉的准备,自然也处于举证的便利位置,让其承担证明责任也是顺理成章的。辩方不承担证明责任的理由同样有两个层面:其一,辩方在诉讼中处于被动防守的位置,不便于举证;其二,辩方的诉讼主张是否定人民检察院指控的犯罪事实,而否定某一事实的存在往往难以举证。

诚然,辩方在审判中可以举出证据证明被告人无罪或罪轻。但是,这属于法律赋予辩方的辩护权,是权利而非义务或责任。辩方可以依法行使辩护权,也可以不行使辩护权。无论如何,不能仅仅因为其不行使辩护权,法庭就做出对被告人不利的事实认定或判决后果。

(三)自诉案件由自诉人承担被告人有罪的证明责任

在刑事自诉案件中,自诉人承担被告人有罪的证明责任,辩方不承担证明责任。这也是司法活动中"谁主张,谁举证"普遍规律的体现。如果自诉人不能用充分证据证明其指控的犯罪事实,在开庭审判之前,法官应当说服自诉人撤诉,或者用裁定驳回其起诉;经开庭审理之后,法官则应当判决被告人无罪。总之,自诉人举证不能或不充分,就要承担败诉的后果。

二、刑事诉讼证明责任分配的特殊规则

(一)证明责任的转移

在刑事诉讼中,证明责任由人民检察院或自诉人即控方承担,这并不意味着辩方在任何情况下都不承担任何证明责任。根据无罪推定原则确立的证明责任分配规则,只是明确了整个案件的证明责任应当由提出犯罪指控的控方承担。对于案件中具体事实或情节的证明责任,则仍然可以遵循"谁主张,谁举证"的原则进行分配。这就是说,在某些情况下,证明责任也会从控方转移到辩方身上。

证明责任转移并不是对无罪推定原则的否定。确立无罪推定原则的基础是刑事立法和司法的特定价值取向。然而,法律规定证明责任的转移,主要是考虑诉讼活动中证明的需要和举证的便利,即由哪一方先行举证更有利于司法证明的推进。在这个意义上,证明责任的转移是以举证便利和诉讼效率这两个要求为前提的。

例如,某杀人案件的被告人声称自己在案件发生的时候不在犯罪现场,而是在别的某个地方。对于这一事实主张,辩方就应该承担一定意义上的证明责任,即举出证据证明被告人在案件发生时不在犯罪现场,而是在另外一个地方。在这种情况下,证明责任就要由控方转移到辩方。这种转移是符合司法证明规律的。既然辩方提出一种具体的事实主张,他就应该提出

相应的证据支持其主张,而且他显然处于举证的便利位置。如果辩方可以随便提出一种事实主张,自己却不承担任何证明责任,然后就只等控方举证反驳,那显然违反了司法公正的原则,也会极大地影响司法证明的效率。

不过,基于控方与辩方的力量对比和攻防位置,法律对辩方举证的要求可以低于对控方的举证要求。换言之,辩方的证明不必达到“证据确实充分”或者“排除合理怀疑”的标准,而只要能够证明被告人不在犯罪现场的可能性大于其在犯罪现场的可能性就算完成了举证的任务。这种标准相当于英美法系国家在民事诉讼中使用的“优势证明”标准。一旦辩方完成举证,案件中的证明责任就又回转到控方。

辩方并非对其所有辩护主张都要承担证明责任。如果辩方只是消极地否定控方的事实主张,如声称被告人没有杀人等,那么辩方对这种事实主张就不承担证明责任,或者说,这里不发生任何证明责任的转移。只有当辩方提出具有积极辩护意义的具体事实主张时,证明责任才转移到辩方。例如,被告人不仅声称自己没有杀人,而且说该被害人是被另外某个人杀死的,以此证明自己不是杀人犯,那么辩方对后一具体的事实主张就要承担证明责任。

在实践中能够导致证明责任转移的常见的辩护主张包括四类:(1)关于被告人责任能力的事实主张。例如,被告人有精神病或者在案件发生时处于精神不正常的状态;被告人在案件发生时没有达到法定的刑事责任年龄等。(2)关于被告人行为合法性或正当性的事实主张。例如,被告人的杀人或伤人行为属于正当防卫;被告人的破坏财物行为属于紧急避险等。(3)关于侦查人员或执法人员行为违法性的事实主张。例如,被告人之所以实施被指控的犯罪行为是源于“侦查陷阱”“圈套取证”等;被告人之所以承认自己有罪是遭受审讯人员的刑讯逼供等。(4)关于被告人根本不可能实施指控犯罪行为的事实主张。例如,被告人根本不可能实施该抢劫行为,因为案件发生时他不在犯罪现场;被告人根本不可能实施该杀人行为,因为被害人是被另外一个人杀死的。在刑事诉讼中是否发生证明责任的转移,必须对被告人提出的事实主张进行具体的分析。这四种情况常常被称为辩方提出了“积极抗辩”的主张。[27]

在自诉刑事案件中，证明责任的转移是一种更为常见的现象。当辩方提出具体的积极事实主张反驳刑事自诉人的指控时，证明责任便转移到辩方这边。在辩方提供足够的证据证明其事实主张之后，证明责任又回归到刑事自诉人身上。另外，按照法律规定，被告人可以在诉讼过程中对刑事自诉人提出反诉。对于反诉的事实主张，辩方当然负有证明责任。

（二）证明责任的倒置

刑事案件的证明责任一般由控方或提出具体事实主张的一方承担，但是在某些情况下，法律也可以规定证明责任由辩方或者主张具体事实的相对方承担。这就是证明责任的倒置，即立法在特殊情况下对证明责任的非常规性配置。证明责任倒置一般都是由法律以推定等形式明确规定的。立法者决定在某种案件中适用证明责任倒置的理由包括司法证明的需要、各方举证的便利以及反映一定价值取向的社会政策性考虑。下面举例说明刑事诉讼中证明责任倒置的几种情况。

1. 巨额财产来源不明罪的证明责任

我国《刑法》第 395 条第 1 款规定：“国家工作人员的财产、支出明显超出合法收入，差额巨大的，可以责令说明该国家工作人员说明来源，不能说明来源的，差额部分以非法所得论……”这就是证明责任的倒置。对于“巨额财产来源不明罪”案件，立法者出于严厉打击的需要，规定由辩方承担证明责任。只要辩方不能用充分的证据证明被告人巨额财产有合法来源，法官就可以推定那些财产是非法所得。这种规定是基于举证便利的考虑。在此类案件中，即使被告人的巨额财产确实是非法所得，让控方进行证明也比较困难；但是，如果这些财产确有合法来源，让辩方进行证明还是比较便利的。

在证明责任倒置的情况下，本应承担证明责任的控方也不是完全没有

---

[27] 我国有学者对“积极抗辩事由由辩方承担证明责任”之说持相反意见，批评说此议“不仅在比较法上存在严重误解，而且没有认识到刑事证明责任的特殊性，更缺乏对我国法律和实践的充分关照”。参见李昌盛：《积极抗辩事由的证明责任：误解与澄清》，载《法学研究》2016 年第 2 期。

证明责任,而是仅承担初始推进性的证明责任。在巨额财产来源不明罪案件中,控方只要用证据证明作为被告人的国家工作人员在财产或支出方面明显超出合法收入且差额巨大,就完成了证明责任。然后,案件中主要的证明责任便由辩方承担。

2. 非法持有型犯罪的证明责任

我国现行刑法规定的非法持有型罪包括"非法持有毒品罪""非法持有毒品原植物种子、幼苗罪""非法持有枪支、弹药罪""非法持有国家绝密、机密文件、资料、物品罪""非法持有宣扬恐怖主义、极端主义物品罪""持有假币罪""持有伪造的发票罪"等。这些犯罪案件中关于"是否合法持有之事实"的证明责任分配也处于倒置的状态。这还具体可以细分为两种情形:一是非法持有即构罪。如在非法持有毒品罪案件中,只要执法人员在某人身上查获了毒品,就可以认定其是非法持有,除非辩方用证据证明此人持有的合法性或合理性。具体来说,如果身上被查获带有毒品的被告人声称他有合法理由携带该毒品,或者别人为了陷害他而把毒品放在他的身上或包里,他本人并不知晓,那么辩方对这一事实主张就要承担证明责任。如果辩方不能用证据证明被告人携带毒品的合法性或合理性,法官就可以推定被告人行为属于"非法持有"状态并判其有罪。换言之,在被告人是否"非法"持有的问题处于事实不明的状态时,辩方就要承担不利的诉讼后果。二是"非法持有+明知"即构罪。如在非法持有宣扬恐怖主义、极端主义物品罪案件中,侦查人员要在某人身上查获宣扬恐怖主义、极端主义的图书、音频视频资料或者其他物品,还要收集此人主观上明知的证据,辩方在此基础上承担证明此人持有系合法的证明责任,否则此人可能被定罪。

在英美法系国家的实践中,"持有最近被窃财物"是很有代表性的证明责任倒置。在这类案件中,如果被告人被发现持有最近被窃的财物,而他及其律师又不能用证据证明他持有该财物的合法性或合理性,那么法官就可以推定被告人是盗窃该财物的人,并判其有罪。例如,巡逻警察在一所住宅外面发现一个拿着大包的犯罪嫌疑人,包里有摄像机等物品。经查,该住宅刚刚发生盗窃案,那个摄像机就是被窃物品。然而,该犯罪嫌疑人声称他不是盗窃犯。他刚才路过此地,见到一个年轻人从该住宅跑出来,手里拿着这个大包,神情很慌张。他大喊了一声,那个年轻人扔下包就跑了。他捡起这个大包,正想去找失主,结果警察来了。在这个问题上,该犯罪嫌疑人及其律师就要承担证明责任。如辩方举证不能,就要承担不利的诉讼后果,即被告人会被判有罪。

在 1973 年的"巴恩斯诉合众国"一案中,美国联邦最高法院认可了审判法官就"持有最近被盗财物"问题对陪审团的指示,并维持了审判法院对被告人的有罪判决。该审判法官对陪审团指示道:"如果(被告人)不能给出令人满意的解释,持有最近被窃财物通常就是一种旁证,你们可以合理地根据它作出推断,并依据本案中证据表明的环境情况认定该持有人知道那些财物是赃物。"[28] 简言之,陪审团可以根据被告人无法解释持有最近被窃财物就判其有罪。

3. 严格责任犯罪的证明责任

严格责任是源于高度危险行为和产品责任事故等民事侵权案件中的归责原则。在此类案件中,法律不把行为人对危害后果的主观故意或过失作为承担赔偿责任的条件。例如,我国《民法典》第 1236 条规定:"从事高度危险作业造成他人损害的,应当承担侵权责任。"此外,在环境污染、产品质量、饲养动物伤人、建筑物悬挂物坠落伤人等类案件中也在不同程度上适用严格责任原则。在英美法系国家中,这一民事责任原则被适用到刑事案件之中,于是就产生了严格责任犯罪的概念。

所谓严格责任犯罪,即法律并不要求控方在审判中证明被告人有犯罪的故意或过失,只要证明被告人实施了该犯罪行为并造成了损害后果,就完成了证明责任,法院就可以判被告人承担刑事责任。按照《布莱克法律词典》的解释,严格责任犯罪是"不要求犯意要件的犯罪,如超速驾驶或企图携带武器登机"。[29] 在英美法系国家,严格责任一般仅适用于轻罪,而且刑罚的种类一般为罚金。

在英国的普通法中,传统的严格责任犯罪只有两种:一种是公害罪,如出售危害公众健康的食品;另一种是诽谤罪,如报纸所有人对未经其授权或同意而由其雇员发表的诽谤性文章负有责任。后来,英国的法律又把蔑视

---

〔28〕 [美]乔恩·华尔兹:《刑事证据大全》,何家弘等译,中国人民公安大学出版社 1993 年版,第 316～319 页。

〔29〕 *Black's Law Dictionary* (7th edition), West Group, 1999, p. 378.

法庭罪纳入严格责任犯罪的范畴,并有人主张把亵渎宗教信仰的"渎圣罪"也归入严格责任犯罪的范畴。[30] 目前,在英美国家的制定法中,严格责任犯罪"主要存在于像食品销售、房屋登记、使用假的或易混淆的商业说明书等问题的管理性法规中。同时,道路交通法规中的许多犯罪和某些财政金融法规条款中的犯罪被认为适用严格责任"。[31]

在严格责任犯罪中,控方对被告人的主观罪过或"犯意"不承担证明责任。当然,辩方可以举出证据证明被告人没有主观罪过或不应承担刑事责任。但是,只要辩方没有证明,法庭就可以判被告人有罪。这实际上也是以推定为前提的,即凡是实施了严格责任犯罪行为的人就推定其具有主观上的罪过,除非辩方能够用证据证明此人没有主观罪过。这是一种可以反驳的推定,因此也适用证明责任倒置的规则。换言之,在严格责任犯罪案件中,辩方必须对被告人没有主观罪过承担证明责任,如举证不能,被告人就要承担不利的诉讼后果。

我国刑法学界就严格责任犯罪进行了相当深入的研讨。有学者指出:刑法中的严格责任,是指对于缺乏主观罪过或主观罪过不明确的特殊侵害行为追究刑事责任的刑法制度。从我国犯罪构成理论来看是否定严格责任的,但从刑事立法与司法实践来看,实际上存在追究严格责任的情况。[32] 我国《刑法》中是否存在严格责任犯罪,学术界一直存在争议。举例来说,《刑法修正案(十一)》第 14 条对洗钱罪的"明知"要件进行了删除,[33] 这从字面上看走上了追究严格责任的道路。不过,我国有学者认为,"在我国目前规定自洗钱入罪的法定情形下,洗钱罪的主观方面可以分为'自洗钱'与'他洗钱'两种类型来理解适用:在'自洗钱'的情形下,不存在对主观要件

---

〔30〕 [英]J. C. 史密斯、B. 霍根:《英国刑法》,马清升等译,法律出版社 2000 年版,第 114 ~ 116 页。

〔31〕 [英]克罗斯、琼斯:《英国刑法导论》,赵秉志等译,中国人民大学出版社 1991 年版,第 70 页。

〔32〕 张文等:《刑事责任要义》,北京大学出版社 1997 年版,第 91 ~ 92 页。

〔33〕《刑法》第 191 条以前包含"明知是毒品犯罪、黑社会性质的组织犯罪、恐怖活动犯罪、走私犯罪、贪污贿赂犯罪、破坏金融管理秩序犯罪、金融诈骗犯罪的违法所得及其收益"的罪状表述,2020 年 12 月后被删除。

的证明问题；但是，在‘他洗钱’的情况下，依然需要证明主观要件的成立。”〔34〕我们认为，对于我国《刑法》明确表述不考虑行为人主观上是否明知即可构罪的罪名，均可以借鉴英美国家关于严格责任犯罪的规定适用证明责任倒置的规则。

4. 刑讯逼供的证明责任

巨额财产来源不明等类犯罪中的证明责任倒置属于整个案件或案件主要事实的证明责任倒置，法律在某些情况下也可以规定对案件中的某种情节适用证明责任倒置。刑讯逼供就是一个很好的例子。一些国家的立法或司法判例规定在犯罪侦查过程中警察是否有刑讯逼供行为的问题上适用证明责任倒置，即由控方承担证明责任，而不是由提出刑讯逼供“指控”的被告人一方承担证明责任。

我国法律明令禁止刑讯逼供，而且规定刑讯逼供者要承担刑事责任。但是在实践中，刑讯逼供案件多因取证难而处理难，致使一些陋习难以根治。刑讯逼供的对象在遭受刑讯期间处于失去自由和孤立无援的境地，而且往往在相当长的一段时间内既无法取证也无法举证。当事情过后他们具有取证和举证的能力时，又因为时过境迁，难以再拿到充分的证据。即使由检察官或法官介入调查，也取证困难重重。于是，一方面是刑讯逼供怨声载道、屡禁不止；另一方面是刑讯逼供者被绳之以法的寥寥无几。为了强化法律对刑讯逼供行为的约束机制，在此类案件的审理中适用证明责任倒置是很有必要的。

刑讯逼供一般都是作为其他刑事案件中的一个事实或情节被提出来的。例如，一起杀人案件的被告人指控警察曾对他实施了刑讯逼供，因此要求翻供。这首先是一个证明责任转移的问题。该被告人提出了一个为自己辩护的具体的事实主张，即警察曾经对他实施了刑讯逼供。按照前面讲过的证明责任转移规则，在这种情况下，证明责任就应该从控方转移到辩方，即由辩方承担证明警察确有刑讯逼供行为的责任。我国《刑事诉讼法》第58条第2款规定：“当事人及其辩护人、诉讼代理人有权申请人民法院对以非法方法收集的证据依法予以排除。申请排除以非法方法收集的证据的，

〔34〕　王新：《〈刑法修正案（十一）〉对洗钱罪的立法发展和辐射影响》，载《中国刑事法杂志》2021年第2期。

应当提供相关线索或者材料。”这指的是辩方承担证明警察确有刑讯逼供等违法取证行为的行为责任。这是一种要求很低的责任。

同时,我国《刑事诉讼法》第 59 条第 1 款还规定:“在对证据收集的合法性进行法庭调查的过程中,人民检察院应当对证据收集的合法性加以证明。”第 60 条规定:“对于经过法庭审理,确认或者不能排除存在本法第五十六条规定的以非法方法收集证据情形的,对有关证据应当予以排除。”这指的是控方承担证明警察不存在刑讯逼供等违法取证行为的结果责任。这种责任怎么过来的?学理上可以解释为在该具体事实情节上的证明责任倒置。

实行证明责任倒置,就是要由与被指控有刑讯逼供行为的警察等调查人员同一阵营的控方承担证明责任。如果控方不能用充分证据证明警察等调查人员没有刑讯逼供,就推定警察等调查人员有刑讯逼供的行为并产生相应的法律责任或后果。

这种证明责任的倒置符合司法证明的规律,因为刑讯逼供的被控方最了解当时的情况,处于举证的便利位置,让其承担证明责任有利于查明事实真相。另外,法律明确规定由控方对刑讯逼供的指控承担证明责任,可以对警察等调查人员形成更为有力的行为约束力量。面对难以规避的刑罚,警察等调查人员在讯问等执法活动中就必须小心谨慎,必须准备好证明未进行刑讯逼供的证据。而要做到这一点,最好的办法就是严格依照法定的程序收集证据。

5. 正当防卫的证明责任〔35〕

近年来,随着“聊城于欢案”等涉及正当防卫问题的案件在社会上引起强烈反响和广泛关注,正当防卫案件中的证明责任问题也引起了学术界的讨论。有些学者主张正当防卫的证明责任应该由控方承担,有些学者则主张应该由辩方承担。在持后一种观点的学者中,有人认为这是证明责任的转移,有人则认为这是证明责任的倒置。

我们赞同正当防卫的证明责任分配可以采用类似于刑讯逼供问题的举证责任倒置。首先,辩方对于正当防卫的事实主张应该承担初始的证明责

---

〔35〕 何家弘、梁颖:《论正当防卫案的证明责任》,载《中国高校社会科学》2021 年第 2 期。

任，让法官相信被告人的行为可能是正当防卫。然后，控方要针对辩方的正当防卫主张承担反向证明责任，让法官相信被告人的行为不属于正当防卫。如果辩方或控方的证明没有达到让法官相信的程度，法官就要作出对其不利的事实认定。顺便说明，如果控方的事实主张是防卫过当，而辩方的辩护意见是防卫无过当，则控方也要对防卫过当的事实主张承担证明责任。如果控方不能用证据让法官相信该防卫已属过当，法官也要作出对其不利的事实认定。

链接　朱凤山犯故意伤害罪案

家住河北省廊坊市的朱凤山之女朱某与齐某系夫妻，朱某于2016年1月提起离婚诉讼并与齐某分居，朱某带女儿与朱凤山夫妇同住。齐某不同意离婚，为此经常到朱凤山家吵闹，采取了砸玻璃、大门口叫骂等方式。5月8日22时许，齐某酒后驾车到朱凤山家，欲从小门进入院内，未得逞后在大门外叫骂。朱某不在家中，仅朱凤山夫妇带外孙女在家。朱凤山将情况告知齐某，齐某不肯罢休。朱凤山又分别给邻居和齐某的哥哥打电话，请他们将齐某劝离。在邻居的劝说下，齐某驾车离开。23时许，齐某驾车返回，站在汽车引擎盖上攀爬院子大门，欲强行进入，朱凤山持铁叉阻拦后报警。齐某又爬上院墙，在墙上用瓦片掷砸朱凤山。朱凤山躲到一边，并从屋内拿出宰羊刀防备。随后齐某跳入院内徒手与朱凤山撕扯，朱凤山刺中齐某胸部一刀。朱凤山见齐某受伤，遂把大门打开，民警随后到达。齐某因主动脉、右心房及肺脏被刺破致急性大失血死亡。河北省廊坊市人民检察院向廊坊市中级人民法院提起公诉，指控被告人朱凤山犯故意伤害罪。在该案的审判中，控方主张的故意伤害事实是清楚的，证据也是充分的，双方争议的焦点就是辩方主张的正当防卫问题。被告人朱凤山供称：齐某跳入他家院内后，拿起立在墙边的一根长约三米的角铁，后又将角铁扔在地上，手拿砖块向他跑来，他持刀向齐某跑去。齐某持砖往他身上扑，他右手持刀抵挡时扎到齐某上半身，齐某后退几步仰面倒在院南侧狗窝附近。被告人的这段供述对于认定其行为具有正当防卫性质是非常重要的，但是一审法官未予采信。法庭认为，朱凤山在齐某跳入其住宅之前已准备好作案用尖刀，并在齐某跳入后持刀刺扎齐某胸部，明显具有伤害的主观故意，并致齐某死亡,其行为构成故意伤害罪。对于辩护方提出的正当防卫主张,法庭认为从二人的关系及具体案情看,齐某的违法行为尚未达到朱凤山必须通过持刀刺扎齐某进行防卫制止的程度,朱凤山的行为不具有防卫性质。"朱凤山所供齐某持砖头向其身上扑,无证据予以印证。"但是,法庭考虑到被害人齐某具有过错,而且被告人朱凤山具有自首情节,依法从轻处罚,判决被告人朱凤山犯有故意伤害罪,判处有期徒刑15年,剥夺政治权利5年。[36]

虽然一审法官在判决中没有就正当防卫的证明责任问题进行说明,但是该判决表明法庭实际上让辩方承担了证明该事实的责任。由于辩方未能举出充分证据证明正当防卫的事实,所以法庭作出了不利于辩方的事实认定。朱凤山不服该判决,提起上诉。河北省高级人民法院受理该上诉案后,公开开庭进行审理,最终认定朱凤山的行为属于防卫过当,构成故意伤害罪,改判有期徒刑7年。二审法官虽然未就"齐某持砖扑打朱凤山"的具体事实做出裁断,但是认定朱凤山的行为属于防卫过当。[37] 在本案情况下,辩方应该承担一定的证明责任。

(三)证明责任的倒置与转移的比较

从表面上看,刑事诉讼中证明责任倒置和证明责任转移似乎并无差异。但仔细考较,二者还是有所区别的。证明责任转移在实质上并没有违反"谁主张,谁举证"的一般证明责任分配规律,因为证明责任的转移都是基于辩方提出了具体的事实主张,即承担证明责任者都是提出事实主张的一方。证明责任倒置则是违反"谁主张,谁举证"的规律,因为在此类案件中的事实主张并不是辩方或者承担证明责任的一方提出来的,而是由对方提出来的。例如,巨额财产系非法所得是控方的事实主张,但是要由辩方承担"无罪"的证明责任;警察等调查人员有刑讯逼供是辩方的事实主张,但是要由控方承担"清白"的证明责任。

在刑事司法领域,区分证明责任转移和证明责任倒置很有实际意义。如前所述,当证明责任转移到辩方时,其证明标准是比较低的,达到优势证

---

〔36〕 河北省廊坊市中级人民法院刑事判决书,(2016)冀10刑初第80号。

〔37〕 最高人民检察院指导性案例检例第46号。

明标准即可；而当证明责任倒置在被告人身上的时候，其证明标准是比较高的，因为这个标准就应该是刑事诉讼的一般证明标准，即证据确实充分或排除合理怀疑的证明标准。正是因为证明责任倒置的证明标准较高，所以适用证明责任倒置的情况必须严格控制并由法律明确规定。

思考讨论题

1. 试述证明责任在中国法律中的演变及渊源。
2. 结合下列法律规定，阐述民事诉讼中证明责任转移与倒置的异同。

   最高人民法院《关于知识产权民事诉讼证据的若干规定》法释〔2020〕12号

   第3条 专利方法制造的产品不属于新产品的，侵害专利权纠纷的原告应当举证证明下列事实：

   (一)被告制造的产品与使用专利方法制造的产品属于相同产品；

   (二)被告制造的产品经由专利方法制造的可能性较大；

   (三)原告为证明被告使用了专利方法尽到合理努力。

   原告完成前款举证后，人民法院可以要求被告举证证明其产品制造方法不同于专利方法。
3. 试论刑事诉讼中被告人的积极抗辩对证明责任分配的影响。
4. 证明责任的司法裁量是一个颇有争议的话题。2001年最高人民法院《关于民事诉讼证据的若干规定》(已被修改)第7条曾经规定："在法律没有具体规定，依本规定及其他司法解释无法确定举证责任承担时，人民法院可以根据公平原则和诚实信用原则，综合当事人举证能力等因素确定举证责任的承担。"这就是说，法官在特定情况下拥有裁量确定证明责任分配的权力。2020年实施的最高人民法院《关于民事诉讼证据的若干规定》删除了这一规定。请问你对证明责任应否允许进行司法裁量的看法。
5. 《民法典》下列条文的规定是否包含民事诉讼证明责任倒置的机制。为什么？

   第1199条 无民事行为能力人在幼儿园、学校或者其他教育机构学习、生活期间受到人身损害的，幼儿园、学校或者其他教育机构应当承担侵权责任；但是，能够证明尽到教育、管理职责的，不承担侵权责任。

第 1237 条　民用核设施或者运入运出核设施的核材料发生核事故造成他人损害的,民用核设施的营运单位应当承担侵权责任;但是,能够证明损害是因战争、武装冲突、暴乱等情形或者受害人故意造成的,不承担责任。

第 1238 条　民用航空器造成他人损害的,民用航空器的经营者应当承担侵权责任;但是,能够证明损害是因受害人故意造成的,不承担责任。

第 1239 条　占有或者使用易燃、易爆、剧毒、高放射性、强腐蚀性、高致病性等高度危险物造成他人损害的,占有人或者使用人应当承担侵权责任;但是,能够证明损害是因受害人故意或者不可抗力造成的,不承担责任。被侵权人对损害的发生有重大过失的,可以减轻占有人或者使用人的责任。

第 1240 条　从事高空、高压、地下挖掘活动或者使用高速轨道运输工具造成他人损害的,经营者应当承担侵权责任;但是,能够证明损害是因受害人故意或者不可抗力造成的,不承担责任。被侵权人对损害的发生有重大过失的,可以减轻经营者的责任。

第 1242 条　非法占有高度危险物造成他人损害的,由非法占有人承担侵权责任。所有人、管理人不能证明对防止非法占有尽到高度注意义务的,与非法占有人承担连带责任。

第 1243 条　未经许可进入高度危险活动区域或者高度危险物存放区域受到损害,管理人能够证明已经采取足够安全措施并尽到充分警示义务的,可以减轻或者不承担责任。

第 1245 条　饲养的动物造成他人损害的,动物饲养人或者管理人应当承担侵权责任;但是,能够证明损害是因被侵权人故意或者重大过失造成的,可以不承担或者减轻责任。

第 1246 条　违反管理规定,未对动物采取安全措施造成他人损害的,动物饲养人或者管理人应当承担侵权责任;但是,能够证明损害是因被侵权人故意造成的,可以减轻责任。

第 1248 条　动物园的动物造成他人损害的,动物园应当承担侵权责任;但是,能够证明尽到管理职责的,不承担侵权责任。

第 1252 条第 1 款　建筑物、构筑物或者其他设施倒塌、塌陷造成他人损害的,由建设单位与施工单位承担连带责任,但是建设单位与施工单位能够证明不存在质量缺陷的除外。建设单位、施工单位赔偿后,有其他责任人的,有权向其他责任人追偿。

第 1253 条 建筑物、构筑物或者其他设施及其搁置物、悬挂物发生脱落、坠落造成他人损害,所有人、管理人或者使用人不能证明自己没有过错的,应当承担侵权责任。所有人、管理人或者使用人赔偿后,有其他责任人的,有权向其他责任人追偿。

第 1254 条第 1 款 禁止从建筑物中抛掷物品。从建筑物中抛掷物品或者从建筑物上坠落的物品造成他人损害的,由侵权人依法承担侵权责任;经调查难以确定具体侵权人的,除能够证明自己不是侵权人的外,由可能加害的建筑物使用人给予补偿。可能加害的建筑物使用人补偿后,有权向侵权人追偿。

第 1255 条 堆放物倒塌、滚落或者滑落造成他人损害,堆放人不能证明自己没有过错的,应当承担侵权责任。

第 1256 条 在公共道路上堆放、倾倒、遗撒妨碍通行的物品造成他人损害的,由行为人承担侵权责任。公共道路管理人不能证明已经尽到清理、防护、警示等义务的,应当承担相应的责任。

第 1257 条 因林木折断、倾倒或者果实坠落等造成他人损害,林木的所有人或者管理人不能证明自己没有过错的,应当承担侵权责任。

第 1258 条 在公共场所或者道路上挖掘、修缮安装地下设施等造成他人损害,施工人不能证明已经设置明显标志和采取安全措施的,应当承担侵权责任。

窨井等地下设施造成他人损害,管理人不能证明尽到管理职责的,应当承担侵权责任。

6. 试论行政诉讼与民事诉讼之证明责任分配机制的联系。

补充阅读

1. 胡学军:《证明责任制度本质重述》,载《法学研究》2020 年第 5 期。

2. 周洪波:《证明责任分类的体系重构》,载《法制与社会发展》2020 年第 3 期。

3. 何家弘、梁颖:《论正当防卫案的证明责任》,载《中国高校社会科学》2021

年第2期。
4. 吴泽勇:《民间借贷诉讼中的证明责任问题》,载《中国法学》2017年第5期。
5. 段文波:《民事证明责任分配规范的法教义学新释》,载《政法论坛》2020年第3期。
6. 罗智敏:《行政赔偿案件中原被告举证责任辨析》,载《中国法学》2019年第6期。

第十一章 CHAPTER ELEVEN

司法证明的标准

"真实"本身具有多元解释,是一个不可能得到精确认定的模糊概念。[1]植根于"真实"概念及"事实""事实清楚"等相关范畴,司法证明的标准也是极为模糊的事物。本章从客观事实与法律事实、客观真实与法律真实、绝对真实与相对真实、实质真实与形式真实的相互关系入手,厘清证明标准与证明目的的区别,揭示证明标准以法律真实观为基础理论的现实规律。两大法系的证明标准制度同中有异,英美法系的证明标准往往是刑民各异的,大陆法系的证明标准在表述上均可归结为"内心确信",但也因证明对象不同而略有区别。我国的证明标准表述带有一元化的传统缺陷,处于脱离"客观真实说"、走向"法律真实说"的多元化建构进程中。

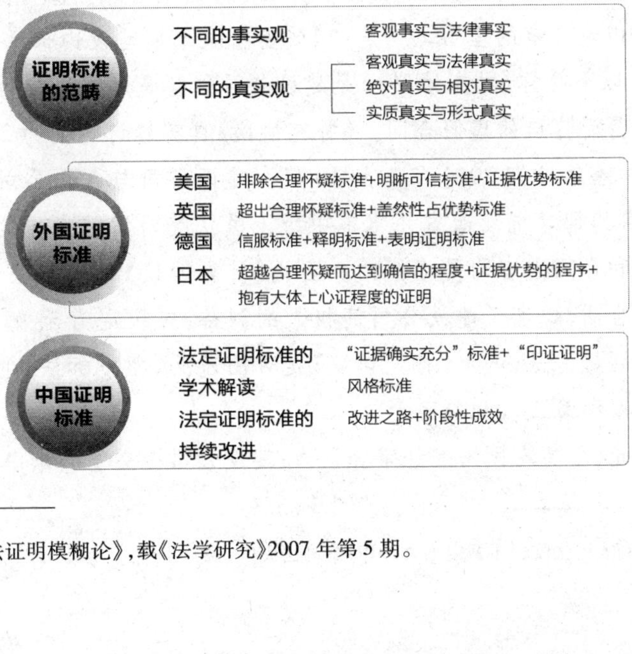

〔1〕 栗峥:《司法证明模糊论》,载《法学研究》2007 年第 5 期。

第一节 证明标准的基本范畴

在关于以前事件的事实存在争议的司法程序中,事实发现者对于究竟发生了什么不可能获得完全准确的认识。相反,事实发现者能够获得的只是关于"可能"发生了什么的一种信念……证明标准代表了一种努力,以期指示事实发现者:我们的社会认为他们要达到何种程度的信念才能作出正确的事实结论。

——[美]哈兰

再审申请人湛江建设发展集团有限公司(以下简称建设公司)与被申请人湛江市鑫福房地产开发有限公司(以下简称鑫福公司)、一审第三人湛江南方置业有限公司(以下简称南方公司)确认合同有效纠纷一案。[2] 建设公司申请再审的理由之一是:"《华盛新城二期建设内部承包合同补充协议书》(以下简称《补充协议》)是建设公司和鑫福公司恶意串通为对抗人民法院执行而签订的虚假合同。《补充协议》真实签订时间为 2015 年 5 月 24 日,而非落款日期 2014 年 1 月 10 日。建设公司与鑫福公司签订《补充协议》的目的是对抗湖南省怀化市中级人民法院对案涉房屋的执行,合同签订时间和合同内容均是虚假的。因此《补充协议》系以合法形式掩盖非法目的的合同,损害了建设公司债权人的利益,应认定为无效。"本案审查的焦点问题之一是,关于《补充协议》是否因违反《招投标法》的强制性规定,损害国家和第三人利益而无效。

对此,最高人民法院经审查认为:建设公司提交了广东中鼎司法鉴定所

〔2〕 最高人民法院民事裁定书,(2019)最高法民申 6123 号。

广中司鉴中心〔2016〕文鉴字第14号《司法鉴定意见书》、唐文盛的书面说明,用以证明《补充协议》签署日期存在倒签进而证明《补充协议》系双方恶意串通签订。但该《司法鉴定意见书》系建设公司自行委托鉴定机构作出,并非双方共同委托或者人民法院委托作出,鉴定材料未经对方当事人质证程序。并且,鉴定意见关于《补充协议》上建设公司公章盖印和建设公司法定代表人唐文盛签名时间的结论,涵盖了人民法院对案涉房产采取执行措施日前后期间,不能排除《补充协议》系在人民法院采取执行措施前签订的可能。唐文盛作为建设公司的法定代表人参加本案诉讼,其所作的书面说明应为建设公司的陈述,不能单独作为认定事实的依据……综合以上情况,建设公司主张《补充协议》系双方恶意串通签订应认定无效,但其所提交的证据未能达到最高人民法院《关于适用〈中华人民共和国民事诉讼法〉的解释》第109条规定的排除合理怀疑的证明标准,对于该主张不予支持。

一、客观事实和法律事实

客观事实和法律事实是司法证明中关于事实的一对重要范畴。客观事实即客观存在的事实。就司法证明活动而言,是指确实在客观世界中发生的案件事实。法律事实是法律意义上的事实,是由法律规范所调整的,可以引起一定法律后果的事实。在司法活动中,法律事实是指经过人的主观活动和司法程序所明确或确认的案件事实。

法律事实以客观事实为基础,是由客观事实所决定的。但是,法律事实并不完全等同于客观事实。任何案件的法律事实和客观事实都存在质和量的差异。首先,法律事实在质上并不完全等于客观事实。因为法律事实是司法证明的事实,而司法证明是一种人的行为,所以法律事实并不完全是客观的东西,其中多少都会掺杂人的一定的主观因素。其次,法律事实在量上也不等于客观事实。一般来说,案件中客观事实的数量都会大于法律事实的数量,因为并非所有与案件有关的客观存在或发生的事实都可以经司法证明,都可以成为法律事实。基于各种各样的原因,案件中的一些客观事实会在证明过程中遗失或过滤,甚至根本就不能获得进入司法证明过程的机会。

由此可见,法律事实带有主观的色彩、人为的品格。美国学者吉尔兹曾经指出:"法律事实并不是自然生成的,而是人为造成的,一如人类学家所言,它们是根据证据法规则、法庭规则、判例汇编传统、辩护技巧、法庭雄辩能力以及法律教育等诸如此类的事物构设出来的,总之是社会的产物。"〔3〕中国也有学者认为,"诉讼中所呈现的并最终为法院所认定的事实,乃是经过证据法、程序法和实体法调整过的、重塑了的新事实。这种新事实因为不可避免地渗透了人的主观意志,因此可以称之为主观事实;又由于它是在诉讼活动过程中形成并成立于诉讼法上仅具有诉讼意义的事实,因此也可以称之为诉讼事实或法律事实"。〔4〕 总之,法律事实不等于客观事实。

二、客观真实和法律真实

客观真实和法律真实是司法证明中关于事实清楚的一对范畴。它们以客观事实和法律事实为基础,但是侧重点各不相同。客观事实和法律事实回答的是"什么是司法证明中的事实"的问题;客观真实和法律真实回答的是"司法证明中的认识怎样才为真实"的问题。两对术语不能混为一谈。

所谓客观真实,是指司法活动中人们对案件事实的认识完全符合客观的实际情况,即符合客观事实的真实;所谓"法律真实",是指司法活动中人们对案件事实的认识符合法律所规定或认可的真实,是法律意义上的真实,是在具体案件中达到法律标准的真实。樊崇义教授早年通过两者比较得出一种观点,"'客观真实'是一种司法理想模式,其实用性、操作性差,不能真正解决诉讼证明中的问题";〔5〕"法律真实简明扼要,具体明确,可操作性强,易于适用"。〔6〕 这引发了我国学术界延续至今的争鸣。

法律是人制定的,法律真实的内涵和标准也是由人规定的,因此,在不同的国家和不同的历史时期,法律真实的内涵和标准自然也有所不同。古代的"神明裁判"是一种法律真实;曾经在中世纪欧洲大陆国家盛行的"法定证据"也是一种法律真实;在当今西方国家占主导地位的"自由心证"仍

〔3〕 [美]克列福德·吉尔兹:《地方性知识:事实与法律的比较透视》,邓正来译,载梁治平主编:《法律的文化解释》,三联书店1994年版,第80页。

〔4〕 江伟主编:《证据法学》,法律出版社1999年版,第117页。

〔5〕 樊崇义:《客观真实管见——兼论刑事诉讼证明标准》,载《中国法学》2000年第1期。

〔6〕 樊崇义:《客观真实管见——兼论刑事诉讼证明标准》,载《中国法学》2000年第1期。

然是一种法律真实。比较历史上各种法律真实观，不难发现它们具有如下共同特点：

第一，法律真实并不归属于主观真实的范畴。所谓主观真实，是指司法活动中人们对案件事实的认识符合主观的标准，是不考虑客观实际情况的真实。换言之，检验一个认识是否真实的标准不是客观实际情况，而是主观认识，是用具有权威性的认识去检验具体司法证明中的认识。然而，法律真实不是这种意义上的真实。法律真实不能完全脱离客观真实，它离不开客观真实的基础，是包含客观真实内容的真实。

第二，法律真实虽包含客观真实的内容，但是法律真实并不等于客观真实。二者的区别在于，客观真实必须是完全正确的，而法律真实的概念本身就隐含着误差的可能性。按照客观真实的要求，司法证明的结果都是符合客观实际情况的；而法律真实是法律认可的真实，其中既包含符合客观实际情况的内容，也可能包含不符合客观实际情况的内容。众所周知，法官认定案件事实离不开证据，但证据中存储的与案件事实有关的信息并不等于客观存在的案件事实。例如，张三说他看见李四用棍子打死了王五。这证言既可能是真实的，也可能是虚假的，还可能是半真半假的。其实在大多数情况下，证言都是真实与虚假的结合。当然，有的证言中真实的成分多一些，有的证言中虚假的成分多一些。即使是法官采信的证言，往往也包含不真实的成分。这是人们不可否认的现象，也是法律不得不接受的现实。法律真实就是建立在这种证据基础之上的真实。

第三，法律真实在一定意义上是以概率为基础的真实，而这里所说的概率本身也具有客观的属性。英国牛津大学的祖克曼教授曾经举了一个例子：某人在一条公路上被汽车撞伤了，有关证据只能证明他是在那条公路上被一辆公共汽车撞的，但不知是哪一辆。经过调查得知，A公共汽车公司的车辆占该公路上运营车辆总数的80%。根据概率的计算，A公司所属车辆撞伤那个人的可能性为80%。而民事诉讼所要求的证明标准是“优势证据”，即一方的证明超过50%就可以胜诉，因此法院判A公司承担赔偿责任。

祖克曼教授接下来说道：“正如我已经指出的，这种观点是以客观性假设为基础的。该假设即司法过程的唯一功能就是探求法律之外且独立于法律的客观真实。然而,正如希拉里·普特南所说:‘真实并非底线:真实自身也从我们那具有合理的可接受性的标准中获取生命,而且,如果我们希望去发现科学确实固有的价值,我们就必须正视这些标准。’通过考察,我们发现有关诉讼事实的客观真实并不能与法律体系的其他部分截然分开。作为法律和事实之区别的形式,客观性的假设体现在司法进程的每一个重要阶段……”[7]

在上面的案例中,我们不能说本案中的肇事车辆肯定就是A公司的车,只能说它很可能是A公司的车。面对这种情况,人们往往会要求法院查明“事实真相”,甚至会提出一些具体的建议,如寻找目击证人、检验现场痕迹、查找漆片等微量物证……但是,本案中没有其他证据。于是,法官不得不面对一种两难的境地:要么以证据不足为由驳回原告的起诉,使被撞人得不到任何赔偿;要么根据概率作出赔偿判决,使A公司可能蒙受冤枉,代人受过。一边是绝对得不到赔偿,另一边是可能的冤枉,而且其蒙冤的可能性只有20%。这就是法律不得不认可的真实。它当然不等于客观真实,但是它也在一定程度上包含客观真实的内容,即被害人确实是在那条公路上被一辆公共汽车撞伤的,而且A公司的车确实占那条公路上运行公共汽车的80%。

从一定意义上讲,这就是概率为80%的法律真实。那么,这种80%的真实是不是等于在法院审理的每100个案件中就会有20个错案呢?结论当然不会如此简单。法律所认可的案件事实虽然只有80%的真实性,但是裁决的结果仍然可能是完全正确的。理论上只有80%的出现概率,在现实中很可能就是确实存在的事实。例如,天气预报说降水概率80%,在现实生活中一般就是实实在在的下雨。

在上面的案例中,法官还可以采用另外一种处理办法。假设在那条公路上运行的公共汽车中,80%属于A公司,15%属于B公司,5%属于C公司。法官可以建议被害人把这三家公司列为共同被告,然后根据这种概率的比例,判决A公司承担赔偿金额的80%,B公司承担15%,C公司承担5%。这实际上也是建立在概率基础上的法律真实,而且似乎是一种更为合

[7] Adrian A. S. Zuckerman, *Law, Fact or Justice*, Boston University Law Review, Vol. 66, p. 488.

理的处理办法。如果说前一种法律真实中的误差还只是一种可能性的话，那么在这种法律真实中，误差就是肯定无疑的了，因为在这三家公司中，肯定有两家是被冤枉的。

实际上，许多国家的法官在审理伪劣产品造成的人身伤害案件时就曾采取过类似的处理办法。例如，某人在长期食用某种药品之后出现器官损害，但是因为服药的时间很长，而且病人吃的是多家工厂生产的同一种药品，所以无法查明究竟是哪家工厂生产的药品造成的损害。在这种诉讼中，法官允许受害人把该种药品的所有生产厂家作为共同被告人起诉，然后按照这些厂家所占的市场份额决定各自承担的赔偿金额。在这个问题上，客观真实与法律真实又衍生出司法证明的另一对概念，即绝对真实和相对真实。

三、绝对真实和相对真实

司法证明是人的认识活动，因而就存在认识结论是否真实以及在何种程度上真实的问题。在这个问题上，绝对真实和相对真实是一对重要的范畴。所谓绝对真实，就是司法证明所确认的案件事实完全符合客观发生或存在的事实，是100%的真实；所谓相对真实，是司法证明所确认的案件事实只是在一定程度上符合客观发生或存在的事实，不是100%的真实，可能只是90%、80%或51%的真实。

我国考察司法证明中绝对真实与相对真实这两种观点之间的关系，必须以辩证唯物主义关于客观真理和相对真理的观点为指导。有人认为，承认司法人员、执法人员认定的案件事实不一定完全属实，或者存在相对真实性，就是背离了马克思主义的认识论、真理观，就是陷入了“不可知论”的泥潭。这种观点不无偏颇。

辩证唯物主义认为，世界是可知的，人类有能力认识一切客观真理。但是，这并不等于世界上的事物对每个具体的人来说都是完全可知的，并不等于每个具体的人都有能力认识客观真理。恩格斯在《反杜林论》中曾经精辟地指出：“一方面，人的思维的性质必然被看作绝对的，另一方面，人的思维又是在完全有限地思维着的个人中实现的。这个矛盾只有在无限的前进过程中，在至少对我们来说实际上是无止境的人类世代更迭中才能得到解决。从这个意义来说,人的思维是至上的,同样又是不至上的,它的认识能力是无限的,同样又是有限的。按它的本性、使命、可能和历史的终极目的来说,是至上的和无限的;按它的个别实现和每次的现实来说,又是不至上的和有限的。"[8]

司法人员、执法人员对案件事实的认定属于认识的"个别实现",是在完全有限地思维着的个人中实现的,不可能无限期、无止境地进行下去。因此,就每一起具体案件来说,司法人员、执法人员对案件事实的认定都不是"绝对真理",只能是"相对真理"。换言之,人们对每个具体案件事实的认识都不是100%的"真实",而只是在不同程度上的"真实",都不是绝对真实,而只是相对真实。

恩格斯还指出:"认识就其本性而言,或者对漫长的时代系列来说是相对的而且必然是逐步趋于完善的,或者就像在天体演化学、地质学和人类历史中一样,由于历史材料不足,甚至永远是有缺陷的、不完善的,而谁要以真正的、不变的、最后的、终极的真理的标准来衡量它,那么,他只能证明他自己的无知和荒谬。真理和谬误,正如一切在两极对立中运用的逻辑范畴一样,只是在非常有限的领域内才具有绝对意义……对立的两极都向自己的对立面转化,真理变成谬误,谬误变成真理。"[9]

人类的认识能力具有相对性,司法证明的结果也具有相对性。特别是在案件中证据短缺[10]的情况下,司法人员并不容易得出正确的事实认定结论,甚至较易出现裁判错误。只有在无限发展的认识进程中,人类的认识能力和司法证明的结果才能摆脱相对性的约束,进入绝对真实的王国。换言之,绝对真实不是在一次具体的认识活动中完成的,而是在无限发展的认识进程中实现的。由此可见,在任何一起具体案件中,司法证明的结果都只是相对真实,不是绝对真实。当然,相对真实与绝对真实并不是完全对立或

---

[8] 《马克思恩格斯选集》(第3卷),人民出版社1972年版,第126页。

[9] 《马克思恩格斯选集》(第3卷),人民出版社1972年版,第130页。

[10] 证据短缺是司法中一种普通的现象。以刑事错案为例,证据短缺有两种情况:一是证据量的短缺,是指案件中的证据未能证明所有犯罪构成要件或案件事实要素,未能形成完整的证据链;二是证据质的短缺,是指案件中的某些证据不具备证据能力或真实可靠性,不能作为定案根据或者不能排除合理怀疑地证明特定案件事实。参见何家弘、徐月笛:《刑事错案中证据短缺现象的实证分析》,载《武汉科技大学学报(社会科学版)》2017年第2期。

截然分开的,相对真实中总会或多或少地包含绝对真实的内容。正是在这个意义上讲,司法证明的结果中也包含绝对真实的内容。

我们有必要再回到概率的问题上。正确的判决不一定要求所有案情细节都达到100%的真实。例如,在一起杀人案件中,被告人实施杀人的一些细节可能没有完全查清,但是这并不一定影响认定被告人就是杀人犯,依据这些证据作出的判决也就是正确的。虽然法官对案件事实的认识往往具有一定的相对性或模糊性,但是法官在每一个具体案件中作出的判决结论必须是确定的。就刑事诉讼的每项指控来说,法官要么判被告人有罪,要么判被告人无罪,绝不能判被告人有80%的可能性有罪;就民事诉讼的每项事实争议而言,法官或者判原告胜诉,或者判被告胜诉,也不能判原告很可能胜诉。但是,法官在分析和判断证据的证明价值时却完全可以吸收和使用概率论的一些原理,而这也正是研究绝对真实与相对真实的关系所能给予人们的有益启示。

既然司法证明具有相对性,司法证明的结果属于相对真实的范畴,那么这种相对真实就应该具有合理性和正当性,才能被人们所接受。相对真实的合理性和正当性表现在两个方面:其一,证明的结果是合理的,或者就一般的知识和经验来说是真实可靠的;其二,证明的过程是正当的,或者说是按照法律规定的程序进行的。于是,我们又遇到了司法证明中的另一对重要范畴,即实质真实与形式真实。

四、实质真实和形式真实

所谓实质真实,是指证明活动的结果在实质上符合客观事实,是实质内容的真实;所谓形式真实,是指证明活动的过程和形式符合证明规律的要求,是形式所表现的真实。在诉讼活动中,司法证明的形式真实通常表现为程序的正当与合理,因此又可以称为程序真实或程序意义上的真实。

实质真实和形式真实,在一定程度上反映着司法证明活动中内容与形式之间的关系。在这个问题上,马克思曾经指出:“审判程序和法二者之间的联系如此密切,就像植物的外形和植物的联系,动物的外形和血肉的联系一样。审判程序和法应该具有同样的精神,因为审判程序只是法律的生命

形式,因而也是法律的内部生命的表现。"〔11〕

毫无疑问,实质真实与形式真实的关系是对立的统一。但是在具体的司法证明活动中,如何阐释或界定实质真实与形式真实的相互对应关系,学界主要有三种观点,它们也在一定程度上反映了实质真实与形式真实之间对应关系的三种基本模式。

第一种模式为实质真实决定形式真实。在司法证明中,实质真实处于主导的、决定的地位;形式真实处于附属的、服从的地位。离开实质真实,形式真实没有任何意义,因为形式本身并没有预设的真实标准,它只是实现实质真实的工具和手段。于是,实质真实被奉为司法证明中唯一的且神圣的目标。这种模式强调的是结果意义上的真实。

第二种模式为实质真实和形式真实相互融合、不可分割。在司法证明中,实质真实和形式真实没有轻重、主从之分。二者在功能上是互补的,在地位上是对等的。没有实质真实,程序真实会迷失方向;没有形式真实,实质真实会成为空洞的幻象。这种模式强调的是过程意义上的真实。

第三种模式为形式真实决定实质真实。只要司法证明活动遵循了正当合理的程序,就是说在证明形式上满足了真实性的要求,那么其在实质上也就具有了真实性。在诉讼活动中,程序的正当性与合理性有其独立价值,而且这种价值的实现和保障比实质真实更具有可操作性,因此司法证明只要保证形式或程序的真实就可以了。换言之,司法证明的内容确定之后,形式的合理与否、程序的正当与否,就成了决定因素。这种模式强调的是程序意义上的真实。

在实质真实与形式真实的对应关系问题上采用何种模式,体现了一定的价值取向。因此,在不同国家的诉讼制度和证据制度中,这三种模式有不同的地位,发挥着不同的作用。

---

〔11〕《马克思恩格斯全集》(第1卷),人民出版社1972年版,第178页。

第二节　外国的证明标准

英国法上刑事案件需要比民事案件更高的证明标准。但必须注意民事和刑事案件都没有绝对的标准。民事法庭上审理欺诈案件所要求的盖然性当然会高于过失案件。

——[英]汤姆森·丹宁

这是英国20世纪中叶的一个著名判例,它确立了在民事案件中提出的犯罪行为也应适用刑事证明标准理论。丈夫以通奸为由将妻子告上法庭,请求判决离婚。他所主张的事实根据是,在他与妻子进行最后一次性交后相隔的第360天,其妻产下了一个孩子。涉及此案争议的一个焦点是,是否应采取高于而不是低于排除合理怀疑的证明标准问题。一审法官根据庭上所举证据,对原告主张的事实适用了排除合理怀疑的刑事证明标准,作出了对被告有利的法律推定,并判决如下:除非该推定被采用排除合理怀疑的证明予以推翻,否则婚姻关系存续期间所生子女应推定为婚生子女。这种做法得到了上议院的赞同。之所以对涉及通奸的离婚案件设定这样高的证明标准,是因为通奸具有准刑事犯罪的性质,属于刑法和婚姻法共同调整的领域,其后果将对社会造成严重影响。在此判例形成之后,凡以通奸为由而起诉的离婚案件曾一度均适用刑事证明标准。不过此后,为了适应社会和历史发展的潮流,英国现行成文法又改为采用或然性权衡的较低标准。

一、证明标准的概念辨析

所谓司法证明的标准,也被称为证明度,[12]是指司法证明必须达到的程度和水平。它是衡量司法证明结果的准则。在证据法学中,证明目的是与之相近的一个概念。人们有时将它们混为一谈,但其实两者的含义并不尽相同。

司法证明的目的是司法证明主体追求的目标。诚然,在具体案件中,每个证明主体的具体目的并不完全相同。有人进行证明是为了让他人明确案件事实,有人进行证明是为了让自己明确案件事实;有人进行证明是为了明确客观发生的案件事实,有人进行证明是为了明确自己主张的案件事实,甚至是虚构的案件事实。但是,作为具有法律意义的活动,司法证明还具有超越个人目标的、统一的并带有"应然"品格的目的。这是抽象的司法证明活动应该追求的目标,是包括自向证明和他向证明在内的各种司法证明活动的统一目标。

证明目的和证明标准之间的关系表现在以下几个方面:其一,证明目的是确立证明标准的基础或依据;证明标准是证明目的的具体化。其二,证明目的是贯穿在整个诉讼过程中的,是证明主体始终要追求的目标;证明标准则主要是检察人员、审判人员在作出批捕、起诉、判决等决定时考虑的问题。其三,在整个诉讼过程中,证明的目的应该是贯穿始终、不发生变化的;但是在不同的诉讼阶段,证明标准则可以有所区别,如审查批捕阶段、审查起诉阶段、判决阶段的证明标准就不完全相同。其四,在各种案件中,证明的目的都应该是一样的;但是在不同种类的案件中,证明标准则可以有所不同,如刑事案件和民事案件的证明标准就有所不同、严重犯罪案件和轻微犯罪案件的证明标准也可能有所不同。其五,无论判决的结果性质如何,证明目的都应该是不变的,但是证明标准则可以有所不同,如死刑案件和非死刑案件的证明标准就可以不同。

由此可见,司法证明的目的是就行为过程而言的,体现了证明活动的追

---

〔12〕 有学者认为,证明标准与证明度有区别,前者是"法律的一个客观标准",后者是"法官和当事人适用的一个主观标准"。参见陈界融:《证据法学概论》,中国人民大学出版社2007年版,第328页。

求和方向,是带有一定理想色彩的目标;司法证明的标准则是就行为结果而言的,是根据一定的价值观念和需要确定的,是法律所认可的具有现实性品格的衡量准则。在具体实践中,司法证明的目的不是必须实现的,而司法证明的标准则是必须满足的。如果用前一节的司法证明范畴来表述的话,司法证明的目的无疑是明确案件的客观事实,是探索案件的客观真实;司法证明的标准应当概括为用证据证明具体案件所要求明确的法律事实,即达到法律意义上的真实。这是当今世界各国证据法的共同认识。

二、英美法系的证明标准示例

以美国和英国为代表的英美法系国家素有注重证据法的传统,证明标准无论在理论上还是在实务中都是法官、学者关注的热点问题。从相关国家的法律规定来看,英美法系的证明标准往往是刑民有别且多元化的。

(一)美国的证明标准

美国对证明标准的规定是由实体法完成的。总的来看,它视诉讼性质与证明责任承担者的不同,分别采取"排除合理怀疑""明晰可信""证据优势"等多元化标准。[13]

1."排除合理怀疑"标准

"排除合理怀疑"(proof beyond a reasonable doubt)标准在美国专门适用于刑事诉讼的公诉人。公诉人承担着证明被告人犯有所控罪行的所有实质要素的任务。如果他运用证据仅仅能证明被告人"可能是"作案人,那是远远不够的,被告人不能因此被判有罪;仅仅能够证明被告人"很可能是"作案人,那还不够。公诉人必须能够证明达到排除合理怀疑的程度,才算完成了"证明责任"。换言之,事实裁判者聆听完公诉人的所有证据后,再把辩方的反驳证据考虑在内,若觉得对被告人是罪犯这一点还存在"合理的

---

〔13〕 美国学理认为,证明标准可以分为九级:一是绝对确定,是认识论意义的最高标准;二是排除合理怀疑,适用于刑事有罪裁决的事实;三是清楚和有说服力的证据,适用于民事欺诈等事实;四是优势证据,适用于通常的民事事实;五是可能原因,适用于签发令状、无证逮捕、搜查和扣押等;六是有理由相信,适用于拦截和搜身;七是有理由怀疑,足以将被告人宣布无罪;八是怀疑,可以开始侦查;九是无线索,不足以采取任何法律行为。参见汤维建、陈开欣:《试论英美证据法上的刑事证明标准》,载《政法论坛》1993年第4期。

怀疑”,则不能判决被告人有罪,应将其无罪开释。

那么,什么是“合理的怀疑”呢？大多数法官都拒绝作出定义,而将其视为不言自明的。正如一位法官所说:“对‘合理怀疑’一词来说,没有比其本身更清楚明确的定义了。”[14]而有的法学家解释说,合理的怀疑就是不是想象出来的怀疑;另有法学家解释说,合理的怀疑就是那种能够使一个谨慎的人在作某件重要的事情之前产生迟疑的怀疑。无论哪种说法,其实都没有真正解决问题,实际上也不可能真正解决问题。什么样的怀疑才算想象出来的怀疑？什么样的人才算谨慎的人？什么样的事情才算重要的事情？对这些疑问,每个人都会有自己的标准,答案都带有很大的主观性。所以“合理的怀疑”到底是什么,只能由事实裁判者自己去决定。

这样一来,没有人能对“排除合理怀疑”标准的确切含义说清楚。在美国曾有玩笑说,只有听审的陪审员自己知道,因为他/她在最后裁判时必须使用这个标准。当然,这并不意味着这一证明标准不重要,它实际上是一个极为重要的概念。虽然人们并不确切知道“排除合理怀疑”究竟是怎么回事,但人人都知道它是一个程度很高的证明标准;而使用这一标准的目的是让做判决的人更加慎重,不能盲目作出判断,以免造成冤案,从而有效地保护被告人的利益。

2.“明晰可信”标准

“明晰可信”(clear and convincing proof)标准适用于特殊的民事诉讼,如涉及刑事犯罪的民事诉讼。[15] 民事诉讼涉及刑事犯罪时,虽然其犯罪事实与刑事诉讼的事实相同,但民事诉讼的目的不在于追究罪行而在于明确民事权利与义务。因此,在该民事诉讼中对犯罪事实的证明上,无须达到“排除合理怀疑”的程度,只需达到略低的证明程度——“明晰可信”标准,就可认定事实为真。至于哪些特殊的民事诉讼适用“明晰可信”标准,美国各地因实体法规定不同而范围不尽一致,通常是指涉及如下内容的民事诉讼——诈欺、不当影响、生前口头契约、灭失遗嘱的内容、口头契约的履行、

〔14〕［美］乔恩·R.华尔兹:《刑事证据大全》,何家弘等译,中国人民公安大学出版社1993年版,第313页。

〔15〕现在美国司法实践中,也有一些法院在审理涉及刑事犯罪的民事诉讼时,不采用“明晰可信”标准,而适用“证据优势”标准。

书面协议事项的撤销或变更、因诈欺或疏忽或不合格而发生的行政行为等。

需要指出的是,美国各地法院对这一标准的用语也不尽相同。除了“明晰可信”的用语外,还有“明晰可信的证据”(by clear and convincing evidence)、“明晰可信并满意”(clear, convincing and satisfactory)、“明晰、确切、可信”(clear, cogent and convincing)、“明晰、不含混、满意、可信”(clear, unequivocal, satisfactory and convincing)等诸多说法。[16] 从这些名称不难发现,所谓“明晰可信”标准,就是要求事实裁判者内心必须相信诉争事实“大有可能”,即具有一种高度的可能性。

3.“证据优势”标准

“证据优势”(preponderance of evidence)标准又被称为“盖然性占优势”(a preponderance of probability)标准,主要适用于普通的民事诉讼。在刑事诉讼中被告人提出积极抗辩[17]的,对抗辩事实的证明也适用该标准。

何谓“证据优势”? 这在美国法上是一个非常微妙且难以解释的问题。在美国的陪审团审理案件中,法官要在举证结束时向陪审团解说“优势”的意义,常常感到相当困难,即便竭尽全力作了适当的诉讼指示,陪审团也未必能获得真正的了解。为解决实务中存在的证据优势解释上的不统一问题,目前美国各州都选择通过大量制定有关“证据优势”的指示范例(pattern instruction),以消除实务中出现的分歧。

这些指示范例基本上反映了美国学理上的通说,即证据优势不是从物理形态上指一方当事人提供的证据在量上比对方多,绝不能以数量多寡定优劣。从判例来看,美国法院有的采用“可能性”(probative)一词来进行解释,即“裁定事实的存在,比该事实的不存在,更为可能”;有的则使用“满意”(satisfaction)一词进行注解,即陪审员内心获得满意即属于“证据优势”;也有人认为这是“文字游戏”,即对“证据优势”的标准只能意会,不能言传。

---

〔16〕 周叔厚:《证据法论》(第3版),台北,三民书局1995年版,第194页。

〔17〕 “积极抗辩”的英文表达为“affirmative defenses”,是指在刑事诉讼中,被告人承认公诉人提出的指控事实,但主张其行为系出于自卫或迫不得已,心神丧失或醉酒神志不清,或符合法律规定减免责任的例外事项的一种抗辩方式。美国法律实务中常见的被告人提出“不在场”(alibi)证据,属于不承认参与了犯罪行为,不是真正的积极抗辩。此外,积极抗辩也被称为积极辩护,有关解读可参见前一章的相关内容。

(二)英国的证明标准

英国证据法依据案件性质和证明责任的不同,规定了两种证明标准:一种是"排除合理怀疑"的证明标准(proof "beyond reasonable doubt");[18]另一种是"盖然性占优势"的证明标准(proof "on the balance of probabilities" 或者"preponderance of the evidence")。

排除合理怀疑的证明标准,又称刑事标准,是刑事审判中公诉人为证实被告人有罪而必须达到的标准。在一个刑事案件中,只要还存在公诉人未能证明的合理怀疑,无论这种合理怀疑是由公诉人提出的证据引起的,还是由辩方提出的证据引起的,被告人均享有被判无罪的权利,法院必须宣告无罪。"排除合理怀疑"的证明标准是一个很高的证明标准,但并不要求绝对肯定,因为绝对的肯定很少能够达到。因此,"排除合理怀疑"的证明并不要求连一丁点儿怀疑的影子都没有。如果公诉人的证据能够有力地证明被告人有罪,而只有极小的可能性可以使被告人不被定罪,那么公诉人的证明就是"排除合理怀疑"的证明。至于什么是"合理怀疑",上议院和上诉法院认可的定义是:"合理怀疑是一种当你在处理有关自身事务的重要问题时,能以各种方式影响你作出决定的那种性质和种类的怀疑。"[19]

盖然性占优势的证明标准通常是民事诉讼所要达到的标准。"盖然性"是有可能而不是必然的一种性质,或者一种可能的状态。盖然性占优势的证明是指如果诉讼一方证明其主张的根据与证明另一方主张的根据相比占优势,其主张就可以成立。当然,盖然性占优势的证明并不能简单地认为只要原告能证明其主张有51%的可能性就可以了,法官在考虑被告的行为是否应受谴责时,往往要求原告达到一个较高的证明标准。例如,在一起重大医疗事故案件中,法官认为考虑到医疗事故对医生未来的职业生涯和公众对医疗行业的信心都至关重要,因此这种医疗事故主张应以一个更高的标准加以证明。虽然这种观点遭到了上议院的明确反对,但不容否认,主张的事实越严重就越需要更有说服力的证据。

在刑事诉讼的特定情形下,如辩方承担转移过来的证明责任时,证明标

---

〔18〕 国内有学者将该标准翻译为"超出合理怀疑"的证明标准。

〔19〕 何家弘主编:《外国证据法》,法律出版社2003年版,第116~117页。

准就不如公诉人证明被告人有罪时要求的那么高，而采取民事诉讼的证明标准。也就是说，辩方举证只需达到民事标准，即"盖然性占优势"的证明标准就可以了。

三、大陆法系的证明标准示例

以德国和日本为代表的大陆法系国家在传统上实行典型的自由心证制度，并不存在专门意义上的证据法典，其证明标准的重要性也不如英美法系那样突出。一般认为，大陆法系的证明标准可以概括为"内心确信"的表述。按照这一标准，法官在听取并审查了案件的全部证据之后，必须在内心形成一种确信的程度，并根据其内心确信判决案件。其实，大陆法系的证明标准并不如此简单，它也是一种多元化的标准。当然，这种多元化并不是按诉讼性质区分的，而是因证明对象不同而有区别。

（一）德国的证明标准〔20〕

德国证据法上的证明标准专指促使法官形成确信的证据应当具备的质量，具体有三个表述：信服、释明和表面证明。信服标准适用于法院的实体裁判，释明标准适用于程序裁定，而表面证明标准适用于初步的认定。

这里需要注意的是，在刑事诉讼中，证明标准因公诉机关和法院而异。公诉机关只需要证明其起诉或者不起诉所需要的事实，而法院必须查明为作出裁判所需要的全部案件事实和作案人。公诉机关对案件事实的认定可以是存疑的，而法院对事实的认定必须是唯一的，不能同时认定多种可能性，这是查明真实义务的要求。在事实具有多种可能性的情况下，法院应当选择对被告人有利的事实认定。

信服是指法官对当事人主张的案件事实的完全确信。完全信服的基础既不是优势的可能性，也不是绝对的确定性，而是指法官作出裁判时没有合理怀疑的状态。为此，当事人对主张的案件事实的证明需要达到排除合理怀疑程度，需要排除任何合理的可能性。

释明是指法官确信当事人主张的事实具有相当的可能性。该标准适用

---

〔20〕　何家弘主编：《外国证据法》，法律出版社 2003 年版，第 435 ~ 438 页。

于法律明确规定的情况,主要是程序性事项或者主张,如法官回避、诉讼费援助、诉讼耽误、扣押、临时处置等。释明标准比完全信服标准低,但也要求达到优势可能性的程度,既可以通过举证的方式达到,也可以通过替代宣誓的保证方式达到。

表面证明标准的具体适用因民事诉讼和刑事诉讼而异。在民事诉讼中,表面证明标准的主要问题是对证明责任的分配规则的修正,特别是在赔偿责任中过错和因果关系的证明方面,只要根据一般的生活经验就可以认定哪一方当事人有过错。这里有两个案例。第一个案情是:甲在人行道上被乙撞伤,因此以身体伤害为由诉请乙支付损害赔偿和抚慰金。乙辩称一小孩突然以不可预见的方式跑出,自己为了避让该小孩而开车冲入人行道。该案没有证人。第二个案情是:医生乙给甲做了手术,但之后甲仍然疼痛难忍。后经 X 光检查,发现一个长 16 厘米、宽 8 厘米的止血钳遗留在患者体内。在这两个案例中,根据生活经验都可以认定被告具有过错,因为在没有过错的情况下司机不可能驾车闯入人行道,医生也不可能将止血钳遗留在患者体内。同样,结果本身就可以说明因果关系的存在。生活中类似的例子和道理比比皆是:游到深水处的人应该会游泳,如果某人不会游泳而游到深水处淹死,人们通常会责怪他自己;驾驶摩托车的人应当戴头盔,如果没有戴头盔的人在交通事故中头部受伤,人们通常会认为是因为他没有戴头盔;因输血而感染艾滋病毒的人,只要证明在输血之前自己身体内没有艾滋病毒,本人的生活作风没有问题,而且不属于危险人群就可以了,这些事实足以构成本人健康的表面证明……经验规则来自日常生活中反复出现的典型事例,这既是适用表面证明标准的基础,也是其限制所在。不能将经验规则和表面证明标准扩展至非典型事例,否则可能破坏“信服”这个一般标准。根据经验规则,只要承担证明责任的一方当事人提供了证明因果关系或者过错的表面证据,法律上视为其已经提供了完全充分的证明,除非有相反的证据,法官亦应对此信服。

关于刑事诉讼是否适用表面证明标准,以及其适用范围如何,德国学理上存在争议。第一种观点认为,表面证明标准在刑事诉讼中不适用,因为表面证明针对的是事实发生的常态的可能性而不是真实性和确定性,这与刑事诉讼证明所追求的确定性证明目标相冲突。第二种观点认为,表面证明实际上是一种证明责任分配规则,在基础事实证明之后,即可以认定常态事实,提出反对主张的一方诉讼主体应当承担证明责任。此观点的反对者认为,如果认为表面证明是证明责任分配规则,就会动摇法院的查证义务,甚至违反无罪推定原则。第三种观点认为,问题的关键在于表面证明与经验法则之间的关系。就其作用而言,经验法则的功能是填补其他证据种类存在的漏洞,要从其他证据种类中推导出案件事实认定结论,往往需要借助经验法则的中介。在此范围之内,表面证明与经验法则并没有区别,表面证明的适用性及其范围取决于对相应经验法则质量的判断。经验法则的质量来自特定事实发生过程的常态性、数量以及例外情况的数量和认知性,而表面证明不过是通过可能性来强化经验法则的一种途径。从这一点来看,表面证明的适用性限于在证据审查判断的范围内,通过经验法则提醒法官注意其他可能性。

(二)日本的证明标准

在日本,证明标准也称为证明度,就是指认定一定的事实或形成一定的诉讼法律关系所要求的证明程度。由于日本《刑事诉讼法》第 318 条、[21]《民事诉讼法》第 247 条[22]确认了自由心证主义,因此证明标准与自由心证有千丝万缕的联系。从法官心证的角度来说,一般可将证明标准按其程度区分为“超越合理怀疑而达到确信程度的证明”“证据优势程度的证明”“抱有大体上心证程度的证明”。但究竟适用哪一标准,则取决于所进行的证明活动的性质与对象。[23]

---

〔21〕 Article 318　The probative value of evidence is left to the free discretion of the judge. See Code of Criminal Procedure of Japan, Law number: Act No. 131 of 1948, Law number: Amendment of Act No. 74 of 2011, http://www.japaneselawtranslation.go.jp/law/detail/?id=3364&vm=02&re=02.

〔22〕 Article 247　In reaching a judgment, the court decides whether to find allegations of fact to be true based on its freedom of personal conviction, in light of the entire import of oral arguments and the results of the examination of evidence. See Code of Civil Procedure of Japan, Law number: Act No. 109 of 1996, Last Version: Amendment of Act No. 36 of 2011, http://www.japaneselawtranslation.go.jp/law/detail/?id=2834&vm=&re=02.

〔23〕 [日]铃木茂嗣:《刑事证据法的若干问题》,李海东等译,载[日]西原春夫主编:《日本刑事法的形成与特色:日本法学家论日本刑事法》,李海东等译,法律出版社、成文堂 1997 年版,第 179 页。

日本证据法中证明的外延比中国证据法中证明的外延要窄。中国证据法意义上的证明对应到日本证据法中,被分为"证明"与"疏明"(prima facie showings)两种。前者是指让法官确信待证事实,或者为了让法官确信而进行的诉讼行为;后者是指让法官就当事人主张的事实形成心证,或以此为目的的诉讼行为。"疏明"是用于比较轻微事项的一种简易证明方法,只限于诉讼法有规定的情况。[24]

对于"证明"到底应达到何种程度的法官心证状态,虽然学界仍然存在争论,但一般来讲,"证明"活动必须使法官达到一种确信的状态。"确信"即指社会上普通人的不夹杂任何疑念的相信,其程度不同于毫无疑义的自然科学的证明。在自由心证的范围内,无论法官达到何种认定,均不产生违反证明标准法律规范的问题。如果法官不能确信便不能认定该事实,按照证明责任规则将判决某一方当事人承担不利后果。

日本法律对民事、刑事诉讼证明标准没有具体而不同的表述,学理上也屡有争议。不过通说认为,刑事诉讼涉及的是公民的人身自由和生命、重大的名誉问题等,对证明标准的要求应当比民事诉讼更高。日本学者中岛弘道先生曾将心证划分为四个等级:第一等级为微弱的心证,亦称不完全的心证;第二等级为盖然的心证;第三等级为盖然的确实心证;第四等级为必然的确实心证。其中,前两种心证属于弱式心证,而后两种则属于强式心证。[25] 通说认为,在刑事诉讼中,认定犯罪事实原则上要求证明"超越合理怀疑而达到确信";在民事诉讼中,认定案件事实只需达到"证据优势程度"即可。[26]

"疏明"活动往往对证明的程度要求很低,一般是当事人对自己所主张的事实提出足以使法官推测大体上确实程度的证据即可。因为对这些都要求达到证明的程度不仅在时机上毫无意义,而且还会由于派生的问题而延误案件的审理。有人也称之为某种"低度的确信"或"大体上的心证"。

---

〔24〕 [日]中村英郎:《新民事诉讼法讲义》,陈刚等译,法律出版社 2001 年版,第 198 页。

〔25〕 张卫平:《程序公正实现中的冲突与衡平——外国民事诉讼研究引论》,成都出版社 1993 年版,第 241 页。

〔26〕 [日]田口守一:《刑事诉讼法》,刘迪等译,法律出版社 2000 年版,第 223 页。

第三节　中国的证明标准

证明标准不可能仅仅用语言作出精彩的、明晰的描述，无论所使用的语言多么具有技术性，所有可能说的只是法官或陪审员必须确信或者否认某种事实的真实性。什么证据才能形成"确信"，因问题不同而不同。问题越轻微和简单，越容易形成"确信"；问题越严重和复杂，就越要细心审查，也就是说，在对案件真实情况形成确信之前所需要的有证明力的证据就越多。

——[美]弗雷德曼

一起因刑事、民事诉讼证明标准不统一而难以裁判的刑事附带民事诉讼名案。2003年2月25日晚上，辽宁省葫芦岛市一名歌厅服务员陈某因与有妇之夫张某单独在张家，而被张妻李某与岳父李某等"捉奸"……后来陈某从六楼跳下，虽未摔死但落下了终身残疾。关于案件的前因后果，陈某报案称，李某对自己进行辱骂和殴打，还用菜刀威逼其跳楼。警方经勘查现场发现，张家有陈某的血迹，证明她确实遭受过殴打。不过，张某及亲属对此事却有另外说法：陈某是"小姐"，破坏他人家庭，是她自己跳的楼，没有人逼打她。此案被提起故意杀人罪的刑事公诉，陈某同时提出了附带民事诉讼。次年2月，当地法院作出一审判决，认为指控被告人李某逼着陈某跳楼的证据不足，但可以认定李某对陈某跳楼负有责任，遂判决李某无罪，但要赔付陈某医疗费用等3.8万余元。

一、我国法定证明标准的学术解读

严格地说，我国三大诉讼法迄今为止并没有直接使用证明标准的相关术语。传统上,人们对证明标准的理解主要是通过对相关条文进行抽象而来的。学术界对我国法定证明标准的解读主要有两种:一是将我国刑事、民事、行政三大诉讼法的法定证明标准概括为“案件事实清楚,证据确实、充分”;二是将我国刑事诉讼的法定证明标准特别提炼为印证证明标准。

(一)适用于三大诉讼的“案件事实清楚,证据确实充分”标准

“案件事实清楚,证据确实充分”标准,简称为“证据确实充分”标准,是对我国三大诉讼关于证明标准制度设计的一种间接推断。以《民事诉讼法》为例,其第177条第1款规定:“第二审人民法院对上诉案件,经过审理,按照下列情形,分别处理:(一)原判决、裁定认定事实清楚,适用法律正确的,以判决、裁定方式驳回上诉,维持原判决、裁定;(二)原判决、裁定认定事实错误或者适用法律错误的,以判决、裁定方式依法改判、撤销或者变更;(三)原判决认定基本事实不清的,裁定撤销原判决,发回原审人民法院重审,或者查清事实后改判;(四)原判决遗漏当事人或者违法缺席判决等严重违反法定程序的,裁定撤销原判决,发回原审人民法院重审。”据此,一般认为这是从否定的方面表述民事诉讼证明标准,即“事实不清,证据不足”的案件要改判或发回重审。若改从正面进行表述,民事诉讼的证明标准自然就是“事实清楚,证据充分”。基于此理,学界对于《刑事诉讼法》《行政诉讼法》的法定证明标准也可以做此类推演。

显然,“案件事实清楚,证据确实充分”标准是存在一定缺陷的:其一,将证明标准定格为“案件事实清楚”,而没有进一步明确究竟是哪一种“事实清楚”,即究竟是指客观真实还是指法律真实,是指绝对真实还是相对真实,是指实质真实还是形式真实。这就使司法人员、执法人员难以把握,造成了证明标准上的模糊性、随意性。其二,三大诉讼法之证明标准高度一元化,不科学也不合理。刑事诉讼所要解决的问题是被告人是否构成了犯罪以及该如何处罚,这不仅关系普通公民的重要人身权利、财产权利、社会权利乃至政治权利,还关系社会法益、国家法益;民事、行政诉讼一般只涉及公民、法人的财产权利、较低层次的人身权利,而与人身自由、生命权、政治权利关系不大。一般来说,诉讼案件的性质不同,决定了法官处理案件所持的慎重程度以及当事人在诉讼过程中的自由意志不同。人们怎么能够设想当

事人对杀人案件的证明与对借款1000元的案件持同样的关注态度？又怎么能要求法官在判决死刑时与判决返还1000元欠款时持同等的慎重态度？

不难发现，我国对法定证明标准的此种传统解读实际上是将证明标准与证明目的混淆起来了。这是问题的根源。如前所述，司法证明的目的就是明确案件事实，以便司法机关正确适用法律。“案件事实清楚”与其说是证明标准，不如说是证明目的。作为各个主体参与司法证明的共同的、抽象的目标，当然其中所说的案件事实应该是客观事实。这一目的不是在每个案件中都必须实现的，它可以带有一定的理想性和抽象性；此外，证明目的在各种案件的诉讼活动中以及在每个案件的各个诉讼阶段都应该是统一的、贯穿始终的，即其具有“一元化”的性质。

（二）专门针对刑事诉讼的“印证证明”风格标准

印证证明是我国刑事诉讼中的一种习惯，指两个以上证据所包含的事实信息得到相互验证的状态。〔27〕在实践中，这种做法常常被称为“孤证不能定案”，即必须借助于两个以上具有“独立信息源”的证据，使它们包含的事实信息环环相扣，共同指向同一犯罪事实或其要素。〔28〕2004年，龙宗智教授率先对此作出了理论概括，称之为中国的“印证证明模式”。〔29〕简言之，我国刑事诉讼中作出有罪判决应当建立在由若干份证据所构成的一个相互印证的体系之上。另有学者评价，“在我国这种以印证为最基本要求的证明模式中，证明的关键在于获得相互支持的其他证据。单一的证据是不足以证明的，必须获得更多的具有内容信息统一性的证据来对其进行支持。”〔30〕我们认为，与其说“印证证明”是我国刑事诉讼的证明模式，不如说

〔27〕　陈瑞华：《论证据相互印证规则》，载《法商研究》2012年第1期。

〔28〕　刑事诉讼法学界对“孤证不能定案”有偏狭义的理解，认为刑事诉讼中“孤证是指案件中除被告人供述之外，没有其他证据能够证实犯罪行为系被告人实施”。参见刘静坤：《司法证明的禁止性规则》，载《法律适用》2019年第3期。

〔29〕　龙宗智：《印证与自由心证——我国刑事诉讼证明模式》，载《法学研究》2004年第2期。后续龙教授对此观点做了进一步完善，参见龙宗智：《刑事印证证明新探》，载《法学研究》2017年第2期。

〔30〕　谢小剑：《我国刑事诉讼相互印证的证明模式》，载《现代法学》2004年第6期。

是我国刑事诉讼所实际践行之证明标准的风格提炼。

链接 “无名氏”涉嫌抢夺罪被起诉

12月12日下午3时30分左右,“某男”和另一男子(在逃)来到合肥市一家大市场,寻机将某店店主抽屉内的一叠现金抢在手上逃走,刚到店门口附近,被闻讯赶来的群众抓住,所抢的5600元被追回。但是,因为此人是聋哑人且不会写字,侦查人员无法查清其年龄、籍贯等。也就是说,此人属于无身份、无侦查口供、无表达能力的“三无”人员。公诉机关在起诉书中称该被告人为“某男”,以涉嫌抢夺罪提起公诉。考虑到对被告人负责,法院采取司法救助,为其指派了辩护律师,还从聋哑学校为其聘请了哑语翻译老师。在手语老师帮助下,被告人通过简单的手势和肢体语言,供述了基本的犯罪事实。最终法院判决,上述事实有其供述和被害人陈述、现场目击证人的证言、被抢现金照片及被抓获经过等证据相互印证,足以认定。在该案中,“印证证明”就是确定被告人有罪之标准的特色。

相比前述概括的“案件事实清楚,证据确实充分”标准而言,“印证证明”风格标准不仅体现了角度的不同,也被认为可能更为严苛。因为它要求指控犯罪同一要素的证据在数量上要有多份且来源独立,足以在逻辑上相互支撑。龙教授指出,“印证证明”主要的功能和特点是“获得印证性直接支持证据是证明的关键”“注重证明的‘外部性’而不注重‘内省性’”。[31]从实践来看,我国法官都喜欢在刑事判决书中使用诸如“证据之间相互印证”“形成完整的证明体系”之类的表述,反映的也是这种客观的规律。当然,也要特别注意不得滑向完全以印证证明替代刑事证明标准的极端,[32]也就是要警惕追求证明标准印证化的“过犹不及”。[33]

---

〔31〕 龙宗智:《印证与自由心证——我国刑事诉讼证明模式》,载《法学研究》2004年第2期。

〔32〕 印证证明本质上是一种证据分析方法,其在功能上不能充实事实认定过程,更不能替代裁判者认定事实的证明标准。参见王星译:《刑事证明标准的规范功能与实践归宿》,载《环球法律评论》2021年第3期。

〔33〕 杨波:《我国刑事证明标准印证化之批判》,载《法学》2017年第8期。

二、我国法定证明标准的持续改进

(一)改进之路

1. 从“客观真实说”走向“法律真实说”

多年来,我国学者一直坚持以“客观真实说”为证明标准的基本观念,司法人员、执法人员也自觉或不自觉地在诉讼活动中把“客观真实说”作为指导原则。在以前的法制环境下,对“客观真实说”的任何质疑都是不可思议的。后来,随着思想的解放,有些学者对“客观真实说”作为证明标准的“适格性”提出了挑战,并提出了以“法律真实”作为司法证明标准的观点。于是,这两种观点之间爆发了言词相当激烈的争论。〔34〕

从表面上看,这两种观点大有水火不容之势,但仔细考察,二者也不乏相通之处。一方面,“法律真实说”的学者其实也承认在诉讼活动中追求客观真实的价值,而这恰恰是“客观真实说”的学者所极力主张的。〔35〕 另一方面,“客观真实说”的学者也承认在每个案件中都或多或少地会有一些客观事实是无法查明的,而这正好是“法律真实说”的学者反复强调的。〔36〕不难看出,“客观真实说”和“法律真实说”之间的分歧在一定程度上应归咎于概念使用上的不统一。这一方面表现为“事实”与“真实”的混淆;另一方面表现为“目的”和“标准”的混淆,特别是后者。我们在前面已经阐明了这

---

〔34〕 持“法律真实说”的学者认为,“客观事实观在实践中不但无法实现,而且会带给我们一系列严重后果,如任意司法、蔑视法律和法治等”。而坚持“客观真实说”的学者认为,法律真实无法代替客观真实标准,因为无论从认识论的角度看,还是从法律理论的角度看,法律真实说都不能成立。参见张继成、杨宗辉:《对“法律真实”和“排它性证明”的逻辑反思》,载何家弘主编:《证据学论坛》(第2卷),中国检察出版社2001年版,第416~427页。

〔35〕 例如,“法律真实说”的学者指出:“对于我们每个人来说,如果在诉讼过程中能够发现案件的客观真实情况,是最好不过的事情,或者说,再没有任何一种主张比这种主张更完美了。正因如此,人们对于如何发现客观真实,不知道倾注了多少热情和精力。”樊崇义等:《刑事证据前沿问题研究》,载何家弘主编:《证据学论坛》(第1卷),中国检察出版社2000年版,第202~203页。

〔36〕 例如,“客观真实说”的学者说道:“司法实践中,并非对每个案件的证明均达到了客观真实的程度。其原因是多方面的,或因证据未及时收集而损毁消失,或因未深入调查而没有获得必要证据,或因缺乏、没有运用必要的科学技术手段,或因办案人员思想方法主观片面作出错误判断,或因慑于权势、徇于私情故意歪曲事实,等等。”参见陈一云主编:《证据学》(第2版),中国人民大学出版社2000年版,第117页。

几对范畴之间的关系,在此不赘。

"客观真实"与"法律真实"的争论,也在一定程度上反映了司法理想与司法现实之间的冲突。作为理想的标准,司法活动当然最好追求"客观真实",而且是100%的"客观真实"。但是面对现实,面对各种条件的限制,人们往往又不得不在司法活动中满足于"法律真实"。

试举一例展开说明:某城市巡警在午夜拦查了一个骑自行车的男子,并且在其车后架上的麻袋里发现了一具裸体女尸。该男子解释说,他在一个垃圾堆见到这个麻袋,以为里面有什么值钱的东西,想驮回家去看看。关于女尸,他一无所知。警察不相信他的"鬼话",便带回公安局讯问。经过一番"较量",该男子"供认"了自己强奸杀人的"事实"。但是后来在法庭上,被告人翻供,声称受到了刑讯逼供。法官经过对看守所有关人员的调查,认定被告人确实曾经受到过刑讯逼供。在本案中,公诉人除了被告人口供笔录和证明被告人曾在深更半夜骑车驮着一具女尸的证据之外,没有任何能够证明被告人强奸杀人的证据。试问,在这起案件中,客观事实是什么呢?如何认定客观事实?既然法官无法目睹或感知发生在过去的事实,那么法官通过各种证据所认定的案件事实是否能等于客观存在的事实?

根据已知的案件情况和证据,客观地说,该被告人很可能就是杀人凶手,但是任何一个有正常思维能力的人也不会否认,被告人也有可能是无罪的,尽管这种可能性非常之小。换言之,尽管从垃圾堆里捡到女尸的说法总让人感觉有些荒唐,但是我们也不敢说这个世界上就绝对没有这种荒唐人、荒唐事。最为重要的是,公诉人的证据并不能100%地证明被告人就是强奸并杀害该女子的人。在本案中,法官判被告人有罪,不符合客观真实的要求;法官判被告人无罪,也不符合客观真实的要求。换言之,本案判决所依据的只能是法律事实,本案判决所达到的证明程度或水平只能是法律真实。

人们在确定司法证明的标准时,既要考虑证明目的的需要,也要考虑其他价值目标的需要,如实现司法公正、加强权利保护、提高司法效率、降低诉讼成本等。因此,司法证明的标准不能是难以实现的客观真实,而应是切实可行的法律真实。法律真实中恰到好处地体现了证明标准所要求的正当性与合理性。当然,我国要确立的是建立在辩证唯物主义认识论基础上的法律真实。

2. 从一元化证明标准走向多元化证明标准

如前所述,证明标准是在每个案件中都必须达到的,必须具有现实性和可操作性。如果案件不同、诉讼阶段不同,证明标准相应地可以有不同的等级或层次。例如,刑事诉讼的证明标准和民事诉讼、行政诉讼的证明标准可以有所不同;不同诉讼阶段的证明标准可以有所不同;不同证明对象的标准也可以有所不同。这就是证明标准的"多元化"品格。在这个问题上,美国著名橄榄球运动员辛普森涉嫌杀妻案、著名影星艾美奖得主罗伯特·布莱克杀妻案的审判可以给我们一些有益的启示。

链接 **辛普森涉嫌杀妻案**

1995年10月,辛普森在所谓的"世纪审判"中被陪审团宣告无罪。毫无疑问,种族问题在辛普森案件的审判中起了非常重要的作用,或者像一些专家所指出的,辛普森的辩护律师们非常出色地利用了他们手中的"种族牌"。但是很多人在陪审团裁决问题上有误解,以为陪审团的无罪判决就意味着那些陪审员都相信辛普森不是杀人凶手。其实在那个由12人组成的陪审团中,无罪判决的理由并不完全一样。其中,有人认为辛普森是杀人凶手,但是因为警察有伪造证据的行为,所以要判无罪;有人认为控方的证据不可靠,既然这个证据是伪造的,那么别的证据也很难说不是伪造的;有人认为,辛普森确实是无罪的;还有人可能是出于种族同情的心理而判了辛普森无罪。总之,那个无罪判决在法律上的含义是:由于控方的证据没能"排除合理怀疑"地证明辛普森有罪,所以陪审团认为辛普森不一定是杀人凶手。换句话说,虽然陪审员们认为辛普森很可能就是杀人凶手,但是只要他们心中对此还有怀疑,而且根据人们的常识来说是合理的怀疑,他们就只能宣布其无罪。

在后来的民事审判中,基于同样的证据,另一个陪审团却判决辛普森负有责任即"有罪"。为什么辛普森在刑事诉讼中胜诉,但是在民事诉讼中又败诉了呢?主要原因就在于美国民事审判和刑事审判的证明标准不一样。刑事审判的证明标准是"排除合理怀疑"的证明,而民事审判的证明标准是优势证明。如果用百分比来解释,那么刑事案件中的证明标准是90%以上,而民事案件的证明标准是51%以上。用通俗的话说,在刑事审判中,控方必须证明辛普森无疑是凶手;但是在民事审判中,原告只要证明辛普森是凶手的可能性大于不是凶手的可能性即可。

时隔10年,美国艾美奖得主、72岁的美国演员罗伯特·布莱克因涉嫌杀妻于2005年3月被刑事法庭宣判无罪,同年11月却被民事法庭裁决"故意造成"妻子的死亡,判令向四个孩子支付3000万美元赔偿。该案被新闻界称为"辛普森第二",它与当年辛普森被判赔偿的数额几乎相当,案情与结果都非常相似。也许差别仅在于,这笔民事赔偿数额足以让这位艾美奖得主倾家荡产。其实,无论是辛普森案的判决,还是布莱克案的判决,在美国都绝非个别、孤立的现象。相似的例子俯拾即是。

在我国的理论上和实践中,人们大多认为刑事案件的证明标准应该高于民事案件、行政案件的证明标准。特别是我国还存在一种特殊的刑事附带民事诉讼,更提出了证明标准多元化的要求。此外,刑事诉讼中死刑案件的证明标准要高于一般案件。至于认罪认罚案件、刑事速裁案件、刑事缺席审判案件的证明标准是否适用与普通案件有所差异的证明标准,法律界有不同的声音。[37]

至于在刑事诉讼的侦查/调查、起诉和审判等不同阶段,证明标准应当有所不同。一般来说,审查起诉阶段的证明标准要高于侦查/调查阶段的证明标准,[38]审判阶段的证明标准又要高于审查起诉阶段的证明标准。在侦查/调查机关移送检察院起诉的案件中,有一部分未能通过起诉审查是正常现象,因为满足侦查/调查阶段证明标准的证据未必都能满足审查起诉阶段的证明标准;同理,满足审查起诉阶段证明标准的证据未必都能满足审判阶

---

〔37〕 关于认罪认罚案件证明标准的讨论,参见李小东:《认罪认罚从宽制度证明标准差异化的实证研究》,载《中国刑事法杂志》2019年第3期;孙长永:《认罪认罚案件的证明标准》,载《法学研究》2018年第1期。关于刑事速裁案件证明标准的讨论,参见高通:《刑事速裁程序证明标准研究》,载《法学论坛》2017年第2期;欧卫安:《论刑事速裁程序不适用严格证明——以哈贝马斯的交往共识论为分析的视角》,载《政法论坛》2018年第2期。关于刑事缺席审判案件证明标准的讨论,参见胡志风:《刑事缺席审判中的证明标准》,载《国家检察官学院学报》2018年第3期。

〔38〕 我国学者指出,"监察机关调查终结的案件,应当达到刑事侦查终结的证明标准,应当低于法院判决有罪的标准,但不能比其他普通刑事案件的证明标准更高"。参见张中:《论监察案件的证据标准——以刑事诉讼证据为参照》,载《比较法研究》2019年第1期。

段的证明标准。此外,关于刑事错判的证明标准也应该有别于认定有罪的证明标准。[39] 至于为什么要如此按照诉讼阶段进行区隔?这可以运用诉讼过程的"递进性"原理进行解释。该原理表明,随着诉讼进程的推进,一般的情形是证据逐渐增多,案件事实越来越清楚。[40]

证明的对象不同,证明标准也可以有所不同。例如,实体法事实的证明标准要高于程序法事实的证明标准;案件主要事实或犯罪构成要件事实的证明标准要高于案件次要事实的证明标准。大陆法系国家和地区的法律习惯于把证明分为严格证明和释明。前者是指对某些案件事实的证明必须达到很高的程度,需要较高的证明标准,如"案件事实清楚、证据确实充分"或者"排除合理怀疑";后者是指对某些案件事实可以采用较低的证明标准,如有基本的"心证"或内心确信就可以了。这也体现了进一步明确证明标准的多元化导向。

为了便于理解证明标准的多元化,何家弘教授曾经使用假设的概率来表述实践中采用的刑事诉讼证明标准,将其划分为五个层次:第一,"铁证"或"铁案"的证明标准,即全案证据证明被告人实施了指控的犯罪行为的概率为100%;第二,"案件事实清楚,证据确实充分"的标准,概率为90%以上;第三,"基本案件事实清楚,基本证据确实充分"的标准,概率为80%以上;第四,"案件事实基本清楚,证据基本确实充分"的标准,概率为70%以上;第五,"虽有疑点,也能定案"的标准,概率为60%以上。[41] 这一概率式思维对于实现我国证明标准的多元化改进具有启发意义。

(二)阶段性成效

解释"案件事实清楚,证据确实充分"的相关条款,是我国重构证明标

---

〔39〕 学术研究表明,美国、英国、德国的错判证明标准均不适用刑事诉讼中认定被告人有罪的证明标准,而且认定错判的证明标准都低于认定有罪的证明标准。我国应该重新阐释中国刑事诉讼中错判的证明标准,而且应区分启动再审的证明标准、认定错判的证明标准和决定国家赔偿的证明标准。参见何家弘:《刑事错判证明标准的名案解析》,载《中国法学》2012 年第 1 期。

〔40〕 周洪波、沓春芳:《刑事庭审实质化视野中的公诉证据标准》,载《江海学刊》2017 年第 6 期。

〔41〕 何家弘:《刑事错判证明标准的名案解析》,载《中国法学》2012 年第 1 期。

准制度的基本路径和规律。我国刑事诉讼证明标准制度围绕此方向所做的改变较大,民事诉讼、行政诉讼证明标准所做的改变相对小一些。此外,近年来我国又兴起了证明标准的数字化探索。

1. 刑事诉讼证明标准的多元化

2010年,最高人民法院、最高人民检察院、公安部、国家安全部、司法部《关于办理死刑案件审查判断证据若干问题的规定》第5条规定:"办理死刑案件,对被告人犯罪事实的认定,必须达到证据确定、充分。证据确定、充分是指:(一)定罪量刑的事实都有证据证明;(二)每一个定案的证据均已经法定程序查证属实;(三)证据与证据之间、证据与案件事实之间不存在矛盾或者矛盾得以合理排除;(四)共同犯罪案件中,被告人的地位、作用均已查清;(五)根据证据认定案件事实的过程符合逻辑和经验规则,由证据得出的结论为唯一结论……"这是对死刑案件中"达到证据确定、充分"要求的具体化,它分解为五项标准,表明我国死刑案件实行的是最高、最严的"法律真实"标准。[42]

链接 忻元龙绑架案[43]

被告人忻元龙因经济拮据而产生绑架儿童并勒索家长财物的意图,并多次到浙江省慈溪市进行踩点和物色被绑架人。2005年8月18日上午,忻元龙驾驶自己的浙B3C751通宝牌面包车从宁波市至慈溪市浒山街道团圈支路老年大学附近伺机作案。当日下午1时许,忻元龙见女孩杨某某背着书包独自一人经过,即以"陈老师找你"为由将杨某某骗上车,将其扣在一个塑料洗澡盆下,开车驶至宁波市东钱湖镇"钱湖人家"后山。当晚10时许,忻元龙从杨某某处骗得其父亲的手机号码和家中的电话号码后,又开车将杨某某带至宁波市北仑区新碶镇算山村防空洞附近,采用捂口、鼻的方式将杨某某杀害后掩埋。2005年9月15日忻元龙被公安机关抓获,忻元龙供述了绑架杀人经过,并带领公安人员指认了埋尸现场,公安机关起获了一具尸骨,从其浙B3C751通宝牌面包车上提取了杨某某头发两根(经法医

〔42〕 张军主编、最高人民法院刑事审判第三庭编著:《刑事证据规则理解与适用》,法律出版社2010年版,第25页。

〔43〕 最高人民检察院指导性案例检例第2号。

学 DNA 检验鉴定,是被害人杨某某的尸骨和头发)。公安机关从被告人忻元龙处扣押波导 1220 型手机一部。

被告人忻元龙绑架一案,一审法院审理认为:被告人忻元龙以勒索财物为目的,绑架并杀害他人,其行为已构成绑架罪。手段残忍、后果严重,依法应予严惩,判处被告人忻元龙死刑,剥夺政治权利终身。忻元龙不服,提出上诉。二审法院审理认为:鉴于本案的具体情况,对忻元龙判处死刑,可不予立即执行。遂改判死刑、缓期二年执行,剥夺政治权利终身。

2007 年 8 月 10 日,浙江省人民检察院提请最高人民检察院按照审判监督程序提出抗诉。最高人民检察院派员到浙江专门核查了案件相关情况。最高人民检察院检察委员会两次审议了该案,认为被告人忻元龙绑架犯罪事实清楚,证据确实、充分,依法应当判处死刑立即执行,浙江省高级人民法院以“鉴于本案具体情况”为由改判忻元龙死刑缓期二年执行确有错误,应予纠正。理由如下:(1)忻元龙绑架犯罪事实清楚,证据确实、充分。本案定案的物证、书证、证人证言、被告人供述、鉴定结论、现场勘查笔录等证据能够形成完整的证据体系。公安机关根据忻元龙的供述找到被害人杨某某尸骨,忻元龙供述的诸多隐蔽细节,如埋尸地点、尸体在土中的姿势、尸体未穿鞋袜、埋尸坑中没有书包、打错勒索电话的原因、打勒索电话的通话次数、通话内容、接电话人的口音等,得到了其他证据的印证。(2)浙江省高级人民法院二审判决确有错误。二审改判是认为本案证据存在两个疑点。一是卖给忻元龙波导 1220 型手机的证人傅世红在证言中所讲该手机的串号与公安人员扣押在案手机的串号不一致,手机的同一性存有疑问;二是证人宋丽娟和艾力买买提尼证实,在案发当天看见一名中年妇女将一名与被害人特征相近的小女孩带走,不能排除有他人作案的可能。经审查,这两个疑点均能够排除。一是关于手机同一性问题。经审查,公安人员在询问傅世红时,将波导 1220 型手机原机主洪义军的身份证号码误记为手机的串号。宁波市人民检察院移送给宁波市中级人民法院的《随案移送物品文件清单》中写明波导 1220 型手机的串号是 350974114389275,且洪义军将手机卖给傅世红的《旧货交易凭证》等证据,清楚地证明了从忻元龙身上扣押的手机即索要赎金时使用的手机,且手机就在宁波市中级人民法院,手机同一性的疑点能够排除。二是关于是否存在中年妇女作案问题。案卷原有证据能够证实宋丽娟、艾力买买提尼证言证明的“中年妇女带走小女孩”与本案无关。宋丽娟、艾力买买提尼证言证明的中年妇女带走小女孩的地点在绑架现场东侧200米左右,与忻元龙绑架杨某某并非同一地点。艾力买买提尼证言证明的是迪欧咖啡厅南边的电脑培训学校门口,不是忻元龙实施绑架的地点;宋丽娟证言证明的中年妇女带走小女孩的地点是迪欧咖啡厅南边的十字路口,而不是老年大学北围墙外的绑架现场,因为宋丽娟所在位置被建筑物阻挡,看不到老年大学北围墙外的绑架现场,此疑问也已经排除。此外,二人提到的小女孩的外貌特征等细节也与杨某某不符。(3)忻元龙所犯罪行极其严重,对其应当判处死刑立即执行。此后,最高人民检察院向最高人民法院提出抗诉。2009年3月18日,最高人民法院指令浙江省高级人民法院另行组成合议庭,对忻元龙案件进行再审。再审认为:被告人忻元龙以勒索财物为目的,绑架并杀害他人,其行为已构成绑架罪,且犯罪手段残忍、情节恶劣,社会危害极大,无任何悔罪表现,依法应予严惩。检察机关要求纠正二审判决的意见能够成立。忻元龙及其辩护人要求维持二审判决的意见,理由不足,不予采纳。此案一波三折,反映了司法机关对死刑案件证明标准的从严把握。

2012年我国修改《刑事诉讼法》,对前述思想作了吸收和升华,所增加的第53条第2款规定:“证据确实、充分,应当符合以下条件:(一)定罪量刑的事实都有证据证明;(二)据以定案的证据均经法定程序查证属实;(三)综合全案证据,对所认定事实已排除合理怀疑。”这表明,我国刑事诉讼的一般证明标准制度也被细化了,细化为三项要求。当然,这三项要求要弱于死刑案件的证明标准。

2021年,最高人民法院《关于适用〈中华人民共和国刑事诉讼法〉的解释》第72条第2款规定:“认定被告人有罪和对被告人从重处罚,适用证据确实、充分的证明标准。”这个条款重申了有罪、罪重判决必须达到“证据确实、充分”的要求。第140条规定:“没有直接证据,但间接证据同时符合下列条件的,可以认定被告人有罪:(一)证据已经查证属实;(二)证据之间相互印证,不存在无法排除的矛盾和无法解释的疑问;(三)全案证据形成完整的证据链;(四)根据证据认定案件事实足以排除合理怀疑,结论具有唯一性;(五)运用证据进行的推理符合逻辑和经验。”这是从间接证据定罪的角度对刑事诉讼证明标准所提的要求,特别将“排除合理怀疑”引入刑事诉讼的证明标准。

链接　邓官明故意杀人案[44]

2009年年底,被告人邓官明在重庆市永川区渝西广场跳舞时认识被害人杨吉兰(女,殁年48岁),并长期与其保持不正当男女关系。2012年2月13日8时许,杨吉兰来到重庆市永川区龙王巷邓官明家中后死亡。后邓官明将杨吉兰的尸体拖至其家中卫生间内,使用斧头、菜刀等工具对杨吉兰尸体进行肢解以便抛尸。当晚邓官明将杨吉兰的部分尸块抛至永川区渝西风情街高压电缆分支箱北侧的光缆排水井内。次日上午,邓官明又将剩余尸块携带至永川区松溉镇抛弃于附近长江中。2012年7月2日,公安人员将邓官明抓获归案。重庆市检察院第五分院指控认为,被告人邓官明仅因纠纷,竟故意杀死一人,应当以故意杀人罪追究其刑事责任。

一审法院经审理认为,公诉机关指控被告人邓官明在其家主卧室内因琐事与被害人杨吉兰发生纠纷而将杨吉兰用斧头砸死的直接证据只有邓官明在侦查阶段的有罪供述,而邓官明同样在侦查阶段作过且当庭作出杨吉兰系自然死亡、其没有理由也没有杀害杨吉兰的无罪辩解。虽然公诉机关提供证据证明了邓官明家中主卧室内有杨吉兰血迹,与邓官明的有罪供述能够印证,但由于该血迹的形态及形成原因不明确,同样与邓官明无罪辩解中提到的该血迹系杨吉兰猝死后其把装有杨吉兰尸块的旅行箱放在床上后所形成的辩解不矛盾,不能得出该血迹系邓官明杀害杨吉兰时所形成的唯一的、排他性结论。且公诉机关没有提供充分的证据证明邓官明具有杀人的动机,也没有提供证据证明杨吉兰的死因,邓官明的无罪辩解不能得到合理排除。公诉机关指控邓官明故意杀害杨吉兰的证据不能形成完整的证据锁链,尚不能达到确实、充分、排除一切合理怀疑的刑事诉讼证明标准,故公诉机关指控邓官明犯故意杀人罪的证据不足,指控罪名不能成立。对于邓

〔44〕 重庆市第五中级人民法院刑事判决书,(2013)渝五中法刑初字第00069号、重庆市高级人民法院刑事裁定书,(2014)渝高法刑终字第00175号。转引自吴仕春:《排除合理怀疑的证据标准》,载《人民司法(案例)》2016年第2期。

官明提出其没有故意杀害他人以及辩护人提出现有证据不能证明邓官明犯故意杀人罪、邓官明的行为只构成侮辱尸体罪的辩解、辩护意见予以采纳。重庆市第五中级人民法院经审理,以侮辱尸体罪判处被告人邓官明有期徒刑3年。检察机关提起抗诉,后撤回抗诉。这是一起因证据材料达不到形成排除合理怀疑心证程度而改变指控定性的案件。

综上可见,我国刑事诉讼证明标准的细化表述在一定意义上是将中国传统的"查证属实""相互印证"要求、大陆法系的逻辑与经验法则要求同英美法系的"排除合理怀疑"要求等混搭起来。这是从裁判者主观认识的角度重新确立裁判者认定犯罪事实的证明标准。[45] 这将是一个相对高的证明标准,且构成不同层级。

2. 民事、行政诉讼证明标准的转型

2001年最高人民法院《关于民事诉讼证据的若干规定》开启了民事诉讼证明标准变迁的先河。其第63条规定:"人民法院应当以证据能够证明的案件事实为依据依法作出裁判。"这表明,我国民事诉讼已经确立了"法律真实说"的观念,有关证明标准以法律真实说为基础。其第73条还规定:"双方当事人对同一事实分别举出相反的证据,但都没有足够的依据否定对方证据的,人民法院应当结合案件情况,判断一方提供证据的证明力是否明显大于另一方提供证据的证明力,并对证明力较大的证据予以确认。"官方解读表明,我国民事诉讼已经转向"高度盖然性"或"高度盖然性占优势"的证明标准。[46]

2015年、2020年最高人民法院《关于适用〈中华人民共和国民事诉讼法〉的解释》第108条第1款均规定:"对负有举证证明责任的当事人提供的证据,人民法院经审查并结合相关事实,确信待证事实的存在具有高度可能性的,应当认定该事实存在。"这里使用了"具有高度可能性"的表述。

最高人民法院《关于民事诉讼证据的若干规定》虽然删除了类似前述"高度盖然性/可能性"之表达,但保留了以法律真实说为基础的规定。同

---

〔45〕 陈瑞华:《刑事证明标准中主客观要素的关系》,载《中国法学》2014年第3期。

〔46〕 李国光主编:《最高人民法院〈关于民事诉讼证据的若干规定〉的理解与适用》,中国法制出版社2002年版,第462页。

样,2002 年,最高人民法院《关于行政诉讼证据若干问题的规定》第 53 条亦规定:“人民法院裁判行政案件,应当以证据证明的案件事实为依据。”将这些条款结合起来分析,应该说我国民事、行政诉讼的证明标准已经迈入基于“法律真实说”的范式。

诚然,以上变动并不意味民事、行政证明标准同刑事诉讼证明标准是截然分离的。对于民事诉讼中的一些特定事项,其证明标准也可能趋同于刑事诉讼证明标准。例如,最高人民法院《关于适用〈中华人民共和国民事诉讼法〉的解释》第 109 条规定:“当事人对欺诈、胁迫、恶意串通事实的证明,以及对口头遗嘱或者赠与事实的证明,人民法院确信该待证事实存在的可能性能够排除合理怀疑的,应当认定该事实存在。”这里使用了刑事诉讼证明标准之“排除合理怀疑”的常见表述,[47]试图在民事诉讼中确立层次化的不同证明标准。[48]

3. 数据化的统一证明标准之探索

随着大数据技术的迅猛发展,我国一些地方开展了数据化的统一证据标准之试点建设,强调通过强化大数据深度应用,把统一的证据标准镶嵌到数据化的程序之中。这形成了数据化的统一证据标准,即“基于不同类型案件构建完整证据链条之需要而开发的,由公检法三机关统一适用,且被嵌入到数据化程序系统中的证据标准”。[49] 这里使用的是“证据标准”一词,侧重于强调“办案过程中应当收集哪些证据以及如何收集证据的规范”。但从实质来看,这种探索的目的是将“事实清楚,证据确实、充分”的证明标准实现一定程度的具体化,数据化是其本质特征,统一化是其派生特征。[50]

现阶段推出的数据化的统一证据标准具备两大特征:一是以智能辅助办案系统为依托,须嵌入智能辅助办案系统中才能发挥作用;二是形成过程

---

〔47〕 我国也有学者认为这一规定主要在于预防实践中降低高度盖然性标准的结果,而并非实质上将高度盖然性标准提高。参见霍海红:《提高民事诉讼证明标准的理论反思》,载《中国法学》2016 年第 2 期。

〔48〕 刘学在、王静:《民事诉讼中“排除合理怀疑”证明标准评析》,载《法治研究》2016 年第 4 期。

〔49〕 刘品新、陈丽:《数据化的统一证据标准》,载《国家检察官学院学报》2019 年第 2 期。

〔50〕 严格地说,证据标准与证明标准在具体内容、是否依存于特定诉讼构造、审查判断主体和评价方式、功能及法律效果等方面都存在实质性区别。参见熊晓彪:《刑事证据标准与证明标准之异同》,载《法学研究》2019 年第 4 期。

两步化。第一步是构建统一证据标准;第二步是将证据标准数据化。例如,上海先制定出《命案基本证据标准(试行)》《盗窃案件基本证据标准(试行)》《非法集资案件基本证据标准(试行)》《电信网络诈骗案件基本证据标准(试行)》等,之后设计成软件程序系统,以实现对输入的证据数据按照一定的算法进行数据处理进而辅助司法办案。[51]

"数据化的统一证据标准"的概念具有理论创新意义,"它既区别于证明标准、又与证明标准紧密关联,属于证明标准的下位概念"。[52] 应该说,数据化的统一证据标准探索展示了证明标准制度发展的一个方向,初步实现了证明标准用于规范证据收集指引和分析把关的功能。同时,该新生事物亦面临着一系列问题和挑战,如可能"加剧卷宗笔录主义的倾向""忽略了从整体上分析证据""形成了控辩双方之间的数字鸿沟"[53]等。我国应当完善具体方案和建设配套制度,并进行必要的方法改进。

思考讨论题

1. 如何理解证据法的真实观与证明标准之间的关系?
2. 我国刑事诉讼中是否存在证明标准印证化的问题。
3. 试比较两大法系证明标准立法例的异同。
4. 试论我国三大诉讼的证明标准是否有差异。
5. 论述我国证明标准如何转向多元化之路。
6. 论述我国数据化的统一证据标准探索及其对改进证明标准制度的影响。

补充阅读

1. 王敏远:《一个谬误、两句废话、三种学说——对案件事实及证据的哲学、历史学分析》,载王敏远编:《公法》(第4卷),法律出版社2003年版。

---

[51] 王政鹏:《可数据化的证据标准研究》,载最高人民检察院公诉厅编:《司法改革背景下的刑事公诉:问题·挑战·对策》,中国检察出版社2017年版,第465页。

[52] 熊秋红:《人工智能在刑事证明中的应用》,载《当代法学》2020年第3期。

[53] 刘品新、陈丽:《数据化的统一证据标准》,载《国家检察官学院学报》2019年第2期。

2. 李昌盛:《证据确实充分等于排除合理怀疑吗?》,载《国家检察官学院学报》2020 年第 2 期。
3. 吴泽勇:《“正义标尺”还是“乌托邦”? ——比较视野中的民事诉讼证明标准》,载《法学家》2014 年第 3 期。
4. 何家弘:《司法证明标准与乌托邦——答刘金友兼与张卫平、王敏远商榷》,载《法学研究》2004 年第 6 期。
5. 张继成:《诉讼证明标准的科学重构》,载《中国社会科学》2005 年第 5 期。
6. 熊晓彪:《刑事证据标准与证明标准之异同》,载《法学研究》2019 年第 4 期。

第十二章 CHAPTER TWELVE

司法证明的规则

没有规矩，不成方圆；没有规则，无以证明。同日常生活中的证明相比，司法证明的重大不同在于丰富的人为规则。无论是取证、举证、质证，还是认证，无不是在既定规则的框架下进行。英美法系国家的证明规则迄今为止已经蔚为大观；大陆法系国家自20世纪中期以来也确立了不少证明规则。我国的证明规则已经形成规模，应当进一步优化体系和夯实运行。

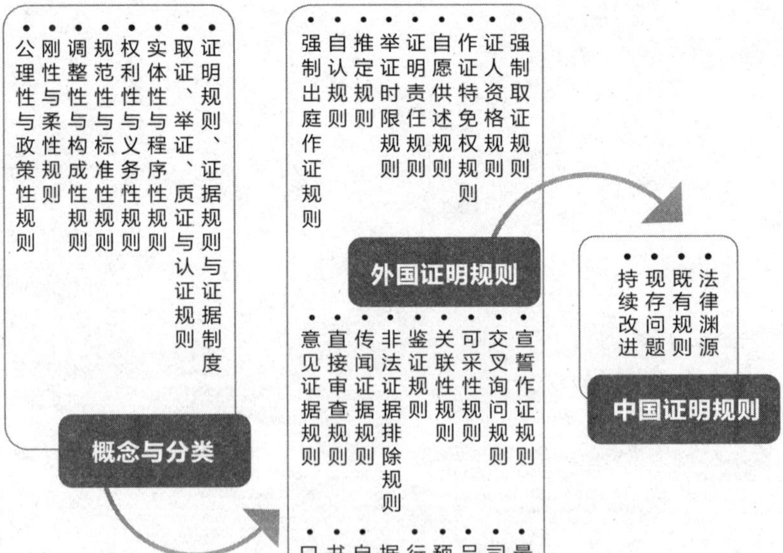

第一节　证明规则的概念

证据规则曾经被描述为普通法体系花园里的一朵更具有异国风情的花朵。复杂性是其显著特征……对于外行人来说，证据规则看起来就像是不连贯规则的迷宫，它由例外加以点缀，例外之外附随着另一些例外。

——[美]约翰·D. 杰克逊

一起假设的案例。在英美法系国家，假设某甲因本票纠纷起诉某乙，那么某乙在本票上的签字是否属实就是该案的争议事实。由此，凡是能够证明某乙签过字或某丙曾经冒充某乙签字的证据，均为与争议事实有关联的证据。但是，假如有一个精神病人作证说他曾经亲眼看见某丙签字，该证言就不具有可采性，因为此人没有作证能力；假如某乙的律师作证说某乙曾经对他说自己签过字，该证言也不能予以采纳，因为某乙与律师的交谈受作证特免权规则的保护；假如某丁作证说，某戌曾经告诉他戌本人确实见过签字，丁的证言也不能被接受，因为适用传闻规则。

一、证明规则的含义

任何证明活动都必须遵循一定的规则，否则便不能保障证明结果的正确性，这是不言而喻的。司法证明活动直接影响人们的生命财产权利，更要遵循一定的规则，这也是显而易见的。由于司法证明活动的基本内容就是运用证据证明案件事实，所以司法证明的规则也被习惯地称为“证据规则”。

严格地说，“证据规则”是一个外来语，其英文是“rule of evidence”。在

20世纪90年代以前,我国大陆地区的证据法学者比较习惯使用“证据原则”和“证据制度”等概念,一般仅在介绍外国证据制度的时候才使用“证据规则”一词。后来,“证据规则”的表述逐渐流行起来,成为通行用语。这不仅是语言习惯的变化,更是法律观念的变化,反映了我国证据法学逐渐由充满理想色彩的抽象理念转向具有现实品格的具体法学。因此,有必要明确证据规则与证据原则、证据制度之间的关系。

证据原则,是有关证据的收集与运用的基本原理和一般准则。它具有抽象性和概括性,是确立具体证据规则的前提和基础,对规定和阐释具体证据规则具有指导意义。从这个意义上讲,证据原则就是“证据规则的规则”。证据原则可以分为两种,即公理性原则和政策性原则。前者指反映司法证明一般规律的原则,往往也是各国证据立法中普遍采用的原则,如司法公正原则、中立裁判原则、直接言词原则、对立质证原则、证据裁判原则等。后者指反映特定国家和社会价值取向的原则,是不同国家根据其文化传统、价值观念和社会需要确立的原则,如严禁酷刑原则、非法证据排除原则、当事人主义或职权主义原则、法定证明或自由心证原则等。在世界各国的证据法中,证据原则都是必不可少的组成部分,尽管有些原则未必以明示的语言写在立法中。

证据制度,全称为证据法律制度,是一个国家法律体系中与证据有关的规定和规则的总称。证据制度是以证据原则为基础的,是证据原则的具体化。证据制度不仅包括收集和运用证据的法律要求和程序规定,而且包括相关的权利义务关系和相应的法律后果。具体来说,证据制度包括各种与取证、举证、质证、认证等活动有关的制度,如强制作证制度、证言豁免制度、证据展示制度、证明责任制度、当庭认证制度等。由此可见,证据制度和证据规则之间也是既有联系又有区别的。证据制度包括证据规则,是证据规则的集中与概括;证据规则从属于证据制度,是证据制度的组成部分和具体内容。

明确证据规则与证据原则、证据制度的关系,有利于更加准确地理解和阐释证据规则的概念。目前,国内学者在界定证据规则的概念时有不同的观点或解释。总的来看,证据规则有广义与狭义之分。从狭义上讲,它是指那些在庭审中或审理中对证据的可采性问题起支配作用的规则,[1]即专指可采性规则;从广义上讲,它是指收集和运用证据的规范与准则。前一种界定基本上属于英美法系的通说。本章从中国的实际出发,采取后一种界定。此种含义上的证据规则,“是证据原则的下位概念,是证据原则的具体体现”。[2] 与证据原则相比,证据规则具有“法律强制效力”“明确的指导性”“明显的程序性”等法律性质。[3]

作为法律规则的一个具体范畴,证据规则是以法律形式规范司法证明行为的准则。不同国家的法律传统和制度存在差异,各国证据规则的立法形式和内容也有所不同。有的国家是在专门的证据法中统一规定的,有的国家是在诉讼法中分别规定的,有的国家是在司法行为规则或司法解释中规定的,还有的国家是由刑事或民事的实体法加以规定的。诚然,在绝大多数国家中证据规则并非某一个或几个法律规范,而是由一系列具有内在逻辑联系的法律规范组成的有机整体。由此可见,对证据规则的研究必须从一个国家的具体情况出发,必须以一个国家的法律规定和实践为基础。人们不仅要研究各种证据规则的内容和要求,也要研究其在具体社会环境中的功能、利弊和合理性。

二、证明规则的种类

证据规则是各国司法证明经验的总结,故在不同国家的表现形式相应有异。一般来说,当今英美法系国家证据规则较为庞杂,大陆法系国家显得简约。而我国则处于形成规模的阶段。为加深了解和认识,有必要根据不同的标准对证据规则进行多种划分。

1. 根据调整对象不同,证据规则可以分为关于取证的规则、关于举证的规则、关于质证的规则与关于认证的规则。由于通常所说的证据规则主要是就诉讼活动而言的,不包括仲裁、公证、行政执法中运用证据的规则,故可以参照司法证明的基本环节对证据规则作前述分类。这种诉讼法意义上的证据规则旨在从不同角度规范和约束诉讼过程中的取证、举证、质证和认证

---

〔1〕 *Black's Law Dictionary* (5th edition), West Publishing Co., 1979, p. 500, 1197.

〔2〕 樊崇义:《刑事证据规则立法建议报告》,载《中外法学》2016 年第 2 期。

〔3〕 樊崇义:《刑事证据规则立法建议报告》,载《中外法学》2016 年第 2 期。

活动,故调整方法和重点不尽一致。这一分类为本章第二节所援引。

2. 根据性质不同,证据规则可以分为实体性规则和程序性规则。前者既包括实体法规定,如证明责任规则、推定规则等,又包括带有实体法性质的规则,如关于证据资格与证明力的规则;后者指由程序法规定或者带有程序法性质的规则,如取证程序规则、举证程序规则、质证程序规则、认证程序规则等。其中,实体性规则相对重要,而重中之重是关于证据资格的规则即可采性规则。

3. 根据内容不同,证据规则可以分为权利性规则和义务性规则。前者是确认人们可以作出或要求他人作出一定行为的规则,如证据展示规则、证据保全规则等;后者指法律直接要求人们作出或不作出某种行为的规则,如证明责任规则、传闻证据排除规则、非法证据排除规则等。当然,有些证据规则兼有权利与义务双重性质。

4. 根据形式不同,证据规则可以分为规范性规则和标准性规则。前者是行为和后果都很明确的规定,如证明责任规则、证据展示规则等;后者则有一定的弹性或宽容度,如证明标准规则等。

5. 根据功能不同,证据规则可以分为调整性规则和构成性规则。前者的功能是调控人们的行为,无论有没有该规则人们都可以做,如推定规则、司法认知规则等;后者的功能是组织人们按照规则进行证明活动,假如没有该规则人们就不知如何做,如鉴定规则、勘验规则等。

6. 根据严格程度不同,证据规则可以分为刚性规则和柔性规则。前者指没有灵活余地的规则,如未经质证的证据不得作为定案依据的规则;后者具有一定的灵活性,如证人在一般情况下必须出庭作证但是在特殊情况下许可不出庭的规则。

7. 根据制定的依据或理由不同,证据规则可以分为公理性规则和政策性规则。前者指根据司法证明规律确定的规则,如关联性规则、传闻证据排除规则等;后者指根据一定的社会政策或价值取向制定的规则,如无罪推定规则、非法证据排除规则等。

三、证据规则的体系

英美法系的证据规则比大陆法系发达。这大概与英美法系曾经盛行陪审团审理，而大陆法系实行更自由的证明制度密切相关。由于陪审员不是法律专业人员，智力水平和道德素质参差不齐，法律不能让他们自由行使采用证据和评断证据的权力，故英美法系国家为防止陪审团在使用证据认定案件事实时出现混乱或偏差而陆续建立了形形色色的证据规则。虽然近现代以来陪审制度有所衰落，大多数案件的审判主体都变成了职业法官，但考虑到那一套证据规则完全可以适用于法官的审判之中，也有利于克服法官的人性弱点，故它们仍然被继承下来。与之相反，大陆法系国家的证据制度最初是为专业法律工作者即法官设立的，后来虽因陪审员的介入而发生了一些变化，但它们保持了相对简明的传统。尤其是当大陆法系实行"自由心证"证明制度后，这更加削弱了设置大量证据规则的必要性，因为对于那些品格高尚、法律水准高超的职业法官而言，任何证据规则都有可能是一种不必要的束缚。当然，两大法系在证据规则体系方面的区别并非一成不变。

英美法系国家的证据规则体系是随着诉讼制度的发展而不断完善的。大约自 13 世纪末以来，随着以陪审团为核心的"对抗式"诉讼制度的形成，以及各种证据在审判中日益频繁地使用，一系列规则便在英国产生和发展起来。例如，英国在 16 世纪之前就出现了关于盖有当事人印章之文书的证明效力的证据规则，关于证人能力或资格问题的证据规则在 16 世纪问世，反对自我归罪特免权的证据规则大约确立于 17 世纪，等等。此后，英国以源源不断涌现的证据判例为基础，陆续地修正和丰富传统的证据规则，并将其证据规则借助殖民扩张传播到其他的英美法系国家。再后来，英美法系各国对于证据规则除了借助判例予以本土化和现代化发展外，还不同程度地做出了法典化编纂的努力。总之，英美法系国家是在长期的历史发展过程中形成了一整套庞杂的证据规则体系。这一演变过程可以大致概括为从以最佳证据规则为主到以关联性为中心，再到以可采性为中心。这可视为其发展过程的一条主线，也体现在证据法学的发展之中。

直至 18 世纪末期，英美证据法学还几乎完全是一堆分散的、割裂的判例。法律学者认为证据法可包括在一条单一的原则内，即"最佳证据规则"。这一时期的证据法学大家吉尔伯特所提出的理论实际上就是最佳证据规则的更严格改写本。[4] 19世纪,英国证据法理论家斯蒂芬改变了这种局面,1876年他出版了《证据法摘要》一书,试图把全部的证据法压缩成一条原则,即以有关联性规则取代最佳证据规则,"除例外外,判例制定的各条规则可以归纳成一条规则,即争执中的事实或与争执有关联的事实,得予以证明,而不是其他事实"。[5]《证据法摘要》一书在整个英美法系内产生了极大的影响。

19世纪也是证据法学理研究的中心转向美国的时代,推动这一转变的重要人物首推塞耶。他在研究过程中发现关于证据的判例法和学术著作充满了混乱与模糊,决定探索新的途径;他赞赏斯蒂芬以原则为基础建立系统证据法的勇气,但认为斯蒂芬选用的关联性原则不能完成这项任务,必须从历史的角度去分析和选择别的原则。塞耶从新的角度认为,证据法的核心内容是一套基本上属于否定性的"规范和排除的技术规则"。[6] 这些基于政策的规则对什么样的证人和哪些种类的相关事实可以提交给陪审团以及哪些种类的事实可以或必须如何证明,作了人为的规定。塞耶认为,证据法的内容体系可以归纳为以下两个基本原则:第一,对案件事实在逻辑上没有证明作用的东西一律不能采用为证据;第二,一切有上述证明作用的东西都可以采用,除非有明确的法律或政策上的理由排除之。因此,塞耶成功地将证据理论发展推向一个新时代,即以证据可采性为中心的时代。自塞耶之后,可采性就作为一个与关联性既有联系又相互区别的概念被引入了证据理论与证据法:凡是没有关联性的证据,皆不具有可采性;在有些情况下有关联性的证据也不具有可采性。

时至今日,从英美法系各国现行的证据法来看,可采性几乎渗透到每一个证据法条文之中,成为证据规则体系的灵魂。对于这种现象,20世纪后的英美证据法学者大多有深刻认识。例如,最负盛名的证据法学家威格莫尔在专著《建立在逻辑学、心理学和一般经验基础之上的司法证明科学》的开头直截了当地写道,"迄今为止可采性一直笼罩着我们或者更准确地说

---

〔4〕 沈达明编著:《英美证据法》,中信出版社1996年版,第7页。
〔5〕 沈达明编著:《英美证据法》,中信出版社1996年版,第8页。
〔6〕 何家弘主编:《新编证据法学》,法律出版社2000年版,第87页。

是垄断着我们的研究工作”;[7] 美国当代证据学专家华尔兹教授也说过,“证据规则决定一个事实认定者在解决事实问题时可以使用什么材料,大多数的证据规则都是关于什么应被接受为证据的问题——可采性问题”。[8]

大陆法系国家在进入“自由心证”证据时代之后,基于对法定证据时代各种形式性规定的极端反感,立法一般不对各种材料是否有证据资格、能否进入法庭程序以及证明力大小作具体的规定,而是交由法官根据具体情况自由判断。后鉴于此种判断过分自由亦有弊端,法国等国开始在文书证明方面设置若干固定的法律规则。

自近代资产阶级革命胜利后,大陆法系国家才开始建立其证据规则的体系。当时欧洲的主要国家,如法国和德国,在改革本国诉讼程序的时候,主动借鉴了英国的做法,引入了一些证据规则。到了第二次世界大战后,日本在刑事诉讼法领域由职权主义急速转向当事人主义,虽未实行陪审团审理制度,但却在美国人的帮助下建立了一系列规范证据能力的证据规则,如传闻规则、自白规则等。意大利、德国等国一方面修补完善了规范调查取证的规则,如询问规则、讯问规则、鉴定规则、监听规则、证据取得禁止规则等;另一方面也吸纳了一些带有英美法系特征的证据排除法则。诚然,大陆法系国家证据规则的不断确立,基本上是借鉴学习英美法系国家的结果。

总的来看,当今的大陆法系各国在继续强调法官自由裁量权的同时,都或多或少地通过立法确立了一些证据排除规则或证据资格规则,促进了证据资格的法定化。这也从侧面说明了两大法系证据法融合的一种趋势。对此,值得我国认真研究和借鉴。下一节便将遴选一些较有代表性的证据规则作简单介绍。

---

[7] William L. Twining, *Rethinking Evidence*: *Exploratory Essays*, Cambridge University Press, 1990, p. 60.

[8] [美]乔恩·R. 华尔兹:《刑事证据大全》,何家弘等译,中国人民公安大学出版社 1997 年版,第 10 页。

第二节　外国的证明规则

> 传闻证据不是最佳证据，并且它没有经过宣誓。它是由未感知案件事实的人所作的陈述，其真实性、准确性又没有得到交叉询问的验证。此外，人们无从考察证人作证时的神态。
>
> ——[英]罗曼德

20世纪40年代，国外有学者曾就传闻方式对证人证言准确性的影响作过一系列实证调查。他们向第一个被调查者出示了一幅画：画里是一个挤满了人的地铁，其中有一个戴领带的黑人和一个手拿剃须刀的白人正在交谈。第一个被调查者简单地看完这幅画以后，被要求将其看到并记住的画的内容告知第二个被调查者；然后由第二个被调查者将画的内容告诉第三个被调查者；以此类推，直到第六个或第七个人被告知画的内容为止。这样的实验作了三十多回。其中超过半数的实验显示，在层层转述过程的某一个阶段，图画的内容变成了黑人手拿剃须刀；还有一些人认为那个黑人正在野蛮地挥舞着剃须刀或者正在威胁那个白人。

一、关于取证的规则

（一）强制取证规则

强制取证包括两层含义：一是司法机关基于自身调查工作的需要而采取一定的强制措施，提取证据；二是诉讼当事人通过法院的命令，要求或强制对方当事人或第三人提供其掌握的与案件有关的证据。英美法系的强制取证规则主要指第二种情况。例如，美国《联邦民事诉讼规则》第34条第3

款规定，当事人可以申请法院向非当事人发出传票，责令其按照要求提供与案件有关的文件、有形物品或允许接受检查。[9] 大陆法系国家的证据法律对无正当理由拒绝提供证据的当事人和第三人也规定了强制取证措施。例如，法国《民事诉讼法》第138条规定，如在诉讼过程中，一方当事人拟使用他人的公文书或私文书，或者拟使用由第三人持有的文书、字据，可以向法官提出请求，由法院命令对方提交该文书、字据或其副本。[10] 第139条第2款又规定，法官如认为此项请求的理由能够成立，可以命令对方提交该文书或字据的原本、副本。[11]

（二）证人资格规则

证人资格规则的基本内容在于明确什么人可以担任证人，什么人不能担任证人。英美法系国家的证据法规定，任何人只要具有明确表达自己意思并使法官和陪审团理解的能力，就具备了证人资格，但是主持审案的法官或参加审判的陪审员除外。例如，美国《联邦证据规则》之规则601规定，除本证据规则另有规定外，每个人都有作为证人的资格；[12] 另规则605、606分别规定，法官和陪审员原则上不得担任证人。[13] 大陆法系国家的证据法律规定，任何人都有资格作证，除非法律有特殊的例外规定。例如，法国《民事诉讼法》第205条第1款规定："除无出庭作证能力的人以外，每一个人均可作为证人，以听取其证言。"

（三）作证特免权规则

作证特免权规则是英美法系国家一项传统的证据规则。按照该规则，某人虽然了解案件事实并具备证人资格，但可以依据某种特免权拒绝提供

---

〔9〕 Rul. 34 (c) Nonparties, USA Federal Rules of Civil Procedure, https://www.law.cornell.edu/rules/frcp/rule_34.

〔10〕《法国新民事诉讼法典》，罗结珍译，中国法制出版社1999年版，第34页。

〔11〕《法国新民事诉讼法典》，罗结珍译，中国法制出版社1999年版，第34页。

〔12〕 Rule 601, Federal Rules of Evidence (2020 Edition) of USA, https://www.rulesofevidence.org/.

〔13〕 Rule 605, 606, Federal Rules of Evidence (2020 Edition) of USA, https://www.rulesofevidence.org/.

证言,或可阻止他人对同一事项提供证言。这种作证特免权是以某种身份关系或职业关系为基础的,如夫妻关系、律师与当事人的关系、医生与病人的关系、神职人员与教徒的关系、警察与秘密情报员的关系等。例如,美国《1999 年统一证据规则》之规则 502 ~ 509 就分别对委托律师的当事人、寻求精神治疗的病人、婚内交谈的配偶、寻求牧师帮助的信教徒、参与秘密投票的选举人、商业秘密拥有者、拥有行政秘密的政府以及开展特邀调查的政府各自所享有的作证特免权作了详实的规定。再如,在英美法影响下制定的以色列《证据法》第 110 条规定,律师或医师就其委托人或病人交谈之事项,认为属于业务上之秘密者,除经委托人或病人明示或默示放弃该秘密外,法院不应强迫其作证;第 113 条第 1 款规定,配偶之一方,对于他方所言所书之任何事项,或配偶间所发生之任何事件,法院不得强迫其作证。总的来看,作证特免权规则的设立主要是基于政策性的考虑,是为了维护特定的社会关系或价值观念。因此,当代许多大陆法系国家也在证据法律中做了类似的规定。甚至 2002 年 7 月 1 日成立的国际刑事法院还在其《证据与程序规则》中第一次给予红十字国际委员会以作证特免权。[14]

(四)自愿供述规则

这是专属于刑事诉讼的证据规则。按照该规则的要求,提取被告人的供述必须遵循自愿性原则,凡是违反被告人自由意志而获得的供述都应当排除。例如,日本《刑事诉讼法》第 319 条第 1 款规定:“被告人因被强制、拷问或强迫而作出的供述、不适当地长期扣留或拘禁后作出的供述,以及其他可以怀疑并非处于意志自由的状态下作出的供述,均不得作为证据。”[15]联合国《公民权利和政治权利国际公约》第 14 条第 3 款第(庚)项规定,不

---

〔14〕 朱文奇:《国际刑法证据规则的一个例外——关于红十字国际委员会作证豁免权问题》,载《法学家》2003 年第 2 期。

〔15〕 Article 319(1) Confession under coercion, torture, threats, after unduly prolonged detention or when there is doubt about said confession being voluntary may not be admitted as evidence. See Code of Criminal Procedure of Japan, Law number: Act No. 131 of 1948, Law number: Amendment of Act No. 74 of 2011, http://www.japaneselawtranslation.go.jp/law/detail/?id=3364&vm=02&re=02.

被强迫做不利于他自己的证言或强迫承认犯罪。[16]《禁止酷刑和其他残忍、不人道或有辱人格的待遇或处罚公约》第15条规定，每一缔约国应确保在任何诉讼程序中不得援引任何确属酷刑逼供作出的陈述为证据，但这类陈述可引作对被控施用酷刑逼供者起诉证据。[17] 制定自愿供述规则的理由主要在于反对强迫性自我归罪的价值观念和鼓励执法人员依法取证的政策考虑。这一规则通常与沉默权制度有密切的关系。

二、关于举证的规则

（一）证明责任规则

证明责任规则是诉讼活动中应当由哪一方当事人负责向法庭提出证据并进行证明的规则。一般的规则是"无罪推定"和"谁主张，谁举证"，但是各国法律所确定的刑事诉讼和民事诉讼中的证明责任分配规则往往不尽相同。例如，美国加利福尼亚州《证据法典》第5编对证明责任的分配做了专门的规定。该法第500条规定，除法律另有规定者外，当事人对其主张之事实有证明责任。该法还规定了证明责任倒置或转移的特殊情况，即刑事诉讼中的证明责任一般由控方承担，但是被告人对否认其有罪的基本事实负有证明责任。[18]

（二）举证时限规则

举证时限规则是指负有证明责任的当事人应当在法律规定或法院指定的期间内提出证明其事实主张的证据，逾期不举证则承担举证失效之法律后果的证据规则。大陆法系国家的民事诉讼法中大多对举证时限作了规定。例如，法国《民事诉讼法》第134条规定，法官可以确定当事人相互交付文书、字据等证据的期限；如有必要，还可以确定交付文书、字据的方式，

---

〔16〕 联合国《公民权利和政治权利国际公约》，载联合国官网，https://www.un.org/zh/documents/treaty/files/A-RES-2200-XXI-2.shtml。

〔17〕 联合国《禁止酷刑和其他残忍、不人道或有辱人格的待遇或处罚公约》，载联合国，https://www.un.org/chinese/hr/issue/hrcatoc.htm。

〔18〕 Sec. 500, 452 of California Evidence Code, https://leginfo.legislature.ca.gov/faces/codes_displayText.xhtml? lawCode=EVID&division=4.&title=&part=&chapter=&article=.

以及对未能按时交付者的处罚。[19]

(三)推定规则

由于推定可以影响证明责任的分配,所以推定规则也是与举证有关的证据规则。推定规则的主要功能在于减轻或转移当事人的证明责任、降低诉讼成本、提高诉讼效率。例如,法国《民法典》第1354条第1款规定:立法推定是法律针对某些行为或某些事实的推定,用以确认该行为、事实及所附加事项是真实的,免除对其有利之人的证明责任。对于立法允许通过任何证明手段证明相反事实予以推翻的推定,称为“简单”的推定;对于立法限制通过证明手段予以推翻或推翻其内容的推定,称为“复杂”的推定;对于立法不允许推翻的推定,称为“不可反驳”的推定。[20] 第1382条规定:法庭仅仅在立法允许以任何方式证明的情况下,根据足够、明确、属实的材料进行评估,作出非立法推定。[21]

近年来,国际上针对电子证据的完整性、真实性设立了一批特殊的推定规则,值得关注。如印度《1872年证据法》经由《信息技术法》修改后,也建立了一些专门的推定规则,具体包括:(1)对妥当保管的电子形式官方公文,推定具有真实性;(2)对附加有当事人数字签名的电子记录,推定是由其签署的;(3)对附加有安全程序的电子记录,推定未发生改变;(4)对附加有安全数字签名的电子记录,推定是由数字证书所有者签署的;(5)对加盖数字签名的电子讯息,推定其内容均是准确的;(6)对正常收发的电子邮件,推定收件人收到的内容与发件人收到的内容一致,但不推定是由发件人发送的;(7)对保管有5年以上历史的电子记录,推定其中的数字签名就是由数字证书所有者或其代表签署的。[22] 加拿大《1998年统一电子证据法》

---

〔19〕《法国新民事诉讼法典》,罗结珍译,中国法制出版社1999年版,第33页。

〔20〕Art. 1354 of French Civil Code 2016, https://www.trans-lex.org/601101/_/french-civil-code-2016/#head_83.

〔21〕Art. 1382 of French Civil Code 2016, https://www.trans-lex.org/601101/_/french-civil-code-2016/#head_83.

〔22〕The Indian Evidence Act, 1872, art. 81A, available at https://www.indiacode.nic.in/bitstream/123456789/6819/1/indian_evidence_act_1872.pdf. 2020-08-05 last visit.

第 5 条〔23〕、菲律宾《2001 年电子证据规则》规则 6 的第 3、4 条〔24〕、多米尼加联邦《2005 年电子证据法》第 7 条〔25〕也有一些零散的、类似的推定规则。

（四）自认规则

自认规则主要是民事诉讼领域的一项证据规则，主要功能在于提高诉讼效率。所谓“自认”，是指当事人一方对他方所主张的不利于己的事实为真实或者对他方的诉讼请求加以认可的意思表示。国际上自认通常分为裁判上的自认和裁判外的自认。一般来说，对于当事人一方裁判上自认的事项，他方得免除证明责任，法院在作出裁判时必须受其约束；但裁判外的自认则仅是一种证据，其证明力如何，应由法院结合本案其他证据，酌情加以判定。例如，法国《民法典》第 1383 条规定：自认是指一个人承认对其不利的某一事实是真实的陈述，既可以是庭上陈述，也可以是庭外陈述。〔26〕 第 1383－1 条规定：除非立法允许通过任何方式证明，否则纯粹口头的庭外陈述不受承认；其证明力就由法庭进行评估。〔27〕 第 1383－2 条规定：庭上自认是当事人或其特别授权的代表在诉讼过程中所作的陈述；庭上自认可以用作对其提交者不利的证明，不能用作对其制作者不利的证明；庭上自认是不可撤销的，除非出现事实错误。〔28〕

---

〔23〕 刘品新主编：《国外网络犯罪法律制度选译》，中国人民公安大学出版社 2012 年版，第 149 页。

〔24〕 刘品新主编：《国外网络犯罪法律制度选译》，中国人民公安大学出版社 2012 年版，第 166 页。

〔25〕 刘品新主编：《国外网络犯罪法律制度选译》，中国人民公安大学出版社 2012 年版，第 172 页。

〔26〕 Art. 1383 of French Civil Code 2016, https://www. trans－lex. org/601101/_/french－civil－code－2016/#head_83.

〔27〕 Art. 1383－1 of French Civil Code 2016, https://www. trans－lex. org/601101/_/french－civil－code－2016/#head_83.

〔28〕 Art. 1383－2 of French Civil Code 2016, https://www. trans－lex. org/601101/_/french－civil－code－2016/#head_83.

三、关于质证的规则

(一)强制证人出庭作证规则

强制证人出庭作证是一项重要的证据规则,很多国家的法律都有明确的规定。例如,法国《刑事诉讼法》第109条第1款规定:任何被传唤到庭作证的人,均应当出庭、宣誓并作证。预审法官可以对拒绝出庭的证人采取传讯措施,通过警察强制其到庭。[29] 法国《民事诉讼法》第207条第1、2款规定:对于不出庭作证的证人,如果其证言很重要,法庭必须听取,则可以传票传唤其到庭,费用由其自负。对于不出庭作证的人以及无合法理由拒绝作证或拒绝宣誓的人,得处以100法郎以上1万法郎以下的罚款。[30]

(二)宣誓作证规则

在很多国家的证据法律中,宣誓作证规则都是证人作证规则的组成部分。该规则要求每一个证人在作证前或后应当郑重宣誓他将如实作证。例如,美国《联邦证据规则》之规则603规定,证人作证前要声明自己将如实提供证言,这种声明可以通过宣誓或某种旨在唤醒证人良知和加深证人责任感的郑重声明方式来进行。[31] 法国《刑事诉讼法》第331条第3款规定:证人在陈述之前,应当宣誓无私无畏地讲出全部真相,而且只讲真相。[32] 另外,英国、澳大利亚、印度与新加坡还分别制定单行的证人宣誓法,即英国《1978年宣誓法》、澳大利亚《1959年法定声明法》、印度《1969年宣誓法》与新加坡《2000年宣誓及声明法》。

(三)交叉询问规则

交叉询问规则是英美法系最重要的质证规则,与大陆法系的职权询问

---

〔29〕 Art. 109 (1), French Code of Criminal Procedure, https://www. legislationline. org/download/id/6381/file/France_CPC_am2006_en. pdf.

〔30〕 《法国新民事诉讼法典》,罗结珍译,中国法制出版社1999年版,第44页。

〔31〕 Rule 603, Federal Rules of Evidence (2020 Edition) of USA, https://www. rulesofevidence. org/.

〔32〕 Art. 109 (1), French Code of Criminal Procedure, https://www. legislationline. org/download/id/6381/file/France_CPC_am2006_en. pdf.

相对应。所谓交叉询问,即由对方律师对证人进行的盘诘式询问。证人证言必须经盘诘式询问之后才得采用。一般来说,交叉询问是诉讼中举证者对方的权利;如果某证人在对方进行交叉询问时拒绝回答问题,法官可以排除该证人的证言。例如,澳大利亚《1995 年证据法》第 40 ~ 46 条对交叉询问的启动与方式等作了此类的规定。[33] 交叉询问被视为审查证据真实可靠性的最有效办法,是抗辩式诉讼的关键环节。美国《联邦证据规则》之规则 611(b)对交叉询问的范围作了规定。[34]

四、关于认证的规则

(一)可采性规则

证据的可采性指法定的证据资格。狭义的可采性规则是判断某一证据能否被采纳为证明案件事实依据的准则;广义的可采性规则还包括附条件可采性规则与限制性可采性规则。前者如美国《联邦证据规则》之规则 104(b)规定:“凡是某一证据的关联性取决于一定事实条件的成就,当介绍足以认定该事实条件已成就的证据后,法庭应采纳此证据。”[35] 后者如美国《联邦证据规则》之规则 105 规定:“如果采纳的证据只是对一方当事人或出于某一目的是可以采纳的,而对另一方当事人或出于另一目的是不可采纳的,那么法庭根据请求,应将该证据限制在其适当的适用范围内,并向陪审团相应作出指示。”[36]

证据是否具有可采性,一般由法官在法庭上进行裁决。可采性规则是一国证据法中贯穿整个证据规则体系的规则,是处于核心地位的证据规则,其意义在于排除不具有可采性的证据。许多证据规则都是这一规则的派生或延伸。

---

〔33〕 Sec. 40 – 46, Australia Evidence Act 1995, https://www.legislation.gov.au/Details/C2016C00605.

〔34〕 Rule 611 (b), Federal Rules of Evidence (2020 Edition) of USA, https://www.rulesofevidence.org/.

〔35〕 Rule 104 (b), Federal Rules of Evidence (2020 Edition) of USA, https://www.rulesofevidence.org/.

〔36〕 Rule 105, Federal Rules of Evidence (2020 Edition) of USA, https://www.rulesofevidence.org/.

(二)关联性规则

关联性规则,是指只有与诉讼中的待证事实有关联性的证据才可以采纳,一切没有关联性的证据均不予采纳。所谓"关联性",一般是指特定证据对待证事实的证明关系,或者证据所说明的事实问题与实体法律之间的"实质性"或"因果性"关系。例如,美国《联邦证据规则》之规则401规定,证据的关联性,是指证据具有某种倾向,使某项事实存在的盖然性要远比缺乏该项证据时更大或更小,而这一事实的存在能对裁判结果产生影响;[37]规则402规定,除非美国宪法、联邦法规、本证据规则或最高法院的其他规则另有规定的外,具有关联性的证据一般可以采纳,没有关联性的证据不得采纳。[38] 关联性规则也是贯穿整个证据规则体系的一项基本原则,是可采性规则的主要内容和基础,其意义在于确定一个证据能否在诉讼中被采用。

(三)鉴真规则

鉴真规则是英美法系使用的一个概念。所谓鉴真,是指当事人在举出证据时,必须证实其是真实的,或者说"提供足够的证据支持法庭作出争议事项就是建议者所主张事项的裁定"。[39] 简言之,即证据与案件事实的联系必须是真实的,不能是举证方的凭空捏造。美国证据法大师威格摩尔教授把对证据的鉴真需要视为"固有的、逻辑上的必要性"。[40] 我国证据法学者张保生教授也称"鉴真旨在证明物证、书证等展示性证据与案件特定事实之间联系的真实性"。[41] 不难发现,鉴真的内涵同我国对证据的关联性和真实性审查相似,但其就真实性的审查更倾向于一种形式上的审查。只有在形式上属实的证据,才能被法庭采纳。

美国《联邦证据规则》规定了翔实的鉴真要求。它按鉴真方式将证据

---

〔37〕 Rule 401, Federal Rules of Evidence (2020 Edition) of USA, https://www.rulesofevidence.org/.

〔38〕 Rule 402, Federal Rules of Evidence (2020 Edition) of USA, https://www.rulesofevidence.org/.

〔39〕 Fed. R. Evid. 901(a); United States v. Simpson, 152 F.3d 1241, 1250 (10th Cir., 1998).

〔40〕 美国《联邦证据规则》咨询委员会对规则第901条的注释。

〔41〕 张保生主编:《证据法学》,中国政法大学出版社2009年版,第200页。

分为两类:一是国内公文、外国公文、经证明的公共记录副本、官方出版物、报纸和期刊以及商品标志等,这些证据无须外部证据,仅凭自身即可认定其真实性,从而确定其可采性;二是其他证据,它们需要通过知情证人的证言、非专家对笔迹的意见、审理者或专家的比对、声音辨认、公共记录或报告、陈旧文件或数据汇编、程序或汇编等予以鉴真或辨认,来保证其用作证据的可采性。前者被称为内在证据或自我鉴真证据,后者被称为外在证据。[42]

(四)非法证据排除规则

非法证据排除规则的含义是指对于那些通过非法程序或手段取得的证据,包括以刑讯逼供手段取得的口供和非法搜查扣押取得的实物证据等,均应予以排除。例如,美国《联邦宪法》第四修正案规定,公民人身、住宅、文件及财产不受任何无理的搜查和扣押。[43] 因此,违反这一规定获得的证据,不得在审判中采用。非法证据排除规则旨在限制、防止国家滥用权力,保护公民个人权利不受侵犯。它体现了强调程序公正的价值观念。但是,20 世纪 80 年代以来,由于犯罪浪潮的冲击,美国联邦最高法院开始对排除规则设立“违法污染状态中断的例外”“独立来源的例外”“最终或必然发现的例外”“善意、诚实的例外”等若干例外。例如,按照“最终或必然发现的例外”规则,如果控方能够证明,即使在没有执法人员违法取证的情况下,这些证据最终或必然也会被发现,那么该证据就可采用。

(五)传闻规则

传闻规则是英美法系国家的重要证据规则。按照该规则,如果某人的陈述属于传闻,那么就应该排除,除非它属于法律规定的例外情形。例如,

---

〔42〕 Rule 901 – 903, Federal Rules of Evidence (2020 Edition) of USA, https://www.rulesofevidence.org/.

〔43〕 Amendment IV: The right of the people to be secure in their persons, houses, papers, and effects, against unreasonable searches and seizures, shall not be violated, and no Warrants shall issue, but upon probable cause, supported by Oath or affirmation, and particularly describing the place to be searched, and the persons or things to be seized. See All Amendments to the United States Constitution, http://hrlibrary.umn.edu/education/all_amendments_usconst.htm.

美国《联邦证据规则》之规则801(C)规定,传闻是指陈述者在审判或听证之外所作的陈述,将其作为证据提出用以证明主张事实的真实性;[44] 规则802规定,传闻证据不得采纳,除非本规则或最高法院根据制定法制定的规则或国会立法另有规定;[45] 规则803对传闻规则的例外情形作出了多达23种详尽规定。[46]

当今少数大陆法系国家也有限制地通过立法确立了传闻证据规则。例如,日本《刑事诉讼法》第320条第1款规定了否定传闻证据的证据能力的原则,即所谓的"禁止传闻原则",它同随后第321~328条关于传闻例外、不适用传闻和非传闻的规定共同形成了完整的刑事诉讼传闻规则。[47] 再如,我国台湾地区"刑事诉讼法"第159条第1款规定:"证人于审判外之陈述,除法律有规定者,不得作为证据。"[48] 这一表达与英美法系的传闻规则在结构形式上完全相同,只能认定其就是传闻规则,不可能有其他不同的解释。[49]

(六)直接审查规则

这是大陆法系国家的一种证据规则,其具有与英美法系国家的传闻证据规则相似的意义。按照该规则,证人证言只有经过法庭上的直接审理之后才能被采纳为证据,未经法庭直接审查的证言都不具有证据资格。例如,德国《刑事诉讼法典》第250条规定:"对事实的证明如果是建立在一个人的感觉之上的时候,要在审判中对他询问。询问不允许以宣读以前的询问

---

〔44〕 Rule 801 (c), Federal Rules of Evidence (2020 Edition) of USA, https://www.rulesofevidence.org/.

〔45〕 Rule 802, Federal Rules of Evidence (2020 Edition) of USA, https://www.rulesofevidence.org/.

〔46〕 Rule 803, Federal Rules of Evidence (2020 Edition) of USA, https://www.rulesofevidence.org/.

〔47〕 Sec 320 – 328, Code of Criminal Procedure of Japan, Law number: Act No. 131 of 1948, Law number: Amendment of Act No. 74 of 2011, http://www.japaneselawtranslation.go.jp/law/detail/?id=3364&vm=02&re=02.

〔48〕 五南法学研究中心编辑:《简易小六法》,台北,五南图书出版股份有限公司2011年版,第7~29页。

〔49〕 周叔厚:《证据法论》,台北,三民书局1995年版,第812页;黄朝义:《论刑事证据法上之传闻法则》,载《东海法学研究》1998年第12期。

笔录或者书面证言来代替。”[50]

（七）意见证据规则

意见证据是指证人根据其感知的事实作出的推断性证言，包括普通证人证言（或称非专家证言）和专家证言。对于普通证人证言，意见证据规则的原则是一般不能采纳，除非法律另有规定；对于专家证言，一般则可以采纳。例如，美国《联邦证据规则》之规则 701 规定，“如果证人并非作为专家作证，那么他以意见形式作出的证言仅限于以下情况：（a）合理建立在证人感知的基础上；（b）有助于正确理解该证人的证言或确定争议事实；以及（c）非基于规则 702 范围内的科学、技术或其他专门知识”。[51] 规则 702 规定，“如果证人凭其知识、技能、经验、训练或经教育具备专家资格，且满足下列全部条件的，则其可以专家意见或其他形式作证：（a）该专家的科学、技术或其他专业知识有助于事实裁判者理解证据或确定争议事实；（b）其证词系以充分的事实或资料为根据；（c）其证词系可靠原则和方法的产物；（d）该专家可靠地将原则和方法应用于案件事实”。[52]

（八）最佳证据规则

最佳证据规则是英美法系最古老的证据规则，主要适用于书证。该规则要求，在证明书证内容的真实性时，必须提供书面材料的原件，只有在原件被证明已灭失时才能提供副件。例如，美国《联邦证据规则》之规则 1002 规定，“文书、录音或照相，应该提交原件，除非本法或国会立法另有规定”；[53] 规则 1004 规定，“在下列情况下，可以不提交文书、录音或照片的原件：（a）非因提议一方故意导致原件遗失或毁坏的；（b）原件无法获得的；

〔50〕 Sec. 250, German Code of Criminal Procedure, https://www. gesetze - im - internet. de/englisch_stpo/englisch_stpo. html.

〔51〕 Rule 701, Federal Rules of Evidence (2020 Edition) of USA, https://www. rulesofevidence. org/.

〔52〕 Rule 702, Federal Rules of Evidence (2020 Edition) of USA, https://www. rulesofevidence. org/.

〔53〕 Rule 1002, Federal Rules of Evidence (2020 Edition) of USA, https://www. rulesofevidence. org/.

(c)原件在对方掌握中的;(d)文书、录音、照片与案件中主要争议问题之间没有密切关系”。[54]

(九)司法认知规则

司法认知是一项重要的证据规则,英美法系国家的证据法多对此做出了详尽的规定。例如,英国证据法将司法认知分为四类:第一,众所周知的事实,如12月25日是圣诞节、猫是家畜等;第二,经过调查后在审判上知悉的事实,法官可以通过查阅历史著作、档案等,寻找与争执点有关的历史信息;第三,英国法、欧洲共同体法、英国国会的立法程序,法官应知悉这些成文法的内容而不必证明它们曾经获得通过,知悉国会的立法程序则属于职务上的必要,亦无须何种证明方式;第四,成文法的规定,这些规定主要涉及文书的签名和蜡封的盖印。为防止诉讼中出现冗长的困扰,法律规定除非一方提起伪造控告,法院在审判上应当确认这些签名是真实的。司法认知规则的主要功能在于节省证明的时间、人力和费用,提高诉讼效率。

(十)品格证据规则

品格证据,是指证明某些诉讼参与人的品格或品格特性的证据。对于品格证据的可采性有两条不同的规则:其一,品格证据本身就是犯罪、主张和辩护的要件之一的,原则上可以采用;其二,品格证据用于推断某人在特定情况下的行为与其品格的一致性的,原则上不可采用,但法律另有规定的除外。例如,美国《联邦证据规则》之规则404(a)(2)规定了刑事诉讼中三种例外情形:一是被告人提供的能够证明其品格良好的证据;二是被告人提供的关于被害人品格的证据;三是杀人案件中证明证人诚实与否的证据。[55]

(十一)预防规则

预防规则规定,在提出特定形式的证据时必须以某种保证方式作为附

---

〔54〕 Rule 1004, Federal Rules of Evidence (2020 Edition) of USA, https://www.rulesofevidence.org/.

〔55〕 Rule 404(a)(2), Federal Rules of Evidence (2020 Edition) of USA, https://www.rulesofevidence.org/.

加措施，否则就不能采纳该证据；或者如果在提出某种证据时存在可能影响证据真实性的因素，则应采取一定的预防措施。例如，德国《刑事诉讼法典》第 247 条规定，“如果庭上讯问共犯或者质询证人时，可能出现因被告人在场而不实陈述之虞的，法庭可以命令被告人在讯问或询问期间退出法庭。如果庭上质询 18 岁以下的证人可能出现对该证人福祉的相当大损害，或者庭上质询其他证人可能出现对该证人的严重性损害，法庭亦可以作上述处理。被告人被逐出法庭的时间限于因担心严重损害健康等有关被告人情况、治疗等话题期间。待被告人被带回法庭后，主审法官应当告知他诉讼流程的实质内容，包括其离场期间所提供的证词”。〔56〕预防规则的主要作用在于防范伪证，保证作证的真实可靠性。

(十二)行政案卷外证据排除规则

行政案卷外证据排除规则，也称“案卷排他性规则”，是指行政机关只能依据行政案卷材料作出裁决，而不能依据案卷材料以外的任何证据作出裁决。如美国《联邦行政程序法》第 556(e)条规定：“证言的记录、证物连同裁决程序提出的全部文书和申请书，构成按照本编第 557 节规定作出裁决的唯一案卷。”〔57〕在美国，这一规则不仅适用于行政执法程序，而且适用于相应的法院审判程序。

(十三)自由心证规则

自由心证规则是当今各国针对证明力判断而普遍采用的一项规则。一般来说，在大陆法系国家的法律中有明文规定。如日本《刑事诉讼法》第 318 条规定：“证据的证明力由法官自由判断。”〔58〕德国《刑事诉讼法》第

〔56〕 Sec. 247, German Code of Criminal Procedure, https://www. gesetze – im – internet. de/englisch_stpo/englisch_stpo. html.

〔57〕 § 556 (e), USA Administrative Procedure Act, Administrative Procedure Act | National Archives, https://www. archives. gov/federal – register/laws/administrative – procedure/556. html.

〔58〕 Sec 318, Code of Criminal Procedure of Japan, Law number: Act No. 131 of 1948, Law number: Amendment of Act No. 74 of 2011, http://www. japaneselawtranslation. go. jp/law/detail/? id = 3364&vm = 02&re = 02.

261 条规定:“对证据调查的结果,由法庭根据在审理的全过程中建立起来的内心确信而决定。”[59] 俄罗斯《联邦刑事诉讼法》第 17 条第 1 款规定:“法官、陪审员以及检察官、侦查人员、调查人员在评估证据时,应当根据刑事案件中所提供的全部证据,基于法律和良心,形成内心确信。”[60] 相比而言,英美法系国家中无此明文法律规定,不过学理和实务中均亦认同该项规则。

(十四)书证优先规则

书证优先规则是法国等大陆法系国家使用的规则。法国自 1566 年的《穆兰法令》开始,证据制度中就一直强调签名书证的优先地位,用书证优先规则取代了过去的证人优先规则。这一立法改革的意图是:第一,由于合同的纠纷不断增加,且日益复杂化,在解决这类纠纷的诉讼中,法官如果依靠证人则不易查明案件事实,并会造成诉讼上的混乱;第二,为了防止滥用诉权,减少法院诉累;第三,强调书证的优先有利于防止当事人收买证人作伪证。法国《民法典》第 1359 条第 1 款规定:“凡是涉及超过一定金额或价值的司法行为,必须通过经由私人签署或官方认证的书面证据证明。”[61] 显然,这基本上是一项专门性的证明力规则。

(十五)口供补强规则

口供补强规则也是一项大陆法系证据规则。它是为保证刑事诉讼被告人权利而设置的。如日本《刑事诉讼法》第 319 条第 2 款规定:“无论是否是在公审庭上作出的供述,当该供述是对被告人不利的唯一的证据时,不得

---

〔59〕 Sec. 261, German Code of Criminal Procedure, https://www. gesetze – im – internet. de/englisch_stpo/englisch_stpo. html.

〔60〕 Article 17, Criminal – Procedural Code ot the Russian Federation No. 174 – fz of December 18, 2001, https://www. imolin. org/doc/amlid/Russian_Federation_Criminal_Procedure_Code. pdf.

〔61〕 Art. 1359(2) of French Civil Code 2016, https://www. trans – lex. org/601101/_/french – civil – code – 2016/#head_83.

认定被告人有罪。”[62]需要注意的是，这与我国《刑事诉讼法》第55条的规定有重大区别，这里强调的是只有“唯一”的口供证据不能定案；我国的规定是“只有被告人供述，没有其他证据的，不能认定被告人有罪和处以刑罚”，即无论有多少份口供证据，包括同案犯口供相印证也不能定案。显然，仅从字面上看，我国的法律规定过于苛严。

---

〔62〕 Sec 319(2), Code of Criminal Procedure of Japan, Law number: Act No. 131 of 1948, Law number: Amendment of Act No. 74 of 2011, http://www.japaneselawtranslation.go.jp/law/detail/?id=3364&vm=02&re=02.

第三节　中国的证明规则

毫无疑问,我们必须接受这种观点,即以不正当手段收集到的证据并不必然导致证据的不可采纳。

——[英]威杰里

北大方正集团有限公司、北京红楼计算机科学技术研究所因与北京高术天力科技有限公司、北京高术科技公司(以下将原告、被告分别简称为北大方正、高术公司)计算机软件著作权侵权纠纷案系我国民事诉讼领域的陷阱取证名案。北大方正是方正 RIP、方正文台、方正字库等计算机软件的著作权人。软件投入市场后一直受到用户的欢迎,但也因此成为盗版者疯狂攫取的目标。通过调查,北大方正怀疑北京高术公司有制售上述软件的嫌疑。自 2001 年 6 月起,北大方正委派下属公司职员以普通用户的身份,会同北京市国信公证处公证人员到高术公司进行公证取证:北大方正职员先以个人名义多次与高术公司员工联系商谈购买照排机及安装方正 RIP 等软件相关事宜,并与高术公司签订了相关合同,分两次支付货款共 394250 元(占货款总额的 95%)。高术公司为上述款项出具了收据,让员工为北大方正进行了照排机的安装、调试工作,并在主机中安装了盗版方正软件,留下装有盗版软件的光盘及加密狗等。在获取有关证据后,2001 年 8 月 23 日北大方正将有盗版行为的高术公司告上了法庭。一审法院认为,原告为了获得被告侵权的证据,“投入较为可观的成本,其中包括购买激光照排机、租赁房屋等,采取的是‘陷阱取证’的方式,该方式并未被法律所禁止,应予认可",判决被告赔偿原告经济损失及调查取证费100余万元。[63] 被告不服而上诉。二审法院作出终审判决,认为原告购买激光照排机是假,欲获取被告销售盗版方正软件的证据是真,原告的此种取证方式并非获取被告侵权证据的唯一方式,"此种取证方式有违公平原则,一旦被广泛利用,将对正常的市场秩序造成破坏,故对该取证方式不予认可"。因此,撤销一审判决,改判北大方正只获赔13万元经济损失费(一套软件的价格)和1万元公证费。[64] 后来,原审原告北大方正继续向北京市高级人民法院、最高人民法院申请再审。北京市高级人民法院驳回再审申请。[65] 2006年3月,最高人民法院裁定提审该案。该案引发的民事非法取证问题再起波澜。

一、我国证据规则的法律渊源

我国建设现代证据法律制度的历史并不长,基本是源于20世纪70年代末。迄今为止,已经形成了以《刑事诉讼法》《民事诉讼法》《行政诉讼法》中证据规定为主干的一切有关证据法律规范的多层次证据法律体系。它共分为四个层面,而证据规则在很大程度上就紧密依附于现行证据法律体系之中。

第一层面是宪法。它具有最高的法律效力。我国《宪法》第37条规定:"中华人民共和国公民的人身自由不受侵犯。任何公民,非经人民检察院批准或者决定或者人民法院决定,并由公安机关执行,不受逮捕。禁止非法拘禁和以其他方法非法剥夺或者限制公民的人身自由,禁止非法搜查公民的身体。"第39条规定:"中华人民共和国公民的住宅不受侵犯。禁止非法搜查或者非法侵入公民的住宅。"第40条规定:"中华人民共和国公民的通信自由和通信秘密受法律的保护。除因国家安全或者追查刑事犯罪的需要,由公安机关或者检察机关依照法律规定的程序对通信进行检查外,任何组织或者个人不得以任何理由侵犯公民的通信自由和通信秘密。"这些条款为我国有关机关的取证行为设置了宪法性的约束,可看作宪法性证据规则。

---

〔63〕 北京市第一中级人民法院民事判决书,(2001)一中知初字第268号。

〔64〕 北京市高级人民法院民事判决书,(2002)高民终字第194号。

〔65〕 北京市高级人民法院驳回再审申请通知书,(2003)高民监字第196号。

第二层面是全国人大及其常委会通过的基本法律,如《刑事诉讼法》《民事诉讼法》《行政诉讼法》《监察法》《仲裁法》等程序法,以及《民法典》《电子签名法》《刑法》等实体法。它们是反映国家意志的主要证据法渊源,尤其是三大诉讼法所确立的证据规则占据着最为突出的地位。在这些程序法中,所涉及的证据规则主要包括关于询问、讯问、现场勘查、辨认、侦查/调查实验、鉴定、搜查、扣押、技术侦查/调查等取证规则,另有关于如何举证、质证、认证的一些原则性规定,但体系性有所欠缺。在这些实体法中,主要是或明或暗地规定了推定规则、证明责任的分配规则等。今后我国要在证据规则方面有所作为,主要是在这一层面要有所突破。

第三层面是最高人民法院、最高人民检察院、公安部等针对证据问题所作的一系列司法解释、部门性规章。其中,有关司法解释在本书第一章第四节已有列举,在此不赘;有关的部门性规章主要是包括《公安机关办理刑事案件程序规定》《公安机关办理行政案件程序规定》《公安机关办理刑事案件电子数据取证规则》等,它们是极具可操作性的法律规范。

第四层面是我国缔结的、涉及证据条款的一些国际公约或国际条约。如《公民权利和政治权利国际公约》《联合国打击跨国有组织犯罪公约》《联合国反腐败公约》与国际私法会议《关于从国外调取民事或商事证据的公约》等,它们分别确定了刑事诉讼中反对自我归罪特免权规则、刑事国际调查协助规则与民商事国际调查协助规则等。在司法证明活动中遵守这些公约,是我国的国际法义务。

链接　克里斯蒂昂迪奥尔香料公司诉国家工商行政管理总局商标评审委员会商标申请驳回复审行政纠纷案〔66〕

涉案申请商标为国际注册第1221382号商标,申请人为克里斯蒂昂迪奥尔香料公司(以下简称迪奥尔公司)。申请商标的原属国为法国,核准注册时间为2014年4月16日,国际注册日期为2014年8月8日,国际注册所有人为迪奥尔公司,指定使用商品为香水、浓香水等。申请商标经国际注册后,根据《商标国际注册马德里协定》《商标国际注册马德里协定有关议定

〔66〕 最高人民法院指导案例第114号。

书》的相关规定,迪奥尔公司通过世界知识产权组织国际局(以下简称国际局),向澳大利亚、丹麦、芬兰、英国、中国等提出领土延伸保护申请。2015年7月13日,国家工商行政管理总局商标局向国际局发出申请商标的驳回通知书,以申请商标缺乏显著性为由,驳回全部指定商品在中国的领土延伸保护申请。在法定期限内,迪奥尔公司向国家工商行政管理总局商标评审委员会(以下简称商标评审委员会)提出复审申请。商标评审委员会认为,申请商标难以起到区别商品来源的作用,缺乏商标应有的显著性,遂以第13584号决定,驳回申请商标在中国的领土延伸保护申请。迪奥尔公司不服,提起行政诉讼。

迪奥尔公司认为,首先,申请商标为指定颜色的三维立体商标,迪奥尔公司已经向商标评审委员会提交了申请商标的三面视图,但商标评审委员会却将申请商标作为普通商标进行审查,决定作出的事实基础有误。其次,申请商标设计独特,并通过迪奥尔公司长期的宣传推广,具有了较强的显著性,其领土延伸保护申请应当获得支持。

此案先后经过北京知识产权法院一审、北京市高级人民法院二审以及最高人民法院提审。2018年4月26日,最高人民法院作出(2018)最高法行再26号判决,判令国家工商行政管理总局商标评审委员会重新作出复审决定。最高人民法院认为:……《商标国际注册马德里协定》《商标国际注册马德里协定有关议定书》制定的主要目的是通过建立国际合作机制,确立和完善商标国际注册程序,减少和简化注册手续,便利申请人以最低成本在所需国家获得商标保护。结合本案事实,申请商标作为指定中国的马德里商标国际注册申请,有关申请材料应当以国际局向商标局转送的内容为准。现有证据可以合理推定,迪奥尔公司已经在商标国际注册程序中对申请商标为三维立体商标这一事实作出声明,说明了申请商标的具体使用方式并提供了申请商标的一面视图。在申请材料仅欠缺《商标法实施条例》规定的部分视图等形式要件的情况下,商标行政机关应当秉承积极履行国际公约义务的精神,给予申请人合理的补正机会。最高人民法院判决,对商标评审委员会的决定应予纠正。

该案的"裁判要点"是:(1)商标国际注册申请人完成了《商标国际注册马德里协定》及其议定书规定的申请商标的国际注册程序,申请商标国际注册信息中记载了申请商标指定的商标类型为三维立体商标的,应当视为申请人提出了申请商标为三维立体商标的声明。因国际注册商标的申请人无须在指定国家再次提出注册申请,故由世界知识产权组织国际局向中国商标局转送的申请商标信息,应当是中国商标局据以审查、决定申请商标指定中国的领土延伸保护申请能否获得支持的事实依据。(2)在申请商标国际注册信息仅欠缺商标法实施条例规定的部分视图等形式要件的情况下,商标行政机关应当秉承积极履行国际公约义务的精神,给予申请人合理的补正机会。这表明,《商标国际注册马德里协定》《商标国际注册马德里协定有关议定书》是中国开展商标评审时必须遵守的证据法渊源。

二、我国证据规则的现状

(一)已确立的证据规则

从上述法律渊源来看,我国的证据规则已经形成规模。具体来说,我国关于如何取证、举证、质证、认证的程序性证据规则基本成型,当然在证据展示、交叉询问等方面还有欠缺,在关于证据资格与证明力的实体性规则方面更有不足。基于此,并考虑到实体性规则才具有真正独立的地位,下文将侧重对实体性证据规则进行归纳概括。

1. 非法证据排除规则

我国现有的非法证据排除规则因诉讼性质的不同而有区别。在刑事诉讼中,对于非法收集的言词证据和部分实物证据适用不同的排除标准;在民事、行政诉讼中,则对于非法收集的任何证据均适用同样的排除规则。

(1)我国刑事诉讼中的非法证据排除规则

我国刑事诉讼中的非法证据排除规则有一个逐步演变和深入人心的过程。早在1994年,最高人民法院颁布的《关于审理刑事案件程序的具体规定》(现已失效)第45条中规定:“严禁以非法的方法收集证据。凡经查证确实属于采用刑讯逼供或者威胁、引诱、欺骗等非法的方法取得的证人证言、被害人陈述、被告人供述,不能作为证据使用……”1996年,最高人民法院《关于执行〈中华人民共和国刑事诉讼法〉若干问题的解释(试行)》(现已失效)第58条规定:“严禁以非法的方法收集证据。凡经查证确实属于采用刑讯逼供或者威胁、引诱、欺骗等非法的方法取得的证人证言、被害人陈述、被告人供述,不能作为定案的根据。”2012 年,最高人民法院《关于适用〈中华人民共和国刑事诉讼法〉的解释》(现已失效)第 102 条规定:“经审理,确认或者不能排除存在刑事诉讼法第五十四条规定的以非法方法收集证据情形的,对有关证据应当排除。”最高人民检察院于 1999 年颁行的《人民检察院刑事诉讼规则(试行)》(现已失效)第 265 条第 1 款规定:“严禁以非法的方法收集证据。以刑讯逼供或者威胁、引诱、欺骗等非法的方法收集的犯罪嫌疑人供述、被害人的陈述、证人证言,不能作为指控犯罪的根据。”该规则 2012 年修订本文(现已失效)第 187 条规定:“……严禁刑讯逼供和以威胁、引诱、欺骗以及其他非法方法收集证据,不得强迫任何人证实自己有罪。”简单评价,这些规定的表述存在歧义,亦缺乏程序保障。

2010 年,为确保办理的每一起案件都经得起法律和历史的检验,最高人民法院等五部门出台了《关于办理死刑案件审查判断证据若干问题的规定》和《关于办理刑事案件排除非法证据若干问题的规定》,采取务实的态度重建我国刑事非法证据排除规则,规定对于明显违反法律和有关规定取得的证据不能作为定案的根据:①采用刑讯逼供等非法手段取得的犯罪嫌疑人、被告人供述和采用暴力、威胁等非法手段取得的证人证言、被害人陈述。②物证、书证的取得明显违反法律规定,可能影响公正审判,且不能作出补正或者合理解释的。以上两种情形的非法证据排除规则适用于全部刑事诉讼。③经勘验、检查、搜查提取、扣押的物证、书证,未附有勘验、检查笔录、搜查笔录、提取笔录、扣押清单,不能证明物证、书证来源的。④询问证人没有个别进行而取得的证言;没有经证人核对确认并签名(盖章)、按指印的书面证言;询问聋哑人或者不通晓当地通用语言、文字的少数民族人员、外国人,应当提供翻译而未提供的。⑤讯问笔录没有经被告人核对确认并签名(盖章)、按指印的被告人供述;讯问聋哑人、不通晓当地通用语言、文字的人员时未提供翻译人员的被告人供述。⑥不具备法定的资格和条件的鉴定机构出具的鉴定意见;鉴定事项超出鉴定机构项目范围或者鉴定能力的鉴定意见。⑦辨认中给辨认人明显暗示或者明显有指认嫌疑的辨认结论。⑧勘验、检查笔录存在明显不符合法律及有关规定的情形,且不能作出合理解释或者说明的。以上第③～⑧种情形的非法证据排除规则仅适用于死刑案件。

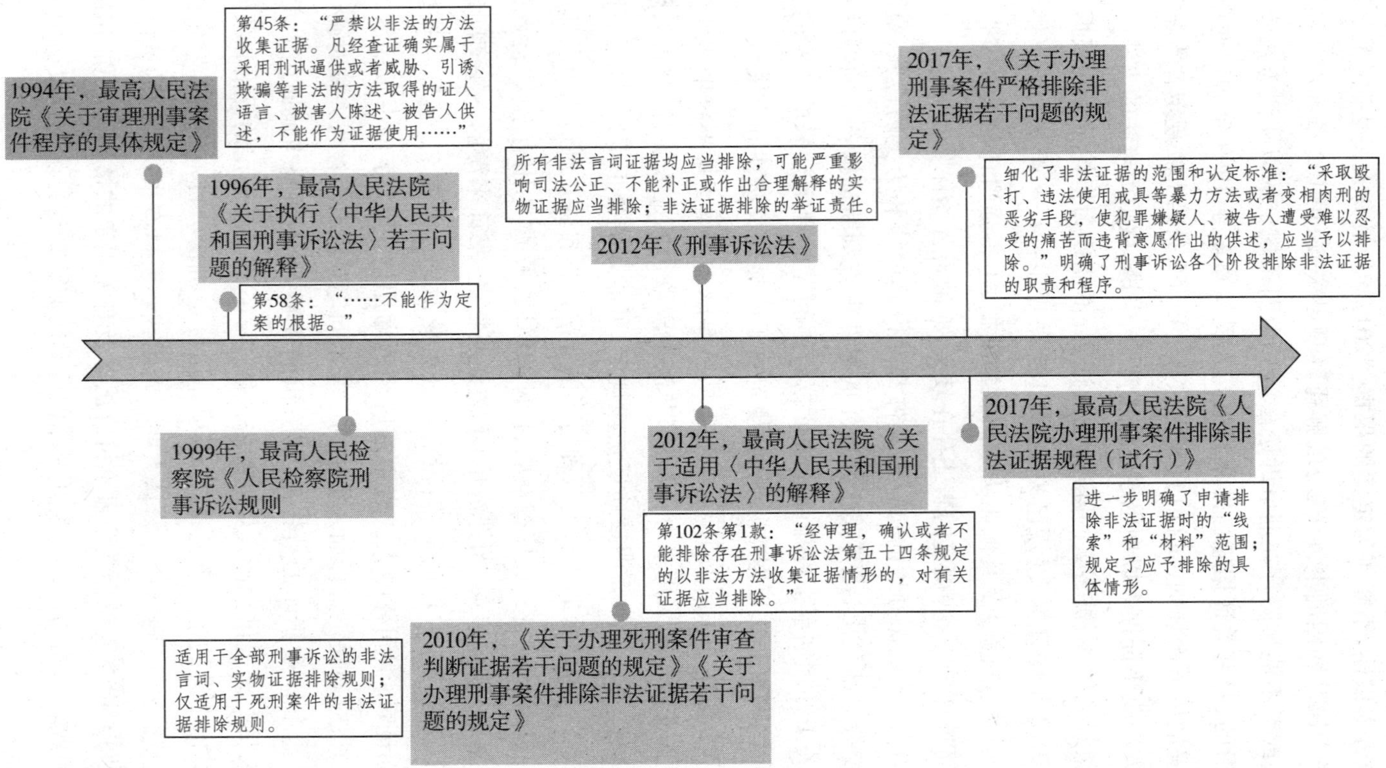

图12–1　我国刑事诉讼中"非法证据排除规则"的演变

2012 年我国修改《刑事诉讼法》时吸收了上述两部证据规定中非法证据排除规则的合理内容，并提升为诉讼法层面的非法证据排除规则。该法第 54 条第 1 款规定："采用刑讯逼供等非法方法收集的犯罪嫌疑人、被告人供述和采用暴力、威胁等非法方法收集的证人证言、被害人陈述，应当予以排除。收集物证、书证不符合法定程序，可能严重影响司法公正的，应当予以补正或者作出合理解释；不能补正或者作出合理解释的，对该证据应当予以排除。"该法还规定了关于非法证据排除的举证责任等内容。

链接　王玉雷不批准逮捕案〔67〕

2014 年 2 月 18 日 22 时许，王玉雷报案称：当日 22 时许，其在回家路上发现一名男子躺在地上，旁边有血迹。次日，顺平县公安局对此案立案侦查。公安局排查后认为，报案人王玉雷有重大嫌疑，遂于 3 月 8 日以涉嫌故意杀人罪对其刑事拘留。3 月 15 日，顺平县公安局提请顺平县人民检察院批准逮捕王玉雷。检察院审查案件时，发现该案事实证据存在许多疑点和矛盾。3 月 18 日，办案人员首次提审王玉雷时发现，其右臂被石膏固定、活动吃力，在询问该伤情原因时，其极力回避，虽然对杀人行为予以供认，但供述内容无法排除案件存在的疑点。之后，王玉雷推翻了在公安机关所作的全部有罪供述，称有罪供述系被公安机关对其采取非法取证手段后作出。

顺平县人民检察院认为，王玉雷有罪供述系采用非法手段取得，属于非法言词证据，依法应当予以排除。在排除王玉雷有罪供述后，其他在案证据不能证实王玉雷实施了犯罪行为，故该案事实不清，证据不足，不符合批准逮捕条件。在刑事诉讼中，应当严格坚持非法证据排除规则。我国《刑事诉讼法》规定逮捕的证据条件是"有证据证明有犯罪事实"，"证据"必须是依法取得的合法证据，不包括采取刑讯逼供、暴力取证等非法方法取得的证据。

2017 年 4 月，习近平总书记主持召开中央全面深化改革领导小组第三十四次会议，审议通过《关于办理刑事案件严格排除非法证据若干问题的规定》，强调"要加强对刑讯逼供和非法取证的源头预防，明确公安机关、检

〔67〕 最高人民检察院指导性案例检例第 27 号。

察机关、人民法院在各自诉讼阶段对非法证据的审查方式和排除职责，从侦查、审查逮捕和审查起诉、辩护、审判等各个环节明确排除非法证据的标准和程序，有效防范冤假错案产生”。[68] 该规定细化了非法证据的范围和认定标准，明确了刑事诉讼各个阶段排除非法证据的职责和程序。[69] 如第2条明确了刑讯逼供的范围并作出列举式规定：“采取殴打、违法使用戒具等暴力方法或者变相肉刑的恶劣手段，使犯罪嫌疑人、被告人遭受难以忍受的痛苦而违背意愿作出的供述，应当予以排除。”这里使用了“使……遭受难以忍受的痛苦”的表述，被称为“非法口供排除的痛苦规则”。[70] 第31条第1款中规定：“公诉人对证据收集的合法性加以证明……”这是对证明责任分配的表述，“完善庭审阶段对证据收集合法性的审查与调查程序”。[71] 特别值得一提的是，该规定首次确定了“重复供述[72]排除规则”，即在刑讯逼供后取得的重复供述原则上均应排除，但符合例外条件的除外。[73]

链接　金某某受贿、滥用职权案[74]

在一起受贿、滥用职权案二审中，辩方提出纪委在调查阶段实施了疲劳审讯及威胁、恐吓等违法讯问行为，其在侦查阶段所做的供述与纪委阶段违法取证行为存在因果关系，属于重复供述，应予以排除。而二审法院认为，无论先前供述还是后续供述均应产生于侦查阶段。纪委并非侦查机关，其

[68] 习近平：《拓展改革督察工作广度深度　提高发现问题解决问题实效》，载《人民日报》2017年4月19日，第1版。

[69] 戴长林、刘静坤、朱晶晶：《〈关于办理刑事案件严格排除非法证据若干问题的规定〉的理解与适用》，载《人民司法》2017年第22期。

[70] 龙宗智：《我国非法口供排除的“痛苦规则”及相关问题》，载《政法论坛》2013年第5期。

[71] 万春、高翼飞：《刑事案件非法证据排除规则的发展——〈关于办理刑事案件严格排除非法证据若干问题的规定〉新亮点》，载《中国刑事法杂志》2017年第4期。

[72] 根据司法实践语境的不同，“重复供述”大体有三种含义，一是指狭义重复供述，即被告人在遭受非法讯问并供述后，再次作出与先前内容一致的供述；二是指反复供述，即被告人供述反反复复，先是前后不一致，随后又相一致；三是指广义重复供 述，即被告人作出的内容一致的供述。参见孔令勇：《非法证据排除的“例外模式”——重复供述排除规则的教义学展开》，载《法学家》2019年第6期。

[73] 《关于办理刑事案件严格排除非法证据若干问题的规定》第5条。

[74] 浙江省绍兴市中级人民法院刑事裁定书(2016)浙06刑终863号。转引自孔令勇：《非法证据排除的“例外模式”——重复供述排除规则的教义学展开》，载《法学家》2019年第6期。

所采取的调查手段不受刑事诉讼法规制。同步录音录像显示，本案侦查机关在讯问过程中，并无刑讯逼供等非法取证行为，且告知了金某某诉讼权利与义务，因此不予排除。

2017年，最高人民法院制定《人民法院办理刑事案件排除非法证据规程（试行）》，进一步明确了申请排除非法证据时应当提供相关线索或材料的范围，第5条第1款规定："……'线索'是指内容具体、指向明确的涉嫌非法取证的人员、时间、地点、方式等；'材料'是指能够反映非法取证的伤情照片、体检记录、医院病历、讯问笔录、讯问录音录像或者同监室人员的证言等。"此外，第26条规定了应予排除的具体情形："经法庭审理，具有下列情形之一的，对有关证据应当予以排除：（一）确认以非法方法收集证据的；（二）应当对讯问过程录音录像的案件没有提供讯问录音录像，或者讯问录音录像存在选择性录制、剪接、删改等情形，现有证据不能排除以非法方法收集证据的；（三）侦查机关除紧急情况外没有在规定的办案场所讯问，现有证据不能排除以非法方法收集证据的；（四）驻看守所检察人员在重大案件侦查终结前未对讯问合法性进行核查，或者未对核查过程同步录音录像，或者录音录像存在选择性录制、剪接、删改等情形，现有证据不能排除以非法方法收集证据的；（五）其他不能排除存在以非法方法收集证据的。"

2018年3月，我国《监察法》获得通过，对监察调查中的非法证据排除规则作了规定。其第33条第3款规定："以非法方法收集的证据应当依法予以排除，不得作为案件处置的依据。"第40条第2款规定："严禁以威胁、引诱、欺骗及其他非法方式收集证据，严禁侮辱、打骂、虐待、体罚或者变相体罚被调查人和涉案人员。"以上表明，监察机关调查职务犯罪案件同样适用非法证据排除规则。有人认为，监察机关不是侦查机关，监察委员会没有参与2017年最高人民法院等部门《关于办理刑事案件严格排除非法证据若干问题的规定》的会签，因此不能据此进行非法证据排除。这一观点是错误的。道理很简单，监察机关所收集的证据要用于刑事诉讼，必须与刑事诉讼关于证据的要求和标准相一致。监察机关应当主动对接以审判为中心的司法体制改革方向，以更高的标准、更严的要求，进一步规范监察人员调查职务犯罪的取证行为,对以非法方法收集的证据应当予以排除。[75] 监察机关按照同样的证据要求和标准收集的证据,可以在刑事诉讼中使用。

2019 年 12 月,最高人民检察院发布的《人民检察院刑事诉讼规则》,第 66～77 条对非法证据排除规则的具体情形和审查方法做了细化规定。2021 年 3 月最高人民法院《关于适用〈中华人民共和国刑事诉讼法〉的解释》施行,第 123～138 条对非法证据排除规则的适用情形、例外情形、申请方法、庭前调查、当庭调查、出庭作证及处理结果等做了明确。这些堪称我国刑事诉讼非法证据排除规则的文本新高度。

(2)我国民事、行政诉讼中的非法证据排除规则

最高人民法院《关于适用〈中华人民共和国民事诉讼法〉的解释》第 106 条作出规定:"对以严重侵害他人合法权益、违反法律禁止性规定或者严重违背公序良俗的方法形成或者获取的证据,不得作为认定案件事实的根据。"这表明,在民事诉讼中判断非法证据主要考虑证据的形成或获取是否达到以下标准之一:一是严重侵犯他人合法权益;二是违反法律禁止性规定;三是严重违背公序良俗。同时表明,民事诉讼要排除的非法证据囊括各种形式的证据。在这里,关于何为侵犯他人合法权益的"严重"程度,需要由法官进行权衡。我国学者对此进行专门研究,建议法官应当考量如下因素:"被侵权人是否同意、取证出于故意、非善意还是偶然所得、举证人是否存在证明困难、是否处于正当防卫或紧急状态、是否存在更缓和的取证手段、利用证据手段是否会给被侵害人造成持续或再次侵犯等。"[76]

链接　北大方正与高术公司软件著作权案(续)

北大方正申请理由之一是,己方采取的取证方式不违反法律、法规的禁止性规定。如果不采取这样的取证方式,不但不能获得直接、有效的证据,也不可能发现对方进行侵权行为的其他线索。对此,高术公司一方答辩称,北大方正采用的"陷阱取证"方式是对法律秩序、社会公德和正常商业秩序

〔75〕《监察体制改革试点工作权威答疑:怎样确保监察机关调查取得的证据符合刑事诉讼证据标准》,载中央纪委监察部网,https://www.ccdi.gov.cn/hdjl/nwwd/201801/t20180124_210154.html。

〔76〕周翠:《民事非法证据排除的规范解释与实务观察》,载《中国法学》2020 年第 3 期。

的破坏;北大方正编造理由,多次要求本公司员工给他们安装一套盗版的方正软件,这种诱骗的做法是“陷害”,违背公序良俗。

最高人民法院针对该案涉及的取证方式是否合法问题,论证如下:“根据民事诉讼法第六十七条的规定,经过公证程序证明的法律事实,除有相反证据足以推翻的外,人民法院应当作为认定事实的根据。高术天力公司安装盗版方正软件是本案公证证明的事实,因高术公司、高术天力公司无相反证据足以推翻,对于该事实的真实性应予认定。以何种方式获取的公证证明的事实,涉及取证方式本身是否违法,如果采取的取证方式本身违法,即使其为公证方式所证明,所获取的证据亦不能作为认定案件事实的依据。因为如果非法证据因其为公证所证明而取得合法性,那就既不符合公证机关需审查公证事项合法性的公证规则,也不利于制止违法取证行为和保护他人合法权益。二审法院在否定北大方正公司取证方式合法性的同时,又以该方式获取的法律事实经过公证证明而作为认定案件事实的依据,是不妥当的。在民事诉讼中,尽管法律对于违法行为作出了较多的明文规定,但由于社会关系的广泛性和利益关系的复杂性,除另有明文规定外,法律对于违法行为不采取穷尽式的列举规定,而存在较多的空间根据利益衡量、价值取向来解决,故对于法律没有明文禁止的行为,主要根据该行为实质上的正当性进行判断。就本案而言,北大方正公司通过公证取证方式,不仅取得了高术天力公司现场安装盗版方正软件的证据,而且获取了其向其他客户销售盗版软件,实施同类侵权行为的证据和证据线索,其目的并无不正当性,其行为并未损害社会公共利益和他人合法权益。加之计算机软件著作权侵权行为具有隐蔽性较强、取证难度大等特点,采取该取证方式,有利于解决此类案件取证难问题,起到威慑和遏制侵权行为的作用,也符合依法加强知识产权保护的法律精神。此外,北大方正公司采取的取证方式亦未侵犯高术公司、高术天力公司的合法权益。北大方正公司、红楼研究所申请再审的理由正当,应予支持。据此,本案涉及的取证方式合法有效,对其获取证据所证明的事实应作为定案根据。”〔77〕

最终,最高人民法院裁定二审法院对部分事实认定不清,适用法律不

〔77〕 最高人民法院民事判决书,(2006)民三提字第1号。

当,并予以纠正。

我国现行《行政诉讼法》中第43条第3款规定:“以非法手段取得的证据,不得作为认定案件事实的根据。”这表明非法证据排除规则在行政诉讼法层面得到了确认。如何理解这里所说的“非法手段取得”?主要有两种方法:一是依照2002年最高人民法院《关于行政诉讼证据若干问题的规定》。其第58条规定:“以违反法律禁止性规定或者侵犯他人合法权益的方法取得的证据,不能作为认定案件事实的依据。”[78]这确立了两项初步标准。二是2018年最高人民法院《关于适用〈中华人民共和国行政诉讼法〉的解释》。其第43条作了进一步明确:“有下列情形之一的,属于行政诉讼法第四十三条第三款规定的‘以非法手段取得的证据’:(一)严重违反法定程序收集的证据材料;(二)以违反法律强制性规定的手段获取且侵害他人合法权益的证据材料;(三)以利诱、欺诈、胁迫、暴力等手段获取的证据材料。”这是更为精准的三项判断标准。

---

[78] 最高人民法院《关于行政诉讼证据若干问题的规定》另有一处关于证据排除的专门条文。其第57条规定:“下列证据材料不能作为定案依据:(一)严重违反法定程序收集的证据材料;(二)以偷拍、偷录、窃听等手段获取侵害他人合法权益的证据材料;(三)以利诱、欺诈、胁迫、暴力等不正当手段获取的证据材料;(四)当事人无正当事由超出举证期限提供的证据材料;(五)在中华人民共和国领域以外或者在中华人民共和国香港特别行政区、澳门特别行政区和台湾地区形成的未办理法定证明手续的证据材料;(六)当事人无正当理由拒不提供原件、原物,又无其他证据印证,且对方当事人不予认可的证据的复制件或者复制品;(七)被当事人或者他人进行技术处理而无法辨明真伪的证据材料;(八)不能正确表达意志的证人提供的证言;(九)不具备合法性和真实性的其他证据材料。”这可以视为行政诉讼证据排除规则的“集大成者”,其中有涉及非法证据排除的个别情形,更多地涉及证据不具有真实性、原始性的情形。

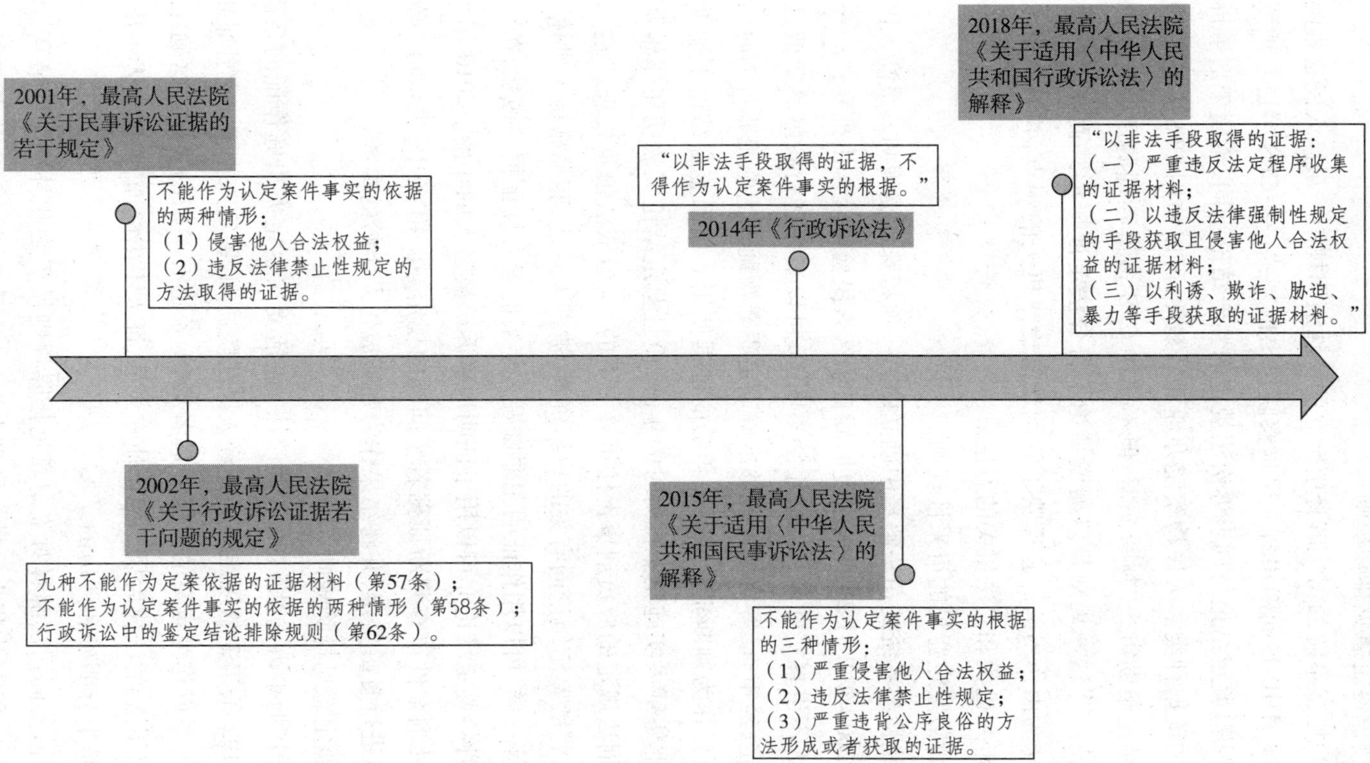

图12-2 我国民事、行政诉讼中“非法证据排除规则”的演变

2. 测谎鉴定意见排除规则

这是检察系统的司法解释中确立的特殊证据规则。最高人民检察院于1999年9月10日向四川省人民检察院作出批复:"……CPS多道心理测试(俗称测谎)鉴定结论与刑事诉讼法规定的鉴定结论不同,不属于刑事诉讼法规定的证据种类。人民检察院办理刑事案件,可以使用CPS多道心理测试鉴定结论帮助审查、判断证据,但不能将CPS多道心理测试鉴定结论作为证据使用。"这一规则是以测谎结论不符合法定证据形式而非以取得方式不合法为由作出的。它反映了我国最高检察机关的观点,并不能当然代表最高审判机关和立法机关的看法。

3. 骨龄鉴定意见的可采性规则

这是检察系统的司法解释中确立的另一项特殊证据规则。最高人民检察院于2000年2月21日向宁夏回族自治区人民检察院作出批复:"……犯罪嫌疑人不讲真实姓名、住址,年龄不明的,可以委托进行骨龄鉴定或其他科学鉴定,经审查,鉴定结论能够准确确定犯罪嫌疑人实施犯罪行为时的年龄的,可以作为判断犯罪嫌疑人年龄的证据使用。如果鉴定结论不能准确确定犯罪嫌疑人实施犯罪行为时的年龄,而且鉴定结论又表明犯罪嫌疑人年龄在刑法规定的应负刑事责任年龄上下的,应当依法慎重处理。"这一规则表明,骨龄鉴定结论同有关的户籍资料、被害人陈述、犯罪嫌疑人供述、证人证言等一样,可以用作证明犯罪嫌疑人年龄的参考性证据。诚然,在司法实务中骨龄鉴定结论亦可以用于证明刑事诉讼被害人的年龄。2010年《关于办理死刑案件审查判断证据若干问题的规定》第40条中,也认可"必要时,可以进行骨龄鉴定,并将结果作为判断被告人年龄的参考"。

4. 鉴定意见排除规则

我国《刑事诉讼法》《民事诉讼法》包括要求鉴定人出庭作证的条款。前者第192条第3款规定:"……经人民法院通知,鉴定人拒不出庭作证的,鉴定意见不得作为定案的根据。"后者第81条也有类似的表述。这确定了鉴定人不出庭的法律后果。相比侦查人员、证人不出庭而言,鉴定人不出庭的后果是十分明确和严厉的。

此外,不同司法解释对鉴定意见排除规则做了细化补充。如最高人民法院《关于适用〈中华人民共和国刑事诉讼法〉的解释》第98条规定:"鉴定意见具有下列情形之一的,不得作为定案的根据:(一)鉴定机构不具备法定资质,或者鉴定事项超出该鉴定机构业务范围、技术条件的;(二)鉴定人不具备法定资质,不具有相关专业技术或者职称,或者违反回避规定的;(三)送检材料、样本来源不明,或者因污染不具备鉴定条件的;(四)鉴定对象与送检材料、样本不一致的;(五)鉴定程序违反规定的;(六)鉴定过程和方法不符合相关专业的规范要求的;(七)鉴定文书缺少签名、盖章的;(八)鉴定意见与案件事实没有关联的;(九)违反有关规定的其他情形。"这确立了刑事诉讼中排除鉴定意见的详细情形。再如最高人民法院《关于行政诉讼证据若干问题的规定》第 62 条规定:"对被告在行政程序中采纳的鉴定结论,原告或者第三人提出证据证明有下列情形之一的,人民法院不予采纳:(一)鉴定人不具备鉴定资格;(二)鉴定程序严重违法;(三)鉴定结论错误、不明确或者内容不完整。"这确立了行政诉讼中的鉴定意见排除规则。

5. 最佳证据规则

这是针对物证原物、书证原件的一项证据资格规则。我国《民事诉讼法》第 73 条第 1 款规定:"书证应当提交原件。物证应当提交原物。提交原件或者原物确有困难的,可以提交复制品、照片、副本、节录本。"最高人民法院《关于适用〈中华人民共和国民事诉讼法〉的解释》第 111 条规定了提交书证原件确有困难的具体情形,明确人民法院应当结合其他证据和案件具体情况,审查判断书证复制品等能否作为认定案件事实的根据。

2021 年最高人民法院《关于适用〈中华人民共和国刑事诉讼法〉的解释》第 83 条规定:"据以定案的物证应当是原物。原物不便搬运、不易保存、依法应当返还或者依法应当由有关部门保管、处理的,可以拍摄、制作足以反映原物外形和特征的照片、录像、复制品。必要时,审判人员可以前往保管场所查看原物。物证的照片、录像、复制品,不能反映原物的外形和特征的,不得作为定案的根据。物证的照片、录像、复制品,经与原物核对无误、经鉴定或者以其他方式确认真实的,可以作为定案的根据。"第 84 条规定:"据以定案的书证应当是原件。取得原件确有困难的,可以使用副本、复制件。对书证的更改或者更改迹象不能作出合理解释,或者书证的副本、复制件不能反映原件及其内容的,不得作为定案的根据。书证的副本、复制件,经与原件核对无误、经鉴定或者以其他方式确认真实的,可以作为定案的根据。”这些条款表明,刑事诉讼中物证的原物、书证的原件优先,复制品、复制件等只在特定条件下可用于定案。

6. 意见证据规则

我国传统上没有关于意见证据的规定。2010年《关于办理死刑案件审查判断证据若干问题的规定》第12条第3款规定,证人的猜测性、评论性、推断性的证言,不能作为证据使用,但根据一般生活经验判断符合事实的除外。这有利于在死刑案件审理中规范证人如实提供他们所感知的案件事实,避免对案件事实做出错误认定。2021年最高人民法院《关于适用〈中华人民共和国刑事诉讼法〉的解释》第88条第2款也确定了类似的规则。此外,最高人民法院《关于民事诉讼证据的若干规定》第72条第1款规定:“证人应当客观陈述其亲身感知的事实,作证时不得使用猜测、推断或者评论性语言。”最高人民法院《关于行政诉讼证据若干问题的规定》第46条规定:“证人应当陈述其亲历的具体事实。证人根据其经历所作的判断、推测或者评论,不能作为定案的依据。”这是民事、行政诉讼中意见证据规则的条文表述。

由此可见,我国的意见证据规则仅仅针对普通证人,而不涉及“专家证人”的意见该如何排除或限制使用的问题。具体来说,在我国各种专家(包括鉴定人和有专门知识的人等)所作出的意见,不属于意见证据的排除范围。2014年,最高人民法院制定《关于知识产权法院技术调查官参与诉讼活动若干问题的暂行规定》,首次规范了技术调查官在案件中为法官提供专业技术咨询,进而确保技术事实认定的中立性、客观性和科学性。2018年,最高人民检察院发布《关于指派、聘请有专门知识的人参与办案若干问题的规定(试行)》,这一规定也为规范和促进人民检察院指派、聘请有专门知识的人参与办案提供了重要的制度支撑。它们均不排除专家意见作为证据使用。[79]

---

〔79〕 赵志刚等:《〈关于指派、聘请有专门知识的人参与办案若干问题的规定(试行)〉理解与适用》,载《人民检察》2018年第10期。

链接　许建惠、许玉仙民事公益诉讼案〔80〕

2015年6月17日，许建惠、许玉仙因犯污染环境罪被常州市武进区人民法院分别判处有期徒刑二年六个月、缓刑四年，有期徒刑二年、缓刑四年，并分别判处罚金。许建惠、许玉仙虽被依法追究刑事责任，但现场尚留存130只未清洗的废桶、残渣、污水和污泥尚未清除，对土壤和地下水持续造成污染。12月21日，常州市人民检察院以公益诉讼人身份，向常州市中级人民法院提起民事公益诉讼。庭审过程中，公益诉讼人向法院申请由市环保局从常州市环境应急专家库中甄选的环境专家苏衡博士作为专家辅助人，就本案涉及的环境专业性问题发表意见。2016年4月14日，常州市中级人民法院判决，被告许建惠、许玉仙赔偿对环境造成的其他损失150万元，该款于判决发生法律效力之日起三十日内支付至常州市环境公益基金专用账户。

该案的指导要旨之一是“专业技术问题，可以引入专家辅助人。专家意见经质证，可以作为认定事实的根据”。〔81〕具体来说，环境民事公益诉讼案件涉及土壤污染、非法排污、因果关系、环境修复等大量的专业技术问题，检察机关可以通过甄选环境专家协助办案，厘清关键证据中的专业性技术问题。专家辅助人出庭就鉴定人作出的鉴定意见或者就因果关系、生态环境修复方式、生态环境修复费用以及生态环境受到损害至恢复原状期间服务功能的损失等专门性问题，作出说明或提出意见。满足经质证等条件的，可以作为认定事实的根据。

7. 行政案卷外证据排除规则

专门适用于行政诉讼的证据资格规则指的是未纳入行政执法案卷中证据要被排除在行政诉讼中使用。它是由2002年最高人民法院《关于行政诉讼证据若干问题的规定》率先确立的。其第59条规定：“被告在行政程序

〔80〕　最高人民检察院指导性案例检例第28号。

〔81〕　最高人民法院《关于审理环境民事公益诉讼案件适用法律若干问题的解释》第15条规定：“当事人申请通知有专门知识的人出庭，就鉴定人作出的鉴定意见或者就因果关系、生态环境修复方式、生态环境修复费用以及生态环境受到损害至修复完成期间服务功能丧失导致的损失等专门性问题提出意见的，人民法院可以准许。前款规定的专家意见经质证，可以作为认定事实的根据。”

中依照法定程序要求原告提供证据,原告依法应当提供而拒不提供,在诉讼程序中提供的证据,人民法院一般不予采纳。”第 60 条规定:“下列证据不能作为认定被诉具体行政行为合法的依据:(一)被告及其诉讼代理人在作出具体行政行为后或者在诉讼程序中自行收集的证据;(二)被告在行政程序中非法剥夺公民、法人或者其他组织依法享有的陈述、申辩或者听证权利所采用的证据;(三)原告或者第三人在诉讼程序中提供的、被告在行政程序中未作为具体行政行为依据的证据。”第 61 条规定:“复议机关在复议程序中收集和补充的证据,或者作出原具体行政行为的行政机关在复议程序中未向复议机关提交的证据,不能作为人民法院认定原具体行政行为合法的依据。”

2018 年,最高人民法院《关于适用〈中华人民共和国行政诉讼法〉的解释》第 45 条规定:“被告有证据证明其在行政程序中依照法定程序要求原告或者第三人提供证据,原告或者第三人依法应当提供而没有提供,在诉讼程序中提供的证据,人民法院一般不予采纳。”这是对该项规则的重申。

8. 作证特免权规则

我国极为有限的作证特免权规则是由《中华人民共和国领事特权与豁免条例》和《关于从国外调取民事或商事证据的公约》确立的。前者第 15 条规定:“领馆成员可以被要求在司法或者行政程序中到场作证,但没有义务就其执行职务所涉及事项作证。领馆成员有权拒绝以鉴定人身份就派遣国的法律提出证词。领事官员拒绝作证,不得对其采取强制措施或者给予处罚。领馆行政技术人员和领馆服务人员除执行职务所涉及事项外,不得拒绝作证。”后者第 11 条规定:“在请求书的执行过程中,在下列情况下有拒绝作证的特权或义务的有关人员,可以拒绝提供证据:(一)根据执行国法律,或(二)根据请求国法律,并且该项特权或义务已在请求书中列明,或应被请求机关的要求,已经请求机关另行确认。此外,缔约国可以声明在声明指定的范围内,尊重请求国和执行国以外的其他国家法律规定的特权或义务。”它们分别确定了领馆成员及其他特殊成员的作证特免权。

9. 补强证据规则

补强证据规则是指对某些特定证据,由于其证明力不够,必须补充其他证据方能定案的规则。该规则在刑事诉讼与民事、行政诉讼中有不同的含义。

在刑事诉讼中，该规则主要体现为口供补强规则与证人证言讯问笔录、电子证据、物证书证的补强规则。我国《刑事诉讼法》第55条第1款规定："……只有被告人供述，没有其他证据的，不能认定被告人有罪和处以刑罚；没有被告人供述，证据确实、充分的，可以认定被告人有罪和处以刑罚。"这是口供补强规则，即关于仅凭口供不能定案的规则。此外，最高人民法院《关于适用〈中华人民共和国刑事诉讼法〉的解释》第90、95、113、126条等还分别对证人证言讯问笔录、电子证据、物证书证进行补正或者合理解释或说明作了规定。这是另一种意义上的补强规则。[82]

在民事、行政诉讼中，该规则主要表现为仅凭某些特殊证据不能定案的规则。例如，最高人民法院《关于民事诉讼证据的若干规定》第90条规定："下列证据不能单独作为认定案件事实的根据：（一）当事人的陈述；（二）无民事行为能力人或者限制民事行为能力人所作的与其年龄、智力状况或者精神健康状况不相当的证言；（三）与一方当事人或者其代理人有利害关系的证人陈述的证言；（四）存有疑点的视听资料、电子数据；（五）无法与原件、原物核对的复制件、复制品。"再如，最高人民法院《关于行政诉讼证据若干问题的规定》第71条规定："下列证据不能单独作为定案依据：（一）未成年人所作的与其年龄和智力状况不相适应的证言；（二）与一方当事人有亲属关系或者其他密切关系的证人所作的对该当事人有利的证言，或者与一方当事人有不利关系的证人所作的对该当事人不利的证言；（三）应当出庭作证而无正当理由不出庭作证的证人证言；（四）难以识别是否经过修改的视听资料；（五）无法与原件、原物核对的复制件或者复制品；（六）经一方当事人或者他人改动，对方当事人不予认可的证据材料；（七）其他不能单独作为定案依据的证据材料。"

10. 域外证据履行手续的规则

域外证据涉及两个以上国家或地区的法域，对其收集运用既要关照不

[82] 有学者将这类证据规则称为"不可靠证据排除规则"，指的是某些证据的取证操作程序或证据自身存在某种可能影响其真实性、准确性的缺陷，默认其证明力存疑，甚至可能彻底否定其证据能力。参见纵博：《不可靠证据排除规则的理论逻辑、适用困境及其出路》，载《环球法律评论》2020年第3期。

同国家的法律要求,又要兼顾办案效率。刑事、民事诉讼中针对域外证据所确立的手续并不一致。

在刑事诉讼中,侦查人员等主体通常可以通过司法协助或委托调取等方式获取域外证据,或者通过远程勘验、网络在线提取、技术侦查等方式收集域外电子证据。这需要基于有关条约、司法互助协定、两岸司法互助协议或通过国际组织的手续,或者基于我国《刑事诉讼法》相关规定的规则。

在民事诉讼中,当事人等主体通常可以通过公证、认证等证明手续获取域外证据。例如,2020 年实施的最高人民法院《关于民事诉讼证据的若干规定》第 16 条规定:"当事人提供的公文书证系在中华人民共和国领域外形成的,该证据应当经所在国公证机关证明,或者履行中华人民共和国与该所在国订立的有关条约中规定的证明手续。中华人民共和国领域外形成的涉及身份关系的证据,应当经所在国公证机关证明并经中华人民共和国驻该国使领馆认证,或者履行中华人民共和国与该所在国订立的有关条约中规定的证明手续。当事人向人民法院提供的证据是在香港、澳门、台湾地区形成的,应当履行相关的证明手续。"这要求的是比较复杂和正式的法律手续。同年 11 月最高人民法院《关于知识产权民事诉讼证据的若干规定》对所需办理公证、认证等证明手续的必要性做了限缩,主要是列举了对域外证据的公证认证手续免除情形。[83] 诚然,有关限缩仅限于知识产权民事诉讼。

11. 证据证明力高低的确认规则

这是我国为便于司法人员、执法人员运用证据而拟定的一些特殊规则。最初是在 1998 年最高人民法院通过的《关于民事经济审判方式改革问题的若干规定》(已失效)有所涉及,其第 27 条规定:"……1. 物证、历史档案、鉴

〔83〕 其第 8 条规定:"中华人民共和国领域外形成的下列证据,当事人仅以该证据未办理公证、认证等证明手续为由提出异议的,人民法院不予支持:(一)已为发生法律效力的人民法院裁判所确认的;(二)已为仲裁机构生效裁决所确认的;(三)能够从官方或者公开渠道获得的公开出版物、专利文献等;(四)有其他证据能够证明真实性的。"第 9 条规定:"中华人民共和国领域外形成的证据,存在下列情形之一的,当事人仅以该证据未办理认证手续为由提出异议的,人民法院不予支持:(一)提出异议的当事人对证据的真实性明确认可的;(二)对方当事人提供证人证言对证据的真实性予以确认,且证人明确表示如作伪证愿意接受处罚的。前款第二项所称证人作伪证,构成民事诉讼法第一百一十一条规定情形的,人民法院依法处理。"

定结论、勘验笔录或者经过公证、登记的书证,其证明力一般高于其他书证、视听资料和证人证言。2. 证人提供的对与其有亲属关系或者其他密切关系的一方当事人有利的证言,其证明力低于其他证人证言。3. 原始证据的证明力大于传来证据……”随后,在各地省高级人民法院颁布的地方性证据规则中多有规定。

目前,最为详尽的这类规则是由最高人民法院的证据司法解释确定的。最高人民法院《关于行政诉讼证据若干问题的规定》第 63 条规定:“证明同一事实的数个证据,其证明效力一般可以按照下列情形分别认定:(一)国家机关以及其他职能部门依职权制作的公文文书优于其他书证;(二)鉴定结论、现场笔录、勘验笔录、档案材料以及经过公证或者登记的书证优于其他书证、视听资料和证人证言;(三)原件、原物优于复制件、复制品;(四)法定鉴定部门的鉴定结论优于其他鉴定部门的鉴定结论;(五)法庭主持勘验所制作的勘验笔录优于其他部门主持勘验所制作的勘验笔录;(六)原始证据优于传来证据;(七)其他证人证言优于与当事人有亲属关系或者其他密切关系的证人提供的对该当事人有利的证言;(八)出庭作证的证人证言优于未出庭作证的证人证言;(九)数个种类不同、内容一致的证据优于一个孤立的证据。”

从表面上看,这类规则极具可操作性,能够克服不同法官在判断证据证明力方面的随意性。但实际上,这些机械规定证据证明力的做法也有弊端,负面效果不容忽视。实务界与理论界对此批评声不断。

(二)现存的问题

我国证据规则存在不少问题,主要表现为以下几个方面:

首先,立法形式的统一性不足。证据规则散见于三大诉讼法及其他有关的法律法规、司法解释之中,相互之间难免出现诸多不一致和不协调之处。例如,关于民事诉讼中证据该如何运用,最高人民法院先后发布了多个版本的《关于民事诉讼证据的若干规定》《关于适用〈中华人民共和国民事诉讼法〉的解释》,新近又出台《关于知识产权民事诉讼证据的若干规定》等,如此立规将徒增繁复,为人们有效运用规则设置了障碍。其实,关于刑事诉讼中证据该如何运用的规则渊源更是如此。我国学者建言说,“如何通过优化将证据规范予以整合,实现相对的体系化,也是我国未来在证据法治化道路上需要解决的问题”。[84] 我国应当积极探索证据规则的集中编纂问题,一个可行的方案是借鉴英美法系证据规则法典化的模式。

其次,法律效力的权威性不够。现行的证据规则中多数仍然是由最高人民法院、最高人民检察院在有关的司法解释中规定的,这种规定的法律效力等级较低,难以确保在实践中得到统一的贯彻执行。公、监、检、法多家之间相互扯皮的现象屡见不鲜。例如,最高人民法院与最高人民检察院对于测谎结论能否用于定案的看法就不一致,在最高人民检察院颁行《关于CPS多道心理测试鉴定结论能否作为诉讼证据使用问题的批复》后,最高人民法院并未认可这一规定,所以全国各地法院将测谎意见用于定案的并不在少数。

最后,规则体系的完整性欠缺。在我国,一般程序性规则泛滥,而该有的关键性实体规则明显缺失。例如,我国许多关于如何取证、举证、质证、认证的程序性规则很多,不仅相互之间出现了很多矛盾,而且与诉讼程序规则有重叠和交叉;而在强制取证、鉴真规则等司法证明的重要环节问题上,我国却鲜有规定,致使证据规则体系中出现不应有的空白。再如,我国电子证据规则后来居上,书证规则、证人作证规则仍然存在普遍性的漏洞。

三、我国证据规则的继续改进

(一)证据规则的体系追求完整

制定证据规则的根本目的在于为诉讼中的证明活动提供规范和指导,因此,证据规则体系的完善应当以证明活动的环节为基础,以诉讼进程的阶段为依据。诉讼中的证明活动由取证、举证、质证、认证四个环节或阶段所组成。与此相应,证据规则的体系也由这四个方面的内容所组成,即取证规则、举证规则、质证规则、认证规则。

从理想状态来说,在取证方面,我国应当确立和完善询问规则、讯问规则、搜查规则、勘验检查规则、鉴定规则、证据保全规则、沉默权规则以及律师、当事人、法官调查取证规则等;在举证方面,我国应当确立和完善证明责

---

〔84〕 吴洪淇:《证据法体系化的法理阐释》,载《法学研究》2019 年第 5 期。

任分配规则、庭前证据展示规则、举证程序规则、举证时限规则、证人强制出庭规则、证人出庭宣誓规则、证人作证经济补偿规则、证人保护规则等；在质证方面，我国应当确立和完善质证的保障性规则、质证的程序性规则、质证的方式规则等；在认证方面，我国应当确立和完善认证的方式规则以及证据的各种采纳与采信规则。[85] 而现实状态是，我国证据法律制度在许多重要方面仍有明显缺失，特别是在证人宣誓规则、鉴真规则、科学证据采信规则等方面几乎是空白。

我国继续改进后的证据规则应当追求成为一个完整的内在逻辑联系。因此，具体证据规则之间应该互相协调、衔接、配套，应该具有内在的统一性。如果具体证据规则之间存在冲突或矛盾之处，那必然会影响规则的效力；如果具体证据规则之间缺乏衔接与配套，那也会影响整套规则的效力，甚至使有些具体规则名存实亡。

（二）证据规则重心调适

我国现行证据规则呈现重视程序性规则轻视实体性规则、重视证明力规则轻视证据能力规则的特点。其突出表现为，“证据法不仅对单个证据的证明力大小强弱确立了一些限制性规则，而且对认定案件事实确立了一些客观化的证明标准”。我国有学者称之为“以限制证据证明力为核心的新法定证据主义”。[86]

这实际上是一种立法偏差，必须作重大调整，即实现由偏重于程序性规则转向偏重于实体性规则，由偏重于证明力规则转向偏重于证据能力规则。在我国证据制度发展到新的历史阶段后，重新审视证据规则的构成体系、调整完善证据规则的视角，进而形成以实体性证据规则为主，尤其是以规范证据能力的规则为主干的思路，无疑非常重要。“正本溯源”，只有确定规范证据能力规则的主干地位，才是回归理性的道路。

---

〔85〕 何家弘、南英主编：《刑事证据制度改革研究》，法律出版社 2003 年版，第 87 ~ 538 页。

〔86〕 陈瑞华：《以限制证据证明力为核心的新法定证据主义》，载《法学研究》2012 年第 6 期。

思考讨论题

1. 简述证据规则类型化的结果与价值。
2. 论述两大法系证据规则的殊途同归规律。
3. 我国《刑事诉讼法》第 193 条第 1 款规定:“经人民法院通知,证人没有正当理由不出庭作证的,人民法院可以强制其到庭,但是被告人的配偶、父母、子女除外。”你认为,这是否为我国关于证人作证特免权的规定?
4. 比较我国的重复供述排除规则与美国的毒树之果规则。
5. 阐述中国现行证据规则体系中实体性规则及其不足。
6. 如何提高我国证据规则的刚性?

补充阅读

1. 樊崇义:《刑事证据规则立法建议报告》,载《中外法学》2016 年第 2 期。
2. 秦宗文:《刑事隐蔽性证据规则研究》,载《法学研究》2016 年第 3 期。
3. 易延友:《非法证据排除规则的中国范式——基于 1459 个刑事案例的分析》,载《中国社会科学》2016 年第 1 期。
4. 陈瑞华:《量刑程序中的证据规则》,载《吉林大学社会科学学报》2011 年第 1 期。
5. 牟绿叶:《论重复供述排除规则》,载《法学家》2019 年第 6 期。
6. 龙宗智:《我国非法口供排除的“痛苦规则”及相关问题》,载《政法论坛》2013 年第 5 期。

证据证明力的审查评断

审查评断证据的证明力是展示科学性与艺术性的魅力活动。当代各国普遍赋予司法人员、执法人员以自由裁量权，但这并不意味着对证据证明力的评断可以无拘无束。实际上，证据裁判原则、心证公开原则、形式逻辑规则以及少量特殊证明力规则等，均是司法人员、执法人员必须遵守的。为此，本章既提炼出了一些规律性认识与原理，也按照直接证据与间接证据、法定的证据形式分门别类阐述了审查评断要领，特别是对间接证据、全案证据如何审查评断作了重点说理与例解。

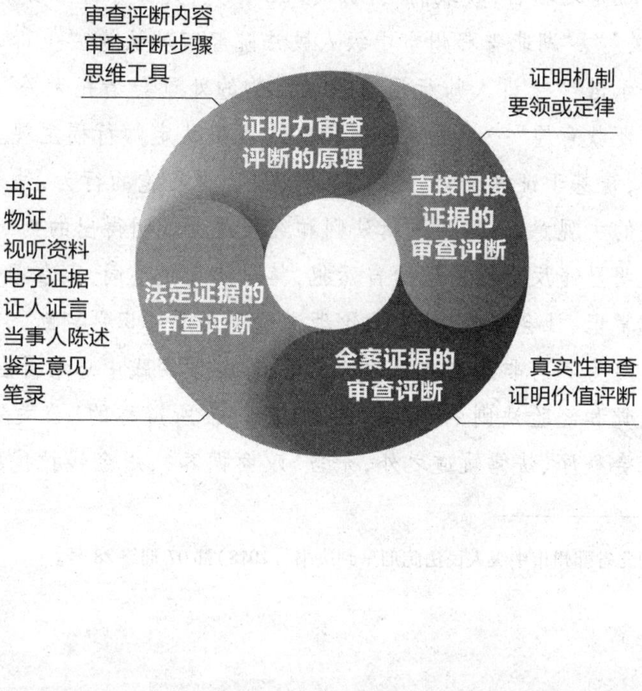

第一节　证据证明力审查评断的一般原理

自由的证明所依据的不再是少数已事先规定好的标准,而是范围更广的关于我们可能会因之改变意见的具体情况的标准。这些标准都具有客观性,包括逻辑和概率标准、自然规律标准、人类行为标准及其他普遍真理标准。

——[英]乔纳森·科恩

帅行福诈骗罪一案。[1] 上诉人帅行福不服(2017)鄂0704刑初143号刑事判决,提出上诉。理由之一是"自己没有非法占有故意""拿被害人的钱是为项目'公关'"。具体来说,"2013年9月4日,我为冯某1所托红安县将军城市场项目,收取的'开办费'50万元,大部分付给罗某、程某用于项目'公关'"。湖北省鄂州市中级人民法院经审理认为:"上诉人帅行福存在虚假的承诺""上诉人帅行福对获取财物的处置与请托无关""上诉人帅行福没有还款意愿"……法院特别指出,"本院认定帅行福主观上存在非法占有目的,是基于证据证明的客观事实、帅行福实施的行为,结合帅行福言行所反映的主观意识,运用逻辑法则和经验法则证明得出的判断。此外,诈骗犯罪是明显违反道德伦理的自然犯,其与法定犯不同,正常理性的普通人借助法律常识、社会经验、朴素的伦理道德观念能够识别判断。司法解释规定可以认定为具有非法占有目的的情形,即办案实践中总结得出的,体现对普通人直觉和经验法则的尊重。再则,帅行福所辩称的'公关',实质是指游离于社会秩序、法律轨道之外,充当'政商掮客',用金钱拉拢腐蚀公务人员

[1] 湖北省鄂州市中级人民法院刑事判决书,(2018)鄂07刑终28号。

的情形，其结果必然侵犯职务廉洁性，败坏社会风气，践踏公平正义，社会危害严重，亦为国法所不容，故此辩称无罪的理由本身具有刑事违法性，不能成立；况且，骗得的200万元实际未用于所谓'公关'，而是被其挥霍或用于还债，且无归还意愿。前述采取逻辑法则证明的事实和结论，同时运用经验法则验证也是可靠的。"该案提出了逻辑法则和经验法则在证明力判断方面的运用问题。

一、证据证明力审查评断的概念

对证据的审查评断是指司法人员、执法人员在诉讼过程中对证据进行分析、研究和判断，找出它们与案件事实之间的客观联系，确定其证据能力有无和证明力大小的一种特殊活动。它与法官、陪审员的认证活动有密切关系，但不限于认证。除法官外，侦查人员、监察人员、检察人员、行政执法人员以及律师等对于己方收集的证据、对方举出的证据以及中立裁判者调查得来的证据，均存在如何审查评断的问题。

在世界上普遍采用证据裁判主义之后，任何社会都面临两个必须解答的基本证据问题：其一，什么事实或什么材料应该被准许作为证据进入司法程序，即证据能力的问题；其二，司法人员对采纳的那些事实或材料能够如何使用，即证据的证明力问题。这实际上就是任何案件中运用各种证据的两个基本范畴。概言之，对证据的审查评断不外乎证据能力与证明力两个方面。

证据能力反映了证据的社会属性，它需要结合各国的具体证据规则进行审查评断，故法官等主体在这方面发挥的主观能动性较小。在我国，学理上对于如何审查评断证据能力提出了客观性标准、关联性标准和合法性标准三项标准。一些法律规范习惯于将证据能力与证明力的审查评断进行混同规定，如2021年最高人民法院《关于适用〈中华人民共和国刑事诉讼法〉的解释》第四章第二节至第八节分别规定了"物证、书证的审查与认定""证人证言、被害人陈述的审查与认定""被告人供述和辩解的审查与认定""鉴定意见的审查与认定""勘验、检查、辨认、侦查实验等笔录的审查与认定""视听资料、电子数据的审查与认定""技术调查、侦查证据的审查与认定"

等要求。本章强调将对证明力的审查评断从对证据能力的审查评断中剥离出来。

证据证明力则反映了证据的自然属性。当今各国基于司法理性的考虑,一般不通过立法对各种证据的证明力预先作出规定,而留待法庭或陪审团根据内心信念予以自由判断。两相比较,对证据能力的审查评断主要是针对单个证据而言的,对证明力的审查评断则不仅针对单个证据,而且要针对一组证据乃至全案证据;对证据能力的审查评断是初始审查,而对证明力的审查评断则是深入审查,前者往往是后者的前奏;对证据能力的审查评断是基于形形色色法定规则的审查,而对证明力的审查评断则强调充分发挥法官等的主观能动性。按照英美法律的规定,在陪审团审判的活动中,证据能力问题是由法官负责处理的,而证明力问题则是由陪审团负责处理的。总而言之,对证据证明力的审查评断既要面临更多的困难,也更容易出现争议。

二、证据证明力审查评断的内容

我们在第八章说过,证据证明力的主要内容是真实性和证明价值。不难看出,对证据证明力的审查评断主要包括两方面的内容:一是审查证据的真实性;二是评断证据的证明价值。这种理解与我国现行诉讼法的规定实际上是一致的。按照三大诉讼法的有关条款,法院作出肯定性判决的条件之一是"证据确实、充分",也就是说,只有案件中证据具有确实性、充分性才能作出肯定性判决。据此可以抽象出,我国现行法律规定的证据证明力标准为确实性标准与充分性标准,也就是要审查证据真实性如何与证明价值大小。

(一)审查证据的真实性

这里所说的证据真实性,是指证据的真实可靠程度。这是一种实质意义上的真实性,也称为可靠性。它反映了用于定案的证据通常处于一种"亦黑亦白"的灰色状态,而不是被按照"非真即假"的逻辑进行简单处理。审查证据的真实性需要从两点着手:一是证据来源的可靠性;二是证据内容的可信度。

1. 证据来源的可靠性

所谓证据来源，即证据是如何形成的，或者是由谁提供的。分析证据来源的可靠性，就是要分析证据在形成过程中是否受到外界因素的影响及其影响的程度，就是要分析提供证据者有无影响证据内容可信度的因素。

人们在社会生活中都有这种经验：在判断一个人说的话是否可靠时，不仅会想到这话的内容是否可信，而且会想到这话是什么人说的。同样一句话，如果出自不同的两个人之口，人们对其可靠性的评价结果就可能大相径庭。例如，同样是“狼来了”这句话，如果说话者是个诚实的孩子，人们就会相信；如果说话者是个数次撒谎的孩子，人们就不会相信。对证据可靠性的评价也是这个道理。因此，司法人员、执法人员在分析证据来源的可靠性时应主要考察以下两个方面的情况：

（1）证据提供者的能力与知识。证据提供者与证据内容有关的能力和知识都会在一定程度上影响证据的可靠性，因此司法人员、执法人员应该认真考察。其中，只要是证据提供者在感知或形成某一证据的过程中以及在提供该证据时所必须使用或具备的能力和知识，都是考察的对象；这些“能力和知识”不仅包括人们在日常生活中使用的一般能力和知识，也包括人们在特殊领域内使用的专门能力和知识。

一般能力和知识主要指人的感知能力、记忆能力、表达能力和生活常识。这些能力和知识往往是证据形成的基础，或者是影响证据内容的重要因素。了解证据提供者在这方面的情况，特别是有无缺陷，可以为司法人员、执法人员判断证据的可靠性提供重要的依据。例如，某证言内容涉及当事人所穿衣服的颜色，但是司法人员、执法人员发现该证人分辨颜色的能力较低，虽非“色盲”，但已属“色弱”，因此该证言的可靠性就比较低。

专门能力和知识指人们在从事某种工作或进行某种活动时使用的特有能力和知识，以及某种职业或某个学科领域内专用的能力和知识。专门能力和知识在评断证据的可靠性时也有非常重要的意义。例如，在分析关于某肇事汽车速度的证言时，证人是没有开车经验的人还是经验丰富的人，显然会对判断证言的可靠性产生重大影响；而“伤口周围的射击残留物分布状况可证明射击距离不超过 30 公分”这句话是出自一位枪弹检验专家之口，还是出自一个普通人之口，显然也会有不同的可靠性。

(2)证据提供者的身份与动机。证据提供者的身份指的是其在案件中的地位或者与案件的关系,可分为原告、被告、被害人、某一方当事人的亲友、与案件无利害关系的证人、鉴定人等。他们在案件中的地位不同或者与案件的关系不同,提供证据的可靠性也有所不同。证据提供者的动机指的是其提供证据的内在起因或动力,如为了获得某种利益、为了帮助某一方当事人、为了报复某一方当事人、为了帮助司法机关查明案件事实等。提供证据者的动机通常是与其在案件中的身份相联系的。

司法人员、执法人员应该认真分析每个证据提供者在案件中的身份及其可能具有的作证动机,以便准确判断其证据的可靠性。一般来说,中立证人或者与本案无关的人提供证据的可靠性较高;当然,与案件无利害关系的证人也可能有不公正作证的动机,也可能具有偏向性。在有些情况下,无关证人并非有意偏向某一方,但是过去的经验已使他形成某种"思维定式",因而在遇到类似情境时便不由自主地按照这种定式去认识发生的事件。

2. 证据内容的可信度

所谓证据内容,即证据所反映的人、事、物的情况。例如,证言所讲述的案件经过情况、书证所体现的人员行为情况、物证所反映的人体特征情况、笔录所记录的人员活动情况等。分析证据内容的可信度,不仅要分析这些人、事或物本身的情况,还要分析这些情况与所要证明之案件事实的联系,因为离开了与案件事实的联系,证据的可信度也就失去了意义。司法人员、执法人员在分析证据内容的可信度时应考察以下几个方面的情况:

(1)证据内容的可能性。人们在看电影或电视剧时往往会情不自禁地评论其故事情节的可信度。有时对一些生编硬造的故事情节,观众会气愤地说:"瞎编!事情根本就不可能是这样的。"从某种意义上讲,一个证据的内容犹如一段故事情节,因此司法人员、执法人员也要分析其可能还是不可能,以及可能性大小。人们对证据内容可能性的判断是一个比较抽象或者比较模糊的判断,因为人们一般不用具体分析,只要根据自己的经验就可以得出某事可能发生还是不可能发生的结论,或者说通过直觉就能作出这种判断。

(2)证据内容的一致性。人们在考察证据内容的可能性时,往往已经注意到证据内容的一致性问题。但是,如果人们的思维没有停留在这个抽象判断或模糊判断的阶段,那么就会进一步触及证据内容的一致性问题。一般来说,内容一致的证据比内容不一致的证据具有更高的可信度。证据内容不一致可以有三种表现形式:第一种是证据内容内部的不一致,或者说自相矛盾,即证据内容的不同组成部分之间有不一致之处。第二种是证据内容与本案中其他证据内容的不一致,既可以是同一案件中两个证据之间的不一致,也可以是同一个证人两次陈述之间的不一致。第三种是证据内容与本案中已知事实的不一致。在任何案件中,司法人员、执法人员总会掌握一些不存在争议的事实。这主要有两种情况:一种是诉辩双方都无异议的事实;另一种是源于毋庸置疑的证据所表明的事实,如公证机关已经公证的文件所表明的事实。如果某证据的内容与这些事实不相一致,那么其可信度自然会大受影响。

(3)证据内容的合理性。分析证据内容的合理性实际上也是分析证据内容可能性的扩展和延伸。无论是否已就证据内容的可能性做出判断,司法人员、执法人员都应该分析证据内容的合理性,从而为评断证据内容的可信度提供依据。分析证据内容的合理性包括两个方面:一是证据所表明的情况是否合理;二是证据内容与其要证明的案件事实之间的关系是否合理,或者从证据到事实之间的推论是否合理。例如,在一起入室杀人案中,控方根据现场鞋印推断某甲为杀人犯,某甲承认自己在案件发生前曾经到过现场,但是该鞋印与杀人行为之间没有必然联系,因此在庭审中,若法官仅仅根据这一鞋印就得出某甲是杀人犯的结论,则是不合理的。这里所说的"理"有两种情况:一种是人们在日常生活中熟知的道理或情理;另一种是在某个专门领域掌握的道理或原理。司法人员、执法人员在遇到第二种"理"时,如果自己缺乏必要的专门知识或经验,就应该向专家请教或求助,切不可不懂装懂。

(4)证据内容的详细性。司法人员、执法人员在分析证据内容的可信度时还应考察证据内容的详细性,即某证据是否反映了某事件的具体细节或某客体的细节特征。在某些情况下,证据内容是否详细对人们判断证据内容的可信性很有帮助。在刑事案件中,司法人员、执法人员特别应该注意考察被告人供述的详细性,看其是否能讲出那些作案人应该知晓的案情细节。真实的供述应该包括细节情况,而虚假的供述往往缺乏对具体细节的描述。实践经验表明,许多误把无罪者当作罪犯的错案就是因为采用了细节不明的被告人供述。诚然,证据内容的详细性也应该有个适当的度,并非越详细的证言就越可信。实际上,超过了正常人对细节的感知或记忆程度,使证言表现出令人不可思议的详细,那么该证言反而会让人产生疑心,其可信度反而会受到影响。

(二)评断证据的证明价值

不同证据有不同的证明价值,这是不言而喻的。而若干个相同的证据以不同的方式组合起来也会有不同的证明价值。这里所说的证明价值既可以是就单个证据或单组证据而言的,也可以是就案件中的全部证据而言的。就案件中的某个事实或情节来说,如果某个证据或证据组合足以证明该事实或情节的存在或者不存在,那么就视为其有较高证明价值,该事实或情节"证据充分";就整个案件来说,如果包括正反证据在内的全部证据足以证明案件的真实情况,那么就视为其有较高证明价值,该案件"证据充分"。评判全案证据的证明价值,必须首先把握每个证据或每组证据的证明价值。这需要分两步进行。

1. 评断单个证据或单组证据的证明价值

在实践中,孤证定案的情况客观存在,尤以民事诉讼如此。但更为普遍的情况是,若干证据结合在一起形成证据组合共同发挥证明作用,如几份证言共同指向案发时间、几个物证共同指向涉案人员等。此外,对同一个案件事实或情节,可能有正反两方面的证据共同发挥对立的证明作用,这时将本证与反证临时组合在一起,也能提高评判证明价值的实际效果。

显然,证据组合的证明价值并不等于该组合中所有证据之证明价值的简单相加。但这并不意味着分别分析每个证据的证明价值无实际意义。其中道理很简单,首先,司法人员、执法人员要知道每个证据对相关事实要素的证明程度;其次,司法人员、执法人员对证据组合证明价值的评价必须以单个证据的证明价值为基础。证据不仅有数量的规定性,而且有质量的规定性。因此,司法人员、执法人员只有准确地把握了每个证据的质量特征,才有可能正确认识证据组合的证明价值。

2. 评断全部证据的证明价值

司法人员、执法人员在分析了单个证据或证据组合的证明价值之后，应进一步分析全部证据的证明价值。这种分析可以使他们对已知证据有个整体性评价，从而为全案决策提供依据。

最高人民法院《关于民事诉讼证据的若干规定》第 88 条规定："审判人员对案件的全部证据，应当从各证据与案件事实的关联程度、各证据之间的联系等方面进行综合审查评断。"这是我国法律规范针对司法人员如何评断全案证据作出的宏观要求。据此，分析全部证据的证明价值，主要应分析各个证据组合之间的连接情况，看其逻辑关系是否合理，看所有证据能够在何种程度上证明什么案件事实。这种分析的要点是找出证据整体证明价值中的薄弱环节或空缺环节，以便进行弥补和充实。

三、证据证明力审查评断的步骤

证据证明力审查评断是司法人员、执法人员对案件中各种证据的认识活动，应当由浅入深、从个别到整体，循序渐进地进行。虽然由于司法人员角色的不同，导致审查评断证据证明力的过程各有特点，但一般来说都应包括以下三个基本步骤：

（一）单独审查评断

单独审查评断是对每个证据的分别审查，即单独地分析每个证据的来源、内容及其与案件事实的联系，看其是否真实可靠，看其有多大的证明价值。对于那些明显虚假和毫无证明价值的证据，经单独审查评断即可排除其证明力。

对证据的单独审查评断可以按两种顺序来进行。一种是按时间顺序进行，即按照证据所证明之案件事实发生的先后来逐个审查评断证据。这适用于时间顺序比较明确的案件。另一种是按主次顺序进行，即按照证据所证明之案件事实的主次关系和证据本身的主次关系来逐个审查评断证据。这适用于核心事实与核心证据比较明确的案件。

（二）比对审查评断

比对审查评断是对案件中证明同一案件事实的两个或两个以上证据的

比较和对照,看其内容和反映的情况是否一致,看其能否合理地共同证明该案件事实。一般来说,经比对研究认为相互一致的证据往往比较可靠,而相互矛盾的证据则可能其中之一有问题或者都有问题。当然,对于相互一致的证据也不能盲目相信,因为串供、伪证、刑讯逼供等因素也可能造成虚假的一致;而对于相互矛盾或有差异的证据也不能一概否定,还应认真分析矛盾或差异的形成原因和性质,因为不同证据之间有时会出现一些并不影响其真实可靠性的差异。例如,不同证人对同一案件事实的陈述很难完全相同,因为他们的感知能力、记忆能力和表达能力并不相同,他们感知案件事实时的主客观条件也不完全相同。一般来说,不同证人对同一案件事实的陈述之间存在某些差异是正常的,如果连细节都丝毫不差那反倒不正常了。因此,比对审查评断的关键不在于找出不同证据之间的相同点和差异点,而在于分析这些相同点和差异点是否合理、是否符合一般规律。

比对审查评断有两种基本形式:一是纵向比对审查评断;二是横向比对审查评断。纵向比对审查评断就是对一个人就同一案件事实提供的多次陈述做前后比对,看其陈述的内容是否前后一致,有无矛盾之处。横向比对审查评断是对证明同一案件事实的不同证据或不同人提供的证据做并列比对,看其内容是否协调一致,有无矛盾之处。

(三)综合审查评断

综合审查评断是对案件所有证据的综合分析与研究,看其内容和反映的情况是否协调一致,能否相互印证和吻合,能否确实充分地证明案件的真实情况。综合审查评断的关键是发现矛盾和分析矛盾。司法人员、执法人员要善于对各种证据进行交叉的逻辑分析,善于从细微之处发现不同证据之间的矛盾,然后认真分析这些矛盾的性质和形成的原因,以便对案件中的证据作出整体性评价。

综合审查评断不仅要注意审查证据的真实可靠性,而且要注意评断证据的证明价值。换言之,综合审查评断不仅要认真判断证据是否确实,而且要认真判断证据是否充分。从某种意义上讲,单独审查评断和比对审查评断的主要任务是查明证据是否确实,而综合审查评断不仅要进一步查明证据是否确实,而且要重点查明证据是否充分。特别是在完全依靠间接证据证明争议事实的案件中,司法人员、执法人员必须认真分析证据的质量、数量和相互关系,必须使全案证据形成一个完整的体系,而且能确定性地对案件情况作出合理的解释。

四、形式逻辑在证据证明力审查评断中的应用

当今各国基于司法理性的考量,一般规定司法人员、执法人员在审查评断证据证明力时实行自由裁量,要充分发挥主观能动性。这就是第一章、第十二章阐述过的自由心证原则,在此不赘。但需要指出的是,自由心证原则虽然意味着司法人员、执法人员在审查评断证据证明力时享有自决权,但绝非表明司法人员、执法人员可以自由擅断,也绝非表明他们在判断时不受任何束缚。

现代自由心证的自由是相对的,司法人员、执法人员要受到来自内外诸多因素的制约。一般来说,外部制约主要包括证据裁判与心证公开的束缚两个方面,内部制约主要包括逻辑规则与少量特殊证明力规则的束缚两个方面。其中,逻辑规则的制约在世界各国是普遍共通的。因为证据证明力审查评断的活动实际上是一种思维活动,要通过概念、判断、推理等思维形式来进行,所以必须遵循形式逻辑的要求。这一制约常常被称为要遵循逻辑法则或论理法则。[2]

形式逻辑是研究思维形式的结构及其规律的科学,即研究对所要论证的问题如何才能做到概念明确、判断恰当、形式正确,如何才能做到思维严密、论证和反驳有力、认识正确等。司法人员、执法人员能够借此来检验自己的推理判断是否正确,以确保判断的正确性,避免犯错误、走弯路。

推理按照其所依据的前提数目,可区分为直接推理和间接推理。直接推理是指根据一个前提推出结论的推理,其形式有直言判断间的对当关系、换位法和换质法。间接推理则是指根据两个或两个以上的前提推出结论的推理,其形式有演绎推理、归纳推理与类比推理。相对直接推理而言,间接推理在司法证明中有更为广泛和重要的作用。

---

〔2〕 论理法则有多重含义,广义上为人们进行认知推理所应遵循的一般过程和规则;狭义上为人们在认识和分析中所运用的逻辑规则或法则。参见张卫平:《自由心证原则的再认识:制约与保障——以民事诉讼的事实认定为中心》,载《政法论丛》2017 年第 4 期。

在推理方向上,演绎推理是从一般推向个别,是从对事物的一般性认识达到对个别事物的更深刻认识;而归纳推理则是从个别推向一般,是根据个别事物具有某种属性推导出某类事物具有某属性的认识活动。归纳推理与演绎推理之间既有密切的联系,又存在区别。两者的区别在于,前者是从一般到个别,后者是从个别到一般;前者的结论蕴含在前提中,后者的结论则可以超出其前提的范围;前者的结论是必然的,后者的结论一般来说是或然的。此外,类比推理是一种从个别到个别、从特殊到特殊的推理。所谓类比推理,是指根据两个对象具有若干相同的属性,而且已知一个对象还具有其他的属性,由此推出另一对象也具有同样的其他属性的结论。尽管类比推理在司法证明中只能是或然性的结论,但它仍不失为一种重要的、经常使用的推理方法。

无论任何一种形式的推理,对审查评断证据的证明力都有重要意义。但是,要保证推理的正确,司法人员、执法人员必须自觉地遵守形式逻辑的基本要求。这些要求具体包括:其一,推理的前提要真实,概念要明确,判断要恰当;其二,推理的形式要正确,必须既遵循同一律、不矛盾律和排中律等基本规律,又遵循每一种具体推理形式所必须遵守的规律和规则。

第二节　直接证据与间接证据的证明力审查评断

如果给出的是间接证据，则法官或陪审团需要判断必须作多少次连续推断才能把间接证据与待证事实挂上钩，以及每一次推断所具有的或然性。

——[美]埃德蒙·摩根

摩根例举一起假设的谋杀案件。公诉人提出甲给乙的妻子的一封情书作为证据，要求法庭根据这封情书推论甲爱上了乙的妻子，甲的这种感情使他想要独占她，这种欲望使他产生了除掉乙的念头，从而促使他打算杀人，最终导致杀人计划的实施。该案间接证据的运用必须经过若干推理过程，每个推理步骤都可以作出一个模糊的假设。例如，“一个男子写情书给一个女子，就有可能爱上了她（假设一）……一个男子爱上了一个女子，就有可能要独占她（假设二）……一个男子爱上了一个已婚女子并欲独占她，就有可能想除掉她的丈夫（假设三）……一个男子想要除掉他所爱上的女子的丈夫，就有可能打算这样做（假设四）……最后，一个男子打算除掉他所爱女子的丈夫，他可能就是杀人凶手（假设五）”。由此可见，在衡量本案中的那封情书在确认最终的事实结论（甲杀死乙）上的证明力时，显然涉及两个重要因素：一个是推理步骤的数目；另一个是存在于各推理环节之间的可能性大小。

一、直接证据证明力的审查评断

(一)直接证据的证明机制

在第五章中我们说过,直接证据是指能够直接证明案件主要事实的证据。这个概念表明,直接证据的证明机制具有两大特点:一是证明的直接性。所谓直接性,就是根据主观的知觉、感觉等直感作用来证明案件主要事实,有人称之为以知觉求真实或称以感觉求真实,即不需要经过复杂的推理判断的中间论证环节。例如,被告人有关自己是否犯罪的供述和辩解、证人有关亲眼看到或听到被告人是否犯罪的证词、被害人有关被告人是否犯罪的陈述等,用于证明案件主要事实,就属于这种机制。二是证明的单独性。所谓单独性,就是只凭一个证据来证明案件主要事实的方法,不需要有其他证据的配合就具有对案件主要事实的证明作用。

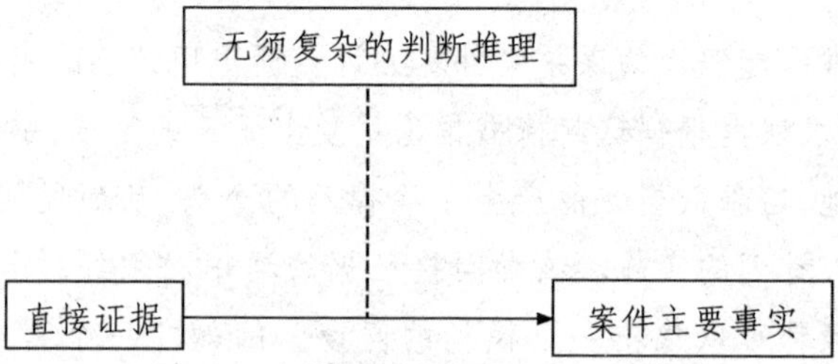

图 13-1 直接证据的证明机制

对于直接证据的证明机制,可以用图 13-1 来做简单表示。从中不难看出,要准确把握直接证据定案所具有的直接性、单一性两大特点,必须注意这种直接性、单一性是就其与案件主要事实的关系而言的。它并不排斥利用直接证据定案的案件中还会使用其他证据的情况。例如,某一目击证人作证说,他亲眼看到了抢劫案件发生的经过,对这样一份证人证言的可信度就需要其他证据来支持或反驳;某一被害人陈述了强奸案件的发生经过,对这样一份被害人陈述需要其他证据来验证其可信度或剔除其中夸大其词的内容;银行大厅安装的监控设备录下了某人盗窃储户现金的过程,对这样一份视听资料也可能会提出真实与否的疑问,可能需要通过鉴定意见来审查;等等。总之,那种以为单一直接证据能够证明主要案件事实的片面观点，混淆了对案件主要事实的证明与对证据本身的证明，容易陷入盲目追求孤证定案的误区。

（二）直接证据证明力审查评断的要领

由于直接证据与案件事实之间的联系是直接的和明显的，因此审查评断的要点是其真实性。司法人员、执法人员必须注意到直接证据大多表现为言词证据，容易受主客观因素的影响而出现虚假或失真现象，因而既不能盲目轻信，也不能简单否定，只有经过认真审查后确认属实的，才能作为定案的根据。

从实践来看，完全依靠直接证据定案的做法并不普遍，通常限于以下几种情况：(1)在刑事诉讼中只有被告人供述（包括达成认罪认罚协议形成的口供），没有其他证据的；(2)在共同犯罪案件中，只有各个被告人的供述（包括对同一案件进行拆案审理形成的不同文书中的证人证言），没有其他证据的；(3)在刑事案件中只有被害人陈述，没有被告人供述及其他证据的；(4)在刑事案件中只有证人证言，而没有其他证据的；(5)在民事、行政案件中，只有当事人陈述，而没有其他证据的；(6)在民事、行政案件中，只有直接书证，而没有其他证据的；等等。大凡遇到这些情况，一般都属于疑难案件，较难确定证据是否确实充分，因而必须十分慎重，不宜勉强定案。

对于上述第一种情况，根据我国现行法律的规定，应该认定现有证据的证明力不够，肯定不能定案，必须查找其他的证据予以补强。对于其他的情况，可以考虑从两方面着手审查其真实性：(1)从该证据本身入手，通过审查其细节和内在属性，验证其是否可信，进而赋予其证明力。如对于上述第二种情况，若干共犯的口供实际上起着证人证言的作用，如果情况表明它们均是自愿作出的，且相互之间在细节上能够印证，那么就可以认为具有足够的证明力，能够定案；对于上述第三、四、五种情况，如果相关的被害人陈述、证人证言、当事人陈述反映的是只有目击现场的人才知道的细节，那么这些被害人陈述、证人证言、当事人陈述也就具有足够的证明力，能够定案。(2)从寻找补强证据入手，通过其他证据来证明这些直接证据是否可靠，进而赋予其证明力。如对于上述第三、四、五种情况，不仅可以传唤被害人、证人、当事人直接上庭作证，而且可以许可当事人举出这些人的“品格证据”

对其进行攻击或支持,进而否定或强化直接证据的证明力;对于上述第六种情况,可以通过笔迹鉴定与当事人、证人辨认等方式来确认或否定其真实性,进而确定其证明力。

二、间接证据证明力的审查评断

(一)间接证据的证明机制

在现代司法证明活动中,间接证据的数量大大超过直接证据的数量。但是由于传统办案习惯和"人证情结"的影响,司法人员、执法人员在诉讼过程中往往不太重视间接证据的价值,致使许多案件中的间接证据被忽略或埋没了。其实,间接证据在实际办案中所起的作用同直接证据相比,不但毫不逊色,甚至更为重要。

运用间接证据证明案件事实的过程是颇为复杂的。任何单一的间接证据都无以证明案件主要事实,只有若干间接证据相互组合,形成一个相互依赖、相互联结的证据体系,进行紧凑高效的多次推理,方能起到实际的证明作用。这个由间接证据组成的证据体系通常被形象地比喻为证据锁链(或证据链),当然也有人认为证据锁链的说法并不准确。无论如何,间接证据必须一环扣一环,环环相扣,若缺少其中的任意一环,对案件主要事实的证明便有可能无法实现。

诚然,在实践中找到了足够数量,乃至环环相扣的间接证据,并不意味着一定能成功地证明案件事实。我国学者普遍认为,间接证据的体系或锁链必须达到一定的标准,才能最终形成一种有效的证明机制(见图13-2)。

这些标准包括:(1)每一个间接证据都必须查证属实,凭借虚假的间接证据,肯定得不出符合案件真实情况的结论。(2)间接证据必须与案件事实存在客观联系,对证明案件有实际意义。只有存在客观联系,才能保证以间接证据为依据的推理的正确性。对据以定案的每一个间接证据的关联性,都要作出肯定性的判断。(3)间接证据之间必须协调一致、相互印证,不得存在无法排除的矛盾、无法解释的疑问。在矛盾、疑问被排除前,不能勉强定案。(4)每个或每组间接证据必须能够证明案件的某个事实要素或情节,只有把能证明各个事实要素或情节的证据按照它们之间的联系排列起来,才能据以定案。如果间接证据相互不能结合,或者虽有联系但仍不能

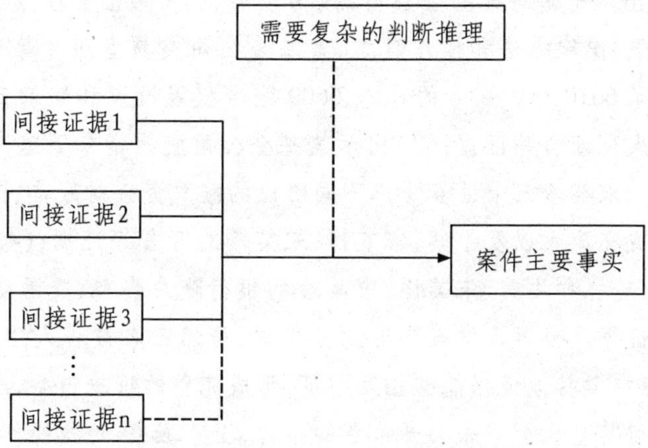

图 13－2　间接证据的证明机制

证明案件中某些必须证明的情节，这样的间接证据再多，也不能据以定案。(5)运用间接证据组成的证据体系得出的结论必须是肯定性的，并具有排他性。间接证据的证明体系不仅要表明这一结论是有根据的，而且还要表明这一结论是非常肯定的，其他任何结论都是不可能的。只有这样，间接证据才能雄辩地证明案件事实。[3]

链接　王鹏等人利用未公开信息交易案[4]

2009年3月2日至2011年8月8日，被告人王鹏多次登录6609账号获取某基金公司股票交易指令等未公开信息，王慧强、宋玲祥操作牛某、宋某祥、宋某珍的证券账户，同期或稍晚于某基金公司进行证券交易，与某基金公司交易指令高度趋同，证券交易金额共计8.78亿余元，非法获利共计1773万余元。2015年12月18日，重庆市人民检察院第一分院以利用未公开信息交易罪对王鹏、王慧强、宋玲祥提起公诉。庭审中，三被告人均不供认犯罪事实。

公诉人全面出示证据，并针对被告人不供认犯罪事实的情况进行重点

〔3〕 最高人民法院《关于适用〈中华人民共和国刑事诉讼法〉的解释》第140条。
〔4〕 最高人民检察院指导性案例检例第65号。

举证:(1)出示王鹏与某基金公司的《劳动合同》《保密管理办法》、6609账号使用权限、操作方法和操作日志、某基金公司交易室照片等证据;(2)出示王鹏登录6610个人账号的日志、6609账号权限设置和登录日志、某基金公司工作人员证言等证据;(3)出示某基金公司股票指令下达执行情况,牛某、宋某祥、宋某珍三个证券账户不同阶段的账户资金对账单、资金流水、委托流水及成交流水以及牛某、宋某祥、宋某珍的证言等证据;(4)出示王鹏、王慧强、宋玲祥和牛某、宋某祥、宋某珍的银行账户资料、交易明细、取款转账凭证等证据。公诉人发表公诉意见指出,虽然三名被告人均拒不供认犯罪事实,但在案其他证据能够相互印证,形成完整的证据链条,足以证明:王鹏具有获取某基金公司未公开信息的条件,王慧强、宋玲祥操作的证券账户在王鹏具有获取未公开信息条件期间的交易行为与某基金公司的股票交易指令高度趋同,且二人的交易行为与其在其他时间段的交易习惯存在重大差异,明显异常。对上述异常交易行为,二人均不能作出合理解释。王鹏作为基金公司的从业人员,在利用职务便利获取未公开信息后,由王慧强、宋玲祥操作他人账户从事与该信息相关的证券交易活动,情节特别严重,均应当以利用未公开信息交易罪追究刑事责任。最终,法庭经审理认为,本案现有证据已形成完整锁链,能够排除合理怀疑,足以认定王鹏、王慧强、宋玲祥构成利用未公开信息交易罪。

该案的指导要旨是:具有获取未公开信息职务便利条件的金融机构从业人员及其近亲属从事相关证券交易行为明显异常,且与未公开信息相关交易高度趋同,即使其拒不供述未公开信息传递过程等犯罪事实,但其他证据之间相互印证,能够形成证明利用未公开信息犯罪的完整证明体系,足以排除其他可能的,可以依法认定犯罪事实。

从间接证据的上述证明机制和标准不难看出,此类证据与案件事实之间的联系是间接的,而且往往是不明显的。因此,审查评断这类证据的要点不仅在于其真实可靠性,更在于其证明价值,即其究竟能证明什么案件事实以及证明的确定程度。考虑到这种审查评断比较复杂,我们将在下面分两个方面进行专门讨论。

(二)运用间接证据的推理前提

间接证据与案件事实之间的联系是间接的,司法人员、执法人员要运用推理等思维方式来完成证明的任务。所设定的推理前提就是连接证据与事实的纽带,推理前提的性质直接影响到间接证据能否实现其证明功能。

试举一例,在一起持枪抢劫储蓄所的案件中,一名证人指认犯罪嫌疑人张某就是抢劫犯,因为他在抢劫案发生之后看见该犯罪嫌疑人从储蓄所里跑了出来,手里还拿着一支手枪。这个证人的证言属于间接证据。就这个证据而言,它要证明犯罪嫌疑人就是抢劫犯,必须有一个设定的前提,即"抢劫案发生后从储蓄所持枪跑出来的人是抢劫犯"。在此,这个前提就是连接该间接证据与主要案件事实的"桥梁"。大概很多读者都会对这个前提的准确性持怀疑态度,认为"抢劫案发生后从储蓄所持枪跑出来的人不一定就是抢劫犯"。这种想法不无道理。

由此可见,在运用间接证据证明案件事实时明确推理的前提是非常重要的。这一推理的前提有两种情况:一种称必然真实性前提,另一种称或然真实性前提。

第一种前提是客观真理或必然发生的事情。例如,人们抛向空中的物体会在重力作用下落向地面,因此某甲在其高层楼房的家中随手从窗户扔出的空酒瓶会落向地面。第二种前提只在某些情况下才是真实的。例如,从高楼上扔下的空酒瓶有可能砸伤下面的行人,因此要证明某甲从窗户扔出的空酒瓶就是致楼下行人乙头部受伤的原因,还要证明砸伤乙的物体就是甲扔出的空酒瓶,或者证明在那段时间内楼上没有其他人往楼下扔酒瓶。

显然,人们在分析间接证据证明力时最好使用必然真实性前提,因为基于必然真实性前提的间接证据的证明力,要远远大于基于或然真实性前提的间接证据。但实际上人们在大多数情况下所能使用的只有或然真实性前提,而且司法证明规则不能禁止人们使用或然真实性前提。例如,女青年张某在家中被人用刀杀死了,侦查人员在接到报案后通过调查得知张某在死前不久曾与其男友李某发生激烈的争吵,据此知情人陈述进而作出推论:谈恋爱的男女青年在激烈争吵之后往往会采取过激行为,因此李某很可能是杀害张某的凶手。这显然是一个或然真实性前提,知情人作出的关于犯罪嫌疑人与死者发生争吵的陈述就是间接证据。若在审判阶段仍然仅有此间接证据,则其证明力尚不足以证明犯罪嫌疑人就是凶手的事实主张,故控方在移送起诉前还必须根据这个推论采取相应的调查措施,获取其他的证据直至查明“谁是凶手”的结论。

或然真实性前提一般是在人们生活经验和知识的基础上形成的。这里所说的生活经验和知识既包括人们自己直接的经验,也包括听他人讲述的经验,还包括从书报电视上获得的知识。这些经验和知识被人们有意无意地积累在大脑中,待需要推理时,人们便自觉或不自觉地把它们提取出来作为连接证据与事实要素的中间环节。

总的来看,人们在使用这种前提进行推理时经常会犯两种错误:第一种错误是过分依赖个人的片面性经验;第二种错误是过分重视人的一般行为特征而忽视具体情境对人行为的影响。司法人员、执法人员应当尽量避免在推理前提上出现错误,错误的分析往往会使司法证明活动误入歧途。

(三)间接证据证明力评断的定律

间接证据的证明力是由证据与案件事实之间联系的性质和程度所决定的,而且间接证据与案件事实之间联系的实现离不开推理,离不开一定的前提,因此,评断间接证据的证明力就是要分析该证据赖以连接事实要素的推理及其前提。这包括两个方面:一是前提的真实性;二是形式的正确性。这就又回到了上一节所讲的形式逻辑在审查评断证据证明力时的两个基本要求。

所谓前提的真实性,即作为前提的判断是否符合客观实际情况;所谓形式的正确性,即推理的形式是否符合逻辑推理的有关规则。由于推理的形式只表现为正确与错误,而推理的前提可以有必然真实性和或然真实性两种情况,而且在或然真实性中又可以有许多不同的等级,因此,尽管人们在分析证据的证明力时必须注意推理的形式是否正确,但更主要的是研究推理前提的真实性,因为证据的证明力大小主要是由推理结论为真的可能性大小所决定的。在此,有两条关于分析间接证据证明力的定律值得一提:

1. 以必然真实性判断为前提的间接证据的证明力,大于以或然真实性判断为前提的间接证据的证明力。例如,在一起枪杀案件中,侦查人员在现场勘查中发现有两个可供推断案件性质的证据:一是死者手中握着那支射出致命子弹的手枪;二是死者头上的伤口没有射击残留物。第一个证据倾向于证明此案为自杀,其推理的前提是"枪击死者自握手枪的很可能是自杀";第二个证据倾向于证明此案为他杀,其推理的前提是"自握手枪自杀必然是贴近射击或近距离射击,而这两种射击都必然在伤口内或伤口周围留有射击残留物"。对于证明"何事"(自杀还是他杀)这一要素来说,这两个证据都是间接证据。第一个证据的前提是或然真实性判断,第二个证据的前提是必然真实性判断,因此第二个证据的证明力大于第一个证据的证明力。

2. 在以或然真实性判断为前提的间接证据中,前提为真的概率与证据的证明力成正比。这就是说,前提为真的概率越高,证据的证明力就越大;前提为真的概率越低,证据的证明力就越小。由于人们在分析证据时往往很难准确计算出某一前提为真的绝对概率,因此在实践中一般只能估算其相对概率,但这对于分析间接证据的证明力来说已经很有意义了。人们可以把前提为真的概率分为五级:很高、较高、一般、较低、很低。与此相应,人们也可以把这种间接证据的证明力分为五级:很大、较大、一般、较小、很小。

问题是根据什么来估算某前提为真的概率?如前所述,或然真实性前提一般是在人们生活经验和知识的基础上形成的,因此人们自然会根据自己的生活经验和知识来估算某前提为真的概率,而且不同的人很可能会得出不同的结论。由于诉辩双方要用证据来说服司法人员相信己方主张的事实,司法人员要用证据来说服民众相信自己将要认定的事实,因此他们不能仅考虑自己的生活经验和知识,还要考虑一般人共有的生活经验和知识,即人们的共识或常识。一般来说,越容易被人们共同接受的前提,其可能为真的概率就越高。

司法人员、执法人员为了避免在分析证据的证明力时片面地依赖自己的生活经验和知识,可以在不影响案件证明工作的情况下寻求同事或亲友的帮助。这有两种非常简单的方法:第一种是向同事或亲友讲出你要采用的前提,看他们是否乐于接受;第二种也是向同事或亲友讲出你要采用的前提,但要让他们想出此前提的例外情况。越容易被他们接受的前提,其为真的概率就越高;而被他们找出例外越多的前提,其为真的概率就越低。

在前面讲述的那起持枪抢劫储蓄所案中,侦查人员经过调查排除了犯罪嫌疑人张某,后确定犯罪嫌疑人赵某是作案人。控方将案件提起公诉时提供了下列证据:(1)证人甲(储蓄所营业员)经辨认后认为"赵某很像那个持枪抢劫犯";(2)证人乙(枪贩)说他在案发两个月前曾卖给赵某一支五连发钢珠手枪;(3)侦查人员在赵某家中搜到一支手枪,证人乙辨认后肯定那就是他卖出的手枪,证人甲辨认后说"很像那个抢劫犯手中拿的手枪";(4)该抢劫犯从银行抢走人民币3万余元,而赵某在案发三天之后向一位朋友归还了2万元债款;(5)证人丙说赵某在案发数月前一次饮酒过程中曾谈到"想抢银行";(6)赵某在案发后不久即离开本市且去向不明,直至半年后才返回本市;(7)赵某在公安机关曾供认自己是抢劫犯,但是没有供述作案的细节。

在法庭审理过程中,被告人赵某推翻了自己在公安机关的供述,并做出如下辩解:(1)他买那支手枪是为护身之用;(2)他归还的2万元债款是做生意赚的钱;(3)他说"想抢银行"不过是酒后吹牛;(4)他在案发后离开本市是到南方去做生意;(5)他在公安机关的供认是侦查人员刑讯逼供的结果。

在控方提交的证据中,证据(1)和证据(7)是直接证据,其他都是间接证据。由于证据(1)是个非确定性的结论,而证据(7)已经被赵某推翻,因此司法人员在本案中分析已知证据的证明力时要重点分析这些间接证据。

本案证明的中心任务是"何人",即赵某是不是那个持枪抢劫的人。那么,对这些间接证据的分析都要围绕"何人"来进行,即判断它们能在多大程度上证明赵某就是抢劫犯。为此,我们有必要明确每一个证据推理的前提,并分析其为真的概率高低。

证据(2)推理的前提是"非法买枪者会用其抢银行"。这显然可以有许多例外,如买枪是为了护身等,因此这一前提为真的概率很低。

证据(3)实际上是由三个证据组成的:A. 赵某家中有一支手枪;B. 赵某家中的手枪就是证人乙卖给赵某的枪;C. 赵某家中的枪很像抢劫犯使用的那支手枪。其中,A的推理前提是"家中有枪者会用其抢银行",其概率显然很低;B是对证据2的补充,无须单独分析其概率;C的推理前提是"家中藏有抢劫犯所用枪支的人很可能是抢劫犯",虽然这一前提为真的概率比较高,但是因为该证据是非确定性辨认结论——"很像",所以其证明力至少减半。

证据(4)推理的前提是"在案发后用与赃款数额相近的现金还债者可能就是抢劫犯"。这一前提也可有许多例外,如该现金是做生意赚的钱等,因此其概率也很低。

证据(5)推理的前提是"曾在酒后向友人表示要抢银行的人可能就是抢劫犯"。这一前提的例外显然包括酒后吹牛等,因此其概率也较低。

证据(6)推理的前提是"在案发后突然离开本市且去向不明者可能就是抢劫犯"。这一前提显然也可以有许多例外,如外出做生意等,因此其概率也很低。

通过上述分析,人们不难看出本案中已知证据的组合虽已构成一条证据链,但其中有很多薄弱环节,或者说这一证据组合的证明力比较低。该被告人从有抢银行的"念头"到非法购买枪支,到"实施"抢银行的行为,到有钱还债,再到"逃离"本市,这一切加在一起似乎足以证明他就是抢劫犯。但是这些环节之间的联系都是或然性的和偶然性的,而且在实施抢劫行为这一中心环节上尤为薄弱,不足以作出肯定的结论。据此,诉辩双方和司法人员应当进一步收集证据,证明或推翻赵某就是抢劫犯的侦查"结论"。

由此可见,在分析间接证据的证明力时,明确其推理的前提非常重要,因为这可以使人们较为直观地评断其概率。如果不明确这些具体的问题,人们往往会以模糊思维的方式评断证据价值,并有可能形成主观、片面甚至似是而非的判断。

第三节 八种法定证据的证明力审查评断

楚人有鬻盾与矛者,誉之曰:“吾盾之坚,物莫能陷也。”又誉之矛曰:“吾矛之利,于物无不陷也。”或曰:“以子之矛,陷子之盾,何如?”其人弗能应也。夫不可陷之盾,与无不陷之矛,不可同世而立。

——(战国)韩非子

彭雪辉交通肇事罪一案。[5] 彭雪辉不服(2016)湘07刑终113号刑事附带民事裁定,以“不构成交通肇事罪,请求再审,依法改判无罪”为由,提出申诉。湖南省高级人民法院具体审查并答复如下。(1)“关于你驾车出行的时间与肇事车辆的运行轨迹不能对应且没有作案时间的申诉理由”:“经审查,监控视频显示,案发时段经过案发路段的三轮摩托车的外观特征与你所驾驶的天方牌正三轮摩托车相同,运行轨迹亦与你供述的行驶路线相吻合。同时,你驾驶的天方牌正三轮摩托车上的多处痕迹、物证经过鉴定,与案发现场遗留的多处痕迹、物证具有同一性。且无证据证实你于案发当日凌晨4时已返回家中进而无作案时间的情况。故你的该申诉理由不成立,本院不予支持”。(2)“关于原审认定你所驾驶的车辆系肇事车辆不当的申诉理由”:“经审查,原判认定你所驾驶的车辆系肇事车辆,系根据你所驾驶的车辆肇事后遗留的多处痕迹、物证经鉴定与案发现场遗留的多处痕迹、物证具有同一性。同时,根据车辆事故碰撞形态鉴定意见、监控视频、侦查实验及被害人的陈述、证人证言等证据予以综合认定。上述证据相互印证,已经形成了完整的证据锁链,足以证明你所驾驶的天方牌正三轮摩托车

[5] 湖南省高级人民法院驳回申诉通知书,(2018)湘刑申12号。

即是本案的肇事车辆。故你的该申诉理由不能成立,本院不予采纳”。(3)“关于本案的鉴定意见及侦查实验笔录所得出的结论不具有真实性、合法性、唯一性的申诉理由”:“经审查,本案的鉴定意见和侦查实验笔录均是由具有相应资质的鉴定机构和鉴定人员依照法定程序作出,鉴定意见和侦查实验笔录客观真实、合法有效,与在案证据相互印证,依法可以作为证据采信。故你的该申诉理由亦不成立,本院不予支持”。综上,驳回申诉。

一、物证证明力的审查评断

物证与其他法定证据相比,在证明力上所体现的客观性比较强,属于一种“哑巴证据”。由这一本质属性所决定,其一般不能直接用来证明案件事实,而需要与其他证据结合起来发挥证明作用。

(一)审查物证的真实性

审查评断物证是否真实可靠,主要是判断该物证是否具有客观性。物证的最重要特征在于利用其本身所固定的外部特征、形状、品质、状态等来证明案件事实;但是,案件中各种客观因素与人的主观认识常常限制或阻碍物证这一客观属性的反映程度,从而影响其证明力。因此,在审查评断物证的真实性时应注意:第一,要查明为待证事实所要求的物证的本质特征或内在属性,是否已发生了实质性的变化,以及是否达到了足以影响其证明力的程度。第二,要查明物证是否为原物。一般而言,物证具有不可替代性,在司法证明中如采用的是复制品或替代品将影响其证明力。当然,基于法律上所规定的特殊情形而使用复制品或替代品的,则可作为一种例外来对待。第三,要确认物证是否经过伪装。凭空伪造的物证将不具备证据能力,而对物证进行不当修饰或伪装将导致其证明力下降。第四,要查明物证在收集、保管及鉴定过程中是否受到破坏或改变。

实践表明,物证出现伪造大凡产生于以下两种情形:其一,犯罪嫌疑人或民事、行政诉讼的当事人基于逃避法律的制裁或受利己主义所驱使,而对物证加以伪造或变造;其二,基于诬告、陷害他人或实现某种利益而告发他人或使他人处于不利的境地,而伪造或变造物证。例如,在民事诉讼中,当事人基于胜诉欲望的驱使而故意改变原物形状、规格、品种,甚至用他物来冒充、替代原物。结合这些司法经验,能够较为准确地预断物证有可能遭受伪造。

当估计某物证有被伪造的可能后,通常除了进行肉眼识别外,还可以借助一些必要的方式与手段,如辨认、鉴定以及简单比对等。辨认是辨认人通过自己大脑中的印象判断与案件事实有关的物证是否为他所曾经感知过的活动。辨认的过程一般分为感知、记忆和辨识三个阶段,其中辨识阶段是整个辨认过程的关键环节。辨识以辨认人大脑中的表象再现为基础。当辨认人看到辨认对象时,将即刻把有关信息输入自己的大脑中,在储存的记忆表象中进行对比和查找,然后得出是否为同一的辨认结论。警犬辨认也是一种特殊的辨认。鉴定是在采用辨认的方法无法借助人的大脑来识别、判断某些物品或痕迹时,由司法人员、执法人员决定聘请专家对有关物证进行分析、鉴别后提供结论性意见的活动。如果司法人员、执法人员发现物证与其他证据出现矛盾时,还应当进行全面的、细致的比对分析,包括比较该物证与其他证据之间存在矛盾的根源所在,确认究竟是其他证据缺乏真实性还是物证本身的问题。

(二)评断物证的证明价值

评断物证的证明价值如何,主要是认定物证本身及其与其他证据构成的组合,对案件事实的关联程度如何,即认定某一物证的内在属性、外部形态、空间方位等能否足以影响到特定的案件事实所呈现的实际状态。凡是某一物证以内在属性、外部形态、空间方位等来体现对案件事实的存在产生有效影响,便是具有证明价值的物证。

例如,在某市中级人民法院审理的李某、王某不服市公安局以妨害公务为由实施治安管理处罚一案中,经审理查明:某市城管执法人员张某见个体户李某驾驶着一辆载有炉灰的汽车而未盖苫布时,即勒令李某将苫布盖好。双方争吵几句,李某即将苫布盖好,但张某仍不放行,并摘汽车牌照。对此,与李某同行的王某上前阻拦,双方撕扯在一起,后经在场的人劝开。李某在众人劝阻下向张某当场认错,张某原本要放李某离去,但因现场有人起哄,声称不能轻易放掉李某,张某即令李某写出书面检查,遭李某拒绝。于是,张某呼叫城管执法中队长马某，马某带人来后即命人将汽车牌照撬掉。此时，王某再次上前阻拦，不但汽车牌照被撬掉，且王某也被监察人员推搡倒地。与此同时，马某的衣服扣子被扯掉，手表也摔在地上。事后公安机关作出裁决，分别对李某、王某作出治安拘留15日的处罚。对此，李某、王某不服，向法院起诉。在法院对收集到的被撬掉牌照的汽车这一物证加以评断后，认定该证据的证明价值足以表明，城管执法人员擅自撬车牌照，属于超越职权的行为而非依法执行公务，两次厮打的责任在于城管执法人员，故判决撤销了公安机关所作出的治安管理处罚决定。

物证对案件事实的影响分为直接的方式和间接的方式。凡是物证以其存在足以影响认定案件事实的重要部分或其中一部分的，为具有直接的关联性；而凡是物证以其存在协助查明案件事实，或构成发现案件事实的线索的，则为具有间接的关联性。在间接方式下，物证只有与其他证据结合起来，相互印证，构成证据组合，才能达到证明案件事实的目的。但通常来说，单一的物证不能起到证明案件事实的作用，必须与包括其他物证在内的证据综合证明、互为依存条件、互为证明关系，才能体现某一物证的证明价值。

二、书证证明力的审查评断

书证的证明力主要涉及该书证是否属实，以及其中所载明和表达的内容与案件事实具有何种程度的关联。例如，如果某一诉讼涉及当事人之间是否存在购销特定货物的法律关系，一方当事人提出了双方所签订的购销合同书证，则该书证的证明力表现为其有无伪造以及其内容与买卖法律关系的关联程度。

（一）审查书证的真实性

实践表明，造成书证缺乏真实性或可靠性的原因主要有：其一，制作人出于种种目的故意歪曲事实；其二，制作人对书证所载明的内容事项缺乏了解或认识不全面，造成书证内容不能客观地反映实际情况；其三，制作人在制作书证的内容时受到暴力胁迫或利益驱使的不良影响；其四，各方当事人对某一事实在认识或表述上存在分歧，其中一方在记载或表述时擅自断章取义，删除了对其不利的有关内容。基于此，审查书证的真实性应当从制作、保管和获取的环节入手。

1. 应当识别书证有无伪造、变造的痕迹，必要时可以根据书证的保管情形进行全面衡量。所谓伪造就是模仿他人的笔迹或以其他手段制造假书证，所谓变造就是以涂改、加字、减字、剪贴等手段以改变书证内容所表现的外部特征来达到篡改书证内容的目的。识别方法通常是对书证的笔迹、印章进行鉴定，也可以向书证的记录人、保管人进行查询、核对，还可以根据书证相关手续是否正常、完备进行评估。

2. 应当审查书证的获取过程，包括该书证是由什么人提供的、是在什么条件下提供的、所提交的是否为原件、在提取过程中是否遭到破坏等。司法人员、执法人员应当安排书证的制作者及其他相关人员对所提交的书证进行辨认，必要时进行鉴定，以确保书证的真实性。

（二）评断书证的证明价值

1. 应当查明和确认有关书证所记载、表述的内容的确切含义。书证的内容是由文字、符号或图案等作为表现形式的，若书证内容前后存在矛盾之处或模糊之处，则必然影响对书证内容的正确理解或识别，进而影响对该书证与待证事实之间关联性的判断。对书证内容的审查重点是其是否为有关人员的真实意思表示。这可以通过询问当事人或书证制作人来进行。当双方当事人对该书证所载明和表述的内容存在不同的理解或解释时，司法人员、执法人员可以要求双方当事人就争议事实所表述的内容进行解释、说明，乃至辩论。有时制作者疏忽大意也可能造成书证的内容不能反映客观事实。例如，一农民甲向另一农民乙借款 300 元，因二人均不识字，于是找到同村的两名中学生帮助书写了借据，由于在“出借人”与“借款人”项下相互颠倒签错了名字，因而使债权人成为债务人、债务人成为债权人。此后不久，借款人在一起交通事故中身亡，甲的妻子拿着该借据要求乙还钱。后经那两位中学生以及其他一些知情人作证，法院才确认案件事实真相。

2. 应当查明和确认书证与待证事实是否有内在的、必然的关联性。在实际生活中，有些书证所记载的内容与案件事实之间的关系显得牵强附会或模棱两可。因此，对此类书证与案件事实所涉及内容的关联性，必须结合其他证据考察是否相互衔接、印证，才能作出确认。例如，在一起故意杀人案中,被害人是一名未婚女子,经尸检查明已怀孕6个月,经判断奸情杀人的可能性较大。根据收集到的被害人日记中所记载的内容可以了解到,被害人与某青年职工存在恋爱关系,且已持续7个月,在时间上正好吻合。如果不考虑与其他证据是否衔接或印证,这段日记内容有可能作为证据证明该青年职工杀人的事实。但实际上,仅凭该证据尚不足以证明案件事实。

3. 应当查明和确认书证的内容是否与国家法律、法规相抵触。基于种种复杂的原因,国家机关、企事业单位、人民团体所制作的书证在内容上可能会出现与国家法律相抵触的情形,个人所制作的书证更是如此。

三、视听资料证明力的审查评断

视听资料的最大优势在于能够借助音色、音调、音质以及动态连接性的图像等直观逼真地再现案件事实的原貌。由于它具有客观性强、可靠性大的特点,因此在特定条件下,只要视听资料被确认证据资格,它便可以作为直接认定案件事实的根据。但是,视听资料也有其固有的缺陷,即它对客观物质材料的依赖程度极强,而且在产生、收集、保管过程中又极易受到各种主观因素影响和侵袭。因此,应当根据这些本质属性和基本特点,扬其所长、避其所短,对视听资料认真地加以审查评断。

(一)审查视听资料的真实性

1. 应当对视听资料的制作主体、方式、形成的时间、地点、条件及周边环境加以审视、查明,即确认有关视听资料是由何人录制、摄制、输入的,以及制作的具体地点、时间和当时的具体环境状况。例如,对于录音、录像资料,应当查明当事人的有关言词陈述是否出于自愿或真实意思表示,还是在生命、财产、名誉、尊严等受到现实威胁或潜在危害的情况下而被迫作出的;应当查明刑事诉讼被告人、犯罪嫌疑人所作口供是否系在刑讯逼供下录制的。

2. 应当对制作、存储视听资料的有关技术设备的性能加以审视、查明。视听资料是一种对技术条件要求很高的证据,其真实可靠性的程度的大小,与技术设备、仪器和有关装置的品质和性能有直接的关系。通常借助性能可靠、灵敏度高、品质优良的技术设备、仪器和有关装置,才能获得真实性高、可靠性强的视听资料。因此,对有关设备或装置进行技术检验以验证其性能品质的优良及可靠性,是司法人员、执法人员对视听资料真实性加以确认的有力手段。

3. 应当审查视听资料是否为原件,有无复制及复制的份数。调取的视听资料是复制件的,是否附有无法调取原件的原因、制作过程和原件存放地点的说明,是否有制作人和原视听资料持有人签名或盖章。

4. 应当审查视听资料的内容和制作过程是否存在,有无经过剪辑、增加、删改、编辑等伪造、变造的情形。

(二)评断视听资料的证明价值

1. 对视听资料所反映的内容加以审视、查明。如果某一视听资料的保真状况受到时空环境因素的制约,则其内容也可能为来自主观人为和客观外界因素的破坏和侵蚀,从而降低其证据价值。司法人员、执法人员可以采用重播、定格、慢放、放大等技术方法,对视听资料的保真状况进行审查、鉴别,必要时还可以借助专业技术鉴定手段,如声纹鉴定等。

2. 要就视听资料与案件事实之间的关联性大小进行认定。如果某一视听资料具有真实可靠的保障,但它与案件事实之间的关联性很小,那么它本身的证明力仍然不够。例如,甲起诉乙故意伤害其身体健康,提出损害赔偿之诉。甲向法庭提交了证人证言、证明其伤害后果的医院诊断证明及法医鉴定书等证据;但乙拒不承认甲的身体伤害是自己的行为造成的,其理由是,当时在案发的农贸市场,甲、乙双方人员众多且相互都有过激的表现,如何认定甲的伤害是由乙的行为直接造成的?后来,甲提供了一名恰好遇此场景的记者拍摄到的当时双方互殴的一些场景片段,其中只有一组镜头反映的是乙正追打丙、丁的情形,并无乙殴打甲的情况。因此,该视听资料同案件事实的关联性不强,不足以证明乙的行为是造成甲的身体伤害结果的因素。

四、电子证据证明力的审查评断

电子证据是一种新型的证据,它具有存储形式特殊、传递速度快捷与解读机制间接等特点。这些特点使法官等在认定电子证据的真实性和证明价值时,需要做一些特殊的考量。

（一）审查电子证据的真实性

1. 应当审查电子证据的生成环节。例如，电子证据是不是在正常的活动中按常规程序自动生成或人工录入的；生成或录入电子证据的系统是否被非法人员控制，系统的维护和调试是否处于正常控制下；自动生成电子证据的程序是否可靠；由人工录入电子证据时，录入者是不是在严格的控制下、按照严格的操作规程、采用可靠的操作方法合法录入；等等。

2. 应当审查电子证据的存储环节。例如，存储电子证据的方法是否科学；存储电子证据的介质是否可靠；存储电子证据的人员是否公正、独立；存储电子证据时是否加密、所存储的电子证据是否会遭受未经授权的接触；等等。

3. 应当审查电子证据的传递环节。例如，电子商务纠纷中的电子证据通常要经过网络的传递、输送，其间的任何一个环节都可能降低电子证据的证明力，因此认证时要考虑传递、接收电子证据时所用的技术手段或方法是否科学、可靠，传递电子证据的“中间人”如网络运营商等是否公正、独立，电子证据在传递的过程中有无加密措施、有无可能被非法人员截获等。

4. 应当审查电子证据的收集环节。司法人员、执法人员应当审查电子证据是由谁收集的，收集电子证据者与案件有无利害关系；司法机关在收集电子证据的过程中是否遵守了法律的有关规定；司法机关以秘密方式收集、提取电子证据时是否经过授权，是否符合法定的秘密取证程序；收集、提取电子证据的方法（如备份、打印输出物等）是否科学、可靠；面对网络中浩如烟海的电子证据，收集者在决定对其进行重组、取舍时，所依据的标准是什么，所采用的方法是否科学可靠，所经历的过程是否客观合法；等等。

5. 通过特殊的机制从侧面认定电子证据的真实性。这主要分为五种情况：其一，对于当事人提交或者保管的于己不利的电子证据，推定其具有真实性；其二，对于由记录和保存电子证据的中立第三方平台提供或者确认的电子证据，推定其具有真实性；其三，对于在正常业务活动中形成的电子证据，推定其具有真实性；其四，对于以档案管理方式保管的电子证据，推定其具有真实性；其五，对于以当事人约定的方式保存、传输、提取的电子证据，推定其具有真实性等。

(二)评断电子证据的证明价值

电子证据是否具有足够的证明价值,包括两个方面的问题:其一,一个电子证据或其证据组合的证明价值是否足以证明该事实或情节的存在或者不存在;其二,电子证据等全案证据的证明价值是否足以证明案件事实。对前一问题,主要从以下几方面入手:(1)所提出的电子证据欲证明什么样的案件事实?(2)该事实是否为案件中的实质性问题?(3)所提出的电子证据对解决案件中的争议问题有多大的实质性意义?

对于后一问题,则要考察是否构成电子证据定案的完整证据体系。这一证据体系又可分为两种形式:其一,若干份电子证据与传统证据如物证、书证、证人证言等相印证,构成一个虚拟空间与物理空间证据相结合的锁链;其二,若干份电子证据相印证,构成一个虚拟空间证据相结合的锁链。这需要尽可能围绕电子证据的形成过程收集取证,将电子证据衍生出来的各种附属信息证据组合起来。例如,某个网络犯罪团伙通过电子邮件进行联系,那么至少可以将发件人电脑中留存的电子邮件及其他电子信息、发件人所使用代理服务商电脑中留存的电子邮件及其他电子信息、收件人电脑中留存的电子邮件及其他电子信息以及收件人所使用代理服务商电脑中留存的电子邮件及其他电子信息一并收集,审查它们之间能否印证。如果相互能印证,那么就构成一个证明体系;反之亦然。

五、证人证言证明力的审查评断

(一)审查证人证言的真实性

1. 应当从证人证言的来源方面展开审查。证人证言的来源涉及该证人对案件事实的了解是在场亲睹,还是道听途说。如果证人证言是直接源于证人亲身的感受,显然就具有较强的真实性;如果证人证言是间接源于他人的转述,则在真实性方面显然有所削弱,进而也会影响证明力。需要指出的是,之所以在我国间接源于他人转述得来的证人证言只是降低证明力,而不丧失证据能力,是因为我国尚未也不宜确立英美法系的传闻证据排除规则。

2. 应当审查证人证言的形成过程。即使一个如实提供证言的人,其陈述的内容也有可能不符合客观事实。这主要是因为，证言的形成要经历一个主观能动地反映客观的感知、记忆和陈述的过程。在感知阶段，证人在生理、心理、神志、精力上是千差万别的，而且证人的社会经历、出身、知识结构等所构成的观察、识别能力会影响感知的效果；在记忆阶段，证人的记忆力与遗传因素、年龄、职业、健康状况具有直接的关系，证人是否积极主动记忆、是否保持高度的注意力以及记忆经历时间的长短等也对记忆力的长久性与准确性产生很大影响；在陈述阶段，证人对发现的客观事物加以再现的表达能力并不相同，这种表达能力通常与证人的语言文字水平和逻辑思维模式具有密切关系，也会影响证人证言的陈述效果。

3. 应当审查证人与案件当事人或案件本身是否具有利害关系。狭义上的利害关系仅指证人在诉讼中具有直接利益；从广义上讲，这种利害关系应包括亲属关系、朋友关系以及相互敌视的对立关系等。如果存在这些关系，就有可能影响证人证言的客观真实性，以致削弱证明力的程度。

4. 应当审查评断证人的品格、操行、年龄、认知水平、记忆能力和表达能力等。品格和操行是指人所享有的为社会所广泛认知的声誉和一贯的处事方式。一般来说，凡是品格、操行一贯优良的证人，其证言具有更大的真实、可靠性；反之，其证言的真实、可靠性较弱，即证明力不强。年龄对证人证言真实性的影响是两面的，比如年幼的证人既可能是“童言无忌”说出实情，也可能是受成人煽动夸大其词，年长的证人既可能不受他人蛊惑，也可能“老于世故”不讲真话。对此不能一概而论，不能机械地考虑证人的身份、地位、荣誉、年龄等因素，而应当针对具体情况具体分析。除此之外，证言的真实性还与证人的作证能力密切相关。其中，感知能力是指证人能否准确地理解所描述的内容并准确地表达出来，记忆能力是指证人是否对当时的感觉留有准确的印象，语言表达能力是指证人能否准确地表达自己的感受。

（二）评断证人证言的证明价值

这主要是查明、确认证人证言所表达的内容与案件事实有何种关联性、是否合乎情理以及与其他证据所证明的方向是否一致。如果证人证言与案件事实本身关联性不强，即使在内容上是符合客观事实的，也无证据价值。如果同一个证人的证言前后有变化，或者不同证人的证言相互不一致，或者证人证言与其他证据有矛盾,尤其是在案件关键情节上有出入,那就说明该证人证言可能有问题。在排除矛盾之前,不能轻易采信。司法人员、执法人员要注意审查评断证人或其他人对矛盾之处作何种解释、解释得是否符合情理,还要注意证人证言与其他证据能否相互印证。

六、当事人陈述证明力的审查评断

(一)民事、行政诉讼当事人陈述证明力的审查评断

民事诉讼和行政诉讼当事人往往是有关案件事实的实际参与人,切身感知的案件情况较多,也最了解案件事实过程中的基本情况。但是,由于当事人自身与案件有直接的利害关系,其陈述就不可避免地带有片面性或倾向性,既可能扩大某些对自己有利的事实,也可能缩小对己不利的事实,还可能提供虚假的陈述。并且,由于受到本身感知能力、记忆能力或表述能力上的限制,即使当事人愿意如实陈述有关事实,也未必能够达到一种理想的效果。因此,当事人陈述通常缺乏可靠性。为此,将当事人陈述作为证据使用时,应当细致地加以审查评断,以决定其证明力的大小与强弱。

1. 应当从发生争议的民事法律关系、行政法律关系方面,审查评断当事人陈述所具有的证明力。即从当事人陈述的具体内容上进行审查,着重查明其与案件事实的关系,是否符合案件事实所涉及实体法律关系的发生、发展和消灭的实际过程,有无自相矛盾或可疑之处,是否合情合理。

2. 应当审查评断当事人陈述与其他证据有无矛盾,是否能够相互印证。为此,不仅要审查一方当事人陈述与其所提供的其他证据是否存在相互抵触的情形,还要审查该当事人陈述与对方当事人陈述及其所提供的其他证据是否存在矛盾之处。如有矛盾,应查明发生矛盾的症结所在,以便决定其证明力的大小与强弱。

(二)刑事诉讼被害人陈述证明力的审查评断

刑事诉讼被害人陈述主要包括以下两种情况:其一是与作案人有直接接触或者在犯罪现场目睹犯罪行为发生的被害人所作的陈述。这类情形常见于伤害、抢劫、强奸等暴力犯罪案件中。由于被害人与作案人有过直接的接触,所以了解作案人的许多具体情况,如性别、年龄、身份、衣着装束、相貌

特征、言谈举止、体形、口音，以及在搏斗中给作案人身上造成的伤痕或在衣物上留下的污迹等；有时被害人在案发后的一定时间内还能够辨认出谁是作案人，这种指认可以作为一种直接证据，其优势甚为显著。其二是与作案人没有直接接触或没有亲身经历犯罪行为发生的被害人所作的陈述。如被害人外出时家中被盗的案件中，被害人往往了解犯罪的时间、地点、后果、赃物特征等情况，可以为查清案件事实提供重要的情况和线索。

这种证据在证明方式上具有直接性、具体性、生动性和形象性。但是，其自然属性在特定情形下会受到社会属性的严重制约。例如，在一些诸如杀人、强奸、抢劫等恶性暴力案件中，被害人因自身直接遭受犯罪行为的侵害，往往在案发时处于精神上的高度紧张状态，从而影响了正常的观察思辨能力，导致心理上的错觉、幻觉或思维混乱。有的被害人顾虑重重，如担心事后遭到报复，特别是在强奸案中，不少妇女为了顾及名誉、前途或家庭关系而不敢揭露真情；有的出于无比痛恨、难以抑制复仇心态而有意夸大犯罪事实和情节；个别情况下，有的面对受害事实，并不实事求是地协助公安司法机关追查作案人，而是借机诬告陷害他人……凡此种种，说明被害人陈述这一证据具有相当的复杂性。因此，对此种证据，应当认真审查评断，既不能对其不加重视，又不能对其盲目轻信。

1. 应当审查评断被害人陈述内容的来源。即要查明被害人陈述的内容是他自己直接看到的、听到的、感受到的，还是以间接方式道听途说或向他人打听到的。倘若为被害人耳闻目睹，应查清是在何种情况下感知的，并且应查明被害人当时的精神状态如何，以及在当时的环境条件下是否可以看到、听到或以其他方式感知到；倘若在犯罪行为发生时被害人并不在现场或当时处于昏迷状态，只是事后听他人所说，就应查明是在何时、何地、何种情况下听到的，并且要尽可能找到原陈述者作为证人进行核实、佐证。

2. 应当审查评断被害人的检举、控告是在何种情况下发生的。即应当查明被害人陈述是自愿作出的，还是在他人指使、动员、劝说甚至强迫下作出的。这些具体情形将对证明力产生重要影响。

3. 应当从被害人陈述的内容是否符合情理、是否前后一致的方面来审查。即从被害人陈述的内容所涉及犯罪地点、时间、环境、手段、情节、目的、步骤和造成的后果上，分析是否违反逻辑、有悖情理、是否矛盾、能否自圆其说等,由此决定其证明力的大小与强弱。

4. 应当从被害人与被告人之间的关系方面进行审查评断。即应当查明被害人与被告人之间是否素不相识,从前是否存在怨仇或平时关系如何,是否具有亲属关系、抚养关系、朋友关系或隶属关系等。这些因素在相当程度上将会决定其证明力的大小与取舍。

5. 应当从被害人的品格修养与一贯表现上进行审查评断。即应查明被害人的思想品德如何,平素为人是否诚实。倘若被害人一贯品行不佳、为人狡诈、口是心非,则应对其陈述加以审慎考虑。当然,对此方面的审查也不能一概而论,应当具体问题具体分析,结合其他环境因素综合考虑。

链接　齐某强奸、猥亵儿童案〔6〕

2011年夏天至2012年10月,被告人齐某在担任班主任期间,利用午休、晚自习及宿舍查寝等机会,在学校办公室、教室、洗澡堂、男生宿舍等处多次对被害女童A(10岁)、B(10岁)实施奸淫、猥亵,并以带A女童外出看病为由,将其带回家中强奸。齐某还在女生集体宿舍等地多次猥亵被害女童C(11岁)、D(11岁)、E(10岁),猥亵被害女童F(11岁)、G(11岁)各一次。此案被提起诉讼后,历经两次一审与二审,争议很大。2017年3月3日,最高人民检察院依照审判监督程序向最高人民法院提出抗诉。同年12月4日,最高人民法院依法不公开开庭审理本案。法庭调查阶段,针对原审被告人不认罪的情况,检察员着重就齐某辩解与在案证据是否存在矛盾,以及有无其他证据或线索支持其辩解进行发问和举证,重点核实以下问题:案发前齐某与被害人及其家长关系如何,是否到女生宿舍查寝,是否多次单独将女生叫出教室,是否带女生回家过夜。齐某当庭供述其与被害人及其家长没有矛盾,承认曾到女生宿舍查寝,为女生揉肚子,单独将女生叫出教室问话,带女生外出看病以及回家过夜。通过当庭讯问,进一步印证了被害人陈述细节的真实性、客观性。法庭辩论阶段,检察员发表出庭意见:原审被告人齐某犯强奸罪、猥亵儿童罪的犯罪事实清楚,证据确实充分。(1)各被害人及其家长和齐某在案发前没有矛盾。报案及时,无其他介入因素,可以

〔6〕 最高人民检察院指导性案例检例第42号。

排除诬告的可能。(2)各被害人陈述内容自然合理,可信度高,且有同学的证言予以印证。被害人对于细节的描述符合正常记忆认知、表达能力,如齐某实施性侵害的大致时间、地点、方式、次数等内容基本一致。因被害人年幼、报案及作证距案发时间较长等客观情况,具体表达存在不尽一致之处,完全正常。(3)各被害人陈述的基本事实得到本案其他证据印证,如齐某卧室勘验笔录、被害人辨认现场的笔录、现场照片、被害人生理状况诊断证明等。

对此,原审被告人及其辩护人坚持事实不清、证据不足的辩护意见,理由是:(1)认定犯罪的直接证据只有被害人陈述,齐某始终不认罪,其他证人证言均是传来证据,没有物证,证据链条不完整。(2)被害人陈述前后有矛盾,不一致。且其中一个被害人在第一次陈述中只讲到被猥亵,第二次又讲到被强奸,前后有重大矛盾。针对辩护意见,检察员答辩:(1)被害人陈述的一些细节,如强奸的地点、姿势等,结合被害人年龄及认知能力,不亲身经历,难以编造。(2)齐某性侵次数多、时间跨度长,被害人年龄小,前后陈述有些细节上的差异和模糊是正常的,恰恰符合被害人的记忆特征。且被害人对基本事实和情节的描述是稳定的。有的被害人虽然在第一次询问时没有陈述被强奸,但此后对没有陈述的原因做了解释,即当时学校老师在场,不敢讲。这一理由符合孩子的心理。(3)被害人同学证言虽然是传来证据,但其是在犯罪发生之后即得知有关情况,因此证明力较强。(4)齐某及其辩护人对其辩解没有提供任何证据或者线索的支持。

2018年6月11日,最高人民法院召开审判委员会会议审议本案,最高人民检察院检察长列席会议并发表意见:最高人民检察院抗诉书认定的齐某犯罪事实、情节符合客观实际。性侵害未成年人案件具有客观证据、直接证据少,被告人往往不认罪等特点。本案中,被害人家长与原审被告人之前不存在矛盾,案发过程自然。被害人陈述及同学证言符合案发实际和儿童心理,证明力强。综合全案证据,足以排除合理怀疑,能够认定原审被告人强奸、猥亵儿童的犯罪事实。2018年7月27日,最高人民法院作出终审判决,认定原审被告人齐某犯强奸罪,判处无期徒刑,剥夺政治权利终身;犯猥亵儿童罪,判处有期徒刑十年;决定执行无期徒刑,剥夺政治权利终身。

本案的指导意义在于要求准确把握性侵未成年人犯罪案件证据审查判

断标准。对性侵未成年人犯罪案件证据的审查,要根据未成年人的身心特点,按照有别于成年人的标准予以判断。审查言词证据,要结合全案情况予以分析。根据经验和常识,未成年人的陈述合乎情理、逻辑,对细节的描述符合其认知和表达能力,且有其他证据予以印证,被告人的辩解没有证据支持,结合双方关系不存在诬告可能,应当采纳未成年人的陈述。它展示了性侵未成年人犯罪案件中被害人陈述的特点和运用规律。

(三)犯罪嫌疑人、被告人供述和辩解证明力的审查评断

犯罪嫌疑人、被告人供述和辩解具有真伪并存的特点。一方面,犯罪嫌疑人、被告人是刑事案件中的当事人,对自己是否实施犯罪行为或者采取何种具体方式实施犯罪行为最为清楚。当犯罪嫌疑人、被告人作出有罪供述时,便能够直接、详尽地反映实施犯罪行为的动机、目的以及采取的作案手段、过程和详细情节;即使犯罪嫌疑人、被告人作出无罪或罪轻的辩解,通常也会提出有关的具体事实根据及相应解释。因此,凡经查实的供述或确有根据的辩解,都能够起到直接认定案件事实的证明价值。另一方面,也正因为犯罪嫌疑人、被告人在诉讼中处于一种特殊的地位,案件的结果与其存在直接的利害关系,因此他可能为达到逃避责任、掩盖罪行的目的,采取避重就轻或嫁祸于人的手段,甚至编织、捏造案件事实。因此,对犯罪嫌疑人、被告人的供述与辩解不可轻易相信。

1. 应当对犯罪嫌疑人、被告人供述和辩解的动机进行审查评断。犯罪嫌疑人、被告人供述与辩解的动机往往是多方面的。有的慑于法律威严而真诚悔罪投案自首,彻底坦白、交代全部犯罪事实;有的面对确凿、充分的证据,感到无可奈何、无法抵赖,而被迫供认犯罪事实;有的避重就轻,只供认其中一部分涉及轻罪的犯罪事实,而隐瞒另一部分涉及重罪的犯罪事实;有的只交代自己的罪行,而不揭发共案犯的罪行;有的为了达到争取认罪认罚从宽等宽大处理的目的,“坦白”“交代”并非自己所实施的犯罪行为。可见,犯罪嫌疑人、被告人供述与辩解的动机如何,在很大程度上决定了这种证据的真伪成分。因此,应当认真审查犯罪嫌疑人、被告人是在何种情况下,出于何种动机作出供述与辩解的,从而在证明力上作出相应的取舍。必要时,在征得犯罪嫌疑人、被告人同意后,可以进行测谎以辅助判断。

2. 应当对犯罪嫌疑人、被告人口供的逻辑性、合理性进行审查评断。犯罪嫌疑人、被告人口供的真实程度如何，往往反映在所供述内容是否存在内在逻辑性、是否符合日常情理上。对此，应当结合犯罪嫌疑人、被告人的具体情况，从犯罪时间、地点、动机、目的、手段、后果以及其他环境因素等分析是否存在实施犯罪行为的可能、是否有违反形式逻辑和一般社会经验之处、是否存在可疑之处或矛盾之处，从而对口供的真实程度加以辨别与确认。

3. 应当审查评断犯罪嫌疑人、被告人供述与辩解同其他证据之间的关系。如果对犯罪嫌疑人、被告人的口供审查评断只停留在对其本身的认定上，而不将口供与本案其他证据结合加以比对印证，进行综合分析判断，那么，便不能确定口供的真假如何以及价值大小。因此，只有将口供与其他证据联系起来全盘考虑，才能分辨其真假程度以及确定其证明力的大小强弱。只有在查明犯罪嫌疑人、被告人的口供与其他证据相互印证时，才能将其作为认定案件事实的根据。

七、鉴定意见证明力的审查评断

在实践中，为了解决与案件事实有关的各种专门性问题，司法人员、执法人员常常需要求助于各行各业的专家，采用多种技术手段来作出科学鉴定，为确认与待证事实有关的专门性问题提供必要的依据。但是，鉴定人不是科学的法官，鉴定意见也不是最后的审判结论，司法人员必须对其证明力加以审查评断。虽然这种审查评断有点“外行审查内行”的意味，但依然不容忽视。

1. 应当审查评断鉴定机构和鉴定人是否具有鉴定资质，所使用的技术设备是否先进，采取的方法和操作程序是否规范、实用，其技术手段是否有效、可靠。一些科学技术鉴定要求有精良的设备、先进的技术条件，并且要采用最优的、实用的科学方法，这是有关鉴定意见证明力强弱的一种特殊要求。例如，在涉及因采用先进的医疗设备、仪器或技术所引起的医疗责任事故或者因采用新型发明专利或因采用高科技产品而引发的合同纠纷和产品质量的诉讼案件中，实施医疗事故鉴定或产品质量鉴定的。

2. 应当审查评断鉴定人在鉴定过程中在检验、实验的程序规范或者在检验方法上是否符合有关法定标准或行业标准的要求。2016 年司法部发布的《司法鉴定程序通则》第23条规定:“司法鉴定人进行鉴定,应当依下列顺序遵守和采用该专业领域的技术标准、技术规范和技术方法:(一)国家标准;(二)行业标准和技术规范;(三)该专业领域多数专家认可的技术方法。”这里明确排除了我国过去实践中允许采用“所属司法鉴定机构自行制定的有关技术规范”的可能性。这是特别值得注意的。

3. 应当审查评断鉴定意见的论据是否充分,推论是否合理,论据与结论之间是否存在矛盾。如果属于认定种属相同或者认定同一的结论,其符合点是否能够作出种属认定或者同一认定的结论,对检验或实验中出现的差异点是否都能作出合乎逻辑或有根据的解释。由于鉴定意见涉及不同领域的专门知识和技能,法官仅就鉴定意见本身进行审查,难度较大,这就需要将鉴定意见与案件的其他证据结合起来,一并加以对照、分析和比较。如果其中存在相互矛盾或似有抵触之处而认为鉴定意见可能有误的,应当通知原鉴定机构启动补充鉴定或复核鉴定,也可以另行指定或聘请其他鉴定机构或鉴定人员重新鉴定。

此外,必要时可通过聘请或指派有专门知识的人,帮助审查评断鉴定意见,对鉴定意见进行质证,或对专业问题进行解释,以助于明晰案件中的专门问题,澄清专门性问题的疑问。

链接 罪犯王某某暂予监外执行监督案〔7〕

罪犯王某某审前未被羁押但被判处实刑,交付执行过程中,罪犯王某某及其家属以其身体有病为由申请暂予监外执行,法院随后启动保外就医鉴定工作。2011年5月17日,营口市站前区人民法院依据营口市中医院司法鉴定所出具的罪犯疾病伤残司法鉴定书,因罪犯王某某患“2型糖尿病”“脑梗塞”,符合《罪犯保外就医疾病伤残范围》(司发〔1990〕247号)第10条规定,决定对其暂予监外执行一年。一年期满后,经社区矫正机构提示和检察机关督促,法院再次启动暂予监外执行鉴定工作,委托营口市中医院司法鉴定所进行鉴定。其间,营口市中医院司法鉴定所被上级主管部门依法停业整顿,未能及时出具鉴定意见书。2014年7月29日,营口市站前区人

〔7〕 最高人民检察院指导性案例检例第72号。

民法院依据营口市中医院司法鉴定所出具的罪犯疾病伤残司法鉴定书,以罪犯王某某患有“高血压病 3 期,极高危”“糖尿病合并多发性脑梗塞”,符合《罪犯保外就医疾病伤残范围》(司发〔1990〕247 号)第 3 条、第 10 条规定,决定对其暂予监外执行一年。

2016 年 3 月,辽宁省营口市人民检察院在对全市两级法院决定暂予监外执行案件进行检察中发现,营口市站前区人民法院对罪犯王某某决定暂予监外执行所依据的病历资料、司法鉴定书等证据材料有诸多疑点,依法决定对该案进行调查核实。经过调查核实,检察机关基本查明了罪犯王某某违法暂予监外执行的事实,以营口市中级人民法院技术科科长张某、营口市中医院司法鉴定所负责人赵某涉嫌徇私舞弊暂予监外执行犯罪,依法对其立案侦查。案件侦查终结后,检察机关以张某构成受贿罪、徇私舞弊暂予监外执行罪,赵某构成徇私舞弊暂予监外执行罪,依法向人民法院提起公诉。法院判决罪名成立。

本案的指导意义之一是:对司法鉴定意见、病情诊断意见的审查,应当注重对其及所依据的原始资料进行重点审查。检察人员办理暂予监外执行监督案件时,应当在审查鉴定意见、病情诊断的基础上,对鉴定意见、病情诊断所依据的原始资料进行重点审查,包括罪犯以往就医病历资料、病情诊断所依据的体检记录、住院病案、影像学报告、检查报告单等,判明原始资料以及鉴定意见和病情诊断的真伪、资料的证明力、鉴定人员的资质、产生资料的程序等问题,以及是否能够据此得出鉴定意见、病情诊断所阐述的结论性意见,相关鉴定部门及鉴定人的鉴定行为是否合法有效等。经审查发现疑点的应进行调查核实,可以邀请有专门知识的人参加。同时,也可以视情况要求有关部门重新组织或者自行组织诊断、检查或者鉴别。

八、笔录证明力的审查评断

勘验笔录、检查笔录以及现场笔录虽然有不同的内涵,但有一些共性,即均属于司法人员、执法人员所作的具有保全其他证据性质的材料。对其证明力的审查评断,也有一些共性。

1. 应当审查评断各种笔录所记载的内容是否具有客观性、完整性和准确性。例如,笔录上所记载的物证、痕迹、场地环境情况等与从现场收集到的实物证据是否吻合;采用文字记录以及绘图、现场录像、拍照等方式所反映案件事实的各个部分是否相互照应,有无相互抵触的情形;现场所记录的重要情况有无遗漏之处,所使用的文字表述是否确切,记录的数字是否准确无误;笔录所表述的内容有无推测、臆断之嫌;另外,笔录是现场制作的还是事后补救制作的,凡是事后补救制作的勘验笔录,应当由提供者作出必要的解释,以便对其真实性和可靠性加以确认。必要时,可以重新组织勘验、检查工作。

2. 应当审查评断勘验、检查及现场笔录的制作人的业务水平与工作态度如何。勘验、检查及现场笔录,是制作人员的敬业精神、工作态度、业务素质、技术水平等情况的综合反映和检验。大凡工作勤奋、作风踏实、精益求精、素质优良、技术精湛的制作人员所完成的勘验、检查及现场笔录,一般客观性、可靠性就会较强,具有令人折服的证明力;反之,工作态度一贯松弛、作风拖拉、业务素质不高、技术能力不强的制作人员所完成的有关笔录,其反映案件事实的真实性、可靠性就会较低,在证明力上就会较弱。

第四节　全案证据证明力的综合审查评断

如果从事实的全部总和、从事实的联系去掌握事实，那么，事实不光是胜于雄辩的东西，而且是证据确凿的东西；如果不从全部总和、不从联系中去掌握事实，而是片段的和随便挑出来的，那么事实就只能是一种儿戏，甚至连儿戏也不如。

——[苏]列宁

某女涉嫌被强奸案。某女青年一天夜里11点半才回家。其母询问她干什么去了，她不说。其母见她脸色不好，说话吞吞吐吐，很生气就打了她一顿，非让她讲清楚上哪儿干什么去了不可。该女青年被逼哭了，说是被男同学程某强奸了。第二天天刚亮，其母便领着女儿到公安机关报案。此案经公安机关调查，后由检察机关以强奸罪对程某提起公诉。控方指控证据主要有四个：一是被害人关于案发经过的陈述；二是被害人母亲的证言，证明被害人回家讲了被强奸的经过；三是被害人内裤上留下的精斑，经化验系程某所留；四是现场勘验笔录，表明案发情况与被害人陈述一致。而被告人程某在法庭上辩解说，他与该女青年谈恋爱并在恋爱中自愿发生了性行为，不存在强奸问题；女青年把自愿发生的性行为说成强奸，只是为了不在她母亲面前丢面子。被告人还就案发地点和过程作了辩解。本案中，如何对全案证据的证明力进行综合审查评断呢？

一、全案证据证明力综合审查评断的概念

全案证据证明力的综合审查评断，是指司法人员、执法人员对全案所有

经认定有资格的证据进行的全面认定。其对象是已经被许可采纳的全部证据,内容是这些证据的真实性以及证明价值大小,主体主要是法官。侦查人员、监察人员、公诉人员、行政执法人员以及律师虽然也有一个全面审查证据的问题,但他们审查评断的往往只是己方所握有的证据,而不是双方所有的证据。

任何案件都是发生在过去的事件,而时间一去不复返,因此法官不可能亲眼见到发生在过去的案件事实,只能通过各种证据"再现"案件事实。这只是法律意义上的"案件事实",肯定不等同于真实发生的客观事实。从这种意义上讲,综合审查评断结果具有相对真实性,它与证明标准的要求休戚相关。

虽然刑事诉讼与民事诉讼的证明标准有所不同,但对全案证据证明力的审查评断都必须达到一些共同的要求。这些要求包括:(1)用于定案的各个证据,都应当与案件事实有联系;(2)全案证据与司法认知、推定等综合在一起,应当能够证明全部待证事实,包括何事、何时、何地、何情、何故、何物与何人等;(3)举证责任方所举出的各个证据应当构成一个有机整体,形成一个完整的证明体系;(4)任一方当事人的证据应当没有矛盾,或者虽有矛盾但能够得到合理解释。

相对于单一审查评断、比对审查评断而言,综合审查评断更加复杂,更需要发挥法官的思维能力和聪明才智。综合审查评断并不是单一审查评断、比对审查评断的简单重复或相加,法官必须遵循认识规律,借助个人的直觉和经验,运用同一认定、逻辑审查评断、概率审查评断等方法,对全案证据进行综合性分析和判断。在这个问题上,法律不能有太多的约束性规则,或者说法律必须给法官留有较大的自由裁量空间。当然,这只是说从立法上不应有不必要的规则,并不限制学理上概括出一些规律。

二、审查全案证据的真实性

我国三大诉讼法均强调,一切证据必须(经过)查证/审查属实才能作为定案/认定事实的根据。这就从立法上为审查全案证据的真实性提出了要求。然而,现实生活中囿于种种原因,并非所有被采纳的证据都有100%的真实性。大量的证据可能处于"亦黑亦白"的灰色状态,如本节节首的案例中被害人陈述、证人证言等与被告人辩解就属于此种状况。法官综合审查评断的首要任务就是要辨别是非、分析真伪，识别其可靠的程度。

对全案证据真实性的审查，要求把相关的证据结合起来归类考虑，找出并排除不合理的矛盾。如果仍然像单独审查评断、比对审查评断那样进行分析，往往只能找出那些看起来就很假的证据；综合审查评断正是要发挥全案证据结合分析的优势，挖出那些虚假痕迹并不明显的证据。

如何利用事物之间的规律性联系来排除虚假证据？司法证明中存在两大认识武器：一是矛盾法则，即利用证据之间的矛盾排除伪证。它是建立在证据自身内在统一、相互统一与案件统一的“三统一”原则基础上的。“三统一”是证据真实性的基本标志。一般来说，达到了“三统一”，所有证据就是真实程度很高的；如果出现了矛盾，则可能是混进了伪证。矛盾法则的内容是：自身矛盾，必有问题；两证矛盾，必有一假：与众证矛盾，多属假证；与案件矛盾，定是假证。二是实践法则，即通过实践排除伪证。这至少包括四种方法：勘验法、实验法、辨认法与检验鉴定法。勘验法是对案件有关场所进行实地调查，以明确证据真伪；实验法是在同等条件下再现某些案件情况，以实验结果来分辨证据真假；辨认法是组织知情人对有关物品进行辨识以区别证据真假；检验鉴定法是由具有专门知识的人运用专门知识，通过技术手段来鉴别真假。两大排伪法则均有明显的功效，若结合起来使用效果会更佳。

如果对节首案件采用矛盾法则筛选不可靠证据，那就是要将证据本身的矛盾以及相互之间的矛盾找出来，进行对比分析。例如，被害人陈述说是当晚被强奸，而被告人辩解说是自愿性行为，这就有矛盾，需要并列起来做细节分析。审案的法官经过调查发现，被告人辩解说“既然是强奸，那么女青年当晚就可以去派出所报案，没有必要等到第二天才由其母亲领着去报案”，这有一定的合理性；而被害人对此解释不了，说明被害人陈述的可信度值得怀疑。再如，被告人辩解说，性行为的地点发生在市政府大院的锅炉房内，当时正值夏季，这个锅炉房不用，门窗紧锁，他们是从高达 2 米的北墙跳墙进去的；如果案件是强奸即女青年不愿意，那么只要女青年不主动跳墙，他就没有办法把她拖到锅炉房内；再者，墙外是一条宽阔的大马路，路上行人很多，他不可能选择在这个地方逼她跳墙。法官就此询问被害人时，被害人对跳墙的具体情况避而不答,只是在嘴上说反正是被强奸的。这表明女青年关于如何进入现场的说法值得怀疑,不仅陈述本身存在内在矛盾,而且也与被告人辩解有矛盾。

如果对本节节首案件采用实践法则来排除不可靠证据,那可以对案发现场进行补充勘查。经法官组织再勘查发现,案发场所确实是一个暂时关闭的锅炉房,院墙高达2米,平常人不花一番精力很难跳进,而且院墙外确实是一条繁华大道,夜里也常常是人来人往。这就表明被告人所说的是可信的,被害人的说法值得怀疑。

三、评断全案证据的证明价值

一般来说,证据证明价值是以其与案件事实的关联程度为基础的。关联性是指证据必须与案件事实具有一定的联系,或者说对证明案件事实具有实质性意义。关联性的大小就是关联程度。法官对全案证据证明价值的综合评断,必须从证据的关联程度出发。但是,全案证据的证明价值绝不等于单个证据证明价值的简单加减。例如,某起共同杀人案件中,一名被告人供述自己实施了杀人行为;另一名"同案犯"也供述该被告人杀了人;现场也有该被告人的脚印,证明其到过现场;但是另有证据表明该被告人与"同案犯"素不相识,而确认为杀人凶器的菜刀柄上只有"同案犯"的手印。对此,法官不能以三个有罪证据对两个无罪证据,认为"3－2＝1",就认定被告人有罪。

评断全案证据的证明价值,是法官在认定单个证据或证据组合证明价值的基础上,根据案件具体情况及全案证据对待证事实的证明效果,依照内心判断来确认是否达到了证明标准。如前所述,不同诉讼的证明标准要求往往不一样,刑事案件的要求通常要大于民事诉讼。而案件情况是多种多样的,因此评断每个案件中全部证据的证明价值,不存在可以遵循的统一模式,只能由法官根据案件的具体情况,通过带有"自由裁量"色彩的主观思维活动来完成。

在实践中,通常会出现诉辩双方举出的证据对各自有利,且各有一定证明价值的情形。这时法官评断全案证据的证明价值,就是要先分别评断每一方证据的证明价值,然后进行本证与反证证明价值大小的比较,看哪一方的证据更具有说服力、哪一方证据所表明的事实更可信，最终判断举证责任方的证据证明力是否达到了证明标准。在节首的案件中，法官首先要明确双方的争议事实不在于是否发生了性行为，而在于性行为是不是自愿发生的。控方证据对于支持这样的事实主张，显然关联程度不强，即证明价值不够；而辩方的辩解更具有针对性，反驳控方事实主张的证明价值要高一些。因此，法官应当以控方证据不足为由，判决被告人无罪。

此外，在一些疑难犯罪案件中还常常出现"一对一"证据的情况。评断"一对一"证据的证明价值十分复杂，难度很大。一般必须对现有证据进行全面细致的审查，既不能简单地说"一对一"证据不能定案，也不能仅仅依据被害人或控方证人的陈述就草率地定案。例如，在强奸案件中，如果被告人不做有罪供述，但被害人指认并能详述犯罪情节而且真实可信的，那么可以认定被告人有罪；如果被害人系未成年人，作出与其年龄或智力不相当的陈述，那么其陈述的证明力有限，就不能认定被告人有罪；如果未成年的被害人作出了与其年龄、智力相符的陈述，经过认真的审查，法庭也可以确认其证明力。

链接 于英生申诉案〔8〕

1996年12月2日，于英生的妻子韩某在家中被人杀害。安徽省蚌埠市中区公安分局侦查认为于英生有重大犯罪嫌疑，于12月12日将其刑事拘留。12月21日，蚌埠市中区人民检察院以于英生涉嫌故意杀人罪，将其批准逮捕。侦查讯问阶段，于英生供认了杀害妻子的主要犯罪事实。1998年4月7日，蚌埠市中级人民法院以故意杀人罪判处于英生死刑，缓期二年执行。此后，被告人经三次上诉、两次申诉，安徽省人民检察院复查后，提请最高人民检察院按照审判监督程序提出抗诉。最高人民检察院经审查后向最高人民法院提出再审检察建议。6月27日，安徽省高级人民法院对该案决定再审。法院审理认为，原审判决、裁定认定于英生犯故意杀人罪的事实不清、证据不足，指控的犯罪不能成立，并于8月8日作出再审判决，撤销原审判决裁定，认定原审被告人于英生无罪。

〔8〕 最高人民检察院指导性案例检例第25号。

此案中,存在的证据问题主要包括:重要的单一证据存疑;主要证据之间矛盾;全案未能排除合理怀疑。(1)针对单一证据:关于现场留下的2枚指纹,其并非于英生及其家人所留,但侦查机关并未将该情况写入检验报告;关于作案时间,于英生送孩子上学以及到单位上班的时间,缺少明确证据支持,且证人证言之间存在矛盾。(2)主要证据矛盾:于英生有罪供述不稳定,供述前后矛盾。其有罪供述与现场勘查笔录、尸检报告等证据亦存在诸多不一致。(3)存在合理怀疑:根据公安机关提供的"手印检验报告"和DNA鉴定意见、现场提取的外来指纹、被害人阴道提取的精子并非于英生的精子等,可以认为存在其他人作案的可能。根据蜡烛燃烧的侦查实验,该案存在杀害被害人后伪造现场的可能。因此,原审判决认定于英生故意杀害韩某的证据未形成完整的证据链,认定的事实不能排除合理怀疑,认定结论不具有唯一性。

对于案件事实的结论,应当坚持"唯一性"证明标准。"唯一性"的另一种表述即"排除合理怀疑",要求对于认定的案件事实,从证据角度已经没有符合常理的、有根据的怀疑,针对犯罪事实是否存在、被告人是否实施了犯罪等关键问题,更加应当注意。

思考讨论题

1. 为什么对证据证明力的审查评断不宜完全由法律事先作出规定?
2. 结合下述规定,阐述民事诉讼中孤证可定案的现象及原理。

   最高人民法院《关于民事诉讼证据的若干规定》第87条:审判人员对单一证据可以从下列方面进行审核认定:

   (一)证据是否为原件、原物,复制件、复制品与原件、原物是否相符;

   (二)证据与本案事实是否相关;

   (三)证据的形式、来源是否符合法律规定;

   (四)证据的内容是否真实;

   (五)证人或者提供证据的人与当事人有无利害关系。
3. 比较逻辑法则、经验法则与科学法则在审查评断证据证明力方面的异同。

4. 简述直接证据、间接证据的证明机制与证明力审查评断要领。
5. 试述物证、书证、视听资料、证人证言、当事人陈述、鉴定意见、笔录与电子证据八种证据的证明力审查评断要领的异同。
6. 简述综合审查评断全案证据证明力的要领。

补充阅读

1. 李训虎:《证明力规则检讨》,载《法学研究》2012 年第 2 期。
2. 刘品新:《印证与概率: 电子证据的客观化采信》,载《环球法律评论》2017 年第 4 期。
3. 陈瑞华:《以限制证据证明力为核心的新法定证据主义》,载《法学研究》2012 年第 6 期。
4. 周慕涵:《证明力评判方式新论——基于算法的视角》,载《法律科学(西北政法大学学报)》2020 年第 1 期。
5. 张斌:《两大法系科学证据采信结构评析——从事实认知的角度》,载《环球法律评论》2011 年第 2 期。
6. 谢澍:《迈向“整体主义”——我国刑事司法证明模式之转型逻辑》,载《法制与社会发展》2018 年第 3 期。